《中华优秀传统文化精要》编委会

主　编：汪受宽　屈直敏

撰　稿：冯　懿　陈绍唐　万　俐　张京丹
戴　磊　薛艳伟　郑小华　陈彦超
姜　雪　郝君媛

中华优秀传统文化精要

汪受宽　屈直敏　主编

甘肃人民出版社

图书在版编目（CIP）数据

中华优秀传统文化精要 / 汪受宽，屈直敏主编. -- 兰州 ：甘肃人民出版社，2018.10
ISBN 978-7-226-05345-4

Ⅰ. ①中… Ⅱ. ①汪… ②屈… Ⅲ. ①中华文化—通俗读物 Ⅳ. ①K203-49

中国版本图书馆CIP数据核字(2018)第228851号

责任编辑：马　强
封面设计：雷们起

中华优秀传统文化精要

汪受宽　屈直敏　主编
甘肃人民出版社出版发行
（730030　兰州市读者大道568号）
兰州万易印务有限责任公司印刷
开本 880毫米×1230毫米　1/32　印张 19.75　插页 6　字数 420千
2019年2月第1版　2019年2月第1次印刷
印数：1~3 000
ISBN 978-7-226-05345-4　定价：68.00元

导 言

这是一本主要面向中等文化程度读者的工具书。本书的内容，可以解析为三个关键词：中华、传统文化、精要。

文化是什么。《说文解字》言："文，错画也。象交文。"就是交错的纹路。由此，它有了文字、文章、文采、文饰、加工、花纹、华（花）、明敏、礼法、法令条文、美等很多引申义。"化"字，《说文解字》言："化，教行也，从匕从人，匕亦声。"初看此，尚难以理解。再看对匕的解释："匕，相与比叙也。从反人……凡匕之属皆从匕。"则所谓化，就是使人变化，由此引申出变化、教化、化生、造化、创化、进化等义。《易·贲卦》最早将文、化二字放在一句中使用，言："观乎天文，以察时变；观乎人文，以化成天下。"后句意为通过对人际社会复杂关系的观察研究，达到规正天下人伦，提高全社会文明程度的目的。而将"文化"一词连用的，是西汉刘向《说苑·指武》，言："圣人之治天下也，先文德而后武力。凡武之兴，为不服也，文化不改，然后加诛。夫下愚不移，纯德之所不能化，而后武力加焉。"撇开其上智下愚的观点不说，在这里，文化是以文治德治教化世人的意思。总之，在古汉语中，文化一词是属于精神道德的范畴，是用文的手段对社会世人进行教化的意思。

西文中文化一词，多由拉丁文 Cultura 转化而来，其原义有耕种、居住、练习、敬神，留心或注意等多个义项，后来引申为人类的心灵、知识、情操、修养等含义。总的看来,既有精神创造的意思,又有物质生产的意思。

十九世纪中叶以来，学者给文化所下的定义不下二三百种,其中比较有代表性的说法是《辞海》(1979 年版)总结的:“文化,从广义来说,指人类社会历史实践过程中所创造的物质财富和精神财富的总和。从狭义来说,指社会的意识形态,以及与之相适应的制度和组织机构。”多数研究文化史的学者认为，将文化说成是物质和精神的总和难免失之宽泛,所以一般都从狭义去论说文化,认为文化专指精神文化，即社会意识形态以及与之相适应的典章制度、政治和社会组织、风俗习惯、学术思想、宗教信仰、文学艺术等。

在本书中，我们大体遵循学者对文化一词的一般界定,主要从精神层面去述说文化,同时适当补充一些人们在创造精神文化的同时，所创造和使用的生产工具和生活用品等。

中华传统文化一词,将我们所述的文化,限于中华这一地域和人群的层面。具体说,大体以现今中华人民共和国疆界(包括陆地和海洋)之内的广大地域为限,以古往今来之汉族为主体的中华各族为限。前一界定，概念明确。需要说明的是,中华传统文化在其历史发展过程中吸收了许多外来文化,如本书所列佛教、基督教、伊斯兰教、时宪历、阳历、回历、都卢之戏、白酒和白糖制作等,都是从境外传入,对中华传统文化发生了重要影响,实际上成为中华传统文化的有机组成部分,我们不能排斥。而我们理解的中华各族，既包括汉族以及现有的五十五个少数民族,还包括历史上曾经显赫一时,如今已经演化或消失了的一些民族或族群,如戎、夷、蛮、氐、越、匈奴、鲜卑、羯、吐谷浑、回鹘、突厥、女真、南诏、党项、契丹等。古往今来的中华各族都有自己独具特色的文化，都可以写成一本甚至多本大书，但中华各族的文化又有许多相通或相互吸收的东西。限于篇幅，我们无法全面展示以上所说中华各族的文化，只能以汉族文化为主，对其他民族的文化约略提及。

所谓精要，大体有两层意思：其一在词条文字的撰写上，尽可能精粹；其二在词条的选择上，尽可能重要。

在本书撰写中，我们尽量注意阐其源流，就是阐明事情的来龙去脉、人物的生平业迹、思想的产生和发展、典制的确立与演变、遗址的生成与衰败等。为努力贯彻这一要求，本书每一词条的撰写，在参考相关成果的基础上，尽量查找历代文献的诸种记载，考古或文物研究的有关成果，古今学者的不同论说，田野调查的报告和阐述，断以己意，讲清其起源、流变和衰败的历史。每一词条，长者千余字，短者百余字，平均四百余字。事实上，中国历史上每一文化事项的内容极其丰富、历史演变时间相对较长、其在各朝各代各地区各民族的表象或实际内容差距甚大，往往难以用数百或千余字的篇幅说清楚。所以，本书的每一词条，都是择其要点、关键论断尽可能引证相关史料、文字尽可能简明通俗。既突出其学术性，又兼顾其普及性。

中华传统文化悠久而博大，每一事项、甚至某些事项的每一点面都可以写成一部专书或者一篇文章。例如本书主编就撰写过《谥法研究》《姓名的奥妙》《孝经译注》等属于文化史方面的专著。中华传统文化无比丰富的内容，绝不是我们这本数十万字的书所能涵盖的。故而我们主要挑选了那些在历史上较有影响、与当今中国社会有较多关连或当代人较为生疏而又重要的事项，列为词条，予以介绍。其中难免有所疏漏，有许多该列未列者，请读者理解我们的难处。本书将中华文化分为十八大类，每一大类中又分为若干小类，总共八百八十个词条。这十八大类是：天文历算、学术思想、典章制度、文化教育、文献典籍、著作体裁、文物考古、军事战争、器物用具、民族宗教、名号称谓、数术方技、名胜古迹、行旅交通、饮食服饰、文化名人、文艺体育、风俗习惯。这些类目，多数是现代名称，容易理解。少数是古代名称，就在其下再列与类目同样的词条，予以诠释。

文化问题，是学术问题，每一事项的历史史料在不同的典籍中可能有不同的说法，每位研究者对同一记载都有自己的解读，从而可能出现某些不同的意见。我们的办法是自己查考原始文献，分析不同意见，择善而从，作出自己的判断，使词条的陈述尽可能合乎历史真实。但是由于历史问题的复杂性，由于我们理论、见识和学术水平有限，由于有些事项至今无人研究或归纳，由于有些事项我们没有研究，主要是参照学术界已有成果撰出相关词条，因此，不敢保证书中的每一词条、词条中的每一说法，都准确无误。这不是推卸责任，而是实事求是。若有说错或不准确之处，还请读者指出，以便我们有机会及时予以修正。我们更希望读者通过阅读本书，引发您对中华传统文化的研究兴趣。查找有关的历史文献，阅读学术论著，对各词条曲折复杂的内容及其历史演变有更详细、真切的认识，对诸说法的不同，做出自己的判断。

本书介绍的是中华传统文化的知识。这就牵涉到对中华传统文化的认识或态度。中华传统文化与我们每个中国人密切相关，是我们今天精神、物质、生活、思维、社会、行为的基础，是我们前进的基石或牵引。人不能拔着头发将自己提起来，从而也就不能不重视、不知道、不分析我们的传统文化，否则就无法理性地向前迈进。我们的先民在几千年的历史实践中创造出来的中华传统文化，对于今天的人来说，其中有精华，也有糟粕。有的在历史上曾经发挥过积极作用，但今天已不适应时代的要求，如部分儒家思想、科举制度；有的在历史上曾经被否定，但今天对我们来说又非常重要，如重科技、薄葬具的墨家学说；有的在历史上和今天都还有用，如官员任职的回避制度。所以，对中华传统文化我们不能一概肯定，也不能一概否定。对精华要坚守和发扬，对糟粕要批判和摒弃。由于这是一部知识性的书，因而我们在撰写词条时，比较注重对知识的客观介绍，而不是对其优劣好坏的评判，更不会对其全面肯定或否定。然而，文字是思想的产物，不可能不带有写作者的感情色彩，字里行间难免表露出对相关问题的某些见解。这些见解，可能是对该事项在某个历史阶段作用的肯定或否定，而不是对其在今天作用的表态。我们希望各位读者站在现在和未来的高度，有批判有分析地阅读相关词条，不要盲从。

为了方便读者迅速查找到相关的词条，我们在书前分类目录以外，还在书末附有《词条音序索引》和《词条笔画索引》。另外，每一词条的拟名，一般是其在历史上的通用名，它们如果还有其它的名称，词条的开始部分往往有所说明。读者若需了解未列为词条的事项，不妨翻查一下相关的词条，或许能够找到某些答案。

2017 年 1 月 25 日，中共中央办公厅、国务院办公厅印发《关于实施中华优秀传统文化传承发展工程的意见》，指出："文化是民族的血脉，是人民的精神家园。文化自信是更基本、更深层、更持久的力量。中华文化独一无二的理念、智慧、气度、神韵，增添了中国人民和中华民族内心深处的自信和自豪……实施中华优秀传统文化传承发展工程，是建设社会主义文化强国的重大战略任务，对于传承中华文脉、全面提升人民群众文化素养、维护国家文化安全、增强国家文化软实力、推进国家治理体系和治理能力现代化，具有重要意义。”乘国家实施中华优秀传统文化传承发展工程的东风，我们推出了这部书，希望为广大读者了解中华传统文化的方方面面、提升文化素养有所帮助。

汪受宽　屈直敏

2017年3月23日于兰州大学

目　录

一、天文历算

二、学术思想

1.思想观念

2.学术流派

三、典章制度

1.职官

四、文化教育

十五、饮食服饰

十六、文化名人

附录：

一、天文历算

1.天文

七政　语出《尚书·尧典》:“在璿玑玉衡,以齐七政。”中国古代天文学里的“七政”主要有三种解释:一种指北斗七星。《史记·天官书》:“北斗七星,所谓‘旋玑玉衡以齐七政’。”即天枢、天璇、天玑、天权、玉衡、开阳、摇光七星。天枢、天璇、天玑、天权四星组成方形,称斗魁或璇玑;玉衡、开阳、摇光三星组成斗柄,称斗杓或玉衡。另一种指日、月和五星。《史记·五帝本纪》裴骃集解引郑玄语:“七政,日、月、五星也。”五星,又称“五纬”,指金星(太白、明星、启明、长庚)、木星(岁星)、水星(辰星)、火星(荧惑)、土星(镇星、填星)。第三种指北斗七星各主日、月、五星。《史记·天官书》司马贞索隐:“马融注《尚书》云:‘七政者,北斗七星,各有所主:第一曰正日;第二曰主月法;第三曰命火,谓荧惑也;第四曰煞土,谓填星也;第五曰伐水,谓辰星也;第六曰危木,谓岁星也;第七曰剽金,谓太白也。日、月、五星各异,故曰七政也。’”

三垣　太微垣、紫微垣及天市垣的总称。中国古代划分星空的星官,与黄道带上之二十八宿合称三垣二十八宿。作为星官名,紫微垣和天市垣的名称先在《开元占经》辑录的《石氏星表》中出现,太微垣的名称晚到唐初的《玄象诗》中才见到。自隋唐《步天歌》开始,三垣成为三个天区的主体，这些天区也以三垣的名称为名称。

紫微垣是三垣的中垣，居于北天中央，又称紫宫垣，或紫微宫。它以北极为中枢，有 37 个星座。紫微宫即皇宫，各星座多数以官名命名。如上宰、少宰、少丞等。太微垣是三垣的上垣，位居于紫微垣之下的东北方，有 20 个星座。太微即政府的意思，星座名亦多用官名，如三公、九卿、五诸侯等。天市垣是三垣的下垣，位居紫微垣之下的东南方向，有 19 个星座。天市即集贸市场，故星座名多与此有关，如市楼、车肆、斗、斛等。而星名多用国名、地名。如右垣十一星为韩、楚、梁、巴、蜀、秦、周、郑、晋、河间、河中；左垣十一星为宋、南海、燕、东海、徐、吴越、齐、中山、九河、赵、魏。三垣与二十八宿一起，形成了中国古代独特的划分天区的标准。

二十八宿 我国古代天文学家为观测日、月、五星运行而划分的二十八个星区，叫做二十八宿，也称"二十八舍"或"二十八星"。东西南北四方各七宿，每宿包含若干颗恒星，用来说明日、月、五星运行所到的位置。二十八宿以北斗斗柄所指的角宿为起点，由西向东排列。东方青龙七宿是角、亢、氐、房、心、尾、箕；北方玄武七宿是斗、牛、女、虚、危、室、壁；西方白虎七宿是奎、娄、胃、昴、毕、觜、参；南方朱雀七宿是井、鬼、柳、星、张、翼、轸。它的最初起源，目前尚无定论，在我国古代文献《尚书》《诗经》《夏小正》里已经有相关记载。以文物考察的话，随县出土的战国时期曾侯乙墓漆箱，上面记有完整的二十八宿的名称。可见，在公元前 5 世纪，二十八宿的体系已经形成。

十二次 古代天文学中把一周天分为十二个部分的一种制度。沿天球赤道，自北向西、向南、向东依次为：星纪、玄枵、娵訾、降娄、大梁、实沈、鹑首、鹑火、鹑尾、寿星、大火、析木。"十二次"的名称初见《国语》《左传》等书，主要用于记木星的位置。如《国语·周语下》中记周景王时伶州鸠的话说:“武王伐殷,岁在鹑火。”即指武王伐纣这一年,木星运行到鹑火范围。由此可知,大约在殷商时期,已经有了“十二次”,但最早的划分情况,目前尚无定论。而这种以木星所在星次纪年的方法也成为“岁星纪年”。由于岁星纪年在实际运用中较为复杂,因此,该法仅在战国至秦汉初年流行一段时间。十二次仍旧作为划分天空区划的制度存在,并根据太阳的周年运动把每次分为两气,即二十四气。十二次与二十四气联系起来。如星纪次的起点为大雪节气,中点为冬至中气等。“十二次”完整的名前缀见《汉书·律历志》,后来一直沿用。由于受岁差影响,各次起点在星空间的位置不断改变。明末欧洲天文学传入之后,以十二次的名称翻译黄道十二宫的名称,如称狮子宫为鹑火宫,各宫均按黄道经度等分。十二次在星占术中也被用作分野的一种系统。

天球赤道 天文学概念,也称“天赤道”,指天球与天赤道面相交的大圆,可作为研究天体视位置和视运动的辅助工具。站在天体观测者的角度看,人们所看到的天体似乎都分布在一个以观测者为中心,半径无限长的大圆球的球面上,这个有着天体相对位置投影的假想球即是“天球”。因天赤道面是过天球球心并和地球赤道面平行的平面,所以天球赤道也可视为地球赤道面和天球相交的大圆圈,即地球赤道在天球上的投影。

月相 月球盈亏圆缺变化而出现的各种形象。中国古代以此配合年、月、日计日。由于地球、月球、太阳三者相对位置的变化,当月球恰好在地球和太阳之间,月球以背光面对着地球,因此看不见它,此时的月相称为“新月”或“朔月”,也称“死魄(霸)”。这一天为每月初一,叫“朔”,因古时以日月交会为吉日,故朔又称“初吉”、“月吉”或

"既死魄"。如《周礼·地官·族师》载:"各掌其族之戒令政事,月吉,则属民而读邦法。"郑玄注:"月吉,每月朔日也。""朔"的前一天叫"晦",朔后的一天叫"旁死魄",意思是靠近既死魄。再后一天月亮开始出现,这一天为每月初三,称为"朏",取月牙初露之意,也叫"哉生魄"。当月球与太阳黄经相差一百八十度的时候,月球以受光面对着地球,呈现出圆月的月相,称为"满月"或"望月"。这一天在每月十五日前后,故每月十五也称为"望"。因古人将月球受光面叫生魄(霸),所以这一天也称为"既生魄"。十六日叫"既望",也叫"旁生魄"。十七日叫"既旁生魄"或"哉死魄"。王国维则提出了"月相四分法":根据月相将一个月分成四段。从月牙初露到月亮半圆叫"初吉",这一段的第一天叫"朏"(相当于初三);从半圆到满圆叫"既生魄",这一段第一天叫"哉生魄"(相当于初八);从满圆到半圆叫"既望",满圆那天叫"望"(相当于十五、十六日);从半圆到无光叫"既死霸",这一段第一天叫"哉死魄"(相当于二十三日)。

四象 古人把表示天空的东、北、西、南四大区星象的四种动物,叫作四象。四象也称四神、四灵。四象源于中国古代的星宿信仰,指青龙、白虎、朱雀、玄武,分别代表东西南北四个方向。殷商时代,古人将天空分为四大区,对星辰进行观测,二十八宿体系形成后,和它结合起来,每七宿配一象。到战国时,又流行以五色、五行配四方,于是便有了青龙、白虎、朱雀、玄武之说。东方七宿,称为苍龙或青龙;北方七宿,称为玄武;西方七宿,称为白虎;南方七宿,称为朱雀或朱鸟。这种将星宿与动物联系起来称呼的方法,与西方将某些星座想象成动物,如天蝎、狮子等是一样的。

分野 中国古代占星术的一种概念。中国古代占星家为了用天象变化来占卜人间的吉凶祸福，将天上星空区域与地上的州国互相对应，称作分野。中国古代占星术认为，地上各州郡邦国和天上一定的区域相对应，在该天区发生的天象预兆着各对应地方的吉凶，所谓“天有五星，地有五行”。早期以星纪、玄枵、娵訾、降娄、大梁、实沈、鹑首、鹑火、鹑尾、寿星、大火、析木等十二次划分地面上州国的位置，使其与之相对应。就天文说，称作分星；就地面说，称作分野。如：以鹑首对应秦，鹑火对应周，寿星对应郑，析木对应燕，星纪对应吴越等。分野大约起源于春秋战国。如《国语·周语下》载：“武王伐殷，岁在鹑火。”即指武王伐纣时，木星运行到鹑火范围，所以周的分野为鹑火。战国之后，也有以二十八宿来划分分野。随着阴阳五行思想在汉代的大盛，分野也繁复起来。《晋书·天文志》：“十二次度数”和“州郡躔次”两节所载，体现了这种变化，见下表：

十二次	星纪	玄枵	娵訾	降娄	大梁	实沈	鹑首	鹑火	鹑尾	寿星	大火	析木
二十八宿	斗牛女	虚危	室壁	奎娄胃	昴毕	觜参	井鬼	柳星张	翼轸	角亢氐	房心	尾箕
分野	吴·扬州	齐·青州	卫·并州	鲁·徐州	赵·冀州	魏·益州	秦·雍州	周·三辅	楚·荆州	郑·兖州	宋·豫州	燕·幽州

定气 推算节气的一种方法。自春分点算起，太阳黄经每隔 15 度为一个节气。由于太阳在黄道上移动速度不均匀，所以各节气间的天数也不一样：冬至前后太阳移动快，两节气间只有 14 天多；夏至先后太阳移动慢，两节气间达 16 天多。使用定气可以较准确地表示太阳真实位

置，使春分、秋分在昼夜平分那天。但是在中国传统历法中，长期使用的是“平气”，也称“恒气”，即将一年平分为24等分，定出二十四节气，由于太阳的不等速运动，使各个平气之间太阳在黄道上运行的度数并不相同。隋代刘焯已知道平气不合理，曾创造推算定气的方法。唐代僧一行也曾用定气的方法推算日月食，但都未在正式颁行的历法中使用。直到清《时宪历》才改用定气注历。这是中国历法史上一次重大改革。

定朔 中国古代确定每月初一的一种方法。即把太阳视运动到月球黄经相等（合朔）的那天定位为每月的初一日。东汉之前的历法，在推算朔日的时候采用的是“平朔”，也称“恒朔”，就是取月的平均数为二十九天半，大月三十天，小月二十九天，大小月相间。即将月球的运行速度作为不变的常数。在这样的基础上，以朔望月的周期推算朔日。但是，由于月球运行速度并不均匀，因此，使用平朔就会造成太阳和月球黄经相等的时刻不一定在每月初一，从而出现日食发生在月终，即“日食在晦”的情况。东汉后，人们逐渐发现月球运动的不均匀性，提出对平朔进行修正。南朝宋的何承天、北齐刘孝孙和隋代刘焯都曾建议在历法中使用定朔。如刘焯制定的《皇极历》中就采用定朔，但并未真正颁行。直到唐《戊寅元历》才第一次尝试使用定朔并颁行全国。

上元积年 中国古代历法中的一种推算历元的方法。历元，指古代历法推算的起点。在中国古代历法推算中，夜半子时是一日的开始，朔日是一月的开始，冬至是一年的开始。历元在习惯上是取一个理想时刻，通常取一个甲子日的夜半子时，而且它又是朔日和冬至节气。从历元更往上推，求一个出现日月经纬度相同、五大行星处于同一方位的时刻，即“日月合璧，五星联珠”天象出现之时，这个时刻称为上元。实际就是若干天文周期的共同起点。从上元到编历年份的年数叫作积年，通称上元积年。西汉《三统历》最早推算上元积年。古人在推算上元积年的过程中，促进了对日、月、五星运行规律的观测，但是由于日、月、五星各有其运行周期和规律，因此，上元积年的推算越来越繁杂，且实际意义不大。唐代《戊寅元历》《符天历》就有不用上元积年的尝试，元代《授时历》继承南宋《统天历》正式废除了上元积年。

盖天说 中国古代的一种宇宙结构说。是一种直观的、天地毗连的有限大地中心体系。从流变上看大致有前后两种。最初的盖天说可能起源于殷末周初，认为“天圆如张盖，地方如棋局”(《晋书·天文志上》)。此说即原始的天圆地方说，但是在具体阐述时不能解释圆盖形的天与正方形的大地边缘无法吻合的问题。所以大致在汉代，盖天说有所改进，称天像斗笠悬在大地的上面，地像扣着的大盘子。天是球穹状的，地也是球穹状的，两者间的间距是八万里，北极位于天穹的中央。大地不动，日月星辰随天旋转不息，日月交替，便有了昼夜。日月星辰出没，是因为它们运行时远近距离变化所致，离远了就看不见，离近了就看见它们照耀。东汉王充对此解释：“今试使一人把大炬火，夜行于平地，去人十里，火光灭矣；非灭也，远使然耳。今，日西转不复见，是火灭之类也。”(《晋书·天文志上》)汉代的盖天说在《周髀算经》中记载较详，因此也称“周髀说”。此说提出大地是一个球面，而不是平面。这是盖天说比天圆地方说有进步之处，但蔡邕“考验天状，多所违失，故史官不用”。(《后汉书·张衡传》注引《汉名臣奏》)盖天说虽不符合实际，但作为人类对宇宙认识的一个发展阶段，有过积极作用。

浑天说 中国古代一种宇宙学说。是一种以地为中心的有限宇宙体系。浑天说最早可能始于战国时期，东汉张衡在《浑天仪注》中对该说进行了详细描述。此说认为天球是圆形的，像个鸡蛋，其中一半贮水；大地如同蛋黄，浮在水面上。日月星辰附于天体内壁，随天球绕大地运行。汉代以后，浑天说基本成为中国古代正统的宇宙结构理论。浑天说较盖天说的进步之处在于提出“天”是一个球体，天在不停地旋转，日月星辰随天运转，转到地平线之下就看不见了，这种见解比盖天说更合理地解释了天体的出没。对浑天说关于大地形状描述的理解上，争议较大。张衡虽在《浑天仪注》中说“地如鸡中黄”，但有学者认为这句话仅是表述了天地关系，即仅仅表明地在天球之内，而并不是指地是球体。

宣夜说　中国古代的一种宇宙学说，是我国历史上最有卓见的宇宙无限论思想。可能由“宣夜午劳”得名。它最早出现于战国时期，到汉代已明确提出。宣夜说认为，天是无边无际的气体，并没有固定的形状，日月星辰在空中漂浮游动。但是严格来说，宣夜说只是一种宇宙无限思想，而不能称其为宇宙结构模型。因为它只提到日月星辰浮于气体之中，对它们有规律的运动并未作出解释，也没有留下关于天体坐标和运动的独立量度的方法，所以东汉蔡邕说：“宣夜之学，绝无师法。”(《晋书·天文志上》)也因此，宣夜说仅仅成为一种思辨的假说被人们逐渐淡忘。由唐代天文学家李淳风所著《晋书·天文志》引录了大量有关宣夜说的史料，从而使这一思想得以保存下来。

二分二至　指春分、秋分、夏至、冬至，是我国传统历法中“二十四”节气的四个节气。我国的传统历法是配有干支纪时的阴阳合历，其中的阳历成分就是“二十四”节气。在我国传统历法中，将黄道分为二十四段，每段十五度，这样黄道上就有二十四个节点，其中黄经零度、九十度、一百八十度、二百七十度的节点就是春分点、夏至点、秋分点、冬至点，太阳在黄道上运行，过这些节点的时刻就是二十四节气。所以，“二分二至”是指四个时刻，“二分二至点”则是黄道上的四个节点，简称“分至点”；“二分二至日”则是“二分二至”这四个节气分别所在的那一天。在我国古代，春分和秋分也称日中；夏至和冬至也称至日。在部分典籍中，也把春分称为日中，秋分称为宵中，夏至称为日永，冬至称为日短。

2.历法

二十四节气　二十四节气是中国古代订立的一种用来指导农事的补充历法，是在春秋战国时期形成的。古时把节气称“气”，每月有两个气：前一个气叫“节气”，后一个气叫“中气”，合称“节气”。中国农历，或称夏历、阴历，是根据地球和月亮运转周期制定的历法，不考虑地球绕太阳的运行，不能反映季节的变化。由于中国是一个农业社会，为适应农业生产的需要，于是在历法中又加入了单独反映太阳运行周期的“二十四节气”，用作确定闰月的标准，以指导农业生产，就成了所谓的阴阳合历。“二十四节气”起源于我国黄河流域，早在西周、春秋时期，古人就用圭表测日影的方法测出了春分、秋分、夏至和冬至。汉武帝时期撰成的《淮南子》一书中，就有了和现代完全一样的二十四节气的名称。二十四节气能反映季节的变化，指导农事活动，影响着千家万户的衣食住行。人们为了便于记忆，编出了二十四节气歌：“春雨惊春清谷天，夏满芒夏暑相连。秋处露秋寒霜降，冬雪雪冬小大寒。”

二十四节表

春季	名称	立春 正月节	雨水 正月中	惊蛰 二月节	春分 二月中	清明 三月节	谷雨 三月中
	时间 (公历)	2月 4、5日	2月 19、20日	3月 5、6日	3月 20、21日	4月 4、5日	4月 20、21日
夏季	名称	立夏 四月节	小满 四月中	芒种 五月节	夏至 五月中	小暑 六月节	大暑 六月中
	时间 (公历)	5月 5、6日	5月 22、23日	6月 5、6日	6月 21、22日	7月 7、8日	7月 23、24日
秋季	名称	立秋 七月节	处暑 七月中	白露 八月节	秋分 八月中	寒露 九月节	霜降 九月中
	时间 (公历)	8月 7、8日	8月 23、24日	9月 7、8日	9月 23、24日	10月 8、9日	10月 23、24日
冬季	名称	立冬 十月节	小雪 十月中	大雪 十一月节	冬至 十一月中	小寒 十二月节	大寒 十二月中
	时间 (公历)	11月 7、8日	11月 22、23日	12月 7、8日	12月 21、22日	1月 5、6日	1月 20、21日

三正　指夏正、殷正和周正。据说为夏朝、商朝和周朝的历法，实际上是我国春秋战国时代各诸侯国使用的三种历法。这三者最主要的区别在于岁首(即“正月”)的不同,所以又称“三正”。

夏正,以相当于今日农历的正月为“岁首”——一年的第一个月。按十二支顺序,岁首为寅月,即所谓的“夏正建寅”。殷正,以相当于今日农历的十二月为岁首。按十二支顺序,岁首为丑月,即所谓的“殷正建丑”。周正,以相当于今日农历的十一月为岁首。按十二支顺序，岁首为子月,即所谓的“周正建子”。上述三正均为阴阳合历。由于岁首不同,各历的四季也随之不同,见下表:

月建	寅	卯	辰	巳	午	未	申	酉	戌	亥	子	丑
夏历	正月	二月春	三月	四月	五月夏	六月	七月	八月秋	九月	十月	十一月冬	十二月
殷历	二月	三月春	四月	五月夏	六月	七月	八月秋	九月	十月	十一月冬	十二月	正月春
周历	三月春	四月	五月夏	六月	七月	八月秋	九月	十月	十一月冬	十二月	正月	二月春

由于三正是春秋战国时代不同地区所使用的不同的历法制度，所以了解三正有助于我们弄清先秦古籍里历史事件的确切时间。如《春秋》和《孟子》多用周历,《楚辞》和《吕氏春秋》用夏历。《诗经》要看具体诗篇,如《小雅·四月》用夏历,《豳风·七月》周历和夏月并用。

干支 天干地支的简称。在中国古代的历法中,甲、乙、丙、丁、戊、己、庚、辛、壬、癸被称为“十天干”,子、丑、寅、卯、辰、巳、午、未、申、酉、戌、亥叫作“十二地支”。干指树干,支指枝叶,在我国古人的思维中,天主宰一切,而地从属于天,于是天与干合成天干,地与支合成地支,十干和十二支依次相配,组成六十个基本单位,两者按固定的顺序互相配合,组成了干支纪法。考古发现,在商朝后期帝乙时的一块甲骨上,刻有完整的六十甲子,可能是当时的日历。这也说明在商朝时已经开始使用干支记日了。根据考证,春秋时期鲁隐公三年二月己巳(公元前 720 年二月初十)，曾发生一次日食。这是中国使用干支纪日的比较确切的证据。后来也将干支用于纪年、纪月。古人也将一昼夜分为十二段，配以十二地支记时，如子时是半夜零点到两点，丑时是两点到四点。用干支表示时间顺序是我国古代历法的一项重要发明和特色。

古代地支记时辰对应表

钟表	23–1		1–3		3–5		5–7		7–9		9–11		11–13		13–15		15–17		17–19		19–21		21–23	
地支	子		丑		寅		卯		辰		巳		午		未		申		酉		戌		亥	
	23	24	1	2	3	4	5	6	7	8	9	10	11	12	13	14	15	16	17	18	19	20	21	22
	子初	子正	丑初	丑正	寅初	寅正	卯初	卯正	辰初	辰正	巳初	巳正	午初	午正	未初	未正	申初	申正	酉初	酉正	戌初	戌正	亥初	亥正

颛顼历　中国古代历法，古六历(黄帝、颛顼、夏、殷、周、鲁六历)的一种，采用十九年七闰法，一回归年为365.25日、一朔望月为29.53086日。秦统一中国后，在全国颁行《颛顼历》。汉武帝太初元年被《太初历》取代。

春秋时期，中国还没有完善、确定的历法，所谓“夏正建寅，殷正建丑，周正建子”正是这一时期历法体系还未成熟，各地历法不同的体现。战国时期，历法体系开始成形，但因这一时期的天文历法著作一本也没有流传下来，因此只得从古六历中窥见其大概。这一时期都采用四分历，但在历法选择上仍继承春秋，各国自定正朔。从发现的简牍看，到战国中期，秦国已经使用《颛顼历》。如云梦秦简中有关秦昭王时期的历日记载使用的便是《颛顼历》。而《吕氏春秋·序意》载“维秦八年，岁在涒滩，秋甲子朔”，即合《颛顼历》。秦统一中国后，在全国推行《颛顼历》。汉承秦制，沿用该历。《颛顼历》以合朔为一月的开始，以夜半子时为一日的开始，以十月为一年之始，仍称十月而不称正月;第四个月是立春之月,为避秦始皇嬴政的名讳,改称端月,汉代改称正月;最后一个月为九月,用岁末置闰法,将闰月置于年末九月之后,称后九月。如《史记·秦楚之际月表》从秦二世元年(前209年)七月起,按月记史事。每年都从十月始,依次为十一月、十二月、端月、二月,直至九月或后九月而止。而《史记》其他篇目中,如汉高祖、吕后等本纪的史事记录也都按照冬、春、夏、秋顺序排列。随着时间的推移,《颛顼历》误差越来越大,加之天文知识的进步,《颛顼历》最终被《太初历》取代。

太初历 指汉武帝太初元年(公元前104年)至东汉章帝元和二年(85年)实施的历法。以天象实测和多年天文记录为依据,是我国第一部比较完整的历法,也是当时世界上最先进的历法,它问世以后,一共推行了189年。

汉武帝时期,沿用了一百多年的《颛顼历》误差越来越大,常有日食在晦的情况出现,即日食在夏历月终出现,而日食本应发生在朔日,即夏历初一。元封六年(公元前105年),经司马迁等人提议,汉武帝下令改定历法。由司马迁、唐都、落下闳、邓平等人制订了《太初历》。《太初历》规定一年等于365.2502日,一月等于29.53086日;将原来以十月为岁首改为以正月为岁首;开始采用有利于农时的二十四节气;以没有中气的月份为闰月,调整了太阳周天与阴历纪月不相合的矛盾,并根据天象实测和多年来史官的记录,得出一百三十五个月的日食周期。这些都是我国历法上一个划时代的进步。

四分历 东汉章帝元和二年(85年)至曹魏景元四年(263年)实施的历法。由于当时使用了一百八十余年的《太初历》已出现与天象明显不符的情况,元和二年,正式颁布由编䜣、李梵等编订的新历,取汉文帝后元三年庚申岁为历元,上距鲁哀公十四年孔子获麟三百二十年。这就是“后汉四分历”。其数据均比《太初历》准确。《后汉书·律历志中》载：“四分历本起图谶，最得其正。”该历规定一年（回归年）为365.25日，一月（朔望月）为29.53085日，十九个太阴年插入七个闰月，因岁余为四分之一日，故通常简称为“四分历”。

乾象历 三国吴黄武二年（223年）至吴亡（280年）实施的历法。东汉末刘洪创制。乾象历中朔望月长度取为29.53054日，误差从东汉四分历的20余秒降到4秒左右；而回归年长度取为365.24618日，误差从东汉四分历的660余秒降到330秒左右。刘洪的乾象历创新颇多，不仅得到较精密的回归年、朔望月长度，更首次将月行迟疾引入历法，不但使传统历法面貌为之一新，且对后世历法产生巨大影响，被称为“后代推步之师表”。至此，中国古代历法体系最后形成。

景初历 曹魏明帝景初元年（237年）至北魏太平真君十二年（451年）所行历法。魏文帝沿用四分历，到明帝时日益疏阔，便由杨伟创制景初历，两晋一直沿用，直到刘宋元嘉二十二年（445年）诏行元嘉历为止，北朝则沿用，至北魏文成帝兴安元年（452年）最终由玄始历取代。它的主要优点在日、月食的预推方面，它根据黄道和白道的交点每年有移动，交食的发生不一定必在交点上，月朔在交点附近也可能发生日食，月望在交点附近也可能发生月食的情况，定出交会迟疾的差，这和现代的食限一样。在推算食分多少、日食亏始方位角等计算方面，更是它的特创。

大明历 亦称“甲子元历”，南朝祖冲之创制，于刘宋大明六年（462年）进呈，由于宠臣戴法兴反对，并未立即实施，直到梁天监九年（510年）正月才正式使用，到梁亡（557年）止；陈改年号为永定后，仍用大明历，到隋开皇九年(589年)陈亡止,前后共实施八十年。《隋书·律历志中》载:“至九年正月,用祖冲之所造甲子元历颁朔……陈氏因梁,亦用祖冲之历,更无所创改。”该历创新颇多,引入并发展了东晋虞喜所发现的“岁差”概念,即观测出太阳从今年的冬至环行一周天到明年冬至的时候,并没有回到原地,古代又叫做恒星东行或节气西退。祖冲之将四十六年差一度的岁差值引入大明历,将十九年七闰改为三百九十一年一百四十四个闰,并计算出回归年长度是365.2428日,与现代测得回归年长度仅差万分之六日,也就是说一年只差46秒,这是非常精确的资料,是我国历法史上第二次大的改革,为后代的历法打下了良好的基础。

皇极历 成于隋文帝仁寿四年(604年),隋代刘焯创制。大业四年(608年),隋炀帝欲行该历,但因袁充、胄玄反对而作罢,终隋一代该历未能实行,但由于唐李淳风在《隋书·律历志》中详细记录,使该历得以传世。皇极历颇多革新之处。该历运用内插法处理日月和五星的不均匀运动,尤其是该历所确立的定朔法、定气法和躔衰法,为后世所宗。定朔法由何承天首倡,而在皇极历中得以体现,在唐初以后的历法中施行。皇极历首用定气之法,大衍以后各历法均有运用,不过直到清初运用西法后,历书才最终使用定气注历。同时,皇极历日躔表列出的躔衰——各气太阳实行与平行之差数,也为以后诸历所采用。可见,作为一部完整历法,皇极历并未得到很好的施行,但该历中诸多成果为后世所继承。

戊寅元历 唐朝武德二年(619年)至麟德二年(665年)施行的历法,唐代傅仁均编制。该历是中国历史上第一部颁行全国、采用定朔的历法,也是中国历法史上第三次大改革。戊寅元历采用定朔法,到了贞观十九年(645

年）九月以后接连四个大月，历法家认为这是不该有的现象，因而又恢复使用平朔。除此之外，戊寅元历起初不再采用上元积年，到武德九年（626年），崔善为与王孝通校订，对戊寅元历作了几十条改动，复行上元积年。麟德二年（665年）被李淳风所创麟德历取代。

大衍历 又名《开元大衍历》，名僧一行编制，唐朝开元十七年（729年）到至德二年（757年）行用。因其依据《易》象大衍之数，故名。开元九年（721年），因日食不效，唐玄宗诏一行制作新历。一行与梁令瓒等造黄道游仪，以验星度。相关观测也随之展开。十五年（727年）大衍历草成。玄宗又诏令张说、陈玄景编订历数七篇、略例一篇、历议十篇。一行发明了根据太阳在黄道上的位置来区分节气的办法，这种区分的节气叫“定气”，并根据它来推算日月食。

由于一行是在梁令瓒和南宫说观测资料的基础上编撰了大衍历，而当时的历法很少经过这样充分准备而后编造，因而大衍历被称为唐历之冠。宋代沈括就对该历评价甚高，但又由于该历生硬地用《易经·系辞》里的数字来附会其数据，因而影响到部分数据的准确性。

符天历 唐德宗建中年间（780—783年）曹士蔿订立的历法。但由于该历的部分改变不符合官方历法的传统，使得该历法只行于民间，被称为“小历”，一直流传到南宋时期。

符天历的成就在于完成了两大改革：一是不用上元积年而以唐高宗显庆五年（660年）为历元，以雨水为岁首；一是把日法定为一万分，它的回归年是365.2448日。当时上元积年计算复杂，分数运算也很麻烦，符天历完成了这两项改革，在当时是很难得的。另外，符天历创立了相减相乘的简单二次函数算式，用以计算由中心差引起的太阳盈缩运动。而将函数算法公式引入历法计算，被唐末边冈的崇玄历继承并发展。

十二气历 北宋科学家沈括创制的一种与现今阳历相似的历法。中国传统历法为阴阳合历，以太阳运动设置的节气，以月亮运动设置的月份，两者关系的不固定，易导致季节与月份不符的情况出现，传统历法用加闰月的方法予以调整，但是无法根除这个矛盾。而十二气历则是试图通过彻底实行阳历，从根本上解决历法适应农业生产的问题。该历以 12 个节气定月，即立春为孟春（正月）初一，惊蛰为仲春（二月）初一，等等。大月三十一日，小月三十日，一般大小月相间，一年最多有一次两个小月相连。月亮的圆缺在历中注明“朔”“望”。这是一种纯太阳历的历法制度，尤其便于各种农业生产活动。但该历在当时并未实施。后来太平天国所用的“天历”，今天行用的公历，其实质都与十二气历相似。二十世纪三十年代，英国气象局用于统计农业气候的“耐普尔·肖历”，其原理也与十二气历相同。

统天历 宋代杨忠辅创制。宋宁宗庆元五年（1199年）颁行的历法，因推日食不验，施行仅九年，嘉定元年（1208 年）被开熹历所取代。

该历为两宋施行过的十九种历法中较为优秀的一种。清人梅文鼎曾评价说，“宋历莫善于纪元，尤莫善于统天”。由于该历的数据建立在近百年的多次天文观测之上，加之宋代天文观测仪器较前代精密，故该历多项数据较前代精确。尤其是确定回归年为 365.2425 日，与现行的格里高利历（公历）一致，但是，比现行公历早了近四百年。统天历发现了岁实消长，回归年长度古今大小不是常量。另外统天历不用上元积年而采取近距历元，这些被授时历所继承，所谓“不读统天历，不知授时之岁实消长”。

授时历 严格来说是指元朝至元十八年（1281年）至至正二十八年（1368年）施行的历法，许衡、王恂、郭守敬等人编制。元初承用金大明历，随着西部疆域的扩大，为了解决东西经度跨度过大导致的地方时差问题，而创西征庚午元历，但未颁行。至元十三年（1276年），南宋灭亡。忽必烈诏立太史局，力图改制新历。十七年（1280年）历成，赐名“授时历”，十八年（1281年）颁行天下。明初所颁行的大统历在法术方面基本沿袭了授时历。如果将两者看成一脉相承的话，那么授时历则一直沿用到清初，最终被时宪历取代，共使用了三百六十四年，成为我国历史上使用时间最长的历法。

授时历在实际测量和理论推算方面颇多创建，该历定每月为29.530593日，以无中气之月为闰月。它正式废除了古代的上元积年，而截取近世任意一年为历元，打破了古代制历的习惯，是我国历法史上的第四次大改革。除了继承统天历的回归年数据之外，授时历在制定过程中特别注意实测，元世祖接受郭守敬的建议，派十四名天文学家，到国内二十六个地点进行了几项重要的天文观测，历史上把这项活动称为“四海测验”，测定了夏至日的表影长度和昼、夜时间的长度，为编制新历提供了较为精确的数据。该历制成后，还东传至日本、朝鲜，足见其影响。

时宪历 清顺治二年（1645年）颁行的历法。明末，大统历预报与实际天相不合的现象屡有出现，徐光启受命修历，遂制成一部以西法为主的历法，名为《崇祯历书》。但因明末局势动荡，该历未及颁行而明亡。顺治元年（1644年），耶稣会士汤若望将《崇祯历书》作了删改，上呈清廷，名为《西洋新法历书》，多尔衮引《尚书》“惟天聪明，惟圣时宪”一句，定其名为《时宪历》，并于顺治二年（1645年）正式颁行。时宪历废除把全年分成二十四份，据以确定节气的平气(恒气),正式采用以太阳在黄道上位置为标准的定气。这是我国历法史上第五次亦是最后一次大改革。近代所使用的旧历就是时宪历,通常称为夏历或农历。

阴历 是一种根据月球运行周期制定的历法。阴历以月球绕行地球一周(以太阳为参照物,实际月球运行超过一周)为一月,即以朔望月作为确定历月的基础,一年为十二个历月。

地球绕太阳运行,月球绕地球运行,当日、月、地球三者处在同一条直线上,而月球在太阳和地球之间,因太阳的强光使地球上看不见月亮时,这一天,即阴历初一,叫做"朔"或"合朔";当日、月、地球三者处在同一条直线上,而地球在太阳和月球之间,在地球上看见圆月,叫做"望"。月球相继两次拥有相同月相所用的时间,即"朔望月",周期为29.5306日。因朔望月较之回归年易于观测,几乎所有古国最初的历法都是阴历。在中国民间传统中,阴历作为"夏历"或"农历"的俗称而存在,而我国的夏历实际上是一种阴阳历,即在使用阴历时,参照太阳历年周期确定阴历历年长度。因为地球绕太阳一周为三百六十五天,而十二个阴历月只有约三百五十四天,所以古人以增置闰月来解决这一问题,平年十二个月,闰年十三个月,十七年九闰,使阴、阳历历日相合。直到今天,由于历法中有节气变化,跟农业种植活动密切相关,所以"阴历"在国人尤其是农民的生活中起着举足轻重的作用。

阳历 太阳历的简称,为现行公历,也称"格里高里历",是以地球绕太阳公转的运动周期为基础而制定的历法。太阳历的历年近似等于回归年,其周期为365.25日。一年十二个月,这个"月",实际上与朔望无关。我国从春秋时期起,就使用回归年周期。应用回归年周期的中国古历法，因为在三百六十五个整日之外，尚余 0.25 日，故也泛称为“四分历”。太阳历年，平年七个大月，每月三十一天，四个小月，每月三十天，一个平月二十八天，全年三百六十五天；闰年变平月为“闰月”，二十九天，其它大小月与平年相同，全年三百六十六天，四年一闰，每满百年少闰一次，到第四百年再闰，即每四百年中有九十七个闰年。公历的历年平均长度与回归年只有 26 秒之差，要累积 3300 年才差一日，因此已经很准确了。我国从 1912 年 1 月 1 日起开始采用阳历。

傣历　中国傣族地区使用的历法，俗称“祖腊历”或“小历”，阴阳历的一种。傣历起源周秦之际，唐贞观年间正式创制。纪元始于公元 638 年 3 月 22 日。回归年长度为 365.25875 日，朔望月为 29.530583 日。单月三十天，双月二十九天，平年十二个月，十九年七闰，闰年十三个月，闰月固定在九月，为三十日。每隔一定时期，于八月二十九日之后加一天成三十日，称为八月满月。傣历岁首在六月，元月称“登景”，即“正月”的意思，二月称“登甘”，三月以后按数字称呼。傣历在头一年的除夕与下一年的元旦之间有一两天“空日”，名义上不属于哪一年，实际上还是归入旧年。这几天也是整个泼水节的庆贺时间，是傣族最盛大的节日。傣历将一年分为冷、旱、热、雨四季。此外，傣历还采用干支纪日和十二生肖法，和夏历相同。

藏历　中国藏族的传统历法。以月球圆缺周期为一月，大月三十日，小月二十九日。平年十二个月，全年三百五十四日；闰年十三个月，全年三百八十四日。“望”必定在每月十五，“朔”则不一定在初一，这样藏历与夏历日序有时相差一天。藏历也用干支纪年，以“阴阳”与“木、火、土、金、水”五行相配代替天干，以十二生肖代替地支，配成阳木鼠、阴木牛、阳火虎等。

据说，公元前100年，藏族已有自己的历法。从现有资料看，藏族很早就有“句天”(七天为一周)的概念。唐贞观十五年(641年)文成公主入藏，将汉族历法带入西藏，被称为“剥当”或“黑历”。北宋天圣三年(1025年)又有一种印度历法传入西藏，被称为“的哥”或“白历”。这两种历法对藏历的发展产生了巨大的影响。藏历的实质与夏历一样，属于阴阳历。而星历对藏历的影响主要体现在纪年和月名等方面。如藏历以采用星历那年为纪元元年，以六十年为一个世纪。同时，受印度历的影响，也用望夜月球所在二十八宿作月名。可见，西藏独特的历法体系，是建立在古藏历与汉、印度历法融合的基础之上的。

回历 信仰伊斯兰教的民族通用的历法，亦称“回回历”。相传为穆罕默德所创。中国有回族等十个少数民族使用该历法。回历所用的年由太阳年和太阴年两种构成。因太阴年供历史纪年和宗教祭祀使用，所以一般所称的回历指太阴年，是目前国际所用的唯一的纯阴历。回历全年十二个月，与回归年无关。朔望月长度为29.530556日。以看到新月那天为每月第一天，所以常比朔日迟一二天。每逢单月为大尽，三十天，双月为小尽，二十九天。历年平均长度为354日8时48分。三十年闰十一次，平年三百五十四日，闰年三百五十五日，闰日置于十二月末。由于回历一年比回归年少，所以回历的岁首在一年四季里变动不定，大约三十三年变动一周。回历以日没为一天之始。回历纪元叫做“希吉来”，意为“迁徙”。所以中国回族把回历纪元某某年也称为至圣迁都某某年。回历也被称为“希吉来历”。

3.著作

夏小正 中国现存最早的一部农事历书。由“经”“传”两部分组成。本为《大戴礼记》中的一篇,原名《小正》。它按照夏历十二月的顺序,分别记载每个月的星象、气象、某些动植物的习性和活动以及相应的农事、政事等。《夏小正》文字极为简练、古奥,大多数是二字、三字或四字为一完整句子。其指时标志,以动植物变化为主,用以指时的标准星象都是一些比较容易看到的亮星,如辰参、织女等。虽然《夏小正》的内容是按一年十二个月的顺序记载,但它缺少十一月、十二月和二月的星象记载,没有出现四季和节气的概念,表明《夏小正》历法的原始。

《夏小正》经文成书年代,至今尚无确论。相传夏禹曾“颁夏时于邦国”。《礼记·礼运》载:“孔子曰:我欲观夏道,是故之杞,而不足征也;吾得夏时焉。”郑玄笺:“得夏四时之书也,其书存者有《小正》。”这表明《夏小正》在春秋时代以前已经出现。传文则可能出现于战国时期。汉戴德删定《大戴礼记》为 85 篇时,《夏小正》是其中第 47 篇。戴圣删定《小戴礼记》为 49 篇时,把它又去掉了。《夏小正》在唐宋时期散佚。宋傅嵩卿搜集当时不同版本、零散的《夏小正》文稿,汇集、整理而作《夏小正传》。但因经文与传文在篇章中混杂而没有说明之关系,《夏小正传》中不尽是原来之全部篇章。

五星占 1973 年底在长沙马王堆三号汉墓中出土的古天文帛书,是中国现存最早的天文书。《五星占》约八千字,分为《木星》《金星》《火星》《土星》《水星》《五星总论》《木星行度》《土星行度》《金星行度》九章。《五星占》中保存了甘德和石申天文书的一部分,又以甘氏的居多。后三章列出秦王政元年（前 246 年）到汉文帝三年（前 177 年）共七十年间木星、土星和金星的位置，并描述了三颗行星在一个会合周期内的动态，是后代历法中步五星工作的先声。帛书中记录的金星会合周期为 584.4 日，其五个会合周期恰为八年。这个会合周期值只比现在的测值 583.92 日大 0.48 日，它记录的土星会合周期为 377 日，比今值 378.09 日只小 1.09 日；还记录了土星的恒星周期为 30 年，比今值 29.46 年只大 0.54 年，已属十分精确。《五星占》的成书年代没有准确定论，但根据其中“考惠元”“高皇后元”的明确纪年，加之帛书中的天象记录到文帝三年止，可推断帛书的写成年代当在公元前 170 年前后。在当时的条件下，能够记录如此精确的数据，实属不易。《五星占》在古代天文学史的研究上有着非常重要的价值和意义。

石氏星经 中国古代天文学著作。战国时期魏人石申作《天文》八卷，西汉后被尊为《石氏星经》。原书已佚。《史记·天官书》和《汉书·艺文志》引述该书零星片断，唐代瞿昙悉达所编撰的《开元占经》中有大量节录。《石氏星经》把星空划分为二十八宿及中外官星座，并用度数给出了这些星的坐标位置。全书载二十八宿和石氏中外官星一百二十座，含星一百二十一颗。该书被公认为是现已知世界最早的星表，为后人进行的许多天体观测奠定了基础。

从《开元占经》中的《石氏星经》所记录的星象分析，现存《石氏星经》应不是战国石申所著的原本。现存《石氏星经》部分数据应为汉代所测。三国时，吴太史令陈卓综合石氏、甘氏和巫咸三家观测的星官，整理成 283 官 1464 星的体系之后，逐渐出现综合三家的占星著作，有一种被称之为《星经》或《通占大象历星经》，被伪托甘公、石申所著，并首次以《甘石星经》之名出现在宋晁公武的《郡斋读书志》中。《郡斋读书志·天文类》中说：“《甘石星经》一卷，汉甘公、石申撰。以日、月、五星、三垣、二十八舍，恒星图象次舍，有占诀，以候休咎。”元代马端临在《文献通考》中，照抄了《郡斋读书志》的话，使《甘石星经》之名传播渐广。清代学者周中孚明确指出《甘石星经》不是甘、石合撰，而是一部伪书。他在《郑堂读书记》卷四十四《天文算法类一》中指出：《读书志》《通考》《宋志》所载的《甘石星经》一卷，“词义浅近，必非古书”，而是后人采用《晋书》《隋书》所载的文献编缀成的。加之《甘石星经》中有唐代州名，更可知该书应为唐、宋人所辑。因此，今人若要总结战国时期的天文学成就，《史记》《汉书》以及《开元占经》的引文可作为材料使用，《甘石星经》里的记录则不可盲目引用。

周髀算经　中国流传至今的一部最早的数学著作，同时也是一部天文学著作。原名《周髀》，唐初收入《算经十书》，作为国子监算学馆教材之一，改名为《周髀算经》。该书主要阐述“盖天说”和四分历法，是最早引用勾股定理的著作。关于《周髀》一名的意义，历来颇有争议。《晋书·天文志上》称：“其本庖牺氏立周天历度，其所传则周公受于殷商，周人志之，故曰周髀。”宋陈振孙《直斋书录解题》继承了《晋书》的说法，认为：“周髀者盖天之书也，称周公受之商高，而以勾股为术，故曰周髀。”另有学者将“周”作环解。如清陈杰《算法大成》称：“勾股之法，始于《周髀算经》……周，环也，髀，股也，环其股以为法，遂名为勾股云。”而“髀”字多解为“股”。如《晋书》《隋书》都称：“髀，股也；股者表也。”可见，《周髀算经》是利用圭表原理，观测晷影极游，利用勾股定理推算日月行度，以此确定一年的日期、季节变换，以致宇宙构造等。关于《周髀算经》的成书时间，一般认为是在西汉初年或更早，而从文本来看，应该不是同一时代同一人所作。现今有汉赵爽注本，因此可以推算在赵爽之前可能已有该书或该书的前身。《周髀算经》传本主要有赵爽注、北周甄鸾注和唐李淳风注。《周髀算经》广泛详尽地介绍了古代测定岁时的长度、二十四节气、天文南北线、太阳半径、北极四游、二十八宿距离等方法，在天文学发展史上占有重要地位，被一些学者赞为“千古至宝”。

步天歌　中国古代采用诗歌形式介绍星官的天文学著作，又名《丹元子步天歌》。关于丹元子的身份，历来颇有争议。宋王应麟认为《步天歌》撰者是唐王希明，而丹元子是其号。郑樵则认为作者是隋代隐者丹元子，其《通志·天文略序》称：“隋有丹元子者，隐者之流也；不知名氏，作《步天歌》，见者可以观象焉。王希明纂汉晋《志》以释之，《唐书》误以为王希明也。”汉代以来，随着天文学知识的开始普及，逐渐产生了一些介绍星宿的韵文诗歌。以现存资料看，这些韵文作品中以北魏张渊的《观象赋》为最早，后来还有隋李播的《周天大象赋》和唐初的《玄象诗》，但都没有广为流传。《步天歌》按照三国吴太史令陈卓所定的星座，把整个星空分为三十一大区，即后世所说的三垣二十八宿。包括了当时已定名的一千四百六十四星。将各区的星官、星宿编成一篇七字长歌，文辞浅近，便于传诵，很快成为天文初学者必读的歌诀。清梅文鼎认为《步天歌》：“句中有图，言下见象，或丰或约，无余无失。”即指一边读着《步天歌》，按照一定方向，一颗颗星地数过去，条理分明。明末，鉴于《步天歌》的巨大影响，相传利玛窦曾模仿《步天歌》撰有《经天该》，又称《经天诀》。清康熙时期，徐发按照西洋星座，作《西步天歌》。总之，《步天歌》作为一部中国古代天文学必读书，在古代天文学的普及上，起到了无可替代的作用。

开元占经 中国古代天文学著作。全名为《大唐开元占经》。唐瞿昙悉达著。曾经亡佚，明万历四十四年(1616年)在安徽一座古佛像腹中又发现抄本。《开元占经》全书共一百二十卷。全书内容丰富，集录了中国古代天文学家关于宇宙理论、天体运动、各种天文现象等等方面的论述，以及有关的星占术文献，并介绍了《麟德历经》《九执历》的内容。此外，还收录了从先秦“古六历”到唐代“神龙历”为止共二十九种历法的一些最基本的数据。《开元占经》保存了大量已失传的古代文献资料。据初步统计，《开元占经》中摘录有现已失传的古代天文学和星占学著作共约七十七种，纬书共约八十二种。这些佚书在其他古籍中间或已有记载，但都不如《开元占经》丰富。以纬书为例，明孙珏从许多唐宋古籍中辑录出一部纬书辑佚集，题为《古微书》。然而，自《开元占经》重新发现后，清人马国翰辑《玉函山房辑佚书》等所辑纬书篇幅超出了《古微书》好几倍。此外，《开元占经》中还引录有若干现已佚失的经学、史学和兵家著作。《开元占经》被视为保存古代文献的一座宝库，其价值不容低估。

新仪象法要 北宋苏颂撰写的天文仪器水运仪象台的设计说明书，是中国现存最早、最详尽的天文仪器专著。全书共描述机械零件一百五十多种，配图六十种。该书以图为主，介绍水运仪象台总体和各部结构。各图附有文字说明。卷上介绍浑仪，有图十七种。卷中介绍浑象。除五种结构图外，另有星图二种五幅，四时昏晓中星图九种。卷下则为水运仪象台总体、台内各原动及传动机械、报时机构等，共图二十三种，附别本作法图四种。其中还有唯一的一段不带图的文字：“仪象运水法”，讲述利用水力带动整个仪象台运转的过程。这些结构图是中国现存

文渊阁四库全书中的仪象运水法图

最古的机械图纸。它采用透视和示意的画法，并标注名称来描绘机件。通过复原研究，证明这些图的一点一线都有根据，与书中所记尺寸数字准确相符，十分精确。本书是中国现存最早的水力运转天文仪器专著，它反映了中国十一世纪的天文学和机械制造技术水平。通过研究，人们得以了解中国古代的水运仪象传统，从此还得知近代机械钟表的关键性部件——锚状擒纵器是中国发明的。

崇祯历书 是明崇祯年间为历法改革而编著的一部丛书，因由崇祯皇帝下令编纂，故名。该书于崇祯二年(1629 年)九月由徐光启领导历局开始编写，徐死后编纂工作由李天经主持。崇祯七年十一月成书。耶稣会士汤若望、罗雅谷参与编写、翻译西洋天文学部分。

《崇祯历书》共四十六种，一百三十七卷，其内容可为两个部分：第一部分为西方天文学的理论，称为“基本五目”，分别为法原(天文学基础理论)、法数(天文表)、法算(天文计算必备的三角学、几何学等数学知识)、法器(天文仪器及使用方法)和会通(中西度量单位换算表)。这部分有四十余卷，约占全书篇幅的三分之一。第二部分是根据这些理论推算得到的天文表，称为“节次六目”，分别为日躔、恒星、月离、日月交合、五纬星和五星凌犯。

《崇祯历书》引进了明确的地球概念、经纬度及有关的测定计算方法。采用了西方通行的度量单位。如分周天为三百六十度，分一日为二十四小时，一小时为四刻，采用六十位进制等。在历法上，它彻底采用定朔、定气，并以没有中气之月为闰月。该书采用的是一种介于哥白尼的日心体系和托勒密的地心体系之间的带有调和性的第谷宇宙体系，整体理论上已经落后于西方。但是作为明代介绍欧洲天文学最重要的著作，它使中国天文学体系发生了根本变化，从传统的代数学体系转为欧洲古典几何学体系。

《崇祯历书》编完后未经颁行新历，明朝就已经灭亡。明亡后，汤若望将删改后的《崇祯历书》连同新历上呈清廷，更名为《西洋新法历书》。清廷下令颁行，定名《时宪历》。后来，《西洋新法历书》被收入《四库全书》，但因避乾隆皇帝弘历讳，改名为《西洋新法算书》。

历象考成 清代一部论述历法推算的著作。在汤若望删改而成的《西洋新法历书》中，有很多图与表不合之处，有的解释文字也晦涩难懂，于是清政府决心重新修订该书。康熙五十三年（1714 年），清政府组织钦天监内外人员修订《西洋新法历书》，康熙六十一年完成，即《历象考成》。这部书共四十二卷，上编十六卷名《揆天察纪》，阐明理论；下编十卷名《明时正度》，讲计算方法。另有运算表十六卷。雍正八年（1730 年）六月初一日食，预推与实际不符。经钦天监监正明安图奏请增修。钦天监的耶稣会士戴进贤、徐懋德根据法国天文学家卡西尼的计算方法和理论，推算一份历表附在《历象考成》之后，但未作任何说明。后又组织人员对其进行解说，于乾隆七年（1742 年）完成，即《历象考成后编》十卷。《历象考成》及其后编虽然消除了《西洋新法历书》中图表不合的缺点，同时整理了欧洲古典体系的全部理论，使之更为清晰和系统。但是由于整体上仍然采用第谷体系及其数据，所以它的整体理论体系仍然是落后的。

仪象考成　清代一部以星表为主的天文工具书。乾隆九年（1744年）开始编撰，乾隆十七年成书，共三十二卷。实际由当时的钦天监监正耶稣会士日耳曼人戴进贤主编。前两卷为《仪说》，介绍了“玑衡抚辰仪”的性能和用法。“玑衡抚辰仪”是一架采用西法仿制的天文仪器。与传统的唐宋浑仪相比，该仪减少了黄道和地平两个环，在量度制度上采用三百六十度和九十刻制，比古代精确。后三十卷是星表，以乾隆九年甲子为历元。实际参考《步天歌》和1725年英国修订再版的《佛兰斯梯德星表》，再经过实测编成。记载恒星三百官，三千零八十三星。星表制成后，一直使用到道光年间，道光二十四年（1844年）又编成《仪象考成续编》三十二卷，收三千二百四十星。主编为当时的钦天监监正周余庆。由于在钦天监中任职的最后一位传教士葡萄牙人高守谦已于道光六年回国，清政府在此后也不再聘用西洋人，因此，《仪象考成续编》是一部由中国人独立观测、编算的星表。虽然与《仪象考成》相比，该书增星不多，变化不大，但提出了一些新的见解。如《仪象考成续编》的编者们观测到有些恒星的星等与《仪象考成》所载不同。他们提出这或许是恒星本身星等有变化（即变星），或者是恒星在靠近或远离地球的结果（即指恒星的视向运动）。这两个概念较为先进，尤其是视向运动的概念，在欧洲也是1868年才开始的。另外还提出恒星也有和行星轨道运动类似的运动（即双星）。这些见解实际上已和近代的恒星天文学相通了。

畴人传　中国历代天文学家、算学家的传记集。前后共四编。辑录了关于历代天文学家、算学家的生平及其成就的资料,并在大部分传记后给予评论。该书共四编,由清代阮元主持于1799年编成初编四十六卷,收录从上古到清乾隆末年的天文学家、算学家三百多人,其中外国人四十一人。第二编六卷由罗士琳在阮元赞助下于1840年编成。第三编七卷由诸可宝于1886年编成。第四编十二卷由黄钟骏于1898年编成。后三编收录六百余人。由于该书大部分是辑录各种原始资料,因而对于研究中国古代天文学史,是一部很好的工具书。

《畴人传》(尤其是初编)完成于“西学东渐”的大背景之下,撰述内容又是中西交流最直接的天文学,因此该书的时代印记十分明显。主编阮元在极力推崇梅文鼎的西学东源说的同时,对当时已经被西方所公认的部分天文学说采取怀疑和攻击的态度。如认为哥白尼的日心说“上下易位,动静倒置”、“离经叛道,不可为训”。面对当时中国传统天文学已经落后于西方的情况下,提倡中国学者自己研究,不可一味崇洋。如在《汤若望》论里说:“西术之密,亦密于今耳。必不能将来永用无复差忒。……也有郭守敬其人,诚能编通古今推步之法,亲验七政运行之故,精益求精,期于至当,则其造诣当必有出于西人之上者,使必曰:‘西学非中土所能及’……此不必然也!精算之士当知所自立矣!”反映出传统知识分子面对西学时的矛盾心态。

4.仪器

璇玑玉衡 语出《尚书·舜典》:“在璿玑玉衡,以齐七政。”古书中有时也写成“璇玑玉衡”。有两说:一为星象说,指北斗七星。《史记·天官书》:“北斗七星,所谓‘璇玑玉衡以齐七政。’”一为仪器说,指中国古代测量天体坐标的仪器,即浑仪的前身。“璇玑”指旋转的圆环;“玉衡”指一根观测用的窥尺或窥管。按此说,“璇玑玉衡”则是我国最早的直接用于观测星辰的天文仪器。孔安国谓璇玑玉衡为“正天之器,可运转”。马融则说:“璇玑者,即今之浑仪也。”郑玄说:“运动为玑,持正为衡,以玉为之,视其行度。”这都是将其视为一种测量仪器。因“璇玑”本有旋转之意,因此北极星绕北天极旋转称为“北极璇玑”;“玉衡”本指北斗七星第五星,此泛指北斗七星,北斗七星绕天极旋转,称“璇玑玉衡”。进而创制的天文仪器,亦称“璇玑玉衡”。

圭表　又称“土圭”,中国古代量度日影长度的天文仪器。后世也称“量天尺”。表,指直立的标杆;圭,指平卧的尺。据《周礼·冬官·考工记》郑注:“土犹度也。”所以土圭就是度圭。一般为石制,平放在地上,表与圭垂直,圭上有刻度,指向正北。用以测量每天中午太阳影子的长短以定四时。《周礼·地官·司徒》:“以土圭之法测土深,正日景以求地中。”可见,圭表在周代已经出现。当太阳在最北面且位置最高时,表的影子最短,为夏至;当太阳在最南面且位置最低时,表的影子最长,为冬至。进而推定二十四节气。《左传》中已有“日南至”的记载,可知最晚在春秋时期已经使用圭表测量连续两次日影最长或最短之间的时间,以确

据传为中国最早的周公圭表

定回归年的长度,作为编制历法的重要依据。元代郭守敬对圭表进行了改进,将“表”的长度增加,制成“高表”,另制“景符”,即一枚正中有针孔的铜叶,将其放置在圭面上,正对太阳,利用针孔成像的办法,使高表横梁在日光下所投虚影成为精确实像,测得的表影长度比以前圭表测影更为精准。

漏壶 古代一种以滴水多少计时的仪器。也叫“壶漏”、“铜漏”、“刻漏”、“漏刻”、“铜壶漏刻”。漏壶按计时方法大体上可分为两种:一种是观测容器内的水漏泄减少情况来计量时间,叫作泄水型漏壶;另一种是观测容器(底部无孔)内流入水增加情况来计量时间,叫作受水型漏壶。中国早期的漏壶是在漏壶中插入一根标杆,称为箭。箭下用一只箭舟托着,浮在水面上。水流出或流入壶中时,箭下沉或上升,藉以指示时刻。也称为箭漏。另一种是以滴水的重量来计量时间,叫做称漏。此外,为解决冬季气温过低造成的水结冰的问题,发明了一种以沙代水的沙漏。中国历史上用得最多、流传最广的是箭漏。漏壶的发明时代目前尚无定论。《周礼·夏官》已有相关记载,可见在周代已有漏壶。《史记》上曾记载司马穰苴在军中“立表下漏”以待庄贾,日中而贾违令不至,即被处死刑的事件。由此可见,春秋时期漏壶的使用已很普遍了。从考古发现来看,以西汉时期的漏壶为最早,均为铜制单只泄水型壶。单只泄

元代铜漏壶

水型漏壶结构简单,使用方便。这种壶的弊端在于随着壶中水的减少,流水速度也在变慢,这样就直接影响到计时的稳定性和精确度。东汉张衡已经使用二级漏壶,即一只漏壶和一只补给壶。用上面流出的水来补充下面壶的水量,以此提高下面壶流水的稳定性。晋代出现了三只一套的出水壶,唐初吕才设计了四只一套的漏壶。北宋燕肃又在中间一级壶的上方开一孔,使上面来的过量水自动从这个分水孔溢出,让水位保持恒定。燕肃创制的漏壶叫莲花漏,北宋时曾风行各地。此后,漏壶的形制基本固定。除水漏之外,还有沙漏,较早关于沙漏的记载见于元代。但由于流沙容易阻塞,使用并不普遍。明清之后,随着钟表的传入,漏壶逐渐被淘汰。

浑天仪 “浑仪”和“浑象”的总称。浑仪是测量天体球面坐标的一种仪器。浑仪模仿肉眼所见的天球形状,把仪器制成多个同心圆环,整体看犹如一个圆球,然后通过可绕中心旋转的窥管观测天体。浑象是古代用来演示天象的仪表,是天文钟的雏形。浑象的构造是一个大圆球上刻画或镶嵌星宿、赤道、黄道、恒稳圈、恒显圈等,类似现今的天球仪。

西汉武帝时落下闳曾制造浑仪,唐李淳风对浑仪作了改进,由若干规环分三层同心组合而成,称为“浑天黄道仪”。唐朝以后所造的浑仪,基本上与李淳风的浑仪相似,只是圆环或零部件有所增减而已。这时的浑仪由于规环太多,妨碍连续观测。北宋开始简化浑仪,到了元朝郭守敬则对浑仪进行彻底改革,创制出简仪。浑象最初由西汉耿寿昌以铜铸造。东汉张衡对其进行了改进,以漏壶滴出的水发动齿轮,带动浑象绕轴旋转以表示天象,称为“水运浑象”。唐代的一行和梁令瓒对其进行了改进。北宋苏颂、韩公廉等将浑仪、浑象和报时装置结合在一起,制成了水运仪象台。这是一台大型仪器,可以说是近代天文台上赤道仪室活动圆顶的先声。其中的天关、天锁等则是近代钟表中关键零件擒纵器的先声。

日晷　古时一种利用日影测时的仪器。又名“日规”。由晷盘和晷针组成。中国的日晷将晷盘平行于赤道面,倾斜安放。晷针为指向南、北极方向的金属针。针影随太阳运转而移动,刻度盘上的不同位置表示不同的时刻。中国最早关于日晷的文献记载是《隋书·天文志》中提到的袁充于隋开皇十四年（574 年）发明的短影平仪即地平日晷。赤道日晷的明确记载初见于南宋曾敏行的《独醒杂志》中提到的晷影图。日晷作为一种利用太阳光的投影来计时的仪器是人类在天文计时领域的重大发明，这项发明被人类使用达几千年之久,但是日晷有一个致命弱点就是阴雨天和夜里是没法使用的。明万历年间,自鸣钟进入中国,清代虽有很多进口和自制的钟表,但价格昂贵,在很长的时间内,日晷和漏壶仍然是民间重要的计时仪器。

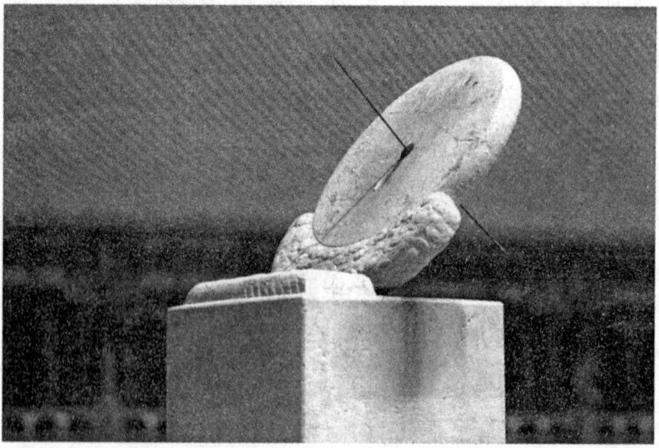

故宫日晷

二、学术思想

1.思想观念

天 天是中国古代宗教与哲学概念。最初指天帝，《尚书·召诰》中就有“皇天上帝”一语，指万事万物的主宰。在商周时期，天被视为君主统治权力的合法来源，而人间的君主则自称受命于天，以“恪谨天命”为行为准则，周王则称为“天子”，而祭天成为其显示自身在人间至高无上之地位的一种形式，祭天的传统也为后代帝王所继承。随着“敬天保民”思想的发展，天的神秘色彩减退，对天的理性认识逐渐发展。孔子曾言：“天何言哉？四时行焉，百物生焉。”《荀子·天论》中也记载：“列星随旋，日月递照，四时代御，阴阳大化……是之谓天。”这些都是将天视为客观存在的观点。东汉王充也认为“夫天，体也，与地无异”。但是，先秦时期对天的理解具有明显的过渡色彩和多样性。如《易传》中的“天尊地卑”将社会价值引入自然界，而孟子则认为，“尽其心者，知其性也；知其性，则知天矣”，将天解释为精神实体，而人心所有的观念皆出于天。孟子的这种提法首次将自然秩序引入社会价值体系，对中国古代思想史产生了深远影响。西汉董仲舒便在孟子天道、人道的命题之下提出了“天人合一”学说，宋代学者在继承先秦儒家天人相通学说的基础上系统地发展了天人合一的学说，提出了“天即理”和天就是心性等学说。

而天人合一的观念也成为我国古代哲学思想的重要特征之一。

道 中国古代哲学基本范畴。道本指道路,引申为道理、原则、规律。在哲学上则指世界的本源。古代哲学家基于各自对世界的不同理解,对道的具体解读也不同。最早从形而上学角度将道作为世界本源的是老子,老子说:“有物混成,先天地生,寂兮寥兮,独立而不改,周行而不殆,可以为天下母。吾不知其名,字之曰道。”同时,老子又认为道是普遍存在的,而且是必须遵循的,即“孔德之容,唯道是从”。因此,道具有了某种法则意义。即“人法地,地法天,天法道,道法自然”。庄子继承并发展了老子的观点,认为道是一种难以明确界定,但是又无所不在,囊括一切的东西,如《庄子·大宗师》言:“夫道,有情有信,无为无形;可传而不可受,可得而不可见;自本自根,未有天地,自古以固存,神鬼神帝,生天生地;在太极之先而不为高,在六极之下而不为深,先天地生而不为久,长于上古而不为老。”(《庄子·大宗师》)韩非一方面将道视为万物的本原,认为“道者,万物之始,是非之纪也。是以明君守始,以知万物之源”,另一方面论述了道、德、理三者的关系,认为“德者,道之功……万物各异理,而道尽稽万物之理”(《解老》)。这种将道、理联系起来的解释对后世有较大影响。宋代理学上承先秦,如邵雍认为“道为天地之本”(《观物内篇》),这明显是继承了老庄的某些思想。二程、朱熹则将道、理视为同等范畴,认为“理也者,形而上之道也,生物之本也”(《朱子文集·答黄道夫》)。明末清初的王夫之也说:“道者,天地万物之通理。”(《张子正蒙注·太合篇》)清戴震则继承了宋张载把道解释为气化流动的观点,认为“道,犹行也;气化流行,生生不息,是故谓之道”(《孟子字义疏证》),将道解释为气化流行,不断产生万物的过程。

人道 中国古代哲学范畴，与“天道”相对，指人事、人伦、为人之道或社会规范。《老子》言：“天之道损有余而补不足，人之道则不然，损不足以奉有余。”《庄子》则说：“有天道，有人道。无为而尊者，天道也；有为而累者，人道也。”可见，老庄将天道与人道对立，主张尊天道奉无为，庄子人道有为的观点则给东汉王充很大影响。王充说：“而人之行，求有为也。人道有为，故行求。”（《论衡·说日》）但是与老庄否定人道有为不同，王充给予“人道有为”更为积极的评价。与道家强调人道与天道的关系不同，儒家则从人与人、人与社会的关系层面来论“人道”。《易·说卦》言：“立人之道，曰仁与义。”《礼记·丧服小记》则说：“亲亲，尊尊，长长，男女之有别，人道之大者也。”而《论语·里仁》中曾子说：“夫子（孔子）之道，忠恕而已矣。”指出孔子人道观的核心是“忠恕”。孟子则以“诚”论“人道”：“是故诚者，天地之道也；思诚者，人之道也。至诚而不动者，未之有也；不诚未有能动者也。”（《孟子·离娄上》）明末清初的王夫之则提出“以人道率天道”，强调人在社会发展中的作用。清戴震则说：“人道，人伦日用身之所行者皆是也。”（《孟子字义疏证·道》）可见，儒家的人道更侧重于对人事、人伦和社会规范的解读上。

天道 中国古代哲学概念。与“人道”相对，最初指主宰人间祸福的神的意志，如《尚书·汤诰》说：“天道福善祸淫。降灾于夏，以彰厥罪。”到了春秋时期，这种天道主宰人事的观念开始受到怀疑，郑国子产就曾说：“天道远，人道迩，非所及也。”而老子“天道无亲，常与善人”的观点则是对周人“皇天无亲，惟德是辅”思想的重要发展，赋予了天道自然的意义。在百家争鸣中，关于天道的争论也是各家争论的重要问题之一。《庄子·天地》云：“无为而尊者，天道也。”这是继承了老子天道自然的观点，而这种观点被东汉王充和北宋程颢所继承和发展。王充结合东汉天文学成就，认为天与地一样，没有意志，天道自然无为，但是人道却有为，由此批评天人感应学说，认为该说“使自然无为转为人事，故难听之也”。北宋王安石认为“尚变者，天道也”。他的天道尚变学说为其倡导的改革提供了理论依据。可见，“天道”这一概念在发展中与“人”或“人道”的关系日益紧密，到明清之际的王夫之则系统论述了天道与人道的关系，认为“人之道，天之道也；天之道，人不可以之为道也”。

天命 指上天的意志或命令，也指必然性或命运。天命观起源很早，在殷周时期已经很流行，《尚书·汤誓》云：“有夏多罪，天命殛之”。《尚书·泰誓》也说：“商罪贯盈，天命诛之。”周人更认为“天命靡常”，以此解释周代商是天命变化的结果。君主则自称“受命于天”。可见，在殷周时期，天命是以一种人格神的面貌出现的，他主宰着世代兴衰，决定着朝代更迭。但是，周人在宣扬传统天命论的同时，对其已有所怀疑。特别是进入春秋后，对天命的解读更为多样。孔子说“五十而知天命”，表明孔子已不再将天命看作人格化的神，而是将其视为一种无法抗拒的力量，因而主张“畏天命”。荀子将天命视为一种必然性或规律，提出：“制天命而用之。”认为与其仰慕它，不如通过掌握其规律来利用它。孟子则将“天命”与道德、伦理联系起来，认为君臣、父子关系，“莫非命也”；人对自身的命运应当听天由命。西汉董仲舒继承并发展了孟子的天命学说，将天人格化，认为“天命成败，圣人知之”，进而提出“天人感应”学说。

仁 古代儒家含义极广的伦理、道德范畴。甲骨文中已有此字。《说文解字·人部》：“仁，亲也，从人、二。”原意指人与人之间的亲密关系。“仁”作为道德范畴最早出现在周初文献《尚书·金滕》中：“予仁若(而)考(巧)”，指一种好的品德。在孔子学说中，“仁”是道德规范的核心和人生最高的道德境界，其基本含义是“爱人”。《论语·颜渊》：“樊迟问仁，子曰：‘爱人’。”包涵了智、勇、信、忠、恭、敬、恕等内容。具体表现在“忠”和“恕”两方面。孔子认为“忠恕”是达到“仁”的必由之路。《论语·卫灵公》：“子贡问曰：‘有一言而可以终身行之者乎？’子曰：‘其恕乎！己所不欲，勿施于人。’”而在政治上则体现为“克己复礼”。孟子发展了孔子“仁”的学说，认为“仁者，人也”。(《孟子·告子上》)将“仁”视为人区别于禽兽的根本特征，进而又将个人范畴的“仁”推及整个社会，提出“仁政”。孟子的“仁政”理论上承春秋时期的“德政”思想，《左传》隐公十一年言：“既无德政，又无威刑，是以及邪。”内核则是孔子“仁”的思想的发挥，认为统治者应该将爱人之心推及于政治措施，“为政施仁”，而其基础则是孟子的性善论。孟子的“仁政”说在战乱频繁的战国时期未被采纳，直到西汉时期随着儒家学说正统地位的确立才受到重视。西汉董仲舒将仁与义、礼、智、信并称“五常”，使之成为古代社会基本道德规范。宋代理学发展了孟子“仁”的理论，不仅将其视为人的本性，更将其上升到哲学层面，视之为世界的本源。进入近代，谭嗣同将仁与墨家“兼爱”和佛教、基督教部分教义结合，作《仁学》，提出：“仁以通为第一义。”提出破名教和宣扬平等，进而批判君主专制，倡导变法维新，具有明显的时代特征。

义 儒家重要的伦理、道德概念。甲骨文中已有此字。义字从羊从我，本意具有美善、适宜之意。《礼记·中庸》：“义者，宜也。”孔子则将其视为君子应具有的道德准则。《论语·阳货》言：“君子义以为上。”同时，义也成为区别君子与小人的标准:“君子喻于义,小人喻于利。”(《论语·里仁》)孟子则说:“义,人之正路也。”(《孟子·离娄上》)儒家在重视义的同时,也为中国古代传统思想中轻视科技和商业的倾向埋下了伏笔。随着义的外延的扩大,引申为对社会关系的准则之一。宋代理学家认为:“义,公天下之利。”而随着儒学影响的扩大和平民化,义也逐渐成为底层民众所重视的道德标准,有关“结义”“义气”的民间故事在平民中的影响不亚于儒家经典中的“义”,其中最具影响力的便是《三国演义》中刘、关、张“桃园三结义”。“义”也成为忠诚、扶危济困和相互帮助的代名词。

礼 中国古代社会政治、行为道德规范的总称。“礼”本指敬神。《说文解字》:“礼,履也;所以事神致福也。从示从丰。……丰,行礼之器也。”可见,礼源于远古流传下来的传统习惯和仪式,后来逐渐成为一整套完善的制度体系。《论语·为政》:“齐之以礼。”朱熹注:“礼,谓制度品节也。”礼在周代被视为一种严格的政治制度。《左传》载:“礼,经国家,定社稷,序民人,利后嗣者也。”又说:“礼之可以为国也久矣,与天地并。君令臣恭,父慈子孝,兄爱弟敬,夫和妻柔,姑慈妇听,礼也。”说明礼是以宗法制度为内容的。在表现形式上,有朝觐、聘问、丧祭、乡饮酒、婚姻等礼,而每一项礼都以规范人与人之间的关系为目的。如“朝觐之礼,所以明君臣之义也。聘问之礼,所以使诸侯相尊敬也。丧葬之礼,所以明臣子之恩也。乡饮酒之礼,所以明长幼之序也。昏姻之礼,所以明男女之别也”。(《礼记·经解》)由人与人之间的礼上推为整个国家成员间上下等级之礼,由此达到国家统治稳定的目的。如果这些礼被废弃,国家、社会就会陷入混乱。进入春秋战国时期,面对社会剧变,礼的内容和社会作用也悄然变化。《商君书·更法》说:“苟可以利民,不循其礼。”《韩非子·解老》进一步认为:“礼者,所以貌情也,群义之文章,君臣父子之交也,贵贱贤不肖之所以别也。”实际上是要求以新“礼”代替旧“礼”。而这一变化主要体现在两方面:一方面,旧礼中作为社会规范的一部分移入到法律之中;另一方面,礼的形式在国家、上下、君臣间保留下来,成为礼节。而这种礼节在五四运动中被视为专制、落后的“礼教”和阻碍人与人之间平等关系建立的障碍而遭到猛烈批判。

诚 中国古代哲学术语。原指诚实无欺或真实无妄,在儒家看来则是指人生的最高境界和宇宙的最高本体。《中庸》说:“诚者,自成也,而道自道也。诚者,物之终始,不诚无物。”又说:“诚者,天之道也;诚之者,人之道也。诚者不勉而中,不思而得,从容中道,圣人也。”孟子则说:“诚者,天之道也,思诚者,人之道也。”(《孟子·离娄上》)在这里,诚被视为自然界的最高道德范畴,而人通过“思诚”也能达到诚的境界,与天道合一。唐李翱继承并发展了《中庸》的思想,认为:“诚者,圣人之性也;寂然不动,广大清明,照乎天地,感而遂通天下之故,行止语默,无不处于极也。”(《复性书上》)李翱的提法很明显受到佛教的影响,在他看来,诚是圣人的本性,常人则必须通过“复性”的方法来达到诚。北宋周敦颐则将其视为至高无上的宇宙本体和精神本体。“诚者,圣人之本。大哉乾元,万物资始,诚之源也。”(《通书》)明清之际的王夫之继承并改造了《中庸》中“诚”的思想,认为:“诚,以言其实有尔。”(《张子正蒙注·天道》) 又说:“诚者天之道也, 阴阳有实之谓诚。”(《张子正蒙注·太和》)王夫之不仅将“诚”视为客观“实有”,更将其看作宇宙的一般规律。

中庸 儒家重要的伦理思想和道德规范。中,有中正、中和、不偏不倚等义;庸,有平常、常道、用等义。初由孔子提出,《论语·雍也》:“子曰: 中庸之为德也, 其至矣乎！民鲜久矣。”将中庸视为最高的德行，但是中庸之道是很难达到的完美境界。孔子曾说：“天下国家可均也，爵禄可辞也，白刃可蹈也，中庸不可能也。”《礼记·中庸》发展了孔子的思想，提出了具体的践行方法，即“执两用中”，指处事以无过不及为原则，不走极端。后世学者对中庸思想多有发挥。东汉郑玄注：“庸，常也，用中为常道也。”（《礼记正义》）三国魏何晏注：“庸，常也。中和可常行之德也。”（《论语集解》）宋代理学则重视阐发中庸思想的方法论意义。北宋二程说：“不偏之谓中，不易之谓庸。中者天下之正道，庸者天下之定理。”（《河南程氏遗书》）南宋朱熹注：“中者，无过不及之名也。庸，平常也。”然而也有一些学者认为宋代理学对于中庸的阐释有所错误。他们认为先秦“中庸”一词所谓的“中”乃是指“心中内在”的修持功夫，而非是指“不偏不倚处于中间”的处事态度。在对中庸的理解中，逐渐衍生出不分是非、处事圆滑、没有原则的意思。而这层含义在新文化运动中受到猛烈批判。

正统观　中国传统的文化观念之一。在宗法上表现为嫡系观念，在政治上指承受天命的王朝观念，学术上则指学派、宗派一脉相传的正宗观念。而以宗法、政治方面的意义对中国历史、文化影响巨大。“正统”的本义，来源于“一统”，本出于《史记·秦始皇本纪》：“海内为郡县，法令由一统。”有政治统一之意。《公羊传》则有“君子大居正”和“王者大一统”两语。何休对《公羊传》“大一统”解释为“统者，始也。……莫不一一系于正月，故云政教之始。”可见《春秋》大一统指建元正朔，训统为始。西汉王吉上宣帝《疏》云：“《春秋》所以大一统者，六合同风，九州共贯也。”《汉书·郊祀志》：“宣帝即位，由武帝正统兴。”将政治的一统与宗法的嫡系传承联系起来。帝王受命的“正统观”的真正提出则是在东汉建立之后。光武帝为从法理上否定王莽代汉，对正统观原有的宗法嫡系传承大加阐发。东汉傅幹在《王命叙》中论光武中兴的理由，第一条就是光武帝得“帝皇之正统”。班固《典引》论汉高祖和光武帝：“盖以膺当天之正统，受克让之归运。”奠定天命正统之论。自此之后，历代帝王都以此立论，证明自己的合法性。曹魏代汉，《受禅表》说：“大统不可以久旷。”邯郸淳《魏受命述》则说：“圣嗣承统，爰宣重光。”即通过承嗣天命正统来证明自己的合法性。由于五代十国时期政权更替频繁，神州分裂，宋朝建立，对正统的阐述显得尤为重要。这一时期，围绕修史对正统的含义展开了讨论。欧阳修《正统论下》说：“居天下之正，合天下于一，斯正统矣……始虽不得其正，卒能合天下于一，夫一天下而居正，则是天下之君矣，斯谓之正统可矣。”苏轼《正统论上》则说：“所谓正统者，犹曰有天下云尔……统者，恶夫天下之无君而作也。”司马光说：“苟不能使九州合为一统，皆有天子之名而无其实也。”实际上通过空间立论，以疆域的统一作为继承正统的标准，以此为宋挣得正统地位。而这一观念对元的统一产生较大影响，《元史·刘整传》载，刘整即以不完成疆域的统一是“自弃正统”劝说元世祖攻宋。以空间立论的最大特点在于避开了华夷之争。因此，明方孝孺视夷狄之统为变统，即将少数民族排斥于正统之外，把正统观赋予攘夷之义，以此为明的正统地位寻找依据。清末民初的梁启超强烈批评正统论，认为正统论是君主借天命论证明他们“生而有特别之权利”，认为正统论的标准无非是成王败寇。梁的观点影响极大，正统观由此被否定。然而，作为一种在历史中长期存在的文化观念，正统观不仅长期支配过中国人的头脑，还经常影响着各色人等的政治行为以致重大决策，因而具有重大的学术、文化意义，其对中国人的深远影响也是不容忽视的。

华夷观 古代中国的一种世界观。这种意识以天下一体的世界观为潜在认识依据。以中国为中心,将世界划分为三级:华夏、蛮夷、禽兽。文明程度最高的是华夏;文明程度最低的,可视为禽兽;而文明程度介于两者之间的,则称之为“蛮夷”。区分这三者的唯一标准,不是种族,不是血统,而是“文明程度”。如孔子褒扬管仲,曰:“管仲相桓公,霸诸侯,一匡天下,民到于今受其赐。微管仲,吾其被发左衽矣。”(《论语·宪问》)孔子以衣冠、礼仪来代指文明,作为衡量华夷分界的标准。孔子又说:“夷狄之有君,不如诸夏之亡也。”(《论语·八佾》)强调夷狄即使有国君,但不明礼义,还不如诸夏即便无国君,但仍保有礼义。孔子作春秋大义,提倡华夷之辨,不强调以种族为标准,而以文化礼义作量度。如楚国自称蛮夷,其后文明日进,中原诸侯与之会盟,则不复以蛮夷视之;而郑国本为诸夏,如行为不合义礼,亦视为夷狄。这种以文化为标准的华夷观推动了民族融合,增强了民族内聚力并保证了文化的传承。在中国历史发展中,少数民族政权若要巩固统治,不得不主动接受中原文化,形成了“治统”可变而“道统”不可变的文化认同。中华世界看重衣冠礼仪,《春秋左传·正义》云:“有服章之美谓之华,有礼仪之大故称夏”。因此,衣冠服饰成为衡量是否接受中原文化的标准之一。所以,北魏孝文帝改革的重要一项即是去胡服,穿汉服。清初的剃发易服则引起了强烈的反抗。但是,这种以文化为标准的华夷观念是建立在极强的文化自信的基础之上的,其根本点在于对中华文明的崇拜与认同。因此,盲目的文化自信与保守也日益增强。在外交体系上体现为以中华帝国为中心,周围夷狄各国接受册封,后者向前者朝贡,前者羁縻后者的朝贡体系。因此,当英国马戛尔尼使团到中国来寻求建立近代意义的外交关系时,清政府仍将其视为传统意义上的贡使。特别是鸦片战争后，传统的华夷观念虽屡受挑战，但由于长期的历史积淀，华夷观念已经成为一种十分沉重的心理，一直左右着统治者的外交政策。

太极 中国思想史上的重要概念，指派生万物的本源。语出《易·系辞上》："易有太极，是生两仪。"将太极视为天地未分前的原始统一体。但先秦文献中并未指明太极的性质。两汉时期一般将太极视为气或者元气。东汉郑玄就说："极中之道，淳和未分之气也。"（王应麟辑《郑氏周易注》）唐孔颖达继承两汉观点，将太极解释为元气："太极谓天地未分之前元气混而为一，即是太初太一也。"（《周易正义》）宋明理学则将太极视为宇宙生成本原和万物存在的本体。如北宋周敦颐撰《太极图说》，认为"五行一（统一于）阴阳也，阴阳一（统一于）太极也。"南宋朱熹把太极解释为理，"太极只是天地万物之理。在天地言，则天地中有太极；在万物言，则万物中各有太极。"朱熹又删去了周敦颐"自无极而太极"中的"自"字，改成"无极而太极"，认为无极只是形容太极，说明它之上没有更高的本原。随着近代西方思想的传入，太极开始作为某些西方概念的译名出现。孙中山就以"太极"翻译西方的"以太"："太极动而生电子，电子凝而生元素，元素合而生物质，物质聚而成地球。"（《孙文学说》）

大一统 中国传统文化中一种追求全面统一的观念。主要表现为要求实现政治、思想和法令的统一。《公羊传》隐公元年称："何言乎王正月？大一统也。"大，指重视、尊重；一统，指统一，指天下诸侯皆统一于周天子。西汉董仲舒在《举贤良对策》中说："春秋大一统者，天地之常经，古今之通谊（义）也。"进而提出了思想、政治、法度的大一统。作为一个传统的农业社会，分散、脆弱的小农经济需要一个强有力的政权来提供一个安定的社会环境以保证生产。另外,在生产力低下的时代,只有统一的强有力的政府才能组织像水利基础设施这样的大型工程的建设,而这样的工程在农业社会里是极其重要的。传统的宗法制度也为大一统观念提供了思想与政治基础。因此,大一统观念成为华夏民族所向往的一种完美的政治标准,这种观念形成了一种极强的向心力,并通过士大夫的宣传教育成为一种根深蒂固的观念,使中国始终能从分裂走向统一。

忠孝 中国古代一种孝父忠君的意识,也是一种伦理——政治文化观念。“忠”是儒家的道德规范,本指诚恳、积极为人的人格和态度,即“尽己之谓忠。”(朱熹《四书集注》)。在君臣关系上体现为:“君使臣以礼,臣事君以忠”(《论语·八佾》)可见,此时的忠是有条件的,是臣对君以礼相待的一种回报,但由于家国同构,君臣与父子关系开始产生对应。汉代的《忠经》认为忠是“为国之本”。《白虎通义》说:“三纲者何谓也?君臣、父子、夫妇也。”将君臣关系与父子关系开始结合起来。宋代就进一步地将以尊亲、事亲为主要内容的孝与忠紧密结合起来,认为“事亲孝,故忠可移于君。”认为事亲以孝必然事君以忠。由于孝的对象是以血缘关系为基础的,带有不可选择性。因此,将孝与忠结合起来,就逐渐消除了先秦儒家“忠”的前提条件——“君使臣以礼”,君也被称为“君父”,形成了“君君、臣臣、父父、子子”的伦理——政治文化观念。这种观念通过家庭和社会教育深入人心,具有一种强大的文化内聚作用,成为维系宗法王朝稳定的重要力量。近代孙中山提出了“忠孝仁爱信义和平”为内容的“八德”。将原本的忠君发展为“要忠于国,要忠于民”。传统忠孝观虽有对君主“愚忠”的一层含义,但作为一种影响深远的观念,对中华民族坚贞不屈、重视气节的民族性格的形成起到了重要作用。

通变 中国传统文化中一种以变化求长久的文化观念。《周易·系辞下》:“穷则变。变则通,通则久”,指事物发展到极致的程度,就要变化,变化才能通达,通达才能保持长久。通变意识对传统史学和文学产生了深远影响。西汉司马迁就将“通古今之变”作为历史撰述的重要宗旨之一。在他的历史观念中,历史是变动的,也是在变动中不断向前发展的。刘勰则提出了文学理论上的“通变”,认为:“名理有常,体必资于故实;通变无方,数必酌于新声。”在这里“故实”指旧有文体,“通变”的则是旧有文体框架下的内容和创作思维的变化、创新。由此可窥见中国传统文化中的通变意识本质上还是一种统系保守意识,即用传统文化来整合新的文化因素,以保证核心文化体系的传承。这一方面促成了文化的整合与发展,如佛教的本土化和佛教思想对儒家学说的影响。另一方面减弱了极端保守意识或过于激进的变革意识可能对文化、社会造成的负面影响。如近代“中体西用”说,便是通变意识在保守与过激之间的一种调和。总体而言,通变意识对中国这个有着千年文明的古国而言,其重要价值就在于保护自身文化特色的同时,能以较为开放的态度吸收其他的文化因素以推动自身文化的更新与发展。

大同 儒家向往的理想社会。语出《礼记·礼运》:“大道之行也,天下为公,选贤与(举)能,讲信修睦。故人不独亲其亲,不独子其子。使老有所终,壮有所用,幼有所长,矜寡孤独废疾者,皆有所养。男有分,女有归。货恶其弃于地也,不必藏于己;力恶其不出于身也,不必为己。是故谋闭而不兴,盗窃乱贼而不作,故外户而不闭。是谓大同。”《礼运》为我们描述了一幅近乎原始共产主义的社会画面。这段话作为对“大同”社会的经典描述在中国历史上产生了巨大影响，成为后来诸多进步思想家和农民领袖所追求的目标。尤其是清末，无论是洪秀全《天朝田亩制度》中设计的农业乌托邦社会、康有为《大同书》中建立“至平、至公、至仁、治之至”社会的理想，还是谭嗣同《仁学》中号召通过“以心力挽劫运”而建立的“大同世界”，都受到“大同”思想的影响。而现代共产主义思想之所以能在中国迅速传播，也和它与中国传统文化中的“大同”思想有契合之处不无关系。

小康　儒家所描述的比“大同”世界低一级的社会，一般指禹、汤、文、武、成王、周公之治。语出《礼记·礼运》：“今大道既隐，天下为家。各亲其亲，各子其子，货力为己。大人世及以为礼，城郭沟池以为固，礼义以为纪，以正君臣，以笃父子，以睦兄弟，以和夫妇，以设制度，以立田里，以贤勇知，以功为己。故谋用是作，而兵由此起，禹、汤、文、武、成王、周公由此其选也。此六君子者，未有不谨于礼者也。以著其义，以考其信，著有过，刑(则)仁讲让，示民有常。如有不由此者，在執(势)者去，众以为殃，是谓小康。”东汉郑玄注：“康，安也。大道之人以礼于忠信为薄言小安，失之则贼乱将作矣。”这种社会虽政教修明，但不时仍有战乱，不及“大同”社会，故需要以礼来约束。

王道　儒家政治思想。与“霸道”相对，指国君以仁义治天下，以德服人的统治方法。《尚书·洪范》言：“无偏无党，王道荡荡。”孟子把“王道”与其“仁政”思想结合起来，认为使民“养生丧死无憾，王道之始也”(《孟子·梁惠王中》)。而根本方法则是“以德服人”：“以德行仁者王，王不待大，汤以七十里，文王以百里。以力服人者，非心服也，力不赡也。以德服人者，中心悦而诚服也，如七十子之服孔子也。”荀子则特别注意区分“王道”与“霸道”，认为“隆礼尊贤而王，重法爱民而霸”(《荀子·天论》)；“义立而王，信立而霸”(《王霸》)。宋代理学则把王道与天理联系起来，朱熹就认为夏商周三代是行天理而有王道，所以三代“曰义曰王”。尽管早期儒家均提倡王道，但在儒学成为正统之后，统治者往往是王霸并用，只是在不同条件下有所侧重。

霸道　法家的政治学说，与“王道”相对，指君主凭借威势，利用刑罚实施统治的方法。霸道在春秋战国的大变革时期颇受重视，商鞅就以“霸道”进言秦孝公推动变法。荀子在明王霸之别时，指出王道得天下，霸道强一国。他说：“辟田野，实仓廪，便备用，案谨募选阅材伎之士，然后渐庆赏以先之，严刑罚以纠之；存亡继绝，卫弱禁暴，而无兼并之心……是知霸道者也。”(《王制》)后世统治者往往是王霸并用，汉宣帝就曾说：“汉家自有制度，本以霸王道杂之。”因“霸道”说在现实推行中有极强的功利性，故往往在动荡时期受到重视，如南宋强调事功之学的陈亮就反对儒家尊王贱霸的观点，主张“王霸并重”，认为“谓之杂霸者，其道固本于王也”(《龙川集》)。

道统　儒家传道系统。孔子时已有道统思想，《论语·尧曰》说：“尧曰：咨！尔舜，天之历数在尔躬，允执其中。四海困穷，天禄永终。”实际上是叙述了尧、舜、禹相传之道。而在整个《论语》中，孔子多次谈到尧、舜、禹、汤的圣德相继，又说：“文王既没，文不在兹乎！”(《论语·子罕》)意在周文王之后，只有他继承了尧舜以来的道统。而孔子此说成为儒家道统说的本源。孟子自命继承孔子正统，称“五百年必有王者兴，其间必有名世者……当今之世，舍我其谁也！”(《孟子·公孙丑下》)最早明确提出道统说的是唐代韩愈，虽然韩愈作《原道》排斥佛、道，但是他所提出的儒家道统传承则受到佛教诸宗祖统的影响，提出尧、舜、禹、汤、文、武、周公、孔子、孟子这一儒家道统传授系统，而“(孟)轲之死，不得其传焉”(《原道》)。韩愈自命上接孟子继承儒家道统：“使其由愈而粗传，虽灭死万万无恨。”宋代理学家们继承韩愈道统说，却抛开了韩愈直接孟子。程颐认为程颢在孟子之后，“使圣人之道焕然复明于世”。朱熹则以周敦颐和二程上承孟子，自己接周氏、二程之后，提出自己的道统体系。宋代之后，随着君权的强化，士大夫掌握的道统逐渐为君主掌握的治统所挤占，清代诸帝更是合道统、治统于一身。清高宗(乾隆)就曾说过：“朕希行事为天下后世法。”社会意识形态的构筑由士大夫手中转入到皇帝手中。

五德终始 亦称“五德转移”。战国人邹衍提出的历史演变学说。“五德”是指木、火、土、金、水五种德性。“五德终始”指“五德”的周而复始的循环运转。《史记·孟子荀卿列传》记载邹衍“称引天地剖判以来，五德转移，治各有宜，而符应若兹”。认为自从开天辟地以来，五德周而复始，每个朝代与五德相配。如黄帝为土德，夏、商、周三代更替则是木克土、金克木、火克金的结果。由于五德循环，因此朝代更替也可通过五德相克来推演，所以邹衍说：“代火者必将水。”五德终始之说在战国影响较大。秦始皇根据邹衍“水德代周而行”的论断，自命水德，作为其统一天下的理论依据。《史记·秦始皇本纪》载：“始皇推终始五德之传，以为周得火德，秦代周，德从所不胜。方今水德之始，改年始……衣服旄旌节旗，皆尚黑。”汉初，以秦短暂暴虐而不将其视为正统王朝，故以汉为水德直接上接周的火德。到汉武帝时，秦的历史地位逐渐被承认，于是又改汉为土德，以土克水(秦)。西汉刘向、刘歆父子则提出“五行相生”的观点：以黄帝为土德，中经少皞、颛顼、帝喾、尧、舜，夏(禹)为金德，商为水德，周为木德，汉承周为火德。王莽建立新朝，为论证其政权合法性，采用了该说。东汉沿袭该说，因此汉代也被称为“炎汉”。五德终始说对后世产生了深远影响，直到宋代之后，该说才逐渐消亡。

天人感应　西汉董仲舒系统阐述的一种解释天人关系的学说，是董氏神学体系的理论基础。董氏认为天和人相通，天能干预人事，人的行为也能感应天，天通过灾异和祥瑞来表示对人的警告和嘉奖。

天人感应的思想起源很早，《尚书·洪范》说：“肃，时雨若”，“乂，时旸若”，认为君主施政态度能影响天气的变化。而在《尚书·汤诰》中则说：“天道福善祸淫。”认为天亦能对人事进行判断并产生影响。这是天人感应思想的萌芽。孔子在《春秋》中多次记录灾异，原因之一是因为孔子认为天人之间有感应关系。孔子曾说：“邦大旱，毋乃失诸刑与德乎？”将天气与君主的德行联系起来。墨子则说：“爱人利人者，天必福之；恶人贼人者，天必祸之。”墨子的天罚理论给董仲舒的天人感应学说以较大启发。而天人相类思想则在董仲舒天人感应理论的阐述中发挥着重要作用。董仲舒说：“人有三百六十节，偶天之数也；形体骨肉，偶地之厚也；上有耳目聪明，日月之象也；体有空窍理脉，川谷之象也。”董氏称其为“人副天数”。正因为天人相类、相通，所以人与人之间的礼法纲常也是天意的表现。也因此，天也和人一样是有意志的，所以天会对人事作出判断，其手段就是灾异或祥瑞，即：“国家将有失道之败，而天乃先出灾害以谴告之；不知自省，又出怪异以警惧之；尚不知变，而伤败乃至。”（《举贤良对策一》）而人君只要“救之以德，施之天下，则咎除。”（《春秋繁露》）可见，董氏的天人感应学说在神话君权的同时也试图以“天”来限制君主的行为。

天人合一　一种强调“天道”与“人道”、“自然”与“人为”相统一的观点，是中国古代哲学探讨的重要议题之一。值得注意的是天人合一学说在不同时期有着不同的含义。早在殷周时期天人合一思想就有所体现,《诗经》中有“天命玄鸟,降而生商”一语,实际上是指出了天人关系中天的主导地位。天人合一学说直接源头出自子思、孟子。《孟子·尽心》中说:“尽其心者,知其性也;知其性,则知天矣。”在孟子学说中,“性”在具体内容上体现为“仁”“义”“礼”“智”四端。孟子通过“仁”“义”“礼”“智”这四个道德性的标准将“天”与人联系起来,提出了以伦理道德为内容的天人相通学说。《中庸》说:“天命之谓性,率性之谓道,修道之谓教。”这种将“天”“性”结合论证天人关系的提法为宋以后学者继承和发挥。进入汉代,天人合一学说有了天人相类的内容。《淮南子》云:“头之圆也象(像)天,足之方也象(像)地。天有四时、五行、九解、三百六十六日,人亦有四肢、五脏、九窍、三百六十六节。”董仲舒据此提出“天人之际,合而为一”。魏晋时,玄学兴起,玄学家们上承《老子》“人法地,地法天,天法道,道法自然”和庄子“天地与我并生,而万物与我为一”的提法,提出“天地任自然,无为无造”和“顺而不施”(王弼)。实际上还是主张天(自然)人合一,而天的本性则是人行动的依据。宋代理学则将孟子的天人相通思想和《中庸》中“天”“性”之论进行了阐发。无论是程朱理学还是陆王心学,都持天人合一的观点。程颢说:“天人本无二,不必言合。”朱熹则认为:“天人本只一理……天即人,人即天。”陆九渊说:“宇宙便是吾心,吾心即是宇宙。”王守仁则认为:“盖天地万物与人原是一体。”明末清初的王夫之则说“惟其理本一原,故人心即天”,但又强调“以人道率天道”。可见,“天人合一”学说虽在不同时代有着不同的含义,却一直是中国古代哲学的核心命题之一。

三世说 一种源于儒家公羊学派的历史演进学说。《春秋公羊传》认为，孔子作《春秋》，“所见异辞，所闻异辞，所传闻异辞”。西汉董仲舒据此提出《春秋》分十二世为三等，即“有见、有闻、有传闻”。东汉何休则明确提出“三世”之说：“于所传闻之世，见治起于衰乱之中”，“故内其国而外诸夏”；“于所闻之世，见治升平，内诸夏而外夷狄”；“所见之世，著治太平，夷狄进至于爵，天下远近大小若一。”魏晋以后，“公羊”学衰落，直到清朝嘉庆、道光年间，刘逢禄、龚自珍等人重提公羊学，使之成为鼓吹变革的理论武器。十九世纪末，康有为明确地把“公羊”的“三世”、《礼记·礼运》的“小康”“大同”与近代进化论思想融合在一起，认为社会历史进化是沿着据乱世—升平世—太平世的轨道向前发展的，而当时的中国还处于“据乱世”，西方各国已进入“升平世”，因此需要通过维新变法推动中国进入“升平世”，进而进入“太平世”，实现“大同”的理想。值得注意的是，三世说在和进化论结合之后，对我国学术产生了重要影响，尤其是近代史学，人们越来越流行以“规律性”来认识、分析历史发展，像夏曾佑所描述的“图腾社会”“宗法社会”“军国社会”等“社会形态”和马克思主义历史学的“五种社会形态论”，都可隐约看到三世说的影子。

三统说 三统说，亦称三正说，西汉董仲舒关于历史循环的理论。“三正”，这里指夏商周三代之正朔，“正”，指一岁之首，即农历正月，“朔”，指一月之始，即初一日。夏正，以相当于今日农历的正月（寅月）为“岁首”，即所谓的“夏正建寅”。殷正，以相当于今日农历的十二月（丑月）为岁首，即所谓的“殷正建丑”。周正，以相当于今日农历的十一月（子月）为岁首，即所谓的“周正建子”。董仲舒认为每个相继的朝代都要改正朔，易服色，就起居饮食和制度的具体形式作一些改变，自成一统，以应天命。而“三统”就是三代以相应于其“三正”的三种颜色为标志的改制法则，如夏“气始通化物，物见萌达，其色黑”，于是夏朝的朝服、车马仪仗等都尚黑，是黑统。商“气始蜕化物，物始芽，其色白”，因而商朝尚白，是白统。周“气始施化物，物始动，其色赤”，于是周朝是赤统。而继周者，又当为黑统，用夏历，如此循环不已，表明王者受命于天各统一正。但在实施过程中，三统说与五德终始说有矛盾之处，汉武帝取了三统说中的正朔而去其服色，取了五德说中的服色而去其正朔，二者相容，由国家颁为法典，确定下来。三统说在班固的《白虎通义》中得到了详尽的发挥，但该说亦含有在必要时要改朝换代的意思，因此，为西汉学者官僚如眭弘、盖宽饶先后用来劝说汉昭帝、宣帝让位贤人。

三纲五常　中国传统文化中的一种重要的伦理道德观念，源于先秦儒家和法家，西汉董仲舒系统提出，盛于宋、明、清三代。

纲是提网的总绳，常是永恒的道理。“三纲”即“君为臣纲”、“父为子纲”、“夫为妻纲”；“五常”是指“仁、义、礼、智、信”。何晏在《论语·为政》“殷因于夏礼，所损益可知也”中集解：“马融曰：‘所因，谓三纲五常也。’”但这更多的代表了后人的理解，而《韩非子·忠孝》则直接提出：“臣事君，子事父，妻事夫，三者顺，则天下治；三者逆，则天下乱。”董仲舒从天人关系出发，明辨了三纲五常，称“惟天子受命于天，天下受命于天子”，又循“阴阳五行说”，确立了“纲常”理论，曰：“天数右阳而不右阴。”又说：“君臣父子夫妇之义皆取诸阴阳之道，君为阳，臣为阴；父为阳，子为阴；夫为阳，妻为阴。”（《春秋繁露·基义》）后汉章帝召开白虎观会议，定“三纲”之说。《白虎通·三纲六纪》称：“三纲者，何谓也？谓君臣、父子、夫妇也。”宋代朱熹提出“存天理，灭人欲”，“人欲”即指一切违背三纲五常的思想与行为。值得注意的是，三纲五常既有儒家的观念，也有法家观念，可视为统治者“外儒内法”思想下的产物，因此，不能简单地将三纲五常等同于孔孟之道。另外，该思想虽压抑了个体的欲求，禁锢了个人的思想，但对重视气节、自我节制的中华民族性格的塑造起到了积极作用。

三从四德 中国古代要求女性遵守的三种道德规范和四种应有的德行。三从是指未嫁从父、出嫁从夫、夫死从子，四德是指妇德、妇言、妇容、妇功。“三从”最早见于《仪礼·丧服》，在讨论出嫁妇女为夫及为父服丧年限时，说“妇人有‘三从’之义，无‘专用’之道，故未嫁从父，既嫁从夫，夫死从子”。“三从”从服丧制演化成人际间主宰服从的关系，与汉朝倡导的“三纲”呼应，将家庭中的“父为子纲”“夫为妻纲”，引申为作为女儿、妻妇和母亲的女性应对男性服从。“四德”一词见于《周礼·天官·内宰》，内宰是教导后宫妇女的官职，当中较高职位的“九嫔”则教导妇学之法，如“妇德”“妇言”“妇容”“妇功”。本来是宫廷妇女教育的内容，后来扩展至上层家庭，女孩十岁时于家中接受女师教育，再后来则推至对所有妇女的要求，汉代班昭在《女诫》中对“四德”作了解释：“清闲贞静，守节整齐，行己有耻，动静有法，是谓妇德；择辞而说，不道恶语，时然后言，不厌于人，是谓妇言；盥浣尘秽，服饰鲜洁，沐浴以时，身不垢辱，是谓妇容；专心纺织，不好戏笑，洁齐酒食，以奉宾客，是谓妇功。”郑玄则认为：“妇德谓贞顺，妇言谓辞令，妇容谓婉娩，妇功谓丝橐。”即对妇女在品德、辞令、仪态、女红方面的要求，后世更不断作出解释。后来与“三从”连称，成为对妇女道德、行为、能力和修养的标准，即“三从四德”。

性善论 孟子的人性论学说，认为“善”是人的本性，即所谓“人性之善也，犹水之就下也，人无有不善，水无有不下”。像恻隐之心、羞恶之心、恭敬之心、是非之心是“人皆有之”，而具体表现在伦理道德上就是“仁义礼智”四端，四端就像四肢一样，是人所固有的。但是，孟子也指出，虽然人性是善的，并不表示每个人的行为也是善的，而是必须通过对这种天生的“善端”的不断培养，使其转化为“仁义礼智”的德行直至最终达到圣人的理想境界。

孔子的思想中已经有人人都有“仁爱之心”和“性相近也，习相远也”这种倾向于性善论的提法，但并未进行具体、系统的论述。孟子则最先对性善论作了系统、明确的阐述，并使其成为“仁政”学说的理论依据。孟子的“性善论”后来成为宋明理学正统的人性学说和陆王心学的理论源头。

性恶论　荀子的人性论学说。与孟子的性善论相对。荀子认为人的天性就有“好色”“好利”等欲望，是“天之就也，不可学，不可事”。如果人不改变这种恶的天性，就会“争夺生而辞让亡”，“残贼生而忠信亡”，“淫乱生而礼义文理亡”。所以，必须通过后天的方法来改变人的恶性。具体方法是，“立君上之势以临之，明礼仪以化之，起法正以治之，重刑罚以禁之”。加之自身的“积善而不息”，最终达到“可以为禹”的圣人境界。

荀子在性恶论中，提出“人之性恶，其善者伪也”，在这里，“性”是天生的自然之性，“伪”是通过后天学习和致力于此就可做到的。简言之，荀子的性恶论是说人只顺从自己的自然本性的时候，会引起坏的结果，而“善”是后天学习和努力而得来。可以看出荀子是一个经验论者，是由后果论看人性恶的。而在具体的改变人“性恶”的方法上，荀子提出的“立君上之势”“明礼义”“重刑罚”等措施体现出礼法并重的特色，因此，“性恶论”也成为其礼法并重政治主张的理论依据。

性无善恶论 战国时期告子的人性论学说。告子提出“生之谓性”和“食色性也”的观点，认为生存和要求繁衍后代是人的本性，所以人的本性无所谓善恶，善恶是后天形成的。又提出“性犹杞柳也，义犹桮棬也。”指就像桮棬是用杞柳加工制成的一样，仁义道德可以塑造人性，而不是人性本身，这虽与孟子的人性天生为“善”的观点相对立，但也得到了后代学者不同程度的认同。北宋王安石就认为“性不可以善恶言也”。苏轼也认为“夫善恶者，性之所能之，而非性之所能有也”。到了明代，王守仁认为性的本体无善无恶，性之发用和流弊则有善有恶。清后期龚自珍力主性无善恶论，认为“善恶皆后起者”。康有为对这一问题的认识则有个变化的过程，康氏早年认为“凡论性之说，皆告子是而孟子非”，后来又认为告子和孟子“实无丝毫之不合，特辩名有殊，而要归则一也”。可见，在整个历史发展中，虽然孟子的性善论是官方所支持的正统人性学说，但是性无善恶论也对我国哲学和伦理学有着较大的影响。

性有善有恶论 战国早期周人世硕所提出的一种人性论。认为人性本就有善有恶，而哪一方面得到发展，则是后天教育的结果。如果培养善的方面，就会成为善人，反之则成为恶人。持相同观点的有宓子贱、漆雕开、公孙尼子等人。该说对后世的人性学说有着相当大的启发作用。西汉扬雄提出的“性善恶混论”就与此说相近，认为人的本性是善恶混杂的。而扬雄的提法则对宋程颐、朱熹有所影响，无论是程颐的“道心”“人心”之论，还是朱熹的“天命之性”和“气质之性”之说，都可视作一种善恶相混论。东汉王充则直接继承发展了世硕的理论，认为“人性有善有恶，犹人才有高有下也”。据此他指出孟子所谓的性善指性中善比较多的人，荀子所谓的性恶指性中恶较多的人，而扬雄所谓的人性善恶混是指善恶相当的人，这一提法与西汉董仲舒的性三品说相似。唐代韩愈则又在性三品说的基础上进一步发展出了作为性的内容的“五德七情”，即仁、义、礼、智、信“五德”和喜、怒、哀、惧、爱、恶、欲“七情”。而这一提法又被宋代理学所继承并发展为“天理人欲”等学说。

2.学术流派

诸子百家 后世对先秦至汉初各个思想学派的总称。诸子指各派代表人物及其代表作；百家指各学派。

西周之前，学在官府。东周之后，教育的门阀逐渐被打破，学术走向民间，加之王权衰落，诸侯并起，各国为了壮大自己的实力而采取“厚招游学”的人才政策，打破了本来的贵族政治体制，使得原本几乎没有资格参与政治的庶民可以发表自己的政见并参与政治决策。这一时期有思想的知识分子面对社会剧变，提出了各自的解决办法。个人利害和国家利益相互影响，各种学说、思想纷纷出现，为我国后代文化发展奠定了宽广而深厚的基础，历史上把这一时期也称作“百家争鸣”时期。

早在战国时期，便有“百家”的说法，如《荀子·解蔽》就有“诸侯异政，百家异说”一语。西汉司马迁在《史记》中引述了其父司马谈对于学术流派的分类，分为阴阳家、儒家、墨家、法家、名家、道家六家。西汉末年刘歆《七略·诸子略》著录：“凡诸子百八十九家，四千三百二十四篇。”（《汉书·艺文志》）。“诸子百家”之称即由此起。而东汉班固则把先秦以来的学派归纳为十家，即：儒家、道家、阴阳家、法家、名家、墨家、纵横家、杂家、农家、小说家。同时认为“诸子十家，其可观者九家而已”。将小说家之外的九家称九流，形成了所谓的“九流十家”，即诸子百家中的几个主要学派。值得注意的是，在百家争鸣之初，各家“其言虽殊，辟犹水火”，但在各家学说的发展过程中都不同程度地出现了立足本派学说，吸收他人思想的情况。到战国中后期，各家思想均或多或少地出现了“驳杂不纯”的特征，而这是我们在学习、研究诸子百家思想时需要特别注意的。

儒家 中国古代重要的思想、学术流派。由春秋时孔子创立，是春秋战国时期的“显学”之一。《汉书·艺文志》列为“九流”之首。儒家学说以“仁”为核心。主张“祖述尧舜，宪章（效法）文武”，崇尚“礼乐”和“仁义”，提倡“忠恕”和“中庸”之道。政治上宣扬“德治”和“仁政”。重视伦理道德教育和自我修养，是先秦诸子百家中影响最为深远的一家。在汉以后被官方奉为正宗。

“儒”最初指古代从巫、史、祝、卜中分化出来专为贵族人家相礼之人。孔子时以“六艺”（《诗》《书》《礼》《乐》《易》《春秋》）为中心，提出了系统的政治、伦理、思想理论。孔子死后，儒家逐渐分化，《韩非子·显学》载，儒家在战国时已分为八家，即“儒家八派”，以孟子、荀子两派影响最大。荀子则将子思（孔伋，孔子之孙，“儒家八派”之一）和孟子归为一派，即“思孟学派”。该派在先秦儒学诸派中影响最大，故后来常将孔、孟合称，成为先秦儒家的代表。秦代尊法家、汉初重黄老，故其时儒家颇受轻视，到汉文帝时儒家地位逐渐上升。汉武帝时，罢黜百家，独尊儒术，儒学成为官方正统。其内容也随着时代变迁和其他学说的逐渐融入而发展、变化。两汉时有今、古文之争。魏晋时吸收部分佛教和老庄思想而产生玄学。唐代韩愈、李翱等人则提出道统说。宋明时期有兼收佛道思想的理学，主要包括程朱理学和陆王心学。清代由于前期的文化高压和后期的时局大变,在儒学上表现为前期的汉学、宋学之争和后期的今、古文经学之争。清亡后,西学大兴,儒学地位下降,特别是袁世凯祭孔称帝一事,将儒学贴上了复古、反动的标签,使之在新文化运动和五四运动中受到猛烈批判。随着时局动荡和对西方了解的加深,部分知识分子开始重新审视儒学的地位和意义。儒学开始复苏。1948年牟宗三提出"儒学第三期发展"的概念,认为经先秦、宋明之后,儒学进入第三期发展。该论点在20世纪80年代逐渐成为新儒家争论的主题。

儒家学说在中国几千年文化中占据着重要位置,一方面作为最高教条,禁锢着人们,尤其是知识分子的思想。但是,作为中国传统文化的主体,儒家学说对中华民族民族性格的形成、国家及社会的稳定和丰富文化遗产的保存起到了巨大的作用。

道家 先秦以老子、庄子为代表,以"道"的学说为中心的学术派别。先秦时无道家之名,"道家"这一称呼可能始于汉初。陈平说:"我多阴谋,是道家之所禁"(《史记·陈丞相世家》)。司马谈在《论六家要旨》中称其为"道德家"。班固《汉书·艺文志》正式称道家。道家创始人为春秋时期的老子,老子认为"道"为宇宙本源,天道自然无为,人效法道,以自然法则解释社会,强调清静无为,绝圣弃智,绝仁弃义。与儒墨形成鲜明对立。在政治上主张无为而治,追求"小国寡民"的理想。庄子继承了老子思想,提出"齐物",庄子学说的出现标志着先秦道家学说的完成。后人也将老子、庄子合称"老庄"。与此大致同时,还有杨朱、宋钘、尹文、田骈和慎到等学者与道家思想接近,有学者将其视为道家别派。战国时期,各派均有相互影响、互取所长的情况出现,道家与名家、法家相互影响,形成以无为和权术法结合为特征的“黄老刑名之学”，即后人常说的“黄老学派”。齐国稷下学者田骈、慎到，甚至法家代表人物韩非、申不害均受其影响。汉初黄老盛行，至汉武帝独尊儒术，黄老渐衰。道家思想一方面流入民间，促进了道教的形成；一方面与儒家和传入中国的佛家结合，形成玄学。代表人物有王弼、何晏。阮籍、嵇康则更以道斥儒，为玄学中的极端。宋明理学（道学）排斥佛、道，但对道家思想还是有所吸收，如周敦颐的“太极”说等。道家思想是中国传统文化的重要组成部分，对中国政治、哲学、艺术等方面有着深远影响。

阴阳家　中国战国时期主要学派之一。以提倡阴阳五行学说为宗旨，故名阴阳家，又称“阴阳五行家”或“五行家”。司马谈《论六家要旨》列“阴阳家”为六大学派之一。《汉书·艺文志》列为“九流”之一。阴阳本指事物两种相互对立的方面，“一阴一阳之谓道”（《周易·系辞传》），庄子将之定义为气所包含的矛盾对立要素，“阴阳，气之大者也”（《庄子·则阳》）。《汉书·艺文志》云：“阴阳家者流，盖出于羲和之官，敬顺昊天，历象日月星辰，敬授民时，此其所长也。”阴阳家把阴阳矛盾作用引起的变化推演至神秘化，“深观阴阳消息，而作怪迂之变”（《史记·孟子荀卿列传》）。

阴阳家的主要代表人物是战国末期的邹衍。邹衍（约前305—前240年），齐国人，因其学问迂大而宏辩，人称为谈天衍，又称邹子。曾游学稷下学宫，以学问重于齐。到魏，受到魏惠王郊迎。到赵，平原君待之以宾主之礼。到燕，燕昭王亲自为他在前面扫尘，听他讲学，为他筑碣石宫，执弟子礼。邹衍目睹诸侯们日益淫侈，而不能崇尚德行，悉心探讨治理国家的方法，对流行的阴阳五行说加以演进，提出五德终始的政治学说。春秋战国流行的自然界的五行学说，有五行相生，五行相克的循环，五行相克是，土克水，木克土，金克木，火克金，水克火。邹衍认为，人类社会的历史变化，也是受土、木、金、火、水五种物质元素支配的，历史上每一个王朝的出现都体现了一种必然性，是按照五德转移相克的次序循环的。具体说，凡帝王将兴，天一定会示祥于下民。黄帝时，天先现大寅大蝼，所以色尚黄，是土德。大禹时，天先现草木秋冬不枯，所以色尚青，是木德。商汤时，天先现金刃生于水，所以色尚白，是金德。周文王时，天先现火，有赤鸟衔丹书聚于周社，所以色尚赤，为火德。代替火德的将是水德，色尚黑。这种观点，论证了朝代更替是由于自然的客观规律，为新政权取代旧政权提供了理论根据。邹衍还提出大九州说，认为赤县神州的中国只是天下的八十一分之一，天下每九州合为一个单位，有小海环绕，称大九州。九个大九州有大海环绕，再往外就是天地的边际。这种思想打破了传统的封闭的地理概念，开阔了人们的视野。邹衍的著作《邹子》和《邹子终始》，据说有十余万言，但早已遗失。

稷下学派中的黄老派和管仲派等又有新发展。接着吕不韦及其所主编的《吕氏春秋》从阴阳气数与天象、五行与物候和人事、世界图式的和步整合等方面予以完善。最后是刘安及其主编的《淮南子》，再将道分阴阳的宇宙图式与五行生克的社会体系进行整合，这样阴阳家才正式确立。

《汉书·艺文志》著录阴阳家著作“二十一家，三百六十九篇”，都没有流传下来。阴阳家的“阴阳”和“五行”等思想在战国时期与道家、方仙道思想合并形成黄帝学派，在汉朝时融合老子的学说形成黄老道，后逐渐演变成现在的道教。

法家　战国时期主张法治的学派。诸子百家中的重要一家。“法家”一词初见于西汉司马谈《论六家要旨》，并论说法“不别亲疏，不殊贵贱，一断于法，则亲亲尊尊之恩绝矣”。《汉书·艺文志》将其列为“九流”之一。法家思想在政治理论上主张加强法治和君主集权，废除贵族特权，奖励耕战。在历史发展论上，主张“世异则事异”（《韩非子·五蠹》），反对因循守旧。这与主张“历史退化观”的儒、墨、道三家形成鲜明对比。

法家源头可上溯到春秋时期的管仲和子产。管仲认为“法者，天下之至道也，圣君之实用也”（《管子·任法》），主张“动无非法”（《管子·明法》）。子产在郑国铸邢鼎，推动法治。战国时期，李悝在魏国推动改革，撰《法经》一书，为后来法家学者共尊。该书也是中国历史上第一部成文法。吴起、商鞅、慎到和申不害都是前期法家的代表人物。尤其是商鞅在秦国的变法，对秦国的快速崛起起到决定性的作用。各派各有侧重，商鞅重“法”，申不害重“术”，慎到重“势”。战国时期，诸子百家出现相互影响，各取所长的趋势。讲学于稷下学宫的齐国法家，继承发展了管仲的思想，汲取了黄老之学，主张法礼并重，形成了一套较为温和的法治理论。韩非作为法家集大成者，不仅综合法家内部法、术、势理论，更吸收其师荀子和道家部分思想，建立了系统的法家理论体系。《史记·老子韩非列传》载韩非“喜刑名法术之学，而其归本于黄老”。汉初，因秦暴虐祸及法家，使法家在汉初衰微，景帝、武帝时期，有晁错、桑弘羊等人较有影响。武帝虽罢黜百家，独尊儒术，但在实际运用中采用外儒内法的政策，而这一方式也为后代君主所遵行。

名家 战国时期诸子百家之一。他们主要以诠释“实”与“名”来阐述观点。司马谈《论六家要旨》与班固的《汉书·艺文志》都提到名家。

名家将对名的探讨从具体问题中抽象化，并且从更高角度继续阐发其中的政治伦理思想，并且强调端正名实关系，实际上也是希望天下得治。

名家的重要人物有公孙龙、宋钘、尹文、邓析、惠施等人，其提出的命题包括白马非马、离坚白、合同异等。名辩之学虽然是因先秦诸子百家争鸣，为论辩之必要而兴起的。然而名家对于名学的研究，与诸子相较就有了变化。名家学者首先将“语言”与“事实”分离开来，让语言变成纯粹运思的符号。接着，又任意挪移这些符号，有意识地违反语言约定俗成的内涵与外延，使得变异的语言本身就变成哲理思辨的内容。也就是说，在名家学者的思想里，语言不再只是思辨用的工具，而是思辨的主要对象。在语言与事实分离之后，惠施借由瓦解语言与事实之间的确定关系，从而消解语言认知和经验知识带给人们的固执，并理解相对的视角。当万事万物皆不存在绝对的分别时，就能到达天地一体的境界。

而公孙龙则更偏向纯粹的语言分析，将用于描述事实、感觉、性质的语言一一分离。将世界的万事万物都分析成感觉要素之后，就可以得知真实世界都是拼凑各种感知而成的。因此，只有语言的呈现才能让事物真实地存在，而现象世界中的万物却都是虚幻的。

在先秦时期，并无“名家”的称呼，到了汉代始见名家之称。司马谈《论六家要旨》中说：“名家苛察缴绕，使人不得反其意。”《汉书·艺文志》采刘歆《七略》说法，则云：“名家者流，盖出于礼官。”对于此一命名，后世有些学者持反对之见。如胡适认为：“家家皆有名学，所以没有什么名家，不过墨家的后进如公孙龙之流，在这一方面，研究得比较高深一些罢了。不料到了汉代，学者如司马谈、刘向、刘歆、班固之流……凡有他们不能懂的学说都称为‘名家'……"

关于名家的起源,《汉书·艺文志》引用刘歆《七略》的说法,认为出于礼官,因为古代依照名位的不同,有不同的礼仪要遵循,因此礼官会特别擅长于辨别名位之事,成为后代名家的来源。另有一说认为名家系出于墨家之后,如晋代鲁胜在注《墨辩》时,就认为惠施、公孙龙是祖述墨家辩论之学,甚至考证出他们属于"相里氏"这一系的墨家流派。然而,也有学者认为惠施、公孙龙的观点与《墨辩》恰恰相反,因此不同意这一类的看法。

先秦名学到了秦始皇灭亡六国就难以发展, 到汉武帝"罢黜百家、独尊儒术",在中央政府的强势领导下,名辩之学难以发展,名家也随之衰落。

墨家 战国时期墨翟所创的学派。百家争鸣中的重要学派之一,与儒家并称"显学"(《韩非子·显学》)。同时,也是儒家的反对派之一, 与儒家多有论战。《汉书·艺文志》列为"九流"之一。

墨家初期,以"兼爱""非攻""尚贤""尚同""天志""明鬼""节葬""节用""非乐""非命" 等命题为中心与儒家展开论辩。墨家学术在逻辑学和自然科学方面有独到成就。在名实观上主张"取实予名",建立了比较完整的形式逻辑理论体系。墨家组织严密,其领袖称为巨子,墨家门徒舍身行道,以自苦为乐,颇具侠义精神。巨子可指定贤者为其继任者,代代相传,为古代会门组织之远祖。墨翟死后,墨家逐渐分为三派,亦称"三墨"。《韩非子·显学》称:"自墨子之死也,有相里氏之墨,有相夫氏之墨,有邓陵氏之墨。"后期墨家抛弃了初期墨家中"名鬼""天志"等学说,或重勤俭力行,或重理论建设,或重非攻宽恕。秦汉以后,官方或重黄老,或崇儒抑墨,墨家渐成绝学。明末清初墨家学说渐为部分学者重视,清代汪中作《墨子序》,认为墨子是“救世之人”，给予墨子极高评价。该说对清代学术产生较大影响。后来的卢文昭、孙星衍、毕沅、王念孙、孙诒让、俞樾等学者受其影响，均治墨学。梁启超在 20 世纪 20 年代作《墨子学案》，对墨子生平、思想和墨家学说有详细论述，对墨学评价也颇为中肯。

纵横家 战国时期以从事政治外交活动为主的一个流派，《汉书·艺文志》列为“九流”之一。纵横家出现于战国中后期和秦汉之际，多为策辩之士，或为外交政治家。他们的出现主要是因为当时割据纷争，各诸侯国需要在国力富足的基础上利用联合、排斥、威逼、利诱或辅之以兵之法不战而胜，或以较少的损失获得最大的收益。“纵”与“横”的来历，据说是因南北向称为“纵”，东西向称为“横”。齐、楚、燕、韩、魏、赵六国结盟为南北向的联合，故称“合纵”；六国分别与秦国结盟为东西向的联合，故称“连横”。纵横家朝秦暮楚，事无定主，反复无常，设计划谋多从主观的政治要求出发。

纵横家的鼻祖是鬼谷子。纵横家的代表人物有张仪、公孙衍、苏秦、甘茂、司马错、乐毅、范雎、蔡泽、邹忌、毛遂、郦食其、蒯通等。

秦孝公任用商鞅变法，秦国成为战国中期以后最为强大的国家。齐国和秦国东西对峙，展开了争取其他诸侯国、孤立对方的斗争，而韩、魏、赵、楚、燕等国，则在联秦抗齐和联齐抗秦中摇摆。这时，出现了两个著名的政治家——张仪和公孙衍，他们分别连横和合纵，导演了一场生动悲壮的活剧。周显王四十年(前 329 年)魏人张仪来到秦国，向惠文君上连横之策，建议与魏、楚相亲善，接着在魏、楚的配合下，进攻韩国的新城和宜阳，将军队开到洛阳，挟天子以令诸侯，最后再回过头来攻取魏、楚的领土，迫使天下诸侯都西面事秦，完成称王的大业。这一策略正中惠文君下怀，遂以张仪为客卿。张仪一再鼓动秦军攻打魏国，又将所夺土地还魏，迫使魏国首先事秦，纳上郡十五县予秦。对其他东方国家形成很大的威胁，张仪被任命为秦的国相。周显王四十六年（前 323 年），魏将公孙衍行合纵之策，促使魏、韩、赵、燕、中山五国互相承认对方君主为王，以联合抗秦。但不久，楚国就派兵伐魏，公孙衍的策略受到挫折。魏相惠施联合齐、楚的活动也遭到失败，被驱逐。魏惠王受到齐楚的打击，不得不于周显王四十七年（前 322 年）任用张仪为魏相，想联合秦、韩之兵以伐齐、楚。但张仪的真正意图，是要魏国首先事秦，而让其他诸侯国仿效。魏惠王没有听从张仪的意见，在齐、楚、燕、赵、韩等国的支持下，于周慎靓王二年（前 319 年），赶走张仪，以公孙衍为魏相。次年，公孙衍发动魏、楚、燕、赵、韩五国第一次合纵攻秦，以楚怀王为纵长，被秦击溃。此后，秦不断进击三晋，又出兵占领了巴蜀全境，获得了一个富庶的后方基地。同时，齐与楚结盟，更加强了齐与秦抗衡的力量。周赧王二年（前 313 年）张仪出使楚国，使楚与齐绝交。当楚怀王察觉受骗，又发兵攻秦。秦军在丹阳打败楚军，攻取楚国的汉中地六百里。张仪又说服韩、赵、燕与秦连横。周赧王十四年（前 301 年），齐、韩、魏联合攻楚，杀楚将唐昧。其后，楚怀王受张仪欺骗往秦，死于秦国。从此，楚国一蹶不振。周赧王八年（前 307 年），赵武灵王实行胡服骑射，赵国的军事实力大为增强，成为秦国向东发展的新障碍。秦昭王为了打击赵国，派穰侯魏冉到齐，约齐闵王与秦昭王同时称帝，联合五国攻赵。这时纵横家苏秦开始出现于政治舞台，始终是燕昭王的亲信。苏秦识破了秦的阴谋，劝告齐闵王放弃帝号，发动合纵，会合燕、韩、魏、赵等五国军队，于周赧王二十八年（前 287 年）联合攻秦，秦被迫割地给魏、赵以求和。苏秦于前 284

年在齐国遇刺而亡。

纵横家的观点、著作或事迹，主要存在于《鬼谷子》《战国策》《苏子》《张子》之中。

杂家 战国时期百家争鸣中的一家。《汉书·艺文志》诸子部杂家类小序言："杂家者流，盖出于议官。兼儒、墨，合名法，知国体之有此，见王治之无不贯。"显然，杂家是充分吸收各家思想的长处，进行政治理论探讨的学派，是中国最早的政治理论学派。先秦杂家以尸佼《尸子》和吕不韦的《吕氏春秋》为代表，西汉的杂家则以淮南王刘安的《淮南子》为代表。"杂家"并不是一门有意识、有传承的学派，所以他也并不自命为"杂家"的流派。自从《汉书·艺文志》第一次把《吕氏春秋》归入"杂家"之后，这个学派才正式被定名。该志著录杂家著作二十种四百零三篇。《隋书·经籍志》亦著录杂家著作九十七部二千七百二十卷。

战国末期，经过激烈的社会变革，新兴领主制国家纷纷出现，社会文明程度加深，统治者对物质享受的贪欲急骤膨胀，只有掠得更多土地，方能满足其要求，天下一统成为社会的普遍要求。在这种呼声下，学术思想上出现了把各派思想融合为一的杂家，杂家的产生，大体上反映了战国末学术文化融合的趋势。秦王政幼年，为了兼并天下，相国吕不韦招致大量门客，组织门客，探讨天地人事，总结历史经验，撮取诸子百家有利于统一和治理

吕不韦画像

的思想主张，撰成了包括一百六十篇论文，共二十六卷的著作《吕氏春秋》。该书分为八览、六论、十二纪。提出：天下是天下人的，为国者立公破私，才可以得天下。树立君主是为了维护群体和国家的利益，君主的责任是充分发挥臣僚的积极性，自己则无智、无能、无为。君主要顺民心，以仁义治理之，以爱利安抚之，以忠信引导之，尽力为民众去灾致福。不可滥用民力，不能奢侈腐化，否则不当为君。大臣们应该亲信合作，忠君利国，成就大事，君主若以黑为白，臣子不能听从。吕不韦认为，该书具备了古今天下万物的事理，是进行统一战争和战后建立清平社会的最佳政治学说，构成了一套兼收包容的、全新的国家政治理论体系。但成年以后的秦始皇，并没有按照吕不韦的构想去做，在秦实行暴政，终致短祚。

《淮南子》又名《淮南鸿烈》《刘安子》，是西汉宗室淮南王刘安（前 180—前 123 年）招致宾客，在他主持下编写的。据《汉书·艺文志》云："《淮南》内二十一篇，外三十三篇。"颜师古注曰："内篇论道，外篇杂说。"全书内容庞杂，将道、阴阳、墨、法和一部分儒家思想糅合起来，但主要的宗旨倾向于道家。

农家　战国时期诸子百家之一，是先秦在经济生活中注重农业生产的学派。《汉书·艺文志》称："农家者流，盖出于农稷之官。播百谷，劝耕桑，以足衣食，故八政一曰食，二曰货。孔子曰：'所重民食'，此其所长也。及鄙者为之，以为无所事圣王，欲使君臣并耕，悖上下之序。"农家尊崇神农氏，其代表人物有战国的野老、宰氏、许行，西汉的董安国、尹都尉、氾胜之等。吕思勉先生在其《先秦学术概论》中，把农家分为两派：一是言种树之事；二是关涉政治。

许行，楚国人，约与孟子同时，生平事迹可见于《孟子》一书。许行自楚至滕，有随行学生几十人，颇有影响。儒家门徒陈相、陈辛兄弟二人弃儒学农，投入许行门下。《孟子·滕文公上》载陈相见孟子，转述了许行的观点，“贤者与民并耕而食，饔飧而治”，所有人都要自己进行农业生产；“仓廪府库，则是厉民而以自养也，恶得贤”？反对国君设置仓库积聚财货，认为这就是伤害人民来供养自己；主张依据产品的长短、大小等数量、质量规定价格，不赞成商人居中剥削，反对抬高物价的欺诈行为。孟子批评许行的主张，提出了人们的分工不同，“故曰或劳心，或劳力；劳心者治人，劳力者治于人；治于人者食人，治人者食于人，天下之通义也”。农家学派主张推行耕战政策，奖励发展农业生产，研究农业生产问题。农家对农业生产技术经验之总结与其朴素辩证法思想，可见于《管子·地员》《吕氏春秋》《荀子》。

农家著作有《神农》二十篇，《野老》十七篇，《宰氏》十七篇，《董安国》十六篇，《尹都尉》十四篇，《赵氏》五篇等等，均已佚。

小说家　是先秦与西汉杂记民间古事的学派。《汉书·艺文志》曰：“小说家者流，盖出于稗官。街谈巷语，道听途说者之所造也。孔子曰：‘虽小道，必有可观者焉，致远恐泥，是以君子弗为也。’然亦弗灭也，闾里小知者之所及，亦使缀而不忘。如或一言可采，此亦刍荛狂夫之议也。”意即小说家所做的事以记录民间街谈巷语，并呈报上级等为主，即今所谓社情民意的采集。然而小说家虽然自成一家，但被视为不入流者，故有“九流十家”之说。

小说家著作有《伊尹说》二十七篇，《鬻子说》十九篇，《周考》七十六篇，《青史子》五十七篇等等十五家一千三百八十篇，均已佚。

古代目录学家，将小说家列为子部的一个类目，下分杂事、异闻、琐语三小类。子部小说类的小说，是各种笔记、杂记、传闻、神话、传说和一些当代历史记载的分类，与现代小说为故事创作不同。

黄老学派 战国、汉初的道家学派，因尊奉黄帝、老子为创始人，故名。关于黄老学派源起，主要有两种说法。一种认为该派形成于战国早期和早中期之交，由宋钘、尹文、田骈、慎到、接子等稷下学人所创；另一种看法则认为宋钘、尹文是墨家，田骈是早期道家之稷下学派，这样，就将黄老学派的形成时间推迟至战国末期。黄老学派又可细分为以下三派：以河上丈人为本师的齐国黄老学派，以鹖冠子为代表的楚国黄老学派和汉初黄老学派。1973年长沙马王堆汉墓出土的帛书《经法》《十六经》《称》《道原》等四篇古佚书是研究该派思想的重要资料。

黄老学派假托黄帝立言，以阐发老子学说，并综合吸收阴阳、儒、墨、名、法家学说而成。在战国末期国家逐渐走向统一、百家趋于合流的历史大趋势之下，该派以早期道家理论为基础，提出一整套哲学、政治学说。在哲学上以“道”为最高范畴，以虚无之道为世界本源，认为事物走向极端即走向其反面，故而主张“虚静”“无为”，以适应天道。在政治理论上，黄老之学与刑名法术之学有一定联系，认为“道生法”，主张守道任法、德刑并用。倡导无为而治，提出“节民力以使则财生，赋敛有度则民富”和“省苛事，薄赋敛，毋夺民时”，这些提法在汉初社会经济残破的局面之下有利于生产的恢复和发展，故而汉初许多学者和政治家都尊奉黄老之学，使其在汉初进入极盛时期。但随着汉武帝“抑黜百家，独尊儒术”政策的推行，黄老学派逐渐衰落，东汉时与谶纬思想相结合，演变为自然长生之道，对原始道教的形成产生了一定影响。

经学 研究、阐发儒家经典的学问。“经学”一词初见于《汉书·邹阳传》:“阳曰‘邹鲁守经学’。”关于经学的起源,有学者推至子夏和荀子。认为战国时期儒家学者开始称《诗》《书》《礼》《乐》《易》《春秋》为“经”,并对其进行解释、阐发,这些活动被视为经学之始。后因秦始皇焚书坑儒,大部分“经”亡佚。汉初,凭老儒记忆背诵,恢复了不少经书或篇目。如《书》《礼》《春秋公羊传》等。这些用汉隶书体记录的经书,即后来所说的“今文经”。汉武帝时设五经博士,《诗》《书》《礼》《乐》《易》《春秋》成为政府法定的“经”。儒家经学由此成为正统。董仲舒则以阴阳五行解释《春秋公羊传》,首开今文经学。与此同时,民间所发现的秦焚书之前的经文日益增多,如《古文尚书》《周官》和《春秋左氏传》等。这部分经书用秦统一前的书体写成,被称为“古文经”。由于今文经与古文经在经书篇目、字数、内容上有所不同,故形成了不同的研究方法和侧重点。王莽时为利用刘歆提倡的古文经《周礼》作为托古改制的依据,设立古文经五经博士,古、今文经之争日益激烈。东汉光武帝为改变王莽的政治措施和影响,提倡今文经学。章帝时,在白虎观召开旨在弥合今古文经学异同学术会议,会后由班固写成《白虎通德论》,试图以今文经为基础统一经学,但是古文经学依旧大盛,并出现了文字训诂为研究中心的“小学”。东汉末,郑玄兼容古、今文经,郑学流行,今古文经之争逐渐消失。而经学在思想上因受谶纬之学的影响日益神学化,在研究方法上日益烦琐。曹魏时期,出现了王学(王肃)与郑学之争,因王肃与司马氏的特殊关系,使得王、郑之争一开始就具有强烈的政治斗争意味,加之时局动荡,两汉经学在王、郑之争中走向衰落。代之而起的是以王弼、何晏为代表的魏晋玄学,王、何以道家思想解释儒经,研究儒经义理,对后世影响巨大。南北朝政治分裂局面促成经学中“南学”和“北学”的形成。北学固守东汉经学旧说，南学多受佛教影响，在引道入儒之后，又出现了引佛入儒的趋势，出现了比两汉的“注”更详细的“义疏”体解经。唐初孔颖达奉敕编撰《五经正义》，试图以南学为主统一经学，作为科举取士的依据。中唐时韩愈提出“道统说”，实际上是发出了经学改革的信号，对宋代理学的出现产生较大影响。宋代理学以周敦颐开其山，朱熹集大成。重视理、气、心、性的讨论，哲学意味浓厚。元仁宗时，以宋儒经注取士，理学占据统治地位。而程朱理学则成为官方正统。明代后期，理学中陆王心学一派大盛，但其空谈心性的缺点也日益暴露，明末清初顾炎武面对时局剧变，提出“经学即理学”，认为“今之所谓理学，禅学也”(《顾亭林诗文集·与施愚山书》)，批评理学，尤其是理学中心学一派的空疏，主张恢复东汉古文经学。加之清初文字狱迭起，经学家多致力于考证、训诂、辑佚而不问世事，形成“乾嘉学派”。鸦片战争之后，乾嘉汉学只注经典，不问世事的弊端饱受批评。部分士人深感“陆沉之有日”，讲求“微言大义”的今文经学复兴。康有为更借今文经学的“三世说”鼓吹变法。民国新文化运动兴起，西学大兴，经学受到猛烈批判。“五四”风潮平息之后，经学虽不再占据中国社会文化正统地位，但由于其对中国历史、文化、哲学巨大而深远的影响，经学研究作为古代文化史研究的重要内容而被延续下来。

今文经学 经学中研究今文经籍的一个流派。由于秦始皇焚书坑儒和秦末战乱，先秦的儒家经文写本大多亡佚。汉文帝时，凭老儒记忆背诵，时人以汉隶书体对其记录和整理，如伏生口授《尚书》，高堂生传《礼经》，胡毋生治《春秋公羊传》。这部分的经籍被后人称为“今文经”。汉武帝听从董仲舒建议，罢黜百家，独尊儒术，设立五经博士，所用的都是今文经。董仲舒则以阴阳五行解释《春秋公羊传》，讲“微言大义”，倡“大一统”，首开今文经学，其主流即为春秋公羊学。但今文经学拘于师承家法，加之谶纬泛滥和流于繁琐。西汉中期以后，今文经学逐渐衰微。西汉末年，古文经学兴起。王莽设古文经博士，今、古文经之争日趋激烈。今文经学批评古文经学：“颠倒五经，毁师法，令学士疑惑”（《汉书·王莽传》），古文经学则认为今文经学“专己守残，党同门，妒道真”（《汉书·刘歆传》）。东汉建立后，为改变王莽时期的措施和影响，光武帝设今文经五经博士，提倡今文经学，但不久即废除。东汉今文经学代表人物为何休，撰有《春秋公羊解诂》，为《公羊传》制定“义例”，系统阐发《春秋》中的“微言大义”，成为今文经学家议政的主要依据，而《春秋公羊解诂》也成为唯一一部完整流传至今的今文经学著作。东汉时期，古文经学虽然一直没有设立博士，属于民间学说，但是其影响力越来越大，逐步超出并压倒了今文经学。东汉末年，郑玄以古文经为基础，兼采今文经，遍注群经，创立“郑学”。郑学大兴，今、古文经学逐渐趋于混同。清末，面对社会剧变，部分学者开始借公羊学抒发政见，今文经学再度兴盛。康有为更是利用今文经学倡言变法维新。戊戌变法失败后，今文经学再度衰落。

古文经学　经学中研究古文经籍的一个流派。汉景帝以后，陆续从孔子故宅壁间和民间发现不少用秦统一前的文字书写的经书，如《周官》（即《周礼》）、《尚书》和《春秋左氏传》等。称为“古文经”。新发现的这部分经书与原有的经书（今文经）在篇数、字数和内容上都有相当差异。加之先秦文字歧异，在整理、识别、研究过程中逐渐形成了以名物训诂、考证和语言学研究为特色的古文经学，后世也称为“汉学”。西汉末年，刘歆请立古文经于学官，因研究古文经者重视《周礼》，王莽欲借助周礼托古改制，于是提倡古文经学。今、古文经之争日益激烈。东汉时期，虽古文经学一直未立于学官，但是由于古文经学较少受“师法”“家法”的制约，较为自由、简明；且与谶纬瓜葛较少，较为理性，因而在今古文经之争中占据上风。古文经学也在发展中建立了系统的训诂方法，出现了《说文解字》这样的中国第一部系统分析字形和考究字源的字书。东汉末，郑玄在重视古文经的基础上，融合今、古文经，经学逐渐融合。六朝、隋、唐经学重视郑学，古文经学影响较大。明末清初，顾炎武等学者面对王阳明心学的空疏，极力主张复兴“汉学”，加之清初的文化高压，士人多致力于考证、训诂、辑佚，至乾隆、嘉庆时形成了“乾嘉学派”（亦称“汉学”“朴学”），乾嘉学派对古代文献的整理、语言文字的研究作出了卓越贡献，其研究成就超越汉、宋。两广总督阮元辑《皇清经解》收七十三家，计书一百八十八种，凡一千四百卷。此书是汇集清代儒家经学经解之大成，是对乾嘉学术的一次全面总结。晚清民国的章炳麟师承朴学大师俞樾，是最后一位古文经学大师，在文学、历史学和语言学方面均有建树。

玄学 魏晋时期以老庄思想为基础，杂糅儒、道思想的哲学、文化思潮。由于两汉经学的日益烦琐和儒学的神学化，加之现实政治的动荡所造成的对思想领域的冲击，原有的儒学体系日渐衰微，儒、道、名、法各家思想融合趋势加强，玄学应运而生。“玄”最早见于《老子》“玄之又玄，众妙之门”一语，指虚无玄远、高深莫测。玄学家将《周易》《老子》《庄子》视为经典，即“三玄”。玄学讨论的中心议题是“本末有无”，即天地万物存在的依据，具有极强的思辨性。玄学家们常围绕有与无、生与死、动与静、名教与自然等问题展开讨论。逐渐形成一整套形式完整的论辩活动，被称为“清谈”。由于所论辩的问题在正统士大夫看来无关国计民生,故而又有"清谈误国"一说。玄学在研究方法上则是援道入儒,即用道家观点来解释儒家经典。玄学创始人为曹魏正始(240—248)年间的何晏、王弼和阮籍、嵇康。何、王倡"贵无",提出名教出于自然。在政治上主张"无为而治"。二人以《老子》《庄子》来解释《周易》,开创玄学清谈的风气,被称为"正始之音"。阮、嵇为"竹林七贤"之首,可视为玄学极端,提出"非汤、武而薄周、孔",抨击礼教,认为名教与自然是对立的,提出"越名教而任自然"。向秀和郭象虽认为名教与自然是一致的,但是反对何、王的"无"能生"有"。裴頠作《崇有论》,认为"夫至无者无以能生,故始生者自生"(《晋书·裴頠传》),更明确地反对"贵无"。东晋以后,玄学逐渐与佛学合流。如般若学各宗,均用玄学解释佛经,之后佛学渐兴,玄学渐衰。魏晋玄学以其极强的思辨性对中国哲学的发展产生了深远影响。

理学 宋代以来以继承孔、孟道统,宣扬"性命义理"为主的学问。亦称"道学"。北宋张载首用"道学"一词,言:"朝廷以道学、政术为二事,此正自古之可忧者。"(《答范巽之书》)元代脱脱主持修《元史》,设《道学传》,载周敦颐、程颢、程颐、张载、朱熹等人。明中期以后,随着阳明心学的兴盛,一些道学家被批为"假道学",由此"道学"一词带有某种贬义而被"理学"所取代。

从发展源流来讲,南北朝时期的南朝经学可视为宋代理学之渊源。南北朝时期政治分裂,经学也分为"南学"和"北学",其中南学多受玄学影响,以义理阐经,并就《礼记·中庸》发挥心性天命之说。隋作为北朝继承者完成了政治统一,但在学术上却是以南学为主统一南北经学。因此,南学的治学特点被继承下来,最终对理学产生了影响。在研究方法上,与汉代古文经学派侧重名物训诂不同,宋儒则多阐释义理和性命之学。北宋初,胡瑗、孙复、石介有"理学三先生"之称,但理学真正开山为周敦颐。经邵雍、张载、程颢、程颐、司马光的阐发,基本建立起以"理"或"道"为宇宙本源的道学体系,这六人也被称为"道学六先生"。南宋朱熹集各家大成,提出"理本气末"和"理先气后"等命题,认定"理"先天地而存在,建立起完备的理学体系。几乎同时,陆九渊提出"心即理",明代王守仁则进一步提出"心外无理"。这样,就形成了理学中两大对立学派,即程朱理学与陆王心学。这两派也成为"宋学"最重要的组成部分。元仁宗之后,以宋儒经注取士,理学占据统治地位。明代王廷相和明末清初的王夫之则继承了张载"太虚即气"的气一元论,反对程朱理学和陆王心学。明末清初孙奇逢撰有《理学宗传》一书,对宋明以来重要理学家生平、思想及其学术地位作了详尽评述,为学者所重。理学自宋形成以后,逐渐成为主流思想,对中国社会产生了深远影响。

濂洛关闽　宋代理学的四个主要学派。"濂"指以北宋周敦颐为代表的"濂溪学派",因周氏原居道州营道(今湖南道县)濂溪,故名。"洛"指以北宋程颢、程颐为代表的"洛学",因两人为洛阳人,故名。"关"指以北宋张载为代表的"关学",因张氏讲学于关中,故名。"闽"指南宋朱熹为代表的"闽学",因朱氏讲学于福建,故名。

濂溪学派糅合儒家、道家、道教和佛教某些思想,据道教"无极图"而撰《太极图说》,以"无极"之"太极"为宇宙的根本,以阴阳二气生天地万物,初步建立起以孔孟儒家思想为核心的哲学理论体系,对后来理学的发展有重要影响。该派在北宋影响不大,经南宋张栻、朱熹提倡后,周氏被尊为理学开山。该派主要人物还有程珦、傅耆等。

洛学以“理”为宇宙之本，正式建立起理学体系。因二程各有所重，又分为“明道（颢号）学派”和“伊川（颐号）学派”。程颢提出了心即天以及性无内外的命题，把心、性、天统一起来。程颐则提出性即理的命题，把性说成形而上之理。二程强调灭人欲、存天理，并提出“格物致知”的认识学说，这些都被朱熹继承和阐发。二程著作颇丰，后人合编为《二程全书》。该派主要人物还有二程弟子杨时、谢良佐、侯仲良、刘安礼、游酢和吕大临等。

关学以“气”为本，认为万物由“气”的聚散变化而成。提出“天地之性”和“气质之性”相对立的命题，主张“变化气质”以返回“天地之性”。该派以礼为教，以实用为贵，与洛学有直接的往来论辩。其学说中唯物主义部分被明末清初的王夫之所继承，而唯心主义的部分为南宋朱熹所推崇。该派主要人物还有李复、游师雄、张戬、吕大忠、吕大钧、吕大临等。

闽学亦称“考亭学派”，上承二程，兼及周敦颐、张载、邵雍，吸收佛、道部分思想，集宋代理学之大成，主张以“理”为本，强调“存天理，灭人欲”，提倡通过“即物穷理”以达到“心与理一”。该派主要人物还有蔡元定、黄干等人。由于该派与二程学说的紧密关系，被合称为“程朱理学”，为后世所推崇，对我国古代社会经济、政治、文化各方面产生深远影响。

浙东学派　南宋及明清时期以浙江籍学者为主体，以浙江为活动中心的学术流派。随着宋室的南移，浙东地区逐渐成为政治经济文化中心，一大批学者汇集于此，促成该地区学术的空前繁荣，逐渐形成了以吕祖谦为代表的金华学派，陈亮为代表的永康学派和以叶适为代表的永嘉学派。三派各有特色，永康学派反对理学家空谈心性命理，言辞激烈豪放；永嘉学派发端于北宋，至薛季宣时自成一家，经陈傅良的进一步发展，终由叶适集大成，以其鲜明的功利之学与正统道学相抗衡，一时间成为与朱陆两派鼎足而立的重要派别。永康、永嘉两派均强调事功之学；金华学派则有明显的折中色彩，试图调和朱陆之争，在思想上与永嘉、永康两派多有契合，首创经世致用之说，重视历史文献之学，有“博杂”之称。而永嘉与金华学派则成为清代浙东学派的先驱。清初浙江学术上承明末刘宗周，在经学方面以黄宗羲开其端，毛奇龄、万斯大、姚际恒延续并发展。而在经学基础上的史学研究成就则更为突出，章学诚在评价清初浙江学术时曾言：“浙西尚博雅，浙东贵专家。”像黄宗羲的学术史研究、万斯同的明史研究、章学诚的地方志编撰与史学理论研究都各有创建。总体而言，浙东史学主张治学先穷经而求证于史，章学诚更提出“六经皆史”说，倡导一种注重研究史料和通经致用的学风。

象山学派　南宋陆九渊创建的一个理学学派。因陆九渊曾长期讲学于贵溪象山（今江西贵溪县）而得名。

南宋中期，当朱熹的“闽学”（或称“朱学”）兴盛之时，陆九渊创立的理学“心学”一派正处在迅速形成之中。与朱熹强调通过“格物”即读圣贤之书以达到“顿悟天理”的境界不同，陆九渊强调“简易功夫”，认为只需“发明本心，心有所主，即可应天地万物之变”。反对朱熹所说的“理”是万物主宰，认为“心”是宇宙之本，所谓“宇宙便是我心，吾心即是宇宙”，实际上是反对“闽学”忽视人在道德实践中的主观能动性。陆九渊强调人的“心”之统帅作用，认为儒家经典不过是对“良心”运用的各种例证所作的叙述，因此对经典的学习并不能直接有助于道德境界的实现，故而提出了“学苟知本，六经皆我注脚”；“六经注我，我注六经”等命题。但是，陆九渊也反对不读书，认为“束书不观，游谈无根”。只不过更强调“本心”的作用罢了。

象山学派在学术源头上远承孟子“尽心”说，近取程颢“心是理”命题，与主张“理在先，气在后”的“闽学”对峙而立。其弟子大体上集中于江西、浙东两地。江西弟子以傅梦泉、邓约礼、傅子云等为代表，着力于构筑学派门户；浙东弟子的代表人物则是被称为“甬上四先生”的杨简、袁燮、舒璘、沈焕，着力于阐发陆九渊的“本心”理论。元代赵偕、明代陈献章对其有所继承和发展，但从总的来说，“陆学”的势力和影响远不及“闽学”。直到明中叶开始，经王守仁的阐发，“心学”才重新崛起，并在晚明的思想界和学术界有压倒“朱学”之势。王守仁的“心学”尽管在源头及内涵上与“陆学”不尽相同，但由于它们之间有一定的关联，人们一般合称为“陆王心学”。

阳明学派　因创始人王守仁，世称阳明先生，故该派被称为阳明学派。因其出生姚江之滨，初学者多为邑中之士，故又名“姚江学派”，儒家学派的一支，成形于明朝中晚期，是明朝后期的主流学说之一。该派提倡“心即理”、“致良知”和“知行合一”。其思想体系的核心是“致良知”。与程朱理学偏重“知”，宋代的永康学派、永嘉学派则偏重于“行”不同，王守仁倡导“知行合一”和“知行并进”。姚江学派认为，即使是像街头巷尾的平民百姓，只要通过不懈的学习实践，也能成为圣贤。此说极大地推动了儒家思想在平民阶层中的传播，使儒家思想进一步世俗化。由于王守仁学说本身的禅学意味，加之生前未对其学说作进一步阐明，所以他的弟子们各执一端，衍生出“王学七派”，即浙中王学、江右王学、南中王学、楚中王学、北方王学、粤闽王学和泰州王学。而以浙中、江右和泰州三派影响最大。作为明末最主要的学术流派之一，阳明学派影响巨大，但因其后学学风日益空疏而遭学界抨击，明亡之后，在国内逐渐式微。但随着朱舜水的东渡,该派学说传入日本,促进了武士道的成熟,明治维新时期,阳明学为日本显学之一,对明治维新产生了一定的积极作用。

泰州学派 明代学者王艮创立的学派,因其为泰州安丰场(今属江苏东台市)人,故名。该派源于阳明学派,嘉靖五年(1526 年),王艮主讲于安定书院,宣传"百姓日用即道",泰州学派逐渐形成,该派提出"人人天地性,个个圣贤心",学生多是社会基层人士,故被称为"平民儒学"。加之其学说过于狂禅,过分强调"寂然不动"、"隐而未发",使得该派受到其他王门各派的诘难,被称为"左派王学"。泰州学派在一定程度上反映了当时新兴的市民阶层的思想,对晚明学人打破程朱理学的桎梏产生了一定的积极影响,也因此,使得其门徒李贽、罗汝芳、颜钧、何心隐、周汝登等人的著作被视为"异端",而未被收入《四库全书》。同时,也因其禅学意味过浓而对晚明空疏学风的形成起到了推波助澜的作用。《明儒学案》评价该派"阳明先生之学,有泰州、龙溪(王畿)而风行天下,亦因泰州、龙溪而渐失其传。……泰州之后,其人多能以赤手搏龙蛇,传至颜山农、何心隐一派,遂复非名教之所能羁络矣"。可谓中肯。

乾嘉学派 清代对古代经史著作以训诂考据为主要方法进行整理研究的学术流派,由于该学派在乾隆、嘉庆两朝达到鼎盛,故得名。又由于该学派推崇汉代儒生训诂、考订的治学方法、重证据少阐发和追求朴实的学风,也被称为"汉学""考据学"或"朴学"。该学派的主要创始人是明末清初的大儒顾炎武,主要分支有以惠栋为首的"吴派"和以戴震为首的"皖派"。吴派的特点是"好古"和"唯汉是信",重视名物训诂和典章制度。代表人物有余萧客、王鸣盛、钱大昕、洪亮吉等;皖派的特点是"无征不信”,从音韵、小学(即文字学)入手,通过文字、音韵来判断和了解古书的内容和含义。代表人物有段玉裁、王念孙、王引之等。乾嘉学者搜集钩沉,辑佚许多亡佚的文献典籍,他们对古代经典的细心整理,为后来学者的学习研究工作提供了坚实的基础。但随着该学派全盛期的到来,其脱离社会实际、烦琐细碎的缺陷也日益突出,随着清皇朝内外危机的加深,传统士大夫再也不能只治经典不问世事,学风由此开始转变,乾嘉学派逐渐淡出历史舞台。同治、光绪时期的俞樾、孙诒让和清末民初的章太炎则可视为该学派的余续和结束。

三、典章制度

1.职官

学士 学士之名始于三国魏。魏、晋、六朝征召文学之士掌典礼、编纂、撰述等事,通称为学士,无定员。北齐有文林馆学士,北周有麟趾殿学士,隋代诸王及节帅也置学士,唐代有集贤院、弘文馆学士等。唐太宗时置弘文馆,引学士轮流入值,参与议政,学士地位始重,后另建学士院,于是有翰林学士官名。唐玄宗开元三年(715 年)对宰相说:"朕每读书,有所疑滞,无从质问。可选儒学之士,使入内侍读,待以师傅之礼。"(《文献通考》卷 54)开始置侍读学士。唐肃宗至德年间及以后,又于学士中选年深望重者一人为承旨,往往为宰相。宋代沿袭唐制,设翰林学士院,学士职掌制、诰、诏、令撰写之事及侍从皇帝备顾问。宋真宗咸平二年(999 年)开始以邢昺为翰林侍讲学士,可草拟奏令、参与机密。宋代的观文殿、资政殿、端明殿学士及龙图、天章阁学士等,与大学士同为优礼大臣而设,都是虚衔。《文献通考·职官八》说:"观文殿大学士,非曾为宰相不除,观文殿学士、资政殿大学士及学士,并以宠辅臣之去位者。"到明、清时的殿、阁大学士即是宰相。

太史 夏有太史终古,商有太史向挚,周初有太史周任,周宣王时有太史籀。他们的地位甚高,为王朝史官和历官之长。春秋时期著名的太史如晋之董狐,齐之太史

（缺名），鲁之左丘明，卫之华龙滑等。西周、春秋时，太史掌撰文修史，兼及天文历法、祭祀及典籍管理。秦汉设太史令，职位降低，隶属太常。如司马迁在元封三年（前108年）继父任为太史令。《史通》说："自古太史之职虽以著述为宗，而兼掌历象、日、月、阴阳、度数。司马迁既殁，后之续《史记》者，若褚先生、刘向、冯商、扬雄之徒，并以别职来知史务。"魏晋时设太史令，掌天文历法。北齐设太史署，隶太常寺。隋称太史监，唐初改为太史局，唐肃宗时又改称司天台，五代时同。宋代则有司天监，元丰年间改立太史局。辽代称为司天监，金时称为司天台。元代改称太史院，与司天监并立，不过实职皆归太史院，司天监仅为空名而已。明、清两代均称钦天监，这时翰林院也设编修、检讨，故亦称翰林官为太史。

将军 春秋时，诸侯以卿统率军队，一军之帅称将军，故称卿为将军。如晋文公曾"作三军，谋元帅"，卿为军队之长，因而有了将军之称。战国时，将军才成为武官之名。汉置大将军、车骑将军、前后左右大将军，以及楼船将军、材官将军、将军等，各有不同的职权和地位。如中军将军、龙骧将军等多为临时设置而有实权，骁骑将军、游击将军等则仅为称号。晋时诸州刺史多以将军开府，都督军事。南北朝时将军名号甚多，其职位各异。唐代十六卫、羽林、龙武、神武、神策等军，都在大将军之下设将军。宋、元、明时以将军为武散官，而殿廷武士也成为将军。明代的总领兵官有挂印带将军号的，战毕即罢。清代的将军有四种：一为宗室爵号之一，如振国将军等；二为驻防各地的八旗最高长官，专由满人充任，内地各省将军职掌驻防军事及旗籍民事，将军是全区的最高军事和行政长官；三为临时出征的统帅，如靖逆将军等；四为正一品到从二品武官封赠之阶，将军之名，直到现时仍在沿用。

宰相 我国古代主管政事最高行政长官的通称,其职务是辅佐帝王总揽国政,统率群僚。西周武王去世后,周公位居冢宰,辅佐成王,故有宰相之称。《通典》说:“春秋之义,尊上公谓之宰,言海内无不统焉。”秦汉之际,以相邦(国)或丞相为名。东汉时名义上司徒为丞相,与司空、太尉共掌国政。魏晋以后,以中书监、中书令、侍中、尚书令、尚书仆射等实为宰相之任,无定员也无定名。隋、唐时,以三省长官中书令、侍中令、尚书令、仆射为宰相,中期之后,凡为宰相者必须加同中书门下平章事之衔,才为宰相。宋代直接以同平章事为宰相之官称,与其副职参知政事等合称宰执。南宋孝宗时(1172 年)又改尚书左右仆射为左右丞相。元代以中书省丞相、平章政事为宰相,左右丞和参知政事为副相。明初曾设丞相,洪武十三年,由于丞相胡惟庸专权树党,以谋逆罪被杀,朱元璋遂废除丞相,以内阁大学士协助皇帝处理国政,成为事实上的宰相。清代雍正时另设军机处于内廷,由亲王、大学士、尚书、侍郎或京堂充任,称为军机大臣。

太尉 秦汉时期朝廷职掌军事的最高官员,后逐渐成为虚衔或加官。秦朝以“丞相”“御史大夫”“太尉”并为“三公”,分别负责行政、监察及军事事务,后逐渐成为虚衔或加官。秦国的时候才有太尉的设置,为全国最高军事长官。秦王政登基后,三公即为丞相、御史大夫、太尉,分别为辅政,监察及治军领兵。但秦朝并没有设置太尉的具体人选,也就是形同虚设。汉武帝元狩二年(前 121 年)改称大司马,但东汉光武帝时又恢复太尉之名,与司徒、司空并称“三公”。太尉管军事,司徒管民政,司空管监察,分别开府,置僚佐。后曹操撤销三公制,自任丞相。魏文帝时期曾短暂恢复,后又撤销。自隋撤销太尉府与僚佐,太尉便渐次演化成优宠宰相、亲王的加官、赠官。宋代太尉是辅佐皇帝的最高武官。为三公之一(太尉、司徒、司空),正二品。至宋徽宗时,定太尉为武官官阶之最高级,无实际职事,一般常用作武官的尊称。元不常置,明代废。

侍中 始于战国,秦始置,是丞相属官,来往于殿内奏事。与侍郎、郎中同隶属于郎中令。两汉沿置,先是作为自列侯至郎中的加官,侍从皇帝,应对顾问,出入宫禁,汉武帝以后,地位逐渐重要起来,等级超过侍郎。东汉置为正式职官,秩比二千石,无定员。东汉后期,与给事黄门侍郎组成侍中寺,管理宫门内外众务。魏晋以后,权势日重,已相当于宰相。南朝梁、陈时的侍中尤其贵重,常掌禁令。北周改侍中称纳言, 隋炀帝时又改称为侍内。唐初置纳言,不久改称侍中,曾二度改称左相。北宋虽设侍中,但因官品高而极少除授,有时也有兼领侍中,但实不任职。元以后废止。

给事中 秦代设置,西汉沿置,其地位次于郎中。出入殿内,应对顾问,代皇帝处理尚书奏事。东汉废去,三国魏复置。到了晋代,给事中成为正式的官职。北齐隶属集书者。 隋开皇六年(586 年),置吏部给事郎,隋炀帝时改给事郎为门下省官员, 掌省读奏案。唐武德三年(620年),改给事郎为给事中,成为门下省的要职。宋代在银台司设封驳司以代给事中的职任,给事中一度成为虚名,不过到宋神宗元丰新官制时又恢复了给事中的本职, 名实合一,掌封驳诏令违失。元废门下省,存给事中,并兼修起居注。明代给事中分为吏、礼、户、兵、刑、工六科,每科设都给事中一人,左右给事中各一人,给事中若干人,掌侍从规谏、稽查六部违失,有驳正制敕违失章奏封还之权。清初,六科掌印给事中,都是满汉各一人,比以前的职权范围大为缩小。雍正元年(1723 年),给事中改属都察院,与御史同为谏官。光绪三十二年,撤销了六科,仍然通设给事中。

刺史 始于秦代，是皇帝监督各郡的官。西汉武帝元封五年(前 106 年)，分全国为十三部(州)，每州设置刺史一人，为监察之官。汉成帝绥和元年(前 80 年)改刺史为州牧。东汉建武十八年(42 年)，依旧制再改为刺史。灵帝时，为了加强对农民起义的镇压，在中平五年(188 年)又恢复为州牧，掌握一州的军政大权，后渐渐发展成为地方割据势力。自三国到南北朝，各州多置刺史，但一般以都督兼任，并加将军称号，不加将军的叫“单车刺史”。隋初废郡，只有州、县两级，刺史是一州的行政长官。唐时沿置，并成为定制，只有隋炀帝及唐玄宗时曾两度改州为郡，改刺史为太守，不久即复旧称。唐时刺史的地位渐轻。宋代虽然仍保留刺史一职，纯属虚衔，并不赴任。辽、金之际，刺史之名尚未完全废除，直至明、清两代，已将刺史官名废除，但习惯以刺史与太守作知州的别称。

参知政事 是唐宋时期最高政务长官之一。与同平章事、枢密使、枢密副使合称“宰执”。据《新唐书·职官志》及《文献通考·职官三》载：“自(唐)太宗时，杜淹以吏部尚书参议朝政，魏徵以秘书监参预朝政，其后或曰参议得失、参知政事之类，其名非一，皆宰相职也。”唐初以三省长官为宰相，但不轻易授人，常用其他官员另加官衔为宰相，参知政事就是加衔之一。唐中叶以后不再使用。宋初沿袭唐制，以同中书门下平章事为宰相，而以参知政事为副相。开宝六年(973 年)，参知政事始得与宰相于政事堂同议政事，职权、礼遇接近于宰相。宰相出缺时，代行宰相职务。元丰改制废参知政事，另设门下侍郎、中书侍郎和尚书左、右丞以代。建炎三年(1129 年)又改门下侍郎、中书侍郎为参知政事，废尚书左、右丞，直至宋亡。辽、金承制。元代行中书省设参知政事，在行中书省则于丞相、平章、左右丞下设参知政事。明初行省沿元制设平章政事、左右丞、参知政事。洪武九年(1367年),废行省平章政事、左右丞,改参知政事为布政使,以参政为布政使之副职。

三省 古代皇朝的中央官制之一。"三省"指尚书省、中书省、门下省,这种官制是汉魏以后逐渐形成发展起来的。战国始有"尚书"一官,秦朝时为九卿中少府的属官,汉武帝时大权独揽,掌握文书章奏,地位逐渐重要。东汉时便设置尚书台,下分各曹(部),逐渐从秘书处发展为中央最高行政机构。南北朝时始称"尚书省",后魏文帝曹丕感到尚书台权势太大,另设中书省掌管中枢机密。南北朝时皇帝鉴于中书省权势日大,又设置以侍中为首长的门下省。"门下"原为皇帝的侍从机构,建省后便成为中央皇朝的主要行政机构。隋唐时期,就形成了尚书、中书、门下三省分职的中央官制:中书省取旨,门下省审核,尚书省执行,三省首长同为宰相。三省分职,相互牵制,这样相权削弱,皇权提高。

夏朝官制 夏朝最高首脑称为王或后,父子或兄弟世代相传,是古人所谓的"家天下"的开始。从传世文献看,夏朝的政权机构相当庞大。在夏王之下设有掌政事的三正,有为天子辅臣的疑、丞、辅、弼四邻,有为国君亲近左右官员的六事(即六吏、六卿),有掌历法的羲和(又称太史),掌诉讼的大理,掌音乐的瞽,掌教育贵族子弟的官师、国老,掌出使的遒人,掌收取贡赋的啬夫,掌山泽的虞人,掌畜牧的牧正,掌养"龙"的御龙,掌夏王膳食的庖正,掌夏王车辆的车正,守卫宫门的守门者,掌王室家族事务的臣。

夏朝九州的划分和甸、侯、绥、要、荒五服的存在,说明夏朝对地方的管理是以各部族首领为诸侯,称伯或牧。

诸侯必须服从夏王的政令，对王朝承担贡纳、朝觐、服役和随从征伐的义务。诸侯之下有大夫，即各个大家族的族长。所以古人说，夏王有天下，诸侯有国，大夫有家。

商朝官制 商代的职官有在中朝任职的内服官和被封于王畿以外的外服官之别。内服官中又分外廷政务官和内廷事务官两部分。最高政务官，是协助商王决策的相，又称阿、保、尹。王朝高级官吏统称卿士。三公，则是因人而设的一种尊贵的职称，并不常设。另外有：掌占卜、祭祀、记载的史，掌占卜的卜，掌祈祷鬼神的祝，掌记载和保管典籍的作册（又称守藏史、内史），武官之长的师长，乐工之长的太师、少师。内廷事务官是专为王室服务的官员，主要是总管的宰和亲信的臣。臣管理王室各项具体事务，有百工之长的司工，掌粮食收藏的啬，掌畜牧的牧正，掌狩猎的兽正，掌酒的酒正，掌王车的车正，为商王御车的服（又称仆、御），侍卫武官亚，卫士亚旅，掌教育贵族子弟的国老，掌外地籍田的畋老。

外服官主要有方国首领的侯、伯，有为王朝服役的男，有守卫边境的卫。

西周官制 西周的官制，颇为繁杂。周王左右的辅佐为太师、太傅、太保，合称三公。三公之下有三事官（政务官、事务官和地方官）、四方（诸侯和方国、部族）和卿事寮。王朝官员为：总揽朝政的太宰、掌祭祠礼仪的太宗、掌历法记事的太史、掌祈祷的太祝、掌神事的太士、掌占卜的太卜，合称六卿，六卿的僚属，总称为卿事寮。王朝还有掌土地和农人的司徒、掌百工职事的司空、掌军赋军政的司马、掌版籍爵禄的司士、掌刑罚的司寇，合称五官。为王室服务的内廷事务官，有三公之佐的三少（少师、少傅、少保），有道、充、弼、承四辅，有膳夫、缀衣、小臣、寺人、内竖、阍者、门尹、司王宥、火师、水师、大酋、太仆、御、右、萃车、趣马、师氏、虎贲、舆人、医、艺人、隶人、太子宫尹等。

在王畿外服的封国，称为四方，包括侯、甸、男等诸侯。王朝有时派使臣到诸侯国任监国。诸侯在自己的封国内仿照王室设置百官有司，成为相对独立的政权，主要有三事官，即司徒、司马、司空，分掌政务、司法和民事。

周的各级主要官吏，都是在宗法制度基础上世袭，而且文武不分，平时治民，战时就是各级将领。

周朝的地方制度，有国、都、邑、野、鄙。周王和诸侯的都城为国，诸侯国中的大城为都，小城为邑，此外的地方称为野或鄙。

春秋官制　春秋时期，诸侯国君称公、称侯，只有楚、吴、越称王，国君之下设诸卿，二卿、三卿或六卿，其中主持政务的称正卿或上卿，楚国称令尹，亦称相，秦又曾称庶长、不更。卿出征时为三军之将佐。卿之官职，有司徒、司马、司空、司寇等，分掌民事、军事、工事、法事。

春秋初期，晋、楚等国开始在新兼并的地方设县，或聚若干小邑为县，或将私家之田分置县。而在边境地区则设郡。郡县之间没有隶属关系，其长官由国君直接任命，只有少数作为采邑赏给贵族。

战国官制　战国时，各诸侯国陆续形成国君之下将相分职、文武分权的中央官僚体制。相，又称相邦、宰相，是百官之长。将，又称将军，是武官之长。秦国于武王二年（前 309 年）开始设丞相一职，丞相中最尊贵者称相邦，最高武职初为大良造，到秦昭王时才设将军。楚国一直以令尹为最高官职，柱国或上柱国为地位稍次的最高武官。各国次一级的武官为尉，或称国尉、都尉。国君的秘书称御史，并有监察之任。郡县的设置更为普遍，逐渐形成以郡统县的格局。原来，官吏世袭，各有封地。战国中期开始，国君对各级官吏改为给以一定粮食作为俸禄，或赏给黄金、钱币。同时形成玺符制度,任免官吏以玺为凭,调动军队以兵符为据,从而将一切权力集中于国君之手。县以下,有乡、里、聚的组织。乡有三老、廷掾,里有里正。聚是村落,其下有伍、什的编制,五家为一伍,有伍长;十家为一什,有什长。

秦朝官制 秦朝实行皇权专制主义中央集权的政治制度,中央实行三公九卿制。丞相、太尉、御史大夫为三公,分掌行政、军事和监察。奉常(掌宗庙礼仪)、郎中令(掌宫廷侍卫)、卫尉(掌宫廷门卫)、太仆(掌宫廷车马)、廷尉(掌刑法)、典客(掌少数民族事务)、宗正(掌皇族事务)、治粟内史(掌租税)、少府(掌山海池泽、手工制造)为九卿。

秦朝地方实行郡县制,郡有郡守、郡尉,县有县令(长)、县尉。郡守、县令均由中央任免,统一调动。县以下有亭和乡,十里为一亭,设亭长,十亭为一乡,设三老、啬夫、游徼。

汉朝官制 汉承秦制,但有因有革。武帝以后,太尉改为大司马,主军政。相权相对减弱。成帝时改御史大夫为大司空。哀帝时,又改丞相为大司徒。此后,大司徒、大司马、大司空称为三公。

东汉时期,光武帝改丞相为三司,即司徒(丞相)、太尉、司空(御史大夫)。当时三司备位而已,实权操于尚书台,所谓“虽置三公,事归台阁”。尚书原是少府属官,因接近皇帝,受到倚重,地位渐高。光武帝为加强自己的统治,在宫廷设立尚书台,协助皇帝处理政务。尚书台的长官为尚书令,副职为尚书仆射。

地方行政,汉改郡守为太守。郡以外另有“国”。国是皇帝给子弟功臣的封地,汉初王国设官全仿中央,七国之乱平定后,中央委派相处理王国行政。汉武帝为了加强对全国的统治，把全国分为十三个监察区，称为州或部，各设刺史，负责监察所属郡国。

魏晋南北朝官制 魏晋南北朝时期是由三公九卿制向三省六部制的过渡时期。曹丕建魏后，以汉代尚书台权力过大，将秘书令改为中书监、令，负责处理日常事务，通称中书省，参掌机密。尚书台改称尚书省，成为外围的执行机关，长官为尚书令。南北朝时，又将汉代的侍中、常侍的地位提高成立门下省，侍中也成了丞相。在这一动乱年代，身兼要职者多带将军头衔，单称大将军者必把持朝政者。这时地方的州刺史权力很大，往往带将军称号，加以使持节都督某州或某某数州军事。更重要的地区则由亲王担任。南朝还有不少沿用北方旧名的所谓侨州、县，是两晋末年大批北方人南下所致。

隋唐五代官制 隋朝确立了三省六部制。中央分立尚书、中书、门下三省，中书省取旨，门下省审核，尚书省执行。三省最高长官同为宰相。尚书省是处理日常行政事务的机关，下设六部：吏、户、礼、兵、刑、工。吏部掌官吏的品秩铨选，考课黜陟。户部掌土地、户口、财政。礼部掌典礼事务与学校、科举之事。兵部掌全国军卫、武官选授、简练之政令。刑部掌刑法、狱讼。工部掌工程、水利等。各部首长称尚书，副职称侍郎。地方行政区划实行州、县两级制，州的长官是刺史，又以若干州为一军区，设置总督。

唐在隋的基础上而有新变化。唐因太宗曾任尚书令，故此官不再授人臣，而以左右仆射为宰相。又以中书令和侍中位分太高，因常用别的低官加上“参议朝政”“参知政事”“参预政事”等名号掌宰相之职。高宗以后则加“同中书门下平章事”或“同中书门下三品”行宰相事。

唐地方官制，改郡为州，州之上，个别地区又设府，作为军事防御区。中唐以后又设道，每道派京官一人巡察所属州县。唐代又在边防重镇设节度使,安史之乱以后在内地也普遍设置,形成藩镇割据局面。县以下的基层组织为乡、里、保、邻。四家为邻,五邻为保,百户为里,五里为乡。各设正或长。

宋朝官制 宋代的三省六部有较大变化。军、政实权操于中书省和枢密院,号称二府。枢密院是管理军政的机构,长官为枢密使。财权归户部、盐铁、度支三司,长官称使。宋代的宰相,元丰以后以尚书省的左仆射兼门下侍郎、右仆射兼中书侍郎为之。高宗时左右仆射并加同中书门下平章事,改中书门下侍郎为参知政事。孝宗时改左右仆射为左右相。

宋朝地方仍行州县制。州县长官为知州、知县。州另有通判,协助知州,同时又监督知州。州以上还有路一级,设转运使,负责本路所属州县的财赋。

辽金元官制 辽代的官制是一国两制。契丹官称北面官,汉官称南面官。北面官系统主要有五院:南北枢密院,分掌契丹民政和军政;南北宰相府,总知军国事;北大王院,掌部族军民之事。南面官系统模仿唐制,地方实行州县制,县设官仿唐,州设官则仿宋。另设有头下军州,是专为辽贵族中的有功人员设置的。

金代的官制仿效宋而有所变化。中枢机构为尚书省,总知政务,不设中书、门下二省。尚书省的首长为尚书令,次为左右丞相、平章政事、左右丞、参知政事。枢密院负责军政。金代的地方设路、府、州、县。

元代中央以中书省为政务中心,长官为中书令,下设右、左丞相、平章政事、左右丞等职,中书省设吏、户、礼、兵、刑、工六部。尚书、门下二省时设时废。枢密院掌军政。御史台掌监察。元地方实行省、路、州、县四级制。省原称行中书省,简称行省,是中央中书省的派出机关,以后为常设的高级地方行政机关。行省制度为以后历代所沿用，行省成为中国省级行政区划的基础。元朝各官署，在主官之外，皆设达鲁花赤一职，由蒙古人或色目人担任，掌握实权。

明朝官制 明代中央废宰相及中书省，实行内阁制，以殿阁大学士辅佐皇帝处理政务。首席阁臣称首辅或元辅。六部直接归皇帝掌握，职权扩大，成为中央最高行政机关。以都察院掌监察，设左右都御史等职。都察院有权临时派官到地方进行督察，名称有总督、巡抚、巡按、巡漕等，以后逐渐成为地方最高长官。

明代地方改元之行省为承宣布政使司，简称布政司，习惯上仍称省。长官为布政使，掌民政、财政。提刑按察使掌刑狱。都指挥使掌军事、兵备。省下分道、府、州、县，县以下为里、甲。

清朝官制 清代中央仿明制为内阁，但权力集中在由满洲贵族组成的议政王大臣会议。雍正时成立军机房，乾隆时发展为军机处。其成员为军机大臣，最初只是佐助皇帝赞划，其后权力日重，掌握军国大计。这种制度到辛亥革命兴起才废止。

中央机构仍以六部为主。此外还分二监（钦天监、国子监）、二府（宗人府、詹事府）、三院（理藩院、翰林院、太医院）和五寺（大理寺、太常寺、太侍寺、光禄寺、鸿胪寺）等。清代中央各机构长官，多为满、汉官并置，实权操在满官手中。十九世纪中叶以后，汉族官僚才逐渐掌握了一部分实权。

清代地方实行省、府、州、县制。地方最高长官为总督，掌一省或数省的军政，各省设巡抚。直隶府、直隶州相当于府，散州相当于县。县以下为保、甲、牌，每十户为一牌，十牌为一甲，十甲为一保。

鸦片战争以后，为了适应新形势，朝廷于咸丰十年(1860年)设总理各国事务衙门，长官称总理大臣，掌管外交洋务，派出驻各国的公使，兼管通商、海防、关税、路矿、军工、译文和派遣留学生等项事务。属官有总办章京、帮办章京、章京、额外章京等，下设南洋通商大臣、北洋通商大臣及出使各国大臣。光绪间，改总理各国事务衙门为外务部，又设商部、巡警部、学部、财政处、练兵处、税务处等。宣统三年(1911年)四月，以军机处与内阁合并，成立责任内阁，作为最高国务机关。增设海军部等，直至辛亥革命清廷被推翻。

爵位 《礼记·王制》记周代爵禄，有公、侯、伯、子、男五等，对后世影响很大。秦代实行二十等军功爵，称公士、上造、簪袅、不更、大夫、官大夫、公大夫、公乘、五大夫、左庶长、右庶长、左更、中更、右更、少上造、大上造、驷车庶长、大庶长、关内侯、彻侯(通侯、列侯)。汉代功臣封爵沿秦制，宗室则只有王、侯二等。魏晋之后，历代封爵可大别为王、公、侯、伯、子、男六等。

清代的爵，有宗室封爵和异姓封爵的不同。宗室封爵分十四等：一等和硕亲王，二等世子，三等多罗郡王，四等长子，五等多罗贝勒，六等固山贝子，七等镇国公，八等辅国公，九等不入八分镇国公，十等不入八分辅国公，十一等镇国将军，十二等辅国将军，十三等奉国将军，十四等奉恩将军。一般皇子十五岁，亲王、郡王嫡福晋所生子二十岁封爵。异姓封爵，即所谓世爵世职，共有九等。公、侯、伯、子视一品，男视二品，轻车都尉视三品，骑都尉视四品，云骑都尉视五品，恩骑尉视七品。各级爵的世袭次数不同，一等公袭二十六次，三等公袭二十五次，依此类推，云骑尉只袭一次。

从汉代开始，爵位可以世袭，只有当绝嗣或犯某种大罪时方撤销该爵位。从魏晋时代开始,世袭被进一步区分为世袭罔(无)替和世袭。前者的意思是世袭次数无限,而且承袭者承袭被承袭者的原有爵位;后者的意思是世袭次数有限,而且每承袭一次,承袭者只能承袭较被承袭者的原有爵位低一级的爵位。从宋代开始,出现了爵位不能世袭的现象。明朝皇族封爵均世袭罔替,公、侯、伯三等爵亦有可世袭罔替者。清朝世袭罔替的爵位主要为铁帽子王,其余爵位从世袭递降,即每承袭一次要降一级,但降级若干次后便不再递降,以此爵传世。

官品 品指官员的等级。相传西周有“九命制”,开后世品秩的先河。汉代以“石”表示品级,从万石至一百石分为十五级。魏晋南北朝实行九品制,第一品最高,第九品最低。萧梁为十八班。北魏分九品三十阶,一至三品各有正从,从第四品起又各设上阶。遂成为:一品,从一品;二品,从二品;三品,从三品;四品上,四品,从四品上,从四品;五品上,五品,从五品上,从五品;六品上,六品,从六品上,从六品;七品上,七品,从七品上,从七品;八品上,八品,从八品上,从八品;九品上,九品,从九品上,从九品。

隋、唐、宋、元、明、清时基本上都实行九品十八级制,九品各有正从,为十八级。官阶从正一品、从一品至正九品、从九品,从九品之下为流外,清代谓之未入流。

勋官 勋官起于北魏,为奖赏功勋而设置。分十一等,称上柱国、柱国、上大将军、大将军、上开府仪同三司、开府仪同三司、上仪同三司、仪同三司、大都督、帅都督、都督。至唐成为空制,共十二转,由高至低依次为:上柱国、柱国、上护军、护军、上轻车都尉、轻车都尉、上骑都尉、骑都尉、骁骑尉、飞骑尉、云骑尉、武骑尉。明代勋官分文武。武勋十二级,自左、右柱国至武骑尉,与前代大体相同。文勋十级:左右柱国,正一品;柱国,从一品;正治上卿,正二品;正治卿,从二品;资治尹,正三品;资治少尹,从四品;修正庶尹,正五品;协正庶尹,从五品。清代废勋官并于爵。

阶官 阶官即散官,指那些无实权、无定员的官,唐代开始形成。唐代散阶二十九级,从高至低依次为:开府仪同三司、特进、光禄大夫、金紫光禄大夫、银青光禄大夫、正议大夫、通议大夫、太中大夫、中大夫、中散大夫、朝议大夫、朝请大夫、朝散大夫、朝议郎、承议郎、奉议郎、通直郎、朝请郎、宣德郎、朝散郎、宣议郎、给事郎、征事郎、承奉郎、承务郎、儒林郎、登仕郎、文林郎、将仕郎。

任官回避 为防止官员徇情损公而规定的一种任用限制制度。东汉灵帝时制定“三互法”,禁止姻亲之家和两州人士对相监临和交互为官,此为任官回避制度的滥觞。隋代以后,逐渐严密。唐代规定,大功以上亲属,不能同司联事、勾检之官,如官署同,职异,虽父子兄弟,不须回避。元代规定,任官要避其本籍,各路地方阔远,不必避路。明代洪武年间,曾制定南北官对调之法,以南人为北方官,北人任南方官。后来官制确定以后,除学官以外,都不许在本地做官,并不限于南北。清代,建立了一套比较完备的制度。包括亲族回避、地区回避、职务回避三个方面。亲族回避:一是中央各部院,有族属、姑舅、姻亲关系的,不能在同一衙门供职,也不许有主管与部属的关系。二是地方各级主官,不许任命自己的亲族及有师生关系者为本衙署属员。三是直系亲属不能在同一省任主官或副二官员。四是主考官及有关官员凡与应试者有宗族姻亲关系者,必得回避。地区回避:总督、巡抚直至州县佐杂之职都不能在本省及距家五百里之内任职。只有教官和中下层武职可以不回避本省,但也必须隔府任职。地区回避制度中,有三种情况可以免于回避:一是便养亲老;二是优礼老臣;三是恩宠勋臣。职务回避:一是中央各部司官,不得任主管本籍省地区司的职务;二是中央司官不能与该主管省布政使、按察使以上官吏有亲族关系;三是各道御史,不得任本籍所在地监察;四是按察使、副统领、巡抚或三品以上京官的子弟,不能任御史和军机处章京以上官职,以防相互攻讦或泄露机密。

退休 古代官吏年老退职的制度,称致仕、致事、预告、赐告、休致、悬车等。《礼记·曲礼上》言:"大夫七十而致事,若不得谢,则必赐之几杖,行役以妇人,适四方,乘安车,自称曰老夫。"就是指卿大夫到了七十岁必须向国君交出自己的职权,告老还乡。如果因为工作需要,不能退休,国君必须赐给他凭几和拄杖,每当外出巡查视察,还要带上妇人服侍,远出异地,要乘用可以坐的安车(三代之车一般都只能站立不能坐,可以坐的车称安车),自称为老夫。汉朝一般官吏退休称赐告,有功之臣退休称予告。规定,致仕者可以得到原俸禄的三分之一或一半,以安度晚年。唐代规定,各种职事官到了七十岁必须致仕。那些年龄虽然不足,但"形容衰老"、"老病不堪厘务者",也作致仕处理。六品以下的官员致仕,可给予五品以上的散阶,以示优待。三品以上致仕者,在朔、望日可以参加朝会,晋见皇帝。五品以上官致仕后,凡有敕者享受原俸禄的一半,而且由有关部门送到家中。宋代官吏年老不愿致仕,朝廷因此提高了致仕官的待遇。在经济上,一般给予半俸,个别可以给原阶全俸,或降一等给全俸,还要照旧按时赐给羊酒米面,有关长吏必须经常关心致仕者的生活。在地位上,凡文武朝官、内职官致仕,多转官一等,以示荣宠。曾任宰相至谏议大夫者,致仕后可荫补其弟侄嫡孙亲属一至三人为官。元代内外官三品以下致仕,都加散官一等,遥授职事一等。明代,钦天监官不许致仕,其他官员七十岁致仕。致仕者有的加官、加级,有的官其子孙,少数的给以全俸或半俸。清朝致仕,凡年老不胜任的官吏,给予“原品休致”;若失职给予处分的,叫做“勒令休致”。

2.选举

世卿世禄 亦称世袭制,是古代爵位、官职的一种传承制度。卿是周王朝和诸侯国主要辅佐官的称呼。世卿世禄就是王朝和诸侯国的诸卿以及大夫的爵位、封邑、官职父死子继,世世代代相承连任。世卿世禄的基础是周代实行的分封制。自周武王开始,依照与周王血缘关系的远近及与周的同盟关系实行分封制,周王分封诸侯,有公、侯、伯、子、男诸国,其中部分公侯担任王朝主要官职。各诸侯国君再分封其子弟同姓为卿大夫,各有封地,世代继承,食封地租赋,部分至亲子弟担任诸侯国卿。

一般认为,周代实行世卿世禄制度。如杨宽《战国史》说:“在周王国和各诸侯国里, 世袭的卿大夫便按照声望和资历来担任官职,并享受一定的采邑收入,这就是世卿世禄制度。”如周公旦,其长子封于鲁国,“次子留相王室,代为周公”(《史记·鲁周公世家》索隐)。

也有学者否定上说。如任王朝公卿的周公、召公,自康王以后,仅见于厉王、宣王之际,其他昭、穆、恭、懿、孝、夷、幽七朝都未见有。况且,《公羊传》隐公三年有“世卿,非礼也”的记载。汉代何休说:按照周礼,“公、卿、大夫、士皆选贤而用之。卿大夫任重职大,不当世(袭)”。在这些学者看来,世卿世禄制实行于春秋时期。如春秋初年鲁国的大夫羽父想用“杀桓公”的手段“以求大宰”(《左传》隐公十一年)。“大宰”即执政之卿。可知在当时,鲁国的执政之卿还没有世袭,大夫都可以求取。到僖公时,季氏因立君有功而命为上卿,受赐费邑及汶阳之田,自宣公至哀公六代,季氏世世为鲁上卿,专鲁国之政。晋国在春秋中期的晋文公时,仍由国君选卿,卿死后又确定其他人选继任,并未形成世袭(见《国语·晋语四》)。商鞅变法规定:“宗室非有军功论,不得为属籍。明尊卑爵秩等级,各以差次名田宅,臣妾衣服以家次。有功者显荣,无功者虽富无所芬华。”世卿世禄制正式废除。

察举 两汉时期选拔官吏的办法,指地方官在其管辖的地区,定期考核、选拔合乎条件者,推举至朝廷任官的制度。早在汉高祖时,就曾下诏求贤,到了汉武帝时候,又把察举的措施逐步完善和制度化。《汉书·董仲舒传》载董仲舒建议:“使列侯、郡守、二千石各择其吏民之贤者,岁贡各二人以给宿卫,且以观大臣之能。”武帝接受了他的建议,元光元年(前 134 年)命令郡国举孝、廉各一人。为了推行察举制度,武帝还规定二千石如“不举孝,不奉诏,当以不敬论;不举廉,不胜任也,当免”。汉代的察举制度因此正式确立起来。元封五年(前 106 年)汉武帝下诏说:“其令州郡察吏民有茂材异等,可为将相及使绝国者。”(《汉书·武帝纪》)汉代的察举科目很多,主要的有直言极谏、孝廉、贤良方正、茂才(即秀才)等科。岁贡之士入京以后,经考试合格,授以官职。西汉时,由皇帝亲自问策,即所谓“举贤良对策”;东汉时,“诸生试家法,文吏试笺奏,无异于后世科举之法”(《东汉会要·选举》)。得中者授予郎官或文学掌故等官职。尤其孝廉一科,为士大夫仕进之主要途径。荐举要凭学识、品德和才干,但后来多徇私芜滥,至有“举秀才,不知书;察孝廉,父别居”者。东汉末年察举制弊病多端,到了魏晋时期为九品中正制所取代。后世虽偶有沿用,如明洪武六年二月曾下令“谕暂罢科举，察举贤才”(《明史·太祖纪》)，但不久又恢复了科举制。

征辟 又称“辟除”，汉代皇帝和高级官员直接任用有特殊名望或才干者做官的制度。征辟主要包括皇帝征聘和公府、州郡辟除两种方式。皇帝征召称“征”，官府征召称“辟”。与后代大小官吏都由吏部铨选的制度不同，中央行政长官如三公、地方官如州牧、郡守等官员，可自行征聘僚属，任以官职。东汉时直接征聘名望之士担任朝廷高级官员，尤为盛行，公卿以能招致贤才为高，而俊才名士也以有所依凭为重。在汉代的选官制度中，征辟作为一种自上而下选任官吏的制度，地位仅次于察举。《文献通考·选举》:“盖东汉时，选举辟召皆可以入仕，以乡举里选循序而进者，选举也；以高才重名躐等而升者，辟召也；故时人犹以辟召为荣焉。”

魏晋南北朝主要以九品中正制取士，但征辟制并未废止，仍是士人特别是士族名士入仕的重要途径。皇帝征聘制不属常制，但辟召制却有进一步发展之势。被辟而应召者是为辟召者的故吏，两者结成主从依附关系。隋统一后，为了强化中央集权，规定凡九品以上官吏皆由吏部任免，征辟作为一种制度自此消失。隋唐皇帝和朝廷大臣仍可征召名士大儒为官，地方长官也可自行辟聘，但不多见。宋代各路安抚司、转运司、知州等，可自选官员，称“奏辟”，或“辟差”、“辟置”，似为征辟制的变种。

铨选 从唐至清选才授官的制度。古代举士与选官相一致。士获选，即为官。南朝时已有选才授官之法，《南齐书·百官志》:“左仆射，领殿中主客二曹事，诸曹郊庙、园陵……改号格制、莅官铨选。”至唐，五品以上官员由皇帝任命，六品以下官员除员外郎、御史及供奉官外，试士属礼部，试吏属吏部，武官由兵部，以科目举士，按规定审查合格后授官,称为铨选。铨选最重资格。明清皇帝直接选任官吏,称为“特简”。清中叶后,铨选又分为外补与部选两途,选人多,致得官无日,乃渐变通成例,许应选者自行申请,分发外省试用,试用有年,需由外省大吏量其资绩,为其报请授官,至此铨选实成空文。有倔强者,绝不至权臣前活动求选,以至终生不得官职。清昭梿《啸亭续录·褚筠心》:“先生终身不谒铨选,曰:‘此膝不为权臣屈也。’”

孝廉 汉代选拔官吏的科目名称。孝,指孝子;廉,指廉洁之士,后合称为孝廉。始于董仲舒向汉武帝的奏请。汉武帝元光元年(前134年)初,“初令各郡国举孝、廉各一人”,郡国岁举孝廉的制度从此确立。武帝以后,孝廉成为士大夫仕进的主要途径,被举的孝廉,多在郎署供职,由郎升迁为尚书、侍中、侍御史,或外迁县令、丞尉,再迁刺史、太守。名义上以皇权专制社会伦理为标准,实际上多是世家大族互相吹捧,政权为他们所垄断。所以东汉王符在《潜夫论》中指出:“群僚举士者,或以顽鲁应秀才,以桀逆应至孝,以贪饕应廉吏,以狡猾应方正。”反映了当时察举制的滥污和弊端。据《后汉书·张衡传》载:“永元(89—105年)中,举孝廉不行,连辟公府不就。”东汉时期,举孝廉者往往被任命为郎,如曹操在二十岁时曾被举孝廉为郎。后任洛阳北部尉,升顿丘令。又被朝廷拜为议郎。汉朝以后的各代也常由地方举孝廉,隋唐只举秀才而不举孝廉。明、清两代也称举人为“孝廉”。

荫任 古代实行的按级别给予官吏子弟一定官职的制度,又称任荫、门荫、荫子。荫任制是世卿世禄制的余绪。西汉时,二千石以上的官吏,视满三年以上就可以保举子弟一人为郎,称为任子。如苏武以父任为郎,刘向以父任为辇郎等。东汉以后荫任制逐渐发展。宋代因恩泽而得官的不仅是子孙,还扩展到旁支、异姓以至门客,故其时官吏数量之多,为古代所仅见。明代初年,一品至七品,都可以荫一子为官。正一品官之子用为正五品,从一品官之子用为从五品,从五品官之子用为从九品,正六品至从七品官之子用为流外官。后来加以限制,京官三品以上,考满著绩,才可以荫一子,叫官生。而出自特恩的,叫恩生。这些荫子,有的直接授官,有的入国子监读书。清朝规定,文职京官四品以上,外官三品以上,武职二品以上,俱准送一子入国子监读书,参加会试步入仕途。亲信大臣死后,也有时特赏其子孙若干人以举人、进士,或者职官。

捐纳入官 又称捐输、捐例、赀选,是古代向朝廷交纳一定钱粮以获得官职的制度,民间俗称为卖官鬻爵。最早是秦王政四年(前 243 年)"十月庚寅,蝗虫从东方来,蔽天。天下疫。百姓内(纳)粟千石,拜爵一级。"(《史记·秦始皇本纪》)为了获得救灾物资而出卖爵位。秦汉爵位与官职不挂勾, 但有了爵位就可以享受的相应待遇或荣誉(如八级公乘,可以乘公家的车辆),对富有者也有一定吸引力。西汉文帝时,听从晁错建议,"令民入粟受爵",平民往边境送纳六百石(约相当于四百亩地的收成)粮食可以得到第二级上造之爵,交四千石粮食可得五大夫之爵。后来,这种方法历代皆有。如元朝天历三年(1330 年),河南、陕西饥荒,为了筹粮救灾而规定:陕西行省交纳一千五百石以上粟米者,授以七品官;一千石以上者,授以正八品官;五百石以上,从八品;三百石以上,正九品;二百石以上,从九品。江南官价更高,交纳一万石以上,授正七品官;五千石以上,授从七品官。明代捐纳盛行,从明英宗正统年间开始实行捐纳。捐纳"监捐"取得监生身份的,称为"例监"。捐纳"贡捐"取得贡生身份的,称为"例贡"。清代之前的朝廷卖官,除东汉中后期比较严重外,一般都是因筹饷、赈灾、备边或兴办工程等事，并不严重。清代卖官的情况达到了历代最严重的程度。清朝将捐纳条款称为“花样”，只要纳足花样，无官者可以得官，有官者可以优先补缺任实职，被革职者可以恢复原官。捐纳巨资的，可以改用“报效”名目，得到很高的职衔。清中叶以后，把捐纳列作正式财政收入，订定章程，如《河工捐例》《海防捐例》等。到咸丰、同治两朝因战争需求，捐纳盛行，与科举、荫封、保举同为仕官的四大途径。捐纳项目中还有虚衔之名，凡捐纳而不愿做官的，可以穿戴品官服饰，以相荣耀。

九品官人法 自曹魏至隋初实行的一种人才推荐制度。东汉末年，曹操提出“唯才是举”，220 年二月，“尚书陈群，以天朝选用不尽人才，乃立九品官人之法。州郡皆置中正以定其选。择州郡之贤有识鉴者为之，区别人物，第其高下”（《资治通鉴》卷六十九《魏纪一》）。魏王曹丕采纳了陈群的建议，在各州、郡、国设立大小中正官，负责品评本地士人，按照其德才言行道义，分别评定为上上、上中、上下、中上、中中、中下、下上、下中、下下九等，向吏部推荐。吏部根据其品级，选任相应的官职。规定每郡十万以上人口的每年推荐一人，若有特别秀异者，不拘户口，都可推荐。而武官的推举则由护军负责。黄初三年（222年）还规定，不拘老幼，凡儒者通经术，吏士达文法，都可以推荐试用。

该法初实行时，士人品定之权基本上掌握在声望较高的中正官手中，中正采择舆论，按人才优劣以定品第。到曹芳时，司马懿把持政权，在各州设置大中正，任用世族豪门担任，选取原则以“家世”为重。权势之家竞相标榜声名，中正唯以其家族门第定其品级，推荐朝廷任官。九品中正制成为士族操纵政权的工具，朝中官员大多从各地高门权贵的子弟中选拔。权贵子弟无论优劣，都可以做官。许多出身低微但有真才实学的人,却不能到中央和地方担任高官。以至形成了“上品无寒门,下品无势族”(《晋书·刘毅传》)的门阀制度。此法在晋、南北朝不断有所修订,一直实行。随着社会的发展,世族豪强势力的日益削弱,到隋炀帝时便废除了九品中正制,正式改行科举制。

科举制 以考试方法选拔人才的一种制度,起源于隋朝。两晋时期,已对所举孝廉、秀才采取一律考试的方法,所谓“孝廉试经,秀才试策”,是古代科举之前奏。隋文帝废除九品中正制,开始采用分科考试的方式选拔官员,下令京官五品以上,总管、刺史,以“志行修谨”“清平干济”二科举人,是科举考试的先声。大业三年(607 年)四月,隋炀帝诏令文武官员有职事者,可以“孝悌有闻”、“德行敦厚”、“节义可称”、“操履清洁”、“强毅正直”、“执宪不饶”、“学业优敏”、“文才秀美”、“才堪将略”、“膂力骁壮”等十科举人。设进士、明经二科,并以“试策”取士,标志着科举制正式诞生。

唐朝时科举制度逐渐完备。考试的科目分常科和制科两类。常科的科目有秀才、明经、进士、俊士、明法、明字、明算等五十多种,其中明经、进士两科是常科的主要科目。进士科尤为人所重。进士考时务策和诗赋、文章,明经考时务策与经义,前者难,后者易,有“三十老明经,五十少进士”的说法。进士及第称“登龙门”,第一名曰状元或状头。常科登第后,还要经吏部考试,叫选试。合格者,发给告身(凭照),才能授予官职。载初元年(690 年)二月,武则天亲自“策问贡人于洛成殿”,这是科举制度中殿试的开始。不久,又增设武举,由兵部主考。科目有马射、步射、平射、马枪、负重摔交等。“高第者授以官,其次以类升”。

宋初考试仅各州的“取解试”和礼部“礼部试”(或称

“省试”)；自太祖开宝六年(973 年)起，复试于殿廷，太宗太平兴国九年(984 年)殿试进士以三甲发榜。元朝的科举有其自身特点。元朝用“经义”、“经疑”为题述文。科举分为地方的乡试和在京师进行的会试及殿试。科举只考一科，蒙古人、色目人参加乡试和会试只考两场，要求相对较简单。汉人、南人参加乡试和会试考三场，要求相对较严格。乡试、会试考取名单俱按种族分配，分成左右榜公布，蒙古人、色目人列右榜，汉人、南人列左榜。

明朝的科举更加严密完善。读书人要取得参加科举考试的资格，必须先以童生的名义参加县府童试，录取后称为生员或庠生，俗称秀才。正式的科举考试分为三级，即乡试、会试和殿试。乡试是由南、北直隶和各布政使司举行的地方考试。每三年一次，逢子、卯、午、酉年举行，又叫乡闱。考试的试场称为贡院。考期在八月，故又称秋闱。主持乡试的有主考二人，同考四人，提调一人，其他官员若干人。考试分三场，分别于九日、十二日和十五日进行。乡试考中的称举人，俗称孝廉，第一名称解元。举人榜称乙榜，或称乙科。放榜之时，正值桂花飘香，故又称桂榜。

会试是由礼部主持的全国考试，又称礼闱。于乡试的第二年即逢丑、辰、未、戌年举行。全国举人在京师会试，考期在春季二月，故称春闱。会试也分三场，分别在二月初九、十二、十五日举行。考官有主考、同考以及提调等官，人数比乡试多一倍，都由较高级的官员担任。主考官称总裁，又称座主或座师。考中的称贡士，俗称出贡，别称明经，第一名称会元。

殿试在会试后当年举行，时间最初是三月初一，后来改为三月十五。应试者为贡士。贡士在殿试中均不落榜，只是由皇帝重新安排名次。殿试由皇帝亲自主持，只考时务策一道。殿试毕，次日读卷，又次日放榜。录取分三甲：

一甲三名，赐进士及第，第一名称状元、鼎元，二名榜眼，三名探花，合称三鼎甲。二甲赐进士出身，三甲赐同进士出身。二、三甲第一名皆称传胪。一、二、三甲通称进士。进士榜称甲榜，或称甲科。进士榜用黄纸书写，故叫黄甲，也称金榜，中进士称金榜题名。

殿试之后，状元授翰林院修撰，榜眼、探花授编修。其余进士经过考试合格者，叫翰林院庶吉士。三年后考试合格者，分别授予翰林院编修、检讨等官，其余分发各部任主事等职，或以知县优先委用，称为散馆。

明代乡试、会试头场考八股文。八股文以四书、五经中的文句做题目，只能依照题义阐述其中的义理，不能自由发挥。八股文，是用八个排偶组成的文章，一般分为六段。以首句破题，两句承题，然后阐述为什么，谓之起源。八股文的主要部分，是起股、中股、后股、束股四个段落，每个段落各有两段。篇末用大结，称复收大结。

清代的科举制度与明代基本相同。雍正前分满汉两榜取士，旗人在乡试、会试中享有特殊的优待，只考翻译一篇，称翻译科。以后，改为满人、汉人同试，但参加考试的仍以汉族人为最多。科举制发展到清代，弊端也越来

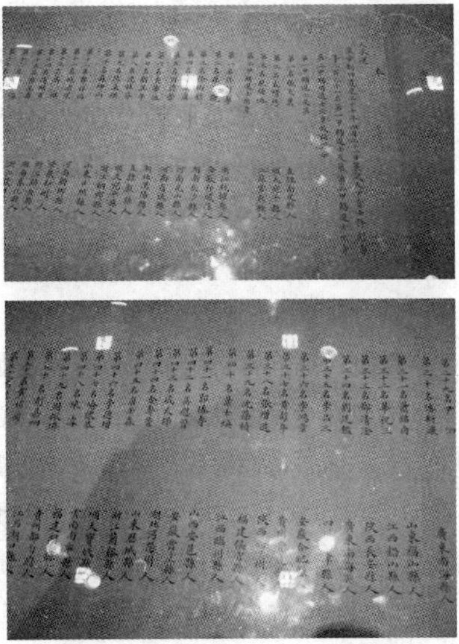

道光二十七年(1847年)金榜

越多。清朝统治者对科场舞弊的处分特别严厉,却改变不了舞弊越演越烈的现实。光绪三十一年(1905年)科举制正式废止。

童生试 明、清两代取得生员(秀才)资格的考试,简称童试,或称小考、小试,包括县试、府试和院试三个阶段的考试。县试一般由知县主持,本县童生要有同考者五人互结,并且有本县廪生作保,才能参加考试。试期多在二月,考四到五场,内容有八股文、诗赋、策论等,考试合格后才可应府试。府试由知府或直隶州知州、直隶厅同知主持,考试内容和场次与县试相同,试期多在四月。府试合格方可参加院试。院试又叫道试,由主管一省诸儒生事务的学政主持。院试合格后称秀才,方可进入官学和正式参加科举考试。清朝一般在每年二月举行,连考五场。通过后方可参加府试,在四月举行,连考三场。通过县、府试的便可以称为"童生",参加由各省学政或学道主持的院试。院试考取的就叫生员(秀才)。乡试考中的第一名叫做解元。每三年举行两次。丑、未、辰、戌年为岁考,寅、申、巳、亥年为科考。院试录取者为生员,送入府、县学宫,称入学。岁考、科考则为考核已入学的生员的考试。

3.刑法

赎刑 赎刑就是用金钱或财物赎罪。原始社会末,施刑的本意在于惩戒教育而已。如果愿意用财物抵偿因严重违背风俗习惯而给氏族部落造成的损失,是可以接受的。因此,出现了"赎刑"。历代都有赎刑,五刑之中,上自死刑,下到杖、笞,都可以赎,赎金的数量有具体规定。《尚书·舜典》载:"金作赎刑。"孔颖达疏:"古之赎罪者,皆用铜,汉始改用黄金。"进入阶级社会以后,赎刑是人们在法制上地位不平等的体现。《国语·齐语》载，管仲提出："重（死）罪赎以犀甲一戟，轻罪赎以鞼盾一戟，小罪谪以金分，宥间罪。"意思是，死罪的重罪用一套犀牛皮甲戟赎罪，劓刖等轻罪用一套缀花革盾戟赎罪，不入五刑的小罪用金（铜）赎罪，有可疑情节难以定罪的就赦免。战国时期，也有赎刑，如《华阳国志·巴志》说，秦昭襄王和夷人订盟："煞（杀）人雇死，倓钱。"就是用钱赎死罪。《史记·淮南衡山王列传》载，汉武帝时，平民赎死罪用"金二斤八两"。宋朝也有赎刑，但其赎刑适用范围比其前后各代都狭窄得多。太宗端拱二年（989 年）和仁宗庆历三年（1043 年）曾两次下令废止赎刑。明朝时，朝廷命官犯笞罪，可以减俸禄赎罪；平民可以纳米、银、草、豆、麦、马赎罪；平民还可以运输砖、石、炭赎罪。

宫刑 古代五刑之一，又称腐刑，更古时称椓。据《尚书·吕刑》，原始社会末期，苗民制定了椓（zhuó 酌）刑，椓刑即西周以来的宫刑。两汉把宫刑又称为下蚕室或腐刑。所谓宫刑，对男子就是割除外生殖器；对女子就是幽闭。何为幽闭？解释不同。有的说，幽闭犯罪女子，使她不得外出。有的说，幽闭犯罪女子，割除其内外生殖器官。鲁迅言，古代女子的宫刑是以重物击打使其子宫脱垂。《尚书·吕刑》："宫辟疑赦。"孔传："宫，淫刑也，男子割势，妇人幽闭。次死之刑。"最先，只是对淫乱的人处以宫刑。《尚书大传》："男女不以义交者，其刑宫。"后来，宫刑也适用于其他罪行。汉文帝废除肉刑后，景帝时又下令"死罪欲腐者，许之"。自此，宫刑可以代替死罪，直至东汉末。北魏、隋初都有宫刑。辽穆宗应历十二年（962 年），又定宫刑。明朝洪武年间，明令全面废止肉刑。但清朝处置谋反大逆案时，对无辜的连坐者，却实行惨无人道的宫刑。规定：对犯逆案内应凌迟犯人的子孙，确实不知谋逆事情的人，无论成丁未成丁,“均解交内务府阉割”。

斩首 古代死刑之一,即将犯人的头颅砍掉。春秋时期,已有斩首的刑罚。中国古代的斩首,刽子手必须接受严格训练,原因有二:首先斩首之时必须斩在关节之间;其次由于古代有全尸的观念,因此斩首的时候,不能完全砍断而要让首级与身体的皮尚有连接。《左传》昭公五年载,鲁国的叔孙昭子要杀竖牛,竖牛逃往齐国,被孟仲的儿子杀死在齐国的边境内, 然后把竖牛的脑袋扔到带刺的树条子上,即所谓“投首棘上”。这大概是斩首刑的开始。秦、汉时的斩首刑,是把犯人剥掉上衣后,按在砧板上砍脑袋的。北魏孝文帝初,斩决犯人,甚至要使犯人裸形,目的是不仅把犯人置于死地, 而且要使他遭受到更大的耻辱。宋朝时,包拯把刀和砧板结合在一起,使用铡刀斩决犯人。清朝斩决犯人,令犯人跪下低头,一人在犯人前面拽犯人的发辫,刽子手在犯人后面,右手执鬼头刀,左手摸准犯人的第一颈椎和第二颈椎的间隙, 随着手起刀落,人头坠地。到 1929 年 10 月 6 日废除斩刑止,中国使用斩刑几乎二千五百年。

弃市 古代的一种死刑。就是把犯人杀死后,陈尸于大街上示众。《周礼注疏·掌戮》言:“掌戮,掌斩杀贼谍而搏之。注:斩以鈇钺,若今要斩也。杀以刀刃,若今弃市也。”弃市又称“肆”刑。春秋时期的“肆”刑,如齐景公三年(前 545 年),齐国人把崔杼的尸体陈列于市上。《汉书·景帝纪》中二年:“改磔曰弃市。”注:“弃市,杀之于市也。谓之弃市者,取‘刑人于市,与众弃之’也。”魏晋以后,弃市指的是绞刑。《晋书·刑法志》:“斩刑者罪之大,弃市者死之下。”《史记·高祖本纪》:秦时“偶语者弃市”,司马贞索隐:“按:《礼》云‘刑人于市,与众弃之’,故今律谓绞刑为弃市是也。”《史记·六国年表》载,秦昭襄王五十二年(前

255年),秦国的河东守王稽,因为与其他诸侯国交通,被判决弃市。据《通典》《文献通考》《续文献通考》等书,秦、汉、南朝梁、北朝齐、北宋、辽国都有弃市刑。再后,弃市就罕见了。

绞刑 古代死刑之一,用绳绞犯人颈使之气绝。它可使受刑的人保持尸体的完整。《礼记·文王世子》:“公族其有罪,则磬于甸人。”郑玄注:“悬缢杀之曰磬。”即诸侯国君的家族成员犯死罪,在隐蔽场所——甸人(官名)掌握的郊野绞杀。绞刑之名,始于北周、北齐,见《隋书·刑法志》。从先秦至清末,都有绞刑,处决王族和皇族中的死罪犯人,多采用绞刑,以示优待。但是,同是绞刑,在历史上各时代,它与同时代的其他极刑相比,轻重不同。在先秦时期存在族刑、车裂、腰斩、斩首、枭首、镬烹、凿颠等等极刑的情况下,绞刑是极刑中最轻的而且是特用的。随着时代的发展,社会的进步,刑罚的野蛮性递渐减弱。汉前期吕后除三族罪。北魏孝文帝除门诛律。隋代制定的《开皇律》,把绞定为次于斩的死刑。明朝的死刑,基本是绞、斩两种,绞斩外有凌迟。清朝的死刑,基本是斩、绞两种,斩绞外最重的为凌迟、枭示。就是说,明、清时期,绞刑虽然仍是极刑中最轻的,但已上升为极刑中的常刑。在明、清时期,绞刑也够得上重刑了,而且这时的绞刑,已不再是专门为处决皇室中的重囚而设。

赐死 古代皇帝对罪犯赐其致死物品,让其自行了断,而不公开处死,以示优渥。常见有赐毒酒、赐剑、赐绫、赐绳等物,令其自尽。赐死起源于先秦,延续至清末。夏商周三代,君王和贵族,在国家机构中是君臣关系,在血缘上多数是宗族或亲戚。所以,当国君必须处死某大夫以上的死罪官员时,还不得不表示优恤。因而往往不采取刽子手行刑的方式,而勒令他们自杀,即所谓“赐死”。赐死的方式:或者赐给一把剑,即勒令自刎;或者赐给一匹缯帛,即勒令自缢;或者赐给一包毒药,即勒令吞毒。春秋战国时期,有关赐死的记载很多。《史记·越王勾践世家》记载越王勾践在灭吴后听信谗言赐死大夫文种。到了大一统的秦朝,秦始皇甫死,长子扶苏,将军蒙恬、蒙毅等人就被胡亥、赵高、李斯矫始皇遗诏赐死。唐肃宗时,赐陈希烈等自尽于狱中。《文献通考·刑六》载,北宋神宗熙宁八年(1075 年)右羽林大将秀州团练使世居,因涉谋逆案,被赐死。清世宗雍正三年末(1726 年初),年羹尧被赐死于狱中。

刺配 古代刑罚之一。刺是在罪犯额上刺字,刺明所犯事由及发遣地名;配是配役,即发往边远地方服役。它是墨刑、流刑的兼用。刺字,即先秦的黥刑,是在脸上刺字涂矾,使其色黑难灭。南朝梁和宋朝也称黵(dǎn 胆)面保,污黑为黵。《文献通考·刑七》载,五代时期后晋天福年间(936—942),首先把流和"刺"(即黥)二者结合起来,对应该流放的罪犯,并规定要在他的脸上刺字,创立了"刺配法"。到了北宋,使刺配法完善起来,即出现了以流放为主,兼刺字、脊杖、役作的典型的刺配法,刺字一般要刺上:配往某州某府、某屯驻军、重役等字样,有的刺上罪由如"强盗"二字。明太祖洪武二十二年(1389 年),把黥面改为刺臂。窃盗初犯刺右臂,再犯刺左臂,三犯绞刑。《清朝文献通考·刑一》载,清朝流配犯人刺字法,凡是重囚应刺字的人,旗人刺臂,奴仆刺面;民人徒罪以上刺面,杖罪以下刺臂,再犯的也刺面。逃犯刺左,其他犯刺右;初犯刺左,再犯、累犯刺右;犯刺右的人,再犯、累犯刺左。字正方,每边长一寸五分,画宽一分半。刺文字样有"发冢"、"盗棺"、"窝逃"(窝藏逃犯的人)、"脱逃"等罪名。

劓 古代五刑之一,即割去鼻子。劓刑产生的年代极为久远，上古时，就已实施劓刑。《易经》中曾说："其人天且劓。"劓刑在夏、商时已普遍使用。据说，夏时受过劓刑的有上千人。商代盘庚迁都到殷之后，下诏说："乃有不吉不迪，颠越不恭，暂遇奸宄，我乃劓殄灭之，无遗育，无俾易种于兹新邑。"商周正式把劓刑定为"五刑"之一，五刑即墨刑、劓刑、刖刑、宫刑、大辟刑。《尚书·吕刑》把这五种刑称为"五虐"。《周礼·秋官·司刑》郑康成注："劓，截其鼻也。"劓最早见于甲骨文，从刀从自，"自"是鼻的古字，正象征了用刀割鼻，也就是劓刑。春秋战国以至初汉，劓刑是一种很普通的刑罚。《史记·商君列传》："行之四年，公子虔复犯约，劓之。"汉文帝十三年，下诏废除，将劓刑改为"笞二百"。《续文献通考·刑二》载，明太祖洪武五年（1372 年），尚有劓刑。洪武二十八年（1395 年），全面废止肉刑，明令"不许用黥刺、劓、剕、阉割之刑"。

膑　夏商五刑之一，又称刖刑，是断足或砍去犯人膝盖骨的刑罚。膑辟，古代断足的酷刑；膑脚，砍去膝盖骨及以下的酷刑；膑罚，剔去膝盖骨的酷刑。《汉书·刑法志》说："中刑用刀锯"，注引韦昭曰："锯，刖刑也。"

《尚书大传》："决关梁、逾城郭而略盗者，其刑膑。"据《周礼·秋官·司刑》注："夏刑，膑辟三百。"可知膑刑大约始于夏代。《周礼·司刑》注又云："周改膑做刖。"是断足也。与夏时去膝盖骨之膑刑不同。沈家本《刑法分考》卷六："膑，本名也。剕，今名也。刖即剕也。今名为剕为刖，而世俗犹相沿称为膑耳。"司马迁《报任安书》言"孙子膑脚，兵法修列"，所言实为刖刑，解作剔去膝盖骨之膑刑则误。

凌迟　是古代死刑中最残酷的一种，用小刀逐块割尽人肉致死，民间称之为千刀万剐。凌迟本是山陵逐渐降低，引申为事物或形势日渐颓危低落，后来才变成了一种刑罚。《隋书·刑法志》载,北齐文宣帝常以“轻刀脔割”杀人,是凌迟法杀人的最早记载。唐代自安史之乱开始,用凌迟法杀人的事实不绝书。《资治通鉴》中记载,颜杲卿等被安禄山“缚于中桥之柱而剐之”。把凌迟作为正刑载入法律,始于辽。《辽史·刑法志》:“死刑有绞、斩、凌迟之属。”北宋时期,凌迟之刑被实际使用,宋仁宗时也多次用凌迟之法处死强盗,但没有载入正式法典。到了南宋,凌迟的名目见于官方修订的正式法书《庆元条法事类》。此后,历代相沿不改。《元史·刑法志》:“死刑:斩、凌迟处死。”《明史·刑法志》:“死刑二:绞、斩。二死之外,有凌迟,以处大逆不道诸罪者。”《清史稿·刑法志》:“凌迟,用之十恶中不道以上诸重罪,号为极刑。”光绪三十一年(1905年),废除凌迟之刑。

4.礼制

五礼 在《周礼》中指吉、凶、军、宾、嘉五种礼制。吉礼是以祭祀为事的礼制,凶是指发生诸种不幸时所行的礼制,军是军旅的礼制,宾是宾客接待的礼制,嘉是冠婚之类的礼制。

吉礼 为五礼之首。即祭祀天神、地祇、人鬼等的礼仪活动。如郊天、大雩、大享明堂、祭日月、大蜡、祭社稷、祭山川、籍田、先蚕、祭天子宗庙、功臣配享、上陵、释奠、祀先代帝王、祀孔子、巡狩封禅、祭高禖等。历代兴革不一,但极为统治阶级所重视。周代归大宗伯执掌,下设太祝、太宰。主要是对天地鬼神的祭祀,祭祀分为三等。大祀主要指对天、地、社稷、宗庙等的祭祀;中祀主要指祭祀农业、桑蚕之神和山川等;小祀指对司中、司命、风师雨师、灵星和其他杂祭。三代祭礼时立尸,尸以活人代表神主接受祭礼，秦后废尸。由于祭祀分有等级，所以祭祀时奉献的牺牲也分为太牢和少牢。吉礼名目繁多。唐徐坚《初学记》分祭礼为 12 类，宋郑樵《通志》分为 30 名目。随时代的需要，吉礼有增有减。

凶礼　五礼之一，主要指发生在不幸时所行的礼制。《周礼·春官·大宗伯》："以凶礼哀邦国之忧。"指哀悼天灾人祸如死丧、饥馑、战败、祸乱等的礼仪，分为丧、荒、吊、禬、恤五个项目。丧礼是凶礼的主体部分，对各种不同人的死亡，通过不同的方式来表示不同程度的哀痛与哀悼之情的礼仪；荒礼即遇到荒年饥馑或瘟疫流行时，帝王与王臣采取减膳、节约等措施，以表示体察灾情、与民同苦之意；吊礼即他国或他人遭受水、旱、风、火等自然灾害后，帝王或王臣派遣使者前往慰问的礼仪；禬礼是某国遭受敌国侵犯而城乡残破后，同盟诸侯筹集财物予以援助的礼仪；恤礼即邻国遇到寇乱后，帝王或诸侯派遣使者前去慰问，以示同情关切。

军礼　五礼之一。是用于征伐，是军事活动方面的礼节仪式。《周礼·春官·大宗伯》："以军礼同邦国。"根据其典礼活动的内容，古代军礼大致分为五类：大师之礼，用于征伐行动；大田之礼，用于田猎活动，古代天子诸侯每年都要定时出外狩猎；大均之礼，用于户口普查和赋税调整时的仪式，普查户口是为了保证兵源，赋税调整是为了保证财源，故称"大均"；大役之礼，用于修建城邑、宫殿、水利等时的仪式，在古代，诸如此类的土木建筑都是属于国家级的大工程，即"大役"，要兴师动众，而且实行军事管理，所以属军礼；大封之礼，用于诸侯之间封疆划界的仪式，诸侯之间常常为边界刀兵相见，天子出动维持和平部队，平息边界冲突，确定封疆。古代军礼非常复杂，如军队出征，就有祭社、阅师、誓师、祖道、班师、劳师、献捷、献俘等一系列仪式。汉代以后，军礼就特指军旅礼仪，据《明史·礼志十一》，其军礼的内容有亲征、遣将、受降、奏凯献俘、论功行赏、大阅、大射、救日伐鼓等，清朝军礼基本相同。

宾礼 五礼之一。宾礼用于朝聘会同，是天子款待来朝会的四方诸侯和诸侯派遣使臣向周王问安的礼节仪式。《周礼·春官·大宗伯》："以宾礼亲邦国：春见曰朝，夏见曰宗，秋见曰觐，冬见曰遇，时见曰会，殷见曰同，时聘曰问，殷覜曰视。"宾礼包括朝、宗、觐、遇、会、同、问、视等礼仪，其中朝、宗、觐、遇等都是诸侯定期拜见天子的典礼，只是季节不同。有不定期的仪式，就是会、同、问、视。天子有征伐大事时，一方诸侯来朝见，称为"会"；如果天子十二年不外出巡狩，四方诸侯集合会见天子，称为"同"；众多诸侯派遣使臣来聘问天子称为"视"。春秋时代，礼崩乐坏，周天子形同傀儡，诸侯僭用天子礼仪，朝觐、宗遇、会同、问视等也就成了诸侯之间的外交礼仪，小国君主见大国君主也称"朝"，诸侯之间相见也称"遇"，诸侯之间举行盟会也称"会同"，诸侯互相派遣使臣访问也称"问"。

嘉礼 五礼之一，即喜庆典礼。主要包括冠、婚、燕、飨、射等活动中的礼仪。如冠礼、婚礼是自天子达于庶人的通礼，其他则多是帝王独有的典礼或朝廷礼仪。燕礼特指君臣燕饮之礼，燕就是宴，即饮酒燕乐。据《仪礼·燕礼》，燕有四等：一是宴请有王事之劳的卿大夫，二是宴请四方来使，三是宴请归国的使臣，四是君王无事自饮。飨礼也是君王设酒宴以飨宾，古称"大飨"。射礼就是射击比赛的典礼，是古代贵族子弟必修的六艺之一。古代天子或诸侯将有祭祀之事时，便请臣下比试射艺，射中箭靶的人才有资格参加祭祀活动。这种射箭活动称为"大射"。还有档次低一级的乡射礼。在举行乡射礼之前，有一项重要的仪式，为被选中的贤能之士设宴饯行，其间的祝贺酬答都有仪式，叫做“乡饮酒礼”。乡射礼一直传到宋、元，乡饮酒礼一直传到明、清，不过与古礼已经有所不同，主要是作为尊老之礼。据《明史·礼志》载：每年正月十五与十月初一，由各州、府、县长官做主人，在当地儒学行乡饮酒礼，宴请本州岛、府、县年高有德者。清朝的乡饮酒礼基本上奉行不变。

丧礼　古代凶礼之一，系处理死者殓殡、奠祭和拜踊哭泣的礼节。丧葬是人生的终结，与现实生活有密切关系。早在旧石器时代晚期，已经有了埋葬死者的习俗。新石器时代一般为仰身直肢葬，少数为屈肢葬，开始出现了木棺，有少量生产工具、生活用器或装饰品随葬。夏代墓葬的规模已经出现明显的差别。商代大中型墓葬一般都有殉人，少则数十，多者一二百，殉葬者多为奴隶，也有平民、妻妾，甚至贵族。葬具有棺有椁。周代墓葬有贵族的公墓和万民的邦墓，王侯公卿的墓盛行列鼎制度。各种人死的说法不同，天子为崩，诸侯为薨，士为不禄，庶人为死。战国和秦代的平民墓，多为小型土坑的屈肢葬。贵族往往用蜃灰、白膏泥、木炭等保护棺椁，用金玉亲体，用玉、石等遮蔽耳目口鼻前后阴，以期尸体永远不朽。人殉至此逐渐减少。边远地区，有露天葬、火葬、洗骨葬等。秦始皇的骊山墓，墓高五十丈，周围五里多，内部装修极为豪侈，装满了各种珍奇宝贵的陪葬品，后宫无子者均被迫殉葬。以后，汉族地区盛行土葬，有的少数民族实行火葬、水葬、天葬等。

冠礼　古代贵族男子成年时举行加冠的成人仪式。《礼记·曲礼上》：“男子二十，冠而字。”又《冠义》：“已冠而字之，成人之道也。”就是说，男子到了二十岁，行加冠礼，结发加冠,同时在名之外起个字,表示他已是成人了。古人很重视冠礼,《仪礼》第一篇就是《士冠礼》。据《仪礼·士冠礼》,冠礼在宗庙里举行,由父或兄主持。在此以前,先要筮日,即以蓍草占卜,选定加冠的吉日。冠礼的前三天筮宾,宾是负责加冠的人,一般是父兄的僚友。宾选定后,要一再敦请,直到宾答应为止。冠礼进行时,宾给冠者加冠三次。先加缁布冠,表示从此有治人的特权;次加皮弁,表示从此要服兵役。最后加爵弁,表示从此有权参加祭祀。每加一次冠,宾都要对冠者致祝词。三次加冠后,主人设酒馔招待宾赞等人,叫"礼宾"。"礼宾"后,冠者入家拜见母亲,然后由宾取"字",然后依次拜见兄弟,拜见赞者,入室拜见姑姊。这以后,冠者要脱下最后一次加冠时用的帽子和衣服,换上玄色的礼帽礼服,带着礼品,去拜见国君、乡大夫和乡先生。这种种拜见,都是要说明冠者已是成人。最后,主人向宾敬酒,赠送礼品,冠礼告成。冠礼的同时,要根据其本名的含义,取一个表字,让人称呼,以表示尊重。从此,他们作为成年人,必须实施孝悌忠顺的道德规范,承担对社会和家庭的责任。

笄礼 俗称"上头"、"上头礼",古代女孩子的成年仪式。笄,即簪子。古代女子年十五岁,称为"及笄",就是到了行笄礼的年龄。笄礼起于周代。《仪礼·士婚礼》:"妇人十五许嫁,笄而礼之,因着缨,明有系也。"疏言:"案《曲礼》云,女子许嫁,缨。又云,女子许嫁笄而字。郑据此许嫁文而言。但言十五许嫁,则以十五为限,则自十五以上皆可许嫁也。"《礼记·内则》:"女子……十有五年而笄。"注:"谓应年许嫁者,女子许嫁笄而字之,其未许嫁,二十则笄。"总体意思是,女孩子到十五岁在订婚(许嫁)时要举行笄礼,改变幼年的发式,将头发绾成髻盘至头顶,用簪子插住,系以彩缨,并为其在名之外取字,表示其成人,同时亦表明其已经订过婚,身有所属了。如果到二十岁女孩子还没有许嫁,也应该行笄礼,表示其成年。主行笄礼者为女性家长,由约请的女宾为少女加笄,表示女子成年可以结婚。贵族女子受笄后,一般要在公宫或宗室接受成人教育,授以"妇德、妇容、妇功、妇言"等,作为媳妇必须具备的待人接物及侍奉舅姑的品德礼貌与女红劳作等技巧本领。后世改为由少女之母申以戒辞,教之以礼,称为"教茶"。笄礼在历代沿用。

朝聘 古代诸侯及其使者定期觐见天子,也指藩属外交使节觐见中国皇帝的典礼,在"五礼"中属宾礼。据《礼记·王制》,诸侯每年派大夫拜见天子,称为"小聘";每隔三年亲自拜见天子,称为"大聘";每隔五年亲自拜见天子,称为"朝"。据文献记载,周王朝的"朝聘"仪式主要有"郊劳"(天子派官员前往城郊迎接、慰问来宾)、"赐舍"(官员将来宾迎入下榻之所)、"朝觐"(天子正式接见来宾,来宾行"再拜稽首"礼)、"享献"(来宾献贡品)、"请罪"(来宾向天子表示"有罪",请求天子安抚)、"赐礼"(天子赏赐来宾车服、食品等)等六项程序。大一统皇朝建立后,朝廷将周围的小国都视为"藩属"或附庸,在"朝觐"仪式中,外国或外族的君主或使节须向皇帝"再拜,舞蹈",奏"圣躬万福"。清朝前期,欧洲各国来华使节照样须向中国皇帝行最隆重的"跪拜礼"(三跪九叩)。直到鸦片战争后,在西方各国公使的强烈要挟下,大清皇朝才被迫废弃外藩朝聘礼仪,开始全面接受国际通行的外交概念及其礼仪惯例。

相见礼 在"五礼"中属宾礼。下级向上级拜见时要行拜见礼,官员之间行揖拜礼,公、侯、驸马相见行两拜礼,下级居西先行拜礼,上级居东答拜。平民相见,依长幼行礼,幼者施礼。外别行四拜礼,近别行揖礼。在春秋以前,“礼不下庶人”,在国家礼制中,只有士以上的贵族才规定有相见之礼。《仪礼》中有《士相见礼》一篇,记载的就是先秦士大夫相见的礼仪,如见面礼规,士须用雉,下大夫须用雁,上大夫须用羔,连见面礼的包装也有具体规定。后来,历代王朝对官员上下级和平级相见都制定了相应的礼节,如《明会典·礼部》规定:“公侯驸马相见,各行两拜礼。一品官见公、侯、驸马,一品官居右,行两拜礼,公、侯、驸马居左,答礼。二品见一品,亦如之。三品以下,仿此。”对民间活动的礼仪规定:“凡乡党序齿、民间士农工商人等平居相见,及岁时宴会揖拜之礼,幼者先施;坐次之列,长者居上。”清朝《士庶相见礼》:“宾及门,从者通名,主人出迎大门外,揖入。及门、及阶,揖如初;登堂,各北面再拜。兴(平身),主宾互正坐。即席,宾东主西。饮茶,语毕,宾退,揖。及阶、及门,揖辞,主人皆答揖,送大门外。”这是平辈同级相见。

5.兵制

征兵制 我国古代实行的征召兵员的制度。自殷周以来,所有贵族和平民都有从军参战的义务。汉朝《盐铁论》称,古者“二十冠而成人,与戎事。”就是每个成年的男子,都要参军打仗。春秋战国时期,凡有战事,则征召兵员。如战国长平之战,秦“发年十五以上悉诣长平”。战国时由于战争频繁,秦、魏、齐等国有了一批长年服役的常备军,称“锐士”“武卒”“技击”等,是招募的兵员。秦朝开始,一直到南北朝,一直以征兵制为主,而又有招募来的不同名称的常备军。《汉旧仪》称:汉朝“民年二十三为正,一岁以为卫士,一岁为材官骑士,习射御弛战阵。年五十六,老衰,乃得免为民,就田”。就是年龄在23~56之间的男丁都是征兵对象，每人必须在地方当“正卒”一年，到外地戍守一年，共服兵役二年。这种服兵役的，主要是担任郡县地方兵，遇到需要时，朝廷可以调动郡兵去从事各种战斗。同时实行募兵制，以保证中央军队的质量和数量。三国时，募兵的人数日益增多。西魏到唐朝的府兵制，也是一种义务兵式的征兵制。

世兵制 古代强制部分乡民世代当兵的制度，又称军户制、士家制。世兵制最早出现于春秋时期。当时战争频繁，齐桓公采纳管仲的意见，将国都分为士农 15 乡和工商 6 乡，其中士农之乡民平时务农习武，战时充当士兵出征，世代相传，可视为世兵制的萌芽。世兵制正式开始于汉末及三国时期，两晋时发展极盛，南朝宋、齐以后渐衰，直至隋统一南北，为征兵制所取代。元、明、清也盛行世兵制。世兵制的特点是：把士兵之家列为军户，父死子继，兄终弟及，世代服兵役。明代卫所制的兵士有军籍，世代为军，卫所兵役制有些像世兵制，又与府兵制相仿。直至清朝还沿袭“世兵制”，当时的八旗兵以旗人（军户）世代充任，凡族人男丁“人尽为兵”，“三丁抽一”，留家者为余丁；绿营兵一人当兵，全家编入军籍，父在子为余丁，父死由子替补，世代以当兵为业。1840 年鸦片战争后，八旗兵、绿营兵制衰败，招募士兵不再世袭。至此，世兵制在中国兵役制度中消失。

府兵制 西魏权臣宇文泰建立的兵制。其特点为：平时为民，战时为兵；兵不识将，将不知兵。西魏大统八年（542 年），宇文泰将关中地区的六镇军人编成六军，宇文泰为全军统帅。到大统十六年，已建立起八柱国、十二大将军、二十四开府的组织。北周改府兵军士为“侍官”，成为皇帝的亲军，一人充员府兵，全家皆编入军籍。隋初，军府定名为骠骑府，其长官为骠骑将军，以车骑将军为副长官，有时也设立和骠骑府平行的车骑府。大业三年(607年),改成鹰扬府,统兵长官是鹰扬郎将,副长官是鹰击郎将。各府分属十二卫;军人称“卫士”,户籍改属州县,一与民同。唐初承袭隋制,初置十二军。唐初恢复骠骑、车骑府名,后改称折冲府,设折冲都尉和左右果毅都尉。府兵平时种地,农闲训练,征发时自备钱粮和兵器,轮流到京师宿卫。从唐高宗时起,府兵即因分番更代不按时,负担过重,逃避兵役。玄宗开元年间,府兵须由政府拨给资粮和兵器,卫士改用招募。天宝八年(749年),折冲府已无兵可用,名存实亡。

募兵制 以钱财或爵阶等形式招募士兵的制度。汉武帝始募集兵员,置八校尉以募召从军者。东汉建武七年(31年)罢郡国材官、骑士、楼船兵,以后有事即募兵以集合军队。东汉末各地割据,招募规模更巨,募兵制尤为发展。募兵制规定除非朝廷批准,不得随意立募召兵。西晋募兵有虎符为凭信,无虎符募兵为违法。募兵所设募格和赏格,有财物、爵阶、免役、减租税、提高身份地位、免除奴婢贱名等。南朝募兵有一定制度和期限。府兵制度确定以后,募兵已无必要。唐玄宗为增强军事力量,又实行了募兵制。自此以后,募兵制取代征兵制,为兵制的一大变革。募兵制由国家招募丁男当兵,供给衣食,免征赋役。募兵制的士兵以当兵为职业,将领长期统帅一支军队,兵将之间有了隶属关系,导致军阀的形成。两宋集兵方式以募兵制为主。元代蒙古兵为部落兵,但有时也实行募兵制。明代实行卫所制,兵民分籍,后卫所制废弛,约于明景帝初年又行募兵制。清代实行八旗兵和绿营兵制度，地方乡勇、团练则实行募兵制。

卫所制 明朝的最主要的军事制度，为明太祖所创立。明初在京师和各地皆设卫所。军队组织有卫、所两级。

其军官,卫称指挥使,所称千户、百户。一府设所,几府设卫。下设千户所和百户所。各卫所分属于各省的都指挥使司,统由中央的五军都督府分别管辖。大抵五千六百人称卫,一千一百二十人称所;百户所设总旗二(每总旗辖五十人),小旗十(每小旗辖十人)。军士有军籍,世袭为军,以大部分屯田、小部分驻防。遇到战争,朝廷命将,率领调自卫、所的士兵征战。军饷的大部分由屯田收入支给。京都的卫军分两种:一是京军三大营,为全国军队的精锐;二是皇帝亲军,前者归五军都督府管,后者常由太监统领直接听令于皇帝。至明中叶,屯田多被军官吞蚀,军士破产散亡,所存无几,又无战斗训练,仅供地主、官僚役使,不能担任防卫,遂改用募兵。

厢军 唐宋时属于地方的军队。名为常备军,实是各州府和某些中央机构的杂、役兵。受州府和某些中央机关统管,总隶于侍卫马罕司、侍卫步车司。有步军和马军两个兵种,编制分军、指挥、都三级,统兵官与禁军同。唐初,各军分左右厢以统之。中唐以后,左右厢成为固定的军事编制。五代时,作为高等军事编制单位,诸军“分左右厢,厢各有主帅”。宋太祖于乾德三年(965 年),将各地的精兵收归中央,成为禁军,剩下的老弱士兵留在本地,称为“厢军”,隶属侍卫司。厢兵主要从事各种劳役,因而也称为“役兵”。宋朝厢兵服役范围很广泛,如修筑城池、制造武器、修路筑桥、造船、修理黄河等。有的厢兵还从事垦荒,在个别场合也用于战斗。仁宗时京东等地农民起义增多,因此招募厢兵,教以武技,用以镇压农民起义。由此,厢兵又有教阅和不教阅两类。教阅厢兵又分为马军、步军、水军,各军分立名目,以指挥为基本编制单位。不教阅的厢兵,一般以任工役命名。北宋厢兵的数额相当庞大,神宗初多达五十多万人,厢兵各种番号总计有二百几十个。从北宋至南宋，除了选拔某些厢兵为禁兵，或提升某些厢兵指挥为禁兵指挥外，始终没有废除厢兵这个军种。

八旗兵　清代满族的社会组织和军队形式。满族的先世女真人以射猎为业。努尔哈赤在统一女真各部的战争中，取得节节胜利。随着势力扩大，人口增多，他于明万历二十九年（1502 年）建立黄、白、红、蓝四旗，称为正黄、正白、正红、正蓝，旗皆纯色。四十三年（1515 年），为适应满族社会发展的需要，努尔哈赤在原有牛录制的基础上，创建了八旗制度，即在原有的四旗之外，增编镶黄、镶白、镶红、镶蓝四旗。把后金管辖下的所有人都编在旗内。努尔哈赤初定兵制，每三百人设一佐领，五佐领设一参领，五参领设一都统。每都统设副都二，领兵七千五百人，为一旗。皇太极天聪九年（1635 年）另设蒙古八旗，崇德七年（1642 年）另设汉军八旗。从此，八旗又有满、蒙、汉军的区别，共二十四旗。后佐领增多，各旗也分设护军、骁骑、前锋等营伍。清朝定鼎北京后，八旗兵分为京营和驻防两部分，京营又分为郎卫和兵卫，郎卫以保卫中央政权为职任，从上三旗（镶黄、正黄、正白）中挑选人员，组成亲军，归领侍卫内大臣统率。兵卫之制：由八旗都统直辖的有骁骑营；不归都统指挥，另设总统或统领统率的有前锋营、护军营、健锐营、火器营、步军营。驻防兵分驻各省冲要地点，共十万七千余人，分由各地的将军、都统、城守尉统率。乾隆时佐领之数近两千，兵额则仍为二十万余人。

武卫　军制名。东汉末曹操任丞相时，设武卫营。曹丕建魏后，其宿卫军的组织，仍采用曹操这个系统，派许褚为武卫将军，继续统领武卫营，以主禁军。隋代分左右武卫，各置大将军一人，将军各二人统领。唐光宅元年（684 年）改为左右鹰扬府、神龙元年（705 年）复为武卫。宋朝禁军中也有武卫之称，武卫大将军等官在两宋已成为虚衔。元至元八年(1271年)改为左、右、中三卫,掌宿卫扈从兼屯田,至元二十六年(1289年),置武卫亲军都指挥使司,掌修治城隍等工役。清代也设武卫左右诸军。

羽林 汉代禁卫军。汉武帝太初元年(前104年),从汉阳、陇西、安定、北地、上郡、西河等六郡选拔良家子弟,置建章营骑,后改名羽林骑,掌宿卫侍从。羽林主要负责护送保卫皇帝出行狩猎，当时地位次于设立更早的期门(西汉末年改名虎贲)。宣帝时,以中郎将骑都尉监羽林,率郎百人,故称羽林郎将。东汉下设羽林左监、羽林右监及羽林郎。同时汉朝又收因战事阵亡将士的后代入羽林,教授他们各项军事技能,称羽林孤儿。后历代禁卫军常有羽林之名,如隋以左右屯兵所领兵为羽林;唐置左右羽林卫,名叫羽林军。设有大将军、将军等官,统掌北衙禁兵,督摄仪仗;宋不设;元代有羽林将军,为扈从执事官;明朝亲军有羽林卫,羽林也成为中国历史上持续时间最长、最为知名的军队名称之一。

乡兵 也称民兵，由居民自动组织或政府组成的不脱产的武装力量，是按户籍丁壮比例抽选或募集士人组成的地方民众武装。平时不脱离生产,农闲定期校阅,在校阅时发放一些钱粮。西魏、北周的乡兵由大都督或仪同统领。此后,历代相沿。宋承五代之制,建多种乡兵,在当地团结训练,以为防守。宋朝的乡兵与厢兵、禁兵不同,一般不脱离生产,农闲时定期教阅,教阅时发给钱粮。边州的乡兵,在边地垦荒纳租,守护边土。元代辽东之军、契丹军、女真军、高丽军,云南之寸白军,福建之畲军以及地方上的弓手等,都属于不出戍地方的乡兵。明清两代,亦有各种名目的乡兵,如民壮、弓手、团练等。他们或招募而来,或在若干壮丁中选充。遇有重要的军事行动,往往调乡兵从征。民国年间,团练等乡兵组织曾广泛存在。

6.土地制度

井田 商周土地的占有方式和经营方式。从甲骨文可以看出，商代把耕地划分为相当整齐的形式，周围有疆界，中间有小路(阡陌)和沟洫(用以排水和灌溉)，纵横作“井”字状，所以叫“井田”。在井田制下，土地为国家所有，国家把土地一小块一小块地分配给劳动者耕种。《孟子·滕文公上》:“方里而井，井九百亩，其中为公田。八家皆私百亩，同养公田。公事毕，然后敢治私事。”据此，井田制的基本内容是，国家将每方圆一里共九百亩的土地，按“井”字形划为九等分，分给八户人家耕作，每户人家得一百亩为私田，中间的一百亩，二十亩为房基园圃，八十亩为公田，由八家联合耕种，收获全部上缴国家，税率为十分之一。《诗经·北山》:“普天之下，莫非王土；率土之滨，莫非王臣。”井田实际上就是“王田”。王莽代汉后，为了控制土地兼并以及由此而造成的贫富两极分化，就曾经发表过以恢复西周井田制为宗旨的“王田令”，下令将天下的土地改名为“王田”，重新分配，严禁买卖，但最后却以失败而告终。尽管如此，井田制的基本思想，即：“耕者有其田”，却成为历代王朝土地分配制度的理论依据。

公田 古代井田制中，由劳动者共同耕种而把收获物交给统治者的田地叫公田。不同时期有不同含义。中国古代井田制中，“方里而井，井九百亩，其中为公田”。《诗·小雅·甫田》:“雨我公田，遂及我私。”在周代，天子是土地所有者，据有大量公田，称为“大田”“甫田”“南亩”。天子把土地分封给诸侯，诸侯再将其封得的土地层层分配给所属的卿、大夫、士。诸侯等各级统治者对土地只有使用权，无所有权。春秋末期，诸侯国君占有的称公田，地主占有的称私田。两汉时期，国家直接控制的土地称公田，包括为提供军粮而设的屯田，国家授予或租赁给农民的土地。私人占有的称民田。北魏至唐实行均田制，均田中包括公田和私田。此外，国家还保留一些公田和屯田。唐中叶后，土地私有制深化，国家直接控制的田和无主荒田称公田，也称官田，田主占有的称私田或民田。另外历代也称无主荒田为公田。官府准许农民办理一定的手续进行垦种，在规定年限内免征田赋，期满起征，成为私田。过去一族之中共有的族田，族中人也称之为公田。

名田制　名田制是秦汉时期以军功爵制为基础的，在地广人稀的条件下制定的有关的土地制度。名田，又作"以名占田"、"依名占田"。秦国商鞅变法创立"名田宅臣妾以家次"，即按二十级爵等第的高低，占有一定数量土地和奴婢。名田制最突出的特征是在按户籍计口授田的同时，又按军功大小分封不同的爵位和不同数量的土地。国家授出的土地即成为私人占有，国家不再收回。土地可以买卖。此制为秦、汉所沿袭，国家编户可按其户主爵位高低，占有相当数量的土地。若超越爵位的限制去广占田宅，法律不许，故称为"限民名田"。名田制开创了古代中国历史上土地私有的先河。然而，土地私有制不可避免的矛盾——土地兼并也随着土地的买卖而出现。西汉时期，豪强大量兼并土地，并且对中央集权的统治构成了直接威胁，加上后来国家不再以军功授田而开始以金银实物为赏赐，名田制开始慢慢消失。后来贾谊"割地定制"的主张，即按分封等级规定相应的土地，严禁强夺超占，但依然无法改变名田制彻底消失。

均田　北魏至唐中叶，朝廷分配土地给农民的制度。公元 5 世纪，北魏孝文帝元宏采纳大臣李安世的建议，下诏计口分配国有的空荒土地。凡男年十五以上受露田四十亩,女二十亩,奴婢同样受田。露田不种树,只许种植谷物,而且不得买卖,年老及身死,需将露田归还官府,由官府另行分配。此外,男夫受桑田二十亩,供种植桑、榆、枣树之用,身死后不需归还国家,可传给子孙,但同样不得买卖。一夫一妇的受田户,每年要向国家交纳租粟二石、调帛二匹。这种土地分配形式被北齐、北周、隋、唐沿用,具体做法各朝略有变更。如唐代把露田称为口分田,桑田称为永业田,凡男年十八以上受口分田八十亩,永业田二十亩,都不能买卖。均田制并未改变土地国有的性质,只是将使用权有偿地分配给广大农户。唐代中叶以后,土地兼并之风愈演愈烈,王公百官、富商豪强不顾法令,大量购置庄田,百姓的口分田和永业田,也被违法买卖。唐玄宗曾经颁发过一道诏书,禁止买卖口分田和永业田,但没能产生多少实际影响。北宋以后,富豪个人占有的庄田比重越来越大,国家直接控制的土地为数已经非常有限,均田制也就寿终正寝了。

限田　古代限制私人占有田地数量的规定。《汉书·食货志上》载,汉武帝时,富商大贾兼并土地情况严重,董仲舒建议"古井田法虽难卒行,宜少近古,限民名田,以澹不足,塞并兼之路"。这项建议并没有被全部采纳,土地兼并一直在发展之中,直到哀帝时,因社会经济危机日益严重,才规定了王、公主、列侯以至吏民的"名田"和"蓄奴婢"的限额,占田不得超过三千亩,占有奴婢数限制在二百以内。这是古代第一次发布的"限田令"。但在权贵的阻挠下,限田令不过是一纸空文。《宋史·食货志上一》:"上书者言赋役未均,田制不立,因诏限田……而任事者终以限田不便,未几即废。"实际上历代的限田诏令从来没有能认真执行过。

屯田　古代皇朝组织劳动者在官地上进行开垦耕作

的农业生产组织形式。有军屯与民屯之分,以军屯为主。屯田大都在边境地区,内地也有。参与屯田的,有士兵、罪犯和招募的农民。《汉书·食货志下》:"元鼎二年,初置张掖、酒泉郡,而上郡、朔方、西河、河西开田官,斥塞卒六十万人戍田之。"这是西汉屯田的开始。汉武帝元狩四年(前119年)击败匈奴后,在国土西陲进行大规模屯田,以给养边防军,这就是边防屯田。此后,唐代主要在辽东至陇右的北方边境屯田。宋、金曾在今河北、河南部分地区屯田。元代"内而各卫,外而行省,皆立屯田"。明代"东自辽左,北抵宣大,西至甘肃,南尽滇、蜀,极于交趾,中原则大河南北,在在兴屯矣"。清代除有漕运屯田外,还在新疆以及西南边疆设有屯田。屯田的成绩与历代屯田的政策密切相关,大致说来,凡是设置屯田的朝代,在建立初期,屯田成绩比较显著,随着统治者日趋腐朽,剥削日益加重,屯田劳动者大批死亡或逃散,幸存者怠工,屯田也就逐渐变质瓦解。

庄田 汉代以后地主贵族私人庄园的田地。皇室、贵族、官僚、富豪等个人占有而雇人耕种或出佃的大片田地,叫做"庄田"。由庄园主委派庄头经管役使庄客耕作。庄田有各种别名,如田庄、庄园、庄宅、山庄、田园、别墅等。庄田不仅仅是农业生产单位,也常常是庄主的游乐场或"别宫"所在地。南北朝时庄园经济已经十分发达,北魏孝文帝创建均田制,庄园经济暂缓,至唐朝中叶,官僚地主侵夺田地,均田制废止,地主庄园经济便日益发展起来。庄田制作为土地占有的主要形式,则是唐代中期以后才出现的。当时的贵族官僚、富商豪强以个人大量购置田业为时髦,如郭子仪、裴度、李德裕等将相都拥有大庄园,王维、司空图等贵族诗人的庄田则以风景优美著称。唐安史之乱后,均田制既坏,庄园经济更加发达。唐代的寺院也都拥有大量土地。吐蕃亡国后，各地教派割据，政教合一，出现许多庄园。庄田制是土地私有化的必然产物。宋代以后，这种个人占有大量土地的形式继续发展，越来越多的农户沦为依附于庄园主的佃客。

职田 中国古代按官职品级授予官吏作为俸禄的土地。古称职田为圭田、士田、采田、刍藁田等，至隋才称职田，又叫职分田。东汉献帝时，曾将京畿三辅地区的公田按原俸禄等级给予百官，让他们自己收取租税，是职田制的萌芽。两晋时期，职田逐步形成制度。西晋元康元年(291 年)正式规定中央官吏按一、二、三品授予菜田十、八、六顷。东晋时，始授予外官禄田，其数量大体上是都督二十顷，刺史十顷，郡守五顷，县令三顷。北魏推行均田制，外官除了授给世业田，另按品级给公田十五顷至六顷不等。唐朝武德元年(618 年)，诏令内外官各给职分田，数量亦以秩品高下为差。唐代的职田只授给职事官。历代沿用此制，但给田数有所增减。官吏在解职时，将职田移交给后任，不得买卖。官吏所受的职田由农民耕种交租。明、清不授职田，另有养廉田、庄田、公田等名目。明太祖洪武十年(1377 年)，赐百官公田，以其租入充俸禄。后(年代不明)收职田，改为折俸钞颁给，职田制遂废。

圩田 圩田起源于唐以前，唐代圩田的名称已经很普遍。所谓圩田，主要在河滩、湖滨浅水之处筑堤，用堤圈围出田地。这样圈围起来的田叫做围田，有的地方叫做“圩田”。围田或圩田都是化湖为田，是把堤岸伸入水中，抽掉堤内的水造成田。圩田的兴起最早开始于南朝，唐代范围扩大。五代十国时期，南唐与吴越在各自境内大修圩田。每每方圆几十里，如同大城。中有渠道，外有闸门，旱时启闸，引水灌田，涝时闭闸阻水。北宋时，江南的圩田有进一步发展，像太平州芜湖县的万春圩，有田十二万七千亩,圩中有大道长二十二里。圩田能防旱抗涝,可以常保丰收。宋杨万里《圩田》诗:“周遭圩岸缭金城,一眼圩田翠不分。”明徐光启《农政全书·田制》:“筑土作围,以绕田也。”圩田是我国古代劳动人民向自然做斗争的重要创造,是农业发展史上的一大进步。但圩田的过度开发,也对自然生态平衡造成破坏。

7.赋役

田赋 中国历代按田地征收的土地税。中国田赋起源于夏、商、周之“贡、助、彻”三法,而战国时代鲁国“初税亩”和秦简公“初租禾”的实行,奠定了古代社会的田赋制度。春秋后期出现按亩征收田赋的制度。《左传》哀公“十有二年春,用田赋”。是历史上实行田赋最早的记载。秦统一中国后,建立了一整套赋役制度,形成田有租、人有赋、力有役的局面。《汉书·食货志》记载,秦朝“田租、口赋、盐铁之利二十倍于古”,既说明当时的田赋叫田租,也反映秦朝赋税负担的沉重。中国历史上对按田亩数量征收的土地税(田赋),名称不尽相同,从秦汉到魏、晋、南北朝称田租,后来官田称租,私田称税。宋有“官田之赋”和“私田之赋”,这是不分官田、私田,统称田赋之始。元至明初,叫税粮。明实行“一条鞭法”后,直到新中国成立前,都叫田赋。清代田赋包括地丁、升科、租课三个项目。历代征收田赋的赋率有所不同,或征实物,或折征银钱,也有种种变化。

和买 历代官府发放贷款而规定百姓按期上缴麻、绢等实物,叫“和买”,也叫“预买”。唐初和买包括丝织品、牲口、砖瓦木材、柴草、冬藏菜,甚至奴婢等。中唐以后,为应付军需及官府的种种需要,和买范围更为广泛。唐代和买不论民户家产多寡,在很大程度上采取缘户散配的方法进行，贫苦民户往往被迫以高价从市场或富户手中购买用来缴纳的物品。宋时“和买”大多是官府向民间购买丝麻产品，以保证庞大常备军的军装供应。宝元间(1038—1040 年)，官府买绢以钱三盐七作价，实际给价很少。崇宁三年(1104 年)起，连盐、钱也不支给。南宋初，令和买绢折钱缴纳，叫“折帛钱”，成为百姓在常赋外的负担。金代官府的和买亦通过抑配方法进行，范围包括军器、金银及各种物料。诸王驸马也借权势和买诸物。元代采用按户等或赋税、土田数额摊派的方法，凡军用物资，宫廷消费，官府日常用品皆在和买之列。但对和买之物给价很少或不给价，实际上是一种变相的赋税，对百姓的苛扰十分严重。明、清的官府购物虽有必须作价的规定，但仍有少付、不付等勒索行为。

和籴 指官府用强制方法征购粮食。名义上是议价交易，但往往按户摊派，压价逼售。始见于北魏孝明帝“收内郡兵费与民和籴，积为边备”。唐代初期，即行和籴。贞观初年，朔州刺史张俭请于晋北和籴，以充边储。唐政府陆续设置“和籴使”、“和籴副使”等专职官员管理和籴事务。唐中期以后，逐渐成为官府强加于百姓的抑配征购。宋熙宁年间，有“博籴”、“结籴”、“兑籴”、“寄籴”等名目。南宋后期，民间和籴负担尤重。官府层层贪污勒索，地主转嫁和籴负担，对农民造成极大的骚扰和痛苦。辽于沿边诸州广设和籴仓，所储达二三十万石。金代和籴亦采用抑配的方法，甚至不给价。元代和籴包括粮草，其值以钱钞或盐引支付。明清两代常平仓中的谷物，有一部分即从民间籴入，官吏克扣、给价不足等弊端仍然存在。

户税钱 中国古代按资产定户等征收的税。西汉景帝后，列侯封君不领经费，以封地食邑内的租税。包括户税在内，作为俸禄。凡“赀万钱，算百二十七”《汉书·景帝纪》服虔注，就是凡户有一万钱资产者，征收一百二十七算（每算纳一百二十钱）。按人户资财征税，这是户税的开始。王莽天凤六年，税天下吏民，“赀三十取一”。这是一种临时性征收的户税。北齐时，民户分九等，对六等以上富户，调令出钱，贫户则出劳役。此后按户等高低分别征税制度趋于成熟。北魏献文帝时，已有按民户贫富分三等九品的纳税办法，后废。北齐再度实行。唐高祖武德六年（623 年），按资产定民户为三等，按等征收户税；九年改按九等征收。至代宗大历四年（769 年），“定天下百姓及王公以下每年税钱分为九等”，官员依品纳税。此外，对工匠、将士及“诸色浮客”、“权时寄住户”等的计税户等，也作了详尽的规定，将一切有户者不分农工商，不分等级地位，原则上都纳入了课税范围。唐德宗时，户税并入两税征收。

租庸调　唐朝前期实行的赋税制度。北魏在实行均田制的同时，制定了与之相适应的租调制度，规定以一夫一妇作为交纳租调的单位，但对徭役的规定不详。北齐对租调和服役年龄都作了具体规定。经过隋末的大动荡，唐初人口锐减，土地大片荒芜，唐王朝为了恢复农业生产，采行前代曾实行过的均田制。在实行均田制基础上，武德七年（624 年）规定：租，每丁每年纳粟二石或稻三石；庸，每丁每年服役二十日，闰月加二日，如不服役，每日纳庸绢三尺或布三尺七寸五分。中男（十六岁以上）受田后，纳租调并服役，成丁（二十一岁以上）后，服兵役；调，随乡土所产，蚕乡每丁每年纳绫、绢、絁二丈，非蚕乡纳布二丈五尺，麻三斤，如遇水旱虫霜成灾，损失四成以上免租，损失六成以上免调，损失七成以上课役都免。皇室、贵族、勋臣、官吏等租、庸、调均免。后均田制废弃，租庸调无法继续，唐德宗建中元年（780 年）实行两税法时，正式宣布废止租庸调制。

两税法 唐德宗时代宰相杨炎所创之税法。由征收谷物、布匹等实物为主的租庸调法，改为征收金钱为主，一年两次征税，是为两税法。因为武周末年均田制颓萎，唐初的租庸调法早已不适用，唐德宗建中元年（780年）开始实行两税法。

在建中以前，已有多次试探性的或局部地区的赋税改革。代宗广德二年（764年）诏令：天下户口，由所在刺史、县令据当时实在人户，依贫富评定等级差科（差派徭役和科税），不准按旧籍账的虚额（原来户籍上的人丁、田亩、租庸调数字）去摊及邻保。这实际上就是用户税的征收原则去代替租、庸、调的征税原则。大历十四年五月，唐德宗继位，宰相杨炎建议实行两税法。次年（780年）正月，正式以敕诏公布。

两税法的主要原则是"户无主客，以见居为簿；人无丁中，以贫富为差"。即是不再区分土户（本贯户）、客户（外来户），只要在当地有资产、土地，就算当地人，上籍征税。主要内容是：（1）取消租庸调及各项杂税的征收，保留户税和地税。（2）量出制入，政府先预算开支以确定赋税总额。（3）户税是按户等高低征钱，户等高的出钱多，户等低的出钱少。划分户等，是依据财产的多寡。户税在征收时大部分钱要折算成绢帛，征钱只是很少一部分。（4）地税按亩征收谷物。纳税的土地，以大历十四年的垦田数为准。（5）无论户税和地税，都分夏秋两季征收，夏税限六月纳毕，秋税限十一月纳毕。因为夏秋两征，所以新税制称为两税法。（6）对不定居的商贾征税三十分之一（后改为十分之一），使与定居的人负担均等。

两税法把中唐极端紊乱的税制统一起来，在一定程度上减轻了人民的负担，但是实行中的弊病也不少：（1）

长期不调整户等，不能贯彻贫富分等负担的原则；(2)两税中户税部分的税额是以钱计算，因政府征钱，市面上钱币流通量不足，不久就产生钱重物轻的现象，农民要贱卖绢帛、谷物或其他产品以交纳税钱，增加了负担；(3)两税制下土地合法买卖，土地兼并更加盛行，富人勒逼贫民卖地而不移税，产去税存，到后来无法交纳，只有逃亡，土地集中达到前所未有的程度，而农民沦为佃户、庄客者更多。

尽管如此，两税法的积极影响不容忽视。两税法的“舍人税地”使古代国家对农民的人身控制有所放松，并且规定贵族、官僚、商人都要交税，这就扩大了税源，增加了政府的财政收入；两税法以土地资产纳税，一定程度上减轻了没有土地的贫苦农民的负担，改变了贫富负担不均的现象。此后八百年，直到明代末年实施一条鞭法以前，两税法都是历代皇朝的基本税制，是我国古代社会赋税制度的一次重大改革和进步。

榷茶 始于唐朝，此后各朝都实行的一种茶叶专卖制度。榷茶起始于唐。唐贞元九年(793 年)开始征茶税，每十税一。长庆元年(821 年)，“加茶榷(茶叶专卖税)，旧额百文，更加五十文”(《旧唐书·穆宗本纪》)，表明此时已开始榷茶。文宗太和九年(835 年)，规定茶的生产贸易，全部由官府垄断。榷茶作为一种比较固定的制度，始行于宋代初年。宋初在淮南、江南、两浙等地设立官办的种茶场，所采茶叶由官府专卖。据《宋会要·兵》记载，买马经费的来源是“布、帛、茶、他物充其值”。崇宁元年(1102 年)行“茶引法”，即商人向官府申请售茶斤两，缴纳茶款和税款，领取“引”(官府发给的凭证)，运到指定的地区销售。元、明、清都采用这种办法。此外，自唐宋以来，还有“以茶易马法”，南宋、元、明和清代前期，虽有时也实行税茶或其他榷茶方法，但基本上都沿用北宋的引制。清咸丰(1851—1861年)后，榷茶才最后为征收厘金或其他捐税所替代。

鱼鳞图册 为征派赋役和保护土地所有权而编制的土地登记簿册。宋代开始编制的一种据以征赋的田地籍册。清册中详细登记了每块土地的编号、主人的姓名、亩数、四至，以及土质的肥瘠。还把每块土地的形状绘制成图，每册前面又有土地的综图，仿佛鱼鳞一般，因此称“鱼鳞图册”。最早出现在宋代农业经济较为发达的两浙、福建等地。元末朱元璋初入徽境，采纳休宁儒生朱升“高筑墙、广积粮、缓称王”的进谏，为鱼鳞图册的普及和完善奠定了基础。明洪武十四年(1381年)，朱元璋发现因土地隐匿给国家税收造成损失的严重问题后，开始编造完整、缜密的鱼鳞图册，在相当程度上摸清了地权、清理了隐匿。洪武二十年(1387年)，量度田亩，绘定方圆，并记下业主姓名、田地四至，编制成册，一式四份，分存在各级官府，和登记人口的黄册两相配合，作为征收田赋的依据。明中叶后，鱼鳞图册与土地实际逐渐不相符合，而流为具文。清朝建立后，已名存实亡，但安徽休宁一地编修较好。

漕运 中国古代历代皇朝将征自田赋的部分粮食经水路解往京师或其他指定地点的运输方式，是水道运粮的专称。秦代开始这种运输。秦始皇北征匈奴，曾自山东沿海一带运军粮抵于北河。汉建都长安，每年都将中原各地所征粮食用船沿黄河而上运往关中。隋初除自东向西调运外，还从长江流域转漕北上。隋炀帝动员大量人力开凿通济渠，联结黄河、淮河、长江三大水系，形成沟通南北的新的漕运通道，奠定了大运河的基础。北宋则由汴京、黄河、惠民河、广济河运粮到开封。元代主要通过海运运粮到北京。唐、宋、元、明、清历代均重视漕运。宋以前皆用民运。元设万户府，开始军运。明代军运、民运并行，逐渐由民运改为军运。清代改为官收官兑。清道光年间，大运河重要河段淤塞，遂以海运为主，并逐步改征折色。同治十一年(1872年)，漕运全部改为海运，河运停顿。光绪二十七年(1901年)清廷令停止漕运。

一条鞭法 明中叶对赋役进行改革而确定的制度。明中叶，赋役多而杂，官绅凭特权豁免，农民受压榨更重。嘉靖年间，出现严重的经济危机，乃不断改革赋役制度，其中最突出的即一条鞭法。《明史·食货志二》："一条鞭法者，总括一州县之赋役，量地计丁，丁粮毕输于官。"即把赋与役合在一起，通计一省税赋，通派一省徭役，官收官解，除秋粮外，一律改收银两，计亩折纳，总为一条，所以叫一条鞭法。嘉靖年间在部分州县试行，万历九年(1581年)，在全国推行。这是由实物税向货币税转变的一次重大改革。清初继承明制，继续实行一条鞭法。到雍正年间，又在这一基础上进行另一次重大改革，实行"摊丁入亩"。

四、文化教育

1.学官

祭酒 中国古代主持国子监或太学的学官。晋武帝咸宁四年(278年)设,以后历代多沿用。战国时,荀子在齐国临淄稷下学宫"三为祭酒",被尊为卿。祭酒作为学官之名起自汉代。汉武帝于太学设五经博士,首长称仆射。汉平帝(公元1—5年)时设置了六经祭酒,秩禄为上卿。东汉光武帝时,立五经十四博士,由太常选出其中有威望者一人为"祭酒",作为总管教务的首长,祭酒因此成为学官名。西晋时改设国子祭酒,其职是掌管太学或国子监所属各学,可以说为学部的长官。隋、唐以后,称为国子监祭酒,为国子监的主管官,总辖国子、太学、四门等学。历代相沿不改。清制国子监祭酒为从四品官,其礼制与九卿相同。《清史稿·选举志》:"旧制,祭酒、司业总理监务。"光绪三十一年(1905年),废除国子监,设立学部,遂改国子祭酒为学部尚书。

教授 汉代设置经学博士,教育生徒,即后世教授之职。宋代除宗学、律学、医学、武学以及各路、州、县学均设置教授,用经义教导诸生,并掌管学校课试等事,位居提督学事官之下,是为以教授名官的开始。元代诸路散府及上中州儒学都设教授。《元史·选举志》说:"至元二十八年(1291年),令江南诸路学及各县学内设立小学,选老成之士教之……凡师儒之命于朝廷者曰教授，路、府、上中州置之。命于礼部、行省及宣慰司者曰学正、山长、学录、教谕，路、州、县及书院置之。路设教授、学正、学录各一员，散府、上中州设教授一员，下州设学正一员。”明代府学设教授。清代各府、州、县都设儒学，文人入仕必先入学。儒学设各级教官，其最高级称教授，为正七品官。教授除由下一级升任者外，一般是由进士出身的担任。教授以下各官通称之为教职，其长官并不以下属相待，一般都称之为“老师”。

助教 西晋武帝咸宁二年(276 年)立国子学，开始设置助教，执掌协助国子祭酒和国子博士教授儒家经学。南北朝、隋代都相沿设置。但北魏增设医学助教，隋增设算学助教。唐代国子、太学、广文馆、四门学等都设有助教，称国子助教、太学助教、广文助教、四门助教。此外，唐增设律学助教，协助博士传授专门知识。明、清之际仅仅国子监有助教，而博士则几于虚设，六堂(即淬性堂、修边堂、诚心堂、正义堂、崇志堂、广业堂)的教导之责都由助教来担任。在清代助教为从七品官，和博士的秩禄相等，比教授低一等。

学政 学政一词，起源于《周礼·春官》：“大司乐掌成均之法，以治建邦之学政。”这是指学校教育行政而言的。到了宋代，太学开始设立学政的教官。《宋史·汪澥传》：“熙宁(1068—1077 年)太学成，分录学政。”至清代，学政即“提督学政”的简称，也称督学使者、学政使。由朝廷派往各省，按期至所属府、厅主持考试童生或生员。学政须由侍郎、京堂、翰林、科道以及部属等官中的进士出身者选充，三年一任。《清史稿·职官志》：“提督学政，省各一人。掌学校政令，岁、科两试。”顺治时，只有顺天、江南、浙江的教育行政官员称学政，其余则称学道。雍正四年

(1726年)废除学道,各省督学统称提督学院,官名则称为钦命提督某省学政。掌管各省学校生员考课升降之事。因为学政要按期到所属各府、厅视察考试,故称之为“案临”。在任学政期间,即与督抚平行。光绪三十二年(1906年)改为提学使。辛亥革命后被废除。

宗师 官名,汉置,晋沿之,属宗正卿,掌管宗室谱系及宗室子弟的训导。《礼说》卷8“周有宗师,掌皇族,定世系辨昭穆。《鲁语》所谓工史书世宗祝书昭穆也。”汉平帝元始五年(公元5年),王莽摄政,下令各郡国设置宗师,来训导宗室弟子。《汉书·平帝纪》:“其为宗室自太上皇以来族亲,各以世氏,郡国置宗师以纠之,致教训焉。二千石选有德义者以为宗师。”从此有了专门的宗师之名。晋代也有设置,属于宗正卿,掌管宗室弟子的训导。北魏武帝时设皇宗学。北周依《周礼》置六官,于春官大宗伯卿外,另于天官府内,依北魏原制,设宗师中大夫、小宗师下大夫、上士、中士等官,所属尚有宗正上士、中士、下士。唐高宗为宗室及功臣子孙设立小学。至宋代,宗学分为小学与大学两级,学生初期只限于“南宫北宅”的皇室子孙,后来宗室疏远者也可入学。明代规定宗学以《四书》《五经》等书作教材。清代则尊称提督、学政为宗师,或称“文宗”,或称“大宗师”,凡王、贝勒、贝子以及闲散宗室子弟,在十八岁以下者都可入宗学读书,来学习经史文艺,并习骑射。

学士 学士一称最早出现在周代,最早是指那些在学校读书的人,后来逐渐演变成官名和有学问的人以及文人学者的泛称。魏晋以后,学士是指以文字技艺供奉朝廷的官吏。魏晋时为掌管典礼、编撰诸事的官职。北齐置文林馆学士,北周置麟趾殿学士,皆掌著述。南朝梁有抄撰学士,隋有东宫学士。唐初开文学馆,以大臣十八人兼学士,讨论文典,号称十八学士。又置宏文馆学士,讲论文义,商量政事。唐太宗时命学士起草诏令,无名号。乾封(666—667 年)后,命文士在翰林院起草诏令,时称为北门学士。开元十三年(725 年)置集贤院学士,撰集文章,整理经籍。开元二十六年(738 年)又置翰林学士,掌起草诏令,沿袭至明。唐代,学士地位有很大提高,甚至可以参预朝政。其中翰林学士之首,是皇帝亲信顾问和秘书官,又称“内相”。到了宋代,授了“翰林学士”者,就有当宰相的希望。清代大学士地位为正一品,为文职官吏之首。

博士 “博士”这个名称,最早出现在战国时期,负责保管文献档案,编撰著述,掌通古今,传授学问,培养人才。至战国末,齐、魏、秦三国设为官,始充当君主的参谋或顾问,与议政事。秦代沿置,兼有礼官性质,并典守图籍。汉初沿置。秩比六百石,属奉常。《汉书·百官公卿表上》:“博士,秦官,掌通古今,秩比六百石,员多至数十人。武帝建元五年初置五经博士, 宣帝黄龙元年稍增员十二人。”汉文帝时,博士分诸子专书博士与儒家专经博士。武帝时设置五经博士及弟子员, 此后博士专掌儒家经学的传授,执教于太学,乃成为传播孔孟学说的国家学官。东汉以后历代多置之。从西晋开始, 设某一学科的 “博士官”,如西晋有律学博士,北魏有医学博士,隋唐有算学博士等。唐置国子、四门等博士,明清有国子博士。

提学 提学是“提督学政”的简称。古代所设专门负责文化教育的高级地方行政官。宋徽宗崇宁二年(1103 年)于各路设提举学事司,管理所属州县教育行政事宜,为专司教育文化的高级地方行政官,掌一路州县学政,查考儒官优劣、生员勤惰。宣和二年(1120 年)废。金代改称提举学校官。元时称儒学提举司, 掌诸路府州县学校祭祀、教养、钱粮等事,并考校进呈文字。明初置儒学提举司,英宗正统元年(1436 年)分别派御史为两京的“提学御史”，十三布政司以按察使、副使、佥事充任，称提督学道。清代称为提督学政，简称学政，负责监察学校师生之学业、活动以及管理所辖地方一切有关教化、文物、学术之事。学政每三年一任，大省以四品官充任，小省以翰林院编修充任。《清史稿·施闰章传》：“擢山东学政，崇雅黜浮，有冰鉴之誉。”又《朱筠传》：“庚寅，典福建乡试，辛卯，督安徽学政。”光绪三十一年（1905年），罢科举，兴学校，改为提学使。辛亥革命后废。

教习 明、清时代学官名。明代选进士入翰林院学习，称庶吉士，训课庶吉士者曰教习。自明宣德五年始，命学士充任。万历后，专以礼、吏二部侍郎掌教习。清代沿用此制，翰林院设庶常馆，由满、汉大臣各一人任教习，选侍读、侍讲以下官分司训课，名曰小教习，以训课庶吉士。清末兴办学堂，其教师也沿称为教习。《历代职官表·翰林院·国朝官制》：“庶常馆教习大臣，满洲、汉人各一人，小教习翰林官六人。庶吉士无定员。国初教习多以内院学士为之。”又《清会典事例·翰林院·教习庶吉士》载：“国初以内院学士教习庶吉士。”各官学亦设教习，清末民初沿称学校教师为教习。

山长 古代书院的主持人。始见于唐、五代。宋书院益多，掌教者称为山长，或称山主、洞主。宋代书院负责人，非大儒或名宿莫任，故时有空缺，或置副山长、堂长等代行其事。后期则有地方行政官或学官兼任者，至景定四年（1263年），“诏吏部诸授书院山长者，并视州学教授”。元代任者概为学官，由礼部及行省宣慰使选任，与教授、学正、教谕等一体考核转迁。元代书院，亦置山长，讲学之外，并总领院务，系主持书院教学兼领院务的负责人。明清时，山长或由地方官延请，或由士绅公举，实行聘任制，除教学、考课外，其行政、财务等事则由监院、首事、斋长表政见。皇朝往往因灾异、动乱而下诏特举,使应举者对策进言。君主常常亲自主持策问并阅读策文。据《汉书·董仲舒传》载:“武帝即位,举贤良文学之士前后百数,而(董)仲舒以贤良对策焉。……天子览其对而异焉。乃复策之。……对既毕,天子以仲舒为江都相。”其后,“策问”的形式更定型化。在古文体裁中被列为一种文体。而董仲舒的《贤良对策》成为这种文体的名篇。南朝刘勰《文心雕龙·议对》中说:“对策者,应诏而陈政也;射策者,探事而献说也。……二名虽殊,即议之别体也。”这种办法,时至清代,只是参加殿试的人回答皇帝的策问,其实质并无多大变化。

经义 科举考试科目的一种,它开始于宋代,与诗赋合称二科。宋代以经书中文句为题,应试者作文阐明其义理,故称。《宋史·选举志一》:“神宗始罢诸科,而分经义、诗赋以取士。”在北宋熙宁贡举改革中,王安石利用经义作为统一士大夫思想的工具,对北宋后期的学风和士风产生了诸多影响。在古代文体史上,宋代经义文是明清八股文的雏形,它形成了一定的程序,在题型、结构等方面已经具备了八股文的一些特征。明、清论述经义时必须按照朱熹的《四书集注》,并有一定的格式,形成八股文。《明史·选举志》:“经义一道,三百字以上。”因题目多取自四书,所以,又称四书文。文章的发端为破题、承题,后为起讲。起讲后分起股、中股、后股和末股四个段落发议论。每个段落都有两股相比偶的文字,合共八股,故称八股文。清光绪末年被废除。

制举 即制科或特科。历代临时设置的考试科目,因皇帝的命令称“制”而得名。始于汉,皇帝常称制诏,提出问题,亲自策问应举之士,董仲舒以贤良对策,即其例。历汉、魏、六朝、唐、宋不改。唐朝成为科举中的一种,通常分常举和制举。制举是皇帝为选拔“非常之人”而设置的特科,随时设科,名目繁多。最常见的有贤良方正科、直言极谏科、博学宏词科等。据宋王应麟《玉海》载,唐代有五十九科,实则不止此数。考中者,为官的升迁,无官职的由吏部优予官职。唐代制举在唐文宗以后停废。宋代制举又称特科,由大臣引荐,由皇帝直接考试。南宋时,高宗曾设博学宏词科。元、明专用进士一科,不行制举。清代沿设制举,科目有:博学宏词科、经济(经邦济国)特科、孝廉方正科。历代制举,实则等于荐贤,是皇朝录用人才的一条途径。

状元　科举考试名列第一者为元,元本义为头颅,引申为第一。唐制,举人赴京应礼部考试,都必须投状,即说明个人情况的家庭保证文字,因此称进士科及第的第一名为状头,才有状元之称。科举考试,以名列第一者为元,如乡试第一者称解元,会试第一称会元,殿试第一者称状元。中状元者号为“大魁天下”,为科名中的最高荣誉。又因状元是殿试一甲第一名,也称为“殿元”,状元居鼎甲之首,又称为“鼎元”。《唐诗纪事》载,李翱的女儿见到进士卢储的文卷,认为他必中状元,李翱便选卢储做女婿。后来卢储果中状元。成婚时,作《催妆诗》云:“昔年将去玉京游,第一仙人许状头。今日幸为秦晋会,早教鸾凤下妆楼。”宋太祖开宝六年(973 年)以前常称榜首,开宝八年(975 年)定礼部复试之后,才以廷试的首名称状元。有时把一甲三名也都称状元。自元代以后,则仅限于称呼殿试的第一名。明清会试以后,贡士须行殿试,分三甲取士,一甲三名,第一名为状元,第二名为榜眼,第三名为探花。

榜眼　榜眼之名始于北宋初年。当时殿试录取的一甲第二、三名都称为榜眼,意思是指榜中双眼。宋太宗太平兴国九年(984 年)进士始分三甲。殿试设三甲取士,一甲三人都可以称为状元。凡眼睛，人们认为必成双成对，于是将黄榜之上，榜首之下的一甲二、三名统称为金榜之眼，不分第二、第三，全称作榜眼。到宋太宗太平兴国初年，已经将进士第二名号称为榜眼。到南宋时期，将探花的称谓专属第三名，而榜眼也成为进士第二名的专用名称。《宋史·陈思让传》："当时以第二名及第者为榜眼。"明、清两代专指一甲的第二名。第一名是状元，第二名为榜眼，第三名是探花。从现存文献看，明朝隆庆年间(1567—1572年)已有以榜眼作为著作的题名。只有到了明朝，榜眼、探花才成朝廷承认的称谓。清朝沿袭明制，直到终止。

探花 中国科举制度中，在殿试中取得第三名的名称，与第一名状元，第二名榜眼合称"三鼎足"。"探花"一名在唐代的科举已经出现。当时进士及第第一名称状头、状元。同榜的人在长安慈恩寺雁塔题名，称为题名会。又宴会于曲江杏园，称"探花宴"，以同榜进士二三人为探花使，遍游名园，探采名花。探花之名自此为始。宋代开始，进士必须经过皇帝殿试，并且定立进士一甲只有三人。初时第一名称状元，第二、三名俱称为榜眼。至北宋末年，只以第二名为榜眼，第三名则称探花。宋魏泰《东轩笔录》说："进士及第后，例期集一月……又选最年少者二人为探花，使赋诗，世谓之探花郎。"自南宋以后才专指殿试一甲第三名为探花。此后元、明、清三代相沿不改。

进士 中国古代科举制度中，通过最后一级中央政府朝廷考试者，称为进士。此称始见于《礼记·王制》，说："大乐正论造士之秀者，以告于王而升诸司马，曰进士。"隋炀帝大业二年(606年)设置进士科，作为取士的科目。唐亦设此科，凡应试者谓之举进士，中试者皆称进士。宋太宗时，殿试中式者分三甲发榜：一甲三人，赐进士及第；

二、三甲，分赐进士出身、同进士出身。宋代进士科诗赋经义各一首，策五道，帖经《论语》十帖。诸科取士，以进士为重，直至南宋时期。宋以后，其他科目多存虚名，进士科成为科举中唯一的科目。辽、金元时，士人经地方考试选拔后，赴京会考，经中央政府朝廷礼部试取录后，再由皇帝殿试以定名次。一甲授官六品，二甲正七品，三甲正八品。辽前朝无契丹人试进士之制，后渐有应试登第者。金朝则专设女真进士科。元朝时候会试落第则称乡贡进士。明清遵循前朝制度，举人需经殿试取录后方称进士，否则只称会试中式举人。进士多入为翰林官。明清时，举人会试中式，复行殿试，一甲三名，赐进士及第，二甲赐进士出身，三甲赐同进士出身，通称为进士。凡列衔时，都先写赐进士及第或出身。

举人　本为选用人才的意思，后成为向朝廷推举人才的名称，再演变为科举考试中乡试（省一级考试）试登第者的专称。《左传》文公三年："君子是以知秦穆公之为君也，举人之周也。"战国时期，求士的风气更盛，但大国间各自为政，没有形成一个全国范围的制度。汉代取士，令郡国守相荐举，所以叫做举人。《后汉书·章帝纪》载汉章帝建初元年（76 年）曾说："每寻前世举人贡士，或起畎亩。"以举人为身份名称，始见于此。在唐代举人为各地乡贡入京应试的通称，意思是应举之人。而应举之人，当时称为举子。《旧唐书·高适传》载："宋州刺史张九皋深奇之，举荐有道科。时右相李林甫擅权，薄于文雅，唯以举子待之。"至明、清时期，才开始专称乡试登第者为举人。举人不经会试或会试不第入仕者，每三年一次参加大挑，由王公大臣验看挑取。大挑一等的可做知县，二等任教谕，回本省补缺。未被挑取的可考宗室、景山各官学教习等。

秀才　才华优秀者的通称，东汉为避光武帝刘秀名讳,改称茂才。《管子·小匡篇》载:“其秀才之能为士者,则足赖也。”这是关于秀才较早的记载。春秋时期,管仲辅佐齐桓公,在用人问题上也有所反映。到了西汉初年,秀才之称就比较明确了。如《史记·屈原贾生列传》载:“贾生名谊,洛阳人也。年十八,以能诵诗属书闻于郡中。吴廷尉为河南守,闻其秀才,召置门下,甚幸爱。”武帝元封四年(公元前107年)令诸州岁各举秀才一人。东汉时期,秀才一科更是受到重视。东汉避光武帝(刘秀)讳,改称茂才。秀才科试方略策五道,以文理粗精分等,后渐废此科。魏晋南北朝直到隋初,对秀才都加以重用,委以要职。唐代初期曾设秀才科,唐高宗永徽二年(651年),下令停止秀才科的考试。宋代凡应举者都称秀才。明清时期,为了取得科举考试的资格,首先必须参加童试。录取之后,被录取到州、府、县学读书的人叫做生员,这便是秀才,也称为“相公”。只有考上秀才的人才算得上是功名的起点,才有资格参加上一级的考试——乡试。

弥封 又称糊名。科举时代,为防止舞弊,考生试卷写姓名处,由个人(后由弥封官)反转折叠,糊好,上盖关防(印章),称为弥封。此制始自唐武则天时。韦绚《刘宾客嘉话录》言:“武后以吏部选人多不实,乃令试日自糊其名,暗考以定等判之,糊名自此始也。”到试官阅文取中之后,填写榜文时,才拆封检视姓名。宋太宗雍熙时规定殿试试卷糊名,宋真宗明令礼部考试一律采用此法,从此成为定制。《梦粱录·士人赴殿试唱名》中说:“旧制,士人卷子仍弥封,卷头打号,然后纳初放官。”乡试、会试的考卷都是采用弥封制。先由弥封官封藏士人的姓名,用《千字文》编“红号”,另由誊录将墨卷用朱笔誊写,称为“朱卷”,送官评阅,取中者的朱卷按“红号”调取墨卷,拆卷唱名写榜。此制到清末废除科举制前,一直被采用。

闱墨 别称“试录”。闱,科举时代的试院。墨,试卷。自明以来,乡试、会试考官选定中式文字,编刻成书,明代称“小录”,清代称“闱墨”,也称“试录”。《清会典事例·礼部·贡举》载:“康熙九年(1670年)议准;嗣后每年乡、会试卷,礼部选其文字中程者,刊刻成帙,颁行天下。一应坊间私刻,严行禁止。……三十二年(1693年)复准,刊刻闱墨,务照原卷,若考官不照原卷发刻者,交部议处。”在乡试、会试时,试院中的应试者一律用墨笔,送试官前经试院中用朱笔誊为朱卷,所以试卷有朱、墨二本。《聊斋志异·陆判》:“(朱尔旦)秋闱果中魁元。同社生素揶揄之,及见闱墨,相视而惊,细询始知其异。”

朱卷 明、清两代,为了防备考官徇私舞弊,乡试、会试场内应试者本人的原卷(即“墨卷”)交给专门誊写的人用朱色笔誊写一遍,只按千字文顺序编码,不写姓名,送给阅卷官的批阅,称为朱卷。又考中的人把自己在考场中作的文章刻印送人,也叫朱卷。这种朱卷先载姓名履历;继载始祖以下尊属,及兄弟叔侄,妻室子女;附载受业、受知师;最后选登文章数篇。

4.学校

官学 中国历代各级官府所办的学校。历代的官学都分中央和地方两级,设在首都的最高学府或称太学,或称国子学,或称国子监。国家的中央官学,在汉朝正式创办,地方官学自汉代开始设立。《汉书·儒林传》说:“三代之道,乡里有教,夏曰校,殷曰庠,周曰序。”这里的校、庠、序,就是不同时代官学的名称。东周以前,学在官府,设在国都的叫“国学”,设在国都以外地方的叫“乡学”。周王朝的大学叫“辟雍”,诸侯国的大学叫“泮宫”。所有这些学校都是官学,教育被贵族垄断,只有贵族子弟才有入学受教育的资格。秦朝曾经禁止私学,命令民间“以吏为师”,只学习法令。汉代以后,官学得到空前发展,都城设有全国最高学府“太学”,东汉末年时在校学生竟达三万余人,是当时世界规模最大的学校之一。朝廷还规定郡、国设学,县、邑设校,乡、村设庠、序,这样就形成了从都城到地方的官学系统。元、明、清三代将郡、州、县等地方学校统称为“儒学”。隋唐以后,随着科举制度的确立,学校逐渐成为科举的附庸,其教学内容与培养目标都以科举为转移。尽管朝廷也设有医学、农学、算学、律学、画学等专业学校,但并不被社会看重,规模和影响极其有限。直到清末,随着西学东渐,才有实施科学教育的新式学校建立。

私学 历代私人办的学校。西周学在官府,春秋时期私学勃然兴起,孔子是办私学的始祖。战国时代,官学的一统天下被彻底打破,私学达到鼎盛,各学派置学馆兴学论战,尤以儒、墨两派的学馆规模为大。秦废百家而独重法,私学受挫。汉初实行“休养生息”,政府倡导私学,私学开始复兴。至东汉时,有些私立学校的学生竟多达数千人。魏晋南北朝,儒、道、佛、玄四家私学规模巨大,堪称战国之后私学的再度繁荣。科举制度确立后,私学的独立性进一步丧失,成为官学的一种补充。北宋以后,创办了一种名叫“书院”的新式学校,提倡自由讲学、独立思考的学风。北宋有“四大书院”(白鹿洞、岳麓、应天府、崇阳),南宋也有“四大书院”(岳麓、白鹿洞、丽泽、象山),是当时的学术中心之一。元代以后,官方对书院的控制渐严,有些书院本身就是官办的。明、清时,全国各地普遍建立书院,既有官学,也有私学,但大多蜕变为准备科举的场所。

国子监 古代的最高学府。历代国子监的教育对象,主要是权势贵族的子弟,学生称国子生或监生。《周礼·地官·师氏》:“以三德教国子。国子,公卿大夫之子弟,师氏教之。凡国之贵游子弟学焉。”晋武帝咸宁二年(276年)据《周礼》之意,设国子学。咸宁四年,置国子祭酒、博士各一人,助教十五人,以教生徒。从此国子学与太学并立。南北朝时,或设国子学,或设太学,或两者同设。北齐更名国子寺,成为独立机构,主官为祭酒。隋炀帝时更名国子监,以后历代大体沿其称。唐代国子监分为国子、太学、广文、四门、律、书、算七学,除事务官外,负责教育工作的为博士与助教。唐高宗时,曾据《周礼·春官·大司乐》改国子监为成均监,故后世又以“成均”为国子监的别称。宋代沿袭唐制。元代设国子学、蒙古国子学、回回国子学,也分别称为国子监。明洪武十五年(1382年),于南京鸡鸣山下设国子监。成祖永乐元年(1304年)设北京国子监,明代遂有京师国子监与南京国子监之别。明代以后,不设太学,只设国子监,为教育管理机关,兼具国子学性质。清代则可由捐纳取得监生名义,不必在监受业。虽沿袭明制,但国子监便成为有名无实的机构,光绪三十一年(1905年)设学部,国子监从此被废除。

太学 始于西汉,是当时全国最高学府,具有大学性质的教育机构。西周已有太学之名,所谓“帝入太学,承师问道”(《大戴记·保傅》)。汉武帝时,董仲舒建议说:“养士之大者,莫大乎太学,太学者,贤之士所关也,教化之本原也。臣愿陛下兴太学,置明师以养天下之士。”(《汉书·董仲舒传》)元朔五年(前124年)设五经博士,弟子五十人,为西汉建太学之始。太学选聘学优德邵者任教授,称为博士;招收学生,随教授学习,称为博士弟子。太学的课程以通经致用为主,学生分经受业,经考试及格,任用为政府官吏。以《诗》《书》《礼》《易》《春秋》等儒家经典为教材。东汉太学大为发展。顺帝时有二百四十房,一千八百五十室。质帝时,太学生达三万人。唐代中央设置太学,同时还有国子学、四门学、律学、书学、算学,性质都与太学相同。此后直至明、清,或设太学,或设国子学,或两者都设立,名称不一,制度亦有变化,但均为传授儒家经典的最高学府。

国学 西周设于王城及诸侯国都的大学。源于三代,夏曰校,殷曰序,周曰庠。按学生年龄又分为大学、小学。大学即辟雍,规模较大,教育内容为礼、乐、射、御、书、数,合称六艺,以礼、乐、射、御为主。又有“辟雍”、“东序”、“成均”、“上庠”、“瞽宗”五院。为天子所设者曰“辟雍”、为诸侯所设者曰“頖宫”。后世国学为京师官学的通称。小学,规模较小,司教的官称为“小辅”,以书、数为主。王太子八岁入小学,十五岁入大学。公卿长子、大夫元士的嫡子,十三岁入小学,二十岁入大学。其余众子则十五岁入小学。大学以礼、乐、射、御为主,小学以书、数为主,兼及一般行为小节。国学定有考察及奖惩制度,管教严格,其大致情形均有金文及文献的记载。《大盂鼎》铭文:“女妹辰又大服,余隹(唯)即朕小学,女勿克余乃辟一人。”《礼记·学记》:“古之教者,家有塾,党有庠……国有学。”《礼记·王制》:“将出学,小胥、大胥、小乐正简不帅教者,以告于大乐正,大乐正以告于王。王命三公、九卿、大夫、元士皆入学。不变,王亲视学。不变,王三日不举,屏之远方,西方曰棘,东方曰寄,终身不齿。”至汉代则发展为太学。

宗学 中国古代皇族子弟学校。西汉平帝时置宗师,教育宗室子孙。北魏武帝时设皇宗学。唐高宗为宗室及功臣子孙设立小学。至宋代,宗学分为小学与大学两级,学生初期只限于“南宫北宅”的皇室子孙,后来宗室的疏远者也可入学。明代规定宗学以《四书》《五经》《史鉴》《性理》和《皇明祖训》《孝顺事实》及《为善阴骘》等书作教材。

清代也设宗学,雍正二年(1724 年)订立宗学制度,凡王、贝勒、贝子、公、将军及闲散宗室子弟,在十八岁以下者都可入宗学读书。学习满汉文字,经史文艺,并重骑射。

书院 本为唐代官方藏书、校书的场所,以后成为学校性质的治学讲学场所的名称。书院之名始于唐朝。唐玄宗开元六年(718 年)置丽正殿修书院,十三年置集贤殿书院。这种官方设立的书院不同于聚徒讲学的教育组织,其任务是校刊、收藏"古今之经籍",帮助皇帝了解经典史集,并荐举贤才和提某些建议,供皇帝参考和选用。作为治学讲学场所的书院,有时间可考的较早的,是唐贞观九年(635 年)在遂宁县所办的张九宗书院。宋代书院尤盛,《文献通考·学校》以白鹿洞、石鼓(《玉海》列嵩阳而遗石鼓)、应天、岳麓为四大书院。创办者多为地方名师宿儒,也有当地守土官吏;主持人称"山长"或"洞主";经费来源,或由私人捐赠,或由公家拨给;教材以儒家经籍为主,旁及史书诗文,间亦议论时政;教学方法,采用自学、讨论与集众讲解结合进行; 院址一般皆选山林名胜之地。元代,各路、州、府皆设书院。明清书院仍盛,多数为准备科举的场所。清末废科举,书院多改为学校。其存在,共九百六十余年历史。

广文馆 唐宋国子监下属补习性质的学校。唐天宝九年(750 年)始设,置博士及助教,掌教国子监习进士课业的生徒,不久即废。宪宗元和初,西京广文馆定生员六十人,东都广文馆为十人。宋代亦设广文馆,凡试国子监者,须先补中广文馆生,乃得以牒求试。邑官子弟、四方游士多投状入馆,几达千余人,然平日听讲者仅一二十人。哲宗元祐七年(1092 年),生徒扩充到二千四百人,绍圣元年(1094 年)废罢。

律学 中国古代的法律学校。晋始设律学博士,传授各官吏法律诉讼之学，打破了经学一统的局面，这是中国律学设置的开端。律学在隋朝隶属于大理寺，唐代律学隶属于国子监，学生名额为五十人，专习律令，兼习格式法例。唐代律学虽然时兴时废，但仍然得到了很好的发展。唐代律学是中央官学六学其中之一，或由国子监管辖，或由大理寺管辖。律学博士，从八品下，助教，从九品下。宋初未创办律学，但国子监有律学一职，掌授法律。宋神宗熙宁三年（1070 年）开始用断案考试法官。六年设立律学，仍隶属于国子监。靖康之难，官学废绝。南宋建炎三年恢复明法新科，绍兴元年恢复刑法科，但没有恢复律学。元明清均未设置律学专门学校，但明清两代在中央和地方官学以及私学、书院中都设有法律课程，教习律令。与不发达的官学相比，律学在私学中逐渐发达。

算学　中国古代培养天文、数学人才的学校。设于京师。唐隶属于国子监，宋算学建于崇宁三年（1104 年），后并入太史局。所习有《孙子算经》《五曹算经》《周髀算经》等算学书籍。清代称算学馆，康熙九年（1670 年）取满洲官学生六人，汉军官学生四人，令钦天监分科教肄，至二十五年（1713 年），设算学馆于畅春园。乾隆四年（1739 年）改隶国子监，称国子监算学，有满、蒙、汉军八旗及汉人学生共六十名。其满洲、蒙古、汉军算学生均从八旗官学中考取。汉人算学生则由国子监会同算学馆，从举人、贡生、生员、童生中考取。

五、文献典籍

1.经部书

十三经 指《诗经》《尚书》《周礼》《仪礼》《礼记》《易经》《左传》《公羊传》《穀梁传》《论语》《尔雅》《孝经》《孟子》十三部儒家经典。十三经是由汉朝的五经逐渐发展而来的,最终形成于宋代。西汉时,以《易》《诗》《书》《礼》《春秋》为"五经",立于学官。东汉时加上《论语》《孝经》,合称为"七经"。唐朝时,将《春秋》分为"三传",即《左传》《公羊传》《穀梁传》;将《礼经》分为"三礼",即《周礼》《仪礼》《礼记》。这六部书再加上《易》《书》《诗》,合称为"九经",也立于学官,用于开科取士。唐文宗开成年间,在国子学刻石,在以上"九经"之外,还加上了《论语》《尔雅》《孝经》,共"十二经"。北宋时《孟子》正式列于经部,和《论语》《尔雅》《孝经》一起,加上原来的"九经",构成"十三经"。《十三经》的内容极为宽博,就传统观念而言,《易》《诗》《书》《礼》《春秋》谓之"经",《左传》《公羊传》《穀梁传》属于《春秋经》之"传",《礼记》《孝经》《论语》《孟子》均为"记",《尔雅》则是汉代经师的训诂之作。这十三种文献,当以"经"的地位最高,"传""记"次之,《尔雅》又次之。

诗经 我国最早的一部诗歌选集。本来称为《诗》或《诗三百篇》,汉代学者将其列为儒家六经之一,遂称为《诗经》。《诗经》的诗,大多是周代采诗之官搜集来的,春秋末叶，经孔子编订，选了三百零五篇。其中所收诗歌产生的时代上自西周初期（前 11 世纪），下至春秋中期（前 7 世纪），共约五百年的周人的作品。《诗经》因表现体裁和音乐性质不同，分为《风》《雅》《颂》三大类。《风》指国风，就是民间歌谣。风是以隐喻含蓄的方法对百姓进行感化，对统治者进行劝诫。按其地区有周南、召南、邶、墉、卫、王、郑、齐、魏、唐、秦、陈、郐、曹、豳等十五国风，共一百六十篇。《雅》是宫廷和京畿一带的乐歌。周人称王畿为夏，“雅”与“夏”音同啊，通用，故名。雅分大、小雅，主要因时代不同和音调的变化而区分。大雅音调比较沉厚，小雅音调相对比较轻快。雅共一百〇五篇，主要用于贵族酬唱。《颂》是歌颂的意思，是统治者宗庙祭祀时所用的乐章，旨在铺陈盛美，歌颂祖先的丰功伟绩，从而激励后人。颂又分周、鲁、商颂，共四十篇，周颂产生于西周前半期，鲁颂大约是公元前 7 世纪鲁国的诗，商颂大约是公元前八、七世纪宋国的诗，但追述了商朝盛世时的景况，可以取以证说商史。《诗经》不但是中国最古的一部文学书，也是研究殷周社会最有价值的史料，特别是西周时代的社会史料。

历代《诗经》的注本和研究著作不下千种，其中最早的是西汉鲁、齐、韩三家。鲁为鲁地申培公，齐是齐地辕固生，韩是燕地韩婴，三家都列于学官。其后鲁人毛亨作《诗训诂传》，简称《毛诗传》，他自称得子夏真传。后来，鲁齐燕三家诗亡佚，《毛诗》独存。《毛诗》经东汉郑玄作笺，唐孔颖达疏，陆德明释文，合在一起，称《毛诗正义》，是研究诗经的重要参考书。此外，宋朱熹《诗集传》，清陈奂《诗毛氏传疏》，清马瑞辰《毛诗传笺通释》都是较重要的注本。

尚书 《尚书》又称《书》《书经》，是我国最早的一部历史文献汇编，据传为孔子删定，以教弟子。《尚书》是按虞、夏、商、周四代的顺序编辑的，每代自成一书，称《虞书》《夏书》《商书》《周书》，每书若干篇，记载了我国上古三代的一系列重大历史活动。到汉代，《尚书》有今文、古文两种文本。《今文尚书》二十九篇，传自伏生，因用当时通行的隶书写成，故称《今文尚书》，列于学官，有欧阳和大、小夏侯三家。《古文尚书》发现于孔宅壁中，因用先秦蝌蚪文写成，故名。孔安国用今文去校读，多出十六篇，共四十五篇。《今文尚书》《古文尚书》都是真《尚书》，司马迁都曾引入《史记》。古文《尚书》西晋佚散失传。晋元帝时，豫章内史梅赜献出了一部《尚书》，这部《尚书》将《今文尚书》二十八篇中的《尧典》后半部分为《舜典》；《皋陶谟》后半分为《益稷》；《盘庚》分为上、中、下三篇；《顾命》后半部分为《康王之诰》。这样由原来的二十八篇变成了三十三篇，另外又伪造了二十五篇，共计五十八篇。此外还有孔安国的《尚书序》《尚书传》。此书宋以前学者多不怀疑，唐孔颖达作《尚书正义》就用的是这个本子。宋人始疑之，清人阎若璩作《古文尚书疏证》，列举了一百二十八条例证，断定其为伪书，孔传、孔序也是魏王肃所伪造。但必须明确的是，说梅赜所献的《古文尚书》为伪书，是指其中多出的那二十五篇及孔传和孔序为伪造，而由《今文尚书》析成的三十三篇则还是真的。

易经　也称《周易》或《易》，是中国传统思想文化中自然哲学与伦理实践的根源，是中国最古老的占卜术原著，被誉为“群经之首，大道之源”。《易经》事实上是集合了古代的《连山》《归藏》和《周易》，但《连山》和《归藏》均已失传，唯存《周易》，所以现在所说的《易经》一般是指《周易》。《易经》分为《上经》三十卦，《下经》三十四卦。“文王拘而演周易”，后人多认为《易经》确立于商朝末年、西周初年，是周文王奠定了《易经》以“乾”为第一卦，并为每一卦写下“卦辞”(卦象的解释)。周公旦则被认为是“爻辞”(每一爻的解释)的创立者。由于《易经》成书很早,大约在西周时期,文字含义随时代演变,《易经》的内容在春秋战国时便已不易读懂,因此春秋战国时代的人撰写了《十翼》,又称为《易传》,以解读《易经》。一般《十翼》被认为是春秋时期孔子的弟子与再传弟子作品,全书有十篇,对《易经》进行了诠释。但根据记载,《十翼》的分类方法尚有其他方式,分类方法并未达致统一。到了汉武帝以后,《十翼》被称为《易传》,并被视为《周易》的一部分。《易经》以一套符号系统来描述状态的变易,它的中心思想,是以阴阳两种元素的阴阳一元论去描述世间万物的变化。它的影响遍及中国的哲学、宗教、医学、天文、算术、文学、音乐、艺术、军事和武术。从十七世纪开始,《易经》被介绍到西方。

周礼 又称《周官》或《周官经》,是儒家经典之一。搜集周朝官制和战国时代各国制度,添附儒家思想,增删排比而成的汇编。共四十二卷,分天官、地官、春官、夏官、秋官、冬官。冬官早佚,汉时以《考工记》补阙。古文经学家认为系周公所作,今文经学家认为成书于战国,也有人说是西汉刘歆伪造。近人据周秦铜器铭文所载官制,参证该书中的政治、经济制度和学术思想,定为战国时的作品。《周礼》所涉及之内容极为丰富。大至天下九州,天文历象;小至沟洫道路,草木虫鱼。凡邦国建制,政法文教,礼乐兵刑,赋税度支,膳食衣饰,寝庙车马,农商医卜,工艺制作,各种名物、典章、制度,无所不包。堪称上古文化史之宝库。注疏有东汉郑玄《周礼注》,清孙诒让《周礼正义》等。

礼记 《礼记》是关于礼制的文献汇编。流传至今有两种本子,传统说法认为是西汉的戴德与他堂兄之子戴圣所传。戴德、戴圣同是当时的礼学名家,世称大戴、小戴。《大戴礼记》为戴德所辑,原有八十五篇;《小戴礼记》为戴圣所辑,共四十九篇。又说《小戴礼记》是戴圣删戴德之书而成。据近代学者研究,汉朝初年,鲁人高堂生传《士礼》(即现存《仪礼》的前身)十七篇。在以后的师弟相传过程中,大戴、小戴发挥过承上启下的作用。伴随礼学的承传,还附带传习一些学习礼制的参考数据,称之为《记》。《汉书·艺文志》著录,当时各礼学家所传写的《记》,有一百三十篇。到东汉中期,大多数《记》的选辑本先后被淘汰,形成和保留了八十五篇本和四十九篇本,人们遂称前者《大戴礼记》,后者《小戴礼记》。东汉后期的郑玄为《小戴礼记》做了注释,使它摆脱了《士礼》而独立成书,研读的人渐渐多起来。唐朝时,朝廷把《小戴礼记》列入"经书",成为士人必读的书籍,后来所说的《礼记》就专指此书。而《大戴礼记》因研习的人越来越少,逐渐佚失,现今只有三十九篇。

《礼记》(即《小戴礼记》)是研究我国古代社会制度、儒家学说、文物礼仪等的参考书籍。

春秋 《春秋》是一部编年史书。春秋本来是春夏秋冬的简称(或言在孔子以前,一年只有春秋两季),代表一年四季。而史书记载的都是一年四季中发生的大事,因此"春秋"又是编年史书的通称。当时,各国史书各有专名,如晋国史书叫《乘》,楚国史书叫《梼杌》,鲁国史书名《春秋》。据说孔子曾使子夏等十四人去周王室访书,求得一百二十国史书。孔子以鲁国编年史《春秋》为基础,根据尊奉周王室,总结三代历史发展法则的精神,对史事进行书写或删削,终于写成了自鲁隐公元年(前722年)至鲁哀公十四年(前481年),共242年的编年历史。孔子注重史事记载的褒贬和正名,以其作为存王道和惩恶劝善的工具。孔子对此书极为重视,说:"知我者其惟《春秋》乎!罪我者其惟《春秋》乎！"《春秋》中的文字非常简练，事件的记载很简略，而被后人称为"断烂朝报"，但对 242 年间诸侯攻伐、盟会、篡弑及祭祀、灾异礼俗等，都有记载。它所记鲁国十二代的世次年代，完全正确，所载日食与西方学者所著《蚀经》比较，互相符合的有 30 多次，足证《春秋》并非古人凭空虚撰，可以定为信史。

《春秋》原本早已失传，现在流行的版本附于《左传》中，或由《左传》中摘出单行。

春秋三传 解释《春秋》的《左传》《公羊传》《穀梁传》这三部著作。《春秋》内容过于简单，今本全书 16572 字，却记有 1800 多条史事。每事一条，短则 1 字，最长者 45 字，平均 9 字。其所记史事都仅有标题而无具体内容，使人无法了解历史事件的实情及其因果关系。而且，孔子"以一字为褒贬"，书中许多"微言大义"不易理解。另外，为了"免时难"，孔子在撰述时"有所褒讳贬损，不可书见，口授弟子"，这就从史事、寓意和思想三方面产生了解释《春秋》的要求。解释《春秋》的著作，称为"传"。刘知几解释："传者，转也，转受经旨，以授后人"之意。在汉代，有《左氏传》《公羊传》《穀梁传》《邹氏传》《夹氏传》等 5 种《春秋》传。其中，《邹氏》无师，《夹氏》未有书，真正有影响并被列入经书而流传至今的，就是左丘明《左传》、公羊高《公羊传》和穀梁赤《穀梁传》，合称《春秋》三传。

《春秋》三传都是编年体。根据古人所说，三传中，最早撰成的是曾亲自受业于孔子的鲁太史左丘明所撰的《左传》。史称：孔子死后，其口授之史事，弟子们后来所言互异。左丘明惟恐弟子各安其意，以失其实，故讨论本事而作传，证明夫子不以空言说经。至于《公》《穀》二传，则是口传要义，传了几代以后，始写成文字。三传之中，《左传》主要从史实上传释《春秋》，《公羊》《穀梁》主要从义理上传释《春秋》。

左传 一般认为《左传》是解释《春秋》的著作，“三传”之一，相传为鲁太史左丘明所作，但也有倚相作、孔子作、子夏作、吴起作、刘歆作等不同意见。左丘明于公元前五世纪中晚期撰成的说法，较为可靠。《左传》原来按鲁十二公顺序而分为十二章，晋杜预于公元280年撰《春秋左氏集解》，才将《春秋》与《左传》分年合编在一起。《春秋》和《左传》记史都始于鲁隐公元年（前722年），但终年不同。《春秋》记事原止于哀公十四年（前481年），《左传》续至孔子卒（哀公十六年，前479年）。而《左传》记事则涉及悼公十四年（前454年）。《左传》继承了《春秋》按年代排列史事的方法，但又综合了记事体的特点，含有一些记事本末的形式，创造了“君子曰”的论赞方法，总结运用了说明编纂体例、史官修史法则的“凡例”，是古代第一部完整意义上的编年体史书。《左传》这部书保存了大量古史料，给中国史家创立了模范，在史学史上有极高的地位。

对《左传》的注释，主要有西晋杜预的《集解》，唐孔颖达《正义》，清刘文淇《春秋左氏传旧注疏证》，今人杨伯峻的《春秋左传注》等。

乐 《乐》，即《乐书》，就是古代的歌曲。“诗言志，歌咏言”，孔子十分重视音乐对了解民情，陶冶情操，引导社会风气的作用。他用了很多精力搜集研究音乐，终于对音乐的规律有了深切体会，说：“乐其可知也：始作，翕如也；从之，纯如也，皦如也，绎如也，以成。”孔子以《乐》作为教学的课程之一，但乐是否有书，古人争论很多，难以定断。

论语 是儒家学派的经典著作之一，由孔子的弟子及其再传弟子编撰而成。它以语录体和对话文体为主，记录了孔子及其弟子言行，集中体现了孔子的政治主张、论理思想、道德观念及教育原则等。内容涉及政治、教育、文学、哲学以及立身处世的道理等多方面，是研究孔子及儒家思想尤其是原始儒家思想的主要资料。

南宋时朱熹将《大学》《论语》《孟子》《中庸》合为“四书”，使之在儒家经典中的地位日益提高。

今日通行之《论语》本经历了两次大改造，一个是西汉末年，汉成帝帝师张禹以《鲁论》为主，结合《齐论》编定的《张侯论》，有二十一篇；东汉郑玄又以《张侯论》为底本，根据不同版本进行点校，定下《论语》今本，并结集了两汉间对《论语》的不同解释。三国时何晏把郑玄本及其反对派的观点编成了《论语集解》。何晏之后，南北朝时代，皇侃受佛教的影响，编成《义疏》本。唐朝的韩愈、柳宗元对郑玄、何晏所编之本都持怀疑态度，要回到原典，但由于郑玄在世时已与孔子相差六百余年，《论语》原典并不可考。今本据阮元校勘《十三经注疏》本统计，约一万二千字。

孟子　战国时儒家学派重要传人孟轲思想言论的汇编本。孟轲（约前 372—前 289 年），邹（今山东邹县东南）人，战国时代著名思想家、教育家，儒家学派的重要传人，人称为孟子、亚圣。孟子受业于子思的门人，治儒术之道，精通五经，尤长于《诗》《书》。学成以后，他到各国游历，想借助诸侯的力量，实现自己仁政的理想，但一再受阻。晚年，孟子回故乡邹国，与弟子万章、公孙丑等人著书立说，发挥孔子的思想，成《孟子》七篇。

孟子认识论最根本的是心性论。他认为人的本性是天赋的、纯善无恶的，对人性本质的仁义礼智等善端，不虑而知的良知，不学而能的良能，应该加以保护，存心养性，通过内在修养，达到知天、立命的圣贤人格。修身养性的方法是思诚和寡欲，排除感官物累养吾浩然正气，以达到万物皆备于我的境界。孟子的道德规范主要是仁、义、礼、智，诚则是四德的抽象和概括。要贵义贱利，反求诸己，与人为善，实现人性的净化，富贵不能淫，贫贱不能移，威武不能屈。人的价值集中体现在道德价值上，治国平天下都赖于个人的修身。从上述认识出发，孟子提出仁政学说。仁政施予的对象是民，民是立国之本，民为贵，社稷次之，君为轻。行仁政，就要轻其刑罚，薄其赋敛，制民之产，实行教化，以德服人，贵王道贱霸道。要实施仁政，就必须通过禅让确立贤君，通过尊贤以任用贤能。让劳心者治人，劳力者治于人。治于人者食人，治人者食于人。

孟子通过阐发子思学说，继承、深化、丰富和发展了孔子的思想，排斥了异端的学说，使儒学成为战国时代的显学，对后世儒家思想的演变有很大影响，被视为孔门儒学的正宗。其著作《孟子》是儒家十三经之一。

孝经 儒家十三经之一。它以简要通俗的文字，阐述古人视为一切道德根本的孝道，古代学者将其称作儒家六经的总汇。

孝是中国古代子女善待父母长辈的伦理道德行为的称谓。所谓孝有三等：最上是尊亲，即爱戴和崇敬父母，立身行道以扬名显亲和传宗接代；其次是不辱，即不亏身体，不辱自身和为亲复仇。最后是养亲，即养口体，侍疾病，顺其意，乐其心，重其丧。周初制定以血缘关系为纽带的宗法制度，使孝成为一种正式的人伦规范和礼仪制度。春秋战国时代，儒家、道家、墨家、纵横家、法家都讲孝道，是当时诸家公认的一种道德观念。在汉武帝“废黜百家，独尊儒术”以后，孝道正式成为统治者教化的根本和治国的有力武器，并随着历史的发展，而日渐深入人心，成为一种民族道德观点和文化心理，而历久常新地沉淀了下来。

《孝经》的作者有曾参、孔子、孔子弟子、孔子之孙子思、孟子弟子、汉人伪托诸说,子思的可能性最大。

汉代《孝经》有今文本和古文本的不同。以传授《今文孝经》名家的,有长孙氏、博士江翁、少府后仓、谏议大夫翼奉、安昌侯张禹等人。《古文孝经》据说汉景帝时出自孔子宅,为二十二章,孔安国对其进行整理研究,作了传注,献于天子。《古文孝经》因未列于学官,而始终深藏中秘,而未得流传。西汉成帝时,宗室刘向以《今文孝经》为主本,用《古文孝经》对其进行了整理删定,定为十八章,而通行于世,有郑众、马融的注。历代为《孝经》今、古文之优劣争论不休, 平心而论, 二者仅有分章和个别用字的不同,思想和宗旨并无差别。

清阮元校勘《十三经注疏》中收入的《孝经》,系唐玄宗"御注"的十八章本,经文 1903 字。第一章《开宗明义章》,总述孝的宗旨和根本,阐明孝道是做人的最高的道德,是治理天下最好的手段。第二章至第六章,分别论说天子、诸侯、卿大夫、士、庶人这五种贵贱不同者孝行的不同要求,统称为"五孝"。第七章至第九章,阐述孝道对政治的意义和作用,是该书孝治观的主要部分。第十章和第十一章,进一步从正反两方面论说如何行孝。第十二章至第十四章,是对第一章中的三句话予以进一步阐述,论说君主如何利用孝道治理国家、感化民众。第十五章至第十八章,论述行孝道的几个具体做法,包括事父、事君时要敢于谏争, 在办理父母丧事和祭祀时应有的表现和具体做法,以作为孝论的总结。

说文解字 《说文解字》简称《说文》,是中国第一部系统地分析汉字字形和考究字源的字书。东汉许慎著成于安帝建光元年(121 年)。原书十四篇,叙目一篇,正文以小篆为主,收九千三百五十三单字,又古文、籀文等异体重文一千一百六十三字,解释十三万余字。此书在流传中叠经窜乱,今本系北宋徐铉校订整理本。

《说文解字》创造了字典式的体例,被称为字典的鼻祖,也是我国第一部研究汉字的著作。《说文解字》的"分别部居,不相杂厕",以偏旁分中的编制方法,一直成为编字典的一种主要体例。

《说文解字》通过小篆形体的分析,提出汉字造字方法的"六书",即:指事、象形、形声、会意、转注、假借,并对"六书"作了具体的解说。不仅成为古汉语语音和词汇的宝库,并且保存了有关古代历史、文献、社会文化、经济的原始资料。两千年来,《说文解字》是文字学上的首创之书,也是最有权威之书,为后人阅读古籍,探讨古代文化,研究古文字必不可少的桥梁和钥匙。

历代研究和注释《说文解字》的很多。清代有严可均的《说文校议》、钱坫的《说文解字斠诠》、孔广居的《说文疑疑》、俞樾的《儿笘录》、段玉裁的《说文解字注》、桂馥的《说文解字义证》、朱骏声的《说文通训定声》、王筠的《说文句读》、王绍兰的《说文段注订补》等。近人丁福保将以往各家研究《说文》的论著汇集为《说文解字诂林》,后又搜集遗逸编为《补遗》,是该书注释的总汇。

2.史部书

二十六史 自《史记》以后,至民国间陆续写成的二十四部后朝写前朝的纪传体史书的总称。这些书,因得到历朝帝王下令颁行,而被称为"正史"。魏晋人将《史记》《汉书》和《东观汉记》,合称为"三史"。到唐时,才以《后汉书》代替《东观汉记》为三史之一。又习惯以三史加上《三国志》,称为"前四史"。还有将前四史加上《晋书》《宋书》《南齐书》《梁书》《陈书》《魏书》《北齐书》《周书》《隋书》,

合称为“十三史”。宋人校刻历代“正史”,以十三史加《南史》《北史》《新唐书》《新五代史》,合称“十七史”。明代加上《宋史》《辽史》《金史》《元史》,合称“二十一史”。清乾隆初,《明史》成书,加上《旧唐书》和新辑出的《旧五代史》,合刻为“二十四史”。1921年,柯劭忞修《新元史》成,于是有了“二十五史”的名称。还有加上《清史稿》,合称为“二十六史”的。二十六史总共四千零四十二卷四千五百余万字,系统地记载了从传说中的黄帝到清末约五千年的历史,不仅是冠盖史坛的巨著,在世界史学史上也是绝无仅有的。

二十六史,是我们研究古代历史最基本的史料。纪传体“正史”,有清代武英殿本二十四史,有商务印书馆的百衲本,有开明书店的二十五史本,及各种单行本。中华书局组织专家校勘、整理、标点的二十四史及《清史稿》,是目前最通行、最便于阅读的本子。

历代为诸正史作注、补作志表的著作很多,《史记》《汉书》等的注释,或称为“注”、“补注”、“会注”,或称为“集解”。一般都是解释正文中的字音,疏通文义,考订制度,讲明地理沿革。也有补充史实、考证文字正误的,如裴松之《三国志注》。学者为诸史补作的表志,主要收于《二十五史补编》《续编》《三编》中。

二十六部纪传体“正史”概况表

书名	卷数	编著者	记史范围	构成
史记	130	西汉 司马迁	黄帝—前97	本纪12、列传70、世家30、书8、表10
汉书	120	东汉 班固等	前206—23	帝纪14、列传78、志18、表10
后汉书	120	刘宋 范晔	25—220	帝纪9、皇后纪1、列传80、志30

续表

书 名	卷数	编著者	记史范围	构 成
三国志	65	西晋 陈寿	220—280	魏书30、蜀书15、吴书20
晋 书	130	唐 房玄龄等	265—420	帝纪10、列传70、载记30、志20
宋 书	100	齐 沈约	420—479	本纪10、列传60、志30
南齐书	59	梁 萧子显	479—502	本纪8、列传40、志11
梁 书	56	唐 姚思廉	502—557	本纪6、列传50
陈 书	36	唐 姚思廉	557—589	本纪6、列传30
魏 书	130	北齐 魏收	386—550	帝纪12、列传98、志20
北齐书	50	唐 李百药	534—577	帝纪8、列传42
周 书	50	唐 令狐德棻	534—581	帝纪8、列传42
隋 书	85	唐 魏徵等	581—618	帝纪5、列传50、志30
南 史	80	唐 李延寿	420—589	本纪10、列传70
北 史	100	唐 李延寿	386—618	本纪12、列传88
旧唐书	200	后晋 刘昫	618—907	本纪20、列传150、志30
新唐书	225	宋 欧阳修 宋祁	618—907	本纪10、列传150、志50、表15
旧五代史	150	宋 薛居正等	907—960	本纪61、列传77、志12
新五代史	74	宋 欧阳修	907—960	本纪12、列传45、考3、世家年谱11、四夷附录3
宋 史	496	元 脱脱等	960—1279	本纪47、列传255、志162、表32

续表

书 名	卷数	编 著 者	记史范围	构 成
辽 史	116	元 脱脱等	907—1125	本纪 30、列传 45、志 32、表 8、国语解 1
金 史	135	元 脱脱等	1115—1234	本纪 19、列传 73、志 39、表 4
元 史	210	明 宋濂等	1206—1367	本纪 47、列传 97、志 58、表 8
新元史	257	民国 柯劭忞	1206—1367	本纪 26、列传 154、志 70、表 7
明 史	332	清 张廷玉等	1368—1644	本纪 24、列传 220、志 75、表 13
清史稿	536	民国 赵尔巽等	1616—1911	本纪 25、列传 316、志 142、表 53

史记 《史记》原名《太史公书》或《太史公记》，东汉以后才有现称。作者司马迁（约前 145—前 89 年），字子长，西汉左冯翊夏阳（今陕西韩城）人。其父司马谈就有著述一部当代史的计划。司马迁少年时代受到良好的教育，青年时代以 15 年时间壮游天下，增长了见识和才干。元封三年（前 108 年）后任太史令，阅读了大量皇家珍藏古籍和档案材料，并主持了太初历的制定。太初元年（前 104 年）开始了本书的撰述。天汉二年（前 99 年）因李陵之祸，被处腐刑。3 年后被赦出狱，任中书令，继续发奋著述，终于在有生之年，完成了《史记》的写作。

《史记》共一百三十篇，包括十二本纪，十表，八书，三十世家，七十列传，记载了自传说中的黄帝至汉武帝时期约三千年的历史，“通古今之变，成一家之言”，是我国古代第一部纪传体通史，为历代史家所仿效。《史记》的注家，古代主要有南朝宋裴骃《集解》、唐司马贞《索隐》、唐张守节《正义》，合称《史记》三家注。

汉书 又称《前汉书》。作者班固(32—92年),字孟坚,东汉扶风安陵(今陕西咸阳东)人。十六岁入太学读书。二十三岁时居父丧在家,开始整理其父班彪所作《太史公记后传》,立志续就其业。永平元年(58年)开始写作《汉书》,后任兰台令史、秘书郎等职,经过二十多年的努力,终于完成其大半。永元四年因窦宪案牵连而死。其妹班昭及待诏马续受诏续完八表和《天文志》。

《汉书》共一百篇,包括十二本纪、八表、十志、七十列传,后人划分为一百二十卷,记载了自刘邦汉王元年(前206)至王莽地皇四年(23年)整个西汉二百三十年的历史。《汉书》的体例与《史记》相比,已经发生了变化。《史记》是一部通史,《汉书》则是一部断代史。《汉书》把《史记》的“本纪”省称“纪“,“列传”省称“传”,“书”改曰“志”,取消了“世家”,汉代勋臣世家一律编入传。这些变化,被后来的一些史书沿袭下来。《汉书》中凡汉武帝中期以前的纪传志多采用《史记》之文。但由于作者思想境界的差异和材料取舍标准不尽相同,移用时也有增删改易。《汉书》主要有唐颜师古注,清王先谦《集解》。

后汉书 作者范晔(398—445年),字蔚宗,南朝宋顺阳(今河南淅川东)人,曾任尚书吏部郎、宣城太守,迁左卫将军、太子詹事,参与国家机要。后因参与密谋拥立彭城王刘义康为帝,而被牵连入狱处死,所著书只完成纪传部分。

《后汉书》记东汉一朝一百九十五年史事的纪传体史书,有帝纪九卷,后纪一卷,列传八十卷。今书中之志三十卷是梁刘昭作注时,取司马彪《续汉书》之志而合入者。《后汉书》大部分沿袭《史记》《汉书》的现成体例,但在成书过程中,范晔根据东汉一代历史的具体特点,则又有所创新,有所变动。首先,他在帝纪之后添置了皇后纪。其次,《后汉书》新增加了《党锢传》《宦者传》《文苑传》《独行传》《方术传》《逸民传》《列女传》七个类传。范晔是第一位在纪传体史书中专为妇女作传的史学家。

在范晔《后汉书》之前,已问世的有关东汉历史的重要著作不下十部。范晔以《东观汉记》为基本依据,以华峤书为主要蓝本,吸取其他各家书的长处,删繁补缺,整齐故事,超越众家。范晔著书较《三国志》晚,上距东汉之亡已二百多年,忌讳既少,而可资参考的史书又多,故得以后来居上。该书优点,一是叙述人物多以类相从,不以年代先后为序。二是叙事中抑势利,薄公卿,褒党人,尊独行,有进步意义。三是能据实书事,叙事多简明周全。范书问世后,其他诸家后汉史书陆续散佚。

本书纪传部分有唐章怀太子李贤注, 各志则为梁刘昭注。清末王先谦作《后汉书集解》,所收资料最为详备。

三国志 西晋陈寿撰。陈寿(233—297 年),字承祚,蜀汉巴西安汉(今四川南充)人。少年时师事学者谯周。在蜀汉政权下,他因不依附宦官黄皓,屡被谴黜。到晋朝因张华的赏识,被荐为著作郎。晋武帝泰始十年(274 年),编定《诸葛亮集》。太康元年(280 年)开始撰《三国志》,书完成后,颇得好评。后因母丧未归葬乡里,遭到贬议。

《三国志》记载的是魏、蜀、吴三国鼎立时期的历史。陈寿将三国历史分别撰成魏、蜀、吴三书,在断代史中颇具特色。全书由《魏书》三十卷、《蜀书》十五卷、《吴书》二十卷组成。《魏书》有纪、传,《蜀》《吴》二书只有列传。全都没有表、志。

在陈寿撰《三国志》以前,魏、吴二国有官修的史书,也有私家撰述,如王沈的《魏书》,鱼豢的《魏略》,韦昭的《吴书》等。《三国志》中的《魏书》《吴书》主要取材于这些史书。蜀汉的史实缺少记载,有赖陈寿收集。他在参考前人史书的基础上，参订异同，考核史实，将三国时期纷纭复杂的历史，写成一部线索清楚，简要而系统的史著，给人们研究这段历史提供了便利，深得人们的好评。当时人“称其善叙事，有良史之才”。

《三国志》在记载改朝换代之际历史时，采取为尊者讳的回护书法，如在记载曹氏代汉时，详载曹操、曹丕被晋爵封国、赐剑履、加九锡及汉献帝禅位的诏册等，说明曹氏代汉是汉自愿，没有阴谋。他这样做是为了替西晋统治者代曹魏政权掩饰。《三国志》纪传简略，一些重要的史实缺而不录，这是其缺陷。

陈寿死后百余年，三国史料大量出现。南朝宋文帝认为《三国志》太过简略，故诏令裴松之作注。裴松之收集各家史料，从补缺、备异、惩妄、论辩等四方面进行注解，弥补《三国志》记载之不足。裴松之作注所根据的史料，可考者多达二百四十余种，字数较《三国志》原书多出三倍，为后世三国研究保留了大量的历史资料。清代学者万斯同、杭世骏等人为《三国志》补过注或表、志。近人卢弼所作的《三国志集解》集各家研究成果，在地理考证方面有特色。

隋书　《隋书》八十五卷，唐魏徵等撰。唐初设史馆修前代史，《隋书》为其中的一部。纪、传部分由魏徵、颜师古、孔颖达、许敬宗等撰，成书于贞观十年(636 年)。十志由于志宁、李淳风等撰，成书于高宗显庆元年(656 年)。十志因为包含梁、陈、齐、周、隋五代而称《五代史志》，历叙各代的典章制度，而详于隋代。

《隋书》列传多保存珍贵资料，如《裴矩传》载有《西域图志序》，《张胄玄传》载有天文历法知识。唐初修《隋书》的一个重要目的是以隋为鉴，故纪传详载隋代统治者的贪残荒淫和农民起义的事实，论赞注重总结兴亡教训。对隋帝禅代则采取隐讳书法，以掩饰唐篡夺事实。

旧唐书 《旧唐书》,五代官修,记载唐朝一代历史。有本纪二十卷,志三十卷,列传一百五十卷,共二百卷。旧题刘昫撰,是因成书时,他以宰相监修国史,书由他进呈给皇帝,按惯例署其名。其实赵莹、张昭远、贾纬、赵熙等人用力最多。此书最初只称《唐书》,后来为了和欧阳修等所修的《唐书》相区别,始加"旧"字。《旧唐书》所记武宗以前的历史,由于有唐代所修的国史或实录作蓝本,叙事详明,条理清楚,但有照抄国史、实录原文,未加订正之弊。唐后期史事,由于没有现成的国史和实录作参考,以及文献多缺或所据史料杂乱,很不理想。本纪叙事冗杂支蔓,缺乏剪裁,有些列传如同履历表,事迹极少。自《新唐书》刊行后,本书为其所代替,流传渐少。明中叶闻人诠根据两种宋绍兴残本加以校订, 于嘉靖十七年(1538年)重刻,始得重新流传。与《新唐书》比较,《旧唐书》在保存史料方面,仍有很大功绩,是研究唐代历史的一部重要文献。

元史 《元史》,明宋濂等撰。二百一十卷,其中本纪四十七卷,列传九十七卷,志五十八卷,表八卷。记载了上至元太祖成吉思汗,下至元顺帝至正二十八年,一百六十多年历史。

明洪武二年和三年曾两次开史馆修《元史》,但前后两次的时间不到一年。由于成书仓促,加上总裁宋濂、王祎等人为文人,撰修时未能广泛搜集和运用大量的史料,连十分重要的《元朝秘史》也未能用上。对所采用的数据没能认真订正,有的原封不动抄用案牍原文,文辞也欠推敲。但书中保存了不少原始史料,特别是天文、历法、地理、河渠四志的材料尤为珍贵。

后人对明修《元史》深为不满,不断有人为其补充或重修,其中以魏源的《元史新编》和柯劭忞《新元史》最为著名。

国语 中国最早的一部国别史著作。相传为春秋末年左丘明著。《国语》开国别史的先河，分记周、鲁、齐、晋、郑、楚、吴、越等八国之史，包括各国贵族间朝聘、宴飨、讽谏、辩说、应对之辞以及部分历史事件与传说。尤详于晋。所述时间范围，上起周穆王征犬戎（约公元前 967 年），下止晋智伯灭亡（前 453 年），长达五百余年。《国语》和《左传》皆述春秋史事，据说作者同为左丘明，故人称二书为《春秋》外传和内传，但两书各有特色。《左传》以记事为主，《国语》却以记言为主，三言二语交代史事始末，大量篇幅皆为当时人论及史事的言论。《国语》记录了春秋时期的经济、财政、军事、兵法、外交、教育、法律、婚姻等各种内容，对研究先秦时期的历史非常重要。

战国策 是一部国别体史书。主要记述了战国时期的纵横家的政治主张和策略，展示了战国时代的历史特点和社会风貌，是研究战国历史的重要典籍。西汉末刘向编定为三十三篇，书名亦为刘向所拟定。全书按东周、西周、秦国、齐国、楚国、赵国、魏国、韩国、燕国、宋国、卫国、中山国依次分国编写，分为十二策，三十三卷，共四百九十七篇。所记载的历史，上起公元前 490 年智伯灭范氏，下至公元前 221 年高渐离以筑击秦始皇，约十二万字。是先秦历史散文成就最高，影响最大的著作之一。该书文辞优美，语言生动，富于雄辩与运筹的机智，描写人物绘声绘色，常用寓言阐述道理，著名的寓言就有“画蛇添足”“亡羊补牢”“狡兔三窟”“狐假虎威”“南辕北辙”等。

贞观政要 一部政论性的历史文献，作者吴兢（670—749 年），汴州浚仪（今河南开封）人。武周时，入史馆，编修国史。唐中宗时，担任过右补阙、起居郎、水部郎中等官职。玄宗时，任谏议大夫兼修文馆学士等职，继续参预国史的编撰工作。曾与当时著名史学家刘知几等一同编写《武后实录》。在吴兢看来,唐初太宗时期,法良政善,“良足可观”。因此,他着手编撰《贞观政要》,用作皇权专制集团施政的鉴戒。本书的定稿大概在开元八年(702年)左右。

《贞观政要》十卷四十篇,以君臣对答的方式,分类编辑唐太宗和身边大臣魏徵、王珪、房玄龄、杜如晦、虞世南、褚遂良、温彦博、刘洎、马周、戴胄、孔颖达、岑文本、姚思廉等四十五人的主要问答, 也有大臣的争议和劝谏奏疏,皆为“嘉言善行,良法美意”。每卷分若干专题,每个专题成为一篇, 各有一个中心。其中有君臣共商国事的问答,有忠贤的争议与奏疏,以及政治上的一些设施;内容范围广泛,涉及君道政体、求贤纳谏、历史鉴戒、道德规范、学术文化、刑法贡赋、征伐安边等,凡政治、经济、军事、文化,无不包罗其中。书中每个专题都围绕着一个中心:为专制君主服务,也即如何把君主放在突出地位,进而巩固皇权专制统治。唐代的起居注、实录、国史多已不存。《贞观政要》作为一部专题性的政治史,所记贞观时事,较两《唐书》《资治通鉴》等史料为详,在史料保存上有不可忽视的价值。另外,按专题分类来叙述历史,在历史编纂学上颇具特色。

元代戈直对《贞观政要》进行整理,收有十二家注释,是一部较完整的集注本。

古列女传 作者西汉刘向(前 79—前 8 年),汉朝宗室,楚元王刘交的四世孙。初为谏议大夫,后为光禄大夫,中垒校尉,领校中五经秘书,历经宣帝、元帝、成帝三朝。居官三十年。著有《洪范五行传》《说苑》《别录》《世说》《高士传》等。《列女传》是刘向在校书时编撰的,他说:“臣向与黄门侍郎歆所校《列女传》,种类相从为七篇,以著祸福荣辱之效,是非得失之分,画之于屏风四堵。”(徐坚《初学记》卷二十五引《七略别录》)。班固也说:“向以为王教由内及外,自近者始。故采取《诗》《书》所载贤妃贞妇,兴国显家可法则,及孽嬖乱亡者,序次为《列女传》凡八篇,以戒天子。”(《汉书·楚元王传附刘向传》)由此可见刘向是把古书原有的妇女故事分类编排,以做妇女的教育用书。

《古列女传》七卷,分为母仪、贤明、仁智、贞顺、节义、辩通、孽嬖七类。后班昭作注时加第八卷《续列女传》。该书记载了上起虞舜,下迄东汉,总为一百二十七位妇女的事迹,并以“颂”的形式予以评价。至晋,顾恺之又为之配画。《列女传》作为一部最早的妇女专史,在社会和史学上都有一定的价值和影响。宋朝以来,人们对《列女传》尤感兴趣,校注刊刻者较多,其中以清梁瑞最为酷爱,他又一次为《列女传》作注,且颇有价值。

容斋随笔 作者南宋洪迈(1123—1202年),字景卢,号容斋,别号野处,谥文敏,宋饶州鄱阳(今江西乐平市)人,绍兴进士,曾任端明殿学士。博学多闻,对经史百家、医卜星算,无不深究,凡有所得,随笔记之,遂成《容斋随笔》一书。该书分随笔十六卷,续笔十六卷,三笔十六卷,四笔十六卷,五笔十卷,凡五集七十四卷。此书的写作历时四十年,原定每集各十六卷,其五笔仅成十卷,洪氏卒。书中对宋以前历史、政治、经济、词章、典故等考据精审,对宋代典章制度记述尤详。其中三、四、五笔有自序,对有关人物、事件亦有所评议。该书元、明均有刊刻,今常见有《四部丛刊续编》本。

竹书纪年 亦称《汲冢纪年》,相传为战国时魏国史官所作。《竹书纪年》早在汉代就已经散佚。西晋太康二年(281年)被盗墓者不准所发现,是一本编年体的史书。由于它当时被埋藏于魏安釐王(一说应为魏襄王)的墓里,所以能够避过秦始皇挟书令导致的焚书运动。它记录了从传说时代的夏朝到魏襄王(一说应为魏哀王)之间的重要历史事件。据《晋书·束皙传》可知原书十三篇。《竹书纪年》是编年体史书,记载先秦时期的历史,与传统正史记载多有不同,对研究先秦史有很高的史料价值,《竹书纪年》又与近年长沙马王堆汉初古墓所出古书近似,而其中的诸多记载也同甲骨文、青铜铭文相类,可见其史料价值。自西晋时期出土以后,《竹书纪年》先后经历晋人荀勖、和峤考订释义的"初释本",卫恒、束皙考正整理的"考正本",宋明时期的"今本",清代的"古本"。原文竹简亡佚,而初释本、考正本也渐渐散佚,今本被清儒斥为伪书。现今较为精准的是方诗铭《古本竹书纪年辑证》。

资治通鉴 古代最杰出的一部编年体通史。作者司马光(1019—1086年),字君实,北宋陕州夏县(今山西夏县)涑水乡人。他二十岁为进士,历仕仁宗、英宗、神宗、哲宗四朝。神宗用王安石变法,司马光是反对派的头领,受到排斥。1070年(熙宁三年)以后,司马光六任冗官,在洛阳十五年,专门从事于《资治通鉴》的写作。哲宗继位,政局发生变化,司马光当了六个月宰相后逝世。

司马光自幼爱好历史,终生手不释卷,非常博学,音乐、律历、天文、书法、数学都很精通,做事踏实谨慎,性格坚强。司马光在仁宗时就计划编这部大书,以后又得到英宗、神宗的大力支持。从治平三年(1066年)四月到元丰七年(1084年)十一月,历时十九年,在刘恕、刘攽、范祖禹等人的协助下,司马光终于修成了这部以时间为纲,事件为目,上起公元前403年(周威烈王二十三年),下迄959年(后周世宗显德六年),包括一千三百六十二年史事,共二百九十四卷约三百多万字的编年体巨著。

该书主张据史直书,不取正闰之说;反对神鬼怪异之说;注重治乱原因的探讨;特别强调维护纲常名分等伦理道德,认为礼治道德关系国家的安危。将帝王的意志看成是历史的主宰,说:“治乱安危存亡之本源,皆在人君之心。”

该书采用了丰富的史料，将一千三百六十二年的历史融会贯通,集于一书,将其中盘根错节的无数事件加以耙梳,年经事纬,条分缕析地写出来,而且吸收了纪传体写作上的一些优点,每遇重大事件,必交待其前因后果,同一史事的材料,不再分见多处,避免了一般编年体史书材料零散、不相连接的弊病,开辟了编年史体的新纪元。使读者可以用较少的时间，全面系统地了解这很长一段风云变幻的历史,得到宝贵的历史经验教训。材料丰富,考证精详,是古代史书中最信实的一部。据统计,该书参考引用了三百五十九种史籍,数千万字的材料,其中有半数左右的书早已失传。作者对这么多的材料进行了严谨的考异鉴别,往往一件事要根据三四种资料写成,纠正了许多史书中的记载错误,故所述史事比较详实可靠。而所创造的分三步成书和史事考异的方法，更影响了后代史学,许多史家运用其法写出了质量较高的史书。作者致力于探讨社会治乱的原因，以给统治者作为治理国家的借鉴。书中对历代政治事件、军事斗争、农民起义、民族关系给予了特别的关注,有真切详尽的记录。书中敢于揭露历代统治者,包括帝王的罪恶,客观上暴露了皇权专制社会的本质,为我们今天研究历史,进行爱国主义教育,提供了很好的教材。《资治通鉴》虽为集体官修,但经过司马光的精心总撰,全书风格一致,如出一人之手。书中文笔卓绝,行文生动优美,结构严谨,长于叙事,是历史文学的楷模。

《资治通鉴》是我国古代社会仅有的一部贯通古今的

编年体通史巨著,九百多年来,一直备受学界的推崇。清人王鸣盛称:“此天地间必不可无之书,亦学者不可不读之书也。”

在撰修《资治通鉴》的同时,司马光围绕该书还编成了《通鉴目录》三十卷、《通鉴考异》三十卷、《通鉴举要历》八十卷、《通鉴节文》六十卷、《通鉴释例》一卷,为阅读和研究《通鉴》提供了方便。

后世研究者《资治通鉴》者极多,已成专门之学问“通鉴学”。历代注释本中以宋末元初胡三省《资治通鉴音注》、清初严衍《资治通鉴补正》等较有名。

资治通鉴纲目 简称《朱子纲目》,或称《纲目》。南宋朱熹生前未能定稿的史学巨著,其门人赵师渊于樊川书院续编完成,共五十九卷。因为司马光的《资治通鉴》部头太大,且内容太繁,要点不明,又不便阅读。因此朱熹把《资治通鉴》改编成了一本简明扼要的通俗读本。此书内容注重严分正闰之际、明辨伦理纲常,并注意褒贬春秋笔法。全书以“纲目”为体,纲仿《春秋》,目仿《左传》,朱熹完成纲的部分,他的弟子赵师渊续成目的部分。《资治通鉴纲目》创造了一种新的“纲目体”史书体裁,实为编年体的变种,但是他并没有做原始材料的收集与裁定,所以连一般历史家所做的初步工作也没有,史学价值不高。宋明以来,有许多人为《通鉴纲目》附加价值,如尹起莘写了《发明》,刘友益写了《书法》,汪克宽写了《考异》,明代南轩、商辂又分别为《资治通鉴纲目》撰写了“前编”和“续编”。清康熙四十六年(1707 年),皇帝为《通鉴纲目》加上御批,加强了这本书的政治性,乾隆十一年闰三月修成《御撰资治通鉴纲目三编》,共二十卷,此书乃赓续明嘉靖翰林院庶吉士南轩编写的“前编”,朱熹的《资治通鉴纲目》“正编”与商辂的《续资治通鉴纲目》而作。形成了贯通古今的“纲目体”系列史书。

东华录 清朝前期编年体史料长编。三十二卷，由清朝蒋良骐编撰。主要取材于《清实录》。因国史馆当时设在东华门内，因此书名为《东华录》。起自清太祖发祥长白山，迄于雍正十三年(1735年)，前后六朝(天命、天聪、崇德、顺治、康熙、雍正)，故又称《六朝东华录》，内容按年月日顺序排次，此书编纂成于乾隆年间，最初仅以抄本形式流传。

光绪年间，王先谦仿蒋氏抄录乾隆、嘉庆、道光三朝史料，辑为《东华录续编》，凡二百三十卷。由于之前蒋录失于简略，王先谦对“蒋录”则重新加以详编和补充，光绪十年(1884年)成书，称《九朝东华录》。后潘颐福又辑咸丰朝《东华录》，凡一百卷；王先谦本人再辑同治朝《东华录》一百卷，合称《十一朝东华录》。宣统初，朱寿朋再辑成《光绪朝东华录》二百二十卷。

绎史 清马骕撰，一百六十卷。为传说时代至秦朝末年的纪事本末体史书。正文分为太古、三代、春秋、战国和外录五部分，一为太古三皇五帝，共十卷；二为三代即夏、商、西周，共二十卷；三为春秋十二公时事，共七十卷；四为战国至秦亡，共五十卷；五为外录，记天官、地志、名物、制度等，共十卷。书后还列世系图表与正文配合，这在以往的史书中属前所未有，“卓然特创，自为一家之体”。《绎史》在内容上既详载各代治乱兴替及其规律，又详载诸子百家之学说和典章制度方面的内容，反映了当时社会生活的各个侧面。在材料上，除儒家经典外，广采百家学说，将经、史、子、集一例看待，互相印证。考订极为精详，容纳材料相当全面。在体裁上，既具有记事本末特色，又糅合了编年体和纪传体的长处。他创造了集记人、记事、图表、书表于一书的综合史书体裁。书中有《世系图》三十七种，

《地理图》八种,《天象图》十种,《古物图》八十五种,《建制图》八种,《谱表》四种,《古文字摹印》八种。全书是研究先秦史的重要参考资料。

通鉴纪事本末 南宋袁枢撰写的一部纪事本末体史书。袁枢(1131—1205 年),字机仲,建州建安(今福建建瓯)人。于宋孝宗隆兴元年(1163 年)以试礼部词赋第一,登进士第。被任为太学学录。以后历任严州教授,太府丞兼国史院编修,大理少卿,工部侍郎兼国子祭酒,右文殿修撰,江陵知府等职。他所处的时代,政治比较稳定,但民族矛盾和阶级矛盾却外驰内张。袁枢忧国忧民,明辨是非,经常直言极谏,与奸佞之徒和贪赃官吏做斗争。在对金政策上,他力主养精蓄锐,以复金仇,反对放弃两淮、保守长江的错误政策。他做地方官时,关心民间疾苦,竭力帮助百姓解决困难。袁枢很早就酷爱《资治通鉴》,敬佩司马光的为人。他有感于《资治通鉴》的繁复,为了使之更加普及,在严州教授任时(1173 年),他终于完成了计划已久的《通鉴纪事本末》的写作。该书将《通鉴》全书的主要内容,分为战国至秦、两汉、魏晋南北朝和隋唐五代四部分,归纳为二百三十九个重要事件,按事件集中抄录《通鉴》中的材料,每事标一个题目,总为四十二卷。从而创立了以事件为中心的纪事本末史体,使史体在编年、纪传之后,又有了与其鼎立的一种新的著作体裁。

此书重视乱世历史,如两汉时只有四十三个标题,但魏晋时竟有一百零三个标题,几乎占全书标题数量的一半。而以朝代论,则注意“兴”、“衰”史。因此,此书中各朝代的分量都是“两头大,中间小”,与《通鉴》“穷探治乱之迹”的宗旨一致。“纪事本末体”的创立,对于重大事件有明确的标题,又依时间先后叙述,内容扼要,免去纪传体的重复及编年体的支离破碎,省去读者检索的时间,对史料的整辑排比更有不少功劳。

该书撰成以后，立即受到朝野重视。宋孝宗“读而嘉叹”，认为“治道尽在是矣”！诏令严州刻印，以之赐给“东宫及江上诸帅”。清代史学家章学诚更称其为“化臭腐为神奇”的佳作。

自“纪事本末体”创立之后，后人不断仿作。在南宋至明清为止，比较著名又流传后世的纪事本末史著就不下几十部，成为一个独立的史学体系，期间更发展为“朝代纪事本末”与“专史纪事本末”两类。明陈邦瞻《宋史纪事本末》和清来保《平定金川方略》皆为两者的例子。

左传纪事本末 清高士奇编著。南宋孝神宗时章冲著有《春秋左传事类始末》五卷，是我国史书编纂学史上断代纪事本末体的首创。它把《左传》所记各国大事，按内容分类从新编排，对每件是叙述的都有头有尾，使人一目了然。只是，所分门类太琐碎。《左传纪事本末》就是以章冲所著《春秋左传事类始末》为基础，加以补充扩展而成的。高士奇取《左传》原文，记事以国别，按周、鲁、齐、晋、宋、卫、郑、楚、吴、秦等列国顺序排列，取《左传》之文以类相从，只写大事，不写细碎。全书分周四卷、鲁十一卷、齐七卷、晋十一卷、宋三卷、卫四卷、郑四卷、楚四卷、吴三卷、秦一卷及列国一卷，共五十三卷。在编纂过程中，广泛参考了《公羊传》、《穀梁传》、《国语》、《史记》以及其他有关典籍的记载。有“补逸”、“考异”、“辨误”、“考证”、“发明”等，篇末附有议论，强调尊王室、重宗国，“为续春秋者法”。

明史纪事本末 作者谷应泰（1628—1690年），字赓虞，清丰润（今河北丰润）人。顺治四年（1647年）进士，官至浙江提学佥事。《明史纪事本末》是他在浙江提学佥事任上，延揽张岱、陆圻、徐倬等学者，于顺治十三年至十五年(1656—1658年)撰成的。全书共八十卷,有自“太祖起兵”至“甲申殉难”八十目。《四库全书》评其书曰:“其排比纂次,详略得中,首尾秩然。于一代事实,极为淹贯。每篇后各附论断,皆仿《晋书》之体,以骈偶行文,而遣词抑扬,隶事亲切,尤为曲折详尽。”该书撰于《明史》之前,无“正史”可供删削,故须自行搜集数据,列出事目,作出判断。其中许多内容,都比《明史》详细,故而史料价值比其他纪事本末体史书为高。

十通 是《通典》《通志》《文献通考》《续通典》《续通志》《续文献通考》《清朝通典》《清朝通志》《清朝文献通考》《清朝续文献通考》这十部政书的总称。唐代杜佑撰《通典》一书,采集前人著作中的历代典章制度的内容,分门别类,系统全面地汇编而成的一部政书,开创了史书的新体例,一直为历代学者视为不朽的名著。此后宋郑樵撰《通志》,仿《史记》而作,通贯古今,有本纪、世家、年谱、列传及记典制的二十略。有人将其归于通史纪传体。但其纪传部分多抄撮、综述而成,二十略却颇为精彩,故一般将其归于典志类。元初马端临看到《通鉴》详于史事,而略于典制,于是补充《通典》,而撰成一部与《通鉴》相为表里的典制史巨著,名《文献通考》。该书分类精密,材料丰富,详于制度的阶段变革,于宋代典制尤为赡备,有很高的学术价值。《通典》、《通志》、《文献通考》合称“三通”。大体《通典》偏重于政治制度,尤其是礼仪;《通志》重点在人事和典制研究;《文献通考》门类最全,重点在经济制度。乾隆时,官修《续通典》、《续通志》、《续文献通考》、《清通典》、《清通志》、《清文献通考》,称“续三通”和“清三通”。民初刘锦藻撰《清朝续文献通考》,合称“十通”。十通总计二千七百一十六卷,是研究中国数千年典章文物制度及其发展演变的系统文献数据。

十通概况表

书名	卷数	作者	记史范围	门类
通典	200	唐杜佑	上古—天宝末	食货、选举、职官、礼、乐、兵、刑、州郡、边防九门
续通典	150	清官修	唐肃宗—明末	同上
清通典	100	清官修	清初—乾隆	同上
通志	200	宋郑樵	纪传谱三皇—隋，二十略上古—唐	本纪、世家、年谱、列传、略。略:氏族、六书、七音、天文、地理、都邑、礼、谥、器服、乐、职官、选举、刑法、食货、艺文、校雠、图谱、金石、灾祥、昆虫草木。
续通志	640	清官修	纪传唐—元末 略五代—明末	无世家、年谱，其余同上。
清通志	126	清官修	清初—乾隆	仅有二十略
文献通考	348	元马端临	上古—宋宁宗	田赋、钱币、户口、职役、征榷、市籴、土贡、国用、选举、学校、职官、郊社、宗庙、王礼、乐、兵、刑、经籍、帝系、封建、象纬、物异、舆地、四裔，共二十四考。
续文献通考	252	清官修	宋宁宗—明末	二分上郊社、宗庙，共二十六考
清文献通考	300	清官修	清初—乾隆	同上
清朝续文献通考	400	民国刘锦藻	乾隆—清末	同上，增外交、邮传、实业、宪政四考，共三十考。

通典　作者杜佑(735—812 年)，字君卿，唐京兆万年(今陕西长安)人，出身于累世仕宦之家。他任官六十

年,历事玄、肃、代、德、顺、宪六朝,遍宦刑、工、金、户及度支各部。贞元十九年(803年)入相,元和初封岐国公。杜佑一生,目睹了开元、天宝盛世,经历过安史之乱的动荡,眼看着唐帝国由盛转衰。他想通过对历代典章制度的研究,总结经验教训,寻求"富国安民之术",以挽救帝国的危机。参考刘秩《政典》,广泛搜集《开元新礼》和《五经》以及汉魏以来各家文集、奏疏,拾缺补漏,仿效正史纪传体中的"志""书",将断代体改为通史体,专门记载历代政治经济等制度沿革变迁的典志体史书。自766年至801年,用了三十多年时间,终于编成了专门叙述历代典章制度沿革的巨著——《通典》。该书所记内容,上起传说中的黄帝,下迄唐玄宗天宝末年。肃、代以后的变革,也往往附载于注中。全书二百卷,分为食货、选举、职官、礼、乐、兵、刑、州郡、边防九门。每门之下各分子目,各立标题。每一制度,皆条贯古今,渊源明流,通其原委,按历史顺序排列材料。成为我国史学史上第一部有系统、有门类,专载历代典制的史书,开创了以制度为中心的政书史体。其后,同类著作相继涌现,蔚为大观,为我们研究古代的政治、经济、思想、文化、典制等问题,提供了宝贵系统的数据。

通志 作者郑樵(1104—1162年),字渔仲,南宋兴化军莆田(今福建莆田)人。他从十六岁开始,深居莆田西北的夹漈山,访书、读书、讲学三十年,博览群书,励志著述。绍兴十九年(1149年),他将所著十八种书抄写成一百四十卷,徒步到杭州,献给宋高宗。返乡后,更加刻苦治学,名声日著。绍兴二十八年(1158年)二月,他受到宋高宗的召对,被授予九品的右迪功郎,主管兵部架阁文字。不久,官赐笔札返乡,全力整理《通志》。由于事先有充分的准备和研究,仅用了二三年时间,就完成了这部六百万字的巨著,实现了他"通百家之学"、"集天下之书为一书"

的宏愿。并于绍兴三十一年(1161 年)入朝上书,除枢密院编修官。后遭劾,卒于次年二月。

《通志》基本是仿《史记》体例而作,有本纪十八卷,后妃传二卷,年谱四卷,略五十二卷,宗室传八卷,周世家三卷,列传七十七卷,类传二十一卷,载记八卷,四夷传七卷,总计二百卷。所述历史始自三皇,终于隋唐。其纪传文字大体袭用旧史,最受后人称道的是与纪传体中的志相应的"略"。他说:"诸史通谓之'志'。然'志'者,古史之名。今改曰'略'。略者,举其大纲云。"其"略"有:氏族、六书、七音、天文、地理、都邑、礼、谥、器服、乐、职官、选举、刑法、食货、艺文、校雠、图谱、金石、灾祥、昆虫,共二十门,人称二十略。包括了当时的各种自然科学、社会和典章制度的门类,内容丰富,论说精到,是全书的精华。该书将通史、专史、史学评论三种史书体例融汇于一体,颇具独创精神。在思想上,提出了"会通明变"的主张,把历史作为一个整体来考察,用归纳法来寻求历史规律。在书法上,他反对写史任情褒贬,主张"详文该事",实事求是。在学问上,他反对空言著述,主张深入研究的实学。在认识上,他反对五行灾异之说,极具批判精神。清代学者章学诚在《文史通义·释通》中赞扬道:"若郑氏《通志》,卓识名理,独见别裁,古人不能任其先声,后代不能出其规范,虽事实无殊旧录,而辨名正物,诸子之意寓于史裁,终为不朽之业矣。

文献通考 作者马端临(1254—1323 年),字贵与,宋末元初饶州乐平(今江西乐平)永善乡人。其父马廷鸾在宋屡为史官,官至右丞相兼枢密使,因痛恨贾似道擅权误国而自请罢相归里。马端临以父荫补承事郎,宋亡后隐居家乡协助父亲著述,且努力读书,搜集资料,于至元二十二年(1285 年)开始编撰《文献通考》,至大德十一年

(1307年)成书。元朝廷为其镂版,经作者亲自校对,于泰定元年(1324年)刊行。

马氏编撰该书的目的,一是补充《通典》的不足,二是详于典章以便与《通鉴》相表里。全书三百四十八卷,包括田赋考,钱币考,户口考,职役考,征榷考,市籴考,土贡考,国用考,选举考,王礼考,帝系考,封建考,郊社考,宗庙考,学校考,经籍考,乐考,兵考,刑考,舆地考,四裔考,象纬考,物异考,共二十四门。其中五门为《通典》所无,系其所创。时限为上古至宋宁宗嘉定末。该书分类精细,内容比《通典》更为完备广泛,特别是经济方面的内容大增。作者不仅重视文献资料的整理, 而且重视思想观点的分析和历史的阶段变革,在书中把"文""献""考"三者紧密结合起来,重点在考,力求更加客观准确地描述历史,揭示历代典制的"变通弛张之故",寻求它们本身发生、发展、演变的规律。该书史料丰富,内容详实,体例多所创新,在史学史上有很高地位。

《文献通考》作为一部记叙中国历代典章制度的专著,与司马光的《资治通鉴》起了相辅相成的作用。清末阮元认为,读《资治通鉴》,已通晓历代政事;读《文献通考》,已通晓历代政典,号称"二通"。

东汉会要 编者南宋徐天麟,字仲祥,临江(今属江西)。开禧元年(1205年)进士。调抚州教授,历湖广总领所干办公事、临安府教授、浙西提举常平司干官、主管礼兵部架阁、宗学谕、武学博士等,官至广西转运判官。著有《西汉会要》《东汉会要》《汉兵本末》《西汉地理疏》《山经》等百余卷。传见《宋史》卷四百三十八《徐梦梓传附从子天麟传》。

《东汉会要》系徐天麟于宋理宗宝庆二年(1226年)所上,主要取材于范晔《后汉书》,兼用司马彪《续汉书》、袁宏《后汉纪》等。经作者抄辑编排为四十卷,分作十五门,三百八十四事。对研究东汉皇朝的典章制度及其演变、沿革,有一定的参考价值。

史通 作者刘知几(661—721年),字子玄,唐彭城(今江苏徐州)人。二十岁中进士后,刘知几一直担任低级官职,至四十二岁始担任史官撰修国史。因与监修权贵治史意见不合,刘知几认为“任其职而吾道不行”,于是愤而“私撰《史通》以见其志”。

《史通》是我国最早的一部比较完整而又自成体系的史学理论著作。全书由内篇十卷三十九篇、外篇十卷十三篇构成。其中内篇的《体统》《纰缪》《弛张》三篇在北宋欧阳修、宋祁撰《新唐书》前已佚,全书今存四十九篇。内篇论述史书的源流、体例和编撰方法,外篇则论述历代史官建置和史书优劣得失。

《史通》全书内容主要评论史书体例与编撰方法,以及论述史籍源流与前人修史之得失。包括的范围十分广泛,基本上可以概括为史学理论和史学批评两大类。史学理论指有关史学体例、编纂方法以及史官制度的论述;史学批评则包括评论史事、研讨史籍得失、考订史事正误异同等。由于《史通》总结唐以前史学的全部问题,因而拥有极高史学地位,对后世影响深远。

历代研究《史通》并为其作注者很多,最著名者为清人浦起龙《史通通释》。

新唐书纠谬 考纠《新唐书》各种失误的著作,二十卷,北宋吴缜撰。吴缜在蜀中任官期间,闲暇时研读《新唐书》,凡遇有脱谬失误之处,则反复参究,并记录下来。任官期满后还朝,取道长江,坐船东下。他在船中取昔日所记《新唐书》谬误,整理编排成书,题名《新唐书纠谬》。《新唐书纠谬》将《新唐书》中的谬误,分列为二十门:以无为有、似实而虚、书事失实、自相违舛、年月时世差互、官爵姓名谬误、世系乡里无法、尊敬君亲不严、纪志表传不相符合、一事两见而异同不完、载述脱误、事状重复、宜削而反存、义例不明、先后失序、编次未当、与夺不常、事有反阙、事有可疑、字书非是。这些内容绝非主观臆断,吴缜在考纠《新唐书》谬误时,采用本校法,确实纠出了在文字上的许多不足和失误之处。当然,吴缜此书也存在着一些不足,对《新唐书》的考证,尚有未尽之处;所考内容,也存在着疏漏。但是吴缜此书的绝大多数内容还是正确的,不能因为一些失误而贬低他在考史上的贡献。

廿二史札记 作者赵翼(1727—1814 年),字云崧,号瓯北,江苏阳湖(今江苏常州)人,清代著名史学家和文学家。他青年时代就文才出众,十九岁为秀才,二十四岁中举人,选为内阁中书。乾隆二十六年(1761 年)考取进士,授翰林院编修。历任广西镇安知府、广州知府、贵州贵西兵备道等职。因仕途维艰,于乾隆三十七年(1772 年)以奉母为名辞官归里,主讲于安定书院,潜心著述四十年。赵翼博学多才,工于诗文,尤长于历史考证。他的诗文与袁枚、蒋士铨齐名,史学与钱大昕、王鸣盛并肩。赵翼一生著述甚丰,主要有《陔余丛考》《檐曝杂记》《皇朝武功纪盛》《瓯北诗钞》《瓯北诗话》《瓯北文集》《唐宋十家诗话》《粤滇杂记》,《廿二史札记》是其代表作。

《廿二史札记》是用笔记体裁写成的一部考史著作,全书共 36 卷,对我国历代正史的编撰、体例及主要内容进行了考证、分析和评论。所记正史从《史记》到《明史》共二十四种,其所以称“廿二史札记”,是因为当时清廷还没有承认《旧唐书》和《旧五代史》作为“正史”的地位。本书写于赵翼辞官家居以后,他在《小引》中写道:“闲居无事,翻书度日,而资性粗钝,不能研究经学,惟历代史书,事显而义浅，便于浏览，爰取为日课，有所得辄札记别纸，积久遂多。”历二十多年的研究积累，到乾隆六十年（1795年）才整理成书，嘉庆五年（1800年）刻印流传。

其书编目按二十四史之先后分卷，每卷以类相从，并各立标题，共为六百零九题，题目大多标新立异，一针见血，如“东汉诸帝多不永年”“武后纳谏知人”“明初文人多不仕”的专题，又谓“《三国志》多回护”“《宋史》事最详”等。《廿二史札记》的最大特点是以史证史，采用排比和归纳等方法解读历史。对于史书上重大的历史事件、人物、现象及史实，以归纳法集合有关资料，作有系统的论述与客观评价。注重经世致用，旨在探究“治乱兴衰”。内容充实，条理清晰，有考有论，非一般读书笔记所能比拟。

文史通义　作者章学诚（1738—1801年），字实斋，号少岩，清浙江会稽（今浙江绍兴）人。少不喜章句之学，20岁专心史学，师事朱筠。乾隆四十三年（1778年）中进士，自以迂拘不合世用，未入仕途。先后主讲定州定武、保定莲池、归德文正等书院。一生撰写不绝，著述丰富。主要著作有《永清县志》《湖北通志》《亳州通志》《史籍考》《校雠通义》《文史通义》等。

《文史通义》始撰于乾隆三十七年（1772年），嘉庆元年（1796年）大体成书。该书分内外篇两部分。《内篇》六卷，计五十篇，多数是论述史学，也兼及经学、文学的理论探讨。《外篇》三卷，共七十篇，主要是书序、跋文及与师友子弟论文史、方志等杂著。全书虽以谈史为重，但因议论广泛，包罗广博，故名《文史通义》。

这是一部纵论文史，品评古今学术的理论著作。系统论述史学见解，着重阐明“六经皆史”之旨，在才、学、识的史家“三才”之外，又提出“史德”“文德”“史义”；探讨史体的发展演变及长短得失，提倡学术经世，成一家之言，并创立修撰方志的义例和理论。与刘知几的《史通》一直被视作中国古代史学理论的双璧。

作者逝世时以全稿交王宗炎校订,但未印书。道光十二年章学诚次子华绂在开封另行编印《文史通义》内篇五卷,外篇三卷,此即广为流传的“大梁本”。1921 年刘承幹依王宗炎编目并多方搜集,刊行《章氏遗书》五十卷,其中《文史通义》分内篇六卷,外篇三卷,内容与“大梁本”差别较大。

山海经 一部富于神话传说的古老地理书。全书共计十八卷,包括《山经》五卷,《海经》八卷,《大荒经》五卷。内容包罗万象,主要记述古代地理、动物、植物、矿产、神话、巫术、宗教等,也包括古史、医药、民俗、民族等方面的内容。除此之外,《山海经》还以流水账方式记载了一些奇怪的事件,对这些事件至今仍然存在较大的争论。最有代表性的神话寓言故事包括夸父逐日、女娲补天、精卫填海、大禹治水、共工撞天、后羿射日等。具体成书年代及作者已无从考证,普遍认为其并非成书于一时,也不是一个作者写的,时间大约是从战国初年到汉代初年楚人所作,到西汉刘向、刘歆父子校书时才合编在一起。晋朝郭璞曾为《山海经》作注,考证注释者还有明朝王崇庆的《山海经释义》、杨慎的《山海经补注》、吴任臣的《山海经广注》、清朝吴承志的《山海经地理今释》、毕沅的《山海经新校正》和郝懿行《山海经笺疏》。民国以后以袁珂的《山海经校注》最流行,研究《山海经》者必读袁书。

水经注 作者郦道元(466 或 478—527 年),字善长,范阳涿鹿(今河北涿州市)人。生活在北魏时期,孝文帝时为尚书主客郎,后为治书侍御史,累迁辅国将军、东荆州刺史。居官以威猛峻刻著称,为权贵所不容。北魏末,雍州刺史萧宝夤谋反,朝中权贵借机遣其奉使关中,途中为宝夤派人害死。郦道元一生好学不倦,博览群书,对河流水道兴趣尤深。他对当时存世的《山海经》《禹贡》《周礼·职方》《汉书·地理志》和一些名都志赋等地理书籍,他都认为太过简略,遂以《水经》为主,广引群书,跋涉郊野,寻访古迹,追溯源流,广搜民谣、方言、谚语、传说等,撰《水经注》四十卷。另著《本志》十三篇、《七聘》及其他多种,今佚。

《水经注》系郦道元为《水经》所作的注,《水经》是我国古代较完整的地理学著作。其作者历来说法不一。《唐六典·工部》《新唐书·艺文志》《通志·艺文略》《郡斋读书志》都认为是汉桑钦所撰。《旧唐书·经籍志》又认为是晋郭璞所作。至清四库馆臣考证地名,推寻文句,始认为《水经》作者,上不及西汉,下不及晋朝,当系东汉至三国时人。

《水经》共记水道一百三十七条,每水一篇,今存一百二十三篇,附记有“禹贡山水泽地所在”六十则。郦道元以《水经》为纲,补充记述河流水道达一千二百五十二条,注文约三十万字左右,二十倍于原书。全书基本上以西汉王朝的疆域作为其撰写对象,还涉及当时不少域外地区,包括今印度、中南半岛和朝鲜半岛若干地区,覆盖面积实属空前。所记述的时间幅度上起先秦,下至南北朝,上下约二千多年,是查考古代水道变迁的重要著述。

《水经注》名为注书,实以水道为纲,详加增补,自成巨著。全书以《水经》所载水道为主线,对各河流追本溯源,详记河流所经地区的山陵、原隰、城邑、关津、名胜,历代水道变迁及北朝的地理情况、建置沿革等自然地理和人文地理情况,兼及沿途山川形胜、历史沿革、风俗习惯、人物掌故、神话故事、歌谣怪异及动植物等。注文引书达四百三十七种,尤其书中保存了许多汉魏碑刻和作者的所见所闻，更是不可多得的历史资料。

全书材料丰富，文笔精炼，不仅是我国古代历史地理学名著，在文学史上也有很高价值，加之北朝人著作留至今日的不多，故此书也是研究魏晋南北朝史的重要资料之一。

《水经注》原有四十卷，宋初已缺五卷，后人将其所余三十五卷重新编定成四十卷。由于迭经传抄翻刻，错简夺讹十分严重，经注混淆，有些章节甚至难以辨读。明清以来，研究整理者多达四五十家，形成了专门的“郦学”。其中全祖望以明万历间朱谋玮本为据，成《七校水经注》；赵一清有《水经注释》四十卷，并勘误十二卷；戴震有《戴校水经注》。此三家最为著名。清末，王先谦曾合诸家钞刻本，成《合校水经注》。近人杨守敬及其学生熊会贞集前人成果，重加校释，成《水经注疏》，并以《清一统舆图》为底本，绘成《水经注图》八卷，颇便考史者参考。王国维的《水经注校》用本十余种，是诸校本中较完善的本子。江苏古籍出版社出版了由段熙仲点校、陈桥驿复校的《水经注疏》，为今后研究利用《水经注》提供了方便。

元和郡县图志 作者李吉甫（758—814 年），字弘宪，唐赵州赞皇（今河北赞皇）人。他好学能文，知识渊博，唐德宗贞元初入仕，宪宗元和年间两度为相，熟悉当时图籍和全国情况，广征博引，于元和八年（813 年）纂成此书，次年又作补充。全书起于京兆府，至陇右道止，凡四十卷，又目录两卷，共四十二卷，现存三十四卷。原书每镇篇首有图，北宋时佚失，书名也就略称为《元和郡县志》。

《元和郡县图志》是我国现存最早的一部全国地理总志。该书以当时四十七方镇为纲，以府州为单元，详述其建置沿革、户口、山川、形胜、古迹、物产、贡赋以及四至八到。作者认为以往的地理著作，内容大多详古而略今，传疑而失实。因此，作者着重于“丘壤山川，攻守利害”方面内容的记载，体现了其独特的见解。因而，该书是一部反映唐代疆域政区的重要地理著作。在编写体例方面，对宋代乐史的《太平寰宇记》，元、明、清各代的《一统志》都有很大影响。因此，人们盛赞《元和郡县图志》开我国地理总志的先河。

现存《元和郡县图志》不仅图皆佚失，文字也有残缺。全书四十卷中缺第十九、二十、二十三、二十四、二十六、三十六诸卷及第十八卷和第二十五卷的一部分。清代严观著有《元和郡县补志》，缪荃荪有《元和郡县志缺卷逸文》。

华阳国志　作者常璩（约291—361年），东晋蜀郡江原（今四川崇庆）人，其家世代为江原巨族。常璩少年时博览群书，颇负才名。成汉时，常璩任史官，获读宫中图籍版档，撰《梁益二州地志》《巴汉志》《蜀志》《南中志》等书。347年，桓温灭蜀。常璩入晋后颇受歧视，不复汲汲仕进，乃怀愤裒削旧作，为《华阳国志》。全书十二卷，分为三部分：一至四卷为《巴志》《汉中志》《蜀志》《南中志》，以地域为纲，记载梁、益、宁三州（今陕西汉中、四川、重庆至云南、贵州）的疆域、政区、山川、道路、物产、民族、风俗、矿藏、古迹、史实及奇闻、轶事；五至九卷以年代为纲，以编年的形式记述了西汉末年到东汉初年割据巴蜀的公孙述、刘焉刘璋父子、刘备刘禅父子和李氏成汉四个割据政权以及西晋统一时期的历史。十至十一卷以人物为纲，记载梁、益、宁三州自西汉至东晋初年的“贤士列女”，类似于人物传记。作者对蜀事见闻亲历，记蜀汉事迹及蜀中晋代史事较详。记述时间起自远古，终于永和三年。此书体制完备，资料丰富，考证翔赡，文笔富丽，编次有序，所记事物统合古今，包括历史、地理、人物诸多类目，融地理志、编年史、人物传等体裁于一编，多方面展现了西南地区一千多年的史地概貌，堪称我国西南地区第一部地方通史。该书也是实现史、地结合的，初具方志规模的成功之作，开方志体例之先河，颇受后世史志学家称誉。

读史方舆纪要 作者顾祖禹(1631—1692年)，字景范，学者称宛溪先生，江苏无锡人。明末清初著名历史地理学家，具有民族气节的学者。他经历明清之际社会剧烈变动的刺激，隐居乡里，不仕清朝。从二十九岁开始，遍考群书，贯穿诸史，旁及稗乘，搜罗官私所修各种地志，兼及亲身见闻。康熙年间应徐乾学之聘，参与《大清一统志》的编修，此期间利用工作之便，遍阅徐家藏书，为《读史方舆纪要》的修撰累积了大量的资料。前后约二十年，十易其稿，到五十岁，才撰成本书。《读史方舆纪要》共一百三十卷，附《舆地要览》四卷。全书内容分四个方面：首论历代州域形势，按历史顺序，记述从唐虞三代至元、明各朝的行政区划、沿革及皇朝盛衰兴亡，共九卷。次以明代两京(直隶、江南)、十三布政司(省)行政区划为单位，依次叙述各府、州、县的疆域、沿革，以及辖境之内的城镇、山川、关隘、桥梁、驿站、河渠、食货、屯田、马政、盐铁等，并记载其地发生的历史事件等等，共一百一十四卷，是全书的主要部分。再列川渎，采录历代地理书中对于山川、江河的记载，共六卷。最后为分野，列出历代史志中关于各地星宿分野的说法，共一卷。另附《舆图要览》四卷，有两京十三布政使司、九边、黄河、海运、漕运及朝鲜、安南等图。

由于作者不忘明朝的亡国之痛，从总结历史经验教训的角度撰写此书，因而作者研究地理沿革，非常注意“切实用”，“以俟来者”。所以，全书详论“山川险易、古今用兵战守攻取之宜，兴亡成败得失之迹”。至于“景物游览之胜”则往往从略。以历代政治、军事地理为主线，总结历代军事行动胜负得失的经验教训，以使其书对恢复明统治有所帮助,具有浓厚的军事色彩。因此,本书不仅是历史沿革地理的名著,也是军事历史地理的杰作。作者撰著态度谨严,考核精审,结论大多可靠,故该书也有很高的史料和学术价值，是历史地理学和历史学的重要参考文献,被誉为“海内奇书”。

明儒学案　明末清初黄宗羲撰,六十二卷。为中国第一部严格意义上的学术史专著，系统总结和记述明代学术思想发展演变及其流派。《明儒学案》以王守仁心学发端发展为主线,首篇《师说》为总纲。全书大致依据时间先后推移次序和学术流派传承关系，分别列出了十七个学案,一共记载了有明一代 210 位学者。每个学案都有较为固定的结构,拥有案序、传和语录,其中:案序为概说该学派之基本情况，诸如该派的主要学术观点，主要代表人物,与其他学派的关系等等;传即是学者传记;语录即是收录该派名言至理并附有评论。《明儒学案》开创了史学上的学案体史书体裁。学案体裁中的“学”指学术、学派,而“案”则谓考察、按据,是叙述学派源流及其学说内容、考按学术事件而加以论断的专门史学著述形式。继此之后,清前期黄百家、全祖望撰《宋元学案》,清后期唐鉴撰《国朝学案小识》,民国徐世昌撰《清儒学案》,与此书一脉相承,对中国史学发展产生了很大影响。

书目答问　清张之洞撰,五卷,附二卷。张之洞同治十三年(1874 年)任四川学政时,为指引学生读书门径而编撰此书。该书著录图书两千二百余种,所收图书都经过精心选择，较注重收录清后期的学术著作和科技图书。《书目答问》突破传统四部分类法,按经、史、子、集、丛书五部分类编排,大类之下再设小类,同类书按时代先后排列。著录书名、作者姓名(当世作者只记“今人”)、版本等。

为有利于长期保存,供皇帝和臣僚士子阅读,乾隆间《四库全书》共钞写制作七部。前四部贮藏于北京皇宫文渊阁、盛京(今沈阳)故宫文溯阁、京郊圆明园文源阁、承德避暑山庄文津阁,称"内廷四阁",或称"北四阁";后三份贮藏于镇江文宗阁、扬州文汇阁和杭州文澜阁,称"江浙三阁",或称"南三阁"。底本则贮藏于翰林院,后散失。近代以来,《四库全书》屡遭劫难,1860 年第二次鸦片战争,英法联军进攻北京,火烧圆明园,文源阁《四库全书》被毁。太平天国时,文宗、文汇两阁书被焚,文澜阁书也有损失,清末民初由人补钞齐全。现今原本完整保存下来的《四库全书》仅有三部,即现存台北故宫博物院的文渊阁本,现存国家图书馆的文津阁本,现存甘肃省图书馆的文溯阁本。

四库全书总目 清纪昀等编纂,或称《四库全书总目提要》《四库总目》《四库提要》,二百卷,是集中国古典目录学方法大成的一部大型解题书目。编纂《四库全书》时,纪昀等将"著录书""存目书"逐一撰写提要,以方便阅读,于乾隆四十六年(1781 年)汇编成此书。为便于翻检,次年另编《四库全书简明目录》二十卷。总目按经、史、子、集分为四部,下分四十四大类、六十七个子目,收录《四库全书》的著作三千四百六十一种的提要,又附录了未收入《四库全书》的著作(存目书)六千七百九十三种的提要。每类前有序,子目后有案语,以阐明各种学术思想的源流、派别、相互关系及划分类目的理由。各书提要介绍、考证、评论作者的生平事迹、著述源流、该书内容、性质、文字、版本及优缺点等。是一部了解我国古籍的很有价值的目录书。

四部丛刊 民国时商务印书馆编刊的一部大型影印古籍丛书。出版家张元济自 1919 年开始编选影印,至人按文体分类的习惯，而是以时代为经，以作家为纬，值得肯定。作品题材涉及史传、策论、游记、书信、笔记等。大体反映了先秦至明末散文发展的大致轮廓和主要面貌。《古文观止》入选作品题材广泛、代表性强、语言简洁易明，篇幅短小精悍，言辞优美，非常适合初涉文言文的儿童，因而一经出版便非常流行，成为文言文教学的经典教材，至今在大中华地区中学文言文教材中，仍有很多篇章由此书辑录。

古文辞类纂 清代桐城派大师姚鼐所编选代表“桐城派”散文(古文)观点的一部选本。所选文章，以唐代韩愈、柳宗元，宋代欧阳修、曾巩、王安石、苏洵、苏轼、苏辙，即所谓“唐宋八大家”之作为主；其前选入战国、秦汉的部分作品，其后选入明代归有光、清代方苞、刘大櫆的作品，中间选入少数元结、李翱、张载、晁补之的作品。魏晋六朝之作，只在辞赋类中选晋代张华、刘伶、陶渊明、鲍照的赋各一篇，潘岳的赋三篇，在颂赞类中选晋袁宏的赞一篇。全书分为论辩、序跋、奏议、书说、赠序、诏令、传状、碑志、杂记、箴铭、颂赞、辞赋、哀祭十三类，文约七百篇，合为七十四卷。卷首《序目》，略述各类文体的特点和源流。书成于乾隆四十四年(1779 年)。清末王先谦曾编《续古文辞类纂》三十四卷，黎庶昌也编有《续古文辞类纂》二十八卷，选录清中叶以后散文，都是姚氏选本的续书。

三言二拍 指明朝末年出版的五本古典白话小说集。其中三言指的是冯梦龙写的《喻世明言》《警世通言》《醒世恒言》，二拍指的是凌蒙初所写的《初刻拍案惊奇》和《二刻拍案惊奇》。三言二拍每部书都有四十卷，每卷为一个短篇小说，收录的是宋元话本和明代拟话本。“三言”中的作品有的是辑录了宋元明以来的旧本，但一般都做了不同程度的修改；也有的是据文言笔记、传奇小说、戏曲、历史故事，乃至社会传闻再创作而成，故“三言”包容了旧本的汇辑和新著的创作，是我国白话短篇小说在说唱艺术的基础上，经过文人的整理加工到文人进行独立创作的开始。它是宋元明三代最重要的一部白话短篇小说的总集。它的出现，标志着古代白话短篇小说整理和创作高潮的到来。凌蒙初的“二拍”与“三言”不同，基本上都是个人创作，它已经是一部个人的白话小说创作专集。明末抱瓮老人从这五部书中选出其中佳作四十篇编成《今古奇观》，故有三言二拍的合称。

六、著作体裁

诗 为吟咏言志的有韵律的一种文学题材与表现形式。最早的诗,指《诗经》,其诗与音乐、舞蹈是一体的,是一种乐歌,以诗的歌词用于歌唱、演奏和舞蹈表演。诗是一种有节奏韵律的文体,节奏韵律并非一成不变,于是就有各种诗体。齐梁以前,决定节奏韵律的基本因素是诗句的字数,即句式。现存节奏韵律最简单的诗体是《吴越春秋》上所引的一首古歌:"断竹,续竹;飞土,逐肉。"周秦以来,诗歌的节奏韵律逐渐由简入繁,从句式上说,就有三言、四言、五言、六言、七言以及各种句式混合的"杂言"。魏晋以后,五言和七言成为最流行的体式。南朝时期,随着四声的发现,讲究声律成为时尚,即按照一定的音调规则来遣词造句。发展至唐代,诗的字数、句式、平仄、对仗和押韵都有严格的规定,诗遂有近体与古体之分,传统的诗体基本定型。

古体诗 古代的"自由诗"。唐代将周、秦、汉、魏不讲究格律的诗称为"古体"或"古风",以与齐梁以来开始流行的格律诗即"近体诗"相区别。"古体诗"是一个相当宽泛的概念,近体诗出现之前,除了楚辞体外,几乎所有的诗歌包括乐府,都可包括在"古体诗"之内。但古体与近体不是从时间上区分,所以,唐代有近体诗,明清有古体诗。从句式上说,古体诗有四言、五言、七言、杂言之分,实际上就是格律诗以外的所有自由诗体包括乐府诗的总称,以五言古体诗(简称五古)和七言古体诗(简称七古)最为流行。杂言有一字至十字以上,一般为三、四、五、七言相杂,而以七言为主,故习惯上归入七古一类。古体诗既不用讲对仗、平仄,用韵也相当自由,只要读起来上口就行。句数没有严格的限制,如白居易的七言古体《长恨歌》长达一百二十余句,而杜秋娘的七言乐府《金缕衣》却只有寥寥四句。古体诗在发展过程中与近体诗有交互关系,南北朝后期出现了讲求声律、对偶,但尚未形成完整的格律,介乎古体、近体之间的新体诗。唐代一部分古诗有律化倾向,乃至古体作品中常融入近体句式,但也有些古诗作者有意识与近体相区别,多用拗句,间或散文化来避律。

楚辞 古代的一种诗体。因其最早产生于南方的楚国,其辞“书楚语,作楚声,纪楚地,名楚物”,故被人称为“楚辞”。楚国诗人屈原的《离骚》是楚辞中的代表作,故楚辞又称“骚体”。其本义是泛指楚地的歌辞,以后才成为专名,指以战国时楚国屈原的创作为代表的诗体。从形式上说,这种诗体最显著的特征是每句可长可短,不是整齐的四言,在句尾或句中多用语气词“兮”字。楚辞作为一种诗体,并非屈原首创,而是在楚地歌谣的基础上逐渐形成的。西汉帝王多喜欢楚声楚歌,而文臣如枚乘、贾谊、司马相如、扬雄等人的创作也深受楚辞的影响,许多诗人甚至模仿楚辞的形式来创作。西汉以后,历代诗人都有以楚辞体来创作的,梁朝昭明太子萧统编《文选》,就有“骚体”;南宋朱熹编《楚辞集注》,也收录了从汉至宋的骚体作品。古人甚至将诗人称为“骚人”。

乐府诗 古代的一种诗体。乐府本是掌管音乐的官署名称,后变成诗体的名称。汉代人将乐府配乐演唱的歌曲或编录的民歌称为“歌诗”,魏晋六朝人始称这些“歌诗”为“乐府”或“乐府诗”，并将其视为一种独立的诗体。除要求配乐歌唱外，其形式和古体诗没有区别。汉代乐府诗既有文学侍臣的歌功颂德之作，如祭祀天地的《郊祀歌》，也有流传于民间的乐府民歌，总之都是合乐可歌的作品。这些作品一经乐府演唱便流行开来，后代照其曲谱重新作词入乐的也被称为“乐府”。再后来，音乐失传，仅存歌名和歌词，诗人只是沿用乐府旧题，与原来的音乐毫不相关，甚至连句式都不相同，却照称“乐府”不误。这样，“乐府”就名不副实，只成为一种诗体的名称。作为一种诗体，被后代称为“乐府诗”的作品，除了都具有一个古乐府的旧题外，几乎没有共同的特点可言，而这正是乐府诗的特点。乐府诗没有句式、格律的限制，实际上就是古代的“自由诗”。

歌行体　“歌行”是我国古代诗歌的一种体裁，是乐府诗的一种变体。“歌行体”是初唐时期在汉魏六朝乐府诗的基础上建立起来的。汉、魏以后的乐府诗，题名为“歌”“行”的颇多，二者虽名称不同，其实并无严格区别，都是“歌曲”的意思，其音节、格律一般都比较自由，形式采用五言、七言、杂言的古体，富于变化，以后遂有“歌行”体。到了唐代，初唐诗人写乐府诗，除沿用汉魏六朝乐府旧题外，已有少数诗人另立新题，虽辞为乐府，已不限于声律，故称新乐府。刘希夷《代悲白头吟》与张若虚《春江花月夜》的出现，可说是这种体裁正式形成的标志。此类诗歌，至李白、杜甫而大有发展。如，杜甫的《悲陈陶》《哀江头》《兵车行》《丽人行》，白居易的许多作品，其形式采用乐府歌行体，大多三言、七言错杂运用。

格律诗　又称近体诗或今体诗，是中国讲究平仄、对仗和押韵的诗体。由南朝齐永明时沈约等讲求四声、八病等声律、对偶的新体诗发展而来，至唐初沈佺期、宋之问时始定型，为唐以后人常用的诗体，因与古体诗相对而言，故称。代表诗人有：李白、杜甫、李商隐、陆游等。其字数、句数、平仄、对仗和押韵都有严格的规定，主要类别有律诗和绝句。律诗，每首八句，五言的简称五律，七言的简称七律，超过八句的称为排律（或长律），偶有六句三韵的律诗，称为三韵小律诗。绝句，每首四句，五言的简称五绝，七言的简称七绝。律诗格律极严，篇有定句（除排律外），句有定字，韵有定位（押韵位置固定），字有定声（诗中各字的平仄声调固定），联有定对（律诗中间两联必须对仗）。如起源于南北朝、成熟于唐初的律诗，每首四联八句，每句字数必须相同，可四韵或五韵，中间两联必须对仗，二、四、六、八句押韵，首句可押可不押。如果在律诗定格基础上加以铺排延续到十句以上，则称排律，除首末两联外，上下句都需对仗，也有隔句相对的，称为“扇对”。再如，绝句仅为四句两联，又称绝诗、截句、断句，平仄、押韵、对偶都有一定要求。

词　诗的别体，是唐代兴起的一种新的文学样式，经过长期不间断发展，到宋代进入了全盛时期，故俗称宋词。词又称曲子词、长短句、诗余，是配合宴乐乐曲而填写的歌诗，词牌是词的调子的名称，不同的词牌在总句数、句数，每句的字数、平仄上都有规定。词在形式上的特点是：调有定格，句有定数，字有定声。字数不同可分为长调（九十一字以上）、中调（五十九字至九十字）、小令（五十八字以内）。词有单调和双调之分，双调就是分两大段，两段的平仄、字数是相等或大致相等的，单调只有一段。词的一段叫一阕或一片，第一段叫前阕、上阕、上片，第二段叫后阕、下阕、下片。词的流派有两种，婉约派与豪放派。词于宋代达到顶峰后，在元明时代衰落了三百多年后，在清代重新进入发展状态。

曲　又称为词余、乐府。金元之际产生的一种抒情诗体。曲和词都是配合音乐、讲究平仄的长短句，其主要区别在于所配的音乐不同，以及由此而产生的格律上的差别。曲与词一样，也是流行音乐的产物。当时的流行音乐叫“北曲”，是金人入主中原以后，来自北方的音乐与汉族原有的音乐结合而产生的“新变声”；元明之际，南方又开始流行另外一种独具风格的音乐，人称“南曲”，明清时盛行。所以，“曲”应该兼指南曲和北曲。同时，南曲和北曲不仅是流行歌曲，而且也用于歌剧演唱，因此，“曲”又应该包括元明杂剧（北曲）和明清传奇（南曲）。作为一种诗体，“曲”在元代主要指非戏曲的歌曲，即通常所谓的“散曲”。散曲又有“小令”和“套数”之分。如词一样，曲也有乐谱，叫做“曲调”，每一个曲调都有特定的名称，叫做“曲牌”。古人写曲，原来也是按照乐谱填词，是可歌可唱的，故选用什么曲调要与所表现的感情色彩相配。曲词也要讲究格律，其句式、平仄、押韵等多有特定格式，统称为“曲律”。

文　古代的“正统文学”。在古代，“文”有广义、狭义之分。广义的“文”泛指一切文体，包括诗歌，如萧统编的《文选》就将古诗、楚辞、乐府以及各种文体都汇于一书，而刘勰《文心雕龙》中也有《辨骚》《明诗》《乐府》等篇，“文心”也包括“诗心”。直到明朝吴讷著《文章辨体》，还将歌谣、乐府、古诗、律诗、词曲等统称为“文”。狭义的“文”则特指诗体以外的所有文体。

赋　我国古代的一种文体，它讲求文采、韵律，兼具诗歌和散文的性质。赋是介于诗、文之间的边缘文体，在两者之间，赋又更近于诗体。其特点是“铺采文，体物写志”，侧重于写景，借景抒情。最早出现于诸子散文中，叫“短赋”；以屈原为代表的“骚体”是诗向赋的过渡，叫“骚演形式载歌载舞，又说又唱，有文有武，集“唱、做、念、打”于一体，中国古代戏曲主要指元明清戏曲，包括：宋元南戏、元杂剧和明清传奇。戏曲是汉族传统艺术之一，剧种繁多有趣，表演形式多样，在世界戏剧史上独树一帜。以集汉族古典戏曲艺术大成的京剧为例，其主要特点：一是男扮女角、女扮男角；二是划分生、旦、净、丑四大行当；三是有夸张性的化装艺术——脸谱；四是“行头”（即戏曲服装和道具）有基本固定的式样和规格；五是利用“程序”进行表演。汉族的民族戏曲，从先秦的“俳优”、汉代的“百戏”、唐代的“参军戏”、宋代的杂剧、南宋的南戏、元代的杂剧，一直到清代地方戏曲空前繁荣和京剧的形成，戏曲始终扎根于民间，为人民所喜闻乐见。看戏至今仍然是民间的主要娱乐活动之一。

杂剧 最早见于唐代，其意思和汉代的“百戏”差不多，泛指歌舞以外诸如杂技等各色节目。“杂”谓杂多，“百”也是形容多；“戏”和“剧”的意思相仿，但都没有今天“戏剧”的意思。

到了宋代，在诸宫调基础上，把歌曲、宾白、舞蹈结合起来，逐渐成为一种新表演形式和文学样式——“杂剧”。杂剧包括歌舞、音乐、调笑、杂技等，共分为三段：第一段称为“艳段”，表演内容为日常生活中的熟事，作为正式部分的引子；第二段是主要部分，大概是表演故事、说唱或舞蹈；第三段叫散段，也叫杂扮、杂旺、技和，表演滑稽、调笑，或间有杂技。三段各一内容，互不连贯。其体裁是一本四折的形式，四折之外又可以加一二个“楔子”。“折”相当于一场戏，但在一折中，场景却可有所变换。“楔子”的篇幅比较短小，通常放在第一折前，起类似序幕的作用；也有放在两折之间作为剧情的过渡，它是四折一本形式的重要补充部分。个别杂剧亦有突破四折一本的形式的。如

《赵氏孤儿》为五折。一般说来，一本为一剧，但也有一些作品超出一本，如《西厢记》即为五本。杂剧有三个构成部分:宾白、唱词、科介(即古代戏曲的语言)。三者交相配合，推动剧情发展，刻画人物性格。基本角色有4类:旦(女性角色)、末(男性角色)、净(刚烈豪强及滑稽人物)、杂(其他杂色)，每类更有细致的区分。

传奇 明清时以演唱南曲为主的戏曲形式。由宋元南戏发展而来，也吸收元杂剧的优点。作为一种戏曲形式，明代传奇比元杂剧更为成熟，其音乐更加丰富，表现力更强，演唱的声腔主要有海盐腔、余姚腔、弋阳腔、昆山腔等。传奇打破了杂剧一人独唱到底的惯例，而是任何角色都可以唱，同时有接唱、同唱、合唱等形式，能把整个舞台都活跃起来。其角色分工也更加专业化，有生、旦、净、末、丑、贴、外等名目。传奇表演的故事一般都比杂剧复杂，其场面也比杂剧壮观。明中叶到清中叶传奇最为盛行。今知明清两代"传奇"作者有七百余人，作品约二千六百种，现存《牡丹亭》《鸣凤记》《长生殿》《桃花扇》等六百余种。

笔记小说 是一种笔记式的短篇故事，泛指一切用文言写的志怪、传奇、杂录、琐闻、传记、随笔之类的著作，内容广泛驳杂，举凡天文地理、朝章典制、草木虫鱼、风俗民情、学术考证、鬼怪神仙、艳情传奇、笑话奇谈、逸事琐闻等等。它是一座非常丰富、值得珍视的宝库，是后人取之不尽的无价宝藏。治史者可以利用它增补辨证正史的缺失，治文者可以从中考察某一时代的文坛风气、文学作品的源流嬗变，治专门史者可以从中挖掘资料，文艺创作者可以从中寻找素材。中国古代的笔记小说，截至清末，大约不下三千种，具有极高的史料价值，是一笔巨大的文化遗产。笔记小说可分为志人小说和志怪小说。东晋干宝的《搜神记》是志怪小说的代表作，南朝宋代刘义庆的《世说新语》是志人小说的代表作。笔记小说是一种带有散文化倾向的小说创作形式，它的特点就是兼有“笔记”和“小说”特征。“笔记”使其在记叙上获得了一种散文化的记叙空间，在这一空间里，作者可以叙述，也可以表达别人及自己的思考以及观点，而“小说”则是一种带有故事性的叙述和创作，由于“笔记”本身获得的自由空间，又可以使“小说”创作与散文化的“笔记”叙述相互交叉，使其优势十分明显。

传奇小说 是我国古代文言短篇小说的一种，产生和流行于唐代，又称唐传奇，是从六朝志怪演变而来的。传奇小说是一种传录奇闻的文体，实际上是已具规模的小说。以“传奇”一词作为小说作品之名，始于唐代诗人元稹，他的名篇《莺莺传》，原来就题名“传奇”。但唐人多将自己的作品题为“传”或“记”，如《长恨歌传》《李娃传》《离魂记》等，这又显然有史传文体的痕迹。将“传奇”作为唐代文言小说的专名，却是在元末。而将“传奇”定义为传统小说的一种文体，则始于鲁迅。唐传奇突破了笔记小说的“实录”传统，甚至通过虚构的人物和虚构的故事来反映人们的生存状态和生活理想。唐传奇成为后代通俗文学的宝库，元杂剧、明传奇（戏曲）以及拟话本如“三言二拍”，都多从唐传奇中寻找题材和汲取灵感。唐传奇的出现，标志着我国文言小说发展到了成熟的阶段。唐代以后，传奇小说的创作转入低谷，直到清初，蒲松龄以传奇笔法来写笔记小说，才为传奇别开生面。唐代传奇约可依其性质分为艳情、侠义、神怪三类。

话本小说 话本小说是中国古典小说的一种，流行于宋元时期，又称宋元话本。话本小说的本源是“说话”，“说话”就是说故事。说故事古已有之，“说话”一词在唐代就已出现,但作为一门职业化的技艺,“说话”在北宋才开始成为一种独具规模的商业化娱乐活动。据《东京梦华录》等书记载,北宋都城汴京的“瓦舍”(综合游艺场)中设有供各类艺人演出的“勾栏”,“说话”艺人就是在这些市井场所向听众献艺的,这就决定了后来形成的话本小说的俗文学的性质。如果说文言传奇小说原来曾是“沙龙文学”的话,那么话本小说就是“市井文学”。“说话”艺人所用的底本,就是“话本”;将“说话”艺人演讲的故事记录下来,也是“话本”。话本的形式比起一般小说较为特别,有一套固定的程序,如先说一段“开场白”(小故事、诗、词或一段议论),然后才“言归正传”,进入正题,最后以一首诗收场。这样一种“三段式”结构,便成为话本小说的一般程序,即“入话”“正话”及“后话”。

诗话 我国古代对诗文的文学批评。内容除了评点诗作、讨论诗艺、品评诗人外,还包括记录逸闻、考订故实,实际上是不拘一格的笔记体。诗话的萌芽很早,但直到宋代诗话才正式出现。我国第一部诗话作品是欧阳修的《六一诗话》。在这以后,诗话成为评论诗人诗作、发表诗歌理论批评意见的一种广泛流行的形式。宋代诗话的发展,经历了这样一个过程:早期的诗话以记事为主,但与一般的记事笔记不同,它所记的都是有关诗人和诗作的琐事轶闻。诗话的再进一步发展,是越来越多地谈论有关诗歌创作和诗歌理论问题,加强了它的理论批评性质。诗话在宋以后,继续有所发展。金元两代,除元好问的《论诗绝句》外,较有价值的是王若虚的《滹南诗话》。明清时期的诗话著作较多,主要有李东阳的《怀麓堂诗话》、谢榛的《四溟诗话》、王世贞的《艺苑卮言》、王世懋的《艺圃撷余》、胡应麟的《诗薮》等,在理论批评方面取得了令人瞩目的成就。明清时期,词话、曲话等形式也在诗话的影响下发展起来，特点为韵文与散文并用。王国维的《人间词话》算是现代诗话的一种，颇受西方文学理论的影响。

纪传 纪传体，是以人物为中心的历史著作体裁，西汉司马迁创体，为后世历代所沿袭。除《史记》为通史外，其余多为断代史。自《史记》至《明史》的二十四部后朝写前朝的纪传体史书，因得到历朝帝王下令颁行，而被称为“正史”。还有当代所撰本朝纪传体断代史，如《东观汉记》等，被称为“国史”。其余私人撰写的纪传体史书，如《东都事略》《契丹国志》，数量也不少，一般被列于别史类。

纪传体史书一般由本纪、表、志、世家、列传等五种体例构成。本纪，或称帝纪，用编年的形式，提纲挈领地写出一个时代最高代表人物（帝王、王室、霸主等）的生平及该时代的大事，以作为全书的纲领。表，或称谱，是按时间顺序，表列国家兴亡、帝王更替、制度演变和世系官爵等情况，在书中起提要、汇总、省繁的作用。志，或称书、考，分专题叙述历代的典章、制度、经济、天文、地理、典籍等。列传，或称传，是人物传记。有为一人所立的“别传”，有将两个以上人物的事迹写在一起的“合传”，有在传后叙其族人、部属事迹的“附传”，有将事迹相似的人汇述在一起的“类传”，有记少数民族或外国情况的“族别传”“国别传”。此外，《史记》有世家，《晋书》有载记，用来记载贵族王侯或割据政权的历史。作者篇后的评论，统名论赞。一般散文体的称为“论”，骈文体的称为“赞”。其实际名称各书不一，如“太史公曰”“评”“论”“史臣曰”“呜呼”“赞”等。纪传体以其五种体例相互配合、补充，构成一个有机的整体，较好地表现了多层次、多侧面的古代社会一个时代的全貌，因而受到历代统治者和史学家的重视。当然，绝大多数的官修纪传体“正史”的正统观念和讳饰都比较严重，而且同一事件，往往在本纪、列传、志中重复记载，难免芜杂。

编年体 是按时间顺序叙述历史的著作体裁，因其为中国最古老的著史体裁，故《隋书·经籍志》称之为“古史”。编年体由周代史官于公元前841年前后创体，《左传》完善其体例，荀悦《汉纪》创断代编年体，司马光成通史编年体。其他的编年体史书还有纲目体、起居注、日历、实录、东华录等。

先秦编年体史书流传至今的，有《春秋》《左传》《竹书纪年》(辑本)等。断代编年史，是写一个皇朝兴亡的历史著作，著名的有东汉荀悦《汉纪》、东晋袁宏《后汉纪》、明谈迁《国榷》、清陈鹤《明纪》等。编年体通史著名的有宋刘恕《通鉴外纪》、宋司马光《资治通鉴》、清毕沅《续资治通鉴》等。三书年代相接，自远古述至元末。仿《通鉴》的编年史有南宋李焘《续资治通鉴长编》、李心传《建炎以来系年要录》、熊克《中兴小纪》、徐梦莘《三朝北盟会编》、清官修《通鉴辑览》等。纲目体以编年为序，简记大事为纲，补充注说史事为目。有宋朱熹《通鉴纲目》、清吴乘权《纲鉴易知录》等。起居注，是记录帝王言语、行动和居止的专书，周代始创，现存有唐温大雅《大唐创业起居注》、明《万历起居注》、清《康熙起居注》等。时政记，是宰相执政关于朝廷君臣议论军国要政的记录，武周时始创，宋元沿用，明代废止。日历，是由史官根据起居注或时政记等所记杂事，稍加润饰汇编而成的资料书。唐顺宗时所创，明以后废止，现存有《牛羊日历》。实录是在新皇帝即位后，由国史馆根据前一皇帝的起居注、时政记、日历等数据，重新汇编，撰修成的前皇帝言行及一代大事的编年史长编。自北凉刘昞《敦煌实录》创体，唐以后成为定制。唐宋实录今仅存《唐顺宗实录》《宋太宗实录》两种。元实录存《元朝秘史》。《明实录》仅缺思宗一朝。《清实录》全存。《东华录》，清乾隆间蒋良骥创体，是根据实录和其他档案、公文、邸报所写的朝廷大事摘要。

编年体史书以事系日，以日系时(季)，以时系年，对了解一代兴亡大势很为方便，但历史事件自酝酿、发生至结束，往往延及数月乃至数年，编年体史书诸事杂陈，从中人们难以稽其首尾。为此，自《左传》起，就用追溯往事或带叙后事的方法，以弥补这一缺陷。另外，这种体裁以时间为中心，对人物生平、典章制度和文化的叙述多过于简略，而且割裂，年代不明的事甚至无法写入书中，这些都影响了编年体史书的使用价值。

纪事本末体 纪事本末体，是以事件为中心的著史体裁它与编年体、纪传体，合称为古代三大史体。纪事本末体裁，每事一题，为一专篇，把分散的材料按时间先后加以集中叙述，兼有编年体和纪传体的优点，详于记事，方便阅读。北魏元晖《科录》、隋王劭《隋书》，是纪事本末体的前驱。南宋袁枢的《通鉴纪事本末》正式创立此种体例。其后，用此体改编或创作的史书很多，明陈邦瞻《宋史纪事本末》、《元史纪事本末》、张鉴《西夏纪事本末》、清谷应泰《明史纪事本末》、近人黄鸿寿《清史纪事本末》等，贯通古今，自成系统。其中《西夏纪事本末》网罗旧闻，《明史纪事本末》在《明史》之前成书，都有一定的史料价值。其他大部分是改编旧史而成，史料价值不大。这是朝代的纪事本末。另外，清代每一重大军事、外交行动结束，将有关诏谕奏报按时间顺序汇编成书，称为方略。《四库全书》也将其列入“纪事本末体”内，这是专史的纪事本末。总计29种方略，可分为三类：一类为平定叛乱，削除地方割据势力，统一和巩固边疆的活动；一类为镇压农民和少数民族起义起事的；一类为处理外交洋务问题的。

纪事本末类史书以事为题，事与事之间缺乏联系，读者无法从中寻出历史发展的基本线索，是其不可忽视的缺点。现代章节体,实际上是纪事本末体改进而成的新著史体裁。

历朝纪事本末史书概况表

书名	卷数	编著者	记史范围
绎史	160	清·马　骕	太古—战国末
左传纪事本末	53	清·高士奇	春秋史事
通鉴前编纪事本末	100	近人沈朝阳	唐尧—周威烈王二十三年
通鉴纪事本末	239	宋·袁　枢	周威烈王二十三年—五代末
续通鉴纪事本末	110	清·李铭汉	宋—明末
皇宋通鉴长编纪事本末	150	宋·杨仲良	北宋太祖—钦宗
宋史纪事本末	26	明·陈邦瞻	太祖—文天祥谢枋得之死
辽史纪事本末	40	清·李有棠	太祖—西辽
金史纪事本末	52	清·李有棠	有金一代
西夏纪事本末	36	明·张　鉴	李思恭—李晛
元史纪事本末	27	明·陈邦瞻	世祖至元中—顺帝至正二十七年
明史纪事本末	80	清·谷应泰	太祖起兵—清兵入关
明朝纪事本末补编	5	清·彭孙贻	补谷应泰书之缺
续明纪事本末	18	清·倪在田	南明史事
三藩纪事本末	4	清·杨陆荣	明末福王、唐王、桂王事
清史纪事本末	80	近人黄寿鸿	太祖—德宗

实录 是指以编年形式专门记载某皇帝在位期间的言行以及全国性的重大历史事件的官修史籍及其体裁，具有档案文献汇编性质。实录的直接源头是起居注，实录仅是名称借用；实录体的编年性，是由起居注的编年性所规定的。编年体与实录虽同为编年史，但记录单位不同，前者是多帝多朝史，后者是一帝一朝史，单位更小，内容更详。最初出现的实录可能是十六国时刘昞的《敦煌实录》。南朝梁周兴嗣撰《梁皇帝实录》和谢昊（吴）撰《梁皇帝实录》，前者记梁武帝事，后者记梁元帝事。唐朝以后，继嗣之君让史官据前朝皇帝起居注、时政记、日历等编撰实录，历代相传，沿为定制。五代、宋、元、明、清的实录编纂完全规范化，是清一色的老皇帝实录。实录体有两种模式，一有大臣附传，如唐、宋、明；一是大臣传单独成书，如元朝与清朝。实录是最基本的皇家历程史长编，实录的传播与否，直接决定民间当代史撰修活动的兴衰。元以前实录多已散佚，仅存唐韩愈撰《顺宗实录》，宋钱若水、杨亿撰《太宗实录》（残卷），明、清各朝实录基本保存下来。

纲目体 又称门目体、分纲列目体，是中国编年体史书的一种变体。纲目体之体裁始于南宋朱熹的《通鉴纲目》，纲目体的纪事仍以“时年”为序，每论一事，均以“凡”发之，每事有一提纲，以大字书写为纲，小字分注为目，纲简而目繁。

朱熹以“纲为提要，目为叙事”，“纲”仿《春秋》，“目”效《左传》，撰成《资治通鉴纲目》，创立了纲目体。朱熹所创纲目体为后世学者沿用，如南宋陈均《皇朝编年纲目备要》、元陈《通鉴续编》等。

政书 政书，是分门别类记述典章文物制度沿革变迁的专书。大凡关于国家制度、诏诰文书、兵制、刑律、财政、户口、土地、赋税、职官、礼仪、文化等，都属政书的记述范围。政书因记述内容的门类和时限不同,可分为通记数代各种典制的通代政书,有专详一代各种典制的断代政书和只记一种典制沿革变迁的专门志书。

政书源于先秦的礼书。通代政书由唐刘秩创体,杜佑《通典》完善其体例。以后有郑樵《通志》、元初马端临《通典》,清代官修的《续通典》《续通志》《续文献通考》《清通典》《清通志》《清文献通考》,民初刘锦藻《清朝续文献通考》,合称“十通”。十通总计二千七百一十六卷,是研究中国数千年典章文物制度及其发展演变的系统文献。关于某种制度沿革的专门性志书的编纂,以东汉卫宏的《汉旧仪》为最早。该书记皇帝起居、官制、名号职掌、中宫及太子制度、二十级爵等。自唐朝以后,此类书甚多。如唐萧嵩等《大唐开元礼》、宋苏洵《谥法》、李诫《营造法式》、明胡我琨《钱通》、杨时乔《马政记》、傅浚《铁冶志》、清单渠等《两淮盐法》、内府撰《八旗通志》等。我们要研究古代政治、军事、科技、文化制度的问题,不可不参考和利用上述著述。

会要 是关于一代皇朝典章制度的资料汇编,属断代政书,由唐朝苏冕创体,至宋王溥始合成有唐一代完整的典章制度总汇《唐会要》。宋代设立“会要所”,编纂当代会要。自此以后,或编撰前代会要,或撰写本朝会要,会要之作于是大盛。其书名,有的作《会要》,有的称《会典》、《典章》等。自宋至清,终于编成《春秋会要》、《七国考》、《秦会要》、《西汉会要》、《东汉会要》、《三国会要》、《南朝宋齐梁陈会要》、《唐会要》、《五代会要》、《宋会要》(已佚,现为清辑《宋会要辑稿》)、《建炎以来朝野杂记》、《元圣政国朝典章》、《明会要》、《明会典》、《清会典》等,计十几种断代政书。其中,《唐会要》以后诸书,都有较高价值。

诏令奏议 古代帝王大臣处理朝政、商议国是的文献名称。诏令,是古代帝王、皇太后、皇后所发布的命令、文告的总称,包括命、制、诏、诰、敕、谕告、册(策)、玺书、批答、御札、赦文、铁券文、国书、誓、令等不同名称。帝王的诏令,除了见载于纪传体史书的纪传中外,也有专门的诏令集。如北宋宋绶及其子宋敏求所辑《唐大诏令集》一百三十卷,南宋宋氏所编《皇(宋)朝大诏令集》二百四十卷,北宋林虙所编《西汉诏令》二十三卷,清《太祖高皇帝圣训》四卷,清《世宗宪皇帝朱批谕旨》三百六十卷等。

奏议,是古代群臣上奏朝廷的文件的总名。战国以前称为上书,秦时称为奏。汉朝分为四种,谢恩的和论谏庆赏的叫章,按劾的叫奏,陈请讼理的叫表,陈述不同意见的叫议,又称驳议。后来,还演变出弹文、札子(奏札)、奏疏、论谏、奏状、奏笺、封事、题本、奏本、对策(制策)等名称。除了个人的文集中收入其奏疏以外,还有专门的个人奏议集,如宋包拯《包孝肃奏议》十卷,明杨一清《关中奏议》十卷,清林则徐《林则徐奏稿》三册;有一朝一代奏议的选集,如宋赵汝愚《诸臣奏议》一百五十卷,清官修《明臣奏议》二十卷;有历代奏议的总集,如明黄淮、杨士奇主持官修的《历代名臣奏议》三百五十卷等。

诏令、奏议是古代帝王大臣处理政务、商讨国是的原始文件,有极高的价值,但其本身可能有伪饰之处,编刊时又可能有文饰或删改,这些在使用时应予以注意。

史评　指评论史事(含人物)和史书的著作。作为史书类目,史论最早见于南朝梁人萧统所编《文选》。其中收录有干宝《晋纪·总论》、沈约《宋书·谢灵运传论》等文。论与评是同义词,因此史评又称史论。南宋晁公武著《郡斋读书志》,始列史评一目。清代目录学名著《四库全书总目》和《书目答问》亦都有史评。史评范围有:评史事、评史书、评史法、评史家、评编纂等。史评体是透过理论和方法上阐述史书体裁,表达自己的史学理论认识。梁启超认为史评体主要有两类:一是批评史迹,如贾谊《过秦论》、陆机《辨亡论》;二是批评史书,如刘知几之《史通》、章学诚之《文史通义》。

史评是史学发生发展的产物。战国时期的史书及诸子书中,多有“君子曰”“时人曰”“孔子曰”,及孟子论《春秋》之语,都是对史事、史书发表看法的文字。两汉时期,史论逐渐成熟。《史记》篇中、篇末的“太史公曰”已成为史书的正式组成部分,为史家发表自己的见解开辟了新的阵地。与此同时,评论史书优劣的文字不仅日渐增多,而且有了深度,如班彪、班固父子之评《史记》,仲长统《昌言》之评《汉书》等。魏晋南北朝时期,史书末附论赞已成定式。论史专著如晋人何琦之《论三国志》专论一史,南朝宋人刘勰之《文心雕龙·史传》则较为全面地论述了史书源流、体裁体例。唐代的史论有两个突出特点,一是魏徵等人将以史为鉴、以史资治提高到关系国家兴亡的地位,促成了贞观盛世的产生,使史论在经世致用上发挥了较大作用。二是刘知几所著《史通》在继承《文心雕龙·史传》的基础上,对史书体例、史籍优劣、史官建置、史家修养等内容作了全面而深入的论述,使史论以独立的面貌出现在世人面前,为我国史学注入了理性批判的新思想。清代史论在上述两方面又有了长足进步。以王夫之、黄宗羲、顾炎武为代表的史学家凭借他们敏锐的思想意识和高昂的民族意识,进一步利用史论使经世致用的思想深入人心。王夫之所撰《读通鉴论》《宋论》无论是在思想深度上还是在观点正确性上,都是古代史论的顶峰,所论进化史观、限制君权问题、民族问题、吏治问题、农民问题,都能体现这一点。章学诚所著《文史通义》则是我国古代史学理论的高峰,在史学思想上看到了历史的进化、时势和人的作用，通过论证六经皆史来强调史学的经世作用，在详论各种史体优劣的基础上提出新型综合史体的设想，在肯定史家才学识三长的同时，指出了史德的重要性；在分析断代、通史优劣的前提下指出重振“通史家风”的必要。这些理论建树，不仅使他以前的史家不能望其项背，就是和他同时，乃至以后的史家，也有不能理解、不能达到的。

《四库全书总目·史部》史评类及史评类存目，著录一百二十二部史评著作，除前述提及者外，其他如《唐鉴》《六朝通鉴博议》《历代史论》等书亦多有可观之处。

史考　史考也是史书分类名目之一，是考证史事（含人物）和史书的著作。

作为史书类目之名，史考大致始于近现代，如陈秉才、王锦贵所著《中国历史典籍目录学》即有“史考体”一目。古代则叫“考古”（考订古代文献、遗物，宋人吕大临著有《考古图》），或叫考据、考证（对古籍文字意义及名物制度进行考核辨证）或叫考订（章学诚《史籍考》）。

考证是治学基本功，为历代学人所重视，不仅兴起得早，而且长盛不衰，代有高峰。原则上说，有了文字，有了记载，也就有了对文字记载进行考证辨析的行为。史学考证，则至少可以追溯到孔子和左丘明，《春秋》《左传》中不乏其例。司马迁撰《史记》，考证更为谨密，不仅读万卷书，核之于文献资料，还行万里路，就证于故老、遗迹。为清乾嘉考据学家所盛赞的汉学、朴学，即指西汉时期对史书解释考辨的传注之学。许慎、郑玄、贾逵、马融等人的成果是今人了解上古文字音义、文物典制的津梁。

三国时期蜀汉人谯周所撰《古史考》，当是最早以“考”名书的史考专著，此书据所传文献资料纠正《史记》之误。魏晋时期，注释考证名著还有三国吴人韦昭《国语注》，西晋杜预《春秋左传集解》，南朝宋人裴松之《三国志注》等。其中《三国志注》以史证史、考证辨析之功既有补于《三国志》，也为史考之发展奠定了基础。

唐宋时期，注释考证继续发展，除盛名于时的诸经“正义”外，张守节的《史记正义》、司马贞的《史记索隐》、颜师古的《汉书注》、李贤的《后汉书注》，皆为传世名作，为后世文字训诂之学留下了许多宝贵资料。同时，考证专著较前增多，考证领域也较前宽广。司马光的《资治通鉴考异》，吴缜的《新唐书纠谬》《五代史记纂误》，王应麟的《汉制考》《〈汉书·艺文志〉考证》《通鉴地理考》纷纷问世。除此之外，一些名家杂考也多有可观，如沈括《梦溪笔谈》、洪迈《容斋随笔》、王应麟《困学纪闻》等，就是连朱熹这样的理学大师，也有考证文字入集。考证之盛，于此可见一斑。

清代，由于学术发展所需及特定社会原因，考证成为学术主流，朝野上下，学界内外，均以考证为“正宗”学问，其考证家人数、考证专著之多，考证成果之丰，考证方法之精，均属空前。最有影响的如顾炎武的《日知录》，在经世致用思想指导下，几乎无所不考，而尤重与国计民生密切相关的田亩、赋税、郡县、科举、军谋、兵略、语言、文字、风气、习俗等内容，详尽考证其利弊得失，以期有益于治世。与明清之交的顾炎武不同，有清一代的考据家们基本上丢弃了顾炎武力倡的经世致用旗帜，而致力于纯学术考证。如崔述所著《考信录》以怀疑、辨伪、考信为主旨，围绕尧、舜、禹、文王、武王、周公、孔子、孟子等经学主角而考证古史真伪，其影响相当深远，为后世疑古学派所承所重。又如钱大昕《廿二史考异》、王鸣盛《十七史商榷》、赵翼《廿二史札记》，号称“史考”三大家。三书都以正史为考证对象，其中钱大昕与王鸣盛风格较为接近，都重文字校勘、典章制度，只是钱大昕所考天文历算、氏族等内容，王鸣盛基本无涉。赵翼则着重考证史事，他将历代变革、治乱、兴衰、风尚等归纳为外戚、宦官、朋党、门第、和议、藩镇、刑狱等五百多个专题，通过排比史事，分析考证后得出结论。从后世影响来看，《廿二史札记》虽然在严谨上稍逊钱、王二家，但其有益于人心世道的成就却远在钱、王之上。如前所述，旧目录学著作未列史考一目，此类书一般列入史评等类目中，就《四库全书总目·史部》之史评类、史评类存目来看，《旧闻证误》《史纠》《宋纪受终考》《史乘考误》《历代甲子考》皆为考史有所得之书，而非史论。因此，我们在运用、借鉴前人考史成果时，勿忘检索其他类目书籍，以免有遗珠之恨。

起居注 是中国编年体史书的一种变体。一种以历史事件发生的时间为顺序，来编撰、记述历史的注录文体。起居注的特色在于，它是由专门的史官起居注官对于皇帝每日的行为和言论按时记录的史书。最早的起居注是汉朝汉武帝时的《禁中起居注》。其后，在汉明帝时，也有《明帝起居注》，但这些起居注多为中国宫廷内部自行编撰，并未设有专职与专人来负责编撰。直到晋朝时，开始设立起居令、起居郎、起居舍人等官员来编写起居注，其后一直到清朝，各朝代都曾有起居注的撰写。但是，由于动乱与本身未成为一个持续性的制度，在清朝以前的起居注，大部分已佚失。较完整保存的是唐朝初年由温大雅撰写的《大唐创业起居注》。此外，明神宗的《万历起居注》，由于有多种抄本传世，故大部分的内容得以保存。清朝辑佚学盛行，黄奭从类书中辑录有多种的晋朝起居注。清朝，最早在清太宗和清世祖顺治年间即有撰写，但断断续续，直到清康熙时才开始设立起居注馆，由经筵日讲官来专职编修起居注，其职位多由翰林院的官员兼任。起居注的制度，曾于康熙五十七年（1718 年）因为党争而被诏令废止，但到雍正元年（1723 年）又开始恢复编撰，此后，此一制度一直延续到清朝灭亡。清代的起居注保存较为完整。

地理志书 地理志书包括两类。一类为地理著作，古代又称舆地图经，专记政区划分、山川地理、疆域分野、物产田赋、人口户数等比较纯粹的地理内容。另一类为地方志。如果再分细一些，地理志书也可分为沿革地理、全国地理总志、地方志、山川志、风俗志、宫室古迹志、外国志、行程道里志、物产志、历史地图等多类。古代地理志书，多带有史的性质，史地不分家，故而诸种目录书都将地理书归入史部。

我国早期的地理著作，多记载山川、疆域、物产、风俗等主要属于自然地理的内容。其代表著作有：《禹贡》，伪托夏禹所作，叙述依名山大川划界的九州地理人文情况。《山海经》，战国秦汉间编成，十八篇，记先秦人们的地理知识，包括部分神话的内容。

自班固《汉书·地理志》创史志中的全国地理志以后，著者继踵。编撰全国地理总志专书，始自隋炀帝大业间，根据各州郡上报的资料，撰成《隋诸郡土俗物产》一百五十一卷，《隋诸州图经集》一百卷，《隋区宇图志》一百二十九卷，但三书皆已遗失。现存最早的全国地理总志，是唐李吉甫《元和郡县图志》。此后，有北宋乐史《太平寰宇记》，王存《元丰九域志》，元官修《大元一统志》，明官修《大明一统志》，清官修《大清一统志》等。私修的有，宋欧阳忞《舆地广记》、王象之《舆地记胜》、祝穆《方舆胜揽》，清顾炎武《天下郡国利病书》《肇域志》，顾祖禹《读史方舆纪要》等。这类著作，以一代行政区划为纲，分列各道州郡所属府县的四至、等级、户数、建置沿革、山川、物产、古迹、人物等，有的还加以考证，比诸“正史”地理志更详，是研究一代历史不可或缺的资料。

地方志是地理志书的大宗，在下边另立条目叙述。其他重要的地理志书，如记山川的北魏郦道元《水经注》，记风俗的宋孟元老《东京梦华录》，记城市宫室古迹的北魏杨衒之《洛阳伽蓝记》，记边疆外国的唐玄奘、辩机《大唐西域记》，宋徐兢《宣和奉使高丽图经》，元李志常《长春真人西游记》等，都享有盛名，价值很高。

地方志　是以行政区划为单位，记载一地各方面情况的综合性著作，是一地的全史。地方志书的写作，始于东汉。东汉初，会稽人袁康撰《越绝书》一书，记吴越二国史地，被后世的很多学者视为中国方志的鼻祖，所谓“一方之志，始于《越绝》”。后来，三国时吴人撰《娄地志》、晋人挚虞撰《畿服志》和常璩撰《华阳国志》。宋代是我国方志的成熟期，流传至今的尚有三十三种，著名的如宋敏求《长安志》、范成大《吴郡志》等。明清时期撰修地方志成为制度，雍正间曾颁布每六十年各地修志一次的制度。自上而下，有一省之《通志》，有《府志》《郡志》《州志》《厅志》《县志》，及至《场志》《乡志》《镇志》等。现在存世的约九千种方志，绝大多数为明清以后所撰。地方志内容广博，对该地区上至天文、星野，下至山川地理，中及建置沿革、军政要事、人物典故、古迹名胜、风俗民情、文献著作、物产矿藏、田亩水利、赋役、人口、民族、宗教寺庙等几乎无所不有，被称为一地的百科全书。方志多成于俗吏之手，但因其大量参考地方档案文书和进行社会调查而有其价值。至于那些修撰较早，或由名家修撰的，价值更高。尤其重要的是，地方志以本地人述本地事，且隔一定时间就重修或增修，其历史的延续性、内容的广博性和材料的充实性，都胜过其他各种书籍。研史者从中披沙拣金，定会有所收获。

载记 史书体裁之一，记载不属于正统皇朝的割据政权的事迹。“载记”之称始于东汉班固,《后汉书·班固传》云:“固又撰功臣、平林、新市、公孙述事,作列传、载记二十八篇”,为后来的《东观汉记》所本。但据《东观汉记》成书的范晔《后汉书》,仍将这些史事载入列传。晋代著作郎乐资撰《山阳公载记》,山阳公是汉献帝逊位之后曹魏赐予的封号,此书以“载记”标目,涵义与班固又略有不同。姚振宗曰:“载记之目,班氏始以系平林、新市、公孙述、隗嚣之流,即后世霸史、伪史之类。山阳公乃亦被以此名,所未喻也。”后来,“载记”的涵义逐渐固定下来,不再用来指被废黜的帝王之史，而用来指称那些曾立名号而又被斥为僭伪者的历史记载。到了唐修《晋书》,列出“载记”三十卷,专门记述匈奴、鲜卑、羯、氐、羌等民族政权的历史,赋予这些少数民族政权适当的历史地位。虽然“载记”形式脱胎于前人,但在纪传体正史体例上,《晋书·载记》仍算一个创造，因为它是采用世家之体而用载记之名,成为与本纪、列传并列的一种形式,而不似《东观汉记》那样,以“载记”作为列传的补充。

七、文物考古

1.遗物

遗物 前人留下来的各种生产工具、武器、礼器、日用器具及装饰品等，也包括墓葬的随葬品和墓中的画像石、画像砖及石刻、封泥、墓志、买地券、甲骨、简牍、石经、纺织品、钱币、度量衡器等。

遗物是人类社会活动的产物。因而它们能够从不同的方面反映当时社会生产和生活的情况。由于地域、时代与民族的不同,各种遗物的用材(石、木、陶、金属——青铜与铁等)、制作方法及其形制、风格亦各不相同,在当时社会生活中所处的地位和所起的作用也各不相同。考古学对人类所遗留下来的各种遗物的研究，不应仅限于类别、类型的研究及年代的鉴定和用途的确定,而是要通过对遗物的研究去了解人类古代社会的社会生活、生产技术水平及文化面貌。同时,既要研究同一时期各地区人类社会间的相互影响与传播关系，也要注意人类社会文化在不同时期的继承、演变和发展的过程与规律。

瓦当 俗称瓦头,是屋檐最前端的一片瓦(也叫滴水檐)前端或位于其前端的图案部分。是古建筑的构件，起着保护木制飞檐和美化屋面轮廓的作用。瓦当最初为半圆形,后变为圆形。中国、日本、朝鲜的古代建筑均有瓦当。

汉长乐未央瓦当

中国最早的瓦当集中发现于陕西扶风岐山周原遗址。从西周到明清各代,瓦当在式样、花纹上都有所不同。瓦当主要有灰陶瓦当、琉璃瓦当和金属瓦当。灰陶瓦当时代最古老,也最普通,从西周到明清始终是瓦当中最主要的品种。大约唐代以后出现了琉璃瓦当。宋元明清时期,个别建筑物上使用了金属瓦当。

近几十年来,我国各地获得了大量从东周到宋元的瓦当材料。其中相当多是花纹或文字瓦当。这是研究历代手工业、书法、雕塑艺术、建筑等方面的重要资料。同时,瓦当也是考古工作中判断遗址、墓葬年代的一项重要依据。

封泥　又称“泥封”“艺泥”,是古代封缄制度的重要遗物。在东晋以前,中国的书写材料主要是竹简木牍,竹简木牍的文件在传递时,需要用绳子捆扎,再在绳端用胶质泥土封缄,此为封泥,以印章按于封泥上作为封缄的凭证。卫宏《旧汉仪》中有“天子信玺皆以武都紫泥封”的记载。长沙马王堆一号汉墓出土的硬陶罐口部的封泥盒,封泥文字“軑侯家丞”。甘肃金塔县汉代肩水金关遗址出土的封存文书的封泥装置上的封泥盒,封泥文字为“居延右尉”。20世纪末,在西安北郊发现数千计的秦封泥。这些都是古人使用封泥形式的珍贵物证。南北朝以后,纸张的盛行替代了简牍,印色取代了泥,封泥丧失了它的社会功能而逐渐退出了历史舞台。

封泥,不仅具有非同寻常的考古学术价值,更具有丰富的艺术内涵。经学者考证,现存的秦汉印实物,有的是殉葬用的明器，更多的是那个时期的实用印章，封泥上的印文，真实地反映了当时印章艺术的实际情况，无疑它是古代印章文化不可多得的宝贵遗产。

明器 又称“冥器”或“盟器”，中国古代专为随葬而制作的器物。一般用陶瓷木石制作，也有金属或纸制的。除日用器物的仿制品外，还有人物、畜禽的偶像及车船、建筑物、工具、兵器、家具的模型。在中国，从新石器时代起即随葬明器。明器是考察古代生活和雕塑艺术的有价值的考古实物。

明器一词，周代已经使用。《礼记·檀弓》：“其曰明器，神明之也。涂车刍灵，自古有之，明器之道也。”从考古发掘所获资料看，早在新石器时代的墓中，已出现专供随葬的模型，如江苏邳州大墩子遗址墓中出土方形尖顶陶屋、甘肃秦安大地湾遗址墓中出土彩绘陶靴等。宋代时期纸制的明器逐渐流行，其他质地的明器日益减少。据南宋孟元老《东京梦华录》等文献记载，当时都城汴梁已出现有专门经营明器的店铺。但是直到明代，王公官员的墓中还有大量的陶、木质明器随葬。

画像砖 用绘画、拍印和模印方法制成的图像砖。画像砖起源于战国时期，盛行于两汉，多在墓室中构成壁画，有的则用在宫室建筑上。画像砖主要用木模压印然后经火烧制成，也有的是在砖上刻出纹饰，还有用墨笔彩绘于砖面。画面的表现形式有浅浮雕、阴刻线条和凸刻线条。画面内容非常丰富，有表现劳动生产的，如播种、收割、舂米、酿造、盐井、桑园放牧等，有描绘社会风俗的如宴乐、杂技、舞蹈等，有神话故事如西王母、月宫等，还有表现官僚贵族车马出行的。因此，它们不仅是美术作品，也是记录当时社会生产、生活的实物资料。

画像砖的产生早于画像石，战国晚期至西汉中期是画像砖艺术的滥觞期。最早的画像砖几乎都是战国晚期各国都城宫殿上的建筑用砖，多为体量较大的空心砖和条形砖，主要用作宫殿的台阶和踏步，其中以秦都栎阳和咸阳出土的画像砖最为精美。战国末，秦国最先开始了从木椁墓向砖室墓的演变，使用画像空心砖来修建墓室。伴随着秦军统一六国的号角声，画像空心砖墓被秦人从关中带到了关东地区。西汉早期，这种画像空心砖墓在今河南地区迅速发展，并在西汉中期影响到今晋南、冀南、鄂北、皖北和鲁西等周边地区。西汉晚期到东汉末是画像砖艺术的繁荣期。魏晋至宋元时期画像砖艺术得到长足的发展。在甘肃河西走廊发现了大量的魏晋墓壁画砖，南朝以今南京为中心的长江流域画像砖艺术也出现了一个小高峰期。隋唐以后，长江流域和黄河流域的诸多地点都发现过画像砖墓。宋代画像砖墓遍及全国，题材丰富。元代以后，画像砖作为一种民间美术艺术形式，更多地出现于建筑物的墙面装饰上。

镇墓兽　我国古代墓葬中常见的一种怪兽，有兽面、人面，鹿角，是为震摄鬼怪、保护死者灵魂不受侵扰而设置的一种冥器。《周礼》记载说，有一种怪物叫魍象，好吃死人肝脑；又有一种神兽叫方相氏，有驱逐魍象的本领，所以家人常令方相氏立于墓侧，以防怪物的侵扰。还说这种方相氏有黄金色的四只眼，蒙着熊皮，穿红衣黑裤，乘马扬戈，到墓圹内以戈击四角，驱方良、魍象。方良亦为危害死者的恶魔，人们就借助方相氏的力量来驱赶它们。所以有学者认为，使用镇墓兽的习俗，就是出自“方相氏”的传说演化而来的。也有人根据早期镇墓兽头上的双角推测，镇墓兽应与“辟邪”或“灵神”“士伯”等有关。

从考古发现的情况考察，镇墓兽最早见于战国楚墓，流行于魏晋至隋唐时朗，五代以后逐步消失。镇墓兽的制作，早则为木、骨质，陶质极少，以后主要为陶质和唐三彩。金属和石制品极为少见。

石翁仲 古代帝王或大臣墓前的石人像。石翁仲，也有人叫“石像生”。石翁仲与“石像生”有一定区别，古代帝王或大臣墓前的石雕人物、禽兽等，统称“石像生”，但只有石雕人物才能称为石翁仲。“石翁仲”或“石像生”，是陵墓的装饰性建筑。

陵墓前的石翁仲，对称立有两座，分别为文官和武官形象。关于翁仲的形象有一种说法是来源于秦朝有一位名叫阮翁仲的大力士，传说他身长一丈三尺，力大无比，曾驻守临洮，征服匈奴有功。他死后，秦始皇特制翁仲铜像立于咸阳宫司马门外。匈奴人来咸阳，见到铜人，竟以为是活着的阮翁仲而逃遁。从此，人们便把宫阙或陵墓前的铜人、石人称为翁仲。

帝王陵前神道上排列石像生仪仗队的历史由来已久了，自秦汉以后又有了一些发展。唐代以前，帝王陵墓多遭毁坏，石雕几乎荡然无存。因此，陵前这支仪仗队的数目有多少，已无从查考。现今，汉墓前的石像生保存较好的有汉武帝茂陵陪葬的霍去病墓石刻可供参考。唐代则以高宗和武则天合葬的乾陵保存得较为完整，共有六十一蕃臣的石像生。宋代诸陵的石像也不过十余对。到明清时期才形成陵前置十八对石像生的规格。北京明十三陵、清东陵和西陵的主神道两侧都是排列了石人石兽十八对。

铜镜 青铜制成可以照容的生活用具。远古时期，人们以水照面，铜器发明以后，以铜盆盛水鉴形照影。《尚书》《国语》《庄子》等先秦著作中，提到过古人“鉴于水”。《说文·金部》释“鉴”为“盆”，因此可以说盛水的盆（鉴），就是最早的镜子。随着合金技术的出现，开始了使用铜和

锡或银铅等制作铜镜的历史。铜镜一般制成圆形或方形，其背面铸铭文饰图案，并陪钮以穿系，正面则以铅锡磨砺光亮，可清晰照面。齐家文化墓葬中出土的一面距今已有四千多年历史的小型铜镜，造型、装饰均较原始，应是目前考古资料中所知最早的一面铜镜。商、西周和春秋时的铜镜，都有零星发现，战国始盛行，产量大增。到汉代，由于日常生活的大量需求，加之西汉中叶后经济飞速繁荣，铜镜制作产生了质的飞跃。所制铜镜工艺精良，质地厚重，镜背铭文、图案丰富多样。后经唐宋时代两次发展高峰，到明清时期，随着近代玻璃镜的诞生，铜镜逐渐淡出历史舞台。

在考古学上，铜镜的研究有广泛的意义。各个时代的铜镜都有明显的特征，有的还有纪年铭文，因此在年代学上有特殊的作用。对铜镜的形制、花纹、铭文等的研究，可以了解各时代的铸造技术、工艺美术、工官制度、商业关系、思想意识以及国外交往等等。因此，“鉴镜学”在考古学上成为一个专门的课题。

玉琀 又称“饭含”，是放在死者口中的玉器，《周礼·大宰职》“大丧赞，赠玉、含玉。注：含玉，死者口实。”除玉琀外，史籍中还见有以米、贝、珠等作口含的，它们在使用上有等级的差别。考古发掘中曾见有口含贝、珠的人骨，但未见到以米为含的墓葬，这大概是由于米粒不易保存下来的缘故。使用口琀的目的有二：一是古人事死如生，不使死者空口；二是希冀以玉石质坚色美的特性来保护尸体不化。

各代玉琀的形制不一，商周玉琀有玉蝉、玉蚕、玉鱼、玉管等，春秋战国时玉琀与玉猪、玉狗、玉牛、玉鱼等，多为小动物。汉时人多以玉蝉作琀，寓意非常明了。蝉由地下洞出得生。除《后汉书·礼仪志下》写“饭含珠玉如礼”的“礼仪”意思，玉琀在亡人口中，无非是要亡人“蝉蜕”复生，灵魂延续。

玉衣　也叫“玉匣”“玉柙”，是汉代皇帝和高级贵族死时穿用的殓服，外观和人体形状相同，玉片用金丝穿结。汉代人认为玉是“山岳精英”，将金玉置于人体上，人的精气不会外泄，就能使尸骨不腐，可求来世再生，所以用于丧葬的玉器在汉玉中占有重要的地位。

玉衣的起源，可以追溯到东周时的“缀玉面幕”“缀玉衣服”。到三国时曹丕下诏禁用玉衣，共流行了四百年。皇帝及部分近臣的玉衣用金线缕结，称为金缕玉衣，其他贵族则使用银、铜线缀编称为银缕玉衣、铜缕玉衣。其中金缕玉衣是规格最高的丧葬殓服，大致出现在西汉文景时期。据《西京杂记》记载：“汉帝送死，皆珠襦玉匣，匣形如铠甲，连以金缕。”这种玉匣就是人们日常说的金缕玉衣。当时人们十分迷信玉能够保持尸骨不朽，更把玉作为一

种高贵的礼器和身份的象征。

到目前为止,全国共发现玉衣二十余件,中山靖王刘胜及其妻窦绾墓中出土的两件金缕玉衣是其中年代最早、做工最精美的。

石鼓 也叫“陈仓石碣”“岐阳石鼓”,是十只刻有文字的石墩,刻于先秦时期,627年发现于陕西宝鸡的荒野,现保存在北京故宫博物院石鼓馆(位于珍宝馆内)。由于鼓身上刻凿的文字珍贵,是中国现存最早的石刻文字,历代都极受重视。根据鼓身上的文字分别命名为:乍原、而师、马荐、吾水、吴人、吾车、汧沔、田车、銮车、霝雨。

石鼓为花岗岩材质,共十只,每只石鼓高二尺,直径一尺多,重约一吨,外形象鼓而上细下粗顶微圆(实为碣状)。每个石鼓上都刻有文字,字数不等,共七百多个,现在仅存不到五百个,每个字有两寸见方。出土时的金石学家没有见过这种字体,后来认定这个是介于甲骨文和小篆之间的大篆,被称为石鼓文。石鼓文,是我国最早的石刻文字,世称“石刻之祖”。因此石鼓被称为“中国第一古物”,亦为“书家第一法则”,具有很高的文史价值和艺术收藏价值。

简牍 是对我国古代遗存下来的写有文字的竹简与木牍的概称。一般认为,用竹片写的书称“简”,用木版(也作“板”)写的叫“牍”。超过百字的长文,就写在简策上,不到百字的短文,便写在木板上。也有人认为,简牍不分材质,凡削成细长条状的称“简”,凡削成板状的就称为“牍”。

简牍流行于东周及魏晋时期(约公元前五世纪至公元三世纪),纸被普遍使用后,简牍才逐渐被废弃。目前发现的时代最早的是湖北随州战国早期曾侯乙墓出土的竹简。古代简牍的内容十分广泛,包括官方的各种档案,私

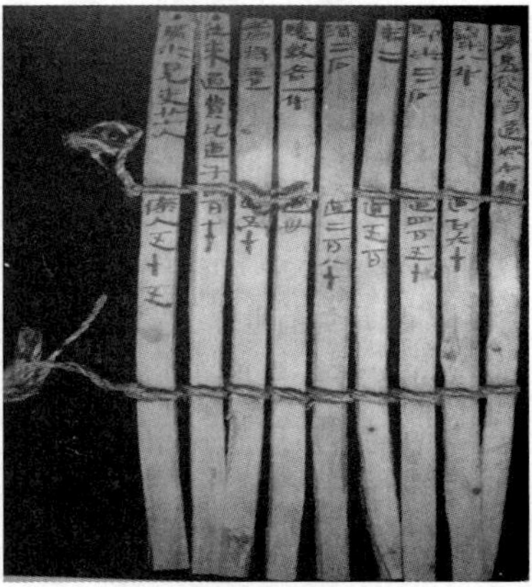
带编绳的汉代简册

人信件、各类书籍抄件、历谱以及专为随葬用的遣册等等，具有很高的史料价值。

中国古代简牍出土影响较大的有两起：一是汉武帝时鲁恭王在孔子旧宅发现《尚书》《礼记》《论语》等数十篇用战国时的文字书写的简册，即所谓“壁中书”，从而引起了长达两千年的经学今、古文学派之争；二是晋武帝太康二年（281 年）汲郡一个名叫不准的人盗掘战国魏襄王（一说安厘王）墓时，发现有竹简数十车，这些竹简被整理成十六种共七十五篇古书，这就是所谓“汲冢书”。二十世纪以来，简牍的发现和整理进入新时期，其数量之大，文献价值之高，前无古人。

后母戊大方鼎　1939 年出土于河南安阳武官村的后母戊鼎，是中国商代（约公元前 16 世纪至公元前 11 世纪）后期王室祭祀用的青铜方鼎，是商朝青铜器的代表作，原称“司母戊鼎”或“司母戊大方鼎”。

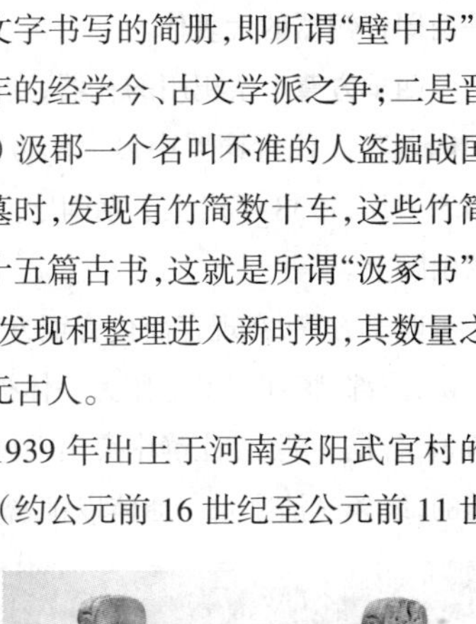

后母戊鼎器型高大厚重，形制雄伟，气势宏大，纹势华丽，工艺高超，又

称后母戊大方鼎，高 133 厘米、口长 110 厘米、口宽 7.8 厘米、重 832.84 千克，四足中空。用陶范铸造，鼎体(包括空心鼎足)浑铸，其合金成分为：铜 84.77%，锡 11.44%，铅 2.76%，其他 0.9%。鼎腹长方形，上竖两只直耳(发现时仅剩一耳，另一耳是后来据另一耳复制补上)，下有四根圆柱形鼎足，是目前世界上发现的最大的青铜器。该鼎是商王武丁的儿子为祭祀母亲而铸造的。后母戊鼎用陶范铸造，铸型由腹范、顶范、芯和底座以及浇口范组成。鼎腹的纹饰有可能使用了分范。

后母戊鼎是现存的先秦时期最重的青铜铸件，铸造年代约在商代晚期，反映了殷商青铜冶铸业的技术水平，是商周青铜器的代表作。

四羊方尊　祭祀用的礼器，商朝晚期偏早青铜器，是中国现存商代青铜器中最大的方尊，高 58.3 厘米，重近 34.5 公斤，1938 年出土于湖南宁乡县黄村月山铺转耳仑的山腰上。

四羊方尊，在现存商代青铜方尊之中体型最大。造型雄奇，肩部、腹部与足部作为一体被巧妙地设计成四只卷角羊，各据一隅，在庄静中突出动感，匠心独运。整器花纹精丽，线条光洁刚劲。通体以细密云雷纹为地，颈部饰由

夔龙纹组成的蕉叶纹与带状饕餮纹，肩上饰四条高浮雕式盘龙，羊前身饰长冠鸟纹，圈足饰夔龙纹。方尊边角及各面中心线，均置耸起的扉棱，既用以掩盖合范痕

迹,又可改善器物边角的单调,增强了造型气势,浑然一体。此器采用了圆雕与浮雕相结合的装饰手法,将四羊与器身巧妙地结合为一体,使原本造型死板的器物,变得十分生动,将器用与动物造型有机地结合成一体,并擅于把握平面纹饰与立体雕塑之间的处理,达到了技术与艺术的完美结合。出土器物的湖南洞庭湖周围地区在商代是三苗活动区,在此地发现造型与中原近似的铜尊,表明商文化的影响已远及长江以南的地区。

曾侯乙墓编钟 是我国迄今发现数量最多、保存最好、音律最全、气势最宏伟的一套编钟。曾侯乙编钟为战国早期文物,1978年在湖北随县(今随州市)成功被发掘。出土后的编钟是由六十五件青铜编钟组成的庞大乐器,其音域跨五个半八度,十二个半音齐备。因其高超的铸造技术和音乐性能,被中外专家称为“稀世珍宝”。

编钟架为铜木结构,呈曲尺形。横梁(笋)木质,绘饰以漆,横梁两端有雕饰龙纹的青铜套。中下层横梁各有三个佩剑铜人形立柱(镰),以头、手托顶梁架,中部还有铜柱加固。铜人着长袍,腰束带,神情肃穆,是青铜人像中难得的佳作。以之作为钟镰,使编钟更显华贵。

曾侯乙墓编钟的出土,世界考古学界为之震惊,因为在两千多年前就有如此精美的乐器,如此恢宏的乐队,在世界文化史上是极为罕见的。曾侯乙墓编钟的铸成,表明

我国青铜铸造工艺的巨大成就，更表明了我国古代音律科学的发达程度，它是我国古代人民高度智慧的结晶，也是我们“文明古国”的历史辉煌。

铜奔马 又称“马踏飞燕”，为东汉青铜器，1969 年于甘肃省武威雷台东汉时期镇守武威的军事长官张某及其妻合葬墓中出土，现藏甘肃省博物馆。奔马身高 34.5

厘米，身长 45 厘米，宽 13 厘米，制作于公元 220 年前后。这件两千年前制作的铜奔马造型生动，铸造精美，比例准确，四肢动势符合马的动作习性，为中外的许多考古学家和艺术家叹为观止。奔马正昂首嘶鸣，举足腾跃，一只蹄踏在一只飞翔的燕子身上。从力学上分析，奔马全身的着力点都集中在飞行的龙雀背上，造成稳定性，完全符合力学平衡原理。这种浪漫主义手法烘托了骏马矫健的英姿和风驰电掣的神情，给人们丰富的想象力和感染力。既有力的感觉，又有动的节奏。马踏飞燕是中国青铜艺术的奇葩。

1983 年 10 月，“马踏飞燕” 被国家旅游局确定为中国旅游标志；1985 年武威市将马踏飞燕定为象征武威腾飞的城标；1986 年定为国宝级文物。

越王勾践剑 中国春秋晚期的越国青铜器。1965 年在湖北江陵望山壹号墓出土。剑长 55.7 厘米，宽 4.6 厘米，柄长 8.4 厘米，重 875 克。剑首为圆箍形，剑格正面用蓝色玻璃背面用绿松石嵌出花纹，剑身饰菱形暗纹。剑身有“越王勾践，自作用剑”八个鸟篆铭文。

越王勾践剑的含铜量约为80%~83%、含锡量约为16%~17%，另外还有少量的铅和铁，可能是原料中含的杂质。作为青铜剑的主要成分铜，是一种不活泼的金属，在日常条件下一般不容易发生锈蚀，这是越王勾践剑不锈的原因之一。越王勾践剑上的花纹是用金属锡制成的，这已为现代科学分析所证实。春秋战国时期，青铜器的表面装饰有多种，采用锡是其中之一，青铜的亮黄色与锡的亮白色相互衬托，耀眼美观。越王勾践剑制作精良、犀利异常，是东周兵器中的精品，反映出越国当时制剑工艺的高水平。

毛公鼎 西周晚期青铜器物，清朝道光末年出土于陕西省宝鸡市岐山县。由作器人是毛公而得名。直耳，半球腹，矮短的兽蹄形足，口沿饰环带状的重环纹。毛公鼎为西周晚期宣王时期器物。毛公鼎通高近54厘米，重34.5公斤，大口圆腹，整个造型浑厚而凝重，饰纹也十分简洁有力、古雅朴素，标志着西周晚期，青铜器已经从浓重的神秘色彩中摆脱出来，淡化了宗教意识而增强了生活气息。

毛公鼎刻有铭文三十二行四百九十九字，乃现存最长的铭文。铭文中完整的册命共五段，大意为：其一，此时局势不宁；其二，宣王命毛公治理邦家内外；其三，给毛公予宣示王命之专权，着重申明未经毛公同意之命令，毛公可预示臣工不予奉行；其四，告诫勉励之词；其五，赏赐与对扬。毛公鼎铭文是研究西周晚年政治史的重要史料，对研究西周晚期的政治历史很有参考价值。

彩陶　亦称陶瓷绘画。彩陶发源于距今约一万年前的新石器时代。人类在新石器时代伴随着相对定居的农耕文化一起发明了烧陶技术。关中地区大约在公元前六千年的老官台文化时期就有了较发达的陶器，有个别钵形器口沿装饰一条宽彩带，这是彩陶的萌芽。

彩陶最早于 1912 年在河南渑池仰韶村新石器时代文化遗址中发现，其后在甘肃、青海、陕西、宁夏、河南、河北、山西、山东、江苏、四川、湖北等地陆续被发现。彩陶因时间的不同，分别属于不同的文化类型。

彩陶艺术中融合了艺术家的各种创作思想、风格、语言，创作出风格各异而又多姿多彩的艺术珍品，是我国不可多得的文化瑰宝。

黑陶　黑陶诞生于我国新石器时代晚期，距今已四千多年，是黄河中下游原始文化的杰作。出现新石器时代晚期的滇藏文化、大汶口文化、龙山文化、屈家岭文化和良渚文化等遗址中。黑陶的烧成温度达一千度左右，黑陶有细泥、泥质和夹砂三种，其中以细泥薄壁黑陶制作水平最高,有“黑如漆、薄如纸”的美称。

1928 年,我国著名考古学者吴金鼎于山东章丘县(原属历城县)龙山镇城子崖首次发现黑陶,其文化遗存,考古学界称为“龙山文化”,据放射性碳素断代,其年代为公元前二千五百年至前二千年,以黑陶和灰陶为典型标志,故又称“黑陶文化”。

黑陶是在器物烧成的最后一个阶段,从窑顶徐徐加水,使木炭熄灭产生浓烟,并有意让烟熏黑而形成的黑色陶器。它是继彩陶之后,中国新石器时代(距今约一万年至五千年)制陶工艺出现的又一个高峰,堪称中国古代制陶工艺中与彩陶相媲美的又一光辉创造。

唐三彩 指中国唐代陶器上的釉色,后来也用来泛称唐代彩陶。唐代彩陶的釉色有很多种,但主要以黄、绿、白(或绿、赭、蓝)三色为主,所以称之为“三彩”。唐三彩是中国唐代的艺术精华,距今已有一千多年的历史。

唐三彩采用二次烧成法。首先使用白色粘土作胎,在窑内经过 1000℃~1100℃的素烧,经过冷却,再于胎上绘以各种釉料入窑进行釉烧。唐三彩是一种低温釉陶器,用含有铜(釉为绿色)、铁(赭黄色)、锰(紫色)、钴(蓝色)、锑(浅黄)等釉料着色剂,并加入铅、铝作助熔剂。其釉色互相渗化,加上年代久远,部分颜色发生变化并产生新色,具有较高的装饰艺术水平。但由于实用性较差,唐三彩主要用于随葬,即明器。

唐三彩种类很多，主要分为人物、动物和器物三种。人物有文臣、武将、贵妇、男僮、女仆、艺人、胡人等。动物有马、骆驼、牛、羊、狮、虎等。器物有盛器、文房用具、室内用具等。古时唐三彩很少用作日用品和陈设品，大部分用作随葬品，主要出产、流行于中国的中原地带，供这一带的大小官员使用。随着唐朝陵墓的发掘，大量随葬品唐三彩得以面世。唐三彩的艺术造型，反映了当时社会的风貌和时代特征。

秘色瓷　古代越州名窑进贡朝廷的一种特制瓷器。“秘色”一名最早见于唐代诗人陆龟蒙的《秘色越器》诗中，诗云：“九秋风露越窑开，夺得千峰翠色来。好向中宵盛沆瀣，共嵇中散斗遗杯。”可见“秘色”瓷最初是指唐代越窑青瓷中的精品，“秘色”似应指稀见的颜色，是当时赞誉越窑瓷器釉色之美而演变成越窑釉色的专有名称。

秘色瓷胎壁较薄，表面光滑，器型规整，施釉均匀。从釉色来说，五代早期仍以黄为主，滋润光泽，呈半透明状，但青绿的比重较晚唐有所增加。其后便以青绿为主，黄色则不多见。

秘色瓷在法门寺地宫未开启之前的今人眼里，一直是个谜。人们只是从记载中知道它是皇家专用之物，由“越窑”特别烧制，从配方、制坯、上釉到烧造整个工艺都是秘不外传的。法门寺“秘色瓷”的出土，解决了陶瓷界长久以来议论不休的问题，同时有力地说明了“秘色瓷”晚唐时开始烧造，五代时达到高峰。

大秦景教流行中国碑　记述景教在唐代流传情况的石碑，现藏于西安碑林博物馆。景教又称为波斯经教、大秦教，是基督教聂斯脱利派在唐代的称呼。景教诞生于公元五世纪，在唐代传入中国并一度兴盛，在唐后期的武宗会昌灭佛事件中亦受牵连而遭禁。大秦景教流行中国碑于唐建中二年(781 年)由波斯传教士撰刻树立,当时名士吕秀岩书写并题碑额,立于大秦寺的院中。碑高 279 厘米,宽 99 厘米,正面写着"大秦景教流行中国碑并颂",上有楷书三十二行,行书六十二字,共一千七百八十个汉字和数十个叙利亚文。随着景教的没落,大秦寺的院落为佛教所用,此碑不知何时失落。明天启三年(1623 年),该碑出土,当时许多西方国家的传教士得知后,争相拓片,把碑文拓片译成拉丁文寄往欧洲本国。

大秦景教流行中国碑记述了当时景教在中国的传播情况,表现了唐政府当时包容、自由、宽松的思想政治环境,对研究我国古代的宗教文化有着重要意义。

清明上河图 北宋风俗画作品,宽 24.8 厘米,长 528.7 厘米,绢本设色。该画卷是北宋画家张择端仅存于世的一幅绘画精品,属国宝级文物,现存于北京故宫博物院。作品以长卷形式,采用散点透视的构图法,生动地记录了中国十二世纪城市生活的面貌,这在中国乃至世界绘画史上都是独一无二的。

《清明上河图》描绘了北宋时期京城汴梁以及汴河两岸的自然风光和繁荣景象。作者以长卷形式,采用散点透视的构图法,将繁杂的景物纳入统一而富于变化的图画中。图中所绘城郭市桥屋庐之远近高下,草树马牛驴驼之大小出没以及居者行者,舟车之往还先后,皆曲尽其仪态而莫可数记,全副场面浩大,内容极为丰富,整幅画作气势宏大、构图严谨、笔法细致,充分表现了画家对社会生活的深刻洞察力和高超的艺术表现能力。在总计五米多长的画卷里,共绘了五百五十多个各色人物,牛、马、骡、驴等牲畜五六十匹,车、轿二十多辆,大小船只二十多艘。房屋、桥梁、城楼等也各有特色,体现了宋代建筑的特征。

清明上河图不仅仅是一件伟大的现实主义绘画艺术

珍品，同时也为我们提供了北宋大都市的商业、手工业、民俗、建筑、交通工具等详实形象的第一手资料，具有重要历史文献价值。其丰富的思想内涵、独特的审美视角、现实主义的表现手法，都使其在中国乃至世界绘画史上被奉为经典之作，具有很高的历史价值和艺术水平。

2.遗迹

遗迹 前人通过各种活动遗留下来的痕迹，包括遗址、墓葬、灰坑、岩画、窑藏及人类活动所遗留下的其他痕迹等。其中遗址又可细分为城堡废墟、宫殿址、村址、居址、作坊址、寺庙址等，还包括当时的一些经济性的建筑遗存，如山地矿穴、采石坑、窑穴、仓库、水渠、水井、窑址等；防卫性的设施如壕沟、栅栏、围墙、边塞烽燧、长城、界壕及屯戍遗存等也属此类。

一般地说，遗迹是经过人类有意识加工的，因而能够反映当时人类的活动。遗迹是考古学研究的重要内容之一。古代居址能够提供关于研究社会生产力发展和社会生活状况方面的完整的、重要的资料，据此可以阐明这一遗址当时人们生活的各个方面的特征和内容。发掘古代墓葬，可以研究不同种族的体质特征，了解古代埋葬风俗及墓葬形制。同时通过随葬品可以了解古代工艺水平及社会经济生活与意识形态等方面的情况。通过各种遗迹及遗物的综合研究，对于了解古代社会的发展史有很大帮助。

元谋人遗址 位于云南元谋县大那乌村北约五百米的山腰，距县城七公里，是迄今为止所发现的中国人最早的老祖先的遗址。

1965 年 5 月 1 日，地质工作者钱方、蒲庆余等一行在大那乌村北从事第四纪地质考察时，偶然发现两颗呈浅灰色，石化程度很深的猿人牙齿化石，为一左一右的上内侧门齿。经研究分析，属同一个男性成年人个体，形态特征与“北京猿人”相似，但比较粗壮，有明显的原始性状。经中国科学院古脊椎动物古人类研究所用古地磁测定，生存年代距今约一百七十万年，为亚洲最早的原始人类。它早于“蓝田人”、“北京人”等“猿人”，从而把中国发现的最早人类化石的年代推前了一百多万年。

伴随元谋人牙齿出土的，还有十七件石制品，经研究鉴别，属旧石器，其类型包括尖状器、刮削器和砍砸器。在同一地层中还发现了大量的炭屑和一些烧焦的骨头，并且在有炭屑的地方都伴有动物化石，因此，不能排除“元谋人”已会使用火的可能性。

元谋人遗址的发现，具有重大的历史意义和科研价值，中国及一些国家已将此发现写进了教科书。1982 年 2 月，国务院公布元谋人遗址为第二批国家级重点文物保护单位。元谋人遗址有纪念碑，不远处有博物馆，馆内陈列着元谋人牙齿化石的标本，古生物化石及其他有关实物资料。

蓝田人遗址　旧石器时代早期人类化石发现地，位于陕西省的蓝田县。1963 年发掘。

蓝田人属早期直立人，学名为“直立人蓝田亚种”。蓝田人遗址包括陈家窝地点和公王岭地点两处，陈家窝地点距今六十五万年左右，公王岭地点距今一百万年左右。除蓝田人骨骼化石外，这两处地点还出土了二百余件石器，以及蓝田剑齿虎、李氏野猪、三门马、葛氏梅花鹿等中更新世动物化石。在公王岭地点，与人类化石同一地层出土的以三棱大尖状器为特色的石器，被认为是蓝田人文化的特征之一，此外还发现了用火的遗迹。公王岭化石是亚洲北部迄今发现的最古老的直立人化石。

蓝田人遗址的发现，证明了蓝田人是我国早期的人类，他的发现意义十分重大，说明我国是人类的发源地之一，驳斥了我国人种“外来说”的错误。考古学家研究表明，蓝田人比后来的北京人大脑容量要小一些，大约有 778 毫升。但是有一点却引起了人们的关注，那就是他们已经能完全直立行走，而且这是已发现的亚洲北部最早的直立人，它扩大了已知的中国猿人的分布范围，增加了世界猿人化石的分布点，对探索和考察人类起源具有重大意义。

北京人遗址　旧石器时代早期的人类遗址，位于北京市西南房山区周口店镇龙骨山北部。1921 年 8 月由瑞典地质学家安特生和美国古脊椎动物学家葛利普、奥地利古生物学家师丹斯基发现,1927 年起进行发掘。1929 年 12 月 2 日,中国考古学者裴文中在周口店龙骨山山洞里,发掘出第一个完整的头盖骨化石,他兴奋地断定,这是远古人类的遗骨。此后,考古工作者在周口店又先后发现五个比较完整的北京人头盖骨化石和一些其他部位的骨骼化石,还有大量的石器和石片等物品。距今约七十万年至二十万年,保留了猿的某些特征,使用打制石器,已会使用天然火,过着群居的生活。北京人遗址是世界上出土古人类遗骨和遗迹最丰富的遗址。1941 年,太平洋战争爆发,北京人头盖骨下落不明,成为历史上的一个谜团。现存唯一真品是 1966 年从顶部堆积层发现的一个北京人头盖骨。后来又发现了石制品、骨角制品。这些考古发明,为研究北京人的体格形态及劳动、生活情况,提供了宝贵的资料。

山顶洞人遗址 旧石器时代晚期的人类化石,属晚期智人,因发现于北京市周口店龙骨山北京人遗址顶部的山顶洞而得名。1930 年发现,1933 年和 1934 年进行了发掘。山顶洞文化的底层直接堆积在"北京人"遗址的第一层上。山顶洞洞口向北,发掘时被拆除,所见向北的口是人工开凿的。山顶洞遗址由四部分组成:洞口,人室、下室和下窨,前三部分都发现有人类化石和文化遗物,下窨只发现完整的动物化石。山顶洞人掌握了钻孔磨光技术,学会用骨针缝制衣服,懂得爱美,生产活动有采集、渔猎,人死后还懂得埋葬,山顶洞人的群居生活是由血缘关系结合起来的氏族关系。

山顶洞的人类化石共代表八个男女老少不同的个体。由头骨缝的愈合程度和牙齿的生长情况看,其中五个是成年人,包括男女壮年和超过六十岁的老人,一个是少年，一个是五岁的小孩，一个为婴儿。山顶洞人的体质已很进步。头骨的最宽处在顶结节附近，牙齿较小，齿冠较高，下颌前内曲极为明显，下颏突出，脑量已达 1300~1500 毫升。这些特征和现代人相一致。男性身高约为 1.74 米，女性为 1.59 米。山顶洞人的地质时代为晚更新世末，据放射性碳素断代，年代为距今 18865±420 年。

山顶洞的洞口高 4 米，下宽约 5 米；上室东西长 12 米，南北宽 8 米，上室西部有一陡坎，向西倾斜，表面有厚层的石钟乳，下室在此斜坡的底部。下窨在下室深处。在地面的中间发现一堆灰烬，底部的石钟乳层面和洞壁的一部分被烧炙，说明上室是山顶洞人居住的地方。在上室文化层中发现有婴儿头骨碎片、骨针、装饰品和少量石器。下室在洞穴的西半部稍低处，深约 8 米。发现有三具完整的人头骨和一些躯干骨，人骨周围散布有赤铁矿的粉末及一些随葬品，说明下室是葬地。在山顶洞堆积中发现的脊椎动物化石共五十四种，其中哺乳动物有四十八种，大多数属华东、内蒙古和东北地区的现生种，绝灭动物只有洞熊、最后斑鬣狗和鸵鸟三种，仅占动物总数的 12.1%。

大地湾文化遗址 渭河上游已知最早的新石器时代文化遗址之一，存在于约公元前五千八百年至前二千八百年间。该遗址于 1958 年发现，1978 年至 1995 年进行了长达七年的发掘、清理。大地湾文化遗址有老官台文化、仰韶文化早期（半坡期）、中期（庙底沟期）、晚期直到常山下层文化五个时期的聚落先后相继，内涵丰富、层次清晰、特征鲜明，树立了黄河流域史前文化较为完整的序列。

大地湾文化遗址位于甘肃省秦安县五营乡邵店村东南，是一处规模较大的新石器时代遗址，总面积一百一十万平方米。大地湾遗址的房屋，早期多以半地穴式圆形为主，直径在 2~3 米之间，室内有一小火塘。中期的房屋除仍保留了半地穴的形式外，出现了平地起建的房屋，面积增大，地面用料礓石水泥修抹。晚期房屋以平地起建为主，出现了规模宏伟，形制复杂的殿堂式房屋。F411 号房子地面还绘有一幅非常生动的地画，是我国目前最早的原始地画，为研究我国古代绘画史提供了极为珍贵的资料。大地湾遗址出土的石斧、石刀、陶刀等农业生产工具数量很多，贮存物品的大袋形窖穴的建造，大型陶瓮、缸、罐等贮藏器的大量出现，还有我国最早的农业标本炭化稷和油菜籽的发现，都说明和反映了其经济形态属于定居的以农业为主的类型。

大地湾新石器时代文化遗址的发现，表明甘肃是中华古文化的发祥地之一，对于了解渭河流域诸新石器文化的内涵、发展和相互关系具有重要意义。

仰韶文化遗址 黄河中上游地区重要的新石器时代文化，年代约为公元前五千年至前三千年，分布在从甘肃省到河南省之间，以渭水河谷为中心，由陕西省宝鸡市向东延伸至河南省。1922 年由瑞典学者安特生在河南三门峡地区的仰韶村发现，这一发现成为中国现代考古学诞生的起始点。今天在中国已发现上千处仰韶文化遗址，其中以陕西省为最多，是仰韶文化的中心。仰韶文化的名称来源于其第一个发掘地——河南三门峡市渑池的仰韶村遗址。

仰韶文化出土的生产工具以发达的磨制石器为主，常见有刀、斧、锛、凿、箭头、纺织用的石纺轮等，骨器也相当精致。各种水器、甑、灶等日用陶器以泥红陶和夹砂红褐陶为主，主要呈红色，红陶器上常彩绘有几何型图案或动物型花纹，是仰韶文化最明显的特征，故也成为彩陶文化。

仰韶文化的前身是老官台、李家村、磁山、裴李岗诸文化(有人统称为“前仰韶”时期新石器文化),在中原地区发展为庙底沟二期文化。仰韶文化以其分布之广泛,延续之久长,内涵之丰富,影响之深远,而成为中国诸新石器文化中的一支主干,它展现了中国母系氏族制繁荣至衰落时期的社会结构和文化成就。

仰韶文化在长达二千年的历史行程中,逐渐成为中华民族原始文化的核心部分,它不断吸收周围诸文化的因素,又给周围文化以不同程度的影响,共同为中华民族文化机体的形成奠定基础。

半坡文化遗址 黄河流域新石器时代仰韶文化的村落遗址典型代表,距今六千八百年至五千三百年。半坡遗址在今陕西省西安市东郊,位于浐河下游右侧覆盖有黄土的二级阶地上,背靠白鹿塬,与河床相距八百米,是八百里秦川的中心。

半坡遗址于 1954 年被发现,1957 年在考古发掘的基础上,就地建成了西安半坡博物馆,是中国第一座新石器时代遗址博物馆。博物馆面积约三千平方米,有半地穴式的房屋、窖穴、圈栏及起保护和泄洪作用的大围沟等遗迹,比较完整地保留了半坡原始社会村落的原貌。

根据半坡文化遗址出土的猪、狗等动物骨骼来看,半坡氏族已有家畜饲养,至少已经能够驯养狗和猪。半坡遗址陶器上的鱼纹图案具有代表性,其中口部噙鱼的人面纹饰最具特色。陶器上还有可能为早期文字雏形的标志符号,半坡陶符。同时,半坡建筑已具有典型的中国建筑范型,出入口朝南,并使用木制框架支撑屋顶,有方形和圆形两种形式的住房。总之,半坡文化遗址为研究我国新石器时代母系氏族公社的繁荣时期,提供了丰富的资料。

河姆渡文化遗址 1973年在浙江省余姚市发现的一处新石器时代古人类遗址，位于河姆渡镇，是当时罗江公社村民偶然发现的。经过考证，这处遗址最深的第四文化层历史在距今七千年到六千年之间。由于该遗址是周边同一类型、同一年代发现遗址中最早发现的，因而这一类型的遗址所代表的史前文化被统称为河姆渡文化。

经证实，河姆渡遗址居住的史前先民采用干栏式建筑作为房屋。在房屋建造过程中，发现大量的榫卯结构证据。在遗址中发现大量稻谷和骨制农具耜，证明河姆渡先民具有种植水稻的能力，打破了先前水稻起源于印度的学说。发现的家畜遗骨证明当时能够饲养猪、狗、水牛等家畜。遗址中发现陶制纺轮，证实当时已能纺织。遗址中发现八支木桨。尽管没有发现船的遗迹，但是，在遗址中出土了一只微型陶制独木舟模型和大量水生动植物和海洋鱼类的遗骸。这些都证明河姆渡人已能够制造船只。此外，遗址中发现的骨哨和陶器表面各种形状的雕刻反映了当时的原始艺术。大量发现的象牙雕刻和玉器中出现太阳和鸟的形象，体现当时的原始崇拜。

河姆渡遗址的发掘为研究当时的农业、建筑、纺织、艺术等东方文明，提供了极其珍贵的实物佐证，是新中国成立以来最重要的考古发现之一。

红山文化遗址 红山文化是中国北方地区较重要的新石器时期文化，距今约六千至五千年前，持续时间约二千年。因1935年首次发现于热河省赤峰市（今属内蒙古）的红山而得名。是一个以农业为主的新石器时代文化。红山文化遗址以独具特征的彩陶与之字形纹陶器共存，且兼有细石器的新石器时代文化。红山文化主要分布于燕山以北、大凌河与西辽河上游流域，主要集中于西辽河上游的潢水和土河流域。

1971 年，被考古界誉为红山文化象征的“中华第一龙”——红山文化玉龙在赤峰市红山文化遗址出土，赤峰市也因而被誉为“中华玉龙之乡”。红山玉龙的发现，不仅让中国人找到了龙的源头，也充分印证了中国玉文化的源远流长。红山文化玉龙曾有“中华第一龙”的称誉，虽然此后我们又发现了更早的龙形踪迹，但红山玉龙的典型意义仍不容置疑。

红山文化具有重要的历史价值。红山文化的发现，使西拉沐沦河流域与黄河流域、长江流域并列成为中华文明的三大源头；红山文化与良渚文化是中国古代两大玉文化中心。

马家窑文化遗址　约公元前 3300 年到前 2100 年间存在于甘肃西部、青海东部的新石器时代文化，创造了辉煌的彩陶文化，并同时出土了中国最早的青铜物品。

马家窑文化，1923 年首先发现于甘肃省临洮县的马家窑村，故名。马家窑文化是仰韶文化向西发展的一种地方类型，出现于新石器时间晚期，历经了三千多年的发展，有石岭下、马家窑、半山、马厂等四个类型。

马家窑文化的突出特征是彩陶特别发达，在整个陶器中约占 20%~50%，随葬品中的彩陶有时多达 80%以上，在中国所有的彩陶文化中，这个比率是最高的。画彩的部分也比其他文化广泛得多，许多细泥陶的外壁和口沿布满花纹，不少口径器物的里面和其他夹砂的炊器上也常画彩。纹饰繁缛多变而又具有明显的规律，表明画彩技术已达到成熟的程度。马家窑文化以彩陶器为代表，它的器型丰富多姿，图案极富于变化和绚丽多彩，是世界彩陶发展史上无与伦比的奇观，是人类远古先民创造的最灿烂的文化、是彩陶艺术发展的顶峰。

齐家文化遗址　1924 年在甘肃省临夏回族自治州

广河县(城关镇)排字坪乡园子坪齐家坪社被发现的,西距广河县城三十五公里,距今4130±105年前,属于黄河上游地区新石器时代晚期至青铜时代早期文化。

齐家文化遗址的一大特征是玉器明显增多，这里早年曾发现过重型礼仪玉器——玉璧和玉刀，后又曾发掘出祭坛遗址和目前所知最早的面条实物遗存。

齐家文化的陶器独具特色，主要有泥制红陶和夹砂红褐陶,还有少量的灰陶和泥制彩陶。纺织品以麻织面料为主。冶铜业发达,出现了红铜、铅青铜和锡青铜,表明齐家文化晚期已进入青铜时代,即文明时代,这对中华文明的探源有很重要的价值。

生产力的发展促进了私有制的产生，齐家文化中原始的贫富均等的状态已经被打破，出现了贫富差别以及人与人社会地位的高低之分，男子在社会上居于统治地位,并产生了阶级和军事民主制。

良渚文化遗址　新石器时代晚期人类文化遗址，1936年发现于杭州城北十八公里处余杭区良渚镇。出土的石器有镰、镞、矛、穿孔斧、穿孔刀等,磨制精致,特别是石犁和耘田器的使用,说明当时已进入犁耕阶段。出土的陶器,以泥质灰胎磨光黑皮陶最具特色,采用轮制,器形规则,圈足器居多,用镂孔、竹节纹、弦纹装饰,也有彩绘。玉器发现很多,有璧、琮、璜、环、珠等,大部分出土于墓葬中。

良渚文化是我国长江下游太湖流域一支重要的古文明,是铜石并用时代文化。陶器以黑陶为特色,制作精美,有的甚至涂漆。玉器非常发达,种类有珠、管、璧、璜、琮、蝉。其中玉琮个体大,高达18~23厘米,上面雕刻圆目兽面纹,工艺精湛,是中国古代玉器中的珍品,被誉为“玉琮王”。良渚文化的钱山漾一地出土有绢片、丝带和丝线,是中国远古时代最重要的家蚕丝织物。此外,还发现了许多祭坛遗址。

良渚文化遗址的发掘是中华文明探源工程的一项课题,它关系到国家的起源。良渚城墙的发现让人更加确信中华文明至少诞生于距今5300—4300年之前。良渚文化一向被誉为“文明的曙光”。在中国史前文明的各大遗址中,良渚文化遗址的规模最大,水平最高。

龙山文化遗址 龙山文化泛指中国黄河中、下游地区约当新石器时代晚期的一类文化遗存。铜石并用时代文化,因首次发现于山东历城龙山镇(今属章丘)而得名,距今约4350—3950年。分布于黄河中下游的山东、河南、山西、陕西等省。龙山文化遗址由桐林(田旺)遗址、董褚遗址、大蓬科遗址和于家庄遗址四大主要遗址与其他遗址组成。整个遗址南北约2000米,东西约1500米,由若干个遗址群组成,面积达300万平方米。

龙山文化遗址下层突出地存在轮制漆黑光亮的黑陶和蛋壳黑陶,是中国制陶史上的顶峰,所以最初称为“黑陶文化”,被认为是起源于东方而与仰韶文化不同系统的遗存。

三星堆文化遗址 位于距四川广汉城西七公里,距南兴镇四公里的鸭子河畔,南距离成都约四十公里,北距德阳二十六公里,属青铜时代文化遗址。由于其地域内三个起伏相连的黄土堆而得名,有“三星伴月”之美名。遗址年代为公元前二千八百至前八百年。分为四期,一期为宝墩文化(前蜀文化),二三期为三星堆文化(古蜀,前一千六百年以后),四期为十二桥文化(古蜀,主要遗存在金沙遗址),约相当于中原的夏商周时期,三星堆文化前后历时约二千年,是我国长江流域早期文明的代表,也是迄今为止我国信史中已知的最早的文明。

三星堆文化遗址中发现城址一座，其建造年代至迟为商代早期。已知东城墙长一千一百米，南墙一百八十米，西墙六百米，为人工夯筑而成。清理出房屋基址、灰坑、墓葬、祭祀坑等。房基有圆形、方形、长方形三种，多为地面木构建筑。自1931年以后在这里曾多次发现祭祀坑，坑内大多埋放玉石器和青铜器。1986年发现的两座大型祭祀坑，出土有大量青铜器、玉石器、象牙、贝、陶器和金器等。金器中的金杖和金面罩制作精美。青铜器除罍、尊、盘、戈外，还有大小人头像、立人像、爬龙柱形器和铜鸟、铜鹿等。其中，青铜人头像形象夸张，极富地方特色；立人像连座高2.62米，大眼直鼻，方颐大耳，戴冠，穿左衽长袍，佩脚镯，是难得的研究蜀人体质与服饰的资料。

三星堆古遗址是迄今在西南地区发现的范围最大、延续时间最长、文化内涵最丰富的古城、古国、古蜀文化遗址，被称为二十世纪人类最伟大的考古发现之一，昭示了长江流域与黄河流域一样，同属中华文明的母体，被誉为“长江文明之源”。

二里头文化遗址　中国跨越新石器时代和青铜时代的文化遗存，以河南偃师市二里头村的二里头遗址而得名。时间为大约从公元前二十一世纪到前十七世纪，该文化类型遗址分布于晋南、豫西，即河南中、西部的郑州，洛阳附近和伊河、洛河、伊洛河、颍河、汝河等流域以及山西南部的汾河下游一带。

二里头遗址包括偃师二里头、圪挡头和四角楼三个自然村，总面积四百万平方米，堆积着四期文化层。经考古发现，二里头文化遗址规模宏大，设施完备，内容丰富。宫殿、陵寝、房屋、道路、水井多有发现，并且还发现了当时的铸铜遗址，发现了原始的青铜工具，其中有武器和酒器，说明我国青铜文化的历史在夏代已经相当成熟，同时也说明洛阳是我国最早进入青铜时代的地区。另外，考古工作者从二里头遗址的灰坑中发现了许多埋葬的奴隶，其形状各异，有仰身，有俯身，有的被捆缚，有的身首异处。他们或因苦役而累死，或因奴隶主的酷刑而丧生，或因当时奴隶制时代的人祭、人牲制度而被活埋殉葬，反映了当时奴隶主统治的残忍。

时代约距今三千八百五十年至三千五百五十年，相当于我国历史上的夏、商王朝时期。新中国三代考古学者曾对这一遗址进行了四十多次发掘。考古发掘和研究情况表明，这里是公元前二千年左右中国乃至东亚地区最大的聚落，它拥有目前所知中国最早的宫殿建筑群、最早的青铜礼器群及青铜冶铸作坊，是迄今为止可确认的我国最早的王国都城遗址。

安阳殷墟遗址　中国商代晚期都城遗址，年代约为公元前十四世纪末至前十一世纪中叶，位于河南安阳市西北殷都区小屯村，横跨洹河南北两岸。古称“北蒙”，甲骨文卜辞中又称为“大邑商”、“邑商”，是中国商代晚期的都城，也是中国历史上第一个有文献可考、并为甲骨文和考古发掘所证实的古代都城遗址，历经八代十二王，共二百五十五年。

殷墟遗址总面积约二十四平方公里，规模宏大、遗存丰富、分布密集。包括宫殿、宗庙区，铸铜、制骨、制陶等手工业作坊区,居民区,王陵区和平民墓地等部分。出土有大量青铜器、玉器、骨角器、陶器等遗物,其中包括后母戊鼎等著名的精美青铜礼器。此外,遗址内还出土甲骨卜辞十五万余片,包括单字五千多个,这是中国迄今为止发现的最早的文字。安阳殷墟遗址是商代甲骨文的发现地,为研究商代晚期历史提供了重要而丰富的资料。

礼县早期秦文化遗址 位于甘肃省礼县境的早期秦文化遗址。二十世纪九十年代对大堡子山墓地进行了抢救性发掘,确认该墓地为秦公西陲陵墓区;2001 年礼县大堡子山秦公墓地被国务院公布为全国重点文物保护单位。

2004 年经国家文物局批准,启动早期秦文化考古调查、发掘与研究项目,先后开展了一系列的考古工作,取得重要的学术成果。大堡子山遗址位于礼县永平乡和永兴乡交界处的西汉水北岸,遗址总面积约一百五十万平方米。先后发现两座中字型大墓和两座车马坑以及夯土城墙、建筑基址、墓葬、车马坑、灰坑等。城墙依山坡而建,东西城墙断续长约一千米,南北城墙长约二百五十米。城墙内遗址总面积约二十五万平方米,已钻探出夯土建筑基址二十六处和堆积较丰富的文化层及少量小型墓葬等,被盗的秦公大墓、车马坑和新发现的乐器坑也位于城内。东北城墙外为中小型墓地,分布密集,钻探出四百余座。

考古队在大堡子山东南赵坪村发现了圆顶山秦宗族墓群,在对岸的山坪和礼县城郊的西山坪,都发现了西周至春秋早期的城址。在县城西北的鸾亭山发现可能是早期秦西畤遗址。通过对大堡子山城址及其周边一些年代相近的遗迹的挖掘,基本确定了大堡子山一带是早期秦人的一处重要都邑,极有可能就是“西犬丘”的所在,这是我国早期秦文化考古研究的一个重大突破。这一发现,填补了中国历史上对秦早期研究的一块空白,研究和史料价值是不可估量的。

马王堆汉墓 位于湖南省长沙市东郊浏阳河西岸、长浏公路北侧,距市中心约四公里,属长沙市芙蓉区马王堆乡(原属东屯渡乡)。原为河湾平地中隆起的一个大土堆,据地方志记载为五代时期楚王马殷及其家族的墓地,故名马王堆。堆上东西又各突起土冢一个,其间相距二十余米。两冢顶部平圆,底部相连,形似马鞍,故也有人称其为马鞍堆。

马王堆汉墓是西汉初期长沙国丞相、轪侯利仓的家族墓地,1972 年至 1974 年先后在长沙市区东郊浏阳河旁的马王堆乡挖掘出土三座汉墓。三座汉墓中,二号墓的是汉初长沙丞相轪侯利苍,一号墓是利苍妻,三号墓是利苍之子。一号汉墓出土的女尸,时逾二千一百多年,形体完整,全身润泽,部分关节可以活动,软结蒂组织尚有弹性,几乎与新鲜尸体相似。它既不同于木乃伊,又不同于尸腊和泥炭鞣尸,是一具特殊类型的尸体,是防腐学上的奇迹,震惊世界。

马王堆汉墓的发掘,为研究西汉初期手工业和科学技术的发展,以及当时的历史、文化和社会生活等方面,提供了极为重要的实物资料,对我国的历史和科学研究均有巨大价值,其出土文物异常珍贵。如从三号墓中出土的帛书《五十二病方》,经考证,比《黄帝内经》(成书于春秋战国时代)可能还要早,书中记载了五十二种疾病,还提到了一百多种疾病的名称,共载方二百八十多个,所用药物计二百四十多个。这是我国现在所能看到的最早的方剂。《五十二病方》的发现,补充了《内经》以前的医学内容,是一份非常珍贵的医学遗产。

银雀山汉墓 位于山东省临沂市银雀山的汉朝墓地群落的统称。银雀山汉墓出土有竹简、漆木器、陶器、铜器和钱币等,以竹简最为珍贵。

银雀山汉墓是西汉前期的家族墓葬群,墓葬多为长形竖穴墓,分为石室和土坑两种,多为一椁、一棺加一侧边箱。葬式为仰身直肢葬。随葬品较为丰富,大多置于边箱或棺外葬室内,主要以奁、盒、耳环等漆木器为主,还有铜器、铁器、陶器、陶俑、丝帛品和银币等。此外,在墓内还出土了大批汉代竹简,内容包括兵法、先秦古籍、占卜以及日常生活等方面。其中《孙膑兵法》和《孙子兵法》的同时出土,解决了关于孙膑、孙武的历史悬疑;二号墓出土的《汉武帝元光元年历谱》,是迄今为止我国发现最早、最完整的古代历谱,它可以订正千年沿袭之误,对研究古代历法具有重大价值。

银雀山汉墓的发现,对研究古代兵法、历法、文字学、简册制度等方面具有极其重要的参考价值。

八、军事战争

1.军队

军队　一般认为军队是在部落战争基础上形成的。《尚书·尧典》就记载了禹伐三苗所用的武装人员，应视为文献记载最早的军队了。夏朝，出现了由王控制的军队，作为对内镇压奴隶，对外进行掠夺的工具。据甲骨文资料，商朝时已有大批军队，有时一次征兵就达三千人、五千人，最多一次达一万三千人。据西周金文《禹鼎》等载，军队最大的单位为师。西周早期，共有“六师”。西周前期，共有军队十四个师。《周礼·夏官·司马》载：“王六军，大国三军，次国二军，小国一军。”《周礼》关于军队数量的规定，可能是西周中期以后的事。春秋时期，诸侯和卿大夫势力增强，扩大军队。军成为最大编制单位。车兵仍为主要兵种，有的诸侯国组建独立于战车之外的步兵，江河地区的诸侯国还建有一定规模的水军(舟师)。战国时期，首先在赵国出现了建制骑兵，标志是赵武灵王“胡服骑射”。汉初尚有战车兵进行战斗。到汉武帝时，因为在大漠地带对匈奴进行战争，骑兵充分显示了优越性，从此，自商周以来的战车兵退出战场。此后，各朝军队名称和组织不同，但一般都由皇帝控制和指挥，主要征募农民服役，通常区分为中央军、地方军和边防军。

军　古代军队编制单位。《周礼·地官·小司徒》载：

“五人为伍,五伍为俩,四俩为卒,五卒为旅,五旅为师,五师为军。”总共一万二千五百人。军是当时军队最大的编制单位。春秋时,各大诸侯国多设三军,分为上军、中军、下军,三军共有战车千乘,士兵约三万人。后来,晋、吴等国扩充至五军、六军。

旅 古代军队的编制单位。《左传》哀公元年载:“有田一成, 有众一旅。”注:“五百人为旅。”说的是在十里见方的土地,称为一成。在一成的田地中,有五百人从事耕种,称之为一旅。这一旅人,农闲时进行训练,战时可成为一个军事单位(旅)参与作战。

卒 古代军队的编制单位。春秋时的军队组织,以一百人称为卒。《左传》隐公十一年,“郑伯使卒出豭,行出犬鸡,以诅射颍考叔者”。注:“百人为卒,二十五人为行。”此为郑国制度。齐国军队却是以二百人为卒。《管子·中匡》称:“制,五家为轨,轨有长。十轨为里,里有司。四里为连,连有长。十连为乡,乡有良人。五乡一帅。”意为二百家的行政单位称为连, 连有连长。战国率领二百家的成人出征,也称为一连军队。

战车兵 中国古代驾驶战车的兵, 先秦时期于中原各国常设的一个兵种,于骑兵出现之前,曾经称霸中原数百年,各诸侯亦以战车作为军队的主力。所谓“千乘之国”“万乘之国”等战车数量之称,在当时直接作为衡量国力的依据。

中国古代战争中开始使用战车的年代, 据说在夏王启指挥的甘之战中使用。据《吕氏春秋》记载,商汤灭夏战于鸣条时,军中有七十乘战车。在商晚期的一些遗址中,已发现战车的痕迹。据相关史料和考古代发现,商晚期的战车,都是以马拖驾的木制车子,车上或车旁放有兵器。甲骨文中也有不少战车的记载。周时,车战兴盛,周武王

伐纣时,军队主力是“戎车三百乘,虎贲三千人,甲士四万五千人”。而诸侯兵会于牧野者,有车四千乘之多。在春秋大国争霸过程中,战车兵种发展至顶峰,同时也开始了战车兵种的衰落过程。从秦始皇陵兵马俑出土的战车看,战国末至秦朝时,战车后边已不再有徒兵跟随。到汉武帝时,战车兵种已退出战场,被骑兵所取代。

徒兵 即步兵,大致可分为两种:一种分隶于战车,称步卒;一种脱离战车单独编制,称徒兵。徒兵最早出现于春秋初期华夏诸国对西方和北方戎、狄族的战争中。戎、狄多居地形复杂的山地,擅长步战,华夏族为适应这种情况,也开始采用步兵。早在公元前 714 年北戎侵郑之际,郑庄公就担心郑国的战车抵御不了北戎步兵的进攻,故较早地发展了徒兵。为了防御狄族的进攻,晋国也于公元前 632 年正式建立左行、右行、中行三支徒兵部队,统称“三行”。此外,楚国的徒兵也见于记载,但具体情况不详。徒兵在春秋初、中期多用于边防和卫戍,中原诸国发生的历次大战则很少有使用徒兵的记载,只有公元前 632 年的城濮之战,记录了晋国曾俘获楚军的徒兵千人。这说明当时的战争仍以车战为主,徒兵不过是一种辅助性部队。春秋末期,徒兵在战场上渐趋活跃。公元前 505 年的吴楚之战中,“奉甲执兵奔三百里而舍”的吴军先锋,就是一支轻装的徒兵劲旅。公元前 478 年,在笠泽之战中,不仅担任佯攻的越军两翼是徒兵,而且其中军主力也是由越王勾践的“私卒君子六千人”组成的徒兵部队。据《国语·吴语》记载，当时吴军徒兵的编制是百人为一“彻行”，百行为一“方阵”。战国时期，步兵通称为“卒”。至《六韬·战步》始出现“步兵”之称，徒兵一词遂不再使用。

骑兵 也称“畴骑”，骑马作战的军队。中国是世界上较早拥有骑兵的国家之一。中国在春秋及其以前作战以车战为主，步兵仅起辅助作用，兵车的数量多少成为军事实力的象征，基本没有骑兵这一兵种。到春秋时期步兵开始兴起，军队成为车步并重，各国的军队中有了少量的骑兵，同战车步兵混编，仅是一种无足轻重的辅助力量。到了战国时代，随着战争规模的扩大，战术的多样化及同北边游牧民族的战争需要，骑兵作为一种独立的兵种正式登上战争舞台。在中原组建骑兵部队之前，北方的一些游牧民族已经使用骑兵作战。骑兵有很强的机动能力和冲击能力，常使笨重的战车被动挨打，于是一些经常同游牧民族作战的诸侯国便取彼之长补己之短，开始组建骑兵部队。而真正把骑兵作为军队中的独立兵种而组建成骑兵部队是在赵武灵王时期。

骑兵出现后，并没有马上取代战车，甚至在整个战国时期仍以战车部队为作战主力。骑兵只是次等兵种，并且数量也不多。即使这样轻捷迅速的骑兵在突然袭击、迂回包抄、断敌粮道等方面还是起了很大作用。这时期的军事著作中也开始对骑兵加以论述。著名的《孙膑兵法》就指出应根据不同的地形合理地使用骑兵。汉武帝以后，随着战车的淘汰，骑兵一跃而成为我国古代的主要兵种，并且在战斗中发挥了越来越大的作用。

水军 海军的旧称，古代亦称舟师，是利用船舶在河湖海进行作战的军队。古代的战船，是现代军舰的鼻祖，是最早的军用舰艇，有着几千年历史。

春秋时期,我国就出现了水军。水军作战的主要装备是战船。据文献载,春秋时吴越的大战船长达十余丈,可载九十多名战士。伍子胥就是善使战船打水战的将军。据《墨子·鲁问》载,春秋时期,公输般创制了水战的利器——“钩”“拒”。秦的水军在整个军队的编制中已有重要的地位,当时被称为“楼船之士”。在征服岭南的过程中,楼船之士发挥了很大作用。汉代水军的战船已使用风帆和舵,加强了航行能力,大型战船已可以在近海航行。三国时期战船上的风帆有的多达四帆,以便充分利用风力行船。东吴舰队曾载水军万余人渡海到达台湾和辽东半岛。这时期还打了一场历史上著名的水战——赤壁之战。

禁军 指古代直接辖属于帝王,担任京城及宫中拱守与宿卫的部队。《周礼·夏官·司马》曰:“凡制军,万有二千五百人为军,王六军,大国三军,次国二军,小国一军。”周天子直辖武力有六军,六军任务为拱卫天子、守备王畿、征伐不臣诸侯与蛮夷,性质相当于禁军。汉武帝时,于南军新设两支天子侍卫禁兵,一曰“建章营骑”,二曰“期门骑”,后改称“羽林”“虎贲”。唐初禁军有元从禁军,以后陆续有飞骑、百骑、千骑和万骑等,后演变为左右羽林、左右龙武、左右神武、左右神策、左右神威等十军。后周世宗柴荣除了保留侍卫的禁军外,还下令各地选拔最壮实的兵丁到汴京,让担任殿前都虞候的赵匡胤挑选出武艺高强者编为殿前诸班,使禁军的实力更为加强。赵匡胤建宋后,沿袭后周制度,以殿前、侍卫二司统领禁军。其中最精锐的兵员,号称班直,专门扈从于皇帝左右,地位在一般禁军之上。赵匡胤大量扩充禁军的名额,970年前后,全国总兵员三十七万八千人,其中禁军就达十九万三千。注重禁军训练,禁军的俸给优厚,装备精良,战斗力很强。赵匡胤采取了许多有效的措施，将禁军牢牢地控制在自己手里。元代中央禁军称为宿卫军，宿卫军又分皇帝亲自掌握的“怯薛军”和由枢密院统领的侍卫亲军。明朝禁军分为守备京师的京营及卫戍皇城的上直二十六卫亲军。清朝在完成了对全国的占领和控制后，将八旗的主力安置在京城，对皇宫和京师保卫系统进行了重建。清朝晚期，清廷在内忧外患的压迫下创建新式禁卫军——神机营，这支新建的禁卫军与近代化劲旅的要求相去甚远。

八字军 南宋建炎元年至绍兴三年（1127—1133年），在南宋军民抗金斗争中，由河北招抚司都统制王彦率领太行山区义军于河南、川陕等地抗击金军的义军。

北宋灭亡后，在金军占领地区，义军纷起抗击金兵。建炎元年九月，王彦率岳飞等将七千人北渡黄河，收复新乡（今属河南）后，遭数万金军围攻，因寡不敌众，率部众突围至共城（今河南辉县），联合太行山区两河（即河东、河北，今山西与河北中、南部一带）义军，坚持抗金。所有将士面刺“赤心报国，誓杀金贼”八字，以示决心，故称“八字军”。这支义军主要是由农民组成，也有下级军官、士兵、小商人和僧侣。八字军起于义军，后转隶为官军，多次击败金军，是南宋初期功绩卓著的一支抗金义军。

2.兵器

弓 抛射兵器中最古老的一种弹射武器。它由富有弹性的弓臂和柔韧的弓弦构成，当把拉弦张弓过程中积聚的力量在瞬间释放时，便可将扣在弓弦上的箭或弹丸射向远处的目标。

早在旧石器时代晚期的山西朔县峙峪遗址，就出土了用燧石片打制而成的石箭头。这可以把我国使用弓箭

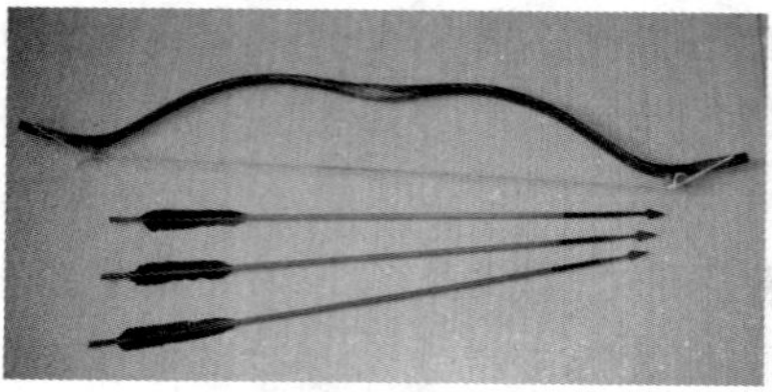

的历史上溯至三万年以前。甲骨文的弓字写作“弓”,从甲骨文的弓字和安阳小屯出土的弓体灰痕看,商代的弓弣部(弓的中部)已向内侧凹入,这样张弦后可以保持良好的弹力。较完整的弓在长沙战国楚墓中出土。楚墓出土的战国弓,弓身为竹质,全长 140 厘米,两侧装角质“弭”,中间一段用 4 层竹片叠成,弓身外侧还粘有呈胶质薄片状的动物筋,并缠丝涂漆,这种用竹、角、筋、胶、丝、漆制造的复合弓与《考工记》所记相符,这种复合弓弹性大,射程远,是一种相当进步的弓。弓箭作为远射兵器,在春秋战国时期应用相当普遍,被列为兵器之首,贵族将门之子从小就学习射箭。“射”作为一种技艺是公卿大夫必须通晓的“六艺”之一。

秦汉时期多用强弓,张弓强度可达三百余斤。由于这时步兵普遍使用弩,所以弓主要是骑兵使用的武器。唐宋时期使用弓多采用满开弓紧放箭的速射法。明代则使用软弓,因为使用软弓可以延长张弓的时间,这样有利于瞄准,提高命中率。在近代火器引进我国以前,弓箭一直是我国古代最重要的射远武器。

有脊双翼式镞

三棱式镞

箭 又叫做“矢”,箭头叫做“镞”。我国最早的镞是旧石器时代晚期山西朔县峙峪遗址出土的石镞。

新石器时代主要用石、骨、蚌制作镞。目前最早的铜镞出土于年代相当于夏代的河南偃师二里头遗址中,以后铜镞在商周时期广为流行。汉代铁镞开始流行。矢在甲骨文中写做“矢”，可以看出完整的箭是由“镞”、“杆”、“尾”三部分组成的。由于箭杆多为竹质，所以年代较早的完整的箭在考古中很难发现。内蒙古居延出土了一支汉昭帝年间的完整的箭，此箭全长六十七厘米，三棱形铜镞，竹杆，杆尾有三条尾羽，镞和尾羽均缠丝涂漆与箭杆相固。以后箭的形制无太大变化。

弩　由弓发展而来的一种射远武器，其特点是在弓上安臂，由竖弓变成横弓，并可延时发射。主要由弩臂、弩弓、弩弦和弩机等部分组成。

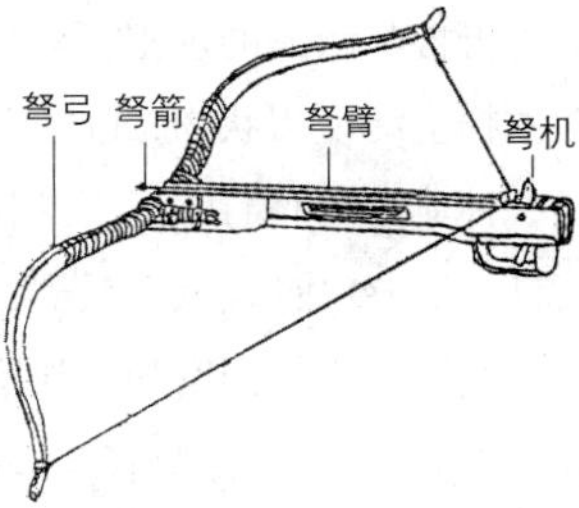

弩最早出现于春秋时期，传说由楚琴氏发明。楚琴氏在战争中感到弓箭的威力不够，便在弓上装臂，创造了第一把弩。公元前342年，齐国和魏国在马陵交战，齐国军师孙膑在马陵道两侧埋伏了一万多名弩手，当魏军经过时，万弩齐发，大败魏军。秦朝时弩在军事上的应用极为普遍，依照秦始皇兵马俑的考古发掘，不仅步兵，当时的骑兵也将弩作为首要作战兵器。汉朝时，弩逐渐成熟。晁错于公元前169年写了一篇奏章上呈汉文帝，认为汉弩优于匈奴弓。这是文字上弩与弓明显分家的开始。三国时诸葛亮发明了可以用拉杆快速上弦的弩。后来各朝对弩都有所改进，但是随着火器的使用，军队已逐渐不用弩作为战争武器了。

弩虽然比弓射程远，命中率高，但强度大，引弦搭箭等准备工作慢，发射间隔时间长，没有弓轻便，所以弩并没有取代弓，基本上是弓弩并重，二者相辅，各有优点，同是我国古代军队中的重要射远武器。

戈　是商周至秦汉最常见的一种具有民族特色的青铜兵器。曾被列为车战中的五大兵器之首,故常作为兵器的统称。戈在金文中写做“朩”,与战争有关的“战”“伐”“戍”“戎”“戒”等字均从“戈”。

戈最适于勾、扫和劈击,是先秦时代主要兵器之一,对后来兵器的发展产生了深远的影响,这影响甚至超越兵器本身,渗透到古代文化中。“干戈”是古代兵器的总称,甲骨文已有了干字和戈字,“执干戈以卫社稷”是《礼记·檀弓下》对干戈功能的总评述。干是分杈的树枝,用来抵御野兽与敌人的进犯,是早期人类的防御武器;戈则是在木杆上缚上刃状物,或收获,或狩猎,后来发展成兵器,是一种典型的“勾兵”。干戈,一种用于防御,一种用于进攻,后来演变成盾、戟等兵器。

戈盛行于中国商朝至战国时期,具有击刺、勾啄等多种功能。它的缺点是易掉头,转头,使用不够灵活。随着兵器和战术的发展,戈被逐渐淘汰,后一度成为仪仗兵器。

矛　兵器名,是古代用来刺杀敌人的进攻性武器。长柄,有刃,用以刺敌。早在新石器时代就已普遍使用石矛和骨矛。

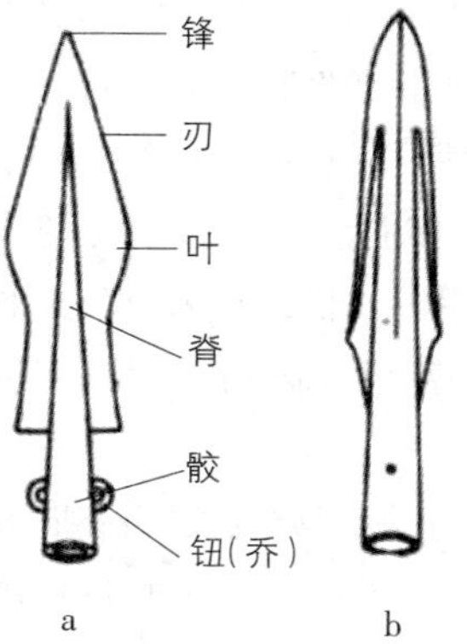

商周铜牙形制图

商周时期大量使用铜矛,矛同戈、戟、殳一起被列为战车上的必备武器。商和西周时期的铜矛头多为柳叶形,两刃,矛体较宽,銎(qiòng 穷)较长,有的銎可一直通到矛头,銎底部两侧各有一小环,供系缨饰之用。战国时期的铜矛头多为三梭形,矛身有血槽,矛体窄而长,锋刃锐利。商周时期供车战使用的铜矛柄长二丈四尺，此外还有供步战使用的矛,柄长二丈。

战国晚期开始制造铁矛，燕下都就出土了銎筒很长的铁矛头。汉代铁矛取代了铜矛,有两种:一种矛头长三十厘米左右,柄长一丈八尺,这种矛是军队中普遍使用的长矛,兵士持在手中直前刺杀敌人;一种矛头仅长十二点三厘米,矛体窄小,柄长八尺(一汉尺约合 23.5 厘米),这种矛叫手矛,主要用来投掷杀伤敌人。晋代以后矛又叫槊(shuò 朔)。苏东坡《前赤壁赋》说曹操“横槊赋诗”,实际上就是横矛赋诗。

戟　中国古代独有的兵器,是戈和矛的合成体,它既有直刃又有横刃,呈“十”字或“卜”字形,因此戟具有钩、啄、刺、割等多种用途,其杀伤能力胜过戈和矛。

目前所见最早的戟，是在河北藁城台西商代早期遗址 17 号墓中发现的,这件铜戟是在一根长六十四厘米的木柄顶部分别插上一支矛、绑上一支戈联装组成的。这种戈、矛分体合装的铜戟是商周时期戟的主要形式,在商周时期广为流行。除了一戈一矛联装的铜戟外，战国早期还出现了多戈一矛联装戟，湖北随县曾侯乙墓就出土了二戈一矛戟和三戈一矛戟。

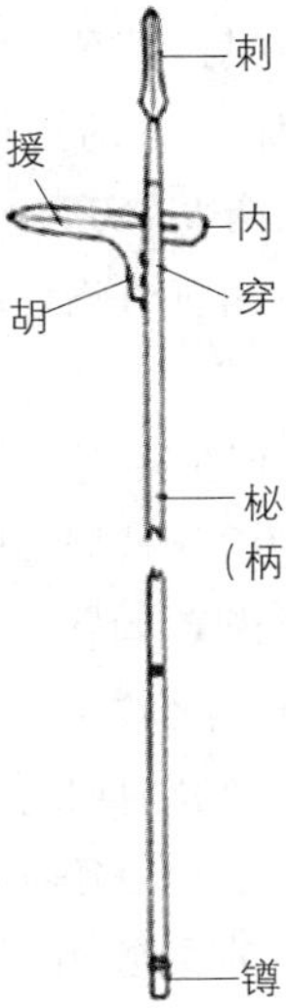

戟的图解

西周时期曾尝试过把戈、矛合铸成一个整体的铜戟，这种“刺”“援”、“内”俱全的“十”字形戟质地都很单薄,用力猛了容易折断,杀伤力不如联装戟，再加上铸造工艺要求较高,因此没能发展起来,东周时期只有零星的残留。

战国晚期出现了钢铁制造的戟,燕下都44号墓出土的铁戟是合铸成“卜”字形的戟。由于钢铁质坚而有韧性,不像青铜那样质脆易折,这种在窄长尖锐的戟“刺”上,横着伸出旁“刺”的“卜”字形戟在汉代便盛行起来,淘汰了铜戟,并成为汉晋南北朝时期装备军队的主要兵器之一。

殳(shū 书) 又作杸、祋,中国古代一种用于撞击的木柄兵器。据文献记载,殳长一丈二尺,柄为竹木质,呈八棱形,柄端安有金属(多为青铜质)的殳头,称为“首”。一般认为殳是由原始社会中狩猎用的竹木棍棒发展而成。从出土实物看,可分无尖锋和有尖锋两类。在有关商朝的文献中未见殳的记载。周朝把殳列入“车之五兵”,是实战兵器。战国时期,步、骑兵的地位上升,殳因其杀伤作用差,只作为侍卫的守备兵器,是“步卒五兵”之一。《司马法》言“执羽从杸”,说明殳还同旗祋旆并用,又是军事指挥的一种标识。汉朝以后,殳被淘汰。

剑 古代兵器之一,属于“短兵”,素有“百兵之君”的美称。古代的剑由金属制成,长条形,前端尖,后端安有短柄,两边有刃。

中国在商代开始有制剑的史料记载,一般呈柳叶或锐三角形,初为铜制。当时通常是作为长兵器的辅助武器,但在吴、越等河川较多的地区则因水战较多而是将剑作为主要武器,春秋时代的名剑也因此大多出于这些地区。内蒙古自治区伊金霍洛旗朱开沟遗址出土的“鄂尔多斯直柄匕首式青铜剑”,是我国迄今所知最早的青铜剑。

东周时期流行的是铜剑。春秋早期中原地区普遍使用一种向前延伸圆柱体茎而形成剑身凸脊的柱脊剑。春秋末期吴越地区制作的铜剑已经极为精美,出土的吴王光剑、吴王夫差剑、越王勾践剑都是剑中精品,其中以越王勾践剑为最。目前所见最早的钢剑，是湖南长沙出土的一把春秋晚期的钢剑。

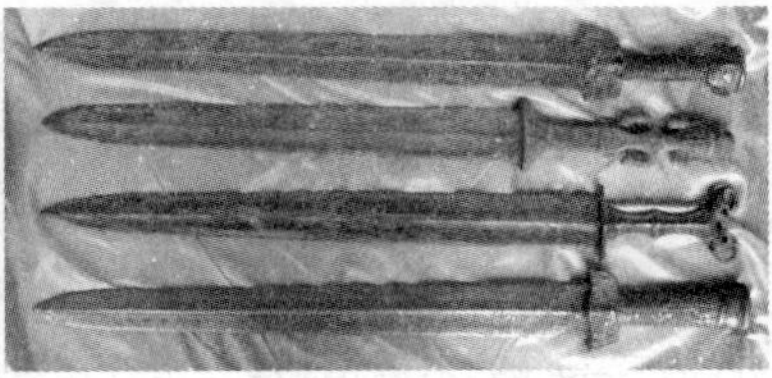

战国时期铁剑在楚、燕地区使用较多，燕地的铁剑有的已用淬火技术。铁剑全面取代铜剑是在汉代。汉代的铁剑较长，一般均在一百厘米以上。到汉代中、晚期，随着骑兵的发展，用于劈砍的刀盛行起来，剑逐渐衰落，在后世成为佩饰。

刀 早在新石器时代就已出现类似匕首的骨刀，商周时期的刀仍然形同匕首，形体很小，这种刀只能在双方近身时用于刺杀，不能成为军队在战场上挥劈的武器。

在战场上拼杀用的战刀，在汉代才出现。战刀的出现与骑兵的发展有关。西汉早期以前骑兵作战主要使用长剑，但战马向敌方冲击时，骑士主要是靠挥臂劈砍击毙敌人，这样剑的前刺作用就不大了，并且劈砍只需一面刃就可以，而剑的双面刃不仅一侧刃发挥不出作用，而且还使全器最厚处处于中脊，劈砍时容易折断，因此剑不是骑兵的理想武器。为改进骑兵使用的武器，西汉中、晚期生产了大量专用于劈砍的战刀。西汉的战刀均为铁刀，长身，只在一侧开刃，另一侧做成厚实的刀脊，厚脊薄刃利于劈砍，并且不易折断。显然战刀作为骑兵使用的兵器较剑先进。西汉的铁刀长度在八十五至一百一十五厘米，直脊直刃，短柄，柄端均制成扁圆的环状，学者一般把它称作“环首刀”或“环柄刀”。

东汉时期用于劈砍的环柄长刀，逐渐在战场上把长剑排挤出去,成为军队中大量装备的短柄武器。从画像石上看,东汉兵士作战时左手持盾,右手挥刀,刀与盾结合使用。此时,刀的制作更为精良,已出现几十次反复锻打并经过淬火的“百炼钢”刀。

刀的质量提高,加速了刀作为短柄武器的发展,三国时期军队中大量装备的实战短柄武器就只有刀了。以后刀一直是历代军队中的主要武器,即使在近代,骑兵仍使用马刀。

斧、钺（yuè） 二者的形制相似,通常被连称,都是用来劈砍的长兵器。区别在于钺是一种大斧,刃部宽阔,呈半月形,更多地用作礼兵器;斧则是一种用途极广的实用工具。根据使用方法的不同，斧和钺还是有所区别的，凡在斧背上有钩或斧上有枪刺者，即为钺。据《六韬》记载,周武王军中有大柄斧,刃宽八寸,重八斤,柄长五尺以上,名曰“天钺”。斧钺在上古时代不仅是用于作战的兵器,而且是军权和国家统治权的象征。斧舞动起来,姿势优美,风格粗犷,豪放,可以显出劈山开岭的威武雄姿。斧是利用杠杆原理和冲量等于动量的改变量原理来运作的,主要用法有:劈、砍、剁、抹、砸、搂、截等。带刺、带钩的钺则多刺、钩两法,由于斧和钺演练起来比较笨重,很多传统套路已濒于失传。

钩 中国兵器和武术器械的一种,由戈演变而来。春秋战国时期,戈、钩、戟并用。从卫墓出土的铜钩看,钩的

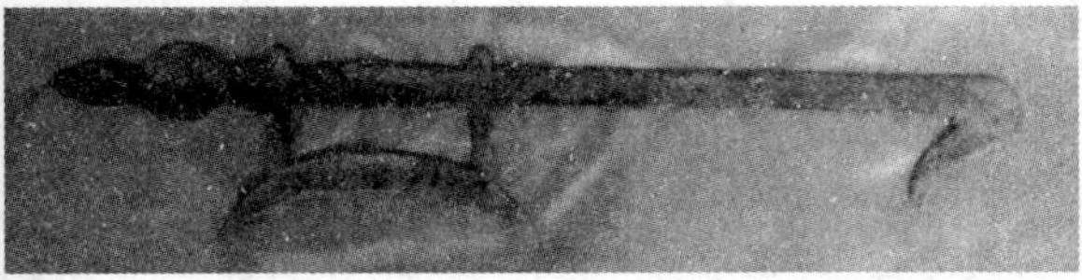

形状似戟，只是戟上边为利刃，而钩上边为一线钩形，故名钩。

作为兵器使用的钩大体可分为三种：短柄钩、长柄钩和飞钩。短柄钩的长短和剑差不多，有一个短柄，钩身顶端向前弯曲，使用时握住短柄，舞动钩来钩杀敌人。短柄钩身短灵活，运用方便，春秋战国时期在坑道战和城防战中就使用了短柄钩。

长柄钩在钩上安有一根可达五米的长柄。长柄钩多用于攻城时钩取守城之敌或水战时钩搭敌船。这种钩出现在春秋时期，据《墨子·鲁问》说，公输般创造了舟战的钩。

飞钩形似锚头，钩系铁链、绳索，主要用于守城战斗中，当敌人云集城下时，突然把飞钩甩入敌群中，一次可钩取二三个敌人。

锏　古代短兵器，长而无刃，有四棱，长为四尺（宋制四尺为一米二）。锏多双锏合用，利于步战。锏的分量重，非力大之人不能运用自如，杀伤力十分可观，即使隔着盔甲也能将人活活砸死。技法上，与刀法剑法接近。出于晋唐之间，以铜或铁制成，形似硬鞭，但锏身无节，锏端无尖。锏体断面成方形，有槽，故有“凹面锏”之称。

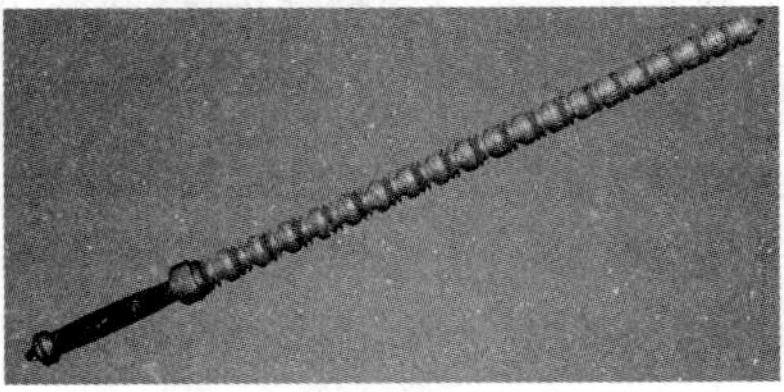

在武侠小说中可以看到许多英雄好汉使用锏，似乎锏很常见。但是武

侠小说描写的与历史事实有很大出入，实际上锏并不是装备军队的常用武器，只有个别将领才使用，因此锏很少发现。

云梯 古代战争器械，用于攀越城墙攻城的用具。古代的云梯，有的其下带有轮子，可以推动行驶，故也被称为“云梯车”，配备有防盾、绞车、抓钩等器具，有的带有滑轮升降设备。

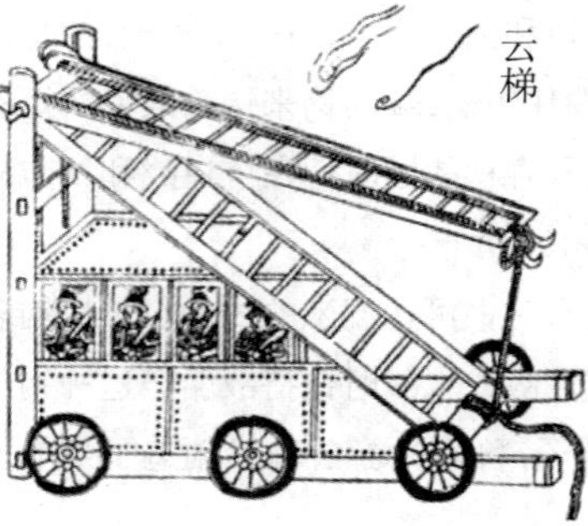

据《墨子》记载，春秋时期公输般就已制造云梯，目前最早的云梯形象见于河南汲县山彪镇出土的战国水陆攻战纹铜鉴的图案上。战国的云梯底部装有轮子，便于移动；梯身用人力抬扛搭在城墙上；梯子顶端安有钩，可钩住墙缘，使梯子牢固。

唐代的云梯比战国时期有了很大改进。云梯底架以木为床，下置六轮，梯身以一定角度固定装置于底盘上，并在主梯之外增设了一具可以活动的“副梯”，顶端装有一对辘轳，登城时，云梯可以沿城墙壁自由地上下移动，不再需人抬肩扛。同时，由于主梯采用了固定式装置，简化了架梯程序，缩短了架梯时间，军队在攻城时，只需将主梯停靠城下，然后再在主梯上架副梯，便可以“枕城而上”，从而减少了敌前架梯的危险和艰难。另外，由于云梯在登城前不过早地与城缘接触，还可以避免守军的破坏。

到了宋代，云梯的结构又有了更大改进。据《武经总要》所记，宋代云梯的主梯也分为两段，并采用了折叠式结构,中间以转轴连接。这种形制有点像当时通行的折叠式飞桥。同时,副梯也出现了多种形式,使登城接敌行动更加简便迅速。为保障推梯人的安全,宋代云梯吸取了唐末云梯的改进经验,将云梯底部设计为四面有屏蔽的车型,用生牛皮加固外面,人员在棚内推车接近敌城墙时,可有效地抵御敌矢石的伤害。

宋代以后,折叠式的云梯基本固定下来,直到近代火器把云梯淘汰以前,形制没有什么大的变化。

甲 又叫做介或函,防护人或马躯干的装具。甲是古代主要的防护兵器,一般由皮革制成,分人甲和马甲两种,甲片表面髹漆。

甲的历史十分悠久。远古时代,我们的祖先为了生存的需要,借助野兽的皮、林中的藤、木等物,制成简单的护饰,穿戴在身,以抵挡木、石兵器的伤害。从考古发现看,商至战国时期仍普遍使用皮甲。我国最早的甲的实物,是

在河南安阳侯家庄1004号商墓中发现的皮甲残迹，皮甲上有黑、红、白、黄四色的图案花纹，最大径在四十厘米左右，估计是一种整片的皮甲。春秋战国时期，皮甲的制作工艺有所改进，这时是根据护体部位的不同，先将皮革裁成或大或小、形状不一的甲片，片上穿孔，然后用绳连缀起来，制成可以部分活动的皮甲。自青铜器出现以后，人们用青铜片铸成兽面护饰装在甲衣胸背部。在西周时的古墓中曾发现过钉缀在甲衣上的各式青铜甲片。这种带青铜片的甲衣，其防护效能又增进一步。从战国晚期到东汉，随着铁制兵器的发展，铁铠逐渐代替皮甲成为主要的防护装备。铁甲取代皮甲而成为主要的防护装备是在西汉时期，此后皮甲开始作为一种辅助性的防护装备而存在。魏晋时期铁甲的式样主要是“筩袖铠”，南北朝时期主要流行“两当铠”。据《六典》记载，唐代有十三种甲制，其中以“明光甲”最为重要。北宋时期铁甲的制造达到最高峰，但随着火器的出现，铁甲从高峰开始走向衰败的道路。

胄　又称兜鍪、头鍪、盔等，是中国古代将士防护头部的装具。

早在原始社会时期人们就知道用籐和皮革制作胄。商周时期除继续使用皮胄外，还有大量的青铜胄。目前所见最早的胄，是河南安阳侯家庄1004号商墓出土的140多顶青铜胄。胄面上铸有虎纹、牛纹及其他图案，胄顶竖有装缨的铜管。西周时期的青铜胄，在北京有实物出土。春秋战国时期的皮胄，以湖北省随州市曾侯乙墓出土的为典型代表，由18片髹漆皮甲片编组而成，上有脊梁，下有垂缘护颈。铁质的护头装具，时代最早的是河北省易县燕下都出土的战国晚期制品，用89片铁甲片编缀而成。从秦汉时期开始，军中普遍装备铁兜鍪。在兜鍪后部，常垂有护颈的部分，称为顿项。唐朝以后，顿项常用轻软牢固的环锁铠制成。宋朝以后，兜鍪又多称为盔。直到清末，铁盔仍是军队中装备的护头装具。

盾 用来抵御刀、剑、石、矢等冷兵器袭击的一种防护武器。盾的形体多呈长方形、梯形或圆形，背后有把手，使用时用一只手持把手，举盾以抵挡攻来之冷兵器，而人藏其后，并用另一只手持兵器向敌人进攻。

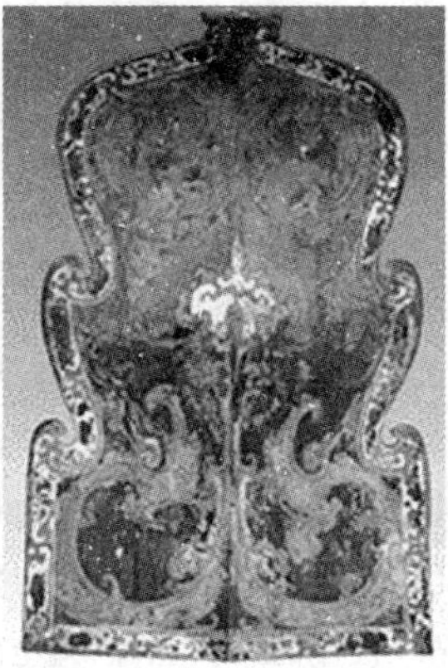

原始社会是用木、藤、皮等材料制作盾的。即使进入青铜时代以后，制作盾的主要材料也仍然同前。考古中所见最早的盾的遗迹是在河南安阳殷墟侯家庄1004号商墓中，此盾呈下底略长于上底的梯形，盾面绘有虎纹等图案。西周时期的盾也多呈梯形，盾面为皮质，并在皮质盾面上装饰上青铜饰物，如狰狞的兽面、恐怖的人面及大铜泡等。东周时期开始流行一种上顶作双重弧曲花状的长方形木盾，盾面涂漆，并绘有精美的图案，这种式样的盾一直流行到汉代。魏晋南北朝时期盾的形体增大，多呈长方形，盾面正中起脊，从敦煌壁画看，兵士作战时一手持盾，一手操刀，攻防结合。唐宋时期还有一种专供骑兵冲锋时防御敌人箭矢的圆盾。盾在冷兵器退出战场以前，始终是我国古代广泛使用的、有效的防御武器。

炮 又写作砲、礮，是我国古代发射石弹的炮车。在火炮出现以前，炮是“军中第一利器”。炮可能出现于春秋时期，《范蠡兵法》曾提到当时有一种能射远二百步的机发飞石，晋代把机发飞石正式称作“炮”。

东汉以后，炮成为军队中的重要攻守器具。东汉建安五年（200 年），曹操攻袁绍时使用的“霹雳车”，是最早出现的车炮。隋大业十三年（617 年），田茂广制造“云旛三百具”，号称“将军炮”。唐至德二年（757 年），李光弼制造了用二百人挽索发射的巨型炮，每发能伤数十人。

宋朝战争频繁，用炮更加广泛。炮的使用已经很普遍。金兵围攻汴梁时，宋军和金军双方各架几百座炮展开炮战。明清时期炮虽然在军队中还有装备，但随着火器作用的增大，炮逐渐衰落。

火球　中国古代战争中使用的一种球状抛掷火器。火球出现于宋代初年，宋靖康元年（1126 年）金军进攻宋都汴京（今河南省开封市）时，双方曾大量使用。制作方法是将含硝量低、燃烧性能好的黑火药团和成球状，有的还掺入有毒或发烟物质及预制杀伤组件，用纸或麻包缚数层，外敷松脂，以防潮和助燃。火球主要用于攻守城池作战。使用时将其点燃，抛至敌方，以它所产生的火焰、毒烟杀伤敌方人马及焚烧敌方营房、物资。火球是用火药制成的一种燃烧性球体。火药成分除了硝、硫、炭以外，大多是可燃性物质，如竹茹、麻茹、小油、桐油、黄蜡、沥青等。火球类火器的品种较多，仅《武经总要》第十一和十二卷，就记载有八种火球的图形及其构造与使用方法的文字说明，它们是：火球、引火球、蒺藜火球、霹雳火球、烟球、毒药烟球、铁嘴火鹞、竹火鹞等。

突火枪　中国古代一种用火药发射弹丸的竹管射击火器。南宋开庆元年（1259 年）寿春府（今安徽寿县）始造。据《宋史·兵志》记载，突火枪“以巨竹为筒，内安子窠”，点火后“子窠发出，如炮声，远闻百五十余步”。子窠是一种弹丸。突火枪由火枪发展演变而来。突火枪同火枪相比,已经从喷射火焰烧灼敌人的管形喷射火器,发展为发射弹丸(子窠)杀伤敌人的管形射击火器。突火枪是世界上最早的管形射击火器,其发射原理为步枪、火炮发射原理的先导。

火铳 又称“火筒”,是中国古代第一代金属管形射击火器。火铳通常分为:单兵用的手铳,城防和水战用的大碗口铳、盏口铳和多管铳等。它的出现,使火器的发展进入一个崭新的阶段。

铳的前身是突火枪。突火枪是宋代使用的用竹子做管喷射火药的武器。用竹子做管的突火枪, 枪身容易烧毁,使用寿命短。元代在竹管火器的基础上做了金属管火器,这便是铳。目前所见最早的铳是公元1332年铸造的一尊铜火铳,这是迄今为止世界上最早的金属管状火器。

在近代枪炮使用以前,铳是明、清时期广泛使用的一种火器,并在战场上发挥了巨大效力。

回回炮 又名西域炮、巨石炮、襄阳炮,是一种以机抛石,用于战争攻守的武器。这种抛石机不过是在古代抛石机的基础上改良、改进、创新,更加先进、威力更加巨大罢了。

有学者认为回回炮是“火炮”,有人则认为是当时一种较为先进的“发石机”,而不是“火炮”,发射的是巨石,而不是碎铜、破铁、沙石之类的东西,更不是发射的可以爆炸的炮弹。

中古时,波斯、阿拉伯等伊斯兰教国家之抛石机炮十分发达,能发射八百磅重巨石。元世祖(忽必烈)时,召回回人阿老瓦丁和亦思马因督造,并教回回军士演习,于至元十年(1273年),用之于攻克樊城、襄阳。南宋亦曾仿制,并用于战守。明中叶以后,因大型火铳兵器已用于战争,回回炮逐渐被废。

虎符 古代皇帝调兵遣将用的虎形信物。虎符是用青铜或者黄金做成伏虎形状的令牌,劈为两半,其中一半交给将帅,另一半由皇帝保存,只有两个虎符同时使用,才可以调兵遣将。虎符最早出现于春秋战国时期,大多用的是青铜,也有用金、玉和竹做材料的。1973年,陕西西安发现了一副“阳陵虎符”,上有铭文:“甲兵之符,右在皇帝,左在阳陵。”这是秦始皇统一六国以后,发给驻守在阳陵地方的领兵将帅的虎符。此件现藏中国历史博物馆。虎符到了隋代被改为麟符,而到了唐代,唐高祖为避其祖李虎的名讳,又将其改为鱼符或兔符,甚至龟符。而后这些原本用于军事调动的信物甚至成了某种身份的象征。到了宋代,它虽然作为调兵的信物,但仍配合书面文件一起使用。到了后世它逐渐演变成令牌等物,于是这种动物形状的兵符最终退出了历史舞台。

3.兵书

孙子兵法 古代兵家经典著作。作者孙武,字长卿,春秋末期齐国人。他带着兵法从齐国出奔到吴国,经伍员推荐,被吴王阖闾重用为将。与伍员辅助吴王经国治军,使吴国振兴,西破强楚,北威齐晋,显名诸侯。

《孙子兵法》十三篇,即:《计篇》《作战篇》《谋攻篇》《形篇》《势篇》《虚实篇》《军争篇》《九变篇》《行军篇》《地形篇》《九地篇》《火攻篇》《用间篇》。全书不足六千言,却内容丰富、博大精深,具有经久不衰的生命力,被视为全世界古代最伟大的军事著作。书中提出“兵者,国之大事”,“安国保民”是军人最高的价值目标。要击败敌人,“上兵伐谋,其次伐交,其次伐兵,其下攻城”。最好是以谋略“不战而屈人之兵”,其次用外交手段取胜,再次才是用作战取胜,最不得已时才攻城略地。战争是诡道,“兵以诈立”,要“知己知彼”,寻敌弱点,攻守兼用,以众击寡,避实击虚,出奇制胜。“兵贵胜,不贵久”,强调进攻战要速战速决。书中认为,杰出的将帅必须具备知、信、仁、勇、严五个条件。知,指智谋出众,用兵如神;信,指说话算数,严守信用;仁,指仁爱民众和士卒;勇,指刚毅果断,勇冠三军;严,指严而有威,严守法纪。治军的方法,主要是文武兼施,赏罚并用,修明政治,确保法制。书中将地形分为通、挂、支、隘、险、远六种,根据地形决定作战方式。《孙子兵法》是源远流长的中华文化中的瑰宝。

该书问世之后,得到了社会上广泛的重视和流传。《韩非子·五蠹》说:战国时候,“境内皆言兵,藏孙、吴之书者家有之”。从现存汉、唐、宋古籍对《孙子兵法》的征引看,就有好几种不同的抄本。银雀山出土的《孙子兵法》残简,是所能看到的最古的抄本,其中《形篇》就是文字不尽相同的甲乙两个写本。

《孙子兵法》是世界上最早的一部军事理论著作,比欧洲克劳塞维茨写的《战争论》还早二千三百年。《孙子兵法》在中国被奉为兵家经典,后世的兵书大多受到它的影响,对中国的军事学发展影响非常深远。它也被翻译成多种语言,在世界军事史上也具有重要的地位。

吴子兵法 中国古代著名兵书,相传是战国初期吴起所著,战国末年即已流传。《汉书·艺文志》称“吴起四十八篇”,《隋书·经籍志》《新唐书·艺文志》均载为一卷。今有《续古逸丛书》影宋本及明、清刊本,存图国、料敌、治兵、论将、应变、励士六篇,分上下两卷。

《吴子兵法》是一部与《孙子兵法》齐名的兵家理论著作。《韩非子·五篇》说:“境内皆言兵,藏孙、吴之书者家有之。”《史记·孙子吴起列传》说:“世俗所称师旅,皆道《孙子十三篇》,《吴起兵法》世多有。”可见此书在当时的影响之大。北宋时被定为《武经七书》之一,更说明了它在中国军事史上的地位。

吴起与前辈孙武不同。孙武把军事和政治、经济联系起来考察,仍然着眼于战争,着眼于打胜仗,着眼于不战而屈人之兵。吴起则更具政治家的特征。《吴子兵法》分析战争的性质,分析当时各诸侯国的军情,把战争置于政治的框架之下,更重视治理国家的文武兼备。提倡重视普及军事教育,重视传授实战经验,重视培养军队的军事素质。《吴子兵法》是研究先秦政治、军事不可或缺的资料。

六韬 又称《太公六韬》《太公兵法》《素书》,旧题周初太公望(即吕尚、姜子牙)所著。学者普遍认为,此书成于战国时代,太公望是后人伪托,作者已不可考。全书以太公与文王、武王对话的方式编成。此书在《汉书·艺文志》“道家”列“《太公》,二百三十七篇”,其中《谋》八十一篇,《言》七十一篇,《兵》八十五篇;“儒家”类著录有《周史六弢》六篇,颜师古注:“即今之《六韬》也,盖言取天下及军旅之事。弢字与韬同也。”《隋书·经籍志》明确记载:“《太公六韬》五卷,周文王师姜望撰。”1972 年 4 月,在山东临沂银雀山西汉古墓中发现了大批竹简,其中就有《六韬》的五十多枚,这就证明《六韬》至少在西汉时已广泛流传了。

《六韬》是一部集先秦军事思想之大成的著作,对后代的军事思想有很大的影响,被誉为兵家权谋的始祖。司马迁《史记·齐太公世家》称:“后世之言兵及周之阴权。皆宗太公为本谋。”北宋神宗元丰年间,《六韬》被列为《武经七书》之一，为武学必读之书。《六韬》在十六世纪传入日本，十八世纪传入欧洲，现今已翻译成日、法、朝、越、英、俄等多种文字。

司马法　中国古代重要兵书之一，相传是司马穰苴所写。大约成书于战国初期。据《史记·司马穰苴列传》记载："齐威王使大夫追论古者司马兵法而附穰苴于其中，因号曰《司马穰苴兵法》。"有人认为，《司马法》是齐威王时，由臣下将周代司马用兵之法与穰苴的兵法合编而成。

《司马法》论述的范围极为广泛，基本涉及了军事的各个方面，保存了古代用兵与治兵的原则，包括夏商周三代的出师礼仪、兵器、徽章、赏罚、警戒等方面的重要史料。此外，还有很丰富的哲理思想，很重视战争中精神、物质力量之间的转化和轻与重辩证关系的统一。对于人的因素、士气的作用非常重视。现存《司马法》共五篇，即《仁本》《天子之义》《定爵》《严位》《用众》。书中主要论治兵，也论作战。认为战争要以仁为本，以义治之。为了安民而杀人，为了爱民而攻其国，为了制止战争而作战，都是正义的。提出不可好战，也不可忘战，要随时备战。打仗必先教民，君王要以礼法为表里，以文武为左右。军队配置要各兵种错杂，长短兵器配合。作战之前要反复考虑，制定谋略，按计划行动。战争最主要的是权谋，作战最重要的是勇敢，布阵最根本的是巧妙。对士卒要教育其不怕死，又要教育其为正义而死。兵有七政、四守。七政是：人、王、辞、巧、火、水、兵。四守是：荣、利、耻、死。军队在驻扎时要放好兵甲，行进时要整齐行列，作战时要齐进齐退。作战时，人少就防守，人多就进击。众寡以观其变，进退以观其固，危而观其惧，静而观其怠，动而观其疑，袭而观其治。地形要背靠风和高处，右边高耸，左边险峻。总之，该书内容博大精深，对战争理论、备战、军队教育、军事编制等一系列基本的军事问题都有所论述，是古代重要的兵法著作。

汉代对《司马法》评价很高。武帝时，“置尚武之官，以《司马兵法》选，位秩比博士”。司马迁称道《司马法》“闳廓深远，虽三代征伐，未能竟其义，如其文也。”据《汉书·艺文志》记载，当时《司马法》共一百五十五卷。东汉以后，马融、郑玄、曹操等人的著作中，都曾以《司马法》为重要文献资料而加以征引，据以考证西周和春秋时期的军制。晋唐之间，杜预、贾公彦、杜佑、杜牧等人也多以《司马法》为立说的根据。可见《司马法》当时仍具有军事权威著作的声誉。宋元丰中把《司马法》列为《武经七书》之一，颁行武学，定为将校必读之书，其重视程度也不减晋唐。

尉缭子 中国古代著名兵书，对于它的作者、成书年代以及性质归属历代都颇有争议。一说《尉缭子》的作者是梁惠王时的隐士，一说为秦始皇时的大梁人尉缭。一般署名是尉缭子。最早著录于《汉书·艺文志》。1972 年在山东临沂银雀山汉墓出土了《尉缭子》残简，说明此书在西汉已流行，现在一般认为成书于战国时代。

《尉缭子》传世本共五卷二十四篇，以南宋刻《武经七书》本为最古。《汉书·艺文志》杂家类著录《尉缭》二十九篇，兵形势家著录《尉缭》三十一篇。据《隋书》《旧唐书》的《经籍志》和《新唐书·艺文志》，传世的是杂家的《尉缭》。其篇数与《汉书》不符，当因在流传过程中有部分亡佚。该书内容大部分论兵，因此宋以后多视为兵家著作，但其论兵，与《汉书》所谓兵形势家异趣，有人以为即《汉书》兵形势家的《尉缭》，恐不可信。《汉书》杂家《子晚子》下注有“齐人，好议兵，与司马法相似”，可见今所传《尉缭子》有可能列入杂家。

孙膑兵法 又称《齐孙子》，作者孙膑（约前 380—前

300年),本名伯灵,受刑后,方名膑,出生齐国阿、鄄(今山东鄄城、阳谷间)之间,是春秋著名军事家孙武的后代,战国时著名的军事家。

孙膑著有兵法一部,最早见录于《汉书·艺文志》,八十九篇,图四卷,名《齐孙子》。后来,该兵书失传,学者遂对孙武、孙膑究竟是一人还是两人,两人是否都著有兵法书发生疑问。1972年在山东临沂银雀山汉墓中,失传一千多年的《孙膑兵法》残卷与《孙子兵法》同时出土,它不仅解决了上述争论,更使我们得知这位优秀军事指挥家在军事理论方面的卓越建树。但是仍有人持不同的意见,竹简本是汉初抄本,其中孙膑不是以第一人称出现,有学者认为此书是由孙膑弟子记录而成。

《孙膑兵法》残卷共三十篇,一万一千余字。《孙膑兵法》继承了《孙子兵法》等书的军事思想,总结了战国中期及其以前的战争经验,在战争观、军队建设和作战指导上都提出了若干有价值的观点和原则。书中认为战争关系国家的安危,战胜则强立,战不胜则危亡。强调要以道取胜,重视对士卒的挑选和训练,还要赏罚分明。作战应"埤(pí)垒广志,严正辑众,避而骄之,引而劳之,攻其无备,出其不意,必以为久"。就是构筑坚固的工事来坚定我军的斗志,制定严明的条令规范来团结全军上下,尽量避开敌人的正面锋芒,使他骄傲起来,引诱敌人东奔西跑,使其锐气耗尽,疲惫不堪,乘敌人没有准备的时候攻击他,在敌人意料不到的地方打击他,通过长期持久的作战,一定能赢得最后的胜利。这些论说,在中国军事史上有重要价值。

三略 中国古代的一部著名兵书,原称《黄石公三略》,分上略、中略、下略三个部分,共三千八百余字。与前代兵书不同,它糅合了诸子各家的某些思想,是一部从政治策略上和战略上阐明治国用兵之道的兵书，尤其侧重阐述政略，这是该书的一个显著特点。它是我国古代第一部专讲战略的专著。《三略》的另一个特点，即是大量引用古代兵书《军谶》《军势》中的内容来表达自己的思想，共引用了七百余字，占全书的六分之一。因而为后人保留了这两部已佚兵书的部分精华。

李卫公问对　古代著名兵书。又称《唐太宗李卫公问对》《李靖问对》，或简称《唐李问对》《问对》，以唐太宗李世民和卫国公李靖关于军事问题的问答形式编成，旧题李靖所撰。因为此书在史书《旧唐书》和《新唐书》没有记载，有人怀疑此书是北宋阮逸伪作。现在一般认为，此书是熟悉唐太宗、李靖的思想的人，根据他们的言论所编写的。该书涉及的内容较为广泛，包括军制、阵法、训练、边防诸问题，但主要讨论作战指挥。《李卫公问对》内容丰富，多联系唐以前战例及唐太宗、李靖的亲身经历，参照历代兵家言论，围绕着夺取主动权、奇正、虚实、主客、攻守、形势等问题进行讨论，阐述其军事思想。

三十六计　又称“三十六策”，是指中国古代三十六个兵法策略，于明清之际由好事者整理成书，以抄本流行，1941年成都瑞琴楼印刷发行。三十六计最早见于《南齐书·王敬则传》，文称：“檀公三十六策，走是上计。”全书分为六套，每套六计，共三十六计。具体来讲，其胜战计：瞒天过海、围魏救赵、借刀杀人、以逸待劳、趁火打劫、声东击西；敌战计：无中生有、暗度陈仓、隔岸观火、笑里藏刀、李代桃僵、顺手牵羊；攻战计：打草惊蛇、借尸还魂、调虎离山、欲擒故纵、抛砖引玉、擒贼擒王；混战计：釜底抽薪、浑水摸鱼、金蝉脱壳、关门捉贼、远交近攻、假道伐虢；并战计：偷梁换柱、指桑骂槐、假痴不癫、上屋抽梯、树上开花、反客为主；败战计：美人计、空城计、反间计、苦肉计、连环计、走为上。《三十六计》是根据我国古代卓越的军事思想和丰富的斗争经验总结而成的兵书，其中充满了军事辩证法的因素，是中华民族悠久文化遗产之一。

4.战争

城濮之战 公元前632年晋国与楚国之间发生的一次争夺诸侯霸主的战争。

晋文公（前671？—前628年）继位后，进行内政和外交改革，国力空前强盛。由此与楚国发生冲突。前633年冬，楚成王亲率陈、蔡、郑、许联军，包围重新与晋修好的宋国都城商丘。前632年正月，晋军东进援宋，楚成王率兵退至楚国申邑（今河南南阳北）。晋用计使曹、卫二国与楚绝交，楚大将子玉率大军向驻扎在曹国的晋军扑来。晋文公命令全军后撤三舍（九十里），楚军尾追不舍。晋军与前来会合的齐、秦、宋三国军队在城濮（今山东鄄城南）扎营。四月初三凌晨，晋军七百辆战车早早在有莘废城摆好横阵。战斗开始，晋左翼之一部在胥臣的率领下，所有的驷马都蒙了虎皮，突然加快速度，向楚右师的陈、蔡军冲去，陈、蔡的驷马吓得狂奔乱跳，阵势大乱，士卒们慌忙弃车逃跑，楚右师崩溃。同时，晋军战车拉了树枝在晋军阵前奔驰，扬起的灰尘遮蔽了楚军的视线。狐毛指挥的晋上军举着两面大将军旗在浮尘中冲出，稍一接战，即佯装退却。子玉以为这是晋中军，竟以中军和左军向佯装退却的晋上军追去。当楚军追至晋中军左侧时，晋中军倾全力向楚中军暴露的侧面拦腰击去。狐偃指挥的上军之一支，与转过头来的狐毛大军从左右两侧夹击楚左军，楚左军很快也支持不住，溃败。楚帅子玉见左、右两军皆溃，急忙下令中军退出战斗，收拾残兵剩车，狼狈南归。五月十二日，在衡雍西南的践土(今河南原阳境)，周襄王设盛大酒宴招待晋文公，策命其为诸侯的霸主。晋国终于实现了“取威定霸”的政治、军事目标。

城濮之战是我国春秋时期晋、楚争霸中原的一次具有决定意义的战争。居于劣势的晋国，正确地分析了当时的客观形势，恰当地选择了战场，采取政治外交联盟，造成对楚优势，掌握主动权，处于有理、有利的战略地位。然后，避楚锋芒，退避三舍，诱敌深入，合兵突击，取得决战胜利。此战的“退避三舍”方针，是我国古代军事思想的重要发展。

桂陵之战 是战国时期在河南省长垣西北的一次著名截击战。齐威王三年(前354年)，魏国派大将庞涓率八万军队进围赵都邯郸，赵国向齐国求援。次年，齐威王以田忌为大将，孙膑为军师，率领八万军队出动救赵。孙膑提出批亢捣虚、围魏救赵的策略。就是避开敌人主力，打击其薄弱处，直逼魏都大梁(今河南开封)，迫使敌军自己从邯郸撤退。齐军神速向魏都大梁挺进，卫、宋二国的军队也向大梁靠拢，形成两面夹攻的形势。十月，魏军攻克邯郸，得到齐军逼近大梁的消息，无暇休整，就往回开拔。魏军赶到大梁时，齐军已经撤走。庞涓不知是计，随后紧追。当魏军到达桂陵(今河南长垣)时，与以逸待劳的齐军相遇，魏军疲惫不堪，一触即溃，狼狈逃回。

孙膑用围攻魏国的办法，避实击虚、攻其必救，来解救赵国的危困，这在我国历史上是一个很经典的战例，被后来的军事家们列为三十六计中的重要一计“围魏救赵”。

马陵之战 战国时的一次著名战役。齐威王六年(前351年)，魏人归还赵国邯郸，与赵结盟。次年，又与秦结盟，以集中力量对付韩国。十五年(前342年)，魏、赵联军在庞涓率领下直奔韩国都城郑(今河南新郑)，韩军抵挡不住,向齐求援。孙膑提出,先坚定韩国作战的决心,待魏军疲惫时,齐军再出动,既能取胜,又可在诸侯中树立威望。在魏军已经有很大消耗时,齐国正式派出了以田忌、田婴为大将,孙膑为军师的十万大军,径直向魏都大梁挺进。庞涓对桂陵之败记忆犹新,马上从韩国撤军。魏惠王要与齐军决一死战,派太子申为大将,动员全国的军队,会合庞涓撤回的军队,正面迎战齐军。这时,已经是齐威王十六年(前341年)。孙膑建议,齐军不与魏军正面交锋,用计诱使魏军加快行军速度,把魏军拖垮,再加以收拾。齐军掉头东撤,在撤退中逐日减少营地做饭的炉灶。第一天造了十万人吃饭的炉灶,第二天五万,第三天二万。庞涓在追赶中见魏军炉灶日少,兴奋不已,说:“我早知道齐军胆怯,才三天时间,士卒已经逃跑掉大半。”于是把步兵和给养车留在后边,亲自率领战车部队马不停蹄,兼程追赶。齐军牵着魏军的鼻子向东退却,撤到地势险要的马陵(今山东阳谷境),孙膑下令停止后撤,利用山大沟深道狭的地形,将一万弓箭手埋伏于道路两旁,命令:“夜里见火把举起,就一齐放箭。”还让人将当路的一棵树削去一块树皮,在露出的白木上写了“庞涓死于此树下”六字。庞涓率军于天黑以后进入伏击圈,见树干上有字,庞涓让人点了火把细看,字还没有看完,庞涓发觉中计。这时,万箭齐发,魏军猝不及防,乱作一团,死伤惨重。庞涓知大势已去,仰天长叹道:“我终于让孙膑这小子成就声名了!”拔出长剑,自刎而死。埋伏的齐军冲出,全歼魏精锐战车部队,并乘胜向西追击,将魏的后续部队全部打垮,俘虏魏太子申。二十三年(前334年),魏惠王至徐州会见齐威王,互相承认对方为王,齐国取代魏,成为与秦并立的强国。

长平之战 战国后期秦国与赵国之间的一次大规模

阵地战。战国时期,秦国经过商鞅变法、赵国经过胡服骑射,成为当时两个力量不相上下的国家。秦国实行远交近攻之策,逼使韩国献出其上党郡(郡治壶关),上党郡守冯亭不愿降秦,将郡献给赵国。公元前260年初,秦昭王派将军王龁率军攻克上党,进而进攻邻近的长平(今山西高平北)。赵国老将廉颇坚守不出,两军相峙四个月。秦国施反间计,赵王派年轻的只会纸上谈兵的赵括接替廉颇。秦则秘密地将百战百胜的老将白起调往长平。赵括改变策略,下令出击秦军。白起让部下一再假装战败,赵括亲率主力追击,秦军退入壁垒,顽强守卫。赵军轮番攻打,毫无进展。而白起则派出两支队伍,从左右翼将赵括与后军截开。另派出两支精兵,一支截断其运粮道路,另一支奔向赵军大本营,将赵军分割为数块。赵括反包围,无法得逞,只得就地筑垒坚守。秦军在其周围筑垒,阻其突围。秦昭王则征调大军部署于丹朱岭,以断绝赵王向长平调去军队和粮草。赵王派人向齐国求援,谋臣周子以唇亡齿寒的道理建议出兵,被齐王拒绝。赵军被困长平荒野,断粮四十六天,有的士兵竟然杀了同伴以其肉充饥。八月,赵括组织了多支突击队,都未能突围。赵括孤注一掷,亲率最精锐的士卒,冲向秦军。秦军万箭齐发,赵括丧命,全军大乱,白起下令总攻,死伤之余,剩余的四十万赵军全部投降。白起怕降卒伺机反正,将其全部坑杀。至此,东方六国再也没有与秦军对抗的能力,秦人终于走向统一天下的道路。

垓下之战 秦末农民战争风起云涌。公元前207年底,项羽在巨鹿战场大败秦军主力。前206年初,刘邦军攻入关中,秦王子婴投降。项羽入关,分封天下诸侯,自称西楚霸王,封刘邦于汉中为汉王,以秦三降将封王关中、陇西,以阻塞汉王出路。刘邦以萧何、张良为谋臣,以韩信为将,明修栈道,暗度陈仓,迅速攻灭关中三王,随即以项羽杀死义帝为口实,向项羽宣战。刘邦与项羽军在中原大战三年,一再失利,两军相峙于荥阳、成皋之间。公元前203年九月,两军议和,以古运河鸿沟为界,东归楚,西归汉。项羽率兵东撤,刘邦违背协议随后追击,在固陵(今河南淮阳北)被项羽打败。刘邦听从张良意见,分封韩信和彭越为王。韩信率三十万大军与彭越等前来会战,十二月,将退至垓下(今安徽灵璧东南)的十万项羽军团团包围,并在夜里唱起楚地民歌。又冻又饿的楚军军心涣散,不愿再战。项羽与美人虞姬借酒浇愁,唱道:"力拔山兮气盖世,时不利兮骓不逝。骓不逝兮可奈何!虞兮虞兮奈若何!"虞姬泣声和道:"汉兵已略地,四方楚歌声。大王意气尽,贱妾何聊生!"项羽率八百壮士突围,汉骑将灌婴率五千骑追击。在阴陵(今安徽淮南东)项羽迷路,被骗,陷入沼泽。挣扎出来,逃到东城(今安徽定远东南),已剩二十八位勇士,被汉骑包围于小山之上。项羽军冲出重围,在山下分三处集结,又分别被汉军围住。项羽杀了近百汉军,冲出重围,一路向南,退至乌江亭(今安徽和县东南),谢绝亭长好意,称"无颜见江东父老",与汉军格斗后自杀。刘邦终于称帝,建立汉朝。

赤壁之战　中国历史上著名的以弱胜强的战争之一。汉献帝建安十三年(公元208年)七月十二日,曹操率领水陆大军,号称百万,发起荆州战役,然后讨伐孙权。孙权和刘备组成联军,由周瑜指挥,在长江赤壁(今湖北赤壁市西北,一说今嘉鱼东北)一带大破曹军,从此奠定了三国鼎立格局。赤壁之战是第一次在长江流域进行的大规模江河作战,也是孙、曹、刘各家都派出主力参加的唯一的战事。

赤壁之战,曹操自负轻敌,指挥失误,加之水军不强,终致战败。孙权、刘备在强敌面前，冷静分析形势，结盟抗战，扬水战之长，巧用火攻，创造了中国历史上以少胜多的著名战例，也是三国时期“三大战役”中最为著名的一场。

肥水之战 东晋十六国时期以少胜多的著名战例，又写作淝水之战。当时中国北方的前秦欲灭南方的东晋，公元383年于肥水（今安徽省寿县的东南方）交战，最终东晋仅以八万军力大胜八十余万前秦军。肥水之战是东晋时期北方的统一政权前秦向南方东晋发起侵略进攻的一系列战役中的决定性战役，结果军力有绝对优势的前秦败给了东晋，国家也因此衰败灭亡，北方各民族纷纷脱离了前秦的统治，先后建立了十余个小国。而东晋则趁此北伐，把边界线推进到了黄河，并且此后数十年间东晋再无外族侵略。

肥水之战是我国历史上以少胜多，以弱胜强的著名战例，载入了军事史，对后世兵家的战争观念和决战思想产生了久远影响。肥水之战给后人留下有意义的历史掌故和历史遗迹，如“投鞭断流”“风声鹤唳”“草木皆兵”等成语，一直脍炙人口。

怛罗斯之战 公元8世纪中期，唐朝与来自现在阿拉伯、信奉伊斯兰教的新兴阿拔斯王朝（即黑衣大食）的势力，在中亚诸国相遇，而导致的战役，是一场当时世界上最强大的东西方帝国间的碰撞。

天宝十年（751年），唐安西节度使高仙芝率军翻过葱岭、越过沙漠，经过了三个月的长途跋涉，在七月份到达了阿拉伯人控制下的怛罗斯（今哈萨克斯坦的江布尔城附近），围攻怛罗斯城。阿拉伯人立即组织了十余万大军赶来，双方在怛罗斯河两岸展开了决战。阿拉伯联军先后七次进攻均被唐军步、骑兵压制住。战斗持续了五天，两军相持不下。傍晚,葛逻禄部雇佣兵突然叛变,从背后包围了唐军步兵,断绝了他们与骑兵的联系。阿拉伯联军趁机出动重骑兵突击唐军阵营的中心,唐军在内外夹击下终于溃败,高仙芝在夜色掩护下单骑逃脱。副将李嗣业、段秀实收拢散兵游勇逃至安西。此役唐军两万安西精锐部队几乎全军覆没,阵亡和被俘各自近半,只有千余人得以生还。但唐军也重创了阿拉伯部队,杀敌七万余人。阿拉伯人巩固了他们在中亚的霸权,而中国方面由于几年后爆发安史之乱,国力大损,也只能放弃在中亚与阿拉伯的争夺。

长远来说,部分因为怛罗斯战役的影响,伊斯兰文化比中国文化对中亚的影响更为深远。中国的造纸术亦因为唐军战俘中的造纸工匠被带到由阿拔斯王朝第一任哈里发阿布·阿拔斯·萨法赫在撒马尔罕新建的造纸坊里工作而传到中亚和中东。怛罗斯战役对东西方历史进程影响是非常深远的。

郾城之战 宋金战争中的一次著名战役。绍兴十年(1139年),金朝统治集团内完颜宗弼一派得势,主张再次以武力迫使南宋屈服,夺回河南、陕西。次年,金朝分兵三路,东起两淮,西至陕西,向宋发动大规模的军事进攻。宋廷被迫命令各路宋军进行抵抗。当时,岳飞率领的岳家军有好几万人,从湖北进入河南,岳飞带领为数不多的军队驻扎在郾城。金军探知这一消息,用精锐骑兵一万五千人直扑郾城,企图一举消灭岳家军的指挥中枢。

金军出动重甲骑兵“铁浮图”作正面进攻,另以骑兵为左右翼,号称“拐子马”配合作战。岳飞遣背嵬亲军和游奕军马军迎战,并派步兵持麻扎刀、大斧等,上砍敌兵,下砍马足,杀伤大量金兵,使其重骑兵不能发挥所长。岳家军中的勇将杨再兴单骑突入敌阵,打算活捉完颜宗弼,杀金兵数百人。双方激战,金军大败。

郾城之战是宋金双方精锐部队之间的一次决战,宋军以少胜多,给金军以沉重打击。宋军如能乘胜前进,收复故疆大有希望,但宋高宗赵构和秦桧只图利用胜利,作为对金乞和的资本,遂下令班师,断送了这次战争的胜利成果。

蒙古西征 蒙古建国后,于1219年至1260年的四十余年时间,先后进行了三次大规模的西征。第一次西征是在元太祖十四至十九年(1219—1224年),成吉思汗率军与花剌子模国进行的一场战争。第二次西征是在元太宗八年至十四年(1236—1241年),窝阔台汗遣拔都等诸王率军征服伏尔加河以西诸国的战争。第三次西征是在元宪宗二年至世祖中统元年(1252—1260年),蒙哥汗派其弟旭烈兀率领十万大军进攻波斯的战争。

蒙古西征使得蒙古建立起庞大的帝国。蒙古凭借较少的军队和漫长的后勤供应线,战胜了所有的敌人,改变了整个亚欧的历史,也促进了欧洲和近东的军事革命。

蒙古三次西征,沟通了东西方的经济和文化联系,把中国的发明,如火药、造纸术、印刷术、罗盘等传到西亚及欧洲等国,同时亦将西方的天文、医学、历算等传入中国。蒙古西征对中国历史也有极深远的影响。

土木堡之战 明朝统治者为了防备退回大漠的蒙古人的骚扰,将都城迁至北京,大修北方长城,在沿途设重兵防守。1449年,统一蒙古各部的瓦剌部太师也先一再派兵向明边镇进攻,七月十一日,明参将吴浩在猫儿庄堡战死。十五日,明军与也先军在阳和大战,四万明军覆没,总督宋瑛战死。在宦官王振的力主下,明英宗于十六日出城亲征。八月初一到达大同,传来敌军逼近居庸关的消息,王振决定东撤,令大军绕道经蔚州他家中停留。十日,大军在疲惫不堪中至宣府。也先前锋伯颜帖木儿部与明军后卫遭遇，明军二将战死，大军仓促后撤，以四万骑兵抵御追兵。伯颜帖木儿佯装退却，在鹞儿岭全歼明骑兵。十四日晚，撤退的明朝大军因王振的千余车行李未到，在离怀来城仅二十里的土木堡露营。也先率大军包围又饥又渴，疲惫不堪的堡内明军。次日晨，也先佯装讲和，稍予后撤。王振不知是计，下令拔营出城。明军前队刚过沟堑，也先的骑兵就冲了过来，明军死伤惨重，被人马践踏而死者无数。随驾的五十多名文武大臣战死，英宗被俘，王振被一明将用铁锤诛杀。

土木堡一战，五十万明军覆没，天子被俘，一时国家无主。京城仅有十万老弱残兵，侍郎于谦被任命为兵部尚书，统一指挥北京守御之事。在号召天下勤王和部署守御京城军事的同时，于谦力劝郕王朱祁钰登皇帝位，后称明景宗，尊英宗为太上皇，以击败也先要挟的阴谋。十月初，也先以送英宗回京为名，从小道攻破紫荆关，经易州、良乡，直扑北京。于十三日发动对京城的强攻。城内外三十二万守军在于谦指挥下士气大振，官民人自为战，双方激战五天，也先军战死万余，散失九千余骑。得到各地勤王兵陆续赶来的消息，也先怕后路被截，于十五日拔营撤退。明军追击，处处取胜，也先退往塞外，北京之围解除。次年，也先又多向明边镇进攻，皆无所获，不得不于八月将英宗释放回京。

土木堡之战，拥有优势兵力的明军被宦官王振一再延误战机，撤退时一再挨打，以至数十万大军被包围于缺水无防的土木堡，全军覆没于二万蒙古骑兵手下，皇帝被俘，演出了一场民族的灾难，其根源在于制度的腐败。

萨尔浒之战 明清之际重要战役，是关系到后金与明兴亡的关键一仗，也是集中优势兵力各个击破，以少胜多的典型战例。

萨尔浒之战发生于明万历四十六年(天命三年、1618年),明朝任命兵部左侍郎杨镐为辽东经略,调集军队,筹措兵饷,准备进军赫图阿拉,消灭努尔哈赤。但努尔哈赤掌握了明军的战略部署和行动计划,正确地分析了形势,采取了“凭你几路来,我只一路去”的作战方针,集中八旗兵力,打歼灭战。结果,努尔哈赤用了5天时间在萨尔浒打了一场漂亮的歼灭战,明军主力被歼,重创明军。

萨尔浒之战本由明方发动,后金处于防守地位,然而该役竟以明军惨败告终,并由此成为明清战争史上一个重要的转折点。此役之后明朝对后金之战略态势由主动变为被动,明帝国于东北地区的藩篱逐渐丧失,日后虽调兵遣将、征加粮饷,却再也无法获得对后金的战略主动权,并直至皇朝覆灭。

雅克萨之战 清康熙年间驱逐盘踞于黑龙江流域沙俄侵略军的一次战争。十七世纪中叶,沙俄帝国以叶尼塞斯克和雅库次克为据点,乘机闯进我国黑龙江流域,先后占据尼布楚、雅克萨(今黑龙江省漠河东北、黑龙江北岸)和楚库珀兴(今俄恰克图北)三地,设尼布楚总督,对从贝加尔湖到黑龙江流域的中国人实行殖民统治。为了将侵略军赶走,康熙帝于1682年亲自视察东北边防,派副都统郎谈以捕鹿为名,前往雅克萨侦察,并了解沿途交通情况。在其后的两三年内,筑堡、积粮、造船、设驿、调兵,作了一系列战争准备。俄军也新建雅克萨督军区,以额里克舍·托尔布津任督军,统一指挥黑龙江上的侵略军。宁古塔副都统派兵,先后拔除多个俄军外围据点,俘获俄军数十名。1685年初,派六名俄军俘虏携带康熙帝致沙皇的信出境,信中严厉谴责俄的侵略行径,要求其撤出雅克萨城,双方以雅库次克为界。都统彭春等分率八旗绿营兵及福建藤牌兵,于五月二十二日到达雅克萨城外,迅速封锁该城,勒令侵略军撤回雅库次克。二十五日,藤牌军打败乘木筏前来的百余俄军。次日,二十门清军红衣大炮向雅克萨城猛轰,一百多名俄军阵亡,城内到处起火。同时将大量柴草堆于城下,准备发动火攻。雅克萨督军托尔布津率七百余俄军投降。清军在其宣誓绝不卷土重来后,将其遣返回俄国。清军放火烧了雅克萨城,凯旋瑷珲。

当朝廷还在讨论如何奖赏有功人员时,八百多名俄军已重返雅克萨城,其中包括拜顿率领的二百名哥萨克兵。侵略者修筑城墙,挖水井、壕沟,储存了大量粮食、物资。震怒的康熙帝发布征讨诏书,并面谕郎谈,若雅克萨俄军不投降,就坚决消灭,并进军尼布楚,彻底清除黑龙江上的俄军侵略据点。清康熙二十五年(1686年)六月,在雅克城俄军拒绝投降后,清军包围该城,发动强攻,城内俄军多次反扑,一发清军炮弹击中城内塔楼,将正在指挥的托尔布津右腿炸断,几天后死去。拜顿继任指挥官。康熙帝指挥清军对城堡实行长期围困。城内俄军虽有充足的粮食和弹药,但饮水不洁,医疗条件差,又突发坏血病。城内原有八百二十六名军人,几个月后,因伤因病死亡六百七十六人,侵略军只能坐以待毙。沙皇不得不派遣使臣来京请求清军解围,康熙皇帝答应其请求,派御前侍卫马武带领两名俄人于十一月到达雅克萨城外,宣布停战命令,允许其人员自由出入。此时城内仅余六十六个活人。经过艰苦谈判,双方代表团于康熙二十八年(1689年)七月签订《中俄尼布楚条约》,规定:中俄两国东段以格尔必齐河、额尔古纳河和大兴安岭为界;拆毁雅克萨城,侵略军全部撤回俄境。从此,中俄两国保持了一个半世纪基本正常的关系。

九、器物用具

1.生产用具

石器 以石头为原料制成的工具，是人类最早使用的生产工具。古人类一般选用质地比较坚硬的矿物作为原料(如火石、石英等)制作生产工具，主要分为打制和磨制两大类。在考古学上，石器的制法和形状常常作为判断遗迹年代和文化性质的主要标志。人类使用石器的时期称为石器时代，据石器的特征，又分为旧石器时代和新石器时代两个时期。旧石器时代早期的石器比较简陋，一般将天然砾石加以敲击，然后再稍加工，形状不规则，一件石器有很多用途。旧石器时代中期的石器比较复杂，打制技术有很大提高，加工也比较精细。旧石器时代晚期的石器已经出现了穿孔和磨光技术。新石器时代出现了磨制石器。磨制石器与打制的石器相比，已具备了上下左右部分更加准确合理的形制，用途趋向专一；增强了石器刃部的锋度，减少了使用时的阻力，使工具能发挥更大的作用。石器作为主要生产工具，在奴隶社会时逐渐被青铜器取代。

骨器 又称骨角器，是指人类以动物骨头或角(如鹿角)打砸研磨而成的器具。骨角器具可用来刮削、渔猎、穿孔甚至装饰。考古学中，骨角器的出现，常被视为人类文明进步的重要指标，其理由是磨制骨角需要更多锯、切削、磨、钻的技能。原始人通常用动物的骨头制作例如针、锥、鱼标和刀凿之类的骨器。骨器于旧石器时代出现,新石器时代大量使用,铁器时代因为铁器的使用而逐渐消失。在河南安阳小屯村的商王武丁配偶“妇好”墓于 1976 年发掘,出土骨器五百多件,有小刻刀、勺、匕、梳、镞、笄及虎、蛙、人形骨雕等,以笄的数量最多。精致的有小刻刀和蛙形骨雕,刻制细致,技艺精湛,纹饰优美。

青铜器 用铜和锡的合金青铜制成的各种器具,诞生于人类文明初期的青铜时代。青铜器在二千多年前逐渐由铁器所取代。我国最早的青铜器见于齐家文化,大量出现于商代、西周、春秋及战国时期。中国青铜器不但数量多,而且造型丰富、品种繁多,有酒器、食器、礼器、乐器、兵器、农具与工具、车马器、生活用具、货币、玺印等等。中国青铜器出土较为集中的地区是中原,但它的分布范围远远超出中原地区,东北、西北、巴蜀、岭南甚至西藏及东海渔岛上都发现有青铜器。器物铭文可以说是中国青铜器最大的特点,世界各地古青铜器绝大多数没有铭文,只有印度出土的少量青铜器或铸有很短的铭文。中国古铜器有铭文者仅出土的就达一万余件,且铭文长篇巨制不少,如毛公鼎铭文长达四百九十七字。这些铭文是极为重要的史料,其字体,或粗犷放达,或苍劲有力,具有很高的书法欣赏价值。战国中期,随着铁器的使用更加广泛,而铁比铜硬,汉代以后铁制工具逐渐取代了铜制工具。

铁器 以铁矿石冶炼加工制成的器物。中国开始使用铁器的年代目前尚无定论。考古发现最早的铁器属于春秋时代,其中多数发现于湖南省长沙地区。战国中期以后,出土的铁器遍及当时的七国地区,并被应用到社会生产和生活的各个方面,在农业、手工业部门中已占居主要地位。楚、燕等地区的军队,装备基本上也以铁制武器为主。西汉时期,应用铁器的地域更为辽阔,器类、数量显著增加,质量又有提高。东汉时期铁器最终取代了青铜器。铁器的出现对生产力的提高起着极为重要的作用,使中华文明产生了划时代的进步。

耜 中国先秦时代的一种主要农具,用于翻土,常与耒并称。耜和耒一样,传说是神农氏发明的,不仅在文献资料中多有记载,也常见于从古文化遗址出土的文物中。

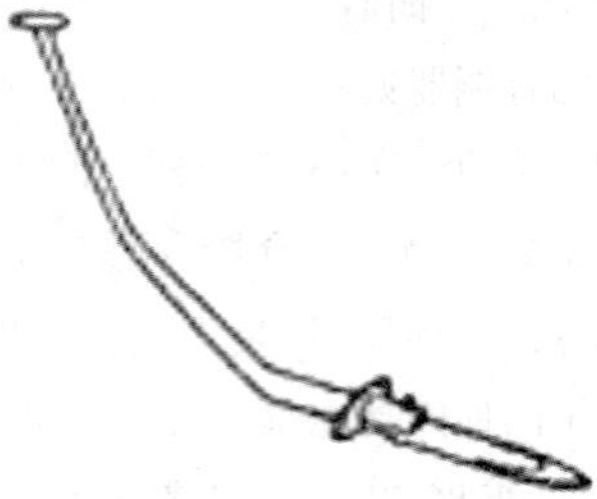

从目前出土的情况来看,史前时期的耜多为骨制或木制,大量见于河姆渡遗址。大约殷商时期出现了青铜制的耜,但木耜仍很常见,例如在江西新干大洋洲遗址同时出土了一件青铜耜和一件木耜。在战国时耜向两个不同的方向发展:一是头部加宽加厚并起中脊,刃的中部锐出呈等腰三角形,向犁发展,以适应牛耕的需要;一是变薄加宽,向臿发展,以适应松软土地上的作业。同时出现了铁制的刃口套于木制的主体上面。此后,耜的使用就逐渐减少直至最后消失。

臿 一种直插式挖土工具,由耜演变来,有的古书里仍称其为耜。臿主要用于开渠挖沟。传说夏禹治水时就手拿着臿。《汉书》中有“举臿为云”“负笼荷臿”,就是说西汉时人们用臿挖掘起来的泥土,装在笼里运走。目前我们见到最早的臿是湖北黄陂盘龙城商代遗址中出土的铜臿。1973年,在湖南长沙马王堆汉墓出土的铁锸,木柄铁口,锸面两肩高矮不一,便于踏脚着力。另外在河南辉县、巩县、铁生沟等地也发现了铁臿,其形制与今天的铁锹相似,全部铁头,中间一銎,安放木柄。臿也是一种重要的农具,人们用之来挖沟、铲土。现在我们挖土、起土常用的铁锹,实际上就是由臿演变而来。

镰刀 俗称割刀,是农村收割庄稼和割草的农具。镰刀呈月牙状,由刀片和木把构成,有的刀片上带有小锯齿,尾端装木柄,一般用以收割稻麦,在农村现在还有使用镰刀的。

锄 用于中耕、培土、松土、间苗和除草的农具。其构造大致上由一根木制长柄及一块金属作的刀刃组成,但也因用途不同而有各种形状:有大锄、小锄之分,又有叉形和铲形之分。青铜锄最早出现于西周时代,一直沿用到战国时代,战国时出现铁锄。现藏于中国国家博物馆的出土于 1950 年河南辉县固围村的铁锄,长 10 厘米、宽 10.5 厘米、距 2 厘米,这种形制的铁锄,造型合理,安装把柄后方便使用,不仅可以锄草,还有利于保墒,这说明当时农业技术有了较大进步。现在在我国农村中,锄仍然被广泛使用。

镢头 刨土的一种工具。在我国的一些新石器时代遗址中就出土了一些石镢头,战国时出现了铁镢头。镢头一头是铁制的,一头是木制的。木制的作为用手握住的部分,就像我们所拿的铁锹的后部,铁制部分一头有一个圆环扣在木制部分上面,铁制部分的另一头比较锋利,形状大体与锄头差不多。使用时两手一前一后,在前一手用力向下刨,可将土挖起。

犁 一种耕地的农具。由在一根横梁端部的厚重的刃构成,通常系在一组牵引它的牲畜或机动车上,也有用人力来驱动的,用来破碎土块并耕出槽沟,从而为播种做好准备。中国的犁是由耒耜发展演变而成,犁约出现于商朝,早期的犁,形制简单。西周晚期至春秋时期出现铁犁。

西汉出现了直辕犁,有双辕和单辕之分,基本上是二牛抬扛式,特别适合在平原地区使用。魏晋南北朝时期,农业生产已经全面进入牛拉犁耕的阶段,直辕犁结构已经相当完善,应用更加广泛。隋唐时期发明曲辕犁,曲辕犁的应用和推广,大大提高了劳动生产率和耕地的质量,我国的传统步犁在结构上基本定型。宋元时期的耕犁是在唐代曲辕犁的基础上,加以改进和完善,使犁辕缩短、弯曲,减少策额、压镵等部件,犁身结构更加轻巧,使用灵活,耕作效率也更高。明清时期,耕犁已没有发生太大的变化。只是到清代晚期,由于冶铁业的进一步发展,有些耕犁改用铁辕,省去犁箭,在犁梢中部挖孔槽,用木楔来固定铁辕和调节深浅,使犁身结构简化而又不影响耕地功效,也使耕犁更加坚固耐用,既延长了使用时间,又节约了生产成本。

碓 用于去掉稻谷外壳的一种用具。简单的碓只是一个石臼,外加一根杵或木槌。碓是用柱子架起一根木杠,杠的前端装一块圆形石头,用脚连续踏动木杠后端,前端石头一起一落,落下时砸在石臼中,舂砸下面石臼中的稻谷,去掉稻谷的皮,使谷成米或使米成粉。大概在西汉末年,古人在这种原始碓的基础上发明了水碓。水碓的

动力机械是一个大的立式水轮,轮上装有若干板叶,转轴上装有一些彼此错开的拨板,拨板是用来拨动碓杆的。每个碓用柱子架起一根木杆,杆

的一端装一块圆锥形石头。下面的石臼里放上准备加工的稻谷。流水冲击水轮使它转动,轴上的拨板臼拨动碓杆的梢,使碓头一起一落地进行舂米。利用水碓,可以日夜加工粮食。凡在溪流江河的岸边都可以设置水碓,还可根据水势大小设置多个水碓,设置两个以上的叫做连机碓,最常用是设置四个碓。入唐以后,水碓的用途也逐渐推广。大凡需要捣碎之物,如药物、香料,乃至矿石、竹篾纸浆等等,皆可用省力功大的水碓。

连枷　中国的一种脱粒农具。连枷的具体构造是在一个长木柄上装上一排可以活动的木条或竹条。连枷历史悠久,春秋时齐国人首先使用连枷。劳作者使用连枷时上下甩动连枷,使连枷拍旋转,拍打敲击晒场上的麦穗或豆荚,使之脱粒。用连枷打场多在午饭后进行,因这时在阳光爆晒下麦穗或豆荚特别焦脆,极好脱粒。打场时,人们喜欢结伙打场,互相帮工,七八人结集一起,各执连枷,自动分成两排,面对面地拍打,纵横移动。双方连枷举落整齐一致,你上我下,彼起此落,错落有致,响声雷动,节奏分明,场面十分热烈。打到极兴时,人们还随着连枷节奏,喊起号子,欢声笑语,你追我赶,成为一种劳动乐趣。宋代范成大《石湖集·秋日田园杂兴》诗中有:“笑歌声里轻雷动,一夜连枷响到明”之句,就是描写农村打场脱粒的繁忙景象。现在,虽然有了脱粒机,但连枷在一些地区仍被使用着。

耧车　又称“耧”“耧犁”“耙耧”,是中国传统的一种畜力的多管条播机,使开沟、播种、施肥、覆土、镇压等作业一次完成,大大提高功效。据史书记载,汉武帝时的赵过发明了耧车。另据东汉崔寔《政论》记载,耧车由三只耧脚组成,下有三个开沟器。播种时,用一头牛拉着耧车,可一次性开出三条沟来,在平整好的土地上开沟播种,同时

进行覆盖和镇压，行距、株距始终如一。耧车经过改进还能用来施肥，称为下粪耧种。下粪耧种，是在原来播种用的耧车上加上斗，斗中装有筛过的细粪，或拌过的蚕沙，播种时随种而下，将粪覆盖在种子上，取到施肥的作用。耧车作为一种先进的播种机，在汉武帝时曾经下令在全国范围里推广，大大提高了播种效率，对当时农业生产发展起了推动作用。

耙　一种用于表层土壤耕作的农具。耙一般由木把、钯头组成，钯头装有铁齿。用耙可以进行一些表土耕作，如平地、碎土、耙土、耙堆肥、耙草、平整菜园等。翻地时，农民手握木把的一端，把耙举过头先往后，再往前甩，铁齿由于甩劲插入泥土，然后向后拉耙，把土翻松。耙的耕作深度一般不超过 15 厘米，且通常在犁耕后、播种前或早春保墒时进行，有疏松土壤、保蓄水分、提高土壤温度等作用。耙在中国已有 1500 年以上的历史。北魏贾思勰著《齐民要术》称之为“铁齿”“楱”，而将使用此农具的作业称作耙。元代王祯的《农书》记载有方耙、人字耙、耮(用柳条编织的无齿耙)和耖(水田用的耖田耙)。现在常用的耙主要有圆盘耙、钉齿耙和水田星形耙等。虽然随着现代化工具的发明运用，许多传统农具都已经逐步退出历史舞台，但铁耙作为农家必备农具之一，现在仍有所使用。

桔槔　俗称“吊杆”，是一种原始的井上汲水工具和灌溉机械。桔槔始见于《墨子·备城门》，作“颉皋”。桔槔的结构，相当于一个普通的杠杆。它是在一根竖立的架子上加上一根细长的杠杆，当中是支点，末端悬挂一个重物

(一般以重石最为常见),前段悬挂水桶。一起一落,汲水可以省力。当人把水桶放入水中打满水以后,由于杠杆末端的重力作用,便能轻易把水提拉至所需处。这种简单的汲水工具虽简单,但它使劳动人民的劳动强度得以减轻。桔槔的使用早在春秋时期就已相当普遍,而且延续了几千年,是中国农村历代通用的旧式提水器具和一种主要灌溉机械。

石磨 用人力或畜力把粮食去皮或研磨成粉末的石制工具。石磨由两块尺寸相同的圆形磨扇和磨盘构成,架在石头或土坯等搭成的台子上。接面粉用的石或木制的磨盘上摞着磨的下扇(不动盘)和上扇(转动盘)。两扇磨的接触面上都錾有排列整齐的磨齿,用以磨碎粮食。上扇有两个(小磨一个)磨眼,供漏下粮食用。两扇磨之间有磨脐子(铁轴),以防止上扇在转动时从下扇上掉下来。有直径超过三尺六寸(1.2 米)的大磨,要用三匹马同时拉。一斗粮食用十多分钟就能拉一遍。一般磨直径 80 厘米左右,一个人或一头驴就能拉动。小磨直径不足 40 厘米,能

放在筐箩里，用手摇动，用于拉花椒面等。

锯 一种以其齿刃将固体材料如竹、木、骨、角等切割成各种长度或形状的工具。考古发现，中华民族早在新石器时代就会加工和使用带齿的石镰和蚌镰，这些是锯子的雏形。最早的青铜锯属于商代，矩形，两边有锯齿。战国时有直锯和弯锯。河南信阳战国楚墓中出土的一件锯片，齿浅，锯片夹在木板内，有木柄。传说春秋时期，天才建筑师鲁班一次在上山时偶然被草叶划破手指获得灵感，从而发明了锯。鲁班作为一名技术高超的工程大师，他肯定也是锯的使用者。他可能对锯进行了改造，改善了锯的功能，使之更加耐用、高效，加之铁器已经用于生产，从而使一般的民间工匠得以使用上性能良好且廉价的铁锯，于是人们以为锯是鲁班发明的。尽管他不是锯的发明者，但他可能是锯的重大改进者。

碾 用人力或畜力把高粱、谷子、稻子等谷物脱壳、去皮及碾碎加工时使用的石制工具。碾子由碾台、碾盘、碾滚和碾架等组成。碾盘架在石头或土坯等搭成的台子上，碾盘中心设竖轴，连碾架，架中装碾滚子，碾盘和碾滚上分别凿刻着很有规则的纹理，其目的是增加碾制粮食时的摩擦力。碾子多以人推或畜拉，通过碾滚子在碾盘上的滚动达到碾轧加工粮食的目的。碾子在我国北方农村有广泛的应用。

铲 一种直插式整地农具。目前所知最早的铲为木制，浙江余姚河姆渡遗址就出土过木铲。新石器时代出土

的铲多为石制,也有少量骨制。商周时期出现青铜铲,肩部中央有方形銎,可插柄使用。春秋时期出现铁铲,战国时期铁铲更普遍。四川汉墓多出土执铲陶俑,铲肩宽且平,与现代铲锹形似。

凿 一种手工工具,常用锤子敲打以凿、刻、旋或其他切削动作以削去各种材料的表面或形成坑、眼、槽等。凿的下端一般多为楔形或锥形,端末有刃口,有单面刃,也有双面刃,与锛近似,但比锛细小得多。新石器时代早期就出现了凿,是当时人们加工木器、骨器、建筑房屋等的主要手工业工具之一。很多新石器时代遗址都有石凿、骨凿出土。河姆渡遗址中出土了不少石凿、骨凿,大小不一、形状各异,与此同时还出土了木制卯榫、蝶形器、木筒等,说明凿是用来加工这些木器的工具。比如卯眼显然是用石凿或骨凿加以捶击制成的。另外当时人们已经懂得针对不同的加工对象,使用不同的石凿,有一种体形较小、扁薄梯形的石凿可能是用于加工细活的小型刮削工具或雕刻工具。青铜时代铜凿代替了石凿,铁器时代铜凿又被铁凿所代替。凿的形式也越来越多样化,有平凿、狭凿、菱形凿,圆弧凿等。直到现在凿仍然被人们使用。

锛 木工用的一种平木器、削平木料的手工工具,与斧形状近似,仅刃部为单面刃。在我国新石器时代遗址中已发现了大量的石锛,先民们已经过定居生活,从事农业生产,他们建筑房屋,制作耒耜主要依靠的工具就是石斧、石锛。大汶口遗址出土有成套的石锛,由大、中、小不同规格的锛组成,说明当时人们已懂得根据加工对象,选择使用不同规格的石锛。新石器时代出土石锛大致可分成两大类:一类为斧状石锛,主要分布于北方广大地区;另一类为有段石锛,即器身上部凹进一段,主要分布于我国东南广大地区,石锛可按木柄使用,特别是有段石锛,其后段比前段磨得薄些，或中脊的棱下有一条小沟，便于系住木柄。商代以后石锛逐渐被铜锛、铁锛取代。商周遗址出土了一种铜锛，一头有长方形的孔可装柄，一面刃，显然它是由石锛演变而来的。

墨斗 中国传统木工行业中用于在木、石等材料上划直线的一种工具。相传为鲁班发明。墨斗由墨仓、线轮、墨线(包括线锥)、墨签四部分构成。其结构是后部有一个手摇转动的轮即线轮，用来缠墨线，前端有一个圆斗状的墨仓，里边放有棉纱等絮状物，以储存墨汁。墨线由木轮牵动，经墨仓蘸了墨汁，由细孔牵出，固定其一端，像弹琴弦一样将木线提起弹下，使线上的墨汁弹在要画线的地方，形成笔直的黑线条，用后转动线轮将墨线缠回，因而古代又称墨斗为“线墨”。墨斗造型、装饰各式各样，墨仓有桃形、鱼形、龙形等，既是自娱，也是木工手艺的炫耀。

2.生活用具

漆器 指用生漆涂敷在器物胎体表面作为保护膜制成的日常生活用品。作漆器时，以木、竹篾、麻布等为胎骨，然后以漆涂其外表，有的涂很多层漆，干燥后即成漆器。也可在漆中调色，以便涂饰花纹，绘制图案。漆器不仅坚固耐用，多样的装饰更使器物色泽华丽。浙江余姚河姆渡遗址第三文化层中发现一件朱漆碗，是中国现知最早的漆器。朱漆碗的发现，说明早在新石器时代先民就已认识了漆的性能并调配颜色，用以制器。从新石器时代一直到明清，我国的漆器制作发展成为一门专门的工艺，达到了相当高的水平，成为中国所特有的漆器工艺。现在漆器仍是我国民间工艺的重要组成部分，著名的漆器工艺有福州的脱胎漆器、厦门的髹金漆丝漆器、广东晕金漆器、扬州螺钿漆器、山西平遥推光漆器、成都银片罩花漆器、安徽屯溪犀皮漆器、北京剔红漆器等。

油纸伞 用涂上桐油的纸做伞面的雨伞。相传伞的发明者是我国古代著名木工鲁班的妻子。鲁班常在野外作业,若遇下雨,常被淋湿。鲁班妻子云氏想做一种能遮雨的东西,她就把竹子劈成细条,在细条上蒙上兽皮,样子像“亭子”,收拢如棍,张开如盖。实际上,这就是后来的伞。古时候,伞面是用丝绸制的。发明纸后,丝由纸代替,制成纸伞。宋时称绿油纸伞。制作伞的用料很讲究,以手工削制的竹条做伞架,以涂刷天然防水桐油的皮棉纸做伞面,伞面糊好后绘上图案,涂上桐油,然后在室内吊起阴干。制伞至少要经过七十多道工序,包括锯竹、刮青、平头、劈骨、锯槽、削骨、排伞骨、穿伞、糊伞、装柄等。中国的油纸伞图案以传统国画常见题材为主,如花鸟、山水等,也有以古典文学名著内容如《红楼梦》《西厢记》的情节为题材,伞柄和伞骨均保留素材原来的颜色,带有古朴的韵味。油纸伞除了是挡阳遮雨的日常用品外,也是嫁娶婚俗礼仪一项不可或缺的物品,中国传统婚礼上,新娘出嫁下轿时,喜娘会用红色油纸伞遮着新娘,据说能起到避邪的作用。现时油纸伞由于其保存不易,多作为艺术品和游客纪念品售卖。

屏风 又称为屏门或屏障,是置于建筑物内部以障风蔽物、分隔室内空间并起装饰作用的家具,所谓“屏其风也”。西周时出现的叫做“斧扆”的用品,即为后世的屏风。屏风这个名称至迟出现于战国。《史记·孟尝君列传》有“孟尝君待客坐语,而屏风后常有侍史,主记君所与客语,问亲戚居处”。汉代屏风开始普及寻常百姓家,成了古人室内装饰的重要组成部分。屏风一般用木料或竹子做边框，下面装有屏足和底座。框子内蒙以绢帛。屏风或单扇，或多扇可以折叠，上面统一构图，以绘画、雕刻或文字等予以美饰。明清时期屏风从实用性向装饰性过渡，屏风已不再是简单屏蔽之物，而是演化为极具装饰功能的艺术品，更富于观赏性。屏风一般陈设于室内的显著位置，它与古典家具相互辉映，相得益彰，浑然一体，成为家居装饰不可分割的整体，而呈现出一种和谐之美、宁静之美。屏风是中国古代居室内重要的家具、装饰品，其形制、图案及文字均包含有大量的文化信息，既能表现文人雅士的高雅情趣，也包含了人们祈福迎祥的深刻内涵。各式各样的屏风，还凝聚着手工艺人富于创意的智慧和巧夺天工的技术。

席子　通常是用芦苇、竹条或芨芨草编织而成的生活用具，古人用以坐、卧，现通常用来铺床或炕等，是居家常用家具之一。早在石器时代，席子就成为先民必不可少的生活用具，不过当时的席子颇为粗糙。三代以后，人们的坐具分为"筵"和"席"两种，"筵"以蒲草或苇子编织，面积较大；"席"的材料要精细些，面积也较小。秦汉时期，上自天子，下至黎民百姓，坐卧起居都用席。席一般以草或竹篾编成。坐席有一定的规矩，家庭中为长辈设专席。护羌校尉邓训"于闺门甚严，兄弟莫不敬惮，诸子进见，未尝赐席接以温色"。就是说，儿子们见他时，都必须站着，而不让坐在席上。唐宋以前，并无桌椅之类的高架器具，只有矮小的几案一类的东西，古人谈话、写作、进食等，都是就地而坐，唯一可以讲究的就是在地上铺设席子。因为要就地坐在席子上，所以称为"席地而坐"。一般说来，无论宴请宾客还是家庭就餐，要在铺好的席子上放置几案，按照地位与身份的不同，所铺席子的数量也不同，铺在下面的席子称为"筵"，铺在上面的席子称为"席"，合称"筵席”,“筵席”也就由铺设的器具渐渐有了“饮食”的意思,并生发出“酒席”“酒筵”等同义词。古代铺在地上的席子,可以显示主人的地位和身份,在如今的生活中却早已不那么重要,北方人只有在夏天铺上点凉席以求坐卧舒适,南方人或许用得多一些。

床 又称榻,是睡卧的家具,古代尊者亦以床为坐具。原始社会的人们生活简陋,睡觉只是铺垫植物枝或兽皮等,掌握了编织技术后就铺垫席子。席子出现以后,床就随之出现。商代甲骨文中,已有像床形的字“淋”,说明商代已有床。目前所见最早的木床实物,是1958年出土于河南信阳长台关的一座大型战国楚墓中,上刻绘着精致的花纹,周围有栏杆,下有六个矮足,长218厘米,宽139厘米,高仅19厘米。春秋以来,床往往兼作其他家具。两汉时的床一般为木制,较矮,多无栏杆。1972年甘肃嘉峪关市新城公社以西五里的戈壁滩上清理了数座东汉晚期墓。在一号墓的南壁甬道门东侧的第二层画像砖上可能画的是墓主人,头戴乌冠,高坐榻上,右手持扇,榻前一仆人左手高举三枝叉,上串烤肉,向主人进食。在前室南壁甬道门西侧、西壁和北壁西侧画像上,有主人们在榻上赏乐,榻前置有斛等温酒器及炊具,榻下乐师们在抚琴、吹竖笛、弹琵琶。由此可见,榻在当时河西地区人们日常生活中的广泛应用。晋代画家顾恺之的《女史箴图》中所画的床,高度已和今天的床差不多。另外还出现一种四足的高床。唐代出现桌椅后,人们生活饮食等都是坐椅就桌,不再在床上活动。床由一种多功能的家具,退而成为专供睡卧的用品。床在古代可以表达一种孤独萧索的意境。李商隐的诗句“远书归梦两悠悠,只有空床敌素秋”,表达了一种意乡之情。李白的“床前明月光”,更是表达了这种苦闷的思绪。

几 古代供人们凭倚、置放物品的一种家具。几为长方形,矮足,略如时下北方的炕桌。二十世纪五十至七十年代甘肃武威磨嘴子汉墓先后出土有两件木几。62号墓出土的木几长117厘米、宽19厘米、高26厘米,两端各有三条曲形足,足下弓形。几最初是置于座侧,以便凭倚的家具。后称小桌子为几,大桌子为案。用以搁置对象,如茶几、香几、花几等。几的样式繁多,用途也各不相同,在厅堂殿阁的布置上,和其他家具一样,也是各有特定的规范。香几是用来放置香炉的家具,大多成组或者是成对地使用。香几的形制以束腰做法居多,腿足较高,多为三弯式。而茶几一般以方形或长方形居多,高度与扶手椅的扶手相当,用以放杯盘茶具,故名茶几。花几又称花架或花台,大都较高,它的用途主要是承托花盆、盆景,多摆设在厅堂的各个角落或者是正中间条案的两侧。花几比茶几出现得晚。到了清代中期以后才开始出现这种细高造型的几架。到了晚清,花几非常盛行,现在流传于世的花几大多是这个时期的作品。

椅子 一种有靠背的坐具,一般包括一个座位、椅背,有时还包括扶手,通常会有椅脚使座位高于地面。古代席地而坐,原没有椅子,"椅"即"梓"是一种树木的名称,《诗经》有"其桐其椅"。椅子的名称始见于唐代,而椅子的形象则要上溯到汉魏时从少数民族传入的北方胡床。胡床是可以折叠的轻便小坐具,大体与现代的马扎相似,在魏晋南北朝至隋唐时期使用较广,富贵人家不仅居室必备,就是出行时还要由侍从扛着胡床跟随左右以备临时休息之用。胡床在当时家具品类中是等级较高的品种,通常只有家中男主人或贵客才有资格享用。尽管当时的坐具已具备了椅子、凳子的形状,但因其时没有椅、凳的称谓,人们还习惯称之为"胡床"。唐代以后,椅子的使用逐渐增多，椅子的名称也被广泛使用，才从床的品类中分离出来。到宋代出现了交椅，等级高于其他椅子，稍有身份的家庭都置备交椅，供主人和贵客使用。

灯笼 古代的一种笼状灯具。灯笼由纸或者绢作为外皮，骨架通常使用竹或木条制作，中间放上蜡烛，点燃蜡烛即可照明。我国有灯笼是秦汉以后的事，灯笼外原来可能蒙的是绢绸之类，发明纸之后，又有了外围蒙纸的纸灯笼。传说元宵节打灯笼的习俗始于东汉时期，汉明帝提倡佛教，听说佛教有正月十五僧人观佛舍利、点灯敬佛的做法，就命令这一天夜晚在皇宫和寺庙里点灯敬佛，令士族庶民都挂灯。以后这种佛教礼仪节日逐渐形成民间盛大的节日。除了照明以外，灯笼还有其他意义。在古代私塾每年正月开学时，家长会为子女准备一盏灯笼，由老师点亮，象征学生的前途一片光明，称为“开灯”。现代社会中人们基本上不需要用灯笼来照明了，但灯笼的特殊地位依然不减。每逢佳节、婚礼庆典这样的喜庆日子，灯笼依然是首选。灯笼在中华民族悠久历史中，扮演着重要的角色，象征着中华文明的灿烂，也象征国家的昌盛繁荣。

箸 筷子的古名，用于夹起食物并把它们送往口里的一种餐具。箸者，助也，意思是帮助吃饭的工具。我国使用箸的历史可追溯到商代，《史记·十二诸侯年表序》中有商纣王“为象箸，而箕子唏”的记载，这说明在三千多年以前就已经用箸了。箸多为竹木制，亦有金属、象牙与骨制等。竹木制的箸因身材细小，又是竹木材质，入土多易腐烂，只有甘肃河西走廊发现过汉代的木著。目前出土的箸多为金属所制。1977 年，安徽贵池发现一双春秋至战国时期的铜箸，这是目前所见最早的实物金属箸。云南大理地区也发现过铜箸，经鉴定为西汉的器物。《太平广记》录有唐人李玫《纂异记》文：“长须持一筹筷云：‘请置觥，有拒请歌者,饮一钟。歌旧词中笑语准此罚。'"可证在唐朝以前可能就有将箸改称筷者。有人说,"箸"与"住"字谐音,"住"有停止之意,不吉利,为了图喜庆,才用反义改称箸为"筷"。但筷的名称,在古代并不流行。箸筷是中国的国粹,既轻巧又灵活,在世界各国餐具中独树一帜,被西方人誉为"东方的文明",它是反映中国饮食文化特色的重要组成部分。

斗笠 又称笠帽、竹笠、箬笠,是一种以竹子编成的用来遮阳挡雨的宽大帽子。斗笠呈圆锥形,因其平面如斗大小,故名。斗笠的制作,是将成熟竹子劈成竹篾作为胎骨,再附上一层层的竹叶或竹篾,并使用丝线固定,笠面再涂上桐油。斗笠起始于何时,已不可考,但《诗经·小雅·鸿雁之什》有"何蓑何笠"的句子,说明至迟在周代就已有了。《说文解字》中提到一个"簦"字,意为竹篾编的有盖有柄的遮阳挡雨的器具,而有盖无柄的则称之为笠,又叫笠帽。古诗文中,常蓑笠并用;"圆笠覆我首,长蓑披我襟"(唐·储光羲《牧童词》);"孤舟蓑笠翁,独钓寒江雪"(唐·柳宗元《江雪》);"青箬笠,绿蓑衣,斜风细雨不须归"(唐·张志和《渔父》)在江南农村一带,几乎每家每户家中都有斗笠。在外出中,他们不管天晴下雨,都戴在头上,成了自己生产生活中不可缺少的必需品。现在斗笠已成为一种令人赏心悦目的工艺品。

锁 古称钥,是人类为了保护自己的财产而发明的一种用钥匙才能开启的闭合装置。我国有悠久的使用锁的历史。最早的锁是主人为防他人开启而设的简单的机关。锁在先秦和汉代称为键闭,开锁的钥匙称为管钥。《左传》僖公三十三年"郑人使我掌其北门之管",其中之"管",就是开城门锁的钥匙。东汉扬雄著《方言》卷五称:"户钥,自关而东陈楚之间谓之键,自关而西谓之钥。"东晋郭璞注:"《月令》修键闭,慎管钥。郑注云:键牡闭牝也,管钥搏键器也。《周礼·司门》掌授管键。郑注云:管谓钥也,键谓牡。"

早在氏族社会晚期,私有财产出现,人们为了保护私有贵重财产,用兽皮包紧财物,外边用绳索捆绑,反复牢牢打结,必须用一根用兽骨制成的"挫"才能把绳结一层层挑开,这就是最原始的锁与钥匙的雏形。木锁可以说是我国早期最具体的锁具,在仰韶文化遗址中曾发现过早期的木质锁。早期的木锁的结构比较简单且笨重,钥匙多用竹杆和木棍,比较容易开启。在春秋战国时期经鲁班改进后,开始用铜制作锁钥,保密性得到增强。商周时期,出现了用钥匙才能开启的铜锁,战国以后出现了铁锁。到了汉代出现了俗称三簧锁的铜质簧片锁,可以说是我国锁具发展史上的一次质的飞越,其保密性和安全性得到了加强。三簧锁主要是利用两三片板状的铜片弹加来达到封启的作用。钥匙孔可制成不同的形状,并依此制成不同的钥匙,钥匙的变化较多,保密性得到了加强,使用范围也较广泛,有"广锁"之称。三簧锁在中国唐代以后不断改进和完善,出现了一百多类款式,有的锁还采用了暗门、定向、二开、无钥、文字密码等技术,使锁的开启难度进一步加大。三簧锁是我国传统的锁具,一直沿用到 20 世纪 50 年代。我国古代锁具不仅历史悠久,种类众多,制造精巧,而且有着丰富的文化内涵。

壶　用陶瓷或金属制成的一种容器。通常用来盛茶、酒等液体。壶的形制深腹敛口,多有把、有嘴、有盖。我国使用壶的年代很长,壶的式样也很多,大致有圆形、方形、扁圆形、八角形、弧形等。断面为扁圆形,深腹下垂,带扁方形贯耳和圈足的壶大多为商代器物,但商代也有长颈鼓腹的圆壶。西周壶除承袭商代式样外,多设有圈顶壶

盖，盖可倒置用作杯，耳多为半环耳或兽首衔环状耳。春秋壶造型较商周壶轻巧，多为扁圆壶或方壶。许多壶盖上端做成莲瓣形，也有一些在壶盖或壶身外表装饰鹤、龙、虎等立体动物形象。弧形壶主要是春秋战国时期的作品。造型为长颈，圆腹，腹旁有鋬，平底或圈足。壶颈向一侧倾斜，形状类似瓢瓜。战国、汉代的壶由垂腹改为鼓腹，下腹部内收，圈足微外撇或平底，底部小巧而稳重，显得秀丽灵巧。这一时期也有提梁壶，提梁用数十节铜链串接而成，便于外出携带。

紫砂壶是中国特有的一种手工制造的陶土工艺品。紫砂壶的原产地在江苏宜兴，故又名宜兴紫砂壶。紫砂壶的起源一直可以上溯到春秋时代的越国大夫范蠡，已有二千四百多年的历史。

爵　我国古代最早的饮酒器，功能相当于现代的酒杯。爵的一般形状：前有流，即倾酒的流槽，后有尖锐状尾，中为杯，一侧有鋬，下有三足，流与杯口之际有柱，此为各时期爵的共同特点。早在原始社会晚期，先民就开始使用陶爵。青铜爵流行于夏、商、周时期。夏代晚期爵的形制，有的尚带有陶爵的特征，有的则较为精巧。一般器壁较薄，表面粗糙，无铭文，腹部偶有简略的连珠纹。流和尾的倾斜度都不大。流多作狭槽形，且较长，个别也有较短的。流和杯口之际多数不设柱，也有设不发达的钉状柱。夏代晚期的爵都是扁体爵，体截面呈橄榄形。底皆平，鋬与一足成直线，两足在另一侧。目前发现的夏代晚期青铜

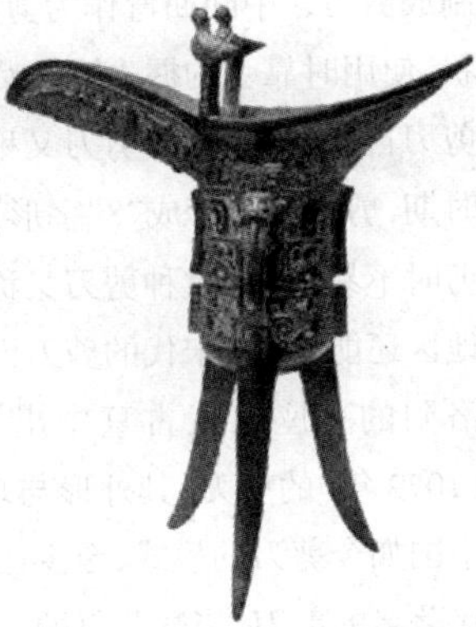

爵数量不多，造型一般原始拙朴，也有新颖而精巧的。这说明爵这种饮酒器已经历了长时期的发展过程。商代时期，铜爵大量制作，器形较多，考古发掘中出土大量铜爵等酒器，反映了商代饮酒之风的盛行。商代前期，爵多平底，二根短柱。商代后期和西周初期，爵多为凸底，柱离泷折较远。西周中期，三足爵大体上没有了，西周晚期，爵演化成低的圈足杯，有宽把手。春秋时期，爵的前腹饰有鸟头、羽翼。春秋战国时期，爵已很少见了。

俎 古代祭祀祖先和天地神灵时盛放祭品的器物。长方形面板，微凹，两端下有宽足，有的俎面板上还开有十字形孔数个。俎，用青铜铸造，但多数是木制。青铜俎，最早的是商代的，至春秋战国时期还有。秦汉以后就不见使用。祭奠时杀牲于俎上，以表示对祖先和天地神灵的崇奉之意。日常非祭祀之时，俎就是用于切肉的砧板。

剪刀 古代称铰剪或铰刀，是切割布、纸、绳等片状或线状物体的双刃工具，两刃交错，可以开合。剪刀作为日常生活用品，在中国的历史悠久。这从唐代诗人贺知章《咏柳》诗句“不知细叶谁裁出，二月春风似剪刀”中即可略知一二。民间源远流长的剪纸艺术，也从侧面证明剪刀在中国的悠久历史。汉字“剪”的象形意思就是“刀前还有一把刀”。古人将剪刀又称“龙刀”，可见其在生活中的重要性。中国现存最早的剪刀实物，是在洛阳的西汉古墓中发现的。这把锈迹斑斑的西汉剪刀是用一根铁条，两端锻制成剪刀，中间回弯作为剪柄，即近现代剪羊毛的剪刀状，使用时靠手的握力进行裁剪。剪柄具有弹性，松手后剪刃自动张开。这种剪刀又称“连裆”式剪刀。两晋南北朝时期，剪柄多回弯成“8”字形，增加了剪柄的弹性，而且裁剪时不易脱剪。这种剪刀又称作“交股”剪刀，至今在边远地区还能见到。宋代的剪刀已经大体接近于现代的模样。洛阳的一座宋代古墓中出土了一把从北宋熙宁五年(1072 年)的剪刀，其外形与现代剪刀已很相似。这说明中国如今剪刀的模式，至少已经沿用一千多年了。中国现代著名的剪刀，当数北京的“王麻子”和杭州的“张小泉”，故有“北王南张”之称。

扁担　是肩膀挑抬东西时使用的工具。有用木制的，也有用竹做的。无论采自深山老林的杂木，还是取之峡谷山涧的毛竹，其外形都是共同的，那就是简朴自然：直挺挺的，不枝不蔓，酷似一个简简单单的“一”字。扁担一般中间宽两端窄，有些扁担是两端向上弯翘的，称作“艄公扁担”。扁担在使用时，将所担物品系上绳子挂在扁担两端，或在扁担两端挂上两个筐，将物品置于筐中。货郎担就使用扁担挑着货物箱贩卖商品。有些地方扁担也用作表演的乐器，如壮族的扁担舞。扁担舞流行于广西红水河畔的都安、马山和桂西的百色、巴马一带。春节期间，壮族的男女老少便欢快地跳起扁担舞，舞者两人一对，每人手执一根扁担，围在长凳或舂米木槽旁，边击、边歌、边舞，用扁担两端互相撞击或敲击长凳，发出咯咯嗒嗒的和谐音响，节奏复杂，舞姿多变，富有浓郁的生活气息。

畚箕　又称簸箕、撮箕、粪箕，也可叫畚斗，古名筲，是以竹子、草绳、藤条编成的盛物器具，是农业社会中重要的生产生活器具。制作畚箕的柳条有芽条、秋条、蒸条之分。三月割的条子，也就是春季草木发芽时割的条子，皮利容易剥，叫作芽条；六七月割的利皮条子叫秋条；凡皮不利，需要蒸后方可剥下的条子，叫蒸条，这种条子是畚箕条中的上等品，用其制做的畚箕柔韧性强，经久耐用，色泽清白，受人喜欢。在蒸条时火候、湿度都尤为重要，随时要掌握，不可掉以轻心，蒸得太老了，色泽不白亮，蒸得太嫩了皮不利。作畚箕时除了条子而外，还需要麻绳和畚箕舌头。麻绳的粗细要适度，一律要用上品麻捻绳，否则会影响畚箕的使用寿命。畚箕可用来盛土石、草、菜等或用作扬去谷糠的器具，也用来晾晒柿子、花生等，还用来挑推肥撒播，因此又称“粪箕”，使用方法可用扁担挑运或以两手握畚箕搬运。形状从上方看起来形成英文字母“U”字形，前面部分平坦，后面成拱形向内凹结构，具有很大的深度，此结构使谷物容易灌入。

扫帚　俗称扫把、笤帚等。扫帚是扫地除尘的工具。传说，四千年前夏朝的少康，一次偶然看见一只受伤的野鸡拖着身子向前爬，爬过之处的灰尘少了许多。他想，这一定是鸡毛的作用，于是抓来几只野鸡拔下毛来制成了第一把扫帚。这亦是鸡毛掸子的由来。由于使用的鸡毛太软，同时又不耐磨损，少康即换上竹条、草等为原料，把掸子改制成了耐用的扫帚。直到现在，扫帚仍在应用。现在的扫帚已多种多样，以高粱杆、粟杆或者棕制作，许多功能则已被吸尘器代替。

勺子　也称匕、汤匙、匙子、勺、汤勺、调羹或匙羹，是一种用来装液体和小块固体的餐具，由带有凹陷的头部和连接的柄构成。勺子，应该是说历史最为悠久的用餐工具了。所以很难说具体是哪一个人发明了勺子。勺子的历史可以追溯到七千年以前，在河姆渡文化遗址发现有很典型的骨勺子。原始人一般是随身带勺子的，可能就挂在腰里边，到吃饭的时候就拿出来用就行了。目前发现的青铜勺是商代的，一般是圆形，旁安柄，有长柄、短柄，有的柄短中空，安上木把才可用，也有扁形短柄。

觚 我国古代用于饮酒的一种容器，作用相当于酒杯，也用作礼器。圈足，敞口，长身，口部和底部都呈现为喇叭状。觚盛行于商代和西周。西周时期，觚趋向衰落，很可能用漆木觚替代了青铜觚。但西周青铜觚也有较为特殊的，如中腰甚细的觚，体形比例皆细长，自圈足以上皆作细体管状喇叭形，外观无腹；还有腰细如笔管状的腰极细式觚，皆为西周早期觚的独特形状。西周中期以后，青铜觚已减少。

十、民族宗教

1.民族

汉族 又称为汉人、华人，占全国人口的90%以上，是中国的主体族群，也是世界上人口最多的族群。汉族源于传说时代居住于秦、陇、晋、豫等地的华夏族群，数千年来又融入许多其他民族，而最终形成的。汉族，历史上曾经自称夏、华、华夏，或被称作秦人、唐人。汉原指汉水，引申天河、宇宙银河，《诗经》云："维天有汉。"华夏族称为汉人，始于汉朝，其本意是指汉朝之人。但在汉朝早期，因为秦朝的强大影响，其邻居更多地将汉朝人称作秦人。直到东汉后，秦人才被称为汉人或是汉民。而汉人作为民族的族称应不晚于南朝初期。到唐朝后，由于唐朝对周边的强大影响力，汉人也被外国人称为唐人。但唐人作为当时外国对汉族的族称，却并未被汉民族本身所承认。唐朝在与周边国家或地区的交往中自称为汉，将其国家称为汉国、边界称为汉界，人民也称作汉人。到近代19世纪末以后，由于民族一词的含义引入，汉族便取代汉人成为这一族群的正式名称。

狄 先秦时期中原人对北方各民族的泛称，因其分布地区主要在成周雒邑以北，又称北翟、北狄。春秋时，狄族分为三个支派：长狄、赤狄和白狄。长狄，又名长翟，分布于齐、鲁、宋、卫之间；一说流动于西起山西平阳、潞安，东至山东边境一带。曾攻打过齐、鲁、宋、卫等国，公元前607年为齐、卫所灭。赤狄，主要分布于今山西长治地区，是春秋时期实力最强、影响最大的狄族部落，主要由潞氏、皋落氏、留吁氏、甲氏、铎辰氏、廧咎如氏等六个氏族组成。公元前七世纪六十年代，赤狄因受晋国压迫，东下太行攻灭邢、卫二国；齐桓公率领郑、宋等华夏国抵御狄人，史称“存邢救卫”。赤狄各部最后为晋所灭。白狄，春秋前期主要分布于古雍州北部（今陕北一带）。前六世纪中叶，因受秦国的压迫和晋国和戎政策的诱惑，东迁至今河北省石家庄一带。东迁后的白狄由鲜虞氏、肥氏、鼓氏、仇由氏四个氏族组成。后肥氏、鼓氏、仇由氏为晋所灭。前507年鲜虞建立中山国，是为早期鲜虞中山国，前406年为魏文侯所灭。前381年左右，中山复国，是为后期鲜虞中山国，前296年为赵国所灭。战国的史籍中已经不再有狄人的活动记录，说明此时狄已完全融入华夏。秦汉以后，狄、北狄成为中原人对北方各族的一种泛称。

戎 先秦时期中原人对西北方各民族的泛称，因其分布地区主要在西部，故又称西戎。夏朝时称西戎为昆仑、析支、渠搜等。殷周之际，有鬼戎、余无之戎等。《诗经》中常有周朝与西戎战争的史诗，“赫赫南仲，薄伐西戎”。春秋时期戎人相当活跃，以允姓之戎、姜氏之戎、犬戎最为著名。有学者认为，允姓之戎即西周的猃狁，允姓之戎分布在今陕西、甘肃、宁夏及内蒙古以北一带，经常侵扰周疆，“侵镐及方，至于泾阳”，给周人带来很大痛苦。周宣王命重兵出征，才把猃狁赶回去。及至春秋，戎、狄内侵，后又更有逾汉水而南者。有学者认为，姜氏之戎即殷周汉晋之羌；犬戎即殷周之畎夷，《山海经》又名犬封国。“后桀之乱，畎夷入居邠岐之间”，周穆王西征，迁犬戎于太原。夷王时，命虢公率六师伐太原之戎，获马千匹。厉王时，戎入犬丘，宣王虽曾胜猃狁，然“遣兵伐太原戎，不克。后五年，王伐条戎、奔戎，王师败绩”，后又“败绩于姜氏之戎”。到周幽王时，戎已大盛，终致申侯与缯、西夷犬戎攻幽王，杀幽王于骊山下。平王立，东迁洛邑，以“避戎寇”。关中之地尽为戎有。周室东迁，秦襄公将兵救周有功，赐受岐以西地，列为诸侯，进而尽取犬戎所据周地。晋亦西向攻取骊戎。关中之戎遂东西迁徙。自陇以西则有绵诸、绲戎之戎，岐、梁、泾、漆之北有义渠、大荔、乌氏、朐衍之戎，皆先后为秦所驱或灭。燕、赵北部间有代戎，燕东北部有山戎，后亦并于诸国。入居中原的戎人，经春秋战国长时期的民族交往，逐渐与华夏融合。

夷　上古时代，尤其是商周时期，中原居民对黄河流域东部居民的总称，是华夏先民的重要来源之一。因其分布地区主要在东部，故又称东夷。在传说时代，东夷环渤海、黄海而居，南至江淮。传说舜出自东夷，商的远古祖先也是东夷。夏、商、周三代，东方有“九夷”，为畎夷、于夷、方夷、黄夷、白夷、赤夷、玄夷、风夷、阳夷。此外，今山东半岛东北部有莱夷、嵎夷；东南沿海及附近岛屿有岛夷；淮河中下游有淮夷、徐夷。经过齐鲁等国在山东地区的多年经营，夷夏融合，东夷人被同化。到秦汉以后，东夷多指居住于中国东方的朝鲜半岛、日本列岛及琉球群岛等地的诸族或中国东北的少数民族。

胡　古代北方和西方各族的泛称。匈奴人曾自称为“胡”。匈奴孤鹿姑单于致武帝书曰：“南有大汉，北有强胡。胡者，天之骄子也。”正因为匈奴人自称为“胡”，故对于活动在匈奴之东的民族，汉人称之为“东胡”。战国时期活动于榆中（今内蒙古伊克昭盟准格尔旗一带）的有“林胡”，活动在林胡之西的楼烦亦被称为“胡”，故赵武灵王仿效林胡、楼烦的服装式样及作战方式就被称为“胡服骑射”。汉通西域之后，西域各族也被称为胡。于是把匈奴称为北胡，把乌桓、鲜卑称为东胡，而匈奴以西、葱岭以东各族称为西胡。对上述各地传入中原的物品，常在名称前加一“胡”字。魏晋以后，“胡”字应用更加广泛，其活动于中原的各少数民族大多被称为“胡”。如《晋书·姚兴载记》有平凉胡金豹，《魏书·世祖纪》有上郡休屠胡金崖，《晋书·沮渠蒙逊载记》及《宋书·氐胡传》俱载蒙逊为临松卢水胡人，《晋书·石勒载记》及《魏书·羯胡石勒传》俱称石勒为羯胡。

蛮　又称南蛮，是我国古代对南方少数民族的泛称。蛮是上古三苗之后裔。春秋时楚国境内已有不少以“蛮”自称的民族。《左传》记载，春秋前期“庸人率群蛮以叛楚”，庸在今湖北竹山，且为群蛮之首，可能是蛮人建立的国家。在楚国的反攻下，庸人破灭，群蛮降楚，此后相当长时期不再见蛮的活动记录。到战国初期，吴起相楚悼王，南并蛮、越，遂有洞庭、苍梧。到秦昭王时，白起攻灭楚国之后，“略取蛮夷，始置黔中郡”，又进一步进占了蛮人居住的湘鄂川黔地区。秦汉蛮族以盘瓠、廪君、板楯三者最大。盘瓠蛮居住在武陵郡、长沙郡，故又称“武陵蛮”或“长沙蛮”，其地有雄、樠、辰、酉、武五溪，故又有“五溪蛮”之称。廪君蛮有五个氏族，其中巴氏首领务相，被推为五个氏族的共主，号为廪君，后遂以廪君为族名。他们早期活动在夷水（今鄂西南清江）流域，后逐步发展到巴中、黔中一带，地当汉的南郡、巴郡，故又被称为“巴郡南郡蛮”。板楯蛮分布在巴郡阆中（今属四川）一带，沿渝水居住，喜好歌舞，英勇善战。楚汉之际，板楯蛮从汉高祖还定三秦有功。东汉皇朝经常征调他们从军，屡立战功。当时西羌数寇汉中，板楯军击败之，号为神兵。魏晋南北朝蛮族是由秦汉时期盘瓠、廪君、板楯三支发展而来。各族蛮人地处南北朝之间，他们利用南北对立的矛盾，时或降南，时或附北，因而能延续活动相当长的时期。南朝在蛮人集中的地区设置“左郡”“左县”，以蛮人首领任令长、太守甚或刺史，进行羁縻。而在荆州置南蛮校尉、雍州置宁蛮校尉，统管蛮事。南北朝是蛮族与其他民族相互融合的重要时期。与汉人杂居的蛮族和汉人没有区别；地处山谷者，则言语不通，嗜好、居处全异。大概留居今清江流域的廪君族和湘西、湘南的盘瓠族仍保持其民族特点，其余地区则已渐与汉族融合。

匈奴　古代活动于北方的游牧民族。据《史记》记载，匈奴人是夏朝的遗民，一些学者认为匈奴原是山戎、猃狁、荤粥。匈奴之名始见于战国。当时，赵、燕、秦三国为了防御匈奴侵扰，各自在北部边境地区修筑长城以自卫。秦始皇时，蒙恬率军大败匈奴。公元前209年，冒顿用鸣镝之法，将父亲头曼射死，自立为单于。他整顿和健全匈奴政权组织，在单于之下，设左右贤王、左右谷蠡王、左右大将、左右大都尉、左右大当户、左右骨都侯等大臣。左右贤王等二十四长，每人领万骑至数千骑不等，都是世袭的部落首领。然后，东西征战，其疆域东尽辽河，西逾葱岭，南达长城，北抵贝加尔湖一带，控制了中国北部、东北部和西北部广大地区，拥有骑兵三十余万，建立了强大的匈奴帝国。汉初，匈奴不断南下侵掠。公元前200年，围汉高祖刘邦于白登山，迫使汉朝实行和亲，岁奉贡献，并开关市与之交易。然而，匈奴仍屡屡背约南侵，成为汉朝一大边患。汉武帝时国力强盛，曾三次大举出兵反击匈奴，匈奴势力渐衰。汉昭帝时匈奴出现五单于并立局面。南匈奴呼韩邪单于归汉，引众南徙阴山附近。汉元帝以宫人王嫱（昭君）嫁呼韩邪单于，恢复了和亲。东汉光武帝时匈奴日逐王比被南边八部拥立为南单于，袭用其祖父呼韩邪单于的称号，请求内附，得到东汉允许。匈奴又一次分裂，成为南北二部。在东汉大军打击下，北匈奴战败后部分西迁。南下附汉的称为南匈奴，留居漠北的称为北匈奴。南匈奴屯居朔方、五原、云中等郡，东汉末分为五部。至西晋，南匈奴人逐步转向定居农耕生活，但除了上层贵族生活习惯和文化教养受汉文化影响较深外，匈奴仍然聚族而居，社会结构变化不大。304年，匈奴刘渊建立政权，除刘赵政权外，十六国中的夏（赫连氏）和北凉（沮渠氏）也是匈奴支裔建立的。南北朝之后，匈奴已完全融入汉族，史籍中不再出现匈奴一名。

乌桓 又名“乌丸”、“古丸”，是我国古代北方的游牧民族之一，属东胡系统。乌桓语言与鲜卑同，无文字，刻木为信。东胡盛时，乌桓与鲜卑同为其重要成员。秦汉之际，活动于饶乐水（今西拉木伦河）一带。公元前3世纪末，匈奴破东胡后，迁至乌桓山，遂以山名为族号。乌桓随水草放牧，以穹庐为室，常要向匈奴进贡牲畜、皮革。汉武帝元狩四年（前119年），汉骠骑将军霍去病进攻匈奴左地，迁乌桓于上谷、渔阳、右北平、辽东、辽西五郡，置护乌桓校尉，使之与匈奴隔离，为汉侦察匈奴动静。王莽时期，令乌桓不再向匈奴缴纳皮布，多次强召乌桓伐匈奴，甚至以妻子为人质，动辄威杀之，招致乌桓反目，遂降匈奴。汉光武帝建武二十二年（46年），乌桓进攻内乱之匈奴，将其赶出大漠以南。东汉对乌桓优抚，允许乌桓人部分移居太原关内各地，驻牧于辽东属国，乌桓人大多归附于汉。乌桓南迁后，原居地为鲜卑所占，留在塞外的部分乌桓人民，亦附鲜卑，常助鲜卑攻击汉朝。东汉末年，辽东、辽西等地的乌桓大人趁乱称王。初平元年（190年），辽西乌桓大人蹋顿统一了现辽宁一带的乌桓各部。袁绍赐予蹋顿单于称号。汉献帝建安十年（205年）袁绍官渡之战败给曹操，其子袁熙、袁尚投奔乌桓蹋顿，形成残余势力。建安十二年(207年)，曹操与乌桓战于柳城，蹋顿被斩，降汉者二十余万人。从此乌桓彻底衰落，地位为鲜卑取代。五胡十六国时期，乌桓与各族杂居，形成“杂胡”。唐朝时嫩江以北有乌丸国，传说是乌桓后人所创。辽太祖耶律阿保机曾派兵征伐，之后乌桓融入其他民族。

鲜卑 古代北方的游牧民族，为东胡系统的古代民族之一。居于鲜卑山(今大兴安岭)，因此为族名。秦汉时从大兴安岭一带南迁至西剌木伦河流域。曾归附东汉。北匈奴西迁后尽有其故地，留在漠北的匈奴十多万户并入鲜卑，势力逐渐强盛。公元二世纪中叶，首领檀石槐被鲜卑各部推为“大人”，建立包括宇文、慕容、拓跋、段、乞伏等部的军事联盟，分东、中、西三部，各部均置大人统领。东汉遣使持印绶封檀石槐为王。四世纪西晋灭亡后，内迁的鲜卑慕容氏建立前燕、后燕、西燕、南燕；乞伏氏建立西秦；秃发氏建立南凉；拓跋氏先建代国，后改魏，史称北魏，统一北部。北魏分裂为东魏、西魏后，鲜卑化汉人高氏与鲜卑化匈奴人宇文氏分别建立北齐、北周。最后北周统一华北，于581年因杨坚篡位而亡。内迁鲜卑建立政权后，部落大都解体，人民多转向定居农业生产，渐与汉族及其他各族融合。鲜卑汉化尤以北魏孝文帝拓跋宏的改革最为激进。隋唐以来，鲜卑已不再作为政治实体和民族实体存在。

西南夷 两汉时期对居住在今川西、云南、贵州境内以及今陕西南部、甘肃东南的少数民族的总称。因为他们当时的地域是在“巴蜀西南徼外”，所以被称之为西南夷。《史记》《汉书》《后汉书》中都有《西南夷列传》，记载了各个时期西南夷中的基本情况。西南夷的部落众多，其中最大者有夜郎、滇、邛都、嶲、昆明、徙、筰都、冉駹、白马等。

汉武帝遣唐蒙出使夜郎,汉在其地置犍为郡。接着又命司马相如招抚邛、筰,以其地置一都尉、十余县,属蜀郡。汉朝拓南夷地置牂柯郡,封夜郎侯为夜郎王。于是西南夷争求内属。武帝以邛都为越巂郡,以筰都为沈黎郡,以冉駹为汶山郡,以白马为武都郡。元封二年(前109年),汉出兵伐滇,滇王降,以其地为益州郡,同时赐滇王王印,使治其族人。西汉在西南夷设置的郡县称"初郡"或"边郡",既有太守、县令等官员,又封部族土著君长为王、侯、邑长,实行"土""流"两重统治。西南夷各族发展极不平衡,其中夜郎、滇、邛都等皆盘发于顶,农耕,有邑聚;巂、昆明等皆编发为辫,随畜迁移;徒、筰都、冉駹等则兼营农牧。西南夷近蜀,双方商贾早就相互往来。西南夷输出筰马、僰僮、旄毛及金、银、铜、象牙等,输入绢、铁、盐、竹、枸酱等。

越 亦称百越或百粤,泛指居于古代南方越地的古代部落。夏朝称"于越",商朝称"蛮越"或"南越",周秦时期的"越",除专指"越国"外,亦同样是对南方诸族的泛称,有"扬越""荆越",战国称"百越"。越族曾在今江浙一带建立强大的越国,共传八代,历一百六十多年,后被楚所灭。秦始皇曾吞并百越地区,秦末农民起义时当地秦军将领成立"南越国"。汉代的百越有许多支系,其中于越、扬越、山越、东瓯、闽越、南越等是百越中的大族。东瓯在今浙江温州一带;闽越在今福建福州一带;南越在今广东省境,继发展到广西及以南地区;西瓯大概分布在今广东西部、广西南部及以南地区;骆越在今越南北部。越族建立的这些政治中心,后来都被汉武帝征服,改为汉朝的郡县。此后百越这个名称不见于史书,越族之名也罕见。三国时期,在吴国统治区有山越,逐渐同化于汉族。隋唐时,山越还偶见于文献记载,宋以后即不复出现。

羯 又称羯胡，是我国古代北方民族之一。羯人入塞之前，隶属于匈奴，即“匈奴别落”。羯人具有深目、高鼻、多须的特点。其族源有数说：一说是为入塞匈奴十九种中羌渠之后裔，或曰西域胡占主要成分，或曰即西域胡之一种，又有说是匈奴从西域掳劫而来的奴隶，后被带入中原。羯族于东汉内徙后居于上党武乡县，仍保留着部落组织，部有大、小酋帅，主要从事农业。羯人石勒于公元319年建立赵国，史称后赵，为十六国之一。后赵参照中原规制，建立各种政治制度，设立学校，提倡经学，阅实户口，劝课农桑，对安定社会起到一定作用。但后越法政严苛，杀人甚多，实行“胡汉分治”，禁说“胡”字；称羯人为国人，称汉人为汉人；纵容羯人欺压异族；朝廷设有专门官吏门臣祭酒，管理羯人诉讼。333年，石勒死，侄石虎夺取政权，施行暴政，民不聊生，于349年为冉闵所灭。羯人最后主要同化于汉族之中。

氐 我国古代西北部少数民族之一，主要活动于今陕西、甘肃、四川三省的交界地区，属于广义的西南夷。氐族的起源：一说氐、羌同源而异流；另一说氐、羌虽自古关系密切，然而从来都是两个不同民族。殷周甲骨卜辞中，虽已出现氐字，但不是作为族称。氐作为族称始于春秋战国，在先秦史籍中往往氐羌连用或并称。汉代在氐族聚居区设有武都郡、陇西郡、阴平郡等，并置十三氐道。汉至三国，氐人经历两次较大迁徙：第一次是汉武帝时派兵镇压氐人反抗，徙部分氐人于酒泉，即酒泉福氐之氐。第二次是汉献帝建安年间曹操徙武都氐人五万落于扶风、天水二郡界内，之后，魏再徙氐众于关中；在蜀魏争夺中，也有一些氐人徙居蜀汉。因而至魏晋时，氐人除原在武都、阴平二郡以外，又在关中、陇右一些郡县形成与汉人及其他各族交错杂处的聚居区，其中最著名的如晋略阳氐苻氏、吕氏，其先人都是从武都迁来的。晋惠帝时，匈奴、卢水胡，雍、秦二州氐羌奋起反晋，立氐人齐万年为帝，直逼长安，坚持两年半后失败。十六国时氐族贵族苻氏、吕氏、杨氏先后建立了前秦、后凉、仇池国三个政权。其中以苻秦政权最为强大，在苻坚统治时期达到顶峰，曾统一北方地区，肥水之战后，苻秦逐渐瓦解。氐族是一个以定居农业为主的民族，语言与羌、杂胡的语言相同，而同时又多知汉语。有姓，皆采用汉族的姓氏。婚姻家庭与羌族相同。衣服崇尚青、绛色。服饰方面，缘饰似羌族，而衽露又似汉族袍服。

羌 自殷商时期起一直到现代都在活动的一个历史悠久的古老少数民族。相传商初羌人已向商朝称臣纳贡，殷甲骨卜辞中有“羌方”，是西方强国，常遭到商人的征讨。但殷商时的羌不是一个单一的民族，是当时中原部落对西部游牧民族的泛称。汉初，匈奴强大，羌人臣属于匈奴。汉武帝为了反击匈奴侵扰，开辟河西四郡，隔断了羌与匈奴的联系，并派军队进入湟中，在今甘肃永登筑令居塞；后又在湟水流域置县，设护羌校尉，总辖羌中事务。昭帝时，又置金城郡，辖地西及湟源，南至夏河。汉宣帝使赵充国往讨羌乱，充国以招抚为主，尽量少杀伐，羌人陆续归降，设金城属国以处降羌。东汉政府多次内徙归附羌人，散布在内地的羌人称为东羌，留居河湟地区的称西羌。在深受地方官吏和豪强的压榨奴役下，生活悲惨的羌人持续不断地进行反抗，成为东汉王朝极大的祸患。东汉政府对他们进行了残酷镇压，一些羌族豪强亦乘机残破州郡，杀掠人民，汉羌人民均深受其害。羌人起义最后虽被镇压下去，但东汉王朝也因此大为削弱。晋惠帝时，冯翊、北地两郡之马兰羌与匈奴人一起造反。不久，秦、雍羌人与氐人俱反，推氐帅齐万年为帝，起义最后失败。晋怀帝永嘉年间，南安郡烧当羌人姚弋仲东迁扶风，从者数万。后其子姚苌叛前秦自立，建后秦国。魏晋南北朝时期，入居内地的羌人与汉族杂居，经营农业，逐渐融于汉族。另外，羌人的一支党项大约与宋同时建立过夏政权，详见党项条目。

吐谷浑 亦称吐浑，古代西北的少数民族之一。原属于慕容鲜卑部，西晋永嘉年间(307—312)，吐谷浑率领部众从辽东西迁阴山（为今内蒙古河套北的阴山山脉地区），在阴山一带游牧了二十多年以后，再由西南度过陇山(在今陕西陇县以西)，西迁至枹罕(今甘肃临夏境)，在今甘肃南部、四川西北和青海等地融合了氐、羌等部落，并建立了政权。到吐谷浑孙叶延时(329—351)，始以吐谷浑为国名、族名。南北朝时，吐谷浑先后向前秦、后燕、后秦、后凉、西秦等政权称臣纳贡，并逐渐发展壮大。至吐谷浑王阿豺时，兼并氐羌土地数千里，占居浇河，进入吐谷浑政权的兴盛时期，通贡于刘宋，被封为沙州刺史、浇河公。隋初，吐谷浑内部发生一系列的变故，导致其国内大乱，各种矛盾尖锐，开始由盛转衰。至隋炀帝时，吐谷浑都城伏俟城被隋军攻陷，吐谷浑遭受到沉重的打击。隋末，吐谷浑趁隋内乱之机，“复其故地，屡寇河右，郡县不能御焉”。唐贞观九年(635 年)吐谷浑王伏允兵败，奔走至鄯善，自杀。从此吐谷浑分成东西二部。西部由伏允子达延芒结波统领，居鄯善，后来降吐蕃，吐蕃称作“阿柴”或“阿辖”。东部由伏允长子慕容顺统领，居伏俟城，唐朝封为西平郡王。不久，慕容顺死，子诺曷钵继位，唐朝封为河源郡王，号乌地也拔勒豆可汗。贞观十四年(640 年)唐朝以弘化公主妻之，并加封青海国王，后于唐龙朔三年(663 年)为吐蕃所灭。

柔然 亦称蠕蠕、芮芮、茹茹、蝚蠕、檀檀，是鲜卑拓跋部的一支。柔然是公元四世纪末至六世纪中叶，继匈奴、鲜卑之后，活动于中国大漠南北和西北广大地区的古代民族。柔然属于东胡苗裔，四世纪中叶自称柔然，北魏贬称其为蠕蠕，意为不会思考的虫子。柔然和北魏是一对劲敌，柔然的崛起成为北魏进取中原的后顾之忧，而北魏的强盛又是柔然南进的阻碍。柔然曾多次袭击北魏北方边境，北魏也发兵北伐，乃至皇帝亲征或巡边。为防御柔然，拱卫京都平城，北魏修筑了东起赤城，西至五原，延袤二千余里的长城，并设置六镇，屯驻重兵。北魏分裂成东、西魏后，柔然时值阿那瓌可汗统治时期，曾一度复兴。高欢、宇文泰为了减轻北患，竞相与阿那瓌结好。阿那瓌周旋其间，先后与东、西魏通婚，接受双方的馈赠。柔然除了与北朝有交往，还屡次遣使南朝。然不久，爆发了被奴役的部落和奴隶的反抗斗争。至六世纪中叶，居住在今阿尔泰山南麓的原柔然锻工——突厥部日益强大。突厥首领土门（伊利可汗）求婚于阿那瓌被拒绝，联合高车，发兵击柔然，瓌兵败自杀。不久柔然汗国败亡，柔然的余众辗转进入了东欧。在那里，柔然成了欧洲人所说的阿瓦尔人。

突厥　古代西北少数民族之一。先世源出于丁灵、铁勒。南北朝时，铁勒原住在叶尼塞河上游，后南迁高昌的北山（今新疆博格多山），由阿尔泰山迁居至蒙古，由蒙古前往中亚。突厥以狼为图腾，大帐外置一幅狼旗。五世纪中叶被柔然征服，徙于金山南麓（今阿尔泰山），因金山形似战盔“兜鍪”，俗称突厥，因以名其部落。以善锻铁被柔然称为“锻奴”。突厥的源流并未有定论，有人认为，突厥的历史可以追溯到北匈奴。突厥初依附于柔然，从五世纪后叶起，柔然被奴役的部落不断进行逃亡和反抗，敕勒各部最为激烈。突厥人也逐步摆脱了被奴役的地位。西魏时首领土门击败铁勒，破柔然，建立政权，东至大兴安岭，西抵西海(咸海),北越贝加尔湖,南接阿姆河南,建立了官制,有立法,有文字。隋初分裂为东、西两部,唐太宗贞观四年(630年)唐攻灭东突厥,唐高宗显庆四年(658年)唐又灭西突厥,西突厥余部西迁中亚。在武后时期,东突厥帝国再度建立,约在七世纪末八世纪初亡于回纥。

回纥 亦称回鹘、乌护、乌纥,隋朝时称韦纥。回纥是初唐、盛唐时期的汉语音译,而后回纥人在唐德宗贞元年间更名为“回鹘”,取其意有“鹘隼”般的勇猛。回纥原是铁勒一部。除回纥外,铁勒还包括仆骨、同罗、拔野古等部,后来统称回纥。回纥一度受突厥政权统治。贞观二十一年(647年),回鹘酋长吐迷度自称可汗,正式建立回纥汗国,并与唐朝一起消灭了薛延陀汗国,占有其故地。吐迷度被唐朝封为怀化大将军兼瀚海都督。到他第六代孙骨力裴罗,于744年在得到唐朝之助灭后突厥后统一漠北,又被唐朝封为怀仁可汗。回纥曾经三次与唐朝和亲,曾帮助唐平定安史之乱。840年,十五部回鹘分三路西迁:一迁吐鲁番盆地,称高昌回鹘或西州回鹘。西州回鹘后来改称为“畏兀儿”,也就是今天维吾尔族的先人。一迁帕米尔高原西部至楚河一带,称葱岭回鹘,即是日后被大可汗王朝统治的主体部落,融入葛逻禄人。一迁河西走廊,称甘州回鹘,后来成为河西地方的土著,就是现在的裕固族。留在原地的一部分融入契丹,因此有契丹半回鹘的说法。辽太祖耶律阿保机的皇后述律平就是回纥人,耶律德光后将述律氏赐姓萧氏。

藏族 居住在中国青藏高原的有悠久历史的民族。藏族是汉语的称谓。西藏在藏语中称为“蕃”(音bo),生活在这里的藏族自称“蕃巴”,意为农业人群。早在四千多年前,藏族的祖先就在雅鲁藏布江流域繁衍生息。两汉时,藏族属于西羌人的一支,有“发羌”“唐牦”等部。吐蕃王室的始祖崛起于西藏山南地区，雅隆部落第三十二代赞普松赞干布统一西藏地区，定都逻娑（今拉萨），建立了吐蕃王朝。公元641年，赞普松赞干布与唐朝的文成公主联姻，710年，赤德祖赞又与唐朝的金城公主联姻，西藏社会有了很大发展。从9世纪末开始，藏区陷入长期的分裂割据状态，形成多个王系，各自为政，战争频繁。这一时期，藏传佛教（旧称喇嘛教）为藏区各阶层所接受，并逐步深入到藏族社会的各个领域，形成政教合一的贵族统治体制。在宋代，藏族各地方政权加强了与内地的联系。1247年，藏区代表萨班与蒙古窝阔台汗王子阔端签订协议，西藏地区正式接受中央政权统辖。元初，设立总制院（后更名为宣政院），管理全国佛教僧徒和藏族地区军政事务。明朝先后分封三大法王和五个王爵，加强了对藏族地区的管理。清朝正式册封藏传佛教格鲁派两大活佛为达赖喇嘛和班禅额尔德尼，在拉萨建立噶厦政府，确立了驻藏大臣监督办理西藏政务的职权。民国时期，国民政府设立蒙藏委员会，负责西藏、蒙古等地事务。中华人民共和国成立后，1951年5月23日，西藏和平解放的协议签订。1965年9月，正式成立了西藏自治区。

党项　古代西北的一个民族，羌族的一支，又称作党项羌，是西夏皇朝的建立者。党项族原居住在四川松潘高原一带，以畜牧为生。唐代末期，党项羌人拓跋思恭因帮助唐朝攻打黄巢，被唐僖宗封为夏州节度使，并赐姓李，封夏国公。拓跋思恭遂以陕、甘、宁、青一带的党项羌族为主体，包括西北其他民族在内，组建夏州政权，辖夏、绥、银、宥四州。宋初，夏州李氏与宋朝发生多次战争。首领李继捧归降宋，但族人拥立李继迁叛宋自立。李德明在1005年与宋朝媾和，宋真宗赐其李姓，授夏州刺史，充定难军节度使。1031年李元昊继立，1038年称帝，立国号为

“大夏”(因在宋之西,宋称“西夏”)。西夏统治西北地区达二百年之久,于公元1227年为蒙古所灭。党项人在元朝时还有部分甚为活跃,属色目人的一族,但其后逐渐与其他各族融合,党项之名逐渐消失于中国历史中。

契丹 古代东北地区的一个民族,是一个剽悍勇猛的民族,契丹的本意是“镔铁”,也就是坚固的意思,亦指这个民族所建立的政权。契丹源于东胡后裔鲜卑的柔然部。自北魏开始,契丹族就开始在阜新活动,至唐末强大。公元907年耶律阿保机称帝,建立契丹国,947年改称“辽”,统治中国北部。辽朝与北宋多次交战,“澶渊之盟”后,双方长期维持平稳关系。辽中叶后,统治集团日益腐朽,社会矛盾不断激化,各民族起义风起云涌。当女真族展开强大攻势之后,辽帝国迅速走向灭亡,1125年为金所灭。契丹的疆域曾经东临北海、东海、黄海、渤海,西至金山(今阿尔泰山)、流沙(今新疆白龙堆沙漠),北至克鲁伦河、鄂尔昆河、色楞格河流域,东北迄外兴安岭南麓,南接山西北部、河北白沟河及今甘肃北界。契丹虽在辽太宗时改国号为辽,但是在契丹语里仍叫契丹。也就是说,始终以族名为国名。由于契丹的名声远扬,国外有些民族至今仍然把中国称做“契丹”。

女真 又名女贞和女直,古代生活于东北地区的一个民族。可能源自三千多年前的肃慎,汉晋时期称挹娄,南北朝时期称勿吉,隋唐时期称黑水靺鞨,辽金时期称女真、女直(避辽兴宗耶律宗真名讳),直到明朝时期仍自称女真。皇太极基本统一女真各部后颁布谕旨改女真族号为满洲,女真一词就此停止使用。辽代把女真分为“熟女真”和“生女真”两部。辽末,生女真完颜部在首领阿骨打率领下举兵抗辽,1115年建立“大金国”,迅即由东北进入北方草原灭辽,继而进入黄河流域灭北宋。1234年,金为南宋联合蒙古军队所灭。女真在明朝初期分为建州女真、海西女真、野人女真三大部。1615年,建州女真首领努尔哈赤在赫图阿拉城称汗建国,为了延续前金之统,国号也称为“大金”,史称后金。皇太极统一女真各部后,于1635年改女真族号为满洲,女真一词就此停止使用。1644年满洲入主中国,建立中国历史上最后一个皇朝——清朝。后来满洲人又容纳了蒙古、汉、朝鲜等民族,逐渐形成了今天的满族。

蒙古 古代北方民族东胡的后裔,其名最早出现在唐代,称“蒙兀室韦”,为鲜卑族系诸部落之一,活动在望建河(今额尔古纳河)流域。公元840年(唐开成五年)回鹘汗国崩溃后,室韦部落西迁,同蒙古高原众多的民族、部落对抗。13世纪初,蒙古部首领铁木真统一了蒙古高原诸部族,1206年称汗,号成吉思汗,建立了蒙古国。从此,中国北方第一次出现了由统一各个部落而成的强大、稳定和不断发展的民族——蒙古族。大蒙古国在稳定对蒙古高原统治的同时,大举扩张,其势力西达欧洲、中亚,东达亚洲远东,南及中国中原,并相继在这些地区建立了钦察汗国、伊利汗国、察合台汗国、窝阔台汗国和中国的元朝。后来,蒙古贵族在诸汗国所统的地域实施自己的统治,近百年中,诸汗国逐渐衰落、分裂以至灭亡。明朝建立,元朝蒙古贵族失去了对中国中原的统治,返归蒙古高原,维持着自己的政权,与中国的明朝及周边的女真等民族发生着种种关系。蒙古高原西部的卫拉特蒙古崛起,建立准噶尔汗国。清朝时期,蒙古族成为一个被统治的民族。近现代,蒙古族参与世界局势剧烈变动之中,俄罗斯境内的蒙古族建立了布里亚特蒙古苏维埃社会主义自治共和国,中国的喀尔喀蒙古爆发革命,建立了蒙古人民共和国。1947年5月,中国内蒙古成立了内蒙古自治区,实行民族区域自治。

回族 中国的少数民族之一。回族的来源可以追溯到唐、宋时期，从那时候开始，就有阿拉伯和波斯的商人到中国的广州、泉州、杭州、扬州等沿海城镇经商，并且有许多人定居在中国。而回族的主要来源则是十三世纪初叶，由于成吉思汗西征而被迫东迁的中亚各族人、波斯人和阿拉伯人以及许多自愿前来的商人。这些人信仰伊斯兰教，在元代官方文书中称“回回”。他们到中国后，绝大部分做军士、农人、工匠，一小部分人做官和商人，由于通婚和社会经济关系，与汉、维吾尔、蒙古等族人长期相处的过程中形成回族。

和亲 又称和蕃，通常是中原皇帝将自己或宗室的女儿以和亲公主的身份嫁给其他民族政权的君主以示两国友好，是政治婚姻。自司马迁在《史记》中记载“和亲”之后，历代正史都留下了珍贵的和亲史料。自汉迄清，至少有 150 余次。和亲政策始于汉高祖刘邦，白登被围七日之后，刘邦接受娄敬献策，开启了“和亲政策”；汉初和亲乃国弱无奈之策。有汉一代，有多位宗室女子以公主的身份下嫁匈奴单于。在汉武帝时期，两位宗室翁主刘细君、刘解忧分别出嫁西域国家乌孙昆莫以联合攻击匈奴。隋朝为发展与突厥关系，将光化公主、安义公主、义成公主等嫁给突厥可汗。唐朝是中原皇朝和亲最多朝代，尤以唐玄宗时期为最。唐为招抚边疆蛮族依赖和亲，主动以皇族女子出嫁，示好外族，但外嫁者多为与皇帝有血缘关系，获皇帝封为公主的宗女或皇帝外孙女，皇女和亲为少数。宋朝利用和亲与辽朝谈判。清朝的和亲政策与唐朝类似，也是主动以皇女示好，让内外蒙古等边疆藩王的继位者，成为清朝皇帝外孙，从小就随母亲住在皇宫，与当今皇族感情要好，使他们在回到边疆当权后与皇朝关系更加密切。

中国历代和亲有自愿也有被迫，和亲结果有成功也有失败，但从总体来说，有利于中华民族大家庭的团结和进步。

2.宗教

道教 我国土生土长的宗教，源于古代的方仙道，承袭黄老道等形成的宗教信仰。因以“道”为最高信仰，认为“道”是化生宇宙万物的本原，故名。在文化传统上，道教承传了华夏古代的传统礼乐文明；在理论上，道教直接吸收并发展了春秋战国时期的老子、庄子的道家思想；在实践上，道教继承了先秦时期神仙方士的修炼经验和成果。道教奉老子为教祖，尊称他为“太上老君”，并以老子的《道德经》等为主要经典。道教的发展一般分为汉魏两晋的起源时期、唐宋的兴盛、元明期间全真教的出现和清以后衰落四个时期。道教文化源远流长，博大精深，是中国传统文化的宝库，概括起来有：道教宇宙观、道教人生观、道教哲学、道教神学、道功道术、斋醮仪范、医学养生、阴阳风水、命相预测、道场法事、道教武术、道教音乐等十二个方面。

太平道 道教早期教派之一，东汉灵帝(167—189)时巨鹿人张角创立，其名称由所崇奉的《太平经》得名。张角得于吉等人所传《太平经》，从中受到启发，遂以创教救世为己任。他创立的太平道以黄天为至上神，认为黄神开天辟地，创造出人类。又信奉黄帝和老子，认为黄帝时的天下是太平世界，是人类最美好的时代。在这个太平世界里，既无剥削压迫，也无饥寒病灾，更无诈骗偷盗，人人自由幸福。在此基础上，张角提出了“致太平”的理想。并把这种思想化为自己的教义，广泛向信徒们宣传。经过十多年的努力，张角的太平道发展到中国的许多地方，教徒人数达到了几十万。而张角就以教主的身份来布道,他布道的方式主要是以给人治病来扩大影响。他把全国信徒按照地区,建立了军政合一的组织“方”,共设三十六方,各方首领称“渠帅”,在民间产生了极大的影响。由于当时社会腐败,政治黑暗,民不聊生,所以张角就顺势而起,提出了“苍天已死,黄天当立,岁在甲子,天下大吉”的口号,发动了黄巾大起义。在黄巾起义中,大批太平道骨干在战斗中牺牲,太平道组织无形解体,残余的信徒大都融入五斗米道中。

张陵 张陵(34—156),字辅汉,祖籍江苏丰县,是五斗米道的创始人。道教徒称他为张道陵、张天师、祖天师、正一真人。相传张陵为张良后人,少年时就精通《道德经》,曾经在太学学习。汉明帝时张陵举贤良方正直言极谏科,任巴郡江州令,后来隐居洛阳北邙山,学习长生之道,朝廷征为博士,但是称病不就。汉和帝时又征为太傅,三诏不就。汉顺帝时张陵在鹤鸣山创建五斗米道,自称太上老君“授以三天正法,命为天师”,“为三天法师正一真人”,并造道书二十四篇。一百二十三岁时在青城山逝世。因张陵为五斗米道第一代天师,故教徒尊称“祖天师”,人们又称其教为“天师道”。张陵尊老子为教祖,奉《老子》为最高经典,并自撰《老子想尔注》,发挥老子的道家思想。张陵在唐僖宗时被封为“三天扶教辅元大法师”;宋代封为“三天扶教辅元大法师正一静应显佑真君”;元成宗封为“正一冲元神化静应显佑真君”。张陵临终,将天师位传予其子张衡(称嗣师),张衡传子张鲁(称系师),张鲁是三国时割据汉中的主要势力,在汉中地区实施“政教合一”的统治,推行很多公共福利事业,颇得民心,后来归顺了曹操。

五斗米道 又称正一道、天师道、正一盟威之道,是道教最早的一个派别。在东汉顺帝时期,由张道陵在蜀郡鹤鸣山创立。张道陵在蜀汉之境设二十四治,为布化行道的机构,凡入道者须出五斗米,故得此名,因又称为米巫、米贼、米道。五斗米道以老子为教主,基本经典是《道德经》和张陵编写的《老子想尔注》,是一种多神教,以长生成仙为其最高目标。张道陵规定,天师为全教区最高领导;初入道的称为鬼卒;能为道徒和病人作祈祷仪式的称为鬼吏和奸令;信仰确立并能讲授《道德经》的称为祭酒。祭酒负责主持一个教区的各项教务工作,直属天师领导,对天师负责。由于五斗米道传道纪律严密,教风正派,所以很快得到普及。另外,五斗米道规定教民内要慈孝,外要敬让,不准兴讼好斗,不准欺诈世人。西晋后,五斗米道逐渐分化,一部分传播于士族与官吏中,另一部分仍秘密活动于农民中。东晋时五斗米道领袖孙恩、卢循领导了长达十余年的农民起义。北魏时,嵩山道士寇谦之"革新"五斗米道,自称奉太上老君之命,清整道教,"除去三张伪法",创立新天师道。此后五斗米道改称天师道,并得到太武帝的赞许。唐宋以后的道教正一派,上承三张世系,以江西龙虎山天师府为中心,是为江南各符箓道派之正宗。

葛洪　葛洪(284—364 或 343),字稚川,号抱朴子,人称葛仙翁,丹阳句容人,是东晋时期著名的道教领袖,也是医学家、博物学家和炼丹术家。葛洪出生世族,其祖曾经在三国孙吴担任大鸿胪,叔祖父是三国时方士葛玄(亦称葛仙翁),曾跟随左慈学习炼丹及长生之术,是南方的道教领袖。父亲葛悌,入晋后曾为邵陵太守。葛洪是家中第三子,十三岁时父亲去世,家道中落。他生性寡欲,不好荣利,穷览典籍,尤好导养之法。他本来想成为一个儒者,博览了经史子集,但是后来对神仙导引之法产生了兴趣,师从葛玄弟子郑隐学习炼丹术。西晋太安二年(303

年），葛洪参与平息扬州石冰农民起义有功，任伏波将军，赐关内侯。晋惠帝光熙元年（306 年），镇南将军刘弘任命嵇含为广州刺史，聘葛洪为参军。嵇含遇害后，葛洪至罗浮山隐居。愍帝建兴二年（313 年），葛洪回到乡里，但仍然隐居不仕。晋元帝建武元年（317 年），写成《抱朴子》内外篇。成帝咸和元年（326 年），受王导之召，补州主簿，后迁咨议将军。成帝咸和七年（333 年），听说交趾郡出产丹砂，主动要求出任句漏县令，举家南行。至广州时，刺史邓岳将他留下，葛洪于是隐居在罗浮山炼丹，最后在此过世。

抱朴子　道教的经典著作，东晋葛洪著，分为内、外两篇。《抱扑子·内篇》今存二十篇，主要讲述神仙方药，鬼怪变化，养生延年，禳灾祛病等，其内容可概括为：论述宇宙本体，论证神仙的确实存在，论述金丹和仙药的制作方法及应用，讨论各种方术的学习应用，论述道经的各种书目，说明世人修炼的广泛性。《抱朴子·外篇》今存五十篇，主要是葛洪生平的自述和谈论社会上的各种事情，属于儒家的范畴，也显示了作者先儒后道的思想发展轨迹。其内容为：论人间得失，讥刺世俗，讲治民之法；评世事臧否，主张藏器待时，克己思君；论谏君主任贤能，爱民节欲，独掌权柄；论超俗出世，修身著书等。总之，《抱朴子》将玄学与道教神学，方术与金丹、丹鼎与符、儒学与仙学统统纳于一体之中，从而确立了道教神仙理论体系。

全真道　也称全真教，是道教的一个重要派别。全真道于两宋之际由王重阳于陕西终南山所创，因创始人王重阳自题所居庵为全真堂，凡入道者皆称全真道士而得名。该派汲取儒、释部分思想，声称三教同流，主张三教合一。以《道德经》《般若波罗蜜多心经》《孝经》为主要经典，教人“孝谨纯一”和“正心诚意，少思寡欲”。早期以个人隐居潜修为主,不尚符箓,不事黄白之术。此外,张伯端一系(主要是白玉蟾)所创立的内丹修炼为主的教派,后来也被划分在全真道,称为南宗,而王重阳这支则称为北宗。王重阳仙游后,由他的七位弟子轮流接任。全真七子之一的丘处机更因随同成吉思汗西征,而使全真派在元朝得以壮大。但是到了李志常后期,由于元朝统治者偏信佛教,全真道受到严重打击。而关于《老子化胡经》的两次道佛辩论失利,更造成了全真道的一度低落。直到元成宗时,才重新正常发展。明清两代在全国各地,乃至东北、西南、西北等边远地区传播。至今全真道仍是道教最重要的道派之一。

丘处机 丘处机(1148—1227)字通密,道号长春子,后赠号长春真人,山东栖霞人,金代道教全真派掌门人。年十九出家,师王重阳,和其他师兄弟合称“全真七子”,全真七子随王重阳一起创立道教全真派。丘处机在王重阳去世后隐居磻溪(今陕西宝鸡东南)、陇州(今陕西陇县)等地,潜心修炼,渐有声名。曾一度被金世宗召至中都(今北京)传教。后还乡,隐居栖霞山。丘处机为金世宗、金章宗、金卫绍王、金宣宗和元太祖成吉思汗敬重。曾应元太祖成吉思汗之诏前往西域雪山,应其“有长生之药否”之问时,答以“有卫生之道,无长生之药”,“敬天爱民之本”,“清心寡欲为要”,并以戒杀、清心寡欲等养生之理劝喻太祖。太祖深深折服,并予虎符及玺书赠之。后定居北京,建白云观,卒葬后殿中,墓今尚存。著有《摄生消息论》等。

太平经 又名《太平清领

书》,道教的主要经典。据《后汉书·襄楷传》称:汉顺帝时,琅玡人宫崇诣阙,献其师于吉所得神书,号曰《太平清领书》,此神书即《太平经》,系东汉原始道教重要经典。《太平经》的内容非常庞杂,把老庄之道、鬼神信仰、阴阳五行和神仙家的方术结合,创造了一套复杂的神学体系。同时提出君明、臣良、民顺是世界太平的根本条件。《太平经》也有一套自己的长生不老的修道理论和方法,认为所有人都有成仙的可能性。《太平经》的思想为张角等早期民间道教领袖所利用,组织发动农民起义。后世道教各派教义,亦受此书影响。

道藏 道教经籍的总集,是按照一定的编纂意图、收集范围和组织结构,将许多道教经典编排起来的大型道教丛书。习惯上,《道藏》是明正统十年出版的《正统道藏》和明万历十五年出版的《万历续道藏》合印本的简称。道教在其发展过程中,不断造作各类经籍。两晋以后,陆续编纂经目,汇集成“藏”。南北朝时,陆修静编的《三洞经书目录》是道藏的雏形,共著录经书一千二百二十八卷。北周玄都观《玄都经目》著录道书二千零四十卷。北宋政和年间始有《万寿道藏》镂板刊行。其后金、元各藏,都以此为蓝本。道藏中的各种典籍,按三洞四辅十二类的分类方法编排。三洞即洞真部、洞玄部、洞神部。四辅即太玄部、太平部、太清部、正一部。十二类即本文类、神符类、玉诀类、灵图类、谱录类、戒律类、威仪类、方法类、众术类、记传类、赞颂类、章表类。《道藏》所收典籍广泛,既有道教经典论著、科仪方术、仙传道史,也有医药养生、天文史地、诸子百家书籍,还有不少有关中国古代科学技术的著作,是研究道教的经典依据,也是研究中国传统文化的珍贵资料。

汉传佛教 又称汉语经典系佛教或汉地佛教,是以地理位置划分的佛教派别,是佛教的三大地理分支之一。另外两个为南传佛教(即上座部佛教)和藏传佛教。佛教经由两条路径传入中国,一支由古印度经西域传入中原地区,故汉传佛教又称北传佛教。另一支则由东南亚传至中国南方,为南传佛教,并不包括在汉传佛教中。汉传佛教从印度经西域传入汉地,初期主要是引进并翻译佛经。随着佛教在汉地的不断传播和发展,特别是南北朝时期诸多帝王崇信佛教,翻译了大量佛经,佛教徒和佛教学者的数量也空前增长;另一方面,佛教在传播过程中也不可避免地受到儒家思想、道家思想等的影响,做出一些适合中国国情的改变。因此汉地逐渐形成了自己独特的佛教思想和理论,汉地佛教宗派形成的条件已经具备了。隋唐时期是汉传佛教的鼎盛时期,各大宗派都已成立,发展颇具规模。但是由于佛教发展过程中本身所产生的各种问题,以及三武一宗灭佛造成的四次法难,大量佛经典籍被毁,诸多宗派被严重削弱,无法重现昔日辉煌。但是只有禅宗和净土宗因为不立文字,学术性不强,没有受到太大影响,反而在法难之后更加繁荣,直到今天。

藏传佛教 又称藏语系佛教,是指传入西藏的佛教分支。藏传佛教,与汉传佛教、南传佛教并称佛教三大体系。藏传佛教属于大乘佛教,特色是所有教派都受到密宗的影响,修习上先显教传授后密教传授。藏传佛教以卷帙浩繁,渊博深奥的藏文文献著称。有举世闻名的《甘珠尔》《丹珠尔》两大佛学丛书。藏传佛教始于松赞干布时期,佛教由毗俱底公主自尼泊尔和唐朝文成公主自汉地传入西藏。在赤松德赞时期古印度佛教僧侣寂护将印度佛教传入西藏,及随瑜伽行自续派,莲花生来到西藏,制服本地原始苯教的同时,也接受了部分苯教内容,逐渐建立了密教的基础,此一时期称为前弘期。此后经朗达玛灭佛的波折，佛教经过灭佛运动的破坏后重新振兴，并逐渐形成了宁玛、噶举、噶当、萨迦、觉囊、格鲁等各派的传承，此一时期称为后弘期。在宗喀巴创格鲁派，成为藏传佛教的主流后，藏密大盛，在西藏出现了政教合一的特殊局面，由两位固定的转世僧侣统治西藏，分别称作达赖与班禅。藏传佛教的流传地集中在中国西藏地区、尼泊尔、不丹、印度部分地区。十三世纪，开始流传于蒙古地区，至今，藏、蒙古、土、裕固等民族，仍多信奉藏传佛教。近现代，藏传佛教逐渐流传到世界各地。

禅宗 又称宗门，是汉传佛教宗派之一。汉传佛教宗派多来自于印度，唯独天台宗、华严宗与禅宗，是由中国独立发展出的三个本土佛教宗派，其中又以禅宗最具独特性。相传禅宗为菩提达摩创立，达摩于北魏末年来到嵩山少林寺，面壁九年修持佛法，修习禅定，以《楞伽经》授徒，后世以达摩为中国禅宗初祖，以嵩山少林寺为禅宗祖庭。达摩在少林寺有嗣法弟子慧可、道育等，再传僧璨，再传道信。道信弟子弘忍立东山法门，为禅宗五祖。门下分赴两京弘法，名重一时。其中有神秀、惠能二人分立北宗渐门与南宗顿门。神秀住荆州玉泉寺，晚年入京，为三帝国师，弟子有嵩山普寂、终南山义福；惠能居韶州曹溪宝林寺，门下甚众，以惠能为六祖。时称“南能北秀”。北宗主张“拂尘看净”的渐修，数传后即衰微；南宗传承很广，成为禅宗正统，以《楞伽经》《金刚经》《大乘起信论》为主要教义根据，代表作为《六祖坛经》。中晚唐之后禅宗成为汉传佛教的主流，也是汉传佛教最主要的象征之一。禅宗流播地区主要为江南以南，集中于湖广、两江、广东、福建一带。禅宗在中国佛教各宗派中流传时间最长，影响甚广，至今仍延绵不绝，在中国哲学思想及艺术思想上有着重要的影响。

净土宗 汉传佛教宗派之一。因专修往生阿弥陀佛净土法门,故名。其始祖慧远曾在庐山建立莲社,提倡往生净土,故又称莲宗。净土宗与禅宗是对中国汉传佛教影响最大的两个支派。净土宗的实际创立者为唐代善导。历代祖师并无前后传承法统，均为后人据其弘扬净土的贡献推戴而来。净土宗最重视的经典,称为净土三经,是净土宗的根本经,包括《佛说阿弥陀经》《观无量寿佛经》与《无量寿经》。这一宗派认为靠个人的力量企图解脱现实世界的苦难是不可能的,必须依靠佛力的接引、援救,才能离开现实的污秽世界,往生西方净土。净土宗用念佛名作为宗教修行的主要方法。每天念佛万声以至十万声,长期养成习惯，死后即可得到佛的接引，送往西方安乐净土。由于修行简易,不要理论,甚至不必识字,只要会念“阿弥陀佛”名号,即可得到解脱,人人都能做到,故自中唐以后广泛流行,宋明以后与禅宗融合。

六祖坛经 亦称《坛经》《六祖大师法宝坛经》,是佛教禅宗六祖惠能口述、弟子法海集录的一部经典。《六祖坛经》是中国佛教著作唯一被尊称为“经”者。《六祖坛经》可分三部分:第一部分,是在大梵寺开示“摩诃般若波罗蜜法”;第二部分,是回曹溪山后,传授“无相戒”,故法海于书名补上“兼授无相戒”(这时《坛经》开始外传,俗称《六祖法宝记》):第三部分,是六祖与弟子之间的问答,其中心思想是“见性成佛”,即所谓“唯传见性法,出世破邪宗”。性,指众生本具之成佛可能性,即“菩提自性,本来清净,但用此心,直了成佛”及“人虽有南北,佛性本无南北”。又主张顿悟说,认为“不悟即佛是众生,一念悟时众生是佛”,“万法尽在自心中,顿见真如本性”。《六祖坛经》内容丰富,文字通俗,是研究禅宗思想渊源的重要依据。

大藏经 佛教经典的总集,又名一切经、契经、藏经或三藏，内容包括经、律、论。大藏经的编纂，始于释迦牟尼涅槃（梵语“去世”）不久，弟子们为保存他的说教，统一信徒的见解和认识，通过会议方式结集，形成一致公认的经、律、论内容。其后又增加了有关经、律、论的注释和疏解等“藏外典籍”，成为卷帙浩繁的四大部类。佛教在传入中国以后，经典日渐浩繁，经后人整理编辑成藏，内容非常庞大。中国最早的佛教藏经是东晋时的道安法师编辑的“众经目录”。在汉传佛教两千年间，其经典经过历代的翻译、流通，数量日益增多，最后汇编成“藏”的，中国可考的有十余次（宋及辽金八次、元二次、明五次、清三次）；国外可考的，高丽三次，日本八次。汉文大藏经从开始的五千多卷，发展到后来的一万卷以上，除了因为汉译佛经数量有所增加以外，历代编纂者不断收集增补了以中国佛教文献为重心的大量新出新见的佛教文献及相关资料。现存的大藏经，按文字的不同可分为汉文、藏文、巴利文三大体系。这些大藏经又被翻译成西夏文、日文、蒙文、满文等。

鸠摩罗什　鸠摩罗什（344—413），十六国时期高僧，是中国佛教史上四大译经师之一。又名鸠摩罗什婆、鸠摩罗耆婆，汉语的意思为童寿，常略称为罗什。鸠摩罗什之父鸠摩罗炎出身天竺望族，后至龟兹，生罗什。罗什七岁随母出家，初学小乘经典。成年后的罗什为人开朗，秉性坦率，平时虚己善诱，专以大乘教人，而善于辨析义理，应机领会，独具神解。罗什在龟兹后，广习大乘经论，讲经说法，名声大震，在汉地也有传闻。前秦苻坚遣吕光攻伐焉耆，继灭龟兹，劫罗什至凉州。三年后姚苌杀苻坚，灭前秦，吕光遂割据凉州，自立为凉王，罗什随吕光滞留凉州达十六七年。后秦姚兴攻伐后凉，亲迎罗什到长安，入逍遥园西明阁，以国师礼待，并在长安组织了规模宏大的译场,请罗什主持译经事业。尔后十余年间,罗什悉心从事译经和说法,在长安圆寂。罗什一生共翻译佛经三十五部、一百九十四卷。鸠摩罗什是我国历史上伟大的高僧,是中国佛教史乃至思想文化史上的一位非常杰出的人物。他译出的佛经在内容的表达、词语的应用等方面都达到了前所未有的水平。

玄奘 玄奘(602—664),即唐朝著名的三藏法师,汉传佛教史上最伟大的译经师之一,中国佛教法相唯识宗创始人。俗姓陈,名祎,河南省偃师缑氏县人。他十三岁出家。贞观三年(629年),从长安出发,历经四年至印度那

烂陀寺,拜名僧戒贤为师,研习《瑜伽师地论》等佛经。十九年携大、小乘佛教经典回到长安。后在太宗、高宗的支持下,召集各大寺高僧组成译经场,译出经、论七十五部,凡一千三百三十五卷。多用直译,世称"新译"。由玄奘大师口述,弟子辩机笔录的《大唐西域记》堪称中国历史上的经典游记。中国著名古典小说《西游记》中心人物唐僧就是以他为原型。

宗喀巴 宗喀巴(1357—1419),藏传佛教格鲁派(黄教)的创立者、佛教理论家。宗喀巴出生于青海湟中县,他的出生地藏语叫做"宗喀",所以称为宗喀巴,意为宗喀地方的人。他幼年出家为僧,十六岁到西藏求法学经。他拜各教派高僧为师,吸取各家之长,成为一个造诣很深的佛教学者。宗喀巴经过长期的苦学精修,创建了一整套的佛学体系,其重要论著《菩提道次第广论》和《密宗道次第广论》就是其思想体系的总结,也是他创立格鲁派的理论基

础。“格鲁”意为“善规”,因为宗喀巴戴黄色桃形僧帽,所以又称格鲁派为“黄帽派”、“黄教”。宗喀巴大师强调修行次第,要先显后密,显密并重,“提倡苦行”,僧人不结婚,戒杀生,禁饮酒,断绝世俗交往等等。宗喀巴所创的格鲁派至今为我国藏地第一大教派,藏语系统的佛教徒,大多崇奉他为教主。

白莲教 北宋至近代流传的民间宗教。白莲教教徒主要特征是烧香、诵偈、信奉弥勒佛和明王。他们的经典有《弥勒下生经》《大小明王出世经》等。白莲教渊源于佛教的净土宗。北宋时净土念佛结社盛行,多称白莲社或莲社,主持者既有僧侣,也有在家信徒。南宋绍兴年间僧人茅子元在流行的净土结社的基础上创建新教门,称白莲宗,即白莲教。白莲教产生之初曾遭到官方禁止,茅子元被流放到江州(今江西九江)。但白莲教因教义浅显、修行简便而得以传播。到南宋后期,虽白莲教仍被一些地方官府和以正统自居的佛教僧侣视为“事魔邪党”,但已到处有人传习,甚至远播到蒙古族统治下的北方。元朝统一中国后,白莲教受到朝廷承认和奖掖,进入全盛时期。庐山东林寺和淀山湖白莲堂是当时白莲教的两个中心。后来朱元璋借助白莲教中明教的力量夺取政权之后,取缔白莲教。白莲教流传到清初,又发展成为反清秘密组织,遭到清政府的多次血腥镇压。嘉庆年间爆发的蔓延川、陕、甘、鄂、豫五省的白莲教大起义,沉重打击了清朝的统治。白莲教是除了佛教、道教以外的又一个很重要的宗教,反映的是中国下层社会百姓的生活、思想、信仰和斗争,在中国农民战争史上充当着突出的角色。

八卦教 中国民间宗教,清代白莲教支派,后改称天理教。八卦教源于清初山东单县刘佐臣创立的收元教,因该教“分八卦收徒党”,故也称八卦教。多传布于河北、河南、山西等地。据传该教反清，刘佐臣子孙相承，宣称“平胡不出周刘户，岁在戊辰、己巳年”。乾隆年间不断遭到清统治者镇压，教主刘省过（佐臣孙）等被杀害。嘉庆年间又一度盛行，教徒林清、李文成等曾领导起义，改名天理教，亦遭镇压。捻军的组织与八卦教也有密切关系。义和团更以八卦编制战斗队伍。这些都是清初八卦教的余绪。八卦教强调儒释道三教合一、修炼内丹，最重要的经典是《五女传道书》。

基督教 景教、也里可温教，信奉耶稣基督为救世主之各教派的统称，包括天主教、正教、新教和其他一些较小的教派，与佛教、伊斯兰教并称为世界三大宗教。基督教起源于公元一世纪的巴勒斯坦，后流传至罗马帝国全境。信仰上帝（天主）创造并主宰世界，认为人类从始祖时就犯有罪，并在罪中受苦，只有信仰上帝及其儿子耶稣基督才能获救。以《旧约全书》和《新约全书》为圣经。基督教聂斯脱利派在唐代传入中国并一度兴盛，称为景教，在唐武宗会昌灭佛事件中受牵连而遭禁。有《大秦景教流行中国碑》传世。元朝以也里可温（本为基督徒）统称基督教各派。蒙古军西征时与基督教开始接触，其后遂有教士到蒙古统治区建立教堂传播福音。随着色目人在各地居住，也里可温教传至全国各地，信教人数大增，在新疆，云南，甘肃的甘州、肃州、凉州、阿拉善，陕西的汧阳、凤翔均有也里可温寺（或称十字寺），兴盛一时。明万历间，天主教由耶稣会士再度传入中国。康熙皇帝下令凡服从教皇命令的教士不得留华，后雍正皇帝亦命令禁止天主教传播。鸦片战争之后，教禁被取消，教产被退还，天主教取得了在内地自由传播的权利。第二次鸦片战争签订的《天津条约》规定了《内地传教法》，《北京条约》规定：“任法国传教士在各省租田地建造自便。”从此，外国传教士可以自由深入内地建立教堂和传教据点，新教（又称耶稣教）各派陆续传入中国。

伊斯兰教 伊斯兰系阿拉伯文 Islam 的音译，原意为“顺从”，指顺从唯一的神安拉及其旨意。七世纪初，由穆罕默德在阿拉伯半岛创立的一神教，与佛教、基督教并称世界三大宗教。以《古兰经》为根本经典。穆罕默德逝世后，教内形成多种教派，主要有逊尼和什叶两大教派。伊斯兰教在七世纪中叶开始进入唐朝。成吉思汗西征，大量中亚的穆斯林工匠、商人、士兵、经师、官吏、学者被编入签军，来到中国，散处各地，在内地多处和西部的和林、鄯阐（云南昆明）、甘肃天水等地修建清真寺，伊斯兰教遂在各地盛行。明末清初，除出现了不少穆斯林学者外，伊斯兰教经堂教育也开始兴起并得以发展。近现代伊斯兰教在中国回族、维吾尔、哈萨克、乌兹别克、塔塔尔、柯尔克兹、撒拉、东乡、保安等族广泛传布。

萨满教 “萨满”来自女真语和其他通古斯语族语言，在通古斯语中是“智者”“晓彻”的意思，蒙古语为孛额。萨满教是在原始信仰基础上逐渐丰富与发达起来的一种民间信仰活动，很可能是世界上最早的宗教。因为通古斯语称巫师为萨满，故得此称谓。一般认为，萨满教起于原始渔猎时代，曾经长期盛行于我国北方各民族。萨满教的理论根基是万物有灵和灵魂不灭，认为人有三个性能不同的灵魂，生命魂、思想魂、转生魂。认为宇宙有三界，上界为诸神所居，中界为人类所居，下界为鬼魔所居。宇宙万物、人世祸福皆由神鬼主宰，萨满可以通神，为族人消灾求福。中国的满、锡伯、赫哲、鄂伦春、鄂温克、达斡尔、维吾尔、乌孜别克、塔塔尔诸族，美洲印第安人、爱斯基摩人，澳大利亚土著人，亚洲的朝鲜、韩国、日本等民族都在不同程度上存在着萨满教信仰活动。

十一、名号称谓

1.国号朝代

三皇五帝　对传说时代号称天下共主的八位神人的统称。时间大约自公元前三千年至前二十一世纪。三皇说法不一，一般认为是伏羲、女娲、神农。传说，伏羲氏教民结网，从事渔猎畜牧，制嫁娶，以俪皮为礼，画八卦，造书契，以代结绳之政。女娲氏在伏羲以后为天下共主，她作笙簧，炼石补天，聚芦灰以止滔水。神农氏（炎帝）继女娲之后为天下共主，传说他是农耕和医药的发明者，又创造了五弦瑟，开始蜡祭和市易。看来，自他以后，我们的先民开始进入农耕社会。五帝指黄帝、颛顼、帝喾、尧和舜。黄帝是一位中原地区的大部落联盟首领，他和他的大臣们发明了历法、舟车、姓氏、蚕丝、冠冕、弓矢，创造出比较复杂的文字，又制服了诸侯，尊为天子，有了雏形的政权组织。颛顼将沟通神人的占卜从民间收归天子，设置了较为完全的政权机构，制定了比较正规的历法。帝喾俭朴无私，品德高尚，以仁爱治民，以乐和政。帝尧不仅经常征求四岳的意见，而且设谤木，让平民都可以对国事发表意见，设立多级政权组织，要求荐举贤人，加以任用，最后将天子之位禅让给舜，是一个典型的上古民主制君主。帝舜以孝道闻名，他善于识别人才，任用贤人，放逐恶人，布教天下。

夏　约公元前2070—前1600年，是中国史书中记载的第一个世袭制王朝。禹治水成功，舜禅位于禹。禹规划九州，实行贡纳制度，说明当时已有了明确的行政区域划分。禹死后，他的儿子启破坏禅让的传统，自立为王，从此，王位传子不传贤，实行世袭制度，开始了古人所说的“家天下”。夏朝总共传了十四代，十七个王，延续近五百年。夏启的儿子太康耽于游乐田猎，不理政事，被有穷氏首领后羿所逐。太康死后，后羿立太康之弟仲康为夏王，实权操纵于后羿之手。仲康死后，其子相立，寒浞杀后羿，又杀相自立，最后，相子少康被立为王，重建夏朝，史称为“少康中兴”。少康之子杼在位时拥有一支比较强大的武装，彻底肃清了寒浞的势力，并征伐东夷，使夏王朝发展到鼎盛。其后的五代六王，社会比较稳定，经济持续发展。夏朝的统治，东至东海，西连西河，北及燕山，南逾江淮。当时已经能冶炼较好的青铜，生产了不少青铜生产工具和生活用具，商品交换也有所发展。有了比较进步的阴阳合历和干支记日的方法。第十五代夏王孔甲，好方术鬼神，淫乱，引起诸侯的反叛，夏朝逐渐衰败。夏桀是历史上有名的暴君，他不务修德，奢侈无度，杀人无数，四处用兵，劳民伤财，以至民众反抗，诸侯叛离，终于被商汤所灭。夏朝大体以今天的河南西部和山西南部为统治中心，它先后的都城阳城、阳翟、安邑也都位于这一区域。考古学上的二里头文化的时代、区域、文化类型大致和夏朝一致，应该是它的遗址。

商　商人据传说是帝喾之子契的后裔，契被封于商（今陕西商县），开始兴起。经过近五百年的发展，到成汤时，已经成为以亳（今河南偃师）为都城的强大方国。在伊尹的辅佐下，成汤终于灭了夏桀，建立商朝。商朝传十七代三十王，大体自公元前1600—前1046年。第三代商王太甲不遵循成汤的法度治民，被伊尹放逐。悔过以后，太甲恢复王位，勤俭爱民，诸侯亲附，社会安定，被称为守成之主的太宗。此后，一直到第九位天子太戊，是王朝巩固和发展的时期。从第十位天子仲丁开始，其后五代九王，多次发生争夺王位的权力斗争，并且多次迁都，商王室出现混乱。盘庚将都城由邢邑迁至殷，并进行改革，推行成汤的政治，革除奢侈恶习，关心百姓，使局势得以安定，政治、经济、文化开始迅速发展。第二十二代商王武丁从夯筑奴隶中擢拔傅说为相，任人唯贤，大力改革政治，并多次出兵平定了土方、苟方、鬼方等游牧部族的侵扰，大规模地对荆楚用兵，商王朝的势力发展到鼎盛。商王朝建立了复杂的政权机构、庞大的军队和比较完备的刑法，有专门的巫职机构和许多巫卜人员，神事笼罩了一切，人祭人殉相当普遍。农业生产发展，普遍使用耒耜等农具，灌溉和排水技术也有了一定的发展。青铜冶炼技术和铸造工艺达到纯熟和精美的境界，传世的商代青铜器种类繁多，造型精美，纹饰瑰丽。自二十四代王祖甲以后，社会矛盾加剧，殷王朝逐渐出现衰乱的景象。第二十七代王武乙无道，以革囊盛血，仰而射之，名为射天。后来他在河渭间打猎时，遭雷电击死。到第三十代王纣时，王权与贵族权势的斗争发展到顶点。纣王自恃聪明，刚愎自用，文过饰非，淫虐无比，奢侈无度，设炮烙之刑，大肆杀戮王公贵族，加重聚敛，还大规模地对周边部族用兵，平定了东夷，耗费了巨大的人力物力，更加速了他的灭亡。西方的周人乘机发展起来，终于灭了殷商。

周 周朝是历史上继商朝之后的朝代，它分为西周（公元前1046—前771年）和东周（前770—前256年）两个时期。周族原是居住在今陕西中部、甘肃东部的一个古老部落，相传帝喾之子后稷是周的始祖。周族在公刘时迁居到豳这个地方,开始兴盛起来。又传了九代到古公亶父时,率领部落来到岐山下的周原(今陕西岐山),得到了发展。《史记·周本纪·正义》中说:“因太王所居周原,因号曰周。”到周武王发时,正式举兵伐商,在牧野之战中打败商纣王,建立周王朝,定都镐京(今陕西西安)。武王灭商后不久去世,辅政的周公通过平定东方叛乱,实行分封制度、建立诸侯国等措施,有效巩固了周朝统治。到公元前771年,犬戎攻破镐京,周幽王被杀,西周灭亡。第二年,继位的周平王东迁雒邑(今河南洛阳),此后周朝的这段时期称为东周。东周时期,在历史上又分为春秋和战国两个历史阶段。周王朝共传三十七王,计存在七百九十一年,是我国历史上存在时间最长的朝代。

春秋 东周前半期,公元前770—前476年。孔子将鲁隐公元年到鲁哀公十四年的历史写成了一部史书——《春秋》,后人就把这一段历史称为春秋时期。春秋时期,见于史书的诸侯国名有一百二十八个,但比较重要的是齐、鲁、卫、宋、郑、陈、蔡、晋、燕、秦、楚、吴、越。这些比较大的诸侯国凭借其实力,用战争来扩充领土,互相争夺,形成了诸侯争霸的局面。先后称霸的有齐桓公、宋襄公、晋文公、秦穆公、楚庄王。前579和前546年,举行了两次“弭兵”会盟,从此,战争大大减少。此后,地处江浙的吴、越开始发展,先后成为小霸。据史书记载,春秋二百四十二年间,有三十六名君主被杀,七十二个诸侯国被灭,有大小战事四百八十多起,诸侯的朝聘和盟会四百五十余次,是一个旧秩序被破坏、新秩序萌芽的时代。

战国 东周后半期,公元前475—前221年。“战国”一词最早出自司马迁的《史记·匈奴列传》:“冠带战国七,而三国边于匈奴。”西汉末年,刘向编著的《战国策》一书,“战国”便成了特定的历史时期的名称。战国时期,齐、楚、燕、秦、韩、赵、魏这七大国互相之间连年交战，在军事、政治、外交各方面的斗争都十分激烈。由于秦国的商鞅变法发挥了富国强兵的重要作用，秦国终于后来居上，逐一灭掉了其他六国，完成了统一大业。

秦 我国历史上第一个统一多民族的专制主义中央集权的王朝，统治时期为公元前 221 年至公元前 206 年。相传秦始祖是颛顼帝的后代，传到周朝，非子为部落首领，被周孝王封在秦（在今甘肃清水境），号为秦嬴。到秦襄公时，因护送周平王东迁有功，被正式封为诸侯，建立起国家。因为他的祖先曾被封在秦地，所以称为秦国。秦孝公时经过商鞅变法，使秦国逐渐强大起来，成为战国七雄之首。从公元前 230 年到公元前 221 年，秦王嬴政先后灭韩、赵、魏、楚、燕、齐六国，建立秦王朝，自称始皇帝，建都咸阳，成为我国第一个皇权专制政权。秦朝确立了皇权独尊的皇帝制度，中央官制实行三公九卿制，地方行政上实行郡县制；统一全国的度量衡、文字形体、货币，修筑驰道、直道等。这些制度有利于促进全国各地之间的交流、巩固统一，而且确立了中国历代皇朝体制的基本格局。但秦始皇统治时期法律严酷，赋役繁重，他去世不久就爆发了陈胜、吴广起义。公元前 206 年，秦二世被赵高所杀，子婴又杀了赵高，刘邦军入咸阳，子婴投降，秦朝灭亡。

汉 汉朝是继秦朝之后的强盛而大一统的皇朝，以长安（今陕西西安）为都城，时间为公元前 206 年至公元 8 年，历史上又称为西汉或前汉。西汉王朝经历了十二个皇帝二百三十年的统治。汉高祖刘邦在攻灭项羽后，正式称帝，因其曾被封为汉王，故以汉为朝代名称。汉朝大体沿袭秦朝政治制度，并任用贤人，减轻赋税，与民休养生息，使经济复苏和发展。汉武帝刘彻在思想文化上实行“罢黜百家、独尊儒术”的方略，以“推恩令”化解了诸侯王力量太强的问题,在经济方面进行大刀阔斧的改革,加强了国家的经济实力。组织和指挥了对匈奴贵族势力大规模的反击战争，将国家的疆域拓展到河西走廊和西域地区，构筑以长城为主干的边境防御体系，开通“丝绸之路”,密切了与中亚各国的联系,使王朝发展至极盛。后继位的汉昭帝、宣帝等,关心民瘼,去弊兴利,史称“昭宣中兴”。以后的元、成、哀、平等帝则一代不如一代,外戚、宦官轮流专权,统治者日益奢侈,政治日益黑暗,豪强依仗其权势,大肆兼并土地,农民生活无着,流离失所,社会经济逐渐衰败。农民反抗斗争日益高涨。外戚王莽依靠欺骗手段,伪造“天命”,于公元9年篡夺政权,建立新朝。他托古改制,政令多变,使社会矛盾进一步恶化;横征暴敛,导致社会经济彻底崩溃,终于在赤眉、绿林为代表的农民大起义中于公元23年被分尸而死。

东汉 公元25—220年以洛阳为都城的自称为汉的朝代,历史上称之为东汉或后汉。共经历了光武、明、章、和、殇、安、顺、冲、质、桓、灵、献等十二个皇帝。南阳宗族刘秀扫平起义和割据的各支队伍，于公元25年称帝,定都洛阳,史称光武中兴。为重振汉室,汉光武帝刘秀实行了全面而行之有效的政治改革,调整了社会关系,强化了皇权。其子明帝时,政治清明、社会安定、经济繁荣。当初,刘秀为了解决开国功臣对皇权的威胁，以封爵和赏地来换取他们交权。这些人父子相传,逐渐发展成地主豪强。他们欺压百姓,巧取豪夺,左右地方,甚至与皇室结亲,干涉皇权。而皇帝为了对抗外戚,不得不依靠宦官。于是从汉和帝以后,外戚、宦官相继专权,使政治日趋黑暗,大量失地农民沦为流民。正直的士人和官僚结党反对宦官的专横,却被镇压。农民不断起义,最后汇成规模很大的黄巾起义。在平定农民起义过程中,形成许多军阀,最后曹氏一枝独秀，篡权建魏，三国开始。

三国 三国时代（220—280），是对中国历史上魏、蜀、吴三个政权并立时代的称谓。东汉末年，外戚专权，宦官秉政，政治腐败，在镇压黄巾起义、讨伐董卓及后来相互攻伐的过程中，地方势力崛起，逐渐形成了地方军阀割据。经过多年的征战，曹操先后攻灭吕布、袁术、袁绍等，统一北方。但南下时在赤壁之战中被孙刘联军击败，退回北方，从此三足鼎立的格局开始形成。220年冬，曹操的儿子曹丕逼迫东汉献帝禅位，建都洛阳，国号“魏”，史称“曹魏”。221年，刘备自称延续汉朝、兴复汉室，于成都称帝，国号“汉”，史称“蜀汉”。222年孙权称帝，先后以武昌和建业为都城，国号“吴”，史称“东吴”，自此三国正式鼎立。曹魏后期，大权落入司马懿、司马昭父子手中。263年，司马昭派兵灭蜀。265年，司马昭之子司马炎废黜曹魏皇帝曹奂而称帝，建立晋朝，仍定都洛阳，魏国灭亡。280年，司马炎大举伐吴，孙皓投降，东吴灭亡，三国时代结束。晋代陈寿所作史书《三国志》，专门记载三国历史；四大名著之一的《三国演义》，也是有关这一时期的历史小说。

晋 晋朝分为西晋（265—316）与东晋（317—420）两个阶段。265年司马炎代魏，自立为皇帝，国号“晋”，定都洛阳，史称西晋。280年灭吴，统一全国。但司马炎死后不久，皇室争权的八王之乱打了十六年仗，对社会经济造成极大破坏，少数民族的军事贵族乘机揭竿而起，北方陷入分裂混战局面。316年，匈奴贵族刘曜攻占长安，晋愍帝降，西晋亡，共传四帝五十二年。北方从此进入十六国时期。晋室南渡，317年，琅邪王司马睿重建晋朝，定都建康（今江苏南京），保有淮河以南地区，史称东晋。420年，刘裕废晋恭帝自立，东晋亡，共传十一帝一百〇四年。两晋共十五帝,总历时一百五十六年。晋朝的突出特点是世族门阀政治,玄学思潮和佛教道教兴盛,同时少数民族大量进入中原,加强了各民族之间的交流和融合。

十六国 又称五胡十六国,是指自西晋末年刘渊称帝到北魏统一中原之间的这一段时期(304—439)。司马氏的晋朝在曹魏统一北方和渡江灭孙吴统一全国的基础上,并没能继续秦汉大一统之格局。晋惠帝末年的“八王之乱”期间,各少数民族纷纷趁机起兵,建立政权,群雄混战,晋室南迁。而北方的黄河流域则成为各少数民族的逐鹿之地,直至东晋灭亡,它也无力收复中原。北魏的崔鸿著《十六国春秋》记载了这段历史,书中言:“能建邦命氏成为战国者,十有六家”,“十六国”也因此书而得名。五胡十六国指匈奴、鲜卑、羯、氐、羌、汉等民族在西部和北方先后建立的成汉、前赵、后赵、前秦、后秦、西秦、夏、前凉、后凉、南凉、西凉、北凉、前燕、后燕、北燕、南燕等政权。其中,前凉、西凉、北燕等国为汉人所建。十六国之外,在当时有较大影响的还有代国(北魏前身)、冉魏、西燕和内迁丁零之翟魏等,因而实际并不止十六国。

南北朝 从公元 420 年东晋灭亡到 589 年隋朝重新统一全国的一百七十年间,我国历史上出现了南北方政权对峙的局面,史称南北朝。南朝从 420 年刘裕代晋建宋到 589 年陈朝灭亡,共经历了宋、齐、梁、陈四个朝代,都城均为建康(今江苏南京)。宋,史称南朝宋或刘宋,刘裕建立,历八帝,420—479 年。齐,史称南朝齐或萧齐,萧道成建立,历七帝,479—502 年。梁,史称南朝梁或萧梁,萧衍建立,历七帝,502—557 年。又有后梁,萧衍孙子萧詧建立,历三帝,为北周附庸,554—587 年。陈,史称南朝陈,陈霸先建立,历五帝,557—589 年。南朝时,南方地区进一步得到开发,为隋唐时期的经济、文化大发展和我国经济重心南移奠定了基础。在北方,先后建立了主要以少数民族为统治族的北魏、东魏、西魏和北齐、北周政权。北魏,鲜卑族首领拓跋跬建立,历十五帝,386—534 年。东魏,权臣高欢控制的傀儡政权,历一帝,534—550 年。西魏,权臣宇文泰控制的傀儡政权,历三帝,535—556 年。北齐, 鲜卑化的汉人高欢之子高洋建立, 历七帝,550—577 年。北周,鲜卑人宇文泰之子宇文觉建立,历五帝,556—581 年。北魏之先为鲜卑族拓跋部,中间经过孝文帝改革,北魏完全转变为汉族传统形式的政权,使十六国以来北方的民族融合达到前所未有的高度。北魏后期,军阀割据势力崛起,534 年,北魏分裂为高欢控制下的东魏和宇文泰控制下的西魏。后来北齐取代东魏,北周取代西魏,北周又灭掉北齐,至 581 年,北周为隋朝取代。北朝时,中原地区的各族人民实现了大融合。589 年,隋灭陈朝,正式结束了南北分裂对峙的局面。

隋 中国历史上经历了魏晋南北朝三百余年分裂之后建立的大一统王朝,杨坚篡夺北周政权建立,统治时期为 581—618 年。杨坚的父亲杨忠在北周屡立战功,官至柱国,封隋国公。杨坚承袭杨忠的爵位,580 年,周宣帝突然病死,年幼的周静帝即位,由母后即杨坚的女儿辅政,国家大权实际上都被杨坚掌握。同年九月,杨坚被封为左大丞相,后又升为相国,改封隋王。581 年,杨坚废掉周静帝,自己登上皇位,建国号“隋”。589 年灭陈,结束南北方长时期的分裂状态,统一全国。隋文帝杨坚励精图治,改革官制,轻徭薄赋,实行均田制度,发展生产,社会经济一度繁荣,国力大幅上升,开创了著名的“开皇之治”。隋炀帝大兴土木,开挖大运河,筑长城,修建东都洛阳,发动对吐谷浑和高丽的战争,过度消耗国力,也引发了贵族叛乱和隋末农民大起义,618 年最终亡国。

唐 中国历史上统一时间较长，国力强盛的朝代，统治时期为618年至907年。李唐祖上原籍赵郡（今河北境内），属于山东大族李氏的一支。而《旧唐书》《新唐书》则称李唐皇族是老子李耳的后代，十六国时期西凉开国君主李暠是其远祖。唐高祖李渊的祖父李虎在西魏立有战功，是“八柱国”之一，封唐国公。后来宇文泰将西迁功臣的郡望全都改成关内，李虎才自称祖籍武川（今内蒙古武川）。李虎的儿子李昞，北周时历官御史大夫、安州总管、柱国大将军，袭封唐国公。李渊七岁时，父亲李昞去世，袭封为唐国公，隋炀帝时任晋阳（今山西太原）留守。617年，李渊、李世民父子趁隋末农民大起义之机起兵，很快攻占长安。次年，李渊迫使隋恭帝禅位，取代隋朝，国号为唐，定都长安。626年，唐太宗李世民登基后开创了“贞观之治”；712年，唐玄宗李隆基即位，开创了全盛的“开元盛世”。755年安史之乱后，唐朝国力日趋衰败，后期出现了严重的宦官专权和藩镇割据问题，到907年，被朱温所灭。唐朝共历二十帝，二百九十年。唐朝是我国古代强大繁荣的时代，对后世有很大影响，现在海外华人聚居的地方称为“唐人街”，即是得名于此。

五代十国 唐亡到宋朝建立以前的907—979年，中原先后有梁、唐、晋、汉、周五朝，南北各地还有吴、南唐、吴越、楚、闽、南汉、前蜀、后蜀、南平（荆南）、北汉诸政权，为十国，史称五代十国时期。黄巢起义后，在全国形成了藩镇割据局面。907年，军阀朱温灭唐，建立后梁，历史进入军阀混战的五代十国时期。梁、唐、晋、汉、周这些国号在历史上都已经出现过，所以史称后梁、后唐、后晋、后汉、后周。这五朝之外，在我国南方和山西地区还相继或同时出现了前蜀等十个割据政权，统称为“十国”。“十国”只是称其“大”者，实际上还有不少其他地方政权。五代十国本质上是中晚唐以来藩镇割据的延续，五代的开国之君，都是前朝的藩镇，靠军事割据发展起来，故这一时期的特点是战争频繁，政权屡有更迭。“五代十国”一词与政权定位最早来源于北宋薛居正的《旧五代史》和欧阳修的《新五代史》。

辽 契丹族建立的位于中国北部的王朝，统治时期为公元 907 年至 1125 年。辽原名契丹，后改称“辽”，“辽”在契丹语中是镔铁的意思。契丹族原是鲜卑宇文部的一支，唐初，契丹八部组成部落联盟。907 年契丹可汗耶律阿保机称帝，建立契丹国，定都上京（今辽宁境内）。916 年，建元神策。947 年改国号为“辽”。 983 年辽圣宗曾复名“契丹”，1066 年辽道宗又恢复国号“辽”。后晋统治者石敬瑭为了得到辽的支持，自称“儿皇帝”，向辽奉送了幽、蓟、云、朔等 16 州，从此，辽的领土东边到海，西边到金山（今阿尔金山），北边到胪朐河（今克鲁伦河）、外兴安岭、贝加尔湖，南边到长城南直至白沟（今河北雄县境），是一个强盛的民族政权。辽与北宋长期交战对峙，后来订立澶渊之盟，稳定了宋辽关系。辽朝后期，女真族不断起兵抗辽并建立了金朝政权，1125 年， 辽天祚帝被金军俘获，辽朝灭亡。辽共历九帝，统治二百一十年。辽亡后，宗室耶律大石西迁，曾在新疆及邻近地区建立起西辽政权。

宋 我国上承五代十国、下启元朝的时代，根据都城及疆域的变迁，可分为北宋与南宋，合称两宋，统治时期为公元 960 年至 1279 年。赵匡胤，涿州人，后周岳州防御使赵弘殷之子，他早年从军，后数次跟随周世宗征战，皆有战功，受到重用，任殿前都点检。959 年，周世宗病死，年幼的恭帝继位，兵权掌握在赵匡胤手中。赵匡胤又领归德军节度使，归德军治所在宋州（今河南商丘）。960 年，赵匡胤发动“陈桥兵变”，将士们把黄袍加在他身上，拥立他做了皇帝。由于赵匡胤原领宋州，所以建国号为“宋”，定都开封，称为北宋。979年攻灭北汉，结束五代十国，但宋朝只完成了局部统一，与北方辽、西夏、金先后对峙。1127年，金兵攻陷汴京，掳去徽、钦二帝，北宋遂亡。同年五月，徽宗第九子康王赵构在南京应天府（今河南商丘）重建宋皇朝，后南渡，定都临安（今浙江杭州），史称“南宋”。其疆域比北宋更为缩小，与西夏、金、蒙古（元）先后对峙。1279年，元朝水军攻破厓山，南宋灭亡。两宋共历十八帝，统治三百二十年。

西夏 我国古代北方少数民族党项族建立的政权，历十帝一百九十年（1038—1227）。党项族首领元昊继承了历代祖先的经营成果，进行改革，于1038年正式称帝，国号大夏，改兴州为兴庆府（今宁夏银川），作为都城。这时的西夏已是一个东到黄河，西至玉门，南接萧关，北控大漠，地方万余里的大国。宋夏之间多年战争，互有胜负。1044年四月，双方达成和议，和平往来。夏毅宗谅祚令国中废除蕃礼，改用汉礼，与宋朝划定边界，将其势力发展到河州（今甘肃临夏）一带。惠宗年幼继位，其母梁太后摄政，废汉礼，改用蕃礼。西夏内部皇族势力反复争夺，对外与宋朝展开激战。崇宗亲政后，与宋议和，又奉金为上国。仁宗时，夏国直接统治有二十二州。仁宗以后，西夏皇室争权激烈，逐渐衰弱。1206年铁木真在蒙古建国，称成吉思汗，以后多次侵袭西夏，西夏不得不依附蒙古，一再随其出征。西夏献宗于1223年继位后，改变政策，联金抗蒙。成吉思汗于1226年亲率大军征夏，围中兴府半年，次年七月，成吉思汗在军中病死，西夏末主李睍出降，西夏灭亡。

金 女真族在北方建立的政权，统治时期为公元1115年至1234年，大致与北宋末期和南宋时期相当。女真是我国东北地区的古老民族，勃兴于今黑龙江、松花江流域及长白山地区。1114 年，生女真完颜部首领完颜阿骨打正式起兵反辽，1115 年，完颜阿骨打称帝建国，国号大金。关于称金的原因，据《金史》记载，完颜阿骨打称帝时认为"辽以镔铁为号，取其坚也。镔铁虽坚，终亦变坏，惟金不变不坏。金之色白，完颜部色尚白"，所以国号为金。另一种说法是女真部世代居住在按出虎水（今阿什河）一带，女真语中"按出虎"是金的意思，相传其水产金，故以此为名。金立国后，于 1125 年灭辽，随后又南下灭北宋。以后金与南宋多次交战，维持南北对峙的局面。1234 年在蒙古、南宋联合进攻下灭亡。金朝共历九帝，统治一百二十年。

元 中国历史上第一个由少数民族（蒙古族）建立并统治全国的王朝，统治时期为公元 1271 年至 1368 年。蒙古族是一个历史悠久的民族，长期生活在蒙古高原上。蒙古人的直系祖先是室韦各部落，室韦与鲜卑、契丹同属东胡后裔，所以史书有时也称其为"契丹之类"。据新、旧《唐书》记载，室韦诸部中有一部称"蒙兀室韦"，蒙兀即是蒙古。唐朝末年，蒙古部西迁到漠北草原腹地，居于斡难河流域。辽金时期，蒙古诸部互相征战不休，直到成吉思汗出现，才统一了全蒙古。1206 年，成吉思汗在斡难河源召开贵族大会，建立蒙古汗国。此后通过一系列战争先后灭西夏、金等国。1271 年，元世祖忽必烈改国号为大元，取《易经》中"大哉乾元"之意。1279 年灭南宋，统一全国，定都大都（今北京）。元末爆发农民大起义，1368 年，明朝军队攻入大都，元亡。但元政权退居漠北，仍沿用大元国号，与明朝对峙，史称"北元"，直到 1402 年才去掉国号。自成吉思汗起，历十五帝一百六十三年；自元世祖定大元国号起，历十一帝九十八年。元朝疆域空前辽阔，是中国历史上领土面积最大的王朝。

明 朱元璋推翻元朝统治后建立的王朝，因皇帝姓朱，故又称朱明，统治时期为公元1368年到1644年。元末群雄逐鹿的最终获胜者朱元璋，濠州钟离（今安徽凤阳）人，出身贫苦，曾为生活所迫而出家为僧。1352年投到濠州红巾军郭子兴帐下，郭子兴及其长子死后，朱元璋成了郭氏部众的主要统帅。攻占南京后，他的势力逐渐强大起来，到1364年，朱元璋称吴王，建立西吴政权，之后消灭了陈友谅部和张士诚部。1368年，朱元璋正式称帝，以应天府（今南京）为京师，国号大明，年号洪武，建立明朝，朱元璋即为明太祖。将明作为国号，表示他继承的是元末首举义旗的韩山童、韩林儿父子的明王称号及其政权。不久他就命徐达等领兵北伐，攻占大都，元朝灭亡。1421年，明成祖朱棣迁都北京。明朝前期几代帝王都励精图治，国力强盛，被称赞为"治隆唐宋，远迈汉唐"。明朝末年政治黑暗，爆发了陕北农民起义，随后扩展到全国。1644年，李自成攻入北京，明思宗朱由检于煤山自缢，明朝灭亡。明朝共历十六帝，统治二百七十七年。

清 中国历史上最后一个王朝，也是第二个由少数民族（满族）建立并统治全国的政权，统治时期为公元1644年至1911年。明代女真分为建州女真、海西女真和野人女真三大部，其中，建州部于明初自松花江下游逐渐南迁到鸭绿江以北地区，明朝在其地先后设置了建州卫、建州左卫和建州右卫，合称建州三卫。对于女真各部，明朝利用其酋长间接管辖，又实行分而治之和镇压的政策。明朝后期，边备废弛，努尔哈赤应运而起。他是建州左卫都督猛哥帖木儿的六世孙，其祖父、父亲皆被明军误杀，于是他以"七大恨"起兵，并逐渐统一了女真各部。1616年，努尔哈赤即汗位，国号大金，史称后金，以金为国号是为了继承完颜部女真的金朝。1636年,皇太极正式称帝,建国号大清,改女真族名为满洲。“清”之来源,一说是廓清天下之意;另一说为金与清两字在满语中的发音相同,为一音之转说。1644年,顺治帝入关,定都北京,此后通过数十年的战争逐步统一全国。到十八世纪后期,清朝成为当时亚洲东部最强大的国家。1840年,清王朝在鸦片战争中战败,中国逐渐步入近代社会。1911年,孙中山领导的辛亥革命推翻清朝统治,结束了在中国延续两千多年的皇权专制制度。清朝自入关至灭亡二百六十八年,自称帝建国号开始共历十二帝,二百七十六年。

2.名号称谓

姓氏 是血缘关系的标志,是一个家族或一部分有血缘关系的人的公用名。在先秦姓氏有区别,姓是一族的称号,统其祖考之所自出;氏是姓的分支,别其子孙之所自分,是血缘关系的标志。姓标示家族血统,用以别婚姻,氏是人们地位财产的象征。所以当时男子称氏,女子称姓。秦汉以后,姓氏合而为一,不再有所区别。传说,伏羲氏造了一百个姓,所以后来将人民称为百姓。由于姓氏始终处于变动之中,中国的人口基数又太大,每个时代究竟有多少姓氏是无法统计清楚的。2014年中华书局出版由徐铁生编撰的《中华姓氏源流大辞典》,共收姓氏三万一千六百八十四个,是迄今收入姓氏最多的姓氏辞典。古今姓氏很多,但常用的姓氏不过数百。各种姓氏的由来十分复杂,即使同姓的人,很可能不是同源。各种姓氏的来源,主要有九种情况:1.以氏族图腾为姓,如风姓、姒姓;2.以居住地或封国为姓,如姜姓、陈姓;3.以先祖的名、字、排行、辈分为姓,如伯、孟、仲、叔、季等姓;4.以官名、爵位、谥号为姓，如李姓、侯姓、庄姓；5.以世代所从事的职业为姓，如陶姓、巫姓；6.因事件为姓，如窦姓、苻姓；7.以人的性情吉凶为姓，如闻姓、黥姓；8.以诸种名号复合为姓，如夏侯、诸葛等姓；9.少数民族部落、人名按音近、义同的原则改为汉姓如穆、韩、马等姓。姓氏从音节构成上看，有单姓、复姓和多字姓。赵、钱、孙、李之类是单姓，欧阳、夏侯、公孙之类是复姓。三个字以上的姓是多字姓，如破六韩、爱新觉罗、列贴乞乃蛮歹、玉耳别里伯牙吾牙等。三字以上的姓多来自少数民族语的译音。

名 每个人的代号，是这个人区别于其他人的标志。古人的名，有小名、正名、假名等。小名，又称乳名，初生即取，主要供亲属称用，如汉代学者董仲舒小名蛮，曹操小名阿瞒。正名才是人的正式名，过去又称为学名、官名等。正名分为姓和名两部分，姓在前，名在后。姓以外，名有一字、两字或更多字的，如现代剧作家欧阳予倩，为复姓二字名。假名，是指书籍文章中因此人名字未有记载，而假设的人名，如称汉高皇后吕雉的父亲为吕公，称给刘邦卖酒的王姓老妇为王媪等。古人在出生三个月时就要在祖庙举行隆重的取名仪式。取名的方法很多：有以辈分字和排行命名，如后唐皇族李氏，以克、存、继、重为辈分字。有以出生日期、事件或生理特征命名，如秦始皇生于正月，名政。有以地理名词命名，如甲午战争后台湾被割让，丘逢甲退至广东，子名念台。有为祝愿孩子健康、富贵、建功立业而起的含有希望的名，如宋朝蔡廓儿子名兴宗。有以崇敬长辈命名，如唐朝马燧的孙子名继祖。有命名隐含心迹，如金章宗之妃李师儿的母亲名王盼儿，是希望在她之后生个儿子。有以崇文尚武命名，西魏大将王胡仁作战勇猛，改名王勇。有以古语典故取名，如明末钱谦益，取《尚书》“满招损，谦受益”之典。有以姓氏字取名，宋人陈东，是将姓的耳旁去掉为名的。有以重叠字命名的,如元将扩廓贴木儿汉名王保保。

字 字,就是别名,不过是比较固定的别名罢了。古人在成年(行冠礼)以后,为让别人尊重自己,不让称名,就根据本名的涵义取个别名,让别人称呼,这个别名,就是字。由于字为名之表,故古代将字又称为表字。人的正名和表字都有一定的连带关系。有的是同义词,如诸葛亮字孔明。有的意思相连,如清人方东树字植之。有的反义相对,如韩愈字退之。有的用典故相连,如明朝于谦字廷益。有的用天干地支相配,如秦国大将白丙字乙。有的名上加字,如文天祥字文山。有的以名为字,如晋安帝司马德宗字德宗。有的分离其名为字,如尤侗字同人。表字还可以用来表示几个人的某种关系。有的同胞兄弟用同一字或排行字为表字,如班固字孟坚,其弟班超字仲升。东汉以前有一字的表字,如项籍字羽。以后,多为两个字的,三字表字极为罕见,四字、五字的表字也有。一个人一般只有一个表字,但也有几个表字的,如清人谈迁,就有仲木、孺木、观若、冠石共四个表字。汉代以前,名和表字连称时,习惯先称表字后称名,如《左传》中的孔父(字)嘉(名),叔梁(字)纥(名)。汉代以后,则多先称名后称表字,如白居易(名)乐天(字),司马光(名)君实(字)等。

号 古人名字以外的别称。《周礼·春官·大祝》说:"号为尊其名更为美称焉。"始于春秋战国,唐以后日渐盛行,至清代,学者文人的号往往代替本名为人们所习称。人们的号,按照取给者的不同,有他人所取,而为大家认可的浑号、绰号、外号、谑号;有自己取的,叫自号、别号、雅号。别号的取得,有因其地者,如明人李梦阳祖籍庆阳,因自号崆峒子。有因其居者,如东晋陶潜宅旁有五株柳树,号五柳先生。有因其性情兴趣者,如清人左宗棠,常自比诸葛亮，自号亮。有因其事者，如南宋画家郑思肖，在宋亡后自号所南，表示心向南方，又自号木穴国人，木穴二字合为宋。有因其形貌者，如清人凤翰生病以后右臂麻木，用左手写字，自号尚左生，又号丁巳残人。有以表字的同音字为别号，如清人汪中甫，字容甫，号庸夫。别号多为二、三、四字，也有字数很多的，如明画家唐寅，号江南第一风流才子。一个人有多个别号是很常见的事。清初画家朱耷，初号雪个，更号人屋、驴屋、书年、驴汉，最后号八大山人。绰号是别人凭印象和认识给人加的称号。有讥讽戏谑的，如南宋吴曦脸上有疤，人称其为吴巴子。有赞美褒誉的，如西汉李广勇敢善战，匈奴人号之飞将军。有一般表征的，如东汉蔡邕嗜酒，人称其醉龙；宋人许六，做糖饼出售，人称其许糖饼。

朕 本意是很细小的缝隙，古人用以自称，表示谦虚，意为我或我的，后来成为皇帝专用的称呼。据我国最早的一部解释词义的专著《尔雅》："朕，身也"，又说"朕，我也"。东汉蔡邕《独断》中说："古者尊卑共称朕。"在先秦时期，无论尊卑贵贱，任何人都可以使用朕字，但当时朕多作第一人称所有格使用，意为"我的"，如屈原《离骚》中有"朕皇考曰伯庸"及"回朕车以复路兮"之句。《史记·秦始皇本纪》记载，秦统一全国以后，创立皇帝尊号，规定"天子自称曰'朕'"。从此以后，"朕"就成为皇帝专用的自称，这个称谓一直流传至辛亥革命推翻清朝统治，中国皇权专制制度终结。有的时候，皇太后也可以自称"朕"。受中国文化的影响，汉字文化圈的其他国家如日本、朝鲜、越南的君主也使用"朕"这个称呼。

孤 我国古代诸侯、国君的自称，语出自《礼记·玉藻》："凡自称，小国之君曰孤。"小国的国君自称"孤"，取因少德而周围无人之意，也称孤家，与寡人的意思类似。

这个称号是秦朝建立之前的君王自称，在春秋战国时期经常使用。如《孟子·梁惠王上》有“寡人之于国也，尽心焉耳矣”。又据《晏子春秋》记载，齐景公也经常称孤道寡。远方小国诸侯自称为孤，这是它的本义，诸侯居丧期间称孤，这是一种制度。而诸侯在遭遇危难丧败时，也有称孤者，这是自为贬损之词。在秦始皇之后，皇帝都自称为朕，孤或寡人则成为分裂割据势力的首领或被封为诸侯王者的自称。如汉朝末年群雄割据，曹操曾说：“使天下无孤，不知几人称帝，几人称王”，孙权、刘备也自称为孤。又如唐朝藩镇节度使朱滔、王武俊、田悦、李纳起兵反叛之后，推朱滔为盟主，朱滔称孤，王武俊等称寡人。另外，对幼年失去父亲的人也称“孤”，《孟子·梁惠王下》：“幼而无父曰孤。”直到现在还有“孤儿”一词。

寡人 秦朝建立之前的君主自称，在春秋战国时期较为常见。如《史记·廉颇蔺相如列传》中有“秦王以十五城请易寡人之璧，可予不？”这里赵国的国君就自称为寡人。在诸侯与诸侯之间，以及诸侯对比自己地位低的人时皆可自称寡人，本国臣民对别国称自己的君主叫寡君。《孟子·梁惠王上》朱熹注：“寡人，诸侯自称，言寡德之人也。”即诸侯自称为寡人，意思是说自己是少德的人或德薄的人，这是一种谦词。关于寡人一词的使用，春秋时期诸侯自称寡人，但楚王多自称不谷，而较弱的诸侯自称孤。战国时期，齐、楚等大国国君虽僭号称王，仍自称为寡人。秦末汉初，项羽所分封的诸侯王，如汉王刘邦及刘邦所分封的诸侯王，如齐王韩信等，都自称寡人。汉朝建立后大封诸侯王，他们也多自称寡人。东汉末年，曹操、孙权、刘备等人都“南面称孤”，此时孤较为流行。北魏、北周、隋朝的诸侯王常自称为寡人，而手握大权的枭雄如尔朱荣、高欢则自称孤。到唐朝以后，自称寡人就比较少见了。

予一人 也可作余一人，夏商周三代时期的君王自称,以商代最为常见,是天子的自谦之词。《礼记·玉藻》说:“凡自称,天子曰‘予一人’。”就是说予一人是天子所用的自称。就“予”字而言,予最早为帝舜所自称,而沿用至三代君王,如帝舜曰“予欲左右有民”,商汤王曰“予有言”,这里的予都是第一人称代词,即意为“我”。而在当时予只是一般自称，除了君王大臣外，普通平民也可自称予。《礼记·曲礼下》“予一人”郑玄注解:天子自称“予一人”,意思是说我仅仅是众人中的一员,自己的才能也和一个普通人相当,没有什么特别的地方,这是表示自谦、谦让。需要注意的是三代君王的自称并不固定,除了予一人外,还有予、朕、我、我王、台小子、余小子等。因此,不能认为“予一人”是夏商周三代国君唯一的自称,它也并不表示天子独尊的特殊身份。而作为国家最高统治者专用的自称,是到后来秦始皇规定皇帝自称曰“朕”,才具有独一无二的名号和地位。先秦时期多写作予一人,汉朝时写作余一人。

陛下 古代对君主的尊称,秦朝以后只用于称皇帝。“陛”,本义是指台阶,后来特指帝王宫殿的台阶。在皇宫的台阶两侧,时刻有皇帝的侍卫进行警戒,以防不测。当大臣有事上奏皇帝时,不敢直呼天子,必须先告诉台阶下的侍卫官,再通过他们去转达,因而称陛下,表示卑者向尊者进言,这是臣子对帝王的敬辞。蔡邕《独断》卷上说:“谓之‘陛下’者,群臣与天子言,不敢直斥,故呼在陛下者与之言,固卑达尊之意也。”意思是说,大臣称帝王为“陛下”,是表示我不敢也没资格与皇帝您说话,我是在跟您的侍卫说话。后世常把皇帝与陛下连起来,称作“皇帝陛下”,表示对皇帝的尊崇。由“陛下”又引申出“陛见”,指臣下面见皇帝,如《后汉书·戴封传》:“公车征,陛见,对策第一。”意思是他进京去见皇帝,对策为第一名。殿下一词,与陛下类似但次于陛下,一般来说,对太子、亲王、皇后、皇太后都可用殿下这一尊称。

君 会意字,从尹,从口。“尹”,表示治事;“口”,表示发布命令。合起来的意思是:发号施令,治理国家,所以君的本义指君主,即国家的最高领导人。先秦时期,君是大夫以上据有土地的各级统治者的通称。《仪礼·丧服》:“君至尊也。”郑玄注说:“天子、诸侯及卿大夫,有地者皆曰君。”但实际上绝大多数情况下是指的天子和诸侯。秦统一天下以后,称皇帝为君,如《孔子家语·本命》说“天无二日,国无二君”。同时,君也是战国至秦汉时期贵族、功臣的封号,如齐国田文号孟尝君、魏国公子无忌号信陵君、汉代郦食其号广野君等。并且也可用于称呼贵族妇女,如诸侯的妻子称为小君或细君。又儒家认为“君者臣之天,父者子之天,夫者妻之天”,因为“君”有主宰的意思,大致从两晋南北朝以后,儿子对父亲、妻子对丈夫也称“君”。另外,后来引申出对他人也敬称“某君”,如张君、李君等。

臣 先秦时期,把男性奴隶称为“臣”。在商代的甲骨文中,“臣” 原来是竖起来的一只眼睛的形状, 人在低头时,眼睛即处于竖立位置,因而代表低垂着头颅的人的形象。由于甲骨文是一种象形文字,所以该字形表示的是俯首屈服之意,即指奴隶。《尚书·费誓》有“臣妾逋逃”句,孔安国注:“役人贱者,男曰臣,女曰妾。”在古代,奴隶都是从事低贱的工作,男奴隶叫做臣,女奴隶称妾。因为臣是卑贱的人,所以在先秦时期,无论官吏还是平民对国君都自称为“臣”。《孟子·万章下》里说的“市井之臣”“草莽之臣”就是指的平民。秦汉以后,将文武高级官员称为“大臣”,大臣对皇帝自称为“臣”。儿子对父亲也可自称臣,汉高祖刘邦对他的父亲就曾自称为“臣”。也引申为对自己的谦称,古代人相互之间谈话多自称“臣”,以表示自谦。现在,我们把对国家事业有突出贡献的,或是工作业绩出色的人誉称为“功臣”。另外,对当代还保留有君主的国家的高级官员也翻译为“某部大臣”,如有国防大臣、外务大臣等称呼。

鄙人 古代用以自称的谦词。其本义是指边鄙之人,即住在郊野的人。《荀子·非相》:“楚之孙叔敖,期思之鄙人也。”楚国名相孙叔敖,是期思(今河南境内)这个边远地方的人。杨倞注引杜预曰:“鄙人,郊野之人也。”这是说鄙人指的是居于郊野的人,与住在都邑里的人相对。后来多用于谦称自己,如《史记·张释之冯唐列传》:“唐谢曰:‘鄙人不知忌讳。’”又如《老残游记》第二回:“目下鄙人要往济南府去看看大明湖的风景。” 这里的鄙人即表示自谦,意为“我”。此外,鄙人也指鄙俗的人。在古代,不同的人因身份、地位的差别,自称也不一样。常见的一般性自称有吾、余、我、予等;表示谦逊的自称有敝人、愚、臣、仆、小可、小人、不才、区区、不肖、不佞、在下等。比较特殊的如皇帝自称为朕,大臣官员自谦为下官、末官、小吏,读书人谦称为晚生、晚学、后学、小生。古代女人的自称则有妾、贱妾、奴家等。

阁下 古代对别人的敬称,常见于口语,近代至现代则多用于书籍信函中。它来源于汉代的“三公黄阁”,所谓三公,秦朝和西汉时期指的是丞相、太尉、御史大夫,此后各个朝代,三公所指称的官名也常有变化。所谓黄阁,是指三公的客馆或官署的门涂上黄颜色, 而且古代高级官员的官署往往称阁,如东阁、龙图阁等。由于三公的地位很高,人们不敢直呼其名,便请他的侍从代为转达,表示自己不敢和对方直接说话,以此表示对对方的尊敬,所以唐代颜师古说:“因卑以达尊之意也。”这就是阁下一词的起源。唐代赵璘《因话录》卷五:“古者三公开阁,郡守比古之侯伯,亦有阁。所以世之书题有阁下之称。今又布衣相呼,尽曰阁下。”这段话是说在唐代以前,阁下本是对三公、郡守等中央或地方高级官员的称呼,到唐代时平民百姓之间也互称阁下了。直到现在,阁下一词在外交场合和书信中仍然使用。

足下 称呼对方的敬辞。在古代,下称谓上或同辈、朋友相称,都可用足下,意为“您”。如《史记·项羽本纪》中的“大王足下”“大将军足下”,这里的足下就是对对方的尊称。据南朝刘敬叔《异苑》卷十记载:足下的来源与春秋时期的介之推有关,他曾经跟随即位之前的晋文公重耳流亡在外十九年,立下了功劳。重耳回国即王位后封赏当初和他共患难的大臣,但介之推却不愿受晋文公的赏赐,和母亲一起隐居起来。由于介之推坚决不出山,晋文公便点燃山上的草木,企图逼他下山,结果介之推和他的母亲却抱着大树被烧死了。晋文公对着这棵树哀叹不已,就让人伐树做了一双木屐。每当想起逃亡中介子推曾割下自己大腿上的肉给他充饥的时候,低头看到木屐,总是难过地说:“可悲呀足下!”由此便有了足下这一称呼。但另一说法认为:足下与陛下、殿下、侍者、执事相类似,都是的尊称对方的称呼。到了战国时期,人们已经经常使用足下这个词,以表示尊敬对方,此后便一直沿用至今,现多见于书信中。

良人 我国古代,夫妻之间互称良人,即丈夫称呼妻子为良人,妻子也可称呼丈夫为良人。到后来则主要成为妻子对丈夫的称呼。语出《诗经·秦风·小戎》:“厌厌良人,秩秩德音”,意为安静和悦的君子、心上人,他有清明美好的德行。《孟子》里的《齐人有一妻一妾》篇就多次使用良人一词，这里的良人都是指的丈夫，如“其良人出，则必餍酒肉而后反”，意思是她们的丈夫外出，必定吃得酒足饭饱才回家。唐代诗人李白《子夜吴歌·秋歌》：“秋风吹不尽，总是玉关情。何日平胡虏，良人罢远征？”写的是妻子在秋夜思念出征边塞的丈夫，希望他们早日打败敌人之后回家。同时，良人也指平民百姓，区别于奴婢；清白人家的妇女也可叫良人。而且，西汉时期皇帝后宫嫔妃中的第九等也称为良人。除良人外，我国古代妻子对丈夫的称呼还有许多，主要的有相公、夫君、夫主、夫婿、郎、郎伯、郎君、官人、外人和外子等。

拙荆 古代人对他人谦称自己妻子的说法。荆现名牡荆，是马鞭草科的一种落叶灌木。古代又名楚，用来做刑杖，鞭打犯人，受鞭打叫“受楚”。“受楚”是件痛苦的事，所以“楚”字又引申有“痛苦”的意思，如痛楚、苦楚。荆在古代还可用来制作妇女的发钗，称为“荆钗”。据《太平御览》卷七百一十八所引《列女传》记载：东汉隐士梁鸿的妻子孟光生活十分俭朴，常以荆枝作钗，粗布为裙。因此，后来便以“拙荆”来谦称自己的妻子，也叫“荆室”，或简称为“荆”。如《水浒传》第七回：“恰才与拙荆一同来间壁岳庙里还香愿”，意思是说刚才和妻子到隔壁的岳庙里去还愿了。除拙荆外，我国古代丈夫对妻子的称呼主要还有执帚、拙内、贱内、糟糠、细君、娘子、内助、内人和内子等，其中前几个都是谦词。比较特殊的别称，如皇帝称妻子为梓童(子童)，诸侯之妻称小君，王公大臣称妻子为夫人等。

舅姑 在现代汉语中，“舅”指的是母亲的兄弟，“姑”则指父亲的姊妹。然而在古汉语里，妇女将公婆称为舅姑。《礼记》中就频繁出现舅姑一词，如“妇人不饰，不敢见舅姑”“顺于舅姑，和于室人”等；唐诗中也有“洞房昨夜停红烛，待晓堂前拜舅姑”的句子，此处的舅姑都是指公婆。

《尔雅·释亲》载:“妇称夫之父曰舅,称夫之母曰姑。”意思是妻子称丈夫的父亲为舅,称丈夫的母亲为姑,这样的称呼无法用亲戚关系去解释,让人很费解。其实,回溯人类社会的历史,在母系氏族社会向父系氏族社会过渡时,作为血亲的“舅、姑”与作为姻亲的“公、婆”曾是重叠的。其背后则是兄(弟)的子或女与姊(妹)的女或子相互通婚,这就是婚姻史上的中表婚制。当时实行族外婚,两个通婚的氏族彼此嫁女,实际上是姑舅结亲。女方的公公正是母亲的兄弟辈,所以应该称舅;女方的婆婆正是父亲的姊妹辈,所以应该称姑,这样一来,公公与舅舅、婆婆与姑姑就“一身而二称”了。所以古代把公婆称为舅姑,正是这种婚姻制度在语言上的遗留。直到现在的书面语中,仍然把公婆称为“舅姑”。

泰山 又称岱山、岱宗,本是五岳之一,位于山东省的中部。在我国古代,人们把妻子的父亲,也就是自己的岳父、丈人称作泰山。语出唐段成式的《酉阳杂俎》:唐明皇要封禅泰山,命张说为封禅使。张说的女婿郑镒本是九品官,按照惯例,封禅结束后,自三公以下都能迁升一级,只有郑镒靠了丈人张说,一下子升到五品官,改穿浅绯色的五品官服。在一次大型的宴会上,唐明皇看到郑镒一下子升了几级,感到疑惑,就询问原因,郑镒一时无话可答。这时黄幡绰趁机说道:“这是靠了泰山之力呀(此泰山之力也)。”这句话说得很含蓄,一语双关,既指封禅一事,又指郑镒的岳父张说,皇帝也就不再追究。从此,人们便称妻父为泰山。还有一种说法是在泰山上有一座丈人峰,所以古人借此为名把妻父叫做泰山。由于泰山是我国五岳之首,所以又从泰山衍化出岳父、岳丈、岳翁等称谓,丈母娘则称之为岳母。后来书面语中也将妻母称作泰水,岳父岳母也就合称泰山泰水。直到现在,泰山仍然是对丈人的常用称呼。

高堂 本指高大的厅堂,后多用于指父母。王充《论衡·别通》:“开户内光,坐高堂之上。”在我国古代家庭里,父母的居室一般被称为堂屋,处于一家住宅正中的位置。而且堂屋的地面和屋顶相对来说要比其他房间高一些,所以古代的子辈为表示尊重父母,在外人面前不直接说父母而叫“高堂”。于是高堂就用来指父母居住的地方,或代称父母,“堂上”的意思与此相同。在陈子昂《宿空舲峡青树村浦》诗中有“委别高堂爱,窥觎明主恩”,表达的是辞别父母,期望遇到明君赏识的心情。又李白的《将进酒》有“君不见高堂明镜悲白发,朝如青丝暮成雪”一句,意思是你不见那年迈的父母,对着明镜感叹自己的白发,年轻时候满头青丝如今却白雪一片。在古代,对父母的称谓还有很多,如亲闱、所生、严君、双亲、椿萱等;称呼自己的父亲则为家父、家君、家严,称呼自己的母亲为家母、家慈;称呼别人的父母为令尊、令堂。

考妣 古代人对已经去世的父母的敬称,父亲死后称考,母亲死后称妣,合称考妣。语出自《礼记·曲礼下》:“生曰父、曰母、曰妻;死曰考、曰妣、曰嫔。”即在生之时分别叫父、母、妻,死后则分别称作考、妣、嫔。汉代郑玄注解:“考,成也,言其德行之成也;妣之言媲也,媲于考也。”是说考是成的意思,成是对父亲一生高尚德行的评价;妣是媲之意,指母亲的德行与父亲一样高,可与之媲美,这是表示对父母的尊敬。在《尚书·舜典》中有“帝乃殂落,百姓如丧考妣”的话,就是说舜帝死后,百姓如同自己的父母去世了一样悲痛。但古代也有用来称在世的父母,如《尔雅·释亲》:“父曰考,母曰妣。”晋郭璞注引《仓颉篇》:“考妣延年”,这里的考妣就是指的依然健在的父母。古代子女在父母的墓碑上常刻有“显考”“显妣”“先考”“先妣”

字样，现代墓碑依然沿用。

谥号 古代帝王及官员大臣死后，朝廷根据他们的生平行为给予一种称号以褒贬善恶，称为谥或谥号。《逸周书·谥法解》："谥者，行之迹也；号者，表之功也。"帝王的谥号，由礼官议定、继位皇帝宣布；臣下的谥号，由朝廷赐予。谥号制度的形成，《逸周书·谥法解》中说：西周初年的周公旦曾辅佐周武王灭商，后来又由他确立周代的各项典章制度，谥法即是周公所作。但近代以来，王国维等人根据西周金文考释得出结论：谥法应当形成于西周中期的周共王、懿王时期，这一说法现已得到较多认同。在周朝，周王室和各诸侯国广泛施行谥法，天子、诸侯、卿大夫等均有谥号。据《史记·秦始皇本纪》记载，秦朝建立后，秦始皇认为谥号属于"子议父、臣议君"，因而将其废除。到了汉朝又恢复了谥号，此后便一直延续到清朝灭亡。谥号大致可分三类：赞扬的如文、武、宣、昭；批评的如炀、厉、灵；同情的如哀、怀、愍、悼等。在隋朝之前，帝王谥号多为一字或二字，如汉文帝；唐朝以后字数逐渐增加。一般文人学士或隐士的谥号，由其亲友、门生所上，称为私谥，与朝廷颁赐的不同。

庙号 帝王死后立庙或入太庙立室奉祀追奉给的某祖某宗的名号。一般认为，庙号起源于商朝，如太甲为太宗、太戊为中宗、武丁为高宗等。汉朝建立后承袭了庙号制度，如刘邦的庙号为太祖、刘恒的庙号为太宗等。但汉朝追加庙号非常严格，要有功有德的皇帝才有庙号。唐代刘知几《史通·称谓》："古者天子庙号，祖有功而宗有德，始自三代，迄于两汉。名实相允，今古共传。"是说古代天子确立庙号，有功称祖，有德称宗，从夏商周三代到汉朝的庙号都名实相副。到了魏晋南北朝时期，庙号已经开始泛滥。而到了唐朝及以后，除了某些亡国之君以及短命皇帝外,几乎每个皇帝都有庙号。一般来说,开国皇帝庙号称祖,如唐高祖、宋太祖;嗣位之君庙号称宗,如宋太宗、明仁宗等。在称呼时,庙号常放在谥号之前,同谥号一道构成已死帝王的全号。习惯上,唐朝以前对皇帝称谥号,如汉文帝、汉武帝、隋炀帝;唐朝以后,则改称庙号,如唐太宗、宋真宗、宋高宗;到了明清又多称年号,如乾隆帝。

年号 指皇帝纪年的名称,在我国历史上使用年号开始于西汉的汉武帝。年号纪年,就是在某帝王在位期间,起一个或多个年的称号,然后依一、二、三、四的顺序纪年。在此之前,帝王都没有年号,只有在位年数,史家多使用王公年次纪年,如鲁隐公元年、秦始皇二十六年等,后来也常用干支纪年。公元前140年,汉武帝刘彻即位,当年称为建元元年,建元就是我国历史上的第一个年号。因而后世开国第一次建立年号也被称为"建元";新皇帝即位后改用新的年号,则叫做"改元"。此后,年号成为争作正统皇朝,或是否承认中央皇朝的一个标志。凡使用中央皇朝年号的叫作"奉正朔"。年号的字数,多数为二字,也有三字、四字甚至六字的年号。如宋太宗赵光义的"太平兴国",西夏景宗的年号"天授礼法延祚"。帝王的年号,有即位当年改元的,有逾年改元的,还有过期改元的。每个帝王在位期间,往往多次改元,出现多个年号,最多的是唐武则天在位二十一年共有十八个年号。到了明清两朝,除个别皇帝外,基本都是一个皇帝一个年号,中途都不改元。因此我们常用年号来称呼明清时期的皇帝,如洪武帝、永乐帝、康熙帝、乾隆帝等,都是称年号。据统计,历史上一共有过八百多个年号,有一些年号是重复使用的。辛亥革命后,中华民国废除年号纪年而改用民国纪年。中华人民共和国成立后,使用公元纪年。

尊号 古代为尊崇皇帝所上的称号,一般是生前所受，多用于外交、礼仪、祭祀等场合。据《史记·秦始皇纪》记载，从秦始皇起，天子尊称皇帝，此外并无其他称号。如《三国志》中“及称尊号”，意为“等到（刘备）登基称皇帝”。从唐代起，皇帝开始有尊号。唐高宗称天皇，武则天称圣母神皇，唐中宗称应天神龙皇帝便是开端；到唐玄宗时，已经成为制度。范祖禹《唐鉴》有云：“尊号之兴，盖本于开元之际。主骄臣谀，遂以为故事。”就是说尊号的兴盛是在唐玄宗时期，君主虚骄自大臣之阿谀奉承，从此形成制度。唐代以后，帝后尊号越加越长，如宋太祖尊号为“应天广运仁圣文武至德皇帝”。历史上最长的帝王尊号是辽宣帝耶律隆，号睿文英武遵道至德崇仁广孝功成治定昭圣神赞天辅皇帝，计二十二字。明清时期，皇帝还常为皇太后上尊号称徽号，如清末慈禧太后的徽号是“慈禧端佑康颐昭豫庄诚寿恭钦献崇熙”皇太后。由于尊号太长，因而人们很少称呼皇帝的尊号。而且，尊号与谥号虽各有涵义，但又多纠缠一处，难以区分。大体而言，尊号为生前所加，谥号为死后所上，但也有将生前尊号里的字作为死后谥号的。

陵号　古代帝王陵园的专门名称。从秦始皇起都有陵号，如秦始皇为骊山陵，汉武帝为茂陵，唐太宗为昭陵，明太祖为孝陵。陵号最初多来自葬地之名。东汉以后，却多取一美好字眼为之。如唐玄宗之恭陵，宋太祖之永昌陵。

帝王的特殊称谓　古代帝王除了圣上、皇上、今上、当今、至尊、万岁等称谓外，还有许多特殊的代称。两汉时也称皇帝为县官、国家。东汉侍从称皇帝为大家，百官小吏称皇帝为天家。六朝称皇帝为宅家、官家、大家。清代称皇帝为老佛爷。始封君主多称显祖、烈主，幼主习惯称冲帝，废黜之君称废帝，末代皇帝称末帝、后主。

帝王的称呼很多,历史上为了方便起见,一个帝王往往有一个约定俗成的简便称呼。夏、商帝王多称名,如禹、纣。周、秦、汉、隋帝王多称谥号,如周显王、汉光武帝、隋炀帝。唐、宋、元诸朝由于帝王谥号字数太多,又习惯称其庙号,如唐太宗、宋太祖。明、清两代,一个皇帝一般只有一个年号,于是人们又习惯于以年号代称皇帝,如称明神宗万历皇帝。

避讳 古代的避讳,一是说话时遇有犯忌触讳的事物,不直说该事物,改用旁的话来表述;二是对于君主和尊长的名字,避免直接说出或写出,必须用其他方法避开。避讳起于东周之初。避名讳,可分为公讳与私讳。公讳,如帝王或圣贤之名。此外,还有使臣避出使国之讳,避权贵之讳,乃至迷信、身残而避讳。公讳亦称国讳,指全国臣民都要敬避尊者之名,包括避在位君主名,避庙讳,避太子名,避后妃名,避皇后祖、父名,避权贵名,避权臣祖、父名,避孔子名。私讳亦称家讳,指家族内避宗亲长者之名,主要盛行于文人和官僚士大夫之中。文献中避讳常用的方法主要有三种:即改字法、缺笔法和空字法。改字法是用同义、同音或异体字以代本字。缺笔法是书写时,遇到应避讳的字,虽用本字而省缺笔画。空字法是将本字空而不写,或作“□”,或书以“某”字,或直书以“讳”字。还有增笔法、拆字法、合字法等。

十二、数术方技

1.阴阳术数

数术 或作术数，是中国古代以阴阳五行生克制化的数理，来推测自然、社会、人事的气数和命运的学问。《庄子·天下篇》:“天下之治方术者多矣，皆以其有为不可加矣，古之所谓道术者果恶乎在？曰无乎不在。曰神何由降？明何由出？圣有所生，王有所成，皆原于一，不离乎宗。”表明了道术之原在于数，这里的数不是数学概念上的数，而是用来穷理究微、经世解惑、深探宇宙本原、洞察万物变化的一套符号与信息体系。《黄帝内经》中已有“法于阴阳，和于术数”的记载。《汉书·艺文志》中专门设有“数术略”，分天文、历谱、五行、蓍龟、杂占、形法六类。中国术数学浩如烟海，是中华文化的一个重要组成部分，其流传久远，种类也颇多，对我国古代政治、军事、文化、科技曾产生过广泛影响。在后世诸如天文、历法、算学、星占、六壬、太乙、奇门、占候、卜筮、命理、相法、堪舆、符咒、择吉、杂占、房中术、杂术等都属于术数的范畴。一般来说，狭义的术数专指预测吉凶的法术，广义的术数则包括天文、历法等，现在通常所说的是狭义的术数。需要指出的是，数术是古代科学技术与巫术的混合体，本身带有神秘色彩，确实夹杂有一些迷信成分。

方士 即方术士，就是有神异方术的人，多简称为方士或术士。方士起初是指战国到秦汉时期专讲神仙之说和施行奇方异术的人，其思想来源有古代巫术、道家及阴阳五行家等，早期起于燕国、齐国的沿海地带。司马迁的《史记》称他们为“方仙道”，并有“燕齐海上方士”“方士欲练以求奇药”的记述。战国时期，著名方士有燕国的宋毋忌、正伯侨、羡门高等人，皆修仙道，鼓吹海上有蓬莱、方丈、瀛洲三大仙境，一时齐威王、齐宣王、燕昭王等皆为其信徒。另外，我国南方地区的吴楚之人多信神鬼，这对后世方术也有影响。秦汉时期方士活动兴盛，秦始皇曾派出方士徐福等到海上寻求长生不老药。《后汉书》有《方术列传》专门记载汉代方士的事迹。东汉以后，方士之术多为道教所吸收和继承，所以文献中方士也指道士。方士的活动对历朝历代的帝王君主有很大吸引力，常对国家政治生活产生重大影响。以所主方术不同，方士有行气吐纳、服食仙药、祠灶炼金、召神劾鬼等不同派别。

阴阳　源自我国古代人的自然观，其最初涵义是很朴素的，表示阳光的向背，向日为阳，背日为阴。古人观察到自然界中各种既对立又相联系的现象，如天地、日月、昼夜、寒暑、男女、上下等，进而以抽象的思维方式，归纳出“阴阳”的概念。在我国古代哲学体系中，阴阳的对立和消长被认为是天地万物运动变化的根源，宇宙本身也是阴阳二气对立统一运动的结果。早在《周易》中就有了阴阳的含义，《易传》则明确指出“一阴一阳之谓道”。据《国语》记载，西周时期人们已经用阴阳的概念来解释地震等自然现象。老子在《道德经》中提出“万物负阴而抱阳，冲气以为和”，将阴阳作为对立统一的范畴，具有朴素的辩证法思想。战国时的邹衍将阴阳学说进一步发挥，并将它与五行学说结合，成为阴阳家的代表思想，到后世逐渐被神秘文化吸收。阴阳生一词，就是指会阴阳八卦、五行命理、择吉算命的人。阴阳理论已经渗透到中国传统文化的各个方面，在哲学、中医、历法、堪舆、占卜、宗教中均有较大影响。

五行 指自然界的五种基本物质和物质现象，即金、木、水、火、土，在《尚书·洪范》篇中已有记载。五行是我国古人从生活实践中总结出来的概念，他们认为宇宙万物都是由金、木、水、火、土五种元素构成的，如《国语·郑语》中就说："先王以土与金、木、水、火杂，以成百物。"《左传》则将五行称为"五材"，并开始出现五行相胜的说法，有"水胜火""火胜金"等记载。战国时期，五行学说大为流行，并形成了一套完整的五行相生相胜理论，即认为五行中的每两种元素之间按一定顺序都有相互转化的关系。其中，五行相生的顺序是木生火、火生土、土生金、金生水、水生木；相胜意为相克，其顺序是水克火、火克金、金克木、木克土、土克水。同时，邹衍还创立五德终始说，将五行理论附会于朝代更替，用以解释社会历史的发展变迁。后世将阴阳说和五行说进一步结合，并广泛运用于术数学之中，成为古人解释各种自然现象和人事并预测未来的理论，如五行起名、算命、测事、看风水等。

八卦 又称经卦，为《周易》中的八种基本图形。古代相传伏羲氏制八卦，又有周文王推演八卦的说法，实际上八卦起源于原始宗教的占卜。卦是用以象征自然界的各种现象和人类社会各种人事变化的一套符号，由阳爻(—)和阴爻(- -)相配合而成。每卦由三个爻重叠在一起组成，其次序是自下而上，最下的爻叫初爻，中间的叫二爻，上面的称三爻。八卦分别是乾卦☰、坤卦☷、巽卦☴、兑卦☱、艮卦☶、震卦☳、离卦☲、坎卦☵。将此八卦两两相重合而排列，则组成《易经》中的六十四卦，称作别卦。在《周易》中，阳爻和阴爻分别代表阳刚和阴柔这两种性质，以此为基础推衍，八卦也分别代表一些不同的性质，如乾代表刚健，坤代表柔顺，震代表震动，巽代表进入，坎代表遭陷，离代表附丽，艮代表禁止，兑代表近悦。依据这些不同性质，八卦又象征着八种基本物象，即乾为天，坤为地，震为雷，巽为风，艮为山，兑为泽，坎为水，离为火。八卦学说认为太极生两仪，两仪生四象，四象生八卦，实际上就是阴阳相重，阴阳相合而成。八卦为后世术数学及神秘文化的重要工具，如用于算卦、方位、风水等。

卜筮　古代占卜用龟甲称为卜，用蓍草称作筮，合称卜筮。《礼记·曲礼上》："龟为卜，策为筮。"甲骨占卜是在龟甲或兽骨上钻刻，再用火灼，看其裂纹来定吉凶；筮占则是执持蓍草确定其数目后根据卦象以明祸福。卜筮是利用一些无生命的自然物呈现出来的形状来预测吉凶，趋利避害。古人认为，经过神圣的求卜过程，那些自然物也就获得了神圣的象征意义，它们呈现出来的形状不是人为的结果，而是上天的赋予，是神灵的启示或告诫。卜筮在原始社会晚期开始出现，它是巫术的一种表现，盛行于商周时期。商代特别注重龟卜，留存到现在的殷商甲骨文大部分就是卜辞，即占卜的记录。到了周朝，甲骨卜逐渐减少，筮占比较盛行，在决定国家大事时卜筮并用，《周礼·筮人》有"凡国之大事，先筮而后卜"。儒家经典中的《周易》实际上是卜筮之书。卜筮在不同时代有不同的形式和方法，除

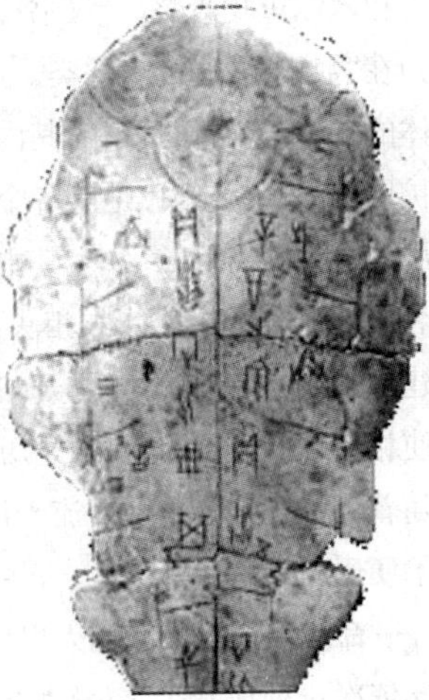

甲骨卜、筮占外，还有金钱卜、字占、签占等。因此，秦朝以后卜筮并未消亡，而是以新的面目和形式在我国古代社会长期存在。

相术 又称相人术，是以人的面貌、五官、骨骼、气色、体态、手纹等来推测吉凶祸福、贵贱夭寿及气数命运，因以面貌为主，故又称相面、看相。相术萌芽于上古时期，据《大戴礼记》记载："昔尧取人以状，舜取人以色，禹取人以言。"与此同时，"圣人异相"的意识也开始出现，如有伏羲人首蛇身，神农人首牛身等说法。春秋时期，已有了不完备的相书。从汉代起，相术成为一门有其独特理论体系的学问，同时出现了专门从事相术行当的相士，这一时期的相术注重相骨骼。《汉书·艺文志》中收有《相人》一书，归在"数术略"中的形法类。唐代的敦煌本《相书》认为人体的各个部位都可以相，其内容也渗入人们的日常生活，扩展到求子女、求田地等各个方面。宋代，相术达到鼎盛，出现了《麻衣相法》一书，其主要内容是相五官，为后人托名麻衣道士所作。《麻衣相法》汇集了宋以前相学的精华，建立了比较完整的体系，开拓了我国相学的应用领域，并使相术在朝野广为流传，是历史上影响最大的相书。后来随着不被统治者重视而流于市井民间，成为末流小道，相术便逐渐衰落。

命理 是术数家用人出生的年、月、日、时，按天干地支依次排列成八个字（称为"八字"），再用本干支所属的五行生克关系来推算人的命运，预测一生的吉凶祸福，也叫推四柱、排八字或批八字，俗称算命术。阴阳五行学说和《易经》是命理学产生的理论基础。汉朝以前，人们只是根据五行纳音来算命，纳音即年命，如甲子年、乙丑年出生的人为金命，丙寅、丁卯年出生的人为火命，这是命理学的萌芽状态。到了汉代，开始出现以阴阳五行、天干地支为基础,配合年月日的算命方法,但还没有把时辰加进去。这种算命方法历经魏晋南北朝的推行发挥,到唐朝正式确立。唐代的李虚中精通五行类著作,常以人的生辰八字来推断人的寿夭贵贱,非常准确。他托名鬼谷子著有《李虚中命书》,后人尊其为八字术的开山鼻祖。李虚中命理作为民间信仰在我国广泛流传,有着深刻的社会基础,是我国民俗和社会心态最充分的反映。

堪舆 俗称看风水,主要是根据宅基或坟地四周的地理位置、风向水流等形势,来推断住家或葬家的吉凶祸福。堪为地突之意,是代表地形之词;舆即承舆,为研究地形地物之意,着重在地貌的描述。堪舆学以天文地理为观察和了解对象,以人为依归,强调人与自然的和谐。它把天道运行和地气流转以及人在其中,完整地结合在一起,形成一套特殊的理论体系,从而达到天人合一、调和阴阳、趋吉避凶、改变命运的目的。早在西周就已有了相宅活动,据《尚书》记载:“成王在丰,欲宅邑,使召公先相宅。”《汉书·艺文志》将有关相地相宅之法的书籍,归在“数术略”中的五行类和形法类。墓地风水之说,始于东汉。《后汉书·袁安列传》:“初,安父没,母使安访求葬地,道逢三书生,问安何之,安为言其故,生乃指一处云,‘葬此地,当世为上公。’须臾不见,安异之。于是遂葬其所占之地,故累世隆盛焉。”传为东晋郭璞所撰《葬书》,对葬地风水的说法是:“风水之法得水为上,藏风次之。故藏于涸燥者宜深藏,于坦夷者宜浅。山之不可葬者五:气以生和,而童山不可葬也;气因形来,而断山不可葬也;气因土行,而石山不可葬也;气以势止,而过山不可葬也;气以龙会,而独山不可葬也。”墓地选择最重要的是有水的高陇之地,还要能藏风。安葬时,若在干燥高陇之地,就应深埋。若在平坦的地方,就应浅葬。五种山不能做墓地,一是童山(秃山),二是断山(悬崖断壁),三是石山,四是过山,五是独山。除堪舆外,它还有青乌术、风水术、相地术、相宅术、形法、青囊术等称呼。堪舆在我国古代社会生活中十分盛行,影响很大。

扶乩 又称扶鸾,古代一种预测人事的迷信活动。由于鸾鸟为我国古代传说中的神鸟,是西王母的使者,负责带来神明的讯息,因而扶鸾有传达神谕之意。具体来说,扶乩活动是将一个桃木与柳木合成的丁字形木架放于沙盘上,两端由施术者扶着,宣言作法请来神灵。并由鸾生手执木架下端在沙盘上画成文字, 再经唱生依字迹唱出来, 由记录生抄录成为文章诗词, 最后对该讯息作出解释。在扶乩中,需要有人扮演被神明附身的角色,这种人即是鸾生,神明会附身在鸾生身上,写出一些字迹,以传达神明的想法。通常扶鸾所得结果,都是极为古朴的诗词或文章, 施术者声称那些讯息由神灵发出。通过这种方式,信徒与神灵沟通,以了解神灵的旨意,预知吉凶。扶乩的地点可以是道观,也可在家中。最早记载扶乩的是南北朝时期刘敬叔所著《异苑》。我国民间习惯于阴历正月十五日晚迎紫姑扶乩,架子则以畚箕、筲箕代替,故又称紫姑卜、扶箕。扶乩在古代广为流传。

符咒 是符箓与咒语的合称。一般来说,“符”指的是用朱笔或墨笔所画的一种点线合用、字图相兼且以屈曲笔画为主的神秘形象;也可用铜剑等凭空虚写虚画,道门中人声称它具备了驱使鬼神、治病禳灾等诸多功能。“咒”指的是具有特殊音频效应的口诀,它广泛用于养生辅助、祈福消灾或召驱鬼神等,以达到施行者的特殊目的。符咒术起源于上古时期的巫祝,《说文解字》载:“祝者咒也。”咒语本是古代巫师祭神时的祝词,《尚书·无逸》说:“厥口诅祝”,疏云:“祝音咒,诅咒为告神明令加殃咎也。”说明最初的咒语就是用语言告诉神灵要求惩罚恶人，并向神明发誓。东汉以后，符咒被道教引入，成为道教传道修持的主要手段之一。除古巫术外，道教的符咒还吸收了西南少数民族的某些符箓咒术及仪式。道教符咒的发展和完善，又促成了后世符咒术的进一步民间化和世俗化，使其长期流行，如盛行至今的桃符就是一种符箓。另外，符咒对皇朝政治也产生过一定的影响。

炼丹 炼丹术是炼制内丹和外丹的统称。外丹术又称金丹术、黄白术等，指用炉鼎烧炼矿石药物，制成供服食的长生不死丹药，即“金丹”。外丹源于先秦神仙方术，旨在炼出不死之药。到汉武帝时，炼丹士李少君服务于宫廷；淮南王刘安也是著名的炼丹人物，其著作《淮南子》曾提到汞、丹砂、雄黄等药物。东汉以后，道士从方士手中接过炼丹术，并使其成为道教修炼的主要方法之一。唐代是炼丹的全盛时期，多位皇帝都热衷于炼丹，服食外丹成为一种社会风气。然而外丹术较难掌握，丹药的重要原料铅汞多含毒性，故进入宋代后外丹渐渐衰微，内丹开始兴盛。内丹是以阴阳学说、天人合一思想为指导，将人体拟为鼎炉，以精、气为药物，用神去烧炼而在体内凝聚结丹的修行方式。苏轼《送蹇道士归庐山诗》：“绵绵不绝微风里，内外丹成一弹指。”陈师道注：“道家以烹炼金石为外丹；龙虎胎息，吐故纳新为内丹。”中国炼丹术有其迷信成分，但是它也为我国古代化学、医药、冶金等科技的发展做出了重大贡献，如火药就是在炼丹过程中发明的。

四灵 即四种灵物，《礼记·礼运》载：“麟、凤、龟、龙，谓之四灵。”麒麟、凤凰、龙、龟，为我国古代崇奉的四种瑞兽。四灵又常指星宿，也称四象，代表四方神灵。《三辅黄图》卷三：“苍龙、白虎、朱雀、玄武，天之四灵，以正四方。”古人将黄道中的恒星分为二十八个星区，称为“二十八宿”，又将其分为四组，分别以四灵命名。其中，东方七宿的角、亢、氐、房、心、尾、箕形状如龙，所以称为东宫青龙或苍龙；西方七宿的奎、娄、胃、昴、毕、觜、参形状如虎，称西宫白虎；南方七宿的井、鬼、柳、星、张、翼、轸联为鸟形，称南宫朱雀；北方的斗、牛、女、虚、危、室、壁，其形如龟，称北宫玄武。如《礼记·曲礼上》：“行。前朱鸟（雀）而后玄武，左青龙而右白虎，招摇在上。”就是指行军打仗时，将四灵分别画在旌旗上，以此来表明前后左右之军阵，鼓舞士气。而道教兴起后，又将青龙、白虎、朱雀、玄武纳入其神系，作为护卫之神。四灵之说在我国传统文化中使用广泛，它与五行说相结合后，在占卜、堪舆、星相等数术学中具有重要地位。

六壬 又称六壬神课，是以阴阳五行占卜吉凶的一种古老术数门类，课是对一类占卜形式的称呼。水、火、木、金、土为五行，五行之中以水为首；甲、乙、丙、丁、戊、己、庚、辛、壬、癸，为十天干，其中壬、癸都属水，壬为阳水，癸为阴水，舍阴取阳，故名为壬。又天干地支相配成六十甲子，其中每干配六支，以壬相配则有壬子、壬寅、壬辰、壬午、壬申、壬戌六个，故称六壬。六壬共有七百二十个基本课式，分为六十四课体，起课时用刻有干支的天盘和地盘相叠，转动天盘后得出所值的干支及时辰的部位，以判别吉凶祸福。六壬术以预测人事命运著称，其法东汉开始盛行。汉代《吴越春秋》《越绝书》已有记载。《隋书·经籍志》记有《六壬式经杂古》《六壬释兆》等书。宋代郑樵《通志·艺文略》所列六壬之书，多至八十二家。明代焦竑《国史经籍志》则收有八十九家。六壬以《周易》学和干支、五行学说为理论基础，它与奇门遁甲、太乙神数并称为我国术数学中的三式绝学。

奇门遁甲 以《周易》八卦为基础，结合星相历法、天文地理、阴阳五行、天干地支等要素，来预测事物发展的趋势以趋吉避凶的一种预测方式。奇门遁甲开始于西汉，《后汉书·方技传》已明确列有“遁甲”之名。奇门遁甲的含义由奇、门、遁甲三个概念组成。奇就是“乙、丙、丁”三奇；门就是八卦之变相“休、生、伤、杜、景、惊、死、开”八门；遁即隐藏，甲指六甲，即甲子、甲戌、甲申、甲午、甲辰、甲寅。甲在十天干中最为尊贵，它藏而不显，隐遁于“戊、己、庚、辛、壬、癸”六仪之中，另外还配合蓬、任、冲、辅、英、芮、柱、心、禽九星。三奇六仪，分置九宫，而以甲统之，视其加临吉凶，以为趋避，故称“遁甲”。奇门遁甲的演绎过程中，用八卦记载方位，用十天干隐去其一，来配九宫记载天象及地象之交错，用八门记载人事，用九星八神记载周遭环境。这样，根据具体时日，以三奇、六仪、八门、九星排局，从而推测人类社会和自然界各种事物的发展趋势。

太乙神数　又称太乙、太乙九宫，是预测吉凶的术数的一种，此法侧重于推测天灾人祸、王朝气数及社会兴衰等国家大事。太乙术源于《易经》象数之学，其法大抵本于《易纬·乾凿度》的太乙行九宫法。周武王时曾以术数“卜世三十，卜年八百”推国运，到战国时有邹衍的五德终始之说，断王朝兴亡更替，至北宋邵雍形成哲学体系而大备。据太乙神数推算，上古时期有一年冬至日夜半，恰好日月合璧、五星连珠，因定为甲子年、甲子月、甲子日、甲子时，称作太极上元；上元甲子以来的年数，叫太乙积年。由太乙积年再求出太乙流年和太岁值卦，以断本年各月的气运吉凶，预测一些重大政治事件和天灾人祸。每年值两卦，即本卦和之卦；共十二爻，从动爻和变爻开始，每月值一爻。太乙数以子月为正月，即从上一年的农历十一月计起。太乙数推算国运还要兼综年卦和卦爻的大运。这种术数因涉及政治，为历代统治者所忌，故社会上很少流传。

河图洛书 河图与洛书的合称，是我国古代流传下来的两幅神秘图案。河图洛书最初应是原始社会后期的数学成就,来源于对星象尤其是北斗星系的观测。它最早记录在《尚书》之中,其次是《易传》,诸子百家也多有记述。据《易经·系辞上》载:“河出图,洛出书,圣人则之。”相传伏羲氏时,黄河孟津段浮出龙马,背负河图献与伏羲;伏羲依此而推演八卦,后为《周易》来源。在大禹时,有神龟出于洛水,背驮洛书献给大禹;大禹据以作洪范九畴,流传下来收入《尚书》。河图为黑点、白圈排列成的奥秘数阵,它以十数合五方、五行、阴阳、天地之象,其中以白圈为阳、为天、为奇数;黑点为阴、为地、为偶数。洛书,亦为黑点、白圈组成,纵横斜三条线上数字之和皆为十五。其五方白圈为奇数,亦称阳数;四隅黑点为偶数,亦称阴数。阳数为主,位居四正,代表天气;阴数为辅,位居四隅,代表地气;五属土气,为五行生数之祖,位居中宫。河图洛书对中华文化影响深远,也是我国术数学的源头,太极、阴阳、五行、八卦、占卜、堪舆等皆可追溯至此。

推背图 古代预言书,属于谶书一类。相传为唐太宗时期著名的天文学家李淳风和袁天罡所作，以推算大唐国运。李淳风使用《周易》八卦进行推算,不曾想一算起来竟算到了唐朝以后中国两千余年的命运，直到袁天罡推他的背,说道:“天机不可再泄,还是回去休息吧!”又第六十图像中的颂曰“万万千千说不尽,不如推背去归休”,因而书名“推背图”。但唐朝典籍中无此书的记载,它最早出现的年代应不早于五代十国。《宋史·艺文志》列该书入子部五行类,作者佚名。推背图传本不一,目前较为常见的是明末清初金圣叹作序并加以评注的六十图本。推背图共六十象,除去第一象引言和最后一象结言外,共有五十八象预言,以六十甲子和卦象分别命名。每幅图像之下均有谶语,并附有“颂曰”诗四句,预言后世兴旺治乱之事。由于历代均严禁此类谶书,本书在流传过程中又不断被人篡改,将已知的历史改成图谶,加以比附,故其本来面目已不可考。

梅花诗 北宋邵雍所作的十首预言诗,属于谶言。因诗中有“数点梅花天地春”一句,且是全诗点睛之笔,所以称为“梅花诗”。此诗以象征性隐语设喻,盖略言其身后约九百年间世事变迁,似可视作运用“易”之数理预测未来的一部奇作。其中第十首为整个预言的总纲:“数点梅花天地春,欲将剥复问前因。寰中自有承平日,四海为家孰主宾。”寒冬过后梅花绽放,天地回春,拨乱反正。而“剥”“复”即为易经中的两卦,所谓剥极必复,也叫物极必反。历史如转轮,有前因必有后果。在经历了漫长的兴衰动乱之后,这茫茫寰宇终究会进入一个大同承平的时代。纵观这预言中所描述的历史变迁,一切似乎按预先安排好的剧本在上演,这就是“梅花诗”整篇预言的主题。后人多将已经发生的史事附会到诗中。邵雍为北宋著名理学家,精通易学象数,他在前人的基础上对易学进行了改造和创新。据说占卜术中著名的梅花易数亦为邵氏所创,能预测事物的发展趋势及其吉凶。

烧饼歌 我国著名民间预言,相传为明代刘伯温所作。一日明太祖在内殿吃烧饼,刚吃一口,忽报刘基进见,太祖便以碗盖住烧饼,然后问刘基说:“先生深明数理,可知碗中是何物件?”刘基回答:“此食物也。”于是两人开始畅谈明朝之气数,君臣一问一答,遂演变成《烧饼歌》。《烧饼歌》全文一千九百一十二字,由四十余首歌谣组成,是用隐语写成的预言。它据卦撰词,从一定的象数规律排来,涉及象、数、理、占的入化应用,也是前人“观象玩占”

的遗著，极难理解，在民间广为流传，影响很大。《烧饼歌》每句答话都像一首谜语，写得十分隐讳，可以从不同的角度去诠释这些隐语的意思。许多研究者称《烧饼歌》非常灵验，但这些所谓灵验无非是用已经发生之事实去套合歌谣里的谶语。实际上，《烧饼歌》仍无法斩钉截铁地推断出未来将发生什么事件，必须等待事情发生后再去验证。而且，没有任何史料能够证明它是刘基所著，应为清代人托名伪作。《烧饼歌》也属于谶语，和《推背图》一样，为我国谶纬文化的代表之作。

2.方技医药

方技　也作“方伎”，在古代主要指有关医学、药学及养生方面的技术和知识。《史记·扁鹊仓公列传》记载：“诏问故太仓长臣意：‘方伎所长，及所能治病者？有其书无有？’”即诏书问前太仓长淳于意的问题是：“医术有什么专长以及能治愈什么病？有没有相关的医书？”班固《汉书·艺文志》中设有“方技略”，里面说到：方技之学，是安于生命自然、治病救人的工具。书中记载有方技三十六种，共八百六十八卷，并将方剂分为四类。其中，医经（医书）七种，二百一十六卷；经方（方剂）十一种，二百七十四卷；房中（主要为养阳、内房有子等男女性生理问题）八种，一百八十六卷；神仙（延年益寿之道）十种，二百零五卷。书中又说“侍医李柱国校方技”。颜师古注：“医药之书。”由此可见，汉代的方技主要就是指医药方面的知识及相关著作。《后汉书》创《方术传》，列传之人多通医术及天文、占卜等术，所以方技一词，后世也用以泛指医卜星相之术。

杏林　古代医界的代称，典故出自三国道医董奉。据晋葛洪《神仙传》卷十记载：吴国名医董奉，晚年住在庐山。他常年为人治病，却从不接受报酬。凡是被他治愈的人，重症病人就种植五棵杏树，病轻的人种一颗杏树。这样十多年以后，杏树有了十多万棵，董奉便在林中修了一间草房，住在里面，号称“董仙杏林”。待到杏子成熟，董奉对人们说，谁要买杏子的话，用米来换就可以了，然后他又把卖杏子换回的米用以接济贫民。由此，人们便以“杏林”来称颂医界，用“杏林春暖”“杏林春满”“杏林满园”或“誉满杏林”等成语来赞扬医生的高明医术及高尚医德，医家也每以“杏林中人”为荣。除杏林外，由于古代医生存放医书的布袋叫做青囊，因而后世也用青囊代称医学。又传说黄帝和岐伯曾讨论医药，后世便称中医为岐黄之术。汉代有人卖药行医，特意在店门口悬挂一个壶（指装药的葫芦）作为标记，所以后世也将行医称为悬壶。另外，橘井也是古代对医界的赞语。

五运六气　又称运气学说，简称运气，是中医基本理论和思想方法之一。它是在中医整体观念的指导下，以阴阳五行学说为基础，运用天干地支等符号作为演绎工具，主要探讨气候变化规律与人体疾病之间的关系，在中医学中具有比较重要的地位。在现存中医典籍中，最早论述五运六气的是《黄帝内经·素问》中的“天元纪大论”“五运行大论”“六微旨大论”“气交变大论”“五常政大论”“六元正纪大论”“至真要大论”等七篇大论。五运，是指木、火、土、金、水五行的运行；六气，指风、火、热、湿、燥、寒六种气象的流转。古代医家据甲、乙、丙、丁、戊、己、庚、辛、壬、癸这种十天干以定“运”；子、丑、寅、卯、辰、巳、午、未、申、酉、戌、亥这十二地支以定“气”。根据每年干支的不同组合（即运气相合的变化），结合五行相生相克理论，以此来推断当年的气候变化特点及其对人体发病的影响。它主要包括六气的病因作用、疾病的季节倾向以及不同地区气候变化对疾病的影响等。运气学说涉及医学、天文、地理、历法等各方面的知识。

八纲辨证 在中医上,将阴、阳、表、里、寒、热、虚、实八类症候总称为八纲，它是中医学辨证论治的基本纲要和方法。在中医诊断时,通过四诊法掌握病人的具体病情后,根据人体正气的盈亏,病邪的性质及其盛衰,疾病所在部位深浅等情况,进行综合分析,归纳为八类症候,称作八纲辨证。《黄帝内经》已经奠定了八纲辨证的理论基础。张仲景著《伤寒杂病论》,在辨证方面已概括了有关八纲的内容,并具体地运用于伤寒与内科杂病的诊疗。明代张景岳《景岳全书》认为阴阳是“医道之纲领”,表里寒热虚实为“六变”,对八纲有更进一步的阐发。八纲中的阴阳是指疾病的类别,表里指病变部位的深浅,寒热指的是疾病的性质,虚实指邪正双方的消长盛衰。一般而言,表证、热证、实证隶属于阳证范畴,里证、寒证、虚证统属于阴证范畴。因此,八纲辨证中,阴阳两纲又是统领其他六证的总纲。八纲是分析疾病共性的辨证方法,也是中医各科辨证的总纲。八纲辨证在中医临床中运用十分广泛。

藏府经络说 指中医关于人体脏腑经络的生理功能、病理变化及其相互关系的基本理论,最早由《黄帝内经》提出。藏府包括:1.五藏:心、肝、脾、肺、肾;2.六府:胆、胃、小肠、大肠、三焦、膀胱;3.奇恒之府:脑、髓、骨、脉、胆、女子胞(《素问·五藏别论》)。经络包括:1.十二经脉,由手三阴(太阴、少阴、厥阴,分别经肺、心、心包)、足三阴(分别经脾、肾、肝)、手三阳(阳明、太阳、少阳,分别经大肠、小肠、三焦)、足三阳(分别经胃、膀胱、胆)组成,阴属藏而络府,阳属府而络藏。2.奇经八脉:冲、任、督、带、阴蹻、阳蹻、阴维、阳维,参互于十二经脉间,以沟通并调节人体气血。3.十二经筋，为十二经脉气散于筋肉的部分（《灵枢·经筋》）。《内经》还指出，心主血脉；肺主气，是气血循环的起点；血依赖气运行，气血病变互有影响；水谷精微之气散于肝，精气浓浊部分上至于心。藏府之变化，往往通过经络反映到肤表的穴位。藏府经络说是中医的基础理论之一。

腧穴 中医上将人体脏腑、经络气血输注的特殊部位称作腧穴，也叫穴位、穴道。在《黄帝内经》中，最早称之为腧穴、俞穴、气穴，并解释说：腧穴是“脉气所发”，“神气之所游行出入也，非皮肉筋骨也”。腧通“输”，有转输、输注的含义，“穴”是孔隙的意思。所以，腧穴的本义即是指人体脏腑、经络之气输注出入于体表的分肉腠理和骨节交会的特定的孔隙，它不是孤立于体表的点，而是与体内器官组织有着密切联系、互相输通的部位。晋皇甫谧《针灸甲乙经》中还把它称为“孔穴”，宋代《太平圣惠方》则叫做“穴道”。腧穴大体可分为三类：人体十四经所包括的三百六十多个穴位，都与五脏六腑有密切关系，它们都联属在一定的经脉通路上，因而称为经穴；十四经包括范围之外的穴位，称作经外奇穴；无固定位置，随病痛部位而定的穴位，叫阿是穴（不定穴）。腧穴可以沟通体表和体内的脏腑经络，因而是针灸、推拿等中医疗法的主要施术部位。

脉象 中医诊断学名词，指脉搏应指的形象，为中医辨证的重要依据。《黄帝内经》已经记载有十多种脉象；晋代王叔和所撰《脉经》则总结为二十四脉；明代李时珍《濒湖脉学》提出二十七脉；明末医家李士材再增入“疾脉”，共为二十八种脉象。后世多沿用二十八脉。脉象即医生以手指按切病人动脉以感觉出脉搏跳动时的形象和动态，它主要包括脉搏频率的快慢、节律的整齐与否、动势的和缓、波动的幅度、通畅的情况等。正常的脉象不浮不沉、不快不慢、中和有力、节律均匀，这被称为“平脉”。人体有疾病后，脉搏会发生变化，表现出的脉象也就不同于正常的脉象，即为病脉，最常见的有浮、沉、迟、数四种。古代医生将人体脉搏的各种跳动情况绘制成图画，叫做脉象图。脉象的形成，与脏腑气血关系密切，不同的脉象可反映出人体的生理及病理变化。因此，通过脉象可以推断病情、分析病因，在中医临床上具有重要意义。

四诊 中医传统诊断方法，为望、闻、问、切四种方法的合称。相传扁鹊在总结前人经验的基础上，创立了望、闻、问、切四诊法。《史记·扁鹊仓公列传》载，扁鹊能“切脉、望色、听声、写形，言病之所在”。托名扁鹊、实际成书于两汉之际，据《难经》第六十一难载：“经言，望而知之谓之神，闻而知之谓之圣，问而知之谓之工，切脉而知之谓之巧。”这是明确记载四诊法的较早的医书。而使用望闻问切四字联称，如明代徐春甫的《古今医统》：“望闻问切四字，诚为医之纲领。”四诊在中医临床运用时，具有各自的作用。望诊，主要是望精神、望气色、望形态；闻诊，指闻声音、嗅气味；问诊，是医生对病人或其家属进行有目的的询问病情、病史；切诊是以手指按切病人动脉以了解病情的内在变化，也称切脉或诊脉。在运用时，四诊必须相互参照、相互结合。四诊法在现代依然普遍使用，是中医辨证施治的重要依据。

八法 中医在辨证论治原则指导下的八种基本治疗方法的总称，包括：汗法、吐法、下法、和法、温法、清法、消法、补法。具体说，邪在肌表用汗法（使发汗），邪壅于上用吐法（使呕吐），邪实于里用下法（使排泄），邪在半表半里用和法（协调内脏机能），寒症用温法（驱寒补阳），热症用清法（泄热），虚症用补法（补益气血），积滞、肿块用消法

(使消散)。八法的要旨在于三阳病“祛邪”,三阴病“扶正”,是中医治疗学的基础。东汉张仲景最早提出随症施治的方法,此后历代都有运用。我国医学史上的金元四大家对八法就各有所长,各有所重,发展了这一理论和实践。其中,金代刘完素主张火热是致病主因,擅用凉药解热剂,被称为“寒凉派”;张从正则认为生病是邪气入侵人体,故治病喜用汗法、吐法和下法,称为“攻下派”;李杲认为疾病发生主要是体内元气的损伤,他主张以补益脾胃之气为主,称为“补土派”;元代的朱震亨提倡泻火养阴,是为“滋阴派”。到清代,程钟龄在《医学心悟》中明确归纳为八法。

针灸 中医名词,是针法和灸法的合称。原始社会后期,人们以砭石、骨针刺激人体,以草熏体表的方法来防治疾病,这是针灸的最初起源。《黄帝内经·灵枢》载有经络、穴位、针灸方法,奠定了针灸的理论基础。《史记·扁鹊仓公列传》最早记载了使用针灸治病,并取得显著疗效的病例。针法是使用金属制的针具,按一定的穴位刺入患者体内,运用捻转与提插等针刺手法刺激经络穴位来治疗疾病。古代常用的针具称作“九针”,即镵针、圆针、鍉针、锋针、铍针、圆利针、毫针、长针和大针。《灵枢》:“九针之宜,各有所为;长短大小,各有所施也,不得其用,病弗能移。”指出九针的形状、用途各异,根据病情选用,方可治愈。灸法是用点燃的艾绒在特定的穴位熏灼皮肤,借艾火的热量透入皮肤里,以起到温经散热、疏通经络、调和气血的作用。灸法主要有艾炷灸和艾条灸两类。在中医临床治疗时,针法和灸法常配合使用。针灸是中医学的主要组成部分之一,至今沿用,是基于汉民族文化和科学传统产生的珍贵医学遗产。

经方 指根据药物配比原则,结合临床经验,以若干种药物配合组成的药方，专门用来治疗某一疾病或一类疾病，后来也叫做方剂、医方，简称为方。服用方剂是中医治疗的主要途径之一。《黄帝内经》中已经收有十三个医方，并有了“治有缓急，方有大小”的认识。古代医家多称汉代之前的方剂为经方，如《汉书·艺文志·方技略》中，就有“经方十一家”的记述。经方是古代医家在临床实践中发展而成的，是中医药治疗法则的具体体现。从《神农本草经》开始，根据药理，医方配药便有君臣佐使的说法，即君为主药，臣为辅药，皆攻主病；佐药治兼症或用以制约君药的毒副作用，使药用以引导诸药直达病灶。关于方剂的种类，金代医家成无已在《伤寒明理论》中将方剂分为大方、小方、缓方、急方、奇方、偶方、复方等七种，为历史上中药方剂组成的最早分类。另外，在中医学上把专门记载和论述方剂的医书称作方书，我国最古的方书为东周的《五十二病方》，著名的方书有唐代孙思邈的《千金方》等。

炮制　也称炮炙，中草药制作方法。指的是中药材在制成饮片和多种剂型之前，经过各种不同加工处理的过程。中药炮制方法主要有三大类：即火制法，如煨、炒；水制法，如洗、泡、水飞；水火合制，如蒸、煮等。在《黄帝内经》《神农本草经》中已有炮制方面的记述，中国最早的医方《五十二病方》首载炮、炙、燔、煅、熬、酒渍等中药炮制法。汉代张仲景的《伤寒杂病论》则记载有多种炮制方法，并创造了再煎浓缩、入蜜娇味的汤药工艺以及研磨、搅拌等散剂制作工艺，炮制技术已初具规模。南朝宋雷敩所著《雷公炮炙论》为我国最早的药物炮制学专著，它“直录炮熬煮炙，列药制方”，“有二百件名”，集古代炮制经验之大成。到明代缪希雍的《炮炙大法》，正式将传统炮制方法归纳为十七法，即煿、爁、炮、炙、煨、炒、煅、炼、制、度、飞、伏、锈、搬、晒、曝、露等。炮制的目的和作用主要有三种：一是清除杂质、异物，使中药便于调剂制剂、服用和贮藏；二是降低或消除药物的毒副作用；三是适当改变药物性能，以增强药物疗效。中药炮制方法至今沿用。

麻沸散 古代著名的中草药麻醉方剂，也是世界上最早的麻醉剂，由东汉末名医华佗创制。华佗内、外、妇、儿诸科皆精通，尤其擅长外科，他发明麻沸散，首创开腹术，被后世医者誉为“外科始祖”。据《后汉书·华佗传》《三国志·魏书·方技传》的记载：华佗给人治病时，要是病症郁结在体内，针灸药物治疗不到，他就采取给病人用酒服下麻沸散的方法实行麻醉，当病人失去知觉后，便剖开腹背，割去肿块。麻沸散属于全身麻醉，华佗将它主要用于较大的外科手术。麻沸散是历史上最早的药物麻醉剂，开中医麻醉法的先河。麻沸散的处方后来失传。唐代孙思邈编集的《华佗神方》所记麻沸散药方是羊踯躅（又名闹羊花）三钱，茉莉花根一钱，当归一两，菖蒲三分，水煎服一碗。清代医学家陈士铎的《石室秘录》、赵学敏的《串雅内编》以及后来张骥的《后汉书·华佗传补注》等书的记载与此类似。对于麻沸散的药物组成，还有待于医学界的进一步研究。

五禽戏 我国传统健身方法，为模仿五种鸟兽动作编成的仿生医疗保健体操。据说由东汉末年医学名家华佗创制，故又称“华佗五禽戏”，但也有人认为华佗只是五禽戏的整理改编者，在汉代以前已经有许多类似的健身法。最早记载五禽戏名目的是南朝时期陶弘景的《养性延命录》，其中收有《华佗五禽戏诀》。所谓五禽戏，一是虎戏，模仿猛虎猛扑呼啸；二是鹿戏，模仿鹿舒展飞奔；三是猿戏，模仿猿猴敏捷跳跃；四是熊戏，模仿黑熊沉稳行走；五是鸟戏，模仿鹤展翅飞翔等。五禽戏巧妙地把动物的肢体运动与人体的呼吸吐纳有机结合起来，因而具有防病治病、强身健体、延年益寿的功效。相传华佗的徒弟吴普因长年习练此法活到百岁高龄，仍耳不聋、眼不花、发不白、齿不落。五禽戏使道家的“熊经鸟伸”之术发展为一套具有我国民族特色的传统保健养生功法，对后世的导引、八段锦，乃至气功、武术都有一定影响，受到历代人的重视。

黄帝内经　中医书名，简称《内经》，是我国现存最早的医学理论著作。据说是黄帝和岐伯在一起讨论医学，以对话答问的形式写成《黄帝内经》。但该书实际为古代医家托名黄帝所作，应成书于春秋战国至秦汉时期，并非成于一时，也不是出自一人之手。《黄帝内经》分为《素问》和《灵枢》两部分，以论述人体解剖、生理、病理、病因、诊断等基础理论为重点，兼述针灸、经络、方药、卫生保健等多方面的内容。其主要理论，一是“整体观念”，强调人体结构各部分之间都是彼此联系的，同时人和自然也是一个整体；二是“阴阳五行”学说，它是处理医学中各种问题的总纲；三是“脏象经络”学说，以研究人体五脏六腑、全身经脉等生理功能、病理变化及相互关系为主。书中提出了一系列辨证治疗原则。《黄帝内经》是我国先秦医学理论的集大成之作，它的问世，标志着我国传统医学理论体系的确立，在我国医学史上具有深远意义。《黄帝内经》被后世医家奉为经典，成为行医必读之书。

神农本草经　简称《本草经》或《本经》，是我国现存最早的药物学专著。该书为后人托名神农氏所作，实际成书于两汉时期，是对我国中药学成就的第一次系统总结。本草是我国中药的统称，据《汉书》记载：西汉就设有掌管医药之官，叫做“本草待诏”。古代中药包括植物、动物和矿物，其中以草类为多，故名本草。后来记载中药的书籍，也称之为“本草”，这就是《神农本草经》名称的来历。该书最早著录于《隋书·经籍志》：“神农本草，四卷，雷公集注。”原书早已散佚，现行本为后世从历代本草书中辑录的。全书共收载药物三百六十五种，其中，植物药二百五十二种，动物药六十七种，矿物药四十六种，分为上、中、下三品。书中还介绍了各种药物的别名、生长环境、采集时间、药性及主治功能等。本书初步提出的“君臣佐使”“七情和合”及“四气五味”等药物学理论和配伍原则，在后世的用药实践中发挥了巨大作用。《神农本草经》的问世，标志着我国中药学的初步确立。

伤寒杂病论 我国中医史上的经典著作之一，共十六卷，张仲景著。张仲景，河南南阳人，东汉末年医学名家，被后人尊称为“医圣”。他博览群书，广采众方，系统总结了我国公元三世纪以前的医学经验，约在210年写就《伤寒杂病论》一书。南北朝时的陶弘景曾评价道：“惟张仲景一部，最为众方之祖。”本书问世后逐渐散失，后来，通过晋代太医王叔和及宋代名医林亿、孙奇等人的大力搜集、整理和校订，编次为《伤寒论》和《金匮要略方论》两书行世。《伤寒杂病论》提出以六经辨证论治伤寒，以脏腑辨证论治内科杂病。全书以辨证施治为纲，是我国历史上第一部理、法、方、药具备的临床专著，对后世临床医学发展影响深远。书中还最早提出了三因致病学说，并首次记载人工呼吸法。历史上曾有四五百位学者对《伤寒杂病论》的理论方药进行探讨，对外感热病的诊治，尊伤寒学说者自成一大派，这就是中医学术史上甚为辉煌独特的伤寒学派。《伤寒杂病论》与《黄帝内经》《难经》《神农本草经》并称为中医四大经典。

千金方 古代著名医书，又称《备急千金要方》《千金要方》，共三十卷，唐孙思邈著。孙思邈是著名医学家，被人们尊为“药王”。《千金方》是他感于当时的方药本草部秩浩繁，仓促间求检不易，于是博采群经、删繁去复，并结合个人经验而撰成。本书成书于公元652年，书中所载医论、医方较为系统地总结了自《黄帝内经》以后至唐初的医学成就，是一部价值较高的中医著作。孙思邈认为“人命至重，有贵千金，一方济之，德逾于此”，就是说人命重于千金，而一个药方能救人于危殆，功德更胜于此，因而取“千金”为书名。本书内容丰富，涵盖了妇科、儿科、五官、内科、外科、急救、食治养生、针灸等医学的各个方面，并且有许多精辟独到的见解。其中，开篇以“大医精诚”及“大医习业”为题，首论医德，是我国中医伦理学的集中论述；妇、儿科设立专卷，则奠定了宋代妇、儿科独立的基础。而且书中记载有五千三百多则医方，对方剂学的发展做出了巨大贡献。《千金方》对后世医家有重要影响。

洗冤集录 古代法医学著作，南宋宋慈著，刊行于1247年，是我国历史上第一部系统的法医学著作，同时也是世界上现存最早的法医学专著。宋慈，南宋福建人，为官清廉刚正，他长期任职提点刑狱官，具有丰富的法医经验。宋慈综合《内恕录》等前人著作，再参以自己现场检验的实际经验，最终写成《洗冤集录》一书。宋慈在自序中说：希望本书刊刻后，供检验官吏参考，以指导狱事的检验，达到“洗冤泽物”的目的。全书共五卷，卷一载条令和总说，卷二验尸，卷三至卷五备载各种死、伤情况。《洗冤集录》内容非常丰富，对人体解剖、检验尸体、勘查现场、鉴定死伤原因、自杀或谋杀的各种现象、各种毒物和急救、解毒方法等都有记述。书中对于自杀、他杀或病死的区别十分明确，它区分溺死与非溺死、自缢与假自缢、自刑与杀伤、火死与假火死的方法，至今还在应用。书中记载的洗尸法、人工呼吸法、明矾蛋白解砒毒及银针验毒等也都合乎科学道理。《洗冤集录》在我国沿用数百年,而且在国外广泛流传,成为后世各种法医著作的主要参考书。

本草纲目 明李时珍著,成书于1578年,是医学史上影响最大的中药学著作,被誉为“东方药物巨典”,同时也是我国古代医药学的百科全书。李时珍,明代湖广蕲州人,毕生以行医为业,因有感于历代药物书籍讹误很多,于是亲自实践、广收博采,历经三十余年终成《本草纲目》一书。本书共五十二卷,分为十六部、六十类,载有药物一千八百九十二种,其中新增三百七十四种;又收集药方一万一千零九十主则,绘制各种动植物插图一千一百六十幅。书中药物都分列释名(考定名称)、集解(叙述产地)、正误(更正过去文献的错误)、修治(炮制方法)、气味、主治、发明(分析药物的功用)、附方(收集相关药方)等项。《本草纲目》是对我国传统药物学成就的全面总结,书中不仅考订了过去本草学中的许多错误,综合了大量医学资料;提出较为科学的药物分类方法,溶入了先进的生物进化思想,并反映了丰富的临床实践。《本草纲目》还是一部具有世界性影响的博物学著作,除了药物学、医学外,本书在生物学、遗传学、矿物学、化学甚至在训诂、语言文字、历史地理等方面也有突出成就。

十三、名胜古迹

1.都城

古代都城 都城指独立政权的首府所在城市。中国是一个幅员辽阔、民族众多的古老国家。在有文字可考的历史时期，即自夏禹建国至国民政府在大陆覆亡的四千多年时间里，由于各民族与各统治集团间势力的兴衰消长，政治与军事斗争高潮迭起，因而导致了中央王朝的时相更易与边疆地区各少数民族政权的不断分合。于是在中华大地上先后出现了一大批都城，其数量之众，类型之多，分布之广为世所罕见。

据史念海先生研究，历史上我国共有二百七十七个政权建有二百一十七处都城。其中，在内地各省市的都城共一百六十四处，涉及的王朝或政权二百六十九个；在周边各省区有古都五十三处（其中有六处都城涉及八个有确切建都年代的政权，其余都城立都的政权数量已难确知）。这些都城分布于除海南、上海、天津、香港之外的二十九个省、市、区。按政权性质划分，这些都城可分为统一王朝、分裂时期政权、两大王朝交递之际的政权、农民及流民政权、周边各族政权五类古都。上述分布广泛，数量众多的古都，大多为割据政权与两大王朝交递之际、周边各族政权的都城。而且建都时间亦较短暂，如建都时间在十五年以上的古都，只有五十九处，涉及一百八十个王朝或政权。立都时间累计在百年以上的古都仅二十七处,它们是:西安、北京、洛阳、南京、开封、安阳、大理、成都、银川、江陵、杭州、巴林左旗、淄博、吐鲁番、西和、新郑、邯郸、濮阳、广州、曲阜、准格尔旗、敦煌、天峻、福州、徐州、重庆、朝阳,它们共涉及一百二十六个政权。而曾成为统一王朝的古都主要是西安、北京、洛阳、开封、南京、安阳、杭州、郑州等八处。它们都曾是我国古代政治、文化乃至经济和交通贸易的中心，有的也曾是当时著名世界的大都市。早在二十世纪二十年代,我国学术界就将西安、北京、洛阳、开封、南京并列为“五大古都”;三十年代,又将杭州列入大古都,称“六大古都”;1988 年,中国古都学会提出安阳亦应列入大古都,2004 年将郑州列为古都,这样,就有了“八大古都”之说。在中国众多的古都中,“八大古都”无疑是古都的精华和代表。

西安　古称长安、京兆、镐京,今陕西省省会,地处关中平原中部,历史上曾有西周、秦、西汉、新莽、隋、唐六个统一王朝和前赵、前秦、后秦、西魏、北周建都于此,又有两汉之际更始帝、东汉献帝、西晋惠帝和愍帝以及赤眉军、黄巢、李自成等政权短暂为都。上述十多个王朝或政权建都西安历时约一千多年，这在我国古都中是建都时间最久的一个。

西安作为古都。自西周的丰、镐,到秦咸阳城、汉长安城和隋大兴城(即唐长安城),都城的位置有过几次移徙,但范围都在今西安地区。周文王建都于丰，武王又立镐京，其城分别在今西安市西南长安区境内的客省庄至张家坡一带和高阳原上今斗门镇一带。秦人建都咸阳,其位置在今西安市西北咸阳市东二十里长陵车站至窑店车站一带渭水北岸。后来城市向渭南扩展,秦始皇时修筑的阿房宫,就在渭水南岸今西安市西三桥镇南。西汉长安原为秦人的一个小乡聚,经高祖刘邦、惠帝几次兴建形成了外形为不规则正方形的都城。后人因此附会其城南面是南斗形,北面是北斗形,故称汉长安城为“斗城”。该城址位于今西安市西北龙首原上。隋唐时,都城的位置移到了汉长安城之南龙首原的南侧,即今西安市的城址上。隋称大兴城,唐改为长安城。隋唐长安城由外郭城、宫城和皇城三部分组成,外郭城形状近似方形,东西宽度略大于南北长度,城周长 35.5 公里,面积 84 平方公里。城内靠北墙中央为宫城,其南为皇城,其余部分共有十四条东西向街道和十一条南北向街道,把外郭城分成了排列规整的坊市。以全城南北中轴线朱雀大街为界,两侧相互对称。全城共有一百零九坊,朱雀街西为五十五坊,街东有五十四坊。东西两市是市肆集中的商业区。唐太宗时曾在宫城东侧的北郭墙外龙首原上兴建气势宏伟的大明宫,成为高宗以来历朝皇帝的主要宫寝。唐玄宗时又在兴庆坊兴建兴庆宫,成为玄宗的主要寝处。宫城太极宫与大明宫、兴庆宫三处宫殿,人们习称为西内、东内和南内。隋唐长安城以其规模宏大、布局规整而成为中国古代社会都城建筑的杰作。唐代末年,朱温胁迫唐昭宗迁都洛阳,将长安城宫室庐舍尽行拆毁,一代帝都遂为丘墟。从此以后,除明末李自成大顺政权曾一度建都于此之外,西安失去了国都的地位。今天西安残留下来的古城是明代屡次修建西安府城的遗留。

洛阳 古称雒阳、豫州,位于河南省西部的伊洛盆地,南临伊阙,背靠邙山,自东周始都于此,继有东汉、曹魏、西晋、北魏、隋(炀帝)、唐(武后)、后梁、后唐以之为都,故素有“九朝名都”之称。此外,秦末河南王、隋末李密、王世充等政权和五代后晋也曾在此立都,前后为都时间近九百年。东周都城习称王城,最初兴建于西周周公营增修扩建，开封城成为一个南北长而东西略窄的长方形城池，全城共分三重，城中央是皇城，外围为里城，又外围为外城。外城主要是居民区和商业区，里城和皇城是中央机构和皇宫所在地。城内由纵横交错的街道而分隔为坊市，坊之上又设厢，共有八厢一百二十坊。整个东京城设计完善，建筑讲究，体现了我国古代城市规划的高度水平。张择端《清明上河图》生动地反映了开封城市的宏伟与繁华。金灭北宋之后，于1214年迁都开封，不久，金亡，开封由国都降为汴梁路治所。此后，由于中国政治中心的转移和南北交通要道地位的丧失，开封城便衰落下来。

南京 古称建康、建业，今江苏省省会，简称宁。南京濒临长江天堑，水陆交通方便，军事形势险要，易于固守。历史上先后有孙吴、东晋、宋、齐、梁、陈、南唐、明朝和中华民国于此建都，还有太平天国也以此为都。公元229年，三国孙吴始以南京为都，称为建业，修建了著名的“石头城”。东晋时，改建业为建康。从东晋到南朝四政权，都城大体上沿用了孙吴时的建业旧城。五代十国时，南唐在南京再次建都，修建金陵城，周围有35里左右，把著名的石头城和秦淮河都包入城内，为后来明朝南京城打下了基础。1356年朱元璋占领南京后改集庆路为应天府，不久改筑府城并建新宫于钟山之阳。明建国后以今北京为北平，以开封府为北京，遂称应天府为南京。明成祖改北平为北京，并迁都北京，以后，南京为留都，继续保持着一套都城设置。明朝南京城的发展是空前的，其范围东起钟山，西踞石头，南阻秦淮，北带后湖，把六朝的建康都城、石头城、东府城、西州城等以及南唐的金陵城都包括在城内，是我国历史上最大的城市，也是公认的世界第一大城。全城周围共长六七十里，总面积约120平方公里。该城呈南北长、东西窄的不规则形，打破了中国历代城池多作正方形或长方形的传统。其所以如此,是出于当地的地形条件以及防守上的考虑。南京城的建设,使山、水、城融为一体,这种城市景观在世界上也是少有的。清代改应天府为江宁府。1853年,太平军攻破南京,定为都城,改称“天京”。自1927年,南京又成为中华民国的首都。随着国民政府在大陆的覆亡,南京作为首都的历史也结束了。

北京　中华人民共和国的首都,简称京。历史上战国时燕国、十六国前燕、金、元、明、清、民国都在此建都,历时约九百余年,建都时间仅次于西安。

北京最早称蓟,是周初分封的一个诸侯国的统治中心。春秋战国之际,后来成为战国七雄之一的燕国迁都于蓟,这是北京建都之始。其城在今北京广安门一带。此后近千年时间,蓟城逐渐成为我国北方的军事重镇和贸易中心。辽占领幽州(今北京)城后,以幽州为陪都,又称南京或燕京。金灭北宋后,便在燕京城的基础上扩建新都,并于1153年正式迁都于北京,改燕京为中都。1216年,蒙古铁骑南下,中都皇宫被焚为瓦砾。时过四十年,忽必烈决定在此兴建新都,于是在开辟琼花岛风景区的基础上,在旧中都城东北郊外另选新址,营建新城,并命名为大都城。该城严格按皇权至上为指导思想进行设计布局,在琼花岛及其周围太液池两岸设置三组宫殿,东岸一组称“大内”,即后来紫禁城的前身,西岸两组宫殿为太子和皇太后居所。在三组宫殿外围加筑一道城墙,当时叫萧墙,即后来所说的皇城。环绕在皇城外面的是大城,也就是外郭城。明朝初年,改大都为北平。1402年,明成祖改北平为北京,决定迁都北平,并开始重新营造北京城。主要是把宫城即紫禁城向南移动,随后又拓展了旧皇城的东、北、南三面,从而扩大了紫禁城与皇城之间的距离。嘉靖年间,又将城外南郊扩修为外城。此外,早在明初,还将外城北墙向南缩减了2.5公里。南郊外城的扩修,使北京城在平面上构成了特有的凸字形轮廓。明代对北京城的改建,不仅典型地体现了传统的帝王之都的设计思想,而且奠定了北京旧城的规模和格局。清兵入关,北京城作为清朝的都城,完全沿袭了明朝的北京城,但清朝统治者花费巨大财力在北京西郊园林区营建了不少规模空前、华丽非凡的离宫建筑群,其代表是保留至今的颐和园和已成废墟的圆明园。近代百年间,伴随帝国主义的入侵和中国半殖民地化,北京古都也历经萧条和屈辱。新中国的诞生使北京再现生机,它不仅是中华人民共和国的首都,而且也是全国政治、文化、交通的中心和驰名世界的国际性大都市。

杭州 今浙江省省会,简称杭。杭州以西湖之美闻名于世界,但杭州的兴起却比其他几个古都为晚。杭州古称钱唐,汉以后改称钱塘。隋开皇九年(589年)灭陈朝,设杭州,治于余杭(今杭州西)。这是杭州一名的最早记载。不久,杭州迁治钱塘县,县治又移至凤凰山下柳浦。隋开通的大运河,南达杭州,为以后杭州的繁荣奠定了基础。

五代十国时,钱镠建吴越国,定都杭州,并在凤凰山下筑子城,后又在外围筑罗城,周长达七十里,形状似腰鼓,故称“腰鼓城”。南宋定都杭州,改称临安。从绍兴二十八年(1158年)开始,南宋在吴越都城的基础上扩建宫城和外城。宫城在凤凰山一带,方圆九里,兴建大殿三十座,还有不少堂、阁、楼、台、亭、斋。罗城即外城,分为十三厢,下有九十余坊。十三世纪意大利旅行家马可·波罗到达杭州,称杭州为“天城”,是“世界最富丽名贵之城”。南宋以后,杭州失去了国都地位,但它作为东南名城,一直延续发展到今天。

郑州 今河南省省会,简称郑。郑州地处我国中原枢要之地，也是我国古代文明的一个重要发祥地。在郑州市区范围内，仅古代都城及有都邑性质的遗址就有多处，特别是二十世纪五十年代初发现了商代都城遗址，经过半个多世纪的发掘与研究，已探明这座都城面积广达25平方公里，有宫城、内城和外郭构成，城垣周长6960米，城内面积约300万平方米，城内发现有大型夯土建筑基址，应当是当时的宫殿区；外郭城城垣现已发现南墙和西墙一段，长约5000多米，高度达到1~7米，外郭城内面积至少在600万平方米以上。在内外郭城发现有多座手工作坊、墓葬区、祭祀遗址和青铜礼器窖藏坑等，应是当时的"国人"和"百工"的住区，由此可知这是一座规模宏伟而又内涵丰富的商代城址。郑州商城是迄今所知我国商代最早而且最大的一座王都，也是中国历史上第一所建有城垣的王都。它的严整布局、宏伟的气魄，开创我国历代都邑建筑的先河。郑州商城出土的成群的青铜礼器，其数量之多、形制之大，铸造花纹之精致，都是前所未有的。所有这些都标志着在郑州商城时期，中国古代文明已经开始进入初现辉煌的时期。郑州商都自建立以来已有三千六百年。

郑州完全符合"大古都"的四个最基本特征：一是代表性，商都是我国历史上第二个大一统王朝商王朝的早期都城；二是规模大，仅遗址就有二十五平方公里，是当时最大的城市；三是作为都城的时间较长，有专家考证达三百五十五年，比前七大古都中的一些城市的时间还长；四是在遗址上依然是一个中心城市。2004年11月郑州商都三千六百年学术研讨会暨中国古都学会2004年年会上，到会的一百多位专家经过实地考察和深入研讨，一致赞同古都郑州可与西安、北京、洛阳、开封、南京、杭州、安阳并称为"中国八大古都"。

2.宫殿园林

故宫 旧称紫禁城，系明清两代皇宫，位于北京市中心。明成祖夺嫡称帝后，决定迁都北京，于明永乐四年(1406年)始建皇宫，设计师为蒯祥。1420年基本建成。第二年明都迁移完成，五月遭雷击发生大火，前三殿被焚毁。1440年，重建前三殿及乾清宫。1459年，营建西苑。1557年，紫禁城大火，前三殿、奉天门、文武楼、午门全部被焚毁，至1561年重建完工。1597年，紫禁城大火，焚毁前三殿、后三宫。复建工程直至1627年才完工。1644年，李自成焚毁紫禁城，仅武英殿、建极殿、英华殿、南熏殿、四周角楼和皇极门未焚。明末清初任职工部四十年官员周九依十分之一缩小比例模型，历时十四年重建紫禁城成功，将中路建筑基本修复。1683年，重建其余被毁部分建筑。乾隆即位后对紫禁城进行大规模增建和改建。1886年太和门护军值班室发生火灾，贞度门、太和门、昭德殿被焚，此次损坏直到1892年才修复完毕。1925年在原紫禁城的基础上建立国立故宫博物院，此后，为躲避战乱，文物南迁。解放后成立了故宫博物院。故宫是世界上现存规模最大、最完整的古代皇家高级建筑群。宫内保存之大量文物典籍，在研究中国历史特别是明清两代历史方面，具有极高价值。

天安门 在北京市中心，故宫的南端，与天安门广场隔长安街相望，原系明清两代宫城正门。始建于明永乐十五年(1417年)，时称“承天门”，寓“承天启运”“受命于天”之意，是紫禁城的正门。当年只是一座三层楼式的木牌楼，牌楼正中悬挂“承天之门”匾额。1457年，牌楼毁于雷火，八年后重建为面阔五间、进深三间的门楼。1644

年，李自成的军队攻入北京，承天门再次被毁。清顺治八年（1651 年）在废墟上进行了大规模改建，重修为一座城楼，名字也改成“天安门”，取“受命于天，安邦治国”之意。天安门通高 33.7 米，墩台上的城楼大殿东西宽九间、南北深五间，用“九、五”之数，是取帝王为“九五”之尊，至高无上的含意。1688 年经过两次大规模的修缮。明清的皇帝们一般都在天安门颁布重要诏令，称为“金凤颁诏”。清末，由于外国殖民主义者的侵入，天安门也遭到了蹂躏。1900 年，八国联军攻入北京，洗劫并炮轰天安门。此后，天安门城楼上长满蒿草，荒凉破败下来。1949 年 10 月 1 日，中华人民共和国举行开国大典，毛泽东在这里宣告了新中国的诞生。从此，天安门成为新中国的象征。

雍和宫 位于北京东城区雍和宫大街，是中国汉族地区最大的藏传佛教寺院之一。初建于康熙三十三年（1694 年），为康熙皇帝四子胤禛的府邸，初称“四爷府”或“禛贝勒府”。1709 年胤禛被封为“和硕雍亲王”，“禛贝勒府”也随之升为“雍亲王府”。1722 年，康熙皇帝驾崩，胤禛继承皇位，迁入宫中，府邸改为行宫，赐名为“雍和宫”。雍正皇帝在原有的基础上对东花园进行了修缮，增添了许多亭、台、楼、阁。1735 年，曾在宫内停放胤禛灵柩，为此将主要殿宇覆瓦升格为黄琉璃瓦。雍正帝在位时期，雍和宫的中路和西路即已作为藏传佛教上院使用，章嘉呼图克图活佛居住于此。乾隆皇帝即位后，一改清朝旧制，将父亲梓棺安放到雍和宫。1744 年，雍和宫正式改为藏传佛教寺庙，并赐名“噶丹敬恰林”。东路行宫继续由皇室使用，后因失火而焚毁。乾隆以后的各位皇帝，按“定制”每年最少来雍和宫礼佛三次。东书院则成为清朝自乾隆以后各位皇帝在雍和宫礼佛之后休息的场所。雍和宫开始了它既为皇家第一寺庙又连接中国历届中央政府与蒙古、西藏地方纽带、桥梁作用的辉煌历史。

沈阳故宫 位于沈阳市沈河区明清旧城中心，为清朝入关前皇宫。后金天命十年(1625年)三月,努尔哈赤将都城移至沈阳中卫城,开始修筑宫殿,即现存的大政殿和十王亭。皇太极继承后金汗位后，对其进行了改建。1636年,皇太极正式“定宫殿名:中宫为清宁宫、东宫为关雎宫、西宫为麟趾宫、次东宫为衍庆宫、次西宫为永福宫、台东楼为翔凤楼、台西楼为飞龙阁、正殿为崇政殿、大门为大清门、东门为东翼门、西门为西翼门、大殿为笃恭殿”。清朝入关后,沈阳故宫成为陪都行宫。康熙帝和乾隆帝东巡祭祖期间,曾在此居住。乾隆九年(1744年),命于殿前增设日晷、嘉量。1780年,增建了西路建筑,包括戏台嘉荫堂和用于储藏《四库全书》的文溯阁,并在中路修建了东所、西所和盛京太庙。伪满时期至解放前夕,这里先后建有东三省博物馆、奉天故宫博物院、国立沈阳博物院。1955年,在这里成立沈阳故宫博物馆。沈阳故宫是中国现存仅次于北京故宫的最完整的皇宫建筑，在建筑艺术上承袭了中国古代建筑的传统，以汉族传统建筑风格和布局为主,兼备了蒙、满等民族风格和布局,具有很高的历史和艺术价值。

布达拉宫 位于西藏拉萨市西北玛布尔日山上。布达拉,梵语意为“佛教圣地”。唐贞观年间,吐蕃三十二世赞普松赞干布为迎娶文成公主,相传于此处营建宫室,当时称红山宫。整个宫堡规模宏大,外有三道城墙,内有千座宫室。1645年,五世达赖喇嘛重建布达拉宫,到1648年基本建成以白宫为主体的建筑群，并将政权中心移至布达拉宫。之后,第司·桑结嘉措于1690年至1694年主持修建了以五世达赖喇嘛灵塔殿为主的红宫配套建筑群,基本形成布达拉宫的建筑规模。十三世达赖喇嘛在位期间，又在白宫东侧增建了东日光殿和布达拉宫山脚下的部分附属建筑。1934 年至 1936 年间修建十三世达赖喇嘛灵塔殿，与红宫结成统一整体。从十七世纪开始的布达拉宫重建和增扩工程至此全部完成。经过一千三百多年的修建历史，布达拉宫形成现在的规模。整个建筑占地面积十三万平方米，主楼高达一百一十七米，大小房间二千余间。布达拉宫作为历代达赖喇嘛的冬宫居所和西藏政教合一政治中心，它内部主要由达赖喇嘛宫殿、佛殿及僧院各政权机构三大部分组成。它是藏族文化的巨大宝库，宫内珍藏的各类历史文物和工艺品数量繁多。据初步统计，现有玉器、瓷器、银器、铜器、绸缎、服饰、唐卡共七万余件，经书六万余函卷。

颐和园　在北京市西郊，面积近 300 公顷，是我国现存最大的古园林。金、元时期，即为风景胜地，曾在此设行宫。明孝宗乳母罗氏在瓮山前建圆静寺，后荒废。明武宗在湖滨修建行宫，称“好山园”。明武宗、神宗都曾在此泛舟游乐。清乾隆十五年(1750 年)开始大规模修建，改瓮山为万寿山，并命名为清漪园，耗银四百八十余万两。道光后，因国力衰弱，清漪园逐渐荒废。1860 年被英法联军焚毁。1888 年，慈禧太后以筹措海军经费的名义动用五百万至六百万两白银，由雷廷昌主持重建，改称颐和园，作消夏游乐地。1900 年，颐和园又遭“八国联军”破坏，许多珍宝被劫掠一空。1903 年修复后，又在军阀混战、国民政府时期遭破坏。1949 年之后，政府不断拨款修缮。全园可分万寿山与昆明湖两大部分。湖山间楼台亭阁错落有致，相映成趣，景色宜人，拥有多项世界之最、中国之最，为国内著名的游览胜地。

圆明园　在北京市西郊海淀附近，是清代著名的皇家园林之一。圆明三园面积五千二百余亩，一百五十余景。圆明园最初是康熙皇帝赐给皇四子胤禛的花园。1707年,圆明园已初具规模。司年十一月,康熙皇帝曾亲临圆明园游赏。雍正皇帝即位后,拓展原赐园,并在园南增建了正大光明殿和勤政殿以及内阁、六部、军机处诸值房,以“避喧听政”。乾隆皇帝除了对圆明园进行局部增建、改建之外,除在紧东邻新建了长春园,在东南邻并入了绮春园。至1770年,圆明三园的格局基本形成。嘉庆朝,主要对绮春园进行修缮和拓建,使之成为主要园居场所之一。道光朝时虽国事日衰,财力不足,仍不放弃圆明三园的改建和装饰。1860年,英法联军劫掠园中珍宝,并纵火焚园,圆明园遭到破坏。同治年间,准备修复圆明园,供慈禧太后居住,因财政困难,被迫停止,改建其他建筑。1900年,八国联军侵入北京,圆明园又一次遭到破坏。清朝覆灭后,一些军阀、政客、官僚,纷纷从圆明园盗运建筑材料,圆明园遗址进一步破坏。1979年,圆明园遗址被列为北京市重点文物保护单位。之后,圆明园遗址的整修工作逐步展开,后被辟为圆明园遗址公园。

避暑山庄 又名热河行宫或承德离宫,在河北承德市区北部,是清朝皇帝的夏宫。1701年康熙出喜峰口赴木兰围场行围,回京途中在喀喇河屯行宫附近的武烈河河谷发现一处风景“蔚然深秀”且“旧无人居墓庐”的地区,决定在此建立新的行宫。至1708年已初具规模,1711年赐名为“避暑山庄”,并御笔避暑山庄龙匾。避暑山庄先后历经康熙、雍正、乾隆三代皇帝,费时八十七年,才基本完工,并在宫外修建了“外八庙”。清朝前期许多重要的政治、军事、民族和外交等国家大事,都在这里处理。因此,避暑山庄就成了北京以外第二个政治中心。道光时期,由于国势转衰,不得不宣布“秋狝礼废”,不再巡行塞外,并将避暑山庄文物集中于正宫,陆续撤运回北京。此后避暑山庄空锁了近四十年，建筑物多有坍塌毁坏。1860年第二次鸦片战争中，咸丰皇帝曾至避暑山庄避难，同治皇帝即位后再次下令停止修葺避暑山庄和外八庙，任其塌废。民国年间因战乱多有毁坏。新中国成立后对避暑山庄进行了必要的修理和保护。避暑山庄集中我国南、北建筑布局特点，且地势高峻，气候宜人，是中国现存占地最大的古代帝王宫苑，举世闻名的游览胜地。

沧浪亭 位于苏州城南三元坊，是现存历史最为悠久的江南园林。与狮子林、拙政园、留园并称为苏州四大园林，代表着宋朝的艺术风格。沧浪亭原为五代吴越广陵王钱元璙的花园。北宋庆历四年(1044年)，诗人苏舜钦被贬，在吴中以四万钱购得原五代孙承佑之废园，在水旁建亭，取《楚辞》中“沧浪之水清兮可以濯我缨，沧浪之水浊兮可以濯我足”之意，名曰“沧浪亭”，自号沧浪翁，并作《沧浪亭记》，后欧阳修应邀写长诗《沧浪亭》。后数易其主，南宋时曾为抗金将领韩世忠住宅，元代改为庵堂，明时复建并恢复原名，归有光曾为作记。清康熙年间巡抚宋荦重建，奠定现今基本布局。此园设计以假山为中心，建筑环山布置。登山小径曲折清幽，径旁树木葱郁，翠竹成林。山顶有亭，翼然挺立，即著名之沧浪亭。山周围有明道堂、清香馆、五百名贤祠等建筑，另有藕香水榭、闻妙香室、瑶华境界等景观，皆自成院落，别具一格。

狮子林 一般所指为苏州园林中的狮子林，位于苏州市平江区园林路。因园内林有竹万，竹下多怪石，状如狻猊(狮子)者，故名“狮子林”。狮子林为元代园林的代表，原为菩提正宗寺的后花园。1341年，高僧天如禅师来到苏州讲经。翌年，弟子们买地置屋为天如禅师建禅林，初名“狮子林寺”，后易名“普提正宗寺”“圣恩寺”。禅师谢世以后，寺园逐渐荒芜。1373年，大书画家倪瓒途经苏州,参与造园,题诗作画,使狮子林名声大振,成为佛家讲经说法和文人赋诗作画之胜地。1589年,明姓和尚托钵化缘于长安,重建狮子林圣恩寺、佛殿,再现兴旺景象。康熙年间,寺、园分开,后为黄熙之父、衡州知府黄兴祖买下,取名"涉园"。清康熙巡游至此,赐额"狮林寺"。清乾隆皇帝曾六游狮子林,先后赐"镜智圆照""画禅寺"等额匾。1771年,黄熙高中状元,精修府第,重整庭院,取名"五松园"。至清光绪中叶黄氏家道衰败,园林荒废。1917年为买办商人贝润生购得,经九年修建、扩建,仍名狮子林。1945年贝润生病故后,狮子林由其孙贝焕章管理。新中国成立后,贝氏后人将园捐献给国家,苏州园林管理处接管整修后,于1954年对公众开放。

拙政园 中国江南一座著名园林,是苏州园林的代表。始建于明正德年间,初以御史王献臣改佛寺建私园而成。1517年,"拙政园"名首次出现在文徵明《寄王敬止》的文献中。王氏卒后,其子因赌博将园输给徐氏。1631年王心一购得拙政园东部,题名"归田园居",自此东部长期脱离拙政园。1653年,大学士陈之遴购得拙政园。10年后,陈之遴败于官场倾轧,拙政园充公。康熙初年,曾为苏州将军府、兵备道行馆。1664年后归吴三桂之婿王永宁所有。王永宁大兴土木,宅园住宅部分恢复旧观。1860年太平天国进占苏州,李秀成据原吴园、书园及归田园居为忠王府,大事兴造。不过直到李鸿章克复苏州之际,尚未竣工。1871年张之万购下吴园,改吴园为"八旗奉直会馆",同时仍袭"拙政园"之名。1887年,八旗奉直会馆大修。其格局遗存至今,即今拙政园中部格局。民国年间曾为汪精卫政府办公处。拙政园解放后归政府所管,并着手修复开放。2003改建为苏州博物馆新馆,并于2006年竣工开放。

留园 中国著名古典园林，位于江南古城苏州，以园内建筑布置精巧、奇石众多而知名。留园始建于1593年，为当时已罢官的太仆寺少卿徐泰时邀请叠石名人周时臣设计建造的私家园林，名东园。1798年，刘恕在原已破落的东园旧址基础上改建，以“竹色清寒，波光澄碧”命名为寒碧庄，同时因园主姓刘，所以也叫做刘园。1823年起，园林开始对民众开放，成为一处著名景点。但到太平天国时，由于战祸和缺乏管理，留园逐渐荒芜。1873年，湖北布政使盛康（盛宣怀之父）购得此园，花了三年时间进行大规模改修、增建，终于在1876年落成，并以“刘园”的同音易名为“留园”。日本侵华战争期间，留园又被弃置，甚至沦为军队养马之所。直到1949年，苏州市政府接手此园进行整修，于1954年重新对民众开放。今与北京颐和园、承德避暑山庄、苏州拙政园等并列为中国四大古典园林。

3.亭台楼阁

醉翁亭 中国四大名亭之首，又被称为天下第一亭。位于现安徽省滁州市西南的琅琊山风景名胜区中。北宋庆历六年（1046年），著名文人欧阳修被贬为滁州太守。与琅琊寺住持僧智仙和尚结为知音。智仙特在山麓建造了一座小亭，欧阳修常同朋友到亭中游乐饮酒。“太守与客来饮于此，饮少辄醉，而年又最高，故自号曰醉翁也。”而名此亭为醉翁亭。后写下传世之作《醉翁亭记》，其中有千古名句：“醉翁之意不在酒，在乎山水之间也。”醉翁亭与琅琊山的清秀山水从此闻名于世。醉翁亭初建时只有一座亭子，北宋末年，知州唐俗在其旁建同醉亭。到了明代，开始兴盛起来。相传当时房屋已建到“数百柱”，可惜后来多遭到破坏。清代咸丰年间，整个庭园成为一片瓦砾。1881年,全椒观察使薛时雨主持重修,才使醉翁亭恢复了原样。1949年后经多次整修,今存亭台为清代修筑。

陶然亭 清代北京名亭，现为中国的四大历史名亭之一。清康熙三十四年(1695年),工部郎中江藻奉命监理黑窑厂,他在慈悲庵西部构筑了一座小亭,并取白居易诗“更待菊黄家酿熟,与君一醉一陶然”句中的“陶然”二字为亭命名。陶然亭公园以及陶然亭地区名称以此得名的。陶然亭建成后,江藻常邀请一些文人墨客、同僚好友到陶然亭上饮宴、赋诗，这里变成了“红尘中清净世界也”。陶然亭是文人雅集的地方,秋瑾、龚自珍等都曾留下诗文。至清末二百余年间,此亭享誉经久,成为都中名胜。近代的陶然亭,有着光辉的历史篇章。五四运动前后,中国共产党的创始人李大钊等曾先后来陶然亭进行革命活动。陶然亭也曾经是高君宇与石评梅爱情的见证者,两人后来合葬于此,“冰雪情谊”流传至今。

爱晚亭 位于湖南省岳麓山下清风峡中，亭坐西向东，三面环山。岳麓书院院长罗典于清乾隆五十七年(1792年)始建此亭,原名“红叶亭”,又名“爱枫亭”。后由湖广总督毕沅,根据唐代诗人杜牧《山行》的诗句:“远上寒山石径斜,白云深处有人家。停车坐爱枫林晚,霜叶红于二月花。”改名爱晚亭。又经过同治、光绪、宣统、民国至建国后的多次大修,逐渐形成了今天的格局。与醉翁亭、西湖湖心亭、陶然亭并称中国的四大名亭。爱晚亭是中共革命活动胜地。毛泽东青年时代在第一师范求学,常与罗学瓒、张昆弟等人一起到岳麓书院,与蔡和森聚会爱晚亭下,纵谈时局,探求真理。爱晚亭曾于抗战年间被毁,后又经过多次重修。

湖心亭 中国四大名亭之一,在杭州西湖中央,建在湖中三岛中最早营建的岛上。宋元时曾有湖心寺。明代有知府孙蒙建振鹭亭，后改清喜阁，是湖心亭的前身。清康熙六十一年(1722 年)重建。清乾隆皇帝在亭上题过匾额“静观万类”，以及楹联“波涌湖光远，山催水色深”。该亭为六角形，石木结构，上覆绿瓦，高 3.5 米。在亭中可望苏堤横卧于湖水之上，玉塔屹立于西山之巅。四周波光粼粼，别有一番韵味。清代文人廖鸣球有诗赞曰：“翼然独立似神工，四望湖光面面空，耳目拓开声色外，形骸恍入画图中。”湖心平眺被列为清西湖十八景之一，环岛皆水，环水皆山，置身湖心亭，确有身处“世外桃源”之感。

黄鹤楼 位于湖北省武汉市武昌蛇山上，江南四大名楼之一。始建于三国吴黄武二年(223 年)。《元和郡县图志》记载：“孙权始筑夏口故城，城西临大江，江南角因矶为楼，名黄鹤楼。”最初是为了军事目的而建。唐永泰元年(765 年)黄鹤楼已初具规模。然兵火频繁，黄鹤楼屡建屡废，仅在明清两代，就被毁七次，重建和维修了十次。有“国运昌则楼运盛”之说。最后一次建于 1868 年，毁于 1884 年。现在遗址只剩下清代黄鹤楼唯一遗留铜铸楼顶。黄鹤楼是吕洞宾传道、修行、教化的道场，从北宋以后曾作为道教的名山圣地。《道藏·历世真仙体道通鉴》言：“吕祖以五月二十日登黄鹤楼，午刻升天而去，故留成仙圣迹。”1957 年建长江大桥引桥时，占用了黄鹤楼旧址，1981 年武汉市政府决定根据历史资料在距旧址约一千米左右的蛇山封岭上重建黄鹤楼，1985 年落成，成为武汉市的标志性建筑。

岳阳楼 位于湖南省岳阳市西门城楼上，濒临洞庭湖，为我国江南“三大名楼”之一。东汉建安二十年(215 年)，孙权与刘备争夺荆州，大将鲁肃在濒临洞庭湖处，建造了检阅水军的阅军楼，此即今岳阳楼前身。两晋、南北朝时期，阅军楼改称巴陵城楼，虽仍侧重于军事需要，但那壮阔绮丽的风光，已为诗人吟咏。宋庆历四年（1044年），滕子京被贬至岳州，重建了岳阳楼。范仲淹作《岳阳楼记》，文中“先天下之忧而忧，后天下之乐而乐”成为千古名句，岳阳楼的名声自此益振。1639年岳阳楼毁于战火，翌年重修。1880年，知府张德容对其进行了一次大规模的整修。岳阳楼在1700余年的历史中屡毁屡建，有史可查的修葺共三十余次。至民国末年，楼身已经破旧不堪。1949年后，多次拨款对岳阳楼进行了维修，还修建了怀甫亭、碑廊，重建了三醉亭和仙梅亭。1984年，岳阳楼大修竣工并对外开放，修复后的岳阳楼保存了清朝的规模、式样和大部分的建筑构件。史学家刘大年为大修后的岳阳楼撰联云：“鲁肃兵轻，范公文远，万般气象观今日；滕王歌歇，黄鹤踪杳，十面湖山上此楼。”

大观楼　位于云南省昆明市滇池北滨，隔水与太华山相望，又称“近华浦”，建筑为中国传统的四方三重檐木结构，琉璃翼角攒尖顶。始建于1696年，初为二层楼宇，逐渐成为“远浦遥岑，风帆烟树”的游览胜地。乾隆年间，昆明布衣学者孙髯翁撰写一百八十字长联，上联描绘昆明风物，下联书写云南历史，对仗工整，气势恢弘，被誉为“天下第一长联”。并由名士陆树堂书写，刊刻悬挂，大观楼以长联而更为名楼。1828年，修葺增建为三层。1857年毁于战火。1866年重建，复被大水损毁。1883年，云贵总督岑毓英再次重修，并由书法家赵藩以楷书重书孙髯翁的长联悬挂于楼前。1914年，云南省民政长李公鸿祥创建马路，增修亭榭。目前，大观楼在大观公园之内，楼高十八米，占地面积二百二十四平方米，已被列入云南省重点文物保护单位。

滕王阁　位于江西省南昌市西北部沿江路赣江东

岸，江南三大名楼之一。始建于唐永徽四年（653年），为唐高祖李渊之子李元婴所建。李元婴曾被封于山东滕州，为滕王，且于滕州筑阁，名“滕王阁”。后调任江南洪州，又筑豪阁仍冠名“滕王阁”，此阁便是后人所熟知的南昌滕王阁，因初唐诗人王勃的《滕王阁序》中的“落霞与孤鹜齐飞，秋水共长天一色”诗句而流芳后世。同时，滕王阁也是古代储藏经史典籍的地方，贵族士大夫们迎送和宴请宾客也多喜欢在此。明皇帝朱元璋在鄱阳湖大胜陈友谅后，曾设宴阁上，命诸大臣、文人赋诗填词，观看灯火。滕王阁建成后历经兴废，先后修葺二十八次，建筑规制也多有变化。1108年，滕王阁因年久失修而塌毁，侍郎范坦重建，比唐阁范围更为扩大，逐渐形成以阁为主体的建筑群，宏伟壮观之气势被誉为“历代滕王阁之冠”。最后一次建于清同治年间，1926年被北洋军阀邓如琢部烧毁。仅存一块“滕王阁”青石匾。建国后重修滕王阁，于1989年落成。为宋式建筑，其楼阁建筑极窈窕多姿，建筑艺术造型达到了极高成就。这不仅仅给古城南昌增色添辉，而且以其特有的魅力，吸引着纷至沓来的中外游人。

蓬莱阁 坐落在山东省蓬莱市北濒海的丹崖山上，始建于宋朝嘉祐六年（1061年）。史载，秦始皇、汉武帝都曾为寻求仙药先后来此，寻找“海上有三神山，名曰蓬莱、方丈、瀛洲，仙人居之”。找不到真蓬莱，就把这望海之地称作蓬莱，筑城为名。蓬莱阁是一个传统古建筑群，由蓬莱阁、天后宫、龙五宫、吕祖殿、三清殿、弥陀寺六大单体及其附属建筑组成，面积1.89万平方米。阁楼高十五米，系双层木结构建筑，阁上四周环以明廊，可供游人登临远眺，是观赏“海市蜃楼”奇异景观的最佳处所。1589年巡抚李戴于其旁增建了一批建筑。1819年知府杨丰昌和总兵刘清和主持进行扩建，使其粗具规模，后又得以多次修缮。经历代扩建,形成了拥有殿阁宫寺的古建筑群。自古为文人墨客雅集之地,亦是道教炼士修真之境。蓬莱阁上名人匾额楹联众多,犹以清代大书法家铁保书的“蓬莱阁”巨匾著称。阁下面临大海,建筑凌空,海雾四季飘绕,素有“仙境”之称。

天一阁 位于浙江省宁波市月湖西侧的天一街,是中国现存最古老的私家藏书楼,也是亚洲现存最古老的图书馆和世界上现存最早的三座民间藏书楼之一,约藏书五万三千余卷。始建于明嘉靖四十年(1561 年)至 1566 年,由当时的兵部右侍郎范钦主持建造。范钦喜好读书和藏书,平生所藏各类图书典籍达七万余卷,以方志、政书、科举录、诗文集为特色。由于一度位高权重,范钦的一部分藏书为官署的内部资料,这也是普通藏书家难以获得的。在他解职归田后,便建造藏书楼来保管这些藏书。清乾隆年间编修《四库全书》,天一阁曾献书六百多种。到了近代,由于吏治腐败、盗窃和自然损毁,书籍仅存一万三千余卷。新中国成立后,政府访回流失的原藏书三千多卷,并增加私人藏书家捐赠的图书,今藏珍版善本达八万多卷,颇多明代刻本和抄本,尤以明代地方志和科举题名录为著。目前,天一阁所在地成立宁波市天一阁博物馆。

大理三塔 位于云南省大理白族自治州下关市西点苍山应乐峰下崇圣寺中,又称崇圣寺三塔,始建于南诏王劝丰祐时期(824—859 年),先建了大塔“千寻塔”,共十六层,高 69.13 米,是座方形密檐式砖塔。大理国段正严、段正兴时期(1108—1172 年),又建了南、北小塔,均高 42.19 米,是一对八角形的砖塔,外观轮廓线象锥形。三塔浑然一体,造型美观、气势雄伟,具有典型的宋代建筑风格和古朴的民族风格。塔基上有“永镇山川”四字。修建三塔后,又建了规模弘大的崇圣寺。崇圣寺以及三塔建成后直至明代,经历过多次强烈地震的严峻考验,一直保存完好。史料记载其规模达方圆七里,有三阁七楼九殿,房屋八百九十多间,有佛一万一千四百尊。1949 年后,经多次修复,2005 年 4 月崇圣寺大规模恢复重建竣工,结束了崇圣寺三塔近百年来“有塔无寺”的历史。崇圣寺三塔已成为最能代表大理形象的重要人文景观。

六和塔 位于浙江省杭州市钱塘江畔的月轮山上,是一座有一千多年历史的楼阁式塔。970 年,由吴越国王钱弘俶建造,用以镇压钱塘江的江潮。1121 年六和塔毁于兵火,1156 年重建,1165 年竣工。元朝元统年间,因年久破败而作修缮。1533 年,倭寇入侵杭州,六和塔遭到破坏。明万历年间,佛门净土宗著名高僧袾宏(莲池大师)主持大规模重修,对塔的顶层和塔刹加以重建,还调换了塔身部分中心木柱下面的磉石构件。1735 年清雍正帝特拨国库银金,命作大规模修整,前后历时两年竣工。1751 年乾隆皇帝南巡到杭州,两次游六和塔,赋写诗章数篇,并在塔前牌坊题写“净宇江天”四字。道光、咸丰间,六和塔又因天灾人祸而日渐破损,外部木结构部位甚至败落无存。1899 年杭州人朱智(敏生),在捐资修筑钱塘江堤坝的同时,更以余财重修六和塔。经过这次修缮,六和塔的状貌基本定型下来了。1949 年后,六和塔经过多次维修,成为杭州著名的风景名胜之一。

大雁塔 位于陕西省西安市大慈恩寺内,原名“慈恩寺浮屠”或“慈恩寺塔”。唐三藏法师玄奘为贮藏从西域取回的佛经佛像和舍利,于唐永徽三年(652 年)主持修建雁塔,并亲自按印度窣堵坡形式设计。当时塔高五层,约 60 米,砖面土心,不可攀登。由于后来在长安荐福寺内修建了一座较小的雁塔,慈恩寺塔叫作大雁塔,荐福寺塔叫作小雁塔,一直流传至今。后来,砖缝草木丛生,塔身塌损。武则天时期，在原址上增高为十层砖塔。唐末以后，慈恩寺屡遭兵火，殿宇焚毁，只有大雁塔独存。931 年，对大雁塔再次修葺时降为七层，平面呈正方形，由塔基和塔身两个部分组成。后来西安地区发生了几次大地震，大雁塔的塔顶震落，塔身震裂。明万历三十二年（1604 年），大雁塔第五次修葺，这次维修加固工程，维持唐代塔体的基本造型，在其外表完整地砌上了 60 厘米厚的包层，使其造型比以前更宽大，即是今日所见的大雁塔。1949 年后，大雁塔又经过数次整修，基本保持了原来的风貌。

雷峰塔 位于浙江省杭州市西湖风景区岸夕照山的雷峰上，原名皇妃塔，又名西关砖塔，古人更多地称之为“黄妃塔”。是由吴越国王钱俶为祈求国泰民安而于 977 年建造的佛塔，塔基底部辟有井穴式地宫，存放着珍藏有佛螺髻发舍利的纯银阿育王塔和龙莲座释迦牟尼佛坐像等数十件佛教珍贵文物和精美供奉物品。1120 年，雷峰塔遭到战乱的严重损坏，南宋庆元年间重修，建筑和陈设重现金碧辉煌，特别是黄昏时与落日相映生辉的景致，被命名为“雷峰夕照”。明嘉靖年间，入侵的倭寇围困杭州城，纵火焚烧雷峰塔，灾后古塔仅剩砖砌塔身，通体赤红，一派苍凉。清朝前期，雷峰塔以裸露砖砌塔身呈现的残缺美以及与《白蛇传》神话传说的密切关系，成为西湖十景中为人津津乐道的名胜，连康熙、乾隆二帝也多次前来游览和品题，“雷峰夕照”闻名遐迩。清末民初，民间盛传雷峰塔砖具有“辟邪”“宜男”“利蚕”的特异功能，因而屡屡遭到盗挖。2000 年至 2002 年在遗址重建雷峰塔，新塔保留了旧塔被烧毁之前的楼阁式结构，完全采用了南宋初年重修时的风格、设计和大小建造。

4.陵庙诗窟

黄帝陵 位于陕西省黄陵县城北桥山上，据说是中华民族始祖黄帝轩辕氏的陵墓。相传黄帝升天，故此陵墓为衣冠冢。《史记》载："黄帝崩，葬桥山。"陵前有碑亭，石碑上镌刻"桥陵龙驭"四字。山下有黄帝庙，庙中有亭，立石碑七十余座，刻有历代皇帝祭祀碑文。历代帝王祭黄陵，大多派身边亲信大臣，带着皇帝亲笔写的"御制祝文"。传说秦始皇在统一六国之后，于前 220 年自己手捧供品，身带佩剑，走向"黄帝祠"默默祈祷。前 110 年十月汉武帝率十八万大军祭黄陵，并修筑"祈仙台"。唐朝时，黄帝陵成了国家公祭的场所。宋庆历年间，范仲淹三次祭黄陵。1061 年，宋仁宗降旨黄陵栽柏树。1325 年，元泰定帝也孙铁木儿颁发保护黄帝陵庙圣旨。1371 年，明太祖遣中书管勾甘祭黄陵，之后多次遣人祭祀。1651 年及其之后，清世祖也多次遣人祭祀。国民政府期间曾多次祭祀。"文化大革命"时期，黄帝陵遭到破坏，之后历经多次修复，逐渐成为弘扬中华民族文化，增强民族精神凝聚力的圣地。

秦始皇陵 位于陕西省西安市以东三十公里临潼市的骊山，亦称骊山陵，是中国第一位皇帝秦始皇的陵墓。秦始皇自十三岁即位就开始在骊山修建陵墓，统一六国后，又从各地征发了十万多人继续修建，直到他死去，共修了三十七年。据《史记·秦始皇本纪》记载，当时修筑秦始皇陵的有七十余万人，凿穿了三层地下水，又修宫殿、设百官位置，放奇珍异宝，做江河大海等。从科学探测和局部发掘来看，地宫里存在许多金属物质，也有很好的排水系统。陵墓中还有许多机关。为了防止泄密，在秦始皇入葬后,秦二世下令将工匠封闭在地宫内城和外城之间。秦陵尚未完工,便出现秦末农民暴动,至此,秦陵的修建中断。楚汉战争后,刘邦建立了西汉皇朝。前195年,刘邦下令对秦始皇陵妥为保护,安排二十户人家作为守陵人。此后,各朝各代对秦代帝王陵墓都下令保护。970年,宋太祖令临潼市保护和修整秦始皇陵。清陕西巡抚毕沅,为秦始皇陵立碑。由于秦始皇陵埋藏丰富,引起各种人物的觊觎。据记载,东汉末赤眉军、后赵石勒和石虎、唐末黄巢军等都盗掘过。如今,秦始皇陵已成为国家著名旅游景区,但规模庞大的秦陵地宫尚未发掘。

明孝陵 明朝开国皇帝朱元璋和皇后马氏的合葬陵墓。因皇后谥"孝慈",故名孝陵。坐落在南京紫金山独龙阜玩珠峰下,东毗中山陵,南临梅花山,是南京最大的帝王陵墓,也是中国古代最大的帝王陵寝之一。明孝陵修建工程先后调用军工10万,从1381年动工,至1413年建成。其总体布局分两部分:一是引导建筑的神道,二是陵寝主体建筑。明孝陵在清代曾受到过多次重创,咸丰年间的战火让其地表建筑毁于一旦,康熙手书的御碑甚至倒地破碎。直到1864年,曾国藩奉召祭陵,才着手修复明孝陵。明孝陵壮观宏伟,代表了明初建筑和石刻艺术的最高成就,直接影响了明清两代五百多年帝王陵寝的形制。

明十三陵 坐落在北京西北郊昌平区境内的燕山山麓的天寿山,是中国乃至世界现存规模最大、帝后陵寝最多的一处皇陵建筑群。十三陵是明迁都北京后13位皇帝陵墓的总称,依次有长陵、献陵、景陵、裕陵、茂陵、泰陵、康陵、永陵、昭陵、定陵、庆陵、德陵、思陵。十三陵的主陵是朱棣于1409年至1413年兴建的明长陵,他"车驾临视",钦定山名为"天寿山"。1423年于北征鞑靼途中驾崩,安葬于此。十三座陵墓中,明成祖的长陵、嘉靖帝的永陵和万历帝的定陵，均是生前所建，规模亦最大，其余陵墓则是死后才动工，大约用半年建成。崇祯帝是亡国之君，其陵墓是以其妃田氏的墓穴改建。十三陵区占地面积四十平方公里，除十三座皇帝陵墓之外，还有七座妃子墓、一座太监墓。十三陵是一个天然具有规格的山区，其山属太行余脉，西通居庸，北通黄花镇，南向昌平州，不仅是陵寝之屏障，实乃京师之北屏。明十三陵是中国历代帝王陵寝建筑中保存得比较好的一处，中国古代帝陵的杰出代表，展示出了中国传统文化的丰富内涵。

清东陵　位于河北省遵化市境，是清皇朝首要的帝王后妃陵墓群。共建有五座皇陵——顺治帝孝陵、康熙帝景陵、乾隆帝裕陵、咸丰帝定陵、同治帝惠陵，以及慈安、慈禧太后等后陵四座、妃园五座、公主陵一座，计埋葬十四个皇后和一百三十六个妃嫔。1661 年首建孝陵，1664 年主体工程告竣，1668 年营建神功圣德碑亭，被视为清东陵陵园总体格局的奠基之作。1674 年孝诚仁皇后崩逝，开始筹建景陵，成为清皇朝在关内修建的第一座后妃园寝。1688 年建造暂安奉殿，后改建为昭西陵。乾隆皇帝为悫惠、惇怡两位皇贵太妃单独修建了园寝，称景陵皇贵妃园寝，俗称双妃陵。道光皇帝在东陵境内的宝华峪营建陵寝。咸丰皇帝的“定陵”在 1866 年最后完工。慈安、慈禧皇太后的定东陵 1879 年同时完工。不久慈禧又将自己的陵寝进行重修。同治皇帝的“惠陵”及妃园寝到 1906 年才完工。整个清东陵的营建活动延续了二百四十七年，是清朝三大陵园中最大的一座，不仅反映了从清初到清末陵寝规制演变的全部过程，也从一个侧面记录了清皇朝盛衰兴亡的历史。

清西陵　清朝皇室两个陵墓群之一，在河北省易县城西永宁山下。按道理，清东陵已葬着顺治、康熙两代帝后，雍正帝遵从祖制也应在东陵建陵。但他以原在东陵选的陵址“穴中之土又带沙石，实不可用”为借口，在易县天平峪找到了这一风水宝地，于此兴建泰陵。雍正死后，乾隆继位。乾隆帝有“父子不葬一地”之诏，故此后相间分葬东、西两陵。此后嘉庆、道光、光绪都陆续在此建陵，陵区占地百余公里，内有帝陵四座，即雍正帝泰陵，嘉庆帝昌陵，道光帝慕陵，光绪帝崇陵；后陵三座，妃陵三座，王公、公主园寝四座。从1730年开始营建，到1915年才竣毕。西陵有明楼、享殿等殿宇千余间，石牌坊、石人石兽等石雕建筑百余座，建筑面积约五十万平方米。诸陵规制和建筑样式，严格遵守专制社会等级制度。布局以永宁山中心的泰陵为中心，其余诸陵寝分列东西两侧。现存宫殿千余间，石建筑和石雕百余座。

孔庙　位于孔子故里、山东省曲阜城内，是祭祀著名思想家和教育家孔子的本庙。孔庙的历史可以追溯到孔子逝世的第二年，即公元前478年。当时孔子的弟子将其“故所居堂”立庙祭祀，庙屋三间，内藏衣、冠、琴、车、书等孔子遗物，并按岁时祭祀。祭祀孔子的活动始于汉高祖刘邦亲自到鲁国祭祀孔子，此后帝王亲祭孔子的仪式便一直延续到清代。1393年，明太祖颁发“大成乐”专祀孔子。1477年，扩大祭祀孔子规格，增祭孔乐舞为八佾、加笾豆为十二。曲阜孔庙历代重修扩建七十多次，目前的殿宇规模是在清雍正帝的亲自指授下建成的。面积三百二十七亩多，南北全长1120米，前后九进院落。其中有五座大殿、五十三座门坊、十三座碑亭及其他祠、坛、阁、堂等，布局严谨，金碧辉煌，宛如帝王宫殿。曲阜孔庙是中国乃至世界上最早和最大的孔庙。

489年，北魏建立了第一座位于京城的孔庙。630年，唐太宗下诏：“天下学皆各立周、孔庙。”自此孔庙遍及各地。1128年，衍圣公孔端友奉孔子及夫人亓官氏画像南下，宋高宗赐其安居于浙江衢州，1253年建立孔氏家庙，即所谓“南宗孔庙”。

孔林 位于山东省曲阜县城北，原称至圣林，是孔子及其后裔的专用墓地。孔林是世界上最大的家族墓地。孔子死后，弟子们把他葬于曲阜城北泗水之上，那时还是“墓而不坟”(无高土隆起)。秦汉时期，虽将坟高筑，但仍只有少量的墓地和几家守林人。后来随着孔子地位的日益提高，孔林的规模越来越大。157年，鲁相韩勑修孔墓，在墓前造神门一间，在东南又造斋宿一间，以吴初等若干户供孔墓洒扫，当时的孔林“地不过一顷”。北齐时，植树六百株。宋宣和年间，又在孔子墓前修造石仪。1331年，孔思凯主修了林墙，构筑了林门。1684年将孔林扩为3000亩的规模。1730年，大修孔林，耗银二万五千三百两重修了各种门坊，并派专官守卫。据统计，自汉以来，历代对孔林重修、增修过十三次，增植树株五次，扩充林地三次。孔林总面积2平方公里，周围垣墙达7.25公里，墙高3米多，厚约5米。孔林作为一处氏族墓地，二千多年来葬埋从未间断。孔林中尚有历代衍圣公及族人墓，墓冢遍布，碑石如林。而且，孔林古木甚多，有楷、柏、柞、榆、槐、朴、枫等不下数十种，约两万余株，为我国最古老、最大的人造园林。

苏州文庙 又名苏州府学，位于江南古城苏州，是中国的第一座庙学，并以拥有《平江图》等“四大宋碑”而著称于世。1035年，范仲淹将州学(后来称府学)和文庙结合在一起，开创了庙学合一的体制，为后世和其他地方所效仿，因此有“天下之有学自吴郡始”的说法。苏州庙学后来被多次增修扩建，占地极广。到全盛时，除殿堂和祠庙外，还有讲堂、学舍、考房、斋室并间以假山、水池、小桥、亭台等园林建筑，规模居东南诸学宫之首。从宋代到清代，苏州文庙府学布局日臻完善，形成了以两条中轴线为标志的两大建筑群体。大成殿是文庙的主体建筑，目前的大成殿建于1141年，明朝中期苏州知府况钟重修，是现在保存最完整的古建筑。棂星门建于1322年，明成化年间重修。戟门是明成化年间重建，清代大修。现有的建筑大都是1864年重建的。清末废除科举制度后，文庙便逐渐荒废。目前占地面积约1.78万平方米，仅为全盛时的六分之一，但仍然保持着东庙西学、两轴并列的格局。东庙现仅存戟门、大成殿和崇圣祠，西学也只有有泮池、七星池和明伦堂一带尚属完整。

中岳庙 位于河南省登封市嵩山东麓，是道教著名宫观。始建于秦，前110年汉武帝游嵩山时令祠官增其旧制，公元118年增建“太室阙”。南北朝期间曾三迁庙址，最后至今址，定名中岳庙，从此由道教管理。唐代中岳庙得到了进一步发展。武则天于696年登嵩山封中岳时，加封中岳神，改嵩阳县为登封县。唐玄宗李隆基仿照汉武帝故事，对中岳庙大加整饰，扩建殿宇，是中岳庙的鼎盛时期。宋太祖金妆神像，岳神的冠戴衣着沿袭至今。元末庙宇倒塌严重。明清两朝对中岳庙又多次整修，特别是乾隆时按照北京清宫的建造方法，对中岳庙作了一次大规模的全面整修。中岳庙历经二千多年的沧海桑田，风吹雨打，经过很多代人不懈地修建，才得以完好地保存到现在。

白马寺 位于河南省洛阳老城以东十二公里处，北依邙山，南临洛河。创建于公元68年，是佛教传入中国后兴建的第一座寺院。白马寺自建立后，便成为中国佛教的传播中心之一。摄摩腾和竺法兰在这里翻译出了第一部汉语佛经《四十二章经》，后来另一位天竺僧人昙柯迦罗又译出了第一部汉文佛律《僧祇戒心》,历朝历代也有许多西域和其他国家的僧侣来此览经求法。北魏时期,洛阳诸寺中,白马寺的香火最为隆盛。唐武则天任命她的男宠薛怀义为白马寺的住持,并在685年大规模扩建寺院。这时的白马寺发展到了历史上的顶峰,建筑宏伟,有僧众千余人,并吸引各国的佛教徒前来朝拜。此后白马寺几经兴废,1555年和1713年两次重修,奠定了今日的格局。民国时,白马寺逐渐冷落萧条,残败破乱。"文化大革命"期间,白马寺遭受巨大破坏,几乎被毁。1972年为接待柬埔寨西哈努克亲王而进行了修复。1983年起,白马寺被公布为全国佛教重点寺院,恢复了它的宗教用途。

少林寺 又名"僧人寺",是位于河南省登封市嵩山五乳峰下的一座佛寺。少林寺创建于495年,北魏孝文帝为安顿来中国传授小乘佛教的印度僧人"跋陀",在少室山为佛陀立寺。北周武帝下令禁止佛、道二教流传,少林寺遭毁。580年,北周静帝恢复少林寺,将其更名为"陟岵寺"。隋文帝即位后,重视佛教,复改"陟岵寺"为"少林寺",并赐土地一百顷。唐高宗、武则天时期,经常到少林寺游幸,少林寺拥有土地一万四千多亩,僧徒达二千多人,甚为兴盛。元代创建了钟楼、鼓楼、增修廊庑库厨等。明代,少林寺的殿宇楼阁屡经修葺,并有所增建。清初,康熙皇帝曾亲自为山门及大雄宝殿书写匾额,雍正时重建山门,重修千佛殿。乾隆皇帝曾亲临少林,写下众多诗词、匾额。清末民国时期,"少林寺"屡遭战火之灾。"文化大革命"时期,少林寺又遭破坏。"文化大革命"后,少林寺修缮重建,现存建筑当中,包括著名的大雄宝殿、达摩面壁石等均属仿古重建建筑,但一些地方如练武场、塔林部分石刻仍属原物遗存。

寒山寺 又称枫桥寺,在苏州市阊门外枫桥镇。传始建于南朝梁武帝天监年间，初名“妙利普明塔院”。唐贞观年间，传说当时的名僧寒山和拾得从天台山来此作住持，遂改名寒山寺。寒山寺因唐朝诗人张继的《枫桥夜泊》而闻名中外。宋太平兴国初年，节度使孙承佑建七层浮屠。嘉祐中改称“普明禅院”。绍兴四年僧法迁重建，仍称枫桥寺。寒山寺曾多次遭到焚毁。明朝洪武、永乐、嘉靖、万历各帝都重修寒山寺。嘉靖年间，僧本寂铸大铜钟和钟楼。现寒山寺殿宇大多为清代建筑，主要有大雄宝殿、藏经楼、钟楼、碑廊、枫江楼、霜钟阁等，佛像雕塑别具一格，碑刻艺术天下闻名。民国间，军阀混战，寒山寺香烟稀少，门庭冷落。1949 年后多次进行修复，寒山寺再次成为苏州地区旅游热点。

碧云寺　位于北京海淀区香山东麓，原静宜园北部。据传是 1331 年元代开国元勋耶律楚材的后代耶律阿勒弥住宅改建而成，当时叫碧云庵。1516 年，以佞幸得宠的御马监太监于经相中了这块风水宝地，利用税收和从皇帝处所得钱财扩建了碧云寺，并立冢域于寺后，又在冢上种植了青松作为死后葬身之所。据说这种做法叫做“青松压顶”，实际上也是墓葬的一种标记。大概是因为有过这样一段历史，当地的人们都把这座寺称为“于公寺”。后来于经下狱瘐死，葬身碧云寺的愿望也落空。1623 年，魏忠贤再度扩建碧云寺，又在于经墓圹基础上加工扩建，作为自己死后墓地。但五年后魏忠贤也获罪，墓穴遂废。经过这两次扩建，富有明代建筑特点的碧云寺业已成形。清代，绮丽壮观的碧云寺吸引了清帝王和后妃们。1748 年，清廷对寺宇重加修葺，并按西僧所贡奉的图样，建起了金刚宝座塔，同时新建了行宫和罗汉堂，对其他殿宇无大变动。因此该寺建筑和文物基本保留了明代风格。

卧佛寺　位于北京西山北的寿牛山南麓、香山东侧，距市区三十公里。卧佛寺始建于唐代,当时名兜率寺。之后历代都有修建,寺名也随之变化。先是元代对卧佛寺进行了大规模修建,名为寿安寺、昭孝寺、洪庆寺。明代,改名寿安禅寺、永安寺,历经宣德、正统、成化、嘉靖、万历等朝五次大的修建,卧佛寺的规模趋于完整。其中,1482年,明宪宗还在寺前建起了一座如来宝塔,塔高六丈九尺,阔五丈四尺,深三丈五尺。塔内藏有舍利。同时,还将香山乡民谢真等户纳地五顷二十亩,赐与寿安寺如来宝塔供奉香火。1734年,清世宗赐卧佛寺名为十方普觉寺,御制碑文言:“此七宝床上古佛,现前丈六金身,盖覆大地,占断三际,不往不来,岂非一佛卧游十方普觉欤?”乾隆年间,又对卧佛寺进行了大修。香檀卧佛之殿改为三世佛殿。新建了西路行宫院和琉璃牌坊,成为现在看到的格局。

大昭寺 又名“祖拉康”、“觉康”(藏语意为佛殿),位于西藏拉萨老城区中心,是一座藏传佛教寺院。始建于吐蕃王朝鼎盛时期,是藏王松赞干布为纪念尺尊公主入藏而建,以供奉一尊明久多吉佛像,即释迦牟尼十二岁的等身像。大昭寺建造时曾以山羊驮土,因而最初的佛殿曾被命名为“羊土神变寺”。之后寺院历经扩建。1409年,格鲁教派创始人宗喀巴大师为歌颂释迦牟尼的功德,召集藏传佛教各派僧众,在寺院举行了传昭大法会,寺院遂改名为大昭寺。清朝时,大昭寺曾被称为“伊克昭庙”。公元七世纪后期,由信奉原始宗教苯教的贵族大臣发起的第一次禁佛运动,以及公元九世纪中期,由朗达玛发起的第二次禁佛运动,使大昭寺或沦为屠宰场,或遭到封闭。大昭寺目前占地25100余平方米,是西藏重大佛事活动的中心。五世达赖喇嘛建立“甘丹颇章”政权后,“噶厦”政府的机构便设于寺内,主要集中在庭院上方的两层楼周围。许多重大的政治、宗教活动，如“金瓶掣签”等都在这里进行。

大相国寺 位于河南省开封市中心，是著名的佛教寺院，始建于555年。据传，此地原是战国四公子之一的魏信陵君故邸，后改为信陵君庙，建“相国寺”后，在该庙后殿奉祀信陵君神位。712年，唐睿宗为纪念自己以相王的身份登基大宝，赐名“大相国寺”。北宋，大相国寺的地位和规模达到鼎盛，辖六十四禅、律院，占地五百四十亩，僧众数千人，不但是全国的佛教中心，也是各地商人在京城开封的商品集散中心。1642年，全寺建筑毁于黄河泛滥。1661年和1766年，清帝下诏两次重修，乾隆皇帝亲题“敕建相国寺”匾额。1841年黄河决口，大相国寺再遭厄运，损毁严重。1927年冯玉祥军队捣毁除千手观音外的所有佛像，并改成市场。大相国寺自1992年起恢复佛事活动，并复建了钟鼓楼、放生池、山门殿、牌坊等建筑。目前保存有天王殿、大雄宝殿、八角琉璃殿、藏经楼、千手千眼佛等殿宇古迹。

莫高窟 俗称千佛洞，坐落在河西走廊西端的甘肃省敦煌市，以精美的壁画和塑像闻名于世。始建于十六国的前秦时期，历经十六国、北朝、隋、唐、五代、西夏、元等历代的兴建，形成巨大的规模，有洞窟七百三十五个，分为南北两区，雕塑与壁画融为一体，壁画四万五千平方米、泥质彩塑二千四百一十五尊，是世界上现存规模最大、内容最丰富的佛教艺术地。据唐《李克让重修莫高窟佛龛碑》记载，前秦建元二年（366年），僧人乐僔路经此山，忽见金光闪耀，如现万佛，于是便在岩壁上开凿了第一个洞窟。此后法良禅师等又继续在此建洞修禅，称为“漠高窟”，意为“沙漠的高处”。后世因“漠”与“莫”通用，便改称为“莫高窟”。北魏、西魏和北周时，统治者崇信佛教,石窟建造得到王公贵族们的支持,发展较快。隋唐时期,随着丝绸之路的繁荣,莫高窟更是兴盛,在武则天时有洞窟千余个。安史之乱后,敦煌先后由吐蕃和归义军占领,但造像活动未受太大影响。北宋、西夏和元代,莫高窟渐趋衰落,仅以重修前朝窟室为主,新建极少。元朝以后,随着丝绸之路的废弃，莫高窟也停止了兴建并逐渐湮没于世人的视野中。光绪二十六年(1900 年)因藏经洞敦煌遗书的发现而震惊世界，对中国古代文献的补遗和校勘有极为重要的研究价值。

麦积山石窟　位于甘肃省天水市麦积区，山高 142 米,因形似麦垛而得名。始建于后秦(384—417 年),大兴于北魏明元帝、太武帝时期,孝文帝太和元年后又有所发展。西魏文帝皇后乙弗死后,在这里开凿麦积崖为龛而埋葬。北周秦州大都督李允信为亡父建造七佛阁,隋文帝仁寿元年在麦积山建塔"敕葬神尼舍利",后经唐、五代、宋、元、明、清各代不断的开凿扩建,逐渐成为中国著名的石窟群之一。麦积山石窟建造在二三十米至七八十米高的悬崖峭壁之上,石窟的形制是中国民族建筑的传统形式,方形、平顶、前壁开门、两侧开龛,房屋建筑为崖阁式,龛窟之间用架在崖面上的凌空栈道相连接。《太平广记》记载说,"其青云之半,峭壁之间,镌石成佛,万龛千室,虽自人力,疑是神功",盛赞麦积山石窟的规模和建造的艰难。734 年因强烈地震,石窟崖面中部塌毁,窟群分为东、西崖两个部分。至今尚保存各代洞窟一百九十四个，泥塑像、石雕像七千余件,壁画千余平方米,素有"东方雕塑陈列馆"美誉。同时它是中国唯一保存完整的北朝造像体系的石窟，也是唯一能比较全面反映北魏至明清时期中国泥塑艺术演变历史的石窟。

云冈石窟　位于山西省大同市西武周山南麓。石窟依山开凿，由东至西，长约一公里，现存洞窑五十三个，石雕造像五万一千余尊。石窟始凿于北魏兴安二年(453年)，大部分完成于北魏迁都洛阳之前(494年)，造像工程则一直延续到正光年间。北魏初期，建都平城(今大同东北)，崇信佛教，后太武帝听信司徒崔浩建议，焚毁佛寺，强迫僧人还俗，即佛教史籍所谓“太武灭法”。文成帝即位后，恢复佛教地位，于453年命高僧昙曜主持开凿石窟，即有名之昙曜五窟。以后继续开凿镌像，直至495年迁都洛阳前，始基本完工。在雕造技艺上，继承和发展了我国秦汉时代雕刻艺术的优秀传统，又吸取和融合了印度犍陀罗艺术的有益成分，创造出具有独特风格的艺术品，在我国雕塑史上留下了重要的一页，被誉为中国美术史上的奇迹。一千五百年来，由于各种自然、人为因素的影响，石窟毁损较为严重。1949年以后，对云冈石窟进行了多次大规模的维修，使古老的艺术宝库得到了妥善的保护。

龙门石窟 位于河南洛阳市南郊伊河两岸的龙门山与香山上。始建于北魏太和年间，在东魏、北齐、隋、唐、五代、北宋、明都有修复和续作，其中以北魏和唐代的开凿活动规模最大，各个时期的窟龛造像交错分布，南北长达1公里。龙门石窟分为西山石窟和东山石窟。西山石窟中最具有代表性的是建于北魏时期的古阳洞、宾阳洞，以及建于隋唐时的潜溪寺、万佛洞、奉先寺、净土堂、龙花寺等。东山石窟开凿的时代大致从唐武周时期至宋代，其中建于武周和盛唐的有莲花洞、大万五佛洞、擂鼓台三洞、看经寺等。唐武宗灭佛，使龙门石窟蒙难。清末和民国时，石窟造像被盗严重，许多头像、碑刻、浮雕被日本、美国的文物商人收购。至今存有窟龛二千三百四十五个，造像十万余尊，佛塔四十余座，碑刻题记二千八百余品，为研究我国古代历史及艺术提供了极为重要的资料，是举世闻名的石刻艺术宝库。

5.著名遗址

万里长城 是古代中原王朝为抵御不同时期塞北游牧民族侵袭而修筑的规模浩大的军事工程的统称。长城的修筑始于春秋战国时代，尤以秦、汉、明时期的规模最大。前214年，秦始皇攻击匈奴占据河套，并将秦、赵、燕各国修筑的旧城墙连接起来，从临洮到辽东绵延万里，从此始有"万里长城"之称。西汉继续进行修建，从高祖到宣帝年间，先后筑成了一条东起今朝鲜清川江北岸，中经阴山和河西走廊，西达新疆罗布泊，全长约5272公里的长城。北朝的北魏、东魏、北齐、北周对长城进行了修筑与增建，其中以北齐年间修建规模最大。隋长城在前代基础上，将东起紫河，经朔方、灵武直至榆谷以东的长城、筑垒基本连成一线。辽朝为防御高丽、女真，金朝为防御蒙古高原诸游牧部落，大筑长城。金朝所修长城，史称金界壕或金边堡。明朝从洪武至万历年间，经过先后二十次大规模的修建，在累计二百年时间内筑成了一条西起甘肃嘉峪关，东至山海关，全长6350公里的长城。现在所见到的长城主要是汉长城和明长城。长城是我国古代劳动人民创造的伟大的奇迹，也是中国悠久历史的见证。

居庸关 位于距北京市区五十余公里外的昌平区境内，是长城的一座关隘，与附近的八达岭长城同为北京西北方的重要屏障。《淮南子》就有关于居庸的记载："天下九塞，居庸是其一。"相传秦始皇修筑长城时，将囚犯、士卒和强征来的民夫徙居于此，取"徙居庸徒"之意。居庸关的建设则始于汉代，当时亦只是作为郡县间的关口，并未纳入长城的建筑体制内。三国时代名西关，南北朝时，关城建筑又与长城连在一起。唐代有居庸关、蓟门关、军都关等名称。此后历唐、辽、金、元数朝，居庸峡谷都有关城之设。现存关城，始建于明洪武元年(1368 年)，系大将军徐达、副将军常遇春规划创建，明景泰初年及其后又屡经缮治。城垣东达翠屏山脊，西至金柜山巅，周长 4000 余米，南北月城及城楼、敌楼等配套设施齐备。关城内外还有衙署、庙宇、儒学等各种相关建筑设施。清末以后，居庸关关城建筑逐渐荒废，但雄伟的关城及众多的历史遗迹，却为人们了解中国古代军事文化敞开了一个窗口。

天坛 位于北京市东城区，是明清两朝帝王祭天、祈谷和祈雨的场所。中国古代有正式祭祀天地的传统，历史上的每一个皇帝都视其为一项非常重要的政治活动。北京天坛始建于 1420 年，历时十四年，与紫禁城同时建成，名天地坛。1530 年改为天地分祀，在天坛建圜丘坛，专用来祭天，另在北郊建方泽坛祭地，原来合祀天地的大祀殿，逐渐废而不用。1540 年，又将原大祀殿改为大享殿，圆形建筑从此开始。清沿袭明制，乾隆时期，天坛也大兴工程。目前的主体建筑除祈年门和皇穹宇是明代建筑外，其余都是清代所建。1747 年，改建天坛内外墙垣，不用檐柱，更加厚重，周延十余里，成为极壮丽的景观，形成现在天坛公园的格局。天坛的主要建筑祈年殿、皇穹宇、圜丘等也均在此时改建，并一直留存至今。1860 年和 1900 年天坛先后被英法联军和八国联军占据，所有的陈设和祭器几乎都被他们席卷而去。八国联军甚至在圜丘坛上架设大炮，攻击正阳门和紫禁城。民国政府建立后宣布，天坛不再进行任何祭祀活动。1918 年起辟为公园，正式对民众开放。目前园内古柏葱郁，是一座大型园林。

都江堰 位于四川省灌县城西岷江上游处。由鱼嘴、宝瓶口、飞沙堰三部分组成，是我国最古老的水利工程。都江堰始建于战国。秦蜀郡太守李冰建堰初期，都江堰名称叫“湔堋”，这是因为都江堰旁的玉垒山，秦汉以前叫“湔山”，而当时居住在那里的氐羌人把堰叫做“堋”，所以都江堰就叫“湔堋”。三国蜀汉时期，都江堰地区设置都安县，因县得名，都江堰称“都安堰”。同时，又叫“金堤”，这是突出鱼嘴分水堤的作用，用堤代堰作名称。唐代，都江堰改称为“楗尾堰”。因为当时用以筑堤的材料和办法，主要是“破竹为笼，圆径三尺，以石实中，累而壅水”，即用竹笼装石，称为“楗尾”。《宋史》中，第一次提到都江堰之名：“永康军岁治都江堰，笼石蛇决江遏水，以灌数郡田。”从宋代开始，把整个都江堰水利系统的工程概括起来，叫都江堰，才较为准确地代表了整个水利工程系统，一直沿用至今。两千多年来，都江堰滋润着两岸肥沃的土地，造福于天府，立下了不朽的功勋。怀着敬仰之情，人们在玉垒山下为李冰父子修了二王庙。

乐山大佛　位于四川省乐山市东凌云山西壁，岷江、大渡河、青衣江三水会合处，是四川比较早的一处佛教圣地。“山是一尊佛，佛是一座山”，乐山大佛是唐代凌云寺的海通和尚发起建造的。僧人海通看到山前江水奔腾，涛声如雷，时常覆舟，于是倡议凿山为佛，以镇水妖。大佛开凿于713年（唐开元元年），最后由川西节度使韦皋于803年（贞元十九年）完成，前后历时九十年。大佛背山面水，取坐相，双手抚膝，足踏大江，通高71米，头高14.7米，肩宽28米，足背上可围坐百余人，是世界上最大的石刻佛像。大佛刻成后曾通身彩绘，并建有十三层（一说七层）佛阁，名大佛阁，宋改名天宁阁，明末的战乱，被张献忠军焚毁。乐山大佛在一千多年的漫长岁月中，遭到各种各样自然的、人为的破坏，各个朝代都对它进行过维修。

明、清以来，大佛饱受风雨侵蚀，千疮百孔，面目全非。1962年，政府拨专款对佛像作全面维修。1982年2月被国务院列为全国重点文物保护单位。

华清池　亦名华清宫，位于陕西省临潼市，西距西安三十公里，南依骊山，北临渭水。原为温泉，周、秦、汉、隋、唐等历代帝王都在这里修建过行宫别苑，以资游幸。相传周幽王曾在这里修建离宫。秦始皇时以石筑室，名为"骊山汤"，汉武帝时扩建为离宫。唐代又数次增建。644年在此建汤泉宫，671年更名温泉宫，747年进行扩建，又改名华清宫。飞霜殿原是唐玄宗和杨贵妃的寝殿。每到冬季，利用温泉水在墙内循环制成暖气，每当雪花飘舞时，到了这里便落雪为霜，故名飞霜殿。白居易《长恨歌》就写道："春寒赐浴华清池，温泉水滑洗凝脂。侍儿扶起娇无力，始是新承恩泽时。"据记载，唐玄宗从开元二年到天宝十四载的四十一年时间里，先后来此达三十六次之多。安史之乱遭毁坏。后经历代战争，原来的建筑都已毁塌。现在的建筑都是按照历史记载的布局于1959年重建的，只占盛唐时的一小部分。

孔府　又称衍圣公府，位于山东省曲阜市，是世袭衍圣公的孔子后代居住的府第。孔府与曲阜孔庙、孔林合称"三孔"，为我国仅次于北京故宫的贵族府第，号称"天下第一家"。始建于1038年，在1377年、1503年及1522—1566年，孔府得到官府的支持，得以重建或扩建。孔府占地7.5万平方米，三路布局，中路前为官衙，有三堂六厅，后为内宅，有前上房、前后堂楼、配楼、后五间等，最后为花园。东路为东学，有家庙、慕恩堂等。西路为西学，有红萼轩、忠恕堂、安怀堂、南北花厅等。孔府建筑原有一百七十多座，五百六十余间，现存一百五十二座，四百八十间，其中大门、仪门、大堂、二堂、三堂、内宅门、前上房、迎恩门、家庙等是明代建筑，其他均为清代建筑。古建筑面积现存12740平方米。孔府保存许多珍贵的文物，历代帝王为显示对孔子的尊崇和对孔子嫡孙的优渥，不断给以赏赐。帝后墨宝、御制诗文、儒家典籍、礼器乐器、文房四宝，无所不赐，而孔子嫡孙也留意搜集历代法物，不断充实文物库藏。现在孔府仍保持着清末、民国初年的陈设。

杜甫草堂 在四川省成都市西郊浣花溪畔，是唐代大诗人杜甫旅蜀时故宅。759年冬天，杜甫为避“安史之乱”，携家由陇右（今甘肃东部）入蜀到成都。次年春，在友人的帮助下，在成都西郊风景如画的浣花溪畔修建茅屋居住。第二年春天，茅屋落成，称“成都草堂”。杜甫在此居住近四年，作诗两百余首，名篇《茅屋为秋风所破歌》就是这个时期的作品。杜甫离开成都后，草堂便不存，五代前蜀时诗人韦庄寻得草堂遗址，重结茅屋，使之得以保存。今杜甫草堂是经宋、元、明、清多次修复而成。其中最大的两次重修，是1500年和1811年，基本上奠定了杜甫草堂的规模和布局，演变成一处建筑古朴典雅、园林清幽秀丽，集纪念祠堂格局和诗人旧居风貌为一体的著名文化圣地。

桃花源 在湖南省桃源县城西南十五公里水溪附近，传说因晋陶潜所作《桃花源记》而得名。该处依山面水，苍松翠竹，风景优美。自唐代以来人们在这里按照诗人描绘的“图样”，仿照《桃花源记》的意境苦心经营，留下了大量的古迹。像缆船洲、桃花溪、秦人古铜等等，堪称与诗文描绘一般无二。宋代以后，从沅江畔至桃花源上出现大量建筑群。明清两代，历经兴废，1892年进行修缮，增建亭阁。现存景观有集贤祠、桃花源、蹑风亭、方竹亭等。集贤祠始建于唐，原为靖节祠，供奉陶渊明塑像。宋以后增祀韩愈、苏轼、王安石等人，改名为集贤祠。此外，还有历代名家留下的题咏碑刻，以及古建筑群等遗迹。祠内壁上嵌有《桃花源记》石刻。蹑风亭为两层方亭，回廊环抱，造型美观。《桃源佳致》碑系唐刘禹锡手笔，原碑已毁，现存碑为清光绪十八年摹刻。

古隆中　在湖北省襄樊市襄阳城西隆中山东，据说诸葛亮曾在此隐居十年，习称"诸葛故居"。《舆地志》载，"隆中者，空中也。行其上空空然有声"，隆中因此得名。207年，刘备"三顾茅庐"，诸葛亮根据形势，提出整套战略方针，即流传千古的《隆中对》。现存景观有武侯祠、三顾堂、草庐亭、抱膝亭、梁父岩、六角井、小虹桥等处。武侯祠始建于明代，供奉诸葛亮塑像，两厢配殿供刘、关、张塑像。三顾堂由八字山门、碑廊与厅堂组成，为四合院式建筑。碑廊中有武侯像、《隆中对》《梁父吟》《前出师表》《后出师表》等名人碑刻。山门前有古柏，相传为当年刘、关、张系马处。堂后有草庐亭、六角井，传说均系当年故宅旧物。

黄冈赤壁　亦称东坡赤壁，位于湖北黄冈市（古黄州城）城西门外的长江之滨。这是一座红褐色的石崖，临江下垂，形如悬笔，故称赤笔山，又因它赤色崖石屹立如壁，又称为赤壁。1080年，苏轼贬官到黄州，很快喜欢上了风景秀丽的赤壁。苏轼在赤壁山上远眺长江，浮想联翩，既向往着古代风流人物的功业，又为自己的无可奈何感到悲哀，于是写下千古名作《念奴娇·赤壁怀古》，并两次泛舟赤壁，写下《前赤壁赋》和《后赤壁赋》。一词二赋的独特艺术魅力，使黄州赤壁发出光彩，誉满天下。

十四、行旅交通

1.邮驿

邮驿 也称驿传,是国家兴办的通讯和接待系统。具体说,就是在水陆交通线上,每隔一定距离修置一所馆舍,在其中配备一定数量的客房、伙食和出行的车马、船只,以及专门的差役人员,兼有现代军队系统兵站和地方政府招待所以及邮政和机要通讯站的功能。早在殷商时代,就有了邮驿的设置。周代邮驿得到普遍应用,设有"遗人"、"野庐氏"等官专司其事。汉代邮驿系统随着集权的强化和边域的开拓而变得更为完备。基层的邮驿机构,可分为邮、传、驿、置、亭等。大致以车送称为传,步递称为邮,马递称驿,驿传中间停驻之站称为置,步递停留之处称为亭。唐朝邮驿设置遍于全国,分为陆驿、水驿、水陆兼办三种,驿站设有驿卒。宋朝驿卒由兵卒担任,规模不如唐朝。辽代,中京大定府至东京辽阳府之间设置了驿站,有十四处驿馆。金代则在上京会宁府至燕京之间,沿辽西傍海道设置了驿站,统属兵部领导。驿站按照朝廷所规定的标准供应过往官员的食宿和车马。元代,强化了驿站制度,这时驿站也叫"站赤"。明代除开通沈阳至旅顺的驿站外,在其他干线道路上均设置了驿站。明末崇祯帝曾在大臣建议下废除驿站,导致大量驿站人员失业,成为流民。驿站管理至清代已臻于完善,并且管理极严。到了清代末期，文报局设立以后，废除了驿站，以后又设邮政，而文报局也逐渐废止。现存的驿站遗址仅有孟城驿、鸡鸣山驿两处，均属明代。鸡鸣山驿在河北怀来，是我国仅存的一座较完整的驿城。

邮书传递 汉代邮书的传递，就其所用的交通工具而言可分为步递、马递、车递和船递，而以前三种最普遍。其具体方式，又可分为“以邮行”“以次行”“以亭行”“驰行”和“轻足行”等。“以邮行”就是通过邮亭传递的文书。这些文书一般是传送距离较远的重要文书，在甘肃等地多以驿马、传马传递。“驰行”是用车马快速传递，而以吏乘快马传递的又叫做“吏马驰行”，多用于边郡紧急文书。传马和驿马在传递文书时按官职高低、任务轻重和时间缓迫分为不同的等级：四马高足（好马）称“置传”，四马中足称“驰传”，四马下足称“乘传”，一车二马的为“轺传”，急事骑一马称“乘”。在个别情况下，传车马匹可超过规定，最多的达七乘传。使用驿传需持政府颁发的一尺五寸长的木传信，封以御史大夫印章，依封印的多少定使用车马的等级。“以次行”就是以候官或候长所居传递，这种文书或许是都尉府通告各候官、候官通告各候长的文书，并非各燧亭都要停留。“以次行”所投递的文书，一般多以人步行投送。“以亭行”的文书则系都尉府、候官、候长通告各亭的文书，故依亭逐个传递。这类文书传送的距离较近，一般也以人步行投送。“以轻足行”即用善于行走者步行传递，只适用于近距离传递。

站赤 亦称站驿、驿站，元代驿传的名称。成吉思汗时，仿中原驿传制度，开通到中原和西域的驿路。元代，全国遍设驿站，有陆站和水站之分，陆站又有用马、牛、驴、车、轿和徒步之别，辽东尚有用狗者，称为狗站，水站则用船。漠北、漠南设蒙古站赤，中原及江南驿站称汉站。元世祖时朝廷在乌斯藏、朵甘思、朵思麻等三道设置有大驿站二十八处，小驿站七处。其中在属今甘青境内的朵思麻地区设有七处大驿站，青海遂成大都通往西藏的必经地区。元代站赤沟通了全国各地交通联系，促进了各族人民之间的经济文化交流和边疆地区的社会发展。

军台　清代设置传递军报的机构。清制，除全国腹地设有相当数量的驿所外，通向沿边地区专司军报的是站、塘、台。每站设笔帖式或蒙古章京，统于将军或理藩院；甘肃嘉峪关口外设“塘”，每塘派千总、把总管理，而由特设的都司或守备督率之；西北设“军台”，每台派章京或笔帖式管理，受当地的都统或将军、大臣统辖。例如喜峰口章京所属蒙古站十六，古北口章京所属蒙古站十等；阿尔泰军台都统所属军台四十四，库伦大臣所属军台二十五等。从《古今图书集成·方舆汇编》中可以看到军台遍布在西北广大地区。清末已不多见。

急递铺　简称递铺，宋元明清时传送官方公文的邮驿。中国的急递铺制度，创始于宋，昌盛于元。金代，为了适应军事需要，加强通信联络，于是效仿宋皇朝在辽宁地区建有递铺。递铺一般建在有驻军的主要交通线附近，好像一个方形的小堡，四角插着黑旗。铺与铺之间的距离一般在十里左右，每部有四人，管理非常严密，具有军事性质。这时的递铺和驿站归朝廷统属，兵部领导。元代急递铺与站赤并行，是全国性的官方通信组织。元制十里或十五里、二十五里设一急递铺，有铺司一人及铺兵若干人。紧要公文，随到随送，一般公文按所投下处分类装封，交铺传递。元代急递铺程限，一般为每昼夜行程四百里，急件五百里，传递极为迅捷。明代青海境内西宁至冰沟口共设有十四处急递铺，分别为在城铺、洪水铺、石硖铺、土山子湾铺、迭烈逊铺、杨铺、马哈剌铺、碾伯铺、东琴木赤铺、白崖子铺、甜水铺、山岭铺、冰沟铺及冰沟口铺。清初沿袭元明旧制，用以传递公文。凡州县往来公文，都由铺递传送。盛京的铺递遍布全区。至乾隆年间青海境内急递铺大部废去，惟存西宁在城铺。

递运所 明官署名。洪武九年(1376年)始置的运递官方物资及军需的机构。它的设置，使货物运输有了专门的组织。明初，常以卫所戍守兵士传送军囚，太祖因其有妨练习守御，乃命兵部置各处递运所，设大使主管。陆运的递运所，每所备有一定数量的车辆。大车能载米十石，有车夫三名，牛三头；小车有车夫一名，牛一头。水路的递运所，每所备有一定数量的船只，用红油漆涂船身，并置木牌一面，写明船只的字号、料数、水夫姓名，以及船上橹柁篷索等。每船有船夫十至十三名。明代陆路运输，基本上是采取定点和接力的方法。因此，递运所除担负驻地指定运输路线的任务外，还要做好海、河运输的集散工作，清初沿用。

民邮机构 我国古代，私人物品和信件的传送，有的是利用官方的驿站，有的是私人遣人专送。大约在唐朝的时候，长安、洛阳之间就有了专门为商人服务的“驿驴”。当时还有一种叫飞钱的办法，就是各地商人可以把在长安贩卖货物挣的钱存入各地方官府驻长安的机构，携券到其他地区的指定地方取钱。明朝初年，在西南地区出现了叫“麻乡约”的民邮机构。到了明朝永乐年间，民间出现了专业民邮机构——民信局。民信局的出现是民间贸易、民间交往日益发展的必然结果。具有现代意义的邮政局——大清邮政是于1896年正式成立的，由英国人赫德统管。在帝国主义的排挤、压制下，我国的民邮组织逐渐被削弱了，并最终于1935年停办。中华人民共和国成立后，邮政事业才真正获得了新生，如今邮政事业已遍布广大城乡地区。

会同馆　古代在都城设置负责管理驿传和接待宾客的机构，具有驿馆的功能。汉以后的鸿胪寺即专司其职的衙署，金代名四方馆，元代改为隶属礼部的会同馆。明代会同馆属兵部。《明史·职官志一》载："（兵部）所辖，会同馆大使一人，正九品，副使二人，从九品。"可见，会同馆掌京师驿传事务，有大使、副使等。明朝在北京、南京设置会同馆，负责招待各王府、外国使臣等，其中北京设馆六所，南京设馆三所，有大使一员、副使二员总理馆务。凡各王府差遣人员和各国使臣，以及云贵等处土官，都在北馆安置；凡朝鲜、日本、安南等国使臣都在南安置。会同馆有马驴、铺陈、什物和上百名馆夫供应接待工作。清沿明制，于兵部侍郎内选派，兼司提领。另设满汉监督各一人，由兵部堂官于司员内选派。会同馆虽然不是行政衙门，也不是一种很重要的建筑类型，但却是皇都机制的一个重要组成部分，承载着发展对外关系的功能。《清史稿·职官志一》载："顺治元年，会同四译分设二馆。会同馆隶礼部，以主客司主事满汉一人提督之。"

2.交通

（1）交通工具

辇　用人力推挽的车。《说文》："辇，挽车也。"清段玉裁注："谓人挽以行之车也。"后来主要指宫廷中所用的轻软车，又称辂车。《诗经·小雅·黍苗》："我任我辇，我车我牛。"据宋朱熹集注，"任"就是"负任"，即牵挽。早在夏代就有了关于辇的记载。据《通典·典礼》："夏氏末代制辇，秦以为人君之乘，汉因之。"辇出现后，最初卿大夫亦乘辇，但秦汉以来，则主要为君后所乘的车。如帝辇、凤辇。唐慧琳《一切经音义》卷二十七："古者卿大夫亦乘辇，自汉以来天子乘之。"

骑马　战国以前，马专用于拉车，而不供乘骑。《左传》昭公二十五年载："左师展将以公乘马而归。"唐孔颖达疏："古者服牛乘马，马以驾车，不单骑也。至六国之时始有单骑，苏秦所云'车千乘，骑万匹'是也。"孔疏又引用刘炫的话，认为左师展"欲共公单骑而归"，是"骑马之渐（开端）也"。春秋时可能有骑马的事，但那是在特殊情况下的个别例子。直到战国时，赵武灵王"胡服骑射"，从北方少数民族匈奴学来了骑马作战的方式，此后骑马之风才逐渐兴盛起来。

独轮车　又称鹿车、辘轳车、羊角车，就是一个人推挽的一个轮子的车子。根据汉画像砖和文献记载，独轮车的发明时间可上推到西汉。四川成都杨子珊汉墓的画像石，四川渠县燕家村、蒲家湾的汉代石阙，上面都有独轮车的形象。《后汉书·赵熹传》载，在更始帝败后，赵熹从长安逃出，"以泥涂（韩）仲伯妇面，载以鹿车，身自推之。"注引《风俗通义》曰："俗说鹿车窄小，载容一鹿。"此为王莽新时事。宋高承《事物纪原》将造独轮车之功归于诸葛亮，称《三国志·蜀志·诸葛亮传》"亮长于巧思，损益连弩，木牛流马，皆出其意"中的木牛流马即独轮车。然而，木牛流马究竟是什么样子，人言各殊，难以考信。且东汉时鹿车之用屡见记载，则不必将独轮车之创制归于诸葛亮。三国以后，独轮车被广泛使用。宋应星在《天工开物》中描绘并记述了南北方独轮车之驾法："北方独轮车，人推其后，驴曳其前；南方独轮车，仅视一人之力而推之。"明末清初还传到了欧洲，它比欧洲早了十个世纪。独轮车至今还在一些农村地区使用，四川称之为"鸡公车"，江南称之为"羊角车”。独轮车的发明是我国科技史中的一件大事，也是交通运输史上一项十分重要的发明。

马车 用马挽拉的车子，或载人，或运货物，是我国古代最为重要的交通工具之一。起源很早，安阳殷墟的考古发掘表明，在商代晚期已使用双轮马车。殷代的“乘马”就是马车。《荀子·解蔽》：“乘杜作乘马。”据近人考证，“乘杜”即“相土”，是殷人的先王。马车以驾马行驶，而车厢较小，供贵族乘坐，也叫轻车或戎车。以单辕为主，且多为曲壮辕。车厢多用舆制，上张伞盖，一般以乘人为主。先秦时期用以作战。《司马法·严位》载：“凡马车坚，甲兵利。”马车是秦汉时期的主要车之一。发展到汉代，小车的制作就相当精致，种类比较多，使用的范围也扩大了。《后汉书·舆服志上》：“贾人不得乘马车。”这时也就有了等级划分上的含意。此后历代均有使用，只是在样式上有所改革。近代以来，马车逐渐被汽车、火车等交通工具所替代，唯有农村地区还在使用。

牛车 亦称方舆车，为秦汉时代主要车之一。我国使用牛车的历史悠久，《周易·系辞下》载：“服牛乘马，引重致远，以利天下。”牛能负重，但速度慢，所以牛车一般用来运载货物而不载人。在很长一个时期，牛车被认为是低贱的。先秦时贵者用马车，庶民用牛车的风气秦汉犹存。《史记·平准书》载：“汉兴，接秦之弊，丈夫从军旅，老弱转粮饷，作业剧而财匮，自天子不能具钧驷，而将相或乘牛车。”西汉初年物资极为匮乏，将相乘牛车，是不得已的事。尤其是到汉末，历经长期战乱，马匹大量减少，牛车在车辆中的数量优势便十分显著，甚至宫廷车和官车也大量使用。但魏晋之后，乘牛车在一个时期里变得非常时髦，一些贵族、名士都讲究乘牛车。当时连皇宫里也养牛，形成风气。唐宋时，仍有乘坐牛车的习惯。不过从整个古代来看,牛车主要还是作为货车使用。

战车　秦汉以前用于战斗的马拉车辆。其种类很多,有轻车、冲车和戎车。我国用战车作战始于殷代,盛行于春秋战国。战车最早在夏王启指挥的甘之战中就有使用。以后战争的规模越来越大,战车成为战争的主力和衡量一个国家实力的标准。战车的单位叫“乘”。一乘包括一辆车、四匹马,以及配属于这辆车的若干名战士。到了春秋时期出现了“千乘之国”“万乘之国”。春秋时代,战车一乘配置甲士三人,步卒七十二人,后来数量有所变化。战斗时,战车用于冲击敌阵,行军时用来运载粮草,驻军时则用来结阵扎营。战车一般为独辀(辕)、两轮、方形车舆(车厢),驾四匹马或两匹马。车上有甲士三人,中间一人负责驾车称为“御者”,左边一人负责远距离射击称为“射”或“多射”,右边一人负责近距离的短兵格斗称为“戎右”。到了汉代,随着骑兵的兴起,战车逐渐退出了战争舞台。

轿子　一种靠人抬或用畜拉而行、供人乘坐的交通工具。有顶,四周有帐幔,车厢形状像轿子,故名。据史书记载,轿子的雏形产生于夏朝初期。以后历代相袭,又因时代、地区、形制的不同而有不同的名称,如肩舆、檐子、眠桥等。唐朝及以前的时候,乘轿者多为皇室、女性、老弱官员。宋朝以后,坐轿之风更为盛行。徐扬作《乾隆南巡图》,画上有一种马拉轿车,两个车轮位于车厢尾部,形制很特殊。现代人所熟悉的轿子多系明、清以来沿袭使用的暖桥,又称帷桥。民间所用的轿子分素帷小轿和花轿两种,前者系一般妇女出门所用之物,后者则专用于婚嫁迎娶。近代以来,轿子先是被人力车,后被汽车逐步取代。除了少数险峻无道路的山地还在用抬椅、滑竿等运输外,轿子一般只用于旅游娱乐,以及婚礼、葬礼等传统仪式。

安车 一种通常用一匹马拉的、可以在车厢里坐乘的车子。上古乘车一般都是站立在车厢里，而安车则可以安坐，故名。安车，早在先秦时期已有使用。《礼记·曲礼上》载："大夫七十而致事(退休)……适四方，乘安车。"汉郑玄注："安车，坐乘，若今小车也。"官员告老，或征召德高望重的人，往往赐乘安车，这是一种优礼方式。安车多用一马，也有用四马的，那是表示特殊的礼遇。应劭《汉官仪》曰："天子有五色安车，皆驾四马。"《史记·儒林列传》："于是天子使使束帛加璧，安车驷马迎申公，弟子二人乘轺传从。"申公年高德劭，故汉武帝用驷马安车去征迎他；其弟子从行，却只能乘一马或二马拉的普通传车。可见，安车在汉代供地位较高的人使用，汉代以后已不多见。

传车 古代驿站称"传"，驿站专用的车子就叫"传车"，有时也省写作"传"。清朱骏声《说文通训定声·履部》载："车曰驲、曰传，马曰驿、曰遽。"传车用于传递消息、命令以及运送人员。先秦时已有使用，当时叫作"驲"。《左传》文公十六年载："楚子乘驲，会师于临品。"晋杜预注："驲，传车也。"到了秦汉时期亦有使用。《汉书·高帝纪下》："(田)横惧，乘传诣洛阳。"颜师古注："传者，若今之驿，古者以车，谓之传车。其后又单置马，谓之驿骑。"传车速度很快，有用四匹马拉的，也有用二匹马或一匹马拉的，有急事则乘四马传车。传车依照所驾马匹的数量和质量，分为"置传"、"驰传"、"乘传"、"轺传"。据《汉书·高帝纪下》颜师古注引如淳曰："律：四马高足(良马)为置传，四马中足(一般马)为驰传，四马下足(较差的马)为乘传，一马二马为轺传。"可见传车在以后的发展中马的数量多有变化。

辎车 古代一种四周设有帷幔的车子。帷幔可以遮蔽风雨，多用于运载货物，也可以用于载人，供寝卧。《字林》载:“辎,载衣物车,前后皆蔽,若今库车,有邸曰辎。无邸曰軿,軿车有衣蔽,无后辕。其有后辕者,谓之辎也。”《释名·释车》:“辎车,载辎重,卧息其中之车也。”辎重,指出行时携带的行李、物资,常常指部队行军时所随带的军械、粮草等军需物资。战国时期已有了辎车。《史记·穰侯列传》载:“于是秦昭王悟,乃免相国,令泾阳之属皆出关,就封邑。穰侯出关,辎车千乘有余。”汉代,辎车已多有使用。《汉书·韩安国传》载:“王恢、李息别从代主击辎重。”颜师古注:“辎,衣车也;重,谓载重物车也。故行者之资,总曰辎重。”在汉代,辎车载人比较普遍,多为妇女乘坐。《汉书·张敞传》:“礼,君母出门则乘辎軿而贱轺车,魏晋重轺车而贱辎軿。”可见乘坐軿车在汉代是地位的象征。而到魏晋时期,辎车的地位明显下降,逐渐被轺车等代替。

栈车 古代用竹木散材制作的比较简易的车子,其车厢用竹木条编成,比较轻便。周代已出现了栈车。《周礼·春官·巾车》:“士乘栈车,庶人乘役车。”《诗经·小雅·何草不黄》:“有栈之车,行彼道周。”一说栈车即役车。古代文献中有个“轏”字,就是栈车。到了春秋时期,栈车又有所发展。《左传》成公二年载:“(逢)丑父寝于车中,蛇出于其下,以肱击之,伤而匿之。”正因为栈车车厢是以竹木编的,有孔隙,所以蛇才能爬到车厢中来。之后,随着秦汉时期交通道路的扩展,栈车的使用日益广泛。它的式样和当时一种轻便的小型马车(即轺车)相似,但稍简陋,通常用以乘人。

槛车 用栅栏封闭的车。槛车最早出现于秦朝。据《史记·陈丞相世家》记载:“哙受诏,即反接载槛车,传诣长安 。”汉代扬雄《长杨赋序》载:“张罗网罝罘,捕熊罴豪猪、虎豹狖玃、狐兔麋鹿,载以槛车,输长杨射熊馆。”由此可见，槛车的用途不仅可以囚禁犯人，还可以装载猛兽。这种车辆上装有门锁，以加强防范，不使犯人、野兽逃逸。《汉书·张耳传》载："(贯高)乃槛车与(赵)王诣长安。"颜师古注："槛车者，车而为槛形，谓以板四周之，无所通见。"之后历代均有使用。刘禹锡的《三阁词》诗之四曰："三人出眢井，一身登槛车。"。清代钱谦益《通奉大夫湖广布政司左布政使王公墓碑》载："蜀之争功者，至于飞章抵谰，槛车逮系。"

辒辌车 古代的一种卧车，没有帐幔，上开窗子，可以根据气温开闭，使车内或温或凉，后来成了载运尸体之车的专名。秦朝已有使用。据《史记·李斯列传》载："李斯以为上(指秦始皇)在外崩，无真太子，故秘之。置始皇居辒辌车中，百官奏事上食如故。"裴骃集解引孟康曰："如衣车，有窗牖，闭之则温，开之则凉，故名之辒辌车也。"秦以后，辒辌车成为贵族皇室用以载人尸体之车的专名。《汉书·霍光传》："载光尸柩以辒辌车。"颜师古注："辒辌本安车也，可以卧息。后因载丧，饰以柳翣，故遂为丧车耳。辒者密闭，辌者旁开窗牖，各别一乘，随事为名。后人既专以载丧，又去其一，总为藩饰，而合二名呼之耳。"《北史·李穆传》："赐以石椁、前后部羽葆鼓吹、辒辌车，百僚送之郭外。"辽金时期也多有记载，如《辽史·礼志二》："奉柩出殿之西北门，就辒辌车，藉以素裀。"

轺车 古代一种轻便马车，用以载人。《说文》曰："轺车，小车也。"车厢四面敞露，中间树有车盖，一般用一匹马驾车，也有用两匹马的，行驶轻快，据说是由战车演变而来。轺车使用比较广泛，是一般人常用的车子。西汉时期就有了关于轺车的记载，《汉书·平帝纪》载："亲迎，立轺并马。"颜师古注引服虔曰："轺音，立乘小车也。并马，骊驾也。"这是用两匹马拉的轺车。《史记·季布栾布列传》

"朱家乃乘轺车之洛阳,见汝阴侯滕公。"司马贞索隐曰:"谓轻车,一马车也。"谢承《后汉书》曰:"许处,字子伯。家贫,为督邮,乘牛车,乡里号曰轺车督邮。"据《晋书·舆服志》说,"汉世贵辎軿(即辎车)而贱轺车,魏晋重轺车而贱辎軿。"《傅子》亦载:"汉世贱人乘轺,则贵人乘辎。"可见轺车在汉代出现时并未受到重视,而到了魏晋时期才以轺车为贵。隋唐时期轺车已多有记载,《隋书》载:"二千石四品已上及列侯皆给轺车"。《新唐书》载:"皇太子出入则乘轺车"。可见这时轺车更是作为身份的象征,乘坐的往往是皇室及诸侯之类。此后,轺车在宋、辽、金时均有记载,只是在驾马数量与人员上稍有不同。

舟 船的总称。我国造船的历史,大约与制车的历史同样悠久。相传夏朝就有舟,而且有一个以操舟出名的人叫"奡",《论语·宪问》"羿善射,奡荡舟"已载其名。商朝,舟已成为常用的交通工具,甲骨文中"舟"字就有好几种不同的写法。周人还懂得用舟来搭浮桥,叫"造舟为梁"。春秋战国时期舟楫更盛,船的种类也较多。春秋末叶吴与楚战,越与吴战,都动用了"舟师",而且还有舟师入海的记载。历秦汉魏晋南北朝,造船技术有了较大发展,船只的载重量比较大,速度也比较快,有些船可以航海。隋、唐、宋时期,造船技术很发达,战舰渡海作战也很平常。海外贸易也发展起来,唐宣宗时已有不少中国海船驶抵波斯湾。宋代海船已用指南针领航,这是人类科技史中的一件大事。明清时代船舶种类更加多样,明郑和七下西洋远达非洲东海岸,是我国航运史上空前的壮举,所造船舰更是代表了我国古代造船技术的最高成就。

筏 是用竹、木或牛、羊皮囊平摆着编扎成的水上交通工具。筏的由来,可引到悠远的古代。"伏羲始乘桴""方舟设泭,乘桴济河",这里的桴和泭都是指筏;泭也有"并木以渡”的意思,即把几根木头捆扎起来借以渡河。说明我们的祖先很早就造筏,以筏载物,乘筏渡河。筏,取材容易,稳定性好,不畏水浅流急,自产生以来,成为人们广泛使用的交通工具,并经过不断改进发展成各种筏船。依不同材质制成而有不同称别:竹制为竹筏,木制为木筏,牛羊皮囊制成的称皮筏等。筏的历史和人类本身的历史一样悠久。《墨子·杂守》载:“重五斤以上诸林木,渥水中,无过一筏。”唐代诗人杜甫的《奉送崔都水翁下峡》也有“无数涪江筏,鸣桡总发时”的诗句。筏以后历代均有使用。可以说流传至今,全世界各地仍能看见筏。筏在水上运输工具高度发展的今天,仍有广泛的使用价值。

楼船 船舱上建楼的叠层大船。楼船之名始出现于春秋战国时期的吴国、越国,楼船上设有楼船军。公元前525年,在吴楚长岸之战中,吴国即以大型楼船“余皇”,作为指挥舰。《汉书·严安传》说,秦始皇曾“使尉屠睢将楼船之士攻越”。楼船一名始见于西汉。《史记·平准书》载,汉武帝时,“越欲与汉用船战逐,乃大修昆明池,列观环之,治楼船,高十余丈,旗帜加其上,甚壮”。西汉时期,楼船开始成为主力战舰,为主帅所乘,船上可容兵员数十至数百名,因此汉代将军中有统帅水军的楼船将军,水军亦称楼船士。在汉武帝发兵灭南越、朝鲜等战争中,楼船都发挥了重要的作用。三国至南北朝时期,楼船仍普遍运用在水战中,其中东吴所造的楼船如:“飞云”“盖海”等,皆有五层,可载三千名士兵。西晋泰始八年(272年)晋武帝升王浚为益州刺史,并密命其于四川建造楼船,以灭东吴,其所造之船,最大的可载二千多人,且能在船上驰马往来。五代十国时期,南方诸国设有楼船指挥使一职,闽王王延钧从子王仁达即曾任此职。宋代以后,楼船仍为军事装备,但重要性已大不如前。

漕船　亦称“回船”“荷物船”“运漕船”，指装运粮食用于水运的船只。《新唐书·张万福传》载：“万福因驰至涡口，驻马于岸，悉发漕船相衔进，贼兵倚岸熟视不敢动。”宋代多用漕船运输。《梦溪笔谈·官政二》：“运舟旧法，舟载米不过三百石，(真州)闸成，始为四百石。其后所载浸多，官船至七百石。”明代以前的漕船种类非常繁杂，不论是内河漕船，还是扬帆于海的漕船，只要是底平舱浅、吃水不深、装载量多、运输快捷的船只，都可以作为漕船运粮。明代的漕船有两种：一是供海运的遮阳船，一是供河运的浅船。清代亦有用漕船的情况，清方苞的《送左未生南归序》：“未生自燕南附漕船东下，至淮阴，始知《南山集》祸作。”据《大清会典事例》统计，嘉庆十七年(1812年)，有漕船六千二百四十二只，可见其规模已相当庞大。

羊皮筏　用多个羊皮囊编于竹木架上做成的水上运输工具。三代时，古人往往用完整地剥下仅在颈部留口的羊皮囊(唐代以后称之为“浑脱”)装酒或其他饮料，因其置于几上形如蹲着的猫头鹰(鸱)，而称为“鸱夷”。羊皮(或牛马皮)囊吹了气扎住口可以在水上浮动，遂有用其做泅渡工具的。《战国策·燕策二》载：“昔者伍子胥说听乎阖闾，故吴王远迹至于郢。夫差弗是也，赐之鸱夷而浮之江。”这是文献所载最早以革囊为水上浮游工具的。将革囊编排于筏上形成革船，在汉代已见记载。《后汉书·邓训传》载，“训乃发湟中六千人，令长史任尚将之，缝革为船，置于箄上以度(渡)河。”章怀太子注：“箄，木筏也。”东汉以后，历代史书中颇有使用皮筏的记载。北宋王延德出使高昌国，途经今宁夏北境，见当地居民“以羊皮为囊，吹气实之，浮于水，或以囊牵木筏而度(黄河)”。明清至民国，商业发展，青海、甘肃、宁夏一带有很多人(称筏客子)以用羊皮筏运输谋生，或送行人过河，或运载皮毛粮油等沿河运往远方。最大的用于长途运输的皮筏，据说是由六百个羊皮囊或一百二十个牛皮囊捆绑成的。现代西北在黄河上供游客乘坐的羊皮筏，一般以十三个羊皮囊捆绑于木制框架上，筏客子划着木桨，在湍急的河水中顺流飞驰，浪花溅拍着筏上人，游客既体验了惊险，又见证了传统的智慧，历史与现实、自然与人相交融，其乐无穷。

牛皮船 牛皮船是用牛皮制作而成的船，在大金川流域藏族地区被使用，是一种古老的水上交通工具。牛皮船的起源最早可以追溯到吐蕃时期，在布达拉宫和桑耶寺的壁画中都可以找到牛皮船早期的身影。吐蕃时期的牛皮船是圆形圆底的，估计只相当于现在牛皮船的一半大小，船内最多也就能容纳三到四人。牛皮船的记载最早见于《旧唐书·东女国传》，“其王所居名康延川，中有弱水南流，用牛皮船以渡”。金川特殊的地域是造就牛皮船的客观条件。大金川江自北向南把平畴沃土的金川一分为二，河流终年流量大，河面宽阔，建桥难，架索也难，若用木船，庞大笨重，还必须选择固定的口岸。形势所迫，牛皮船应运而生。近代牛皮船从侧面看是梯形的，上面小下面大，通常是用四张整牛皮缝制而成，船底部面积比早期的牛皮船要大很多，一只船可以承载七八个人。在使用上，现今的牛皮船比较灵活，可以多只船组合成一艘大船，以便运载更多的货物和乘客过河。

轮船 古称为“车船”“车轮舸”。轮船一词始于唐代，它的出现与船的动力改革有关。南北朝时期的中国人已发明了轮船，以船侧轮子的转动代替划桨，以轮激水前进。在这里，轮成为以连续运动代替间歇运动的机械。史载，祖冲之发明“千里船”，在建康（南京）新亭江试航，“日行百余里”。可惜，该记载未明确指出，祖冲之是否以轮代桨作为动力机械。唐代李皋发明了“桨轮船”。《旧唐书·李皋传》记载:“常运心巧思,为战舰,挟二轮蹈之,翔风鼓浪,疾若挂帆席,所造省易而久固。”他在船的舷侧或艉部装上带有桨叶的桨轮,靠人力踩动桨轮轴,使轮周上的桨叶拨水推动船体前进。因为这种船的桨轮下半部浸入水中,上半部露出水面,所以称为“明轮船”或“轮船”,以便和人工划桨的木船、风力推动的帆船相区别。至宋代,火药与轮船,已成为两项最重要的军事武器。《宋会要辑稿·食货》:“知州程昌禹造下车船, 通长三十丈或二十余丈, 每只可容战士七八百人, 驾放浮泛往来, 可以御敌。”陆游《老学庵笔记》卷一说,宋朝所造车船,最大“有长三十六丈,广四丈一尺,高七丈二尺五寸,未及用,而岳飞以步军平贼”。宋将韩世忠在 1129 年镇江黄天荡战役中“飞轮八楫,踏车蹈回江面”,有力打击金人完颜亮。唐宋时期的轮船与近代西洋用蒸汽驱动的双轮轮船在外形上有相似之处,所以后者传入我国后,也译名为轮船。今天则把所有用蒸汽机、内燃机等机器驱动的船叫轮船。

巴船 根据川江航道的特点而形成的独具风格的川江船型。川江河道狭窄弯曲,滩多急流。战国以来,巴蜀即以造船著名,当时有“鹦鹉舟”、“巴蜀方舟”,秦汉时期的“大舶船”“楼船”,西晋时的“王浚楼船”。其船体一般呈圆滑缓曲流线型,前后舱有舱板,中舱有竹棚或木板供盖,还创造了一种独特的船具——梢来掌握航向。此外,川江干流和各支流的航道各异,船只也名目繁多,式样不一。江面较宽水较深的川江干流和嘉陵江、岷江等航区,有“麻秧子”“安岳船”等船型;狭窄弯曲的沱江上,航行着“炭花船”;乌江险流之中,则行驶着“厚板船”;在涪江长达几百公里的浅水航道, 还能见到一种奇特的 “半截子船”。这些船大多具有结构坚固、操纵灵活、线型合理、稳性好的共同特点。

(2)交通道路

栈道 又称阁道、复道，指沿悬崖峭壁架木修建的一种道路。因其工程艰巨，路途险恶，被视为我国古代交通史上的奇迹。公元前三世纪，秦国为了开发四川，就修筑了栈道。《战国策·秦策》载，"栈道千里，通于蜀汉"。秦惠王始建陕西褒城褒谷至郿县(今眉县)斜谷的褒斜栈道，长二百三十五公里。秦伐蜀时修了金牛道，被后世称为南栈道，长二百四十七公里。到西汉前期已有嘉陵故道、褒斜道、谠洛道和子午道四条通蜀的栈道。栈道是川陕间的交通干线，历代屡屡修建，在经济文化交流和战略方面发挥了重要作用。现代公路已经成网，但在交通闭塞的山区，仍有类似的栈道，供人、畜通行。

驰道 中国历史上最早的国道，据说其中间部分，是天子、国君的专用行车道，可以驰走车马，所以称为驰道。其余部分，供官民出行之用。驰道先秦即有。《礼记·曲礼下》曰："岁凶，年谷不登，君膳不祭肺，马不食谷，驰道不除。"疏云："'驰道不除'者，驰道，正道，如今御路也。是君驰走车马之处，故曰'驰道'也。"在秦始皇统一天下以后，修筑驰道由咸阳通往全国各地，形成了东至山东半岛、碣石，北至北方沿边，南至吴越、南郡、岭南，西到陇西、北地的便捷交通网。终秦始皇一生，驰道未能完成，到秦二世时仍在进行。秦朝驰道的规制为："道广五十步，三丈而树，厚筑其外，隐以金椎，树以青松。"其道平直，高出地面，宽约 69 米。对驰道的维护，规定每年利用秋冬农闲时间整修道路和桥梁，平时道路有大的损坏也必须及时进行维修。驰道的修筑，大大缩短了信息传播和人员物资输送的时间，有利于中央集权的加强和政令的及时传达，有利于皇朝的经济建设、国家安全和边境防御。

直道 古道路名，秦朝修筑的由关中通往河套地区的一条以军用为主的干道。于公元前212年开始修筑，自秦林光宫即今陕西淳化县起，沿子午岭主脉北行，经旬邑县石门关及陕、甘交界处的五里墩至黄陵县后，沿子午岭主脉西侧的甘肃华池县东，又经陕西定边县东南，复折东北方向达内蒙古乌审旗红庆河、东胜县、昭君墓东，至包头西的秦九原郡治所九原县麻池古城。该道总长一千八百里，近一半的路段修筑在子午岭的岭脊上，工程十分艰辛。在许多地段要将山脊的一侧向下开挖取平路面，许多地段又要将山谷填塞成为道路。考古发掘证明，秦直道路面宽约10米，靠山一侧路肩宽4米，其外是宽2.4米、深0.4米的排水沟。靠沟一侧有二级路肩，总宽7.5米。直道使秦骑兵三天三夜即可驰抵阴山之下，出击匈奴，为秦迅速投放部队、及时输送粮草，提供了有力的保障，是秦朝北方军事防御系统的一部分，对刚刚建立的统一中央集权皇朝的生存，意义十分重大。在汉代以后，直道对中原王朝抗御蒙古高原骑兵的袭扰仍发挥着重要的作用。

考古发掘出的直道路面

丝绸之路 本指西汉由张骞出使西域开辟的以都城长安(今陕西西安)为起点，主要经今甘肃、新疆，到中亚、西亚，并联结地中海各国的陆上通道。1887年出版的德国地理学家李希霍芬名著《中国》，正式将“中国与河间(指中亚阿姆河与锡尔河之间的地带)以及中国与印度之间,以丝绸贸易为媒介的这条西域交通路线",称为"丝绸之路(The Silk Road)"。丝绸之路开通之后,来自西域的使者以及打着使节旗号的商人相望于道,络绎不绝,与中原地区进行政治、经济、文化交流。中国的丝织品等沿着这条路运往西方,大宛等地的苜蓿、葡萄种植技术、胡桃、石榴、胡萝卜、大蒜、西瓜、骆驼、汗血马等相继传入中原,大大丰富了东西方人民的物质生活,提高了生活质量。丝绸之路的基本走向定于两汉时期,包括南道、中道、北道三条路线。东汉时代以后,丝路东段天山北南路的交通陷入半通半停。唐代打通了天山北路的丝路分线,将西线打通至中亚。唐以后中国经济中心逐渐南移,带动了南方丝绸之路和海上丝绸之路的繁荣。北宋南方高度发达的经济为海上丝绸之路的繁荣起到了无可替代的作用。北宋时西夏控制河西走廊,成为丝路青海道繁荣的机遇。南宋时期,西北丝路的衰落日益明显,而南方丝绸之路与海上丝路的开辟,逐渐有取代西北丝路的现象。蒙古帝国兴起后,草原丝绸之路在相当程度上成为其内部的交通路线。不过沿着丝路前进的人们,大多是以宗教信仰及其他文化交流为使命的人们,商人渐少,这从侧面反映西北丝路的衰落。丝绸之路在历史上曾有力地促进了中西方的经济文化交流,至今仍是中西交往的一条重要通道。

茶马古道 指存在于中国西南地区,以进行茶马交换而形成的一条交通要道,是中国西南民族经济文化交流的走廊。茶马古道源于古代西南边疆和西北边疆的茶马互市。历史上的茶马古道并不只一条,而是一个庞大的交通网络。它是以川藏道、滇藏道与青藏道(甘青道)三条大道为主线,辅以众多的支线、附线构成的道路系统。川藏茶马古道始于唐代,滇藏茶马古道大约形成于公元六世纪后期,是一条古代中国与南亚地区一条重要的贸易通道。从唐代开始,历代统治者都采取控制茶马交易的手段。北宋时代,茶马交易主要在陕甘地区,元代废止。到了明代又恢复了茶马政策,至清雍正年间,官营茶马交易制度终止。今天,随着现代交通的兴起,茶马古道已丧失了昔日的地位与功能,但作为中华民族形成过程的一个历史见证以及一份珍贵的历史文化遗产却依然熠熠生辉。

飞狐道 古道路名,建于东汉初年,其时匈奴、乌桓连兵抄掠边郡,光武帝于是诏令上谷太守王霸"修飞狐道至平城,堆石布土三百余里"(《东观汉记·王霸传》)。飞狐口在代县(今河北蔚县东)南,该道自代县至平城(今山西大同市),不经飞狐口,之所以称为飞狐道是由于自河北平原北趋边郡,此道实为飞狐口谷道的延伸之故。飞狐道的修筑又为北部边境增添了一道屏障。此外,唐代还称北魏所建灵丘道为飞狐道,此道也不经飞狐口,而因为道路出飞狐县南境而得名。

子午道 由长安南入子午谷,翻越秦岭通往汉中、安康以及巴蜀的一条重要谷道,早在秦汉以前就已经出现。它辟为驿道的时间虽短,但其交通作用却持续不断。刘邦去就汉王位时,走的即是子午道。后被焚毁,久未修复。至西汉元始五年(5 年),王莽以其女王皇后有子孙瑞,下令修复子午道。子午道在历史上经过了几次改线和调整,但仍继续发挥着作用。唐代天宝年间开辟的"荔枝道"是由秦入蜀的另一捷径。唐代对子午道不断修治,行人日益增多。北宋时期,子午道仍是商旅由长安去洋州和金州的大路。《续资治通鉴·宋纪》载,"承平时商旅由子午道入洋州之路"。南宋时,马池以西的子午道旧线已成为从西北边境经汉中、安康、襄阳达于首都杭州的驿道之一段。随着历代对子午道频繁使用和对秦岭山区的开发,清代子午道上出现了宁陕厅这个县级城市及江口镇、洵阳坝等重要集镇。至今子午道沿途仍保存着大量有关遗迹和历史文物。

褒斜道 又名斜谷道,古代穿越秦岭的山间大道。汉武帝时,因子午道路途艰难,故道又迂远,所以开通了褒斜道,因取道褒水、斜水两河谷得名。此道是由长安出发,历秦岭的褒水和斜水,由今陕西眉县附近越过太白山到达今陕南褒城附近的山路。汉武帝曾发数万人治褒斜水道,欲使通漕运,未成,但陆路顺利,成为汉以后往来秦岭南北重要通道之一。《史记·货殖列传》曰:“巴蜀栈道千里,无所不通,唯褒斜绾毂其口。”褒斜道“缘崖凿石,临深长渊”,时或堙塞,因而修复之事,屡见不鲜。该道遗址至今犹存,留有汉代以来石刻多处。

五尺道 连接云南与内地的最古老的官道,因道路宽五尺,所以称为“五尺道”。公元前246年,秦始皇从修筑道路入手开发和治理云南。蜀郡太守李冰采用积薪烧岩的原始办法,在川滇交界的僰地道区开山凿崖,修筑连接中原、四川与云南的通道,后又派遣常安继续修筑这条道路。汉武帝时唐蒙又“凿石开阁,以通南中”,将五尺道加以整修扩建,形成由僰道南下,过石门到朱提,然后经由味县,到达滇池地区的官道。因为这条道路以朱提为枢纽,故又称为朱提道。五尺道在其后的历史上一直发挥着重要作用。三国时期诸葛亮南征七擒孟获,从这里凯旋。唐朝时期,遣使册封南诏,就有沿五尺道经石门关时刻石记行。元代忽必烈挥师迂回包抄南宋,明太祖数十万士兵平定云南等,也经过此处。五尺道现残存长约350米,每级尺阶宽窄高矮不等,已失去了昔日重要的历史作用。

石牛道 又称金牛道、剑阁道、南栈。自今陕西勉县西南行,越七盘岭,经朝天驿趋剑门关,是古代联系汉中和巴蜀的交通要道。北魏郦道元《水经注·沔水上》载“秦惠王欲伐蜀而不知道,作五石牛,以金置尾下,言能屎金。蜀王负力令五丁引之成道。秦使张仪、司马错寻路灭蜀,因曰石牛道"。"石牛""金牛"也因此得名。道路形式为栈道,《史记·高祖本纪》《索引》曰:"险绝之处,傍凿山岩,而施版梁为阁。"即凿山腰石为方洞,按一定距离逐一排开,然后嵌进方木,上面铺板而成悬空的板阁之路。后代屡加修造,直至元、明始改称南栈,又名蜀栈。《元和郡县志·兴元府·褒城县》载:"褒斜道,一名石牛道,张良令汉王烧绝栈道,示无还心,即此道也。"

回中道 古代西北边境的著名道路。秦时已有的自陇西通往关中的道路。公元前220年,秦始皇"巡陇西、北地,出鸡头山,过回中焉。"秦始皇在巡视位于今甘肃、宁夏的陇西、北地二郡后,返程由鸡头山(今崆峒山)向东,经回中(今陕西陇县西北)返回关中,此道即称为回中道。两汉之交,光武帝用兵陇上,来歙从番须、回中又开拓道路,直抵略阳(今甘肃秦安东北)。来歙所开之路,使回中道又多了一条道路。汉武帝曾四次途经回中道巡查陇东民情。此后,随着丝绸之路的开辟,陇关道逐渐成为经由陇州入陇进入秦州及河西走廊的重要通道,回中道入陇地位逐渐被取代。

十五、饮食服饰

1.饮食

酒 我国古代主要有黄酒、葡萄酒和白酒三大酒类。首先出现的是黄酒。在距今约五千年前的大汶口文化遗址中便出现了陶制的茶碗形酒杯和带镂孔柄的高脚酒杯，较之稍晚的龙山文化时期，用于酿酒和饮酒的器具就有陶尊、盉等。可见在新石器时期已经出现用粮食和水果酿酒。《素问》载："黄帝命作汤液酒醴以为备。"《战国策·魏策》载："仪狄作酒，禹饮而甘之，遂疏仪狄，而绝旨酒。曰：后世必有以酒亡其国者。"在商代甲骨文中，酒的名称有：酒，黍子酿成；豊（醴），稻子酿的甜酒；鬯，黑黍酿的香酒。周代，酒的品种更多，《周礼》《礼记》中有：事酒、昔酒、清酒、醴酰、浆醍、醷等名称。据《史记·大宛列传》载，汉代我国西域地区就生产葡萄并酿造葡萄酒了。唐代，葡萄酒的酿造发展到历史上的极盛时期，这在唐代所写的文献和诗歌中有充分反映，王翰的"葡萄美酒夜光杯，欲饮琵琶马上催"，至今仍为脍炙人口的佳句。我国除了有悠久历史的黄酒、葡萄酒外，白酒即烧酒（蒸馏酒），从金、元时期也开始出现。烧酒的制法从西亚传入。1975 年河北青龙县发掘出一套金代的铜制烧酒锅，其铸造年代最晚不迟于金世宗大定年间（1161—1189）。可见我国白酒的历史最少也有八百多年了。历史记载许多帝王诸侯饮酒失德亡国之事,故历代常有禁酒之事。

茶 源于中国的一种植物饮品。《尔雅·释木》:“槚,苦荼。”疏言:“槚一名苦荼。树小似栀子,冬生。叶可煮作羹饮,今呼早采者为荼,晚采者为茗。一名荈。蜀人名之苦荼。”传说神农氏发现茶叶,言:“神农尝百草,日遇七十二毒,得荼以解之。”《诗经》中有“谁谓荼苦,其甘如荠”之句。茶不仅用作药物,且开始成为饮料。在浙江余姚田螺山遗址出土了公元前四千年的古茶树。中国俗语中的开门七件事“柴米油盐酱醋茶”亦表明茶在中国文化中的重要性。在中国古代,茶也成为文人雅士们的一个消遣,和“琴棋书画诗酒”并列。茶叶源于中国,生活在气候比较温暖的地方,在中国有十八个省种植生产茶,以浙江西湖龙井,福建武夷山岩茶、安溪铁观音,安徽祁红、黄山毛峰,河南信阳毛尖,贵州都匀毛尖,湖南君山银针,云南普洱茶和滇红等等最为著名。唐人陆羽《茶经》,是世界上第一部茶叶专著,对茶的起源,历史、产地、制茶过程、饮茶方法、茶具等做了全面系统的论述。我国茶叶很早就输入其他国家,唐代时首先传入日本,十七世纪输入欧洲,现在世界上茶的读音,均是我国“茶”字的译音。在今天,茶仍是各国人民最为喜爱的饮品之一。

谷 五谷原是中国古代所称的五种谷物,后泛指粮食类作物。五谷的说法,最早见于《论语》,在此前的《诗经》《尚书》之中,只有“百谷”,而无“五谷”的提法。但对五谷究竟指哪五种作物,有两种说法:一种说法是稻、黍、稷(粟)、麦、菽(大豆),而根据《大戴礼记》的记载,五谷是麻(大麻)、黍、稷、麦、菽。两种说法的差别在于,一种有稻而无麻,另一种有麻而无稻。两种说法结合起来,就得出了稻、黍、稷、麦、菽、麻六种作物。战国末名著《吕氏春秋》“审时”篇,谈论栽种禾(稷)、黍、稻、麻、菽、麦这六种作物的情况;“十二纪”篇中说到的作物,也是这六种。中国历代均重视农业,在先秦时期重农思想便已盛行,《范子》引计然说:“五谷者,万民之命,国之重宝。”在今天,人们仍将“五谷杂粮”作为粮食的泛称。

粥 又称稀饭或糜,是用稻米、小米或玉米等粮食煮成的稠糊的食物。不同地方的粥有不同的浓度,而不同地方对粥也有不同的别称。《礼记·月令》记载“养衰老,授几杖,行糜粥”。《史记·扁鹊仓公列传》载西汉名医淳于意用火齐粥治愈齐王的病。唐代杨晔《膳夫经手录》记载用茶叶煮的粥称为“茗粥”。清袁枚《随园食单》记载:“见水不见米,非粥也;见米不见水,非粥也。必使水米融洽,柔腻如一,而后谓之粥。”清代学者黄云鹄著《广粥谱》一书,载粥方二百四十七个,是古代有关粥的专著。

馒头 现代的馍或馍头古代称为馒,或馒头。系三国时才有的食物。宋《事物纪原》称:“稗官小说云:诸葛武侯之征孟获,人曰蛮地多邪术,须祷于神,假阴兵以助之。然蛮俗必杀人,以其首祭之,神则享之,为出兵也。武侯不从,因杂用羊豕之肉,而包之以面,像人头以祠,神亦享焉,而为出兵。后人由此为馒头。”这种馒头里边包的有肉,实际上是后来的包子。据《东京梦华录》,北宋有驰名的“万家馒头”“孙好手馒头”,但未说明他们的馒头是否含馅儿。据《梦粱录》卷十六载,南宋时期,不仅包子当然有馅儿,馒头里也包裹着各种馅儿,如糖肉馒头、羊肉馒头、鱼肉馒头等等。南宋时的包子与馒头的主要区别,不在于有没有馅儿,而在于外形不同,大约馒头上部是光滑的,没有馅儿入内的痕迹。而包子上部却有馅儿入内的痕迹。据《祥符县志》载,明代时,今日开封一带把馒头叫做“薄夜”。至清代,馒头的称谓出现分野:北方谓无馅者为馒头,有馅者为包子,而南方则称有馅者为馒头,无馅者也有称作“大包子”的。

包子 是中华传统美食之一，为中国各地区人民所喜爱，通常是有内馅的，花样则非常多，不带馅的则称作馒头。在中国江南有些地区，馒头与包子是不分的，他们将带馅的包子也称作肉馒头。三国时期，已有类似包子的带肉馅馒头(参见馒头条)。北宋时，出现了包子。北宋陶谷《清异录》，谈到北宋的食品店卖“绿荷包子”；《东京梦华录》提到北宋有鳝鱼包子、诸色包子。到了南宋时，包子种类繁多，在《梦粱录》里，几乎成篇累牍。值得特别指出的是当时有了“薄皮春茧包子”，即用茧蛹作馅的包子。现在最为著名的包子要数创立于 1858 年的天津狗不理包子。

汤饼 又名面片汤、揪面片，是一种用死面揪成薄片，在汤锅里煮熟的面食。汤饼在西汉扬雄《方言》中称为“托”，就是用左手托住和好的面，以右手不断揪为片下锅。而做饺子不用一手托面，故称“不托”。唐朝以后，把棒擀刀切的面也叫做不托或“馎饦”。汉晋时，全国各地都有吃汤饼的习俗，立春要以汤饼敬祖，伏日吃汤饼避邪，过生日吃汤饼称长寿面。但立秋日绝不吃汤饼，据说那天做出的汤饼特别硬，极难消化。西晋束皙写有《汤饼赋》，详述汤饼的做法，汤锅中先放好小块的猪、羊瘦肉，加上姜、葱、辛桂、椒兰、盐豉等调料，煮好肉后，再往锅里揪面片，煮出来的面片汤“气勃郁以扬布，香飞散而远遍。行人垂涎于下风，童仆空嚼而斜眄，擎器者舐唇，立待者干咽”，味美极了。宋朝以后，汤饼在许多地方失传，至今只在西北和华北还有保留。

月饼 古代中秋祭拜月神的供品，沿传下来，便形成了中秋吃月饼的习俗。月饼最初为形如满月的饼，外观为圆形，表示团圆之意，后来也有方形或其他形状的。月饼外层通常以小麦粉为皮,其内有馅,馅料多种多样。中秋节吃月饼的习俗于唐朝出现。据《洛中见闻》,唐僖宗曾在中秋节当日命令御膳房用红绫将饼赏赐给新科进士。北宋时,该种饼被称为“宫饼”,在宫廷内流行,但也流传到民间,当时俗称“小饼”和“月团”。北宋文学家苏东坡曾经提及:“小饼如嚼月,中有酥和饴”,“小饼”即月饼。而“月饼”一词最早见于南宋吴自牧《梦粱录》中,那时的月饼只是象菱花饼一样的饼形食物,后来才演变成圆形,寓意团圆美好。相传汉人在元朝的统治下苦不堪言,朱元璋揭竿反元,但元军控制严密,义军无法传递消息,为此刘伯温献计,在中秋节互赠糕饼,并在里面夹纸条,上面写着“八月十五杀鞑子”,作为起义的讯号。明代田汝成《西湖游览记》提及:“八月十五谓之中秋,民间以月饼相馈,取团圆之意。”可见月饼于当时流行于民间。清代已有详细记述月饼制作方法的书籍。清杨光辅即写道:“月饼饱装桃肉馅,雪糕甜砌蔗糖霜。”

馄饨 广东称为云吞,巴蜀称为抄手,闽台称为扁食,是中国的传统食品。馄饨虽然起源于华北,但独立于南方,北方馄饨与饺子无异,南方馄饨已经有独立的风格。西汉扬雄所作《方言》中提到:“饼谓之饨。”馄饨是饼的一种,差别为其中夹肉馅,经蒸煮后食用;若以汤(热)水煮熟,则称“汤饼”。汉代已经有了一种类似后代馄饨的食品。魏人张揖所著《广雅》中已有“馄饨”这一名称。《齐民要术》中有“水引馎饨法”,这无异就是通常所说的那种馄饨了。宋人吴自牧《梦粱录》卷十八载,宋朝时有专卖馄饨的饭馆,当然在饭馆里馄饨是下层人民的小吃。馄饨形态似菱角,当时,菱,初生嫩时叫做“沙角”,硬时就叫做“馄饨”。据宋人周密《武林旧事》载,宋时有“冬馄饨,年馎饦”的谚语。庆贺冬至,普遍吃馄饨。冬至时,开封、杭州的富贵人家,把十多种馅的馄饨装在一个碗盘里,叫做"百味馄饨"。元人陆友仁《砚北杂志》卷上载,某人有一天做了八个馄饨,每个馄饨四两肉,请知府来吃早饭,结果知府一顿饭仅能吃下去半个!宋代的水煮馄饨较小。元代某人的这种四两肉一个的大馄饨,大约是蒸食的,而且也可能有闹剧的意味。

饺子 一种以面为皮的充馅食物, 中国北方的传统食物。在一些地方称之为扁食。常见的有水饺、蒸饺、煎饺。饺子源于古代的角子。相传东汉末年,南阳大夫张机在长沙为官时,常为百姓除疾医病,告老还乡后,见百姓挨饥受寒,耳朵冻烂,就叫弟子在南阳东关的空地上搭起医棚,架起大锅,在冬天派药。他的药名叫"祛寒娇耳汤",做法是用羊肉、一些驱寒草药煮熬,之后用馅皮包成耳朵状的"娇耳",据说吃后身体会发热,两耳变暖。当年张机派药持续到年三十。初一时,人们开始仿娇耳样子做过年的食物,并在初一早上吃,称之为"饺耳""饺子"。南北朝至唐朝时期名"偃月形馄饨",南宋时称"朡肉双下角子"。中国北方人过春节,绝不能少了饺子。大年除夕包饺子,午夜十二点开始吃,以谐音取"更岁交子"的意思。农历正月十五的饺子也叫团圆饺子, 因为这一天是农历新年后第一个满月。在中国北方很多地方都有冬至吃饺子的习惯。清朝史料记载:"元旦子时,盛馔同离,如食扁食,名角子,取其更岁交子之义。"又说:"每年初一,无论贫富贵贱,皆以白面做饺食之,谓之煮饽饽,举国皆然,无不同也。富贵之家,暗以金银小锞藏之饽饽中,以卜顺利,家人食得者,则终岁大吉。"

粽子 或作糉,又称"角黍""角粽",为以箬叶、竹叶或芦苇叶,包裹糯米、黄米或其他辅料如枣、豆沙、火腿、咸鸭蛋、花生、栗子等,并以水煮或蒸熟的食品。《说文解字》中，糉字的解释为“芦叶裹米也”。而“糉”字右半边有“聚集”的意思，意即粽乃为米之聚集也。《本草纲目》载，“古人以菰叶裹黍米煮成尖角，如棕榈叶之形，故曰粽”。粽在战国时代已经出现。传说，楚国诗人屈原投汨罗江自尽后，百姓用竹筒装米投入江中，让鱼吃米饭而不去咬屈原的遗体。另说粽子是用来祭祀屈原的供品。江苏等地认为，粽子跟伍子胥信仰有关，称：“乡俗端午日以粽奉伍大夫，非屈原也。”粽子一直是端午节必备的食品，原来做粽子用黍米，称角黍。西晋周处《风土记》写道：“仲夏端午，烹鹜角黍。”唐玄宗有“四时花竞巧，九子粽争新”的诗句。南宋时有“巧粽”，《武林旧事》卷三载，“巧粽之品不一，至结为楼台舫辂”，即将粽子做成各种形状，用它可以结、砌成楼台模型。《析津志辑佚·岁纪》载，元朝时，已用粳米做粽子；明李时珍《本草纲目》说，“近世多用糯米”；到现在，做粽子或用糯米或用黄米，或者两米混合，用苇叶包裹。

粽子最初是用来祭祀祖先和神灵。到了晋代，粽子成为端午节庆食物。但在两晋南北朝时，夏至也吃粽子。今天，在南方某些地区，在春节期间也吃长方形的或正方形裹有肉的粽子。

元宵　一种在农历正月十五和春节烹制食用的食品。元宵起自北宋，因为是在元宵之夜煮食，所以起名为元宵。《东京梦华录》卷六称作“圆子”。南宋周必大《平园续稿》中有《元宵煮浮团子》诗，生动地描绘了雪白的团子在开水中翻滚的情景。人们每到中秋之夜，便要煮元宵吃，历代相沿，直至今日。元宵曾有多种名称，如面茧、粉果、元宝、圆不落角等，明永乐年间正式定名为元宵。明刘若愚《酌中志·饮食好尚纪略》载，元宵“其制法用糯米细面，内用核桃仁、白糖为果馅、洒水滚成，如核桃大小，即江南所称汤圆也”。从此记述看，元宵和汤圆本质上是很类似的，以致于刘氏认为是同一种东西，但实际两者的制作方法是不一样的。汤圆一般将糯米面和好，像包饺子一样将素或荤的馅包入再团圆。而元宵则是将馅料切成小块，蘸上水，在盛满糯米面的笸箩内滚，一边滚一边洒水，使其自然沾满糯米面滚成圆球。

豆腐 一种以黄豆为主要原料的食物，起源于中国，在越南、日本和朝鲜半岛也很普遍。相传公元前 164 年，淮南王刘安在八公山上烧药炼丹的时候，偶然以石膏点豆汁，从而发明豆腐。袁翰青以为是五代才有豆腐。日本学者筱田统根据五代陶谷所著《清异录》认为豆腐起源于唐朝末期。1960 年在河南密县打虎亭东汉墓发现的石刻壁画，再度掀起豆腐是否起源汉代的争论。有的学者认为打虎亭东汉壁画描写的不是酿酒，而是描写制造豆腐的过程。但汉代发明的豆腐未曾将豆浆加热，乃是原始豆腐，其凝固性和口感都不如现在的豆腐，因此未能进入烹调主流。到宋代豆腐方才成为重要的食品。南宋诗人陆游记载苏东坡喜欢吃蜜饯豆腐面筋，吴自牧《梦粱录》记载，京城临安的酒铺卖豆腐脑和煎豆腐。明代李时珍《本草纲目》详细记述了制造豆腐的工艺。日本人传说，唐代鉴真和尚在 757 年东渡日本时把制作豆腐的技术传入日本，不过，学者至今还没有找到日本在唐代有豆腐的证据。1782 年，大阪曾谷川本出版《豆腐百珍》一书，介绍了一百多种豆腐的烹饪方法。豆腐在宋朝时传入朝鲜，十七世纪传入欧洲、非洲和北美。

麻 分为大麻、胡麻、芝麻。大麻，又称“火麻”或“黂”（fén 坟）。其实“黂”是大麻籽的名称。大麻雌雄异株，雌株叫“苴（jū 居）”，也叫“子麻”，雄株叫“葈（xǐ 喜）”，也叫“牡麻”。苴，纤维粗硬，古代种苴主要目的是取籽食用。大麻籽是古代“九谷”之一。将大麻籽粉碎后，熬煮成老豆腐状，吃着很香，俗称“麻籽豆腐”。但不可多吃，吃多会引起头晕。菓，纤维细柔，是较好的纺织原料，可以织成麻布。在棉花出现以前，麻布是古人制衣的主要衣料。河北省藁城县商代中期遗址出土了大麻织物，说明我国种植大麻历史悠久，麻纺手工业历史悠久。古代还点燃麻楷照明，叫“烛”。胡麻，即亚麻。有油用亚麻、纤维用亚麻和兼用亚麻。胡麻这一名称，开始于西汉；亚麻这一名称，开始于北宋。沈括《梦溪笔谈》说：“张骞始自大宛得麻油之种，亦谓之麻，故以胡麻别之。谓汉麻为大麻也。”沈括所谓“胡麻”，指油用亚麻。但是，据当代学者考察，胡麻未必是引进之物，因为我国华北、东北、西北、西南各省及江苏省到处都有野生胡麻。所以他们认为，胡麻很可能是由我国的野生胡麻驯化而来。芝麻是油用麻。芝麻籽榨油，叫“芝麻油”或“香油”，味道香美。

羹　蒸煮等方法做成的糊状、冻状食物。有两种：一种是纯肉汁，供食饮；另一种是肉羹，制成五味调和的浓肉汤，后泛指煮或蒸成的汁状、糊状、冻状的食品。古人称纯肉汁为“大羹”。《礼记·郊特牲》载，在郊外祭天，用“大羹”。因为祭天以质朴为贵，而且人食羹需讲究味道，但祭祀神明，贵在心诚恭敬，不必讲味道，所以祭天用不着五味调和的“大羹”。另一种羹称和羹，是用醋、醢、盐、梅、芼（蔬菜，用一种菜，不同的羹用不同的菜），烹鱼或肉作成的汤。两宋时期食用羹的种类繁多，仅《梦粱录》所载的“羹”已有四十余种。宋代称“羹”的食品，现代很多都改称“汤”或者叫做“卤”了。甜食的羹中，最常见的应该就是羊羹了。台湾的面店或是夜市小吃店常见到羹，但店家常写作俗字“焿”。“羹”字则常使用在羊羹，极少数情况被误写作“粳”。

醢　先秦时期，用肉、鱼等制成的酱的总称为“醢”。

据《周礼·天官·醢人》郑玄注，醢的制作方法：先将肉类晒干，然后剁碎，加进粱曲和盐，用美酒浸渍，装进瓮中并密封、存放一百天，便做成了。除肉醢、鱼醢以外，还有蠃醢、蚳醢等。《醢人》把醓醢、蠃醢、蠯醢、蚳醢、鱼醢、兔醢、醢合称“七醢”。

盐 人类最重要的调味品。盐字本意是“在器皿中煮卤”。《说文》中记述：天生者称卤，煮成者叫盐。传说黄帝时有个叫夙沙的诸侯，以海水煮卤，煎成盐，颜色有青、黄、白、黑、紫五样。清同治年间，盐运使乔松年在泰州修建“盐宗庙”，庙中供奉在主位的即是煮海为盐的夙沙氏。商周之际运输卤盐的胶鬲、春秋时在齐国实行“盐政官营”的管仲，置于陪祭的地位。二十世纪五十年代福建出土煎盐器具，证明了仰韶时期（前5000年—前3000年）古人已学会煎煮海盐。《史记·齐太公世家》：“太公至国……便鱼盐之利。”说明西周初地处今山东半岛北部的各国已利用海盐。除海盐外，山西食用盐卤——池盐；岭南、汉水北及晋北有些居民食用石盐；青海产青盐；四川等地产井盐。盐的品种，截至北宋前期大约已有几十个。北宋时，盐的主要品种有四：末盐、软盐、井盐、崖盐。明朝时，盐的主要品种有六：海盐、池盐、井盐、土盐、崖盐、砂石盐。

豉 即“豆豉（chǐ 齿）”，是一种豆制调味品，又称为大苦、蔭豉、幽菽、嗜，方言名称有豆豉颗（贵阳）、豆发（雷州）、豆咸（厦门）等。豉最早出现在秦汉。《急就篇》中有“芜荑盐豉”的说法。《史记·货殖列传》提到“盐豉”已成为饮食上大量使用的佐料。马王堆汉墓中发现的两个缸里盛有豉。北魏贾思勰《齐民要术》“作豉法”中详细记载咸豆豉和淡豆豉的制作方法。书中还介绍了用麦子作豉的方法。《东京梦华录》《梦粱录》载，两宋时期豆豉食品较多,有盐豉汤、十色盐豉、豉汁鸡等。日本纳和豆、印度尼西亚天培的做法口味均与中国豆豉相似。

酱 以豆类、小麦粉、水果、肉类或鱼虾等物为主要原料,加工而成的糊状调味品。据《周礼》,西周时已有酱。甚至殷商时也可能有酱。《论语》记载,孔子曾表示“不得其酱不食”。我国古代的酱,一类是用动物的肉或蔬菜、果类等剁碎或捣烂调制而成的。《礼记·内则》载,有用鸡碎肉泡制的酱,有用鱼卵泡制的酱,还有用鳖碎肉泡制的酱等。一类是用发酵的麦面、豆类等制成的调味品。《急就篇》最早记载酱来自发酵的大豆和面粉。王充《论衡》提到一月是制造豆酱的最佳时间。北魏贾思勰著《齐民要术》的“作酱法”载有豆豉酱、肉酱、鱼酱、虾酱、麦酱等详细的制作方法。自南宋以来,开门七件事“柴米油盐酱醋茶”,酱居其一。随着酱制作工艺的进步,制酱之法也用于烹制其他非佐料菜肴,逐渐发展出一种烹调菜肴的方法,即酱法。

醋 最早出现在西周。在古文献中,醋原叫做“酰”,后来叫做“酢”(“醋”的本字)。《周礼·天官》有“酰人”,专掌醋菜、醋酱及一切与酸味有关的食物。《论语·公冶长》记载了春秋时期微生高向邻人讨取酰以后给人的事。汉代醋字才出现,后来渐渐代替了酰和酢字。《说文》:“酰,酸也。”《酉阳杂俎》:“酸,醋也。”《史记·货殖列传》说,“通邑大都”每年酿醋上千瓮。东汉崔寔《四民月令》说,四月四日可作酢酱,五月五日亦可作酢。可见当时作醋已是日常生活的一项活动,醋大概也成为人们每天开门七件事之一了。北魏贾思勰《齐民要术》记载了二十种酿醋法,其中原料有秫米、粟米曲、大麦、豆、糟糠、酒糟、乌梅、蜜等等,可见造醋原料增多,酿造地区也扩大了。醋不但可以调味,而且可以做药用,明代李时珍《本草纲目》卷二十五搜集了用醋的药方30多个。书中记载将醋蒸发可以起消毒作用。现代的醋种类繁多，因地域分为北方醋与南方醋，较为著名的醋有山西老陈醋、天津独流老醋、江苏镇江陈醋、浙江湖州老恒和醋等种类。

糖 我国最早的糖有蜜糖和麦芽糖。蜜糖是采集蜂蜜的天然糖。麦芽糖是麦、稻、黍、粟等粮食在发芽过程中将淀粉水解而产生的糖化酵素。虽然含淀粉的作物都可以作为原料，但以大麦芽中提炼的最多，味道最好，麦芽糖由此得名。麦芽糖在古代的名称很多，最早有饴、饧、糖等字，都是以糯米为原料，稀的叫饴，干的叫饧、糖等等。早在周代，我国就有麦芽糖了。《诗经·大雅·绵》有"堇荼如饴"的话，是说周原上生长的植物堇和荼，像饴一样甘甜。《楚辞·招魂》有"粻餭"，粻餭即干饴糖。西汉扬雄《方言》说："凡饴谓之饧，自关而东陈、楚、宋、卫之通语也。"关指函谷关，在今河南灵宝东北。麦芽糖又称"关东糖"，其源就在于此。汉代，民间熬制麦芽糖已相当普遍，崔寔《四民月令》记载入冬以后，可制糖稀（饧），和用条火制硬饴（关东糖）。郑玄注《周礼》，也说到当时有一种用小竹管编成的箫，卖饴饧者吹着它以吸引顾客。北魏贾思勰《齐民要术》详细记述了制造饴糖的生产过程和方法，"取黍米一石，炊作黍蓍盆中。蘖末一斗，搅和一宿，则得一斛五斗，煎成饴。崔寔曰：十月先冰冻，作京饧，煮暴饴。"我国用甘蔗制糖的历史也很悠久，《楚辞·招魂》载有"柘浆"一词。《汉书·礼乐志》也有"柘浆"一词。柘与蔗音同相通，柘浆即蔗汁。《齐民要术》引东汉杨孚《异物志》说："甘蔗远近皆有，交趾（今越南）所产"，榨取它的汁液就像饴饧，给它取名叫做"糖"；将汁液煎熬后晾晒，凝固如冰，当时人把冰糖叫做"石蜜"。唐代，在原有制糖技术的基础上，吸收了印度的熬糖法，使我国的蔗糖制造进入一个新阶段，白糖生产大约就是从唐代开始的。用甜菜制糖,十八世纪开始于欧洲,我国甜菜早有种植,名为“莙菜”或“莙荙”,作为药材,最早见于南朝陶弘景《名医别录》。清朝末年,我国东北地区开始用甜菜制糖。

2.服饰

衣裳 我国古时服制,上身穿的称为衣,下身穿的称为裳。《易·系辞下》曰:“黄帝、尧、舜垂衣裳而天下治。”《通典》卷六十一:“上古穴处,衣毛,未有制度,后代以麻易之。先知为上,以制其衣,后知为下,复制其裳,衣裳始备。”《毛传》:“上曰衣,下曰裳。”古人最早下身穿的是一种类似裙子一样的“裳”。“裳”字也写作“常”。《说文》:“常,下帬也。”“帬”是裙的古体字。《释名》:“裳,障也,所以自障蔽也。”“障”是保护的意思,“蔽”有遮羞的意思。由于古代纺织工具简陋,布的幅面很狭,所以一件下裳就得用几块狭幅布横拼起来,样子像一幅腰围。据说当时制裳要前三幅,后四幅。这种古老的服制,直到周代还作为礼服的一部分保留着,在祭祀和朝会时穿着。在周口店山顶洞人居住的洞穴中发现了一枚骨针,说明山顶洞人已开始缝制兽皮来遮蔽身体了。到了母系氏族公社时期,在陕西西安半坡仰韶文化遗址出土了陶纺轮、骨针、布纹陶钵等。证明在距今五六千年前,我们的祖先已缝制衣裳了。据文献和金文中记载有“赐汝赤芾朱黄”句,其中的芾(fèi费)施用于服饰,就是“蔽膝”。河南安阳小屯殷墓出土玉人立像,衣作交领,头戴帽。腰间束带,腰带上系有一韠(bì 毕)(蔽膝)垂下,韠下端作圆形。从出土雕玉人形看,这种韠还作为祭祀、朝会时穿着的礼服的一部分保留下来。后世以至今天,还把衣裳泛指衣服。

品服 古代官员所穿的公服,亦称"品色服",即官吏按品级高低规定所穿的服色。魏晋以后,官员分为九品,凡是有品级的官员称为品官。"品色衣"最早出现在南北朝时的北周,不过当时只是宫廷侍卫官穿着,还未成为定制。品官等级不同,其品服的颜色、形制、质地也不同,以示尊卑。如《唐会要》载:"三品以上服紫,四品五品服绯(大红),六品七品以绿,八品九品以青。妇人从夫之色。"《新唐书·郑余庆传》:"每朝会,朱紫满庭,而少衣绿者,品服大滥。"唐朝常服,一般头戴折上巾,身着圆领袍,脚着乌皮六合靴。品官服色,曾有多次规定,但变化都不太大。如宋代把公服和常服合为一种,仍以服色区别官职大小,三品以上用紫色,五品以上用朱色,七品以上用绿色,九品以上青色。服装式样是曲领(圆领),大袖,下裾加横栏。头戴幞头,腰束革带,脚穿靴或带靴筒的革履。明太祖洪武二十六年(1693 年),定制:衣用盘领右衽袍,首戴幞头,腰围革带,脚着皂靴。一品至四品绯袍,五品至七品青袍,八品九品绿袍。未入流杂职官与八品以下同。

深衣 广义上深衣概念指的是所有符合"被体深邃"特点的汉族传统服饰,狭义的深衣则指战国时人们所穿的将上衣与下裳连在一起的一种袍形长身衣。《礼记·玉藻》记载,深衣为古代诸侯、大夫等阶层的家居便服,也是庶人百姓的礼服。深衣的形制,上衣、下裳分开裁剪并缝合到一起,制成一种包裹全身的长袍衣。上衣用布四幅,左右连缝为一,然后取横中线折叠为前后两幅。下裳用六幅。每幅都交解裁之,使一头狭,一头宽,狭头在上,宽头在下。则可适合上衣的腰缝,前后合成十二幅之数。深衣的用途,据《礼记·深衣》记载:"故可以为文,可以为武,可以摈相,可以治军旅,完且弗费。善衣之次也。"意谓文武百官、士庶军卒皆可穿着。由于深衣一般用麻布制作,花费少而易做。

胡服 古代诸夏汉人对西方和北方各族胡人所穿服装的总称,北方草原少数民族,为了游牧时涉水草、骑射需要,都穿短衣、长裤和靴,与当时中原地区宽大博带式的汉族服饰,有较大差异。战国时期,赵武灵王实行“胡服骑射”。所谓“胡服”者,就是废去上衣下裳(或深衣制的长衣),改着裤褶服。裤即穿在外边的长裤,褶即在衣的外边又穿的短衣窄袖(或宽袖),其全身配搭是上褶下裤,头戴貂皮冠,腰束革带,并于带上附若干悬挂实物的小环,脚上着靴。这一套装束适宜于游牧民族居无常所,跋涉草地,将应用物品随身携带的需要。《事物原会》引《舆服杂事》云:“赵武灵王有裤折之服。”《战国策·赵策》赵武灵王“赐周绍胡服衣冠、贝带黄金”。贝带黄金即胡人有镶贝黄金带钩的革带。山西侯马出土了春秋时期的陶范,一为原范,一为翻模后的图像,系一被俘者的形象,身穿裤褶服,窄袖、左衽。陶范的时代略早于赵武灵王,但其衣式系胡服则无疑。此后到两晋、南北朝时,大量北方少数民族入居中原,这种窄袖短身、长裤的胡服就盛行于汉族地区了。以后,历经隋、唐、朱、元、明、清各代,各民族间服装互相影响,胡服也就成为汉族服装形式的一部分了。

班服 辽初期居住在我国东北辽河流域上游,属契丹族。到辽太宗得后晋燕云十六州后,进入华北地区,为了便于统治,采取了一套胡汉分治的制度。官制分南、北院。据《辽史·仪卫志》记载,为了适应胡汉分治的官制体系,在衣冠制度上既采用契丹本族的服饰,又采用汉族的传统服饰,即辽主与南班汉官用汉服;太后与北班契丹巨僚用本族服装(国服),这种服饰制度称“班服”。南班汉服,基本上承袭唐、五代制度,以冕冠、青衣为祭服;通天冠、绛纱袍为朝服;常服是幞头,袍服、九环带(或金,玉、银、黄铜等带),大合靴。北班国服,即保留契丹族原来的服饰,其主要特点为长袍、左衽,男髡发,女梳髻。除皇帝、高级巨僚可以戴冠外,一般人不准私戴,如皇帝在大小祀时戴金文会冠和硬帽。

补服 又称"补子",是明、清时期前后缀以表明官品饰块的官服。补子上用金线和彩色丝线绣成图案,飞禽代表文官,如一品文官用仙鹤补;猛兽代表武官,如一品武官用麒麟补。补子可能源于武则天以袍纹定品级。《旧唐书·舆服志》载:"延载元年五月,则天内出绯紫单罗铭襟背衫,赐文武三品以上。左右监门卫将军等饰以对狮子,左右卫饰以麒麟,左右武威卫饰以对虎,左右豹韬卫饰以豹,左右鹰扬卫饰以鹰,左右玉钤卫饰以对鹘,左右金吾卫饰以对豸,诸王饰以盘龙及鹿,宰相饰以凤池,尚书饰以对雁。"明代君主专制加强,对服色及服装图案有具体严格规定。洪武二十四年(1391 年)定,公、侯、驸马、伯服绣麒麟、白泽。文官一品仙鹤,二品锦鸡,三品孔雀,四品云雁,五品白鹇,六品鹭鸶,七品鸂鶒,八品黄鹂,九品鹌鹑;杂职练鹊;风宪官獬廌。武官一品、二品狮子,三品、四品虎豹,五品熊罴,六品、七品彪,八品犀牛,九品海马。其后补纹亦有所改易。明中、后期,不遵循服制的情况非常严重,除文官尚能遵制外,武职品官初则崇尚虎豹,后则概用狮子。品服之外尚增添了葫芦、灯景、艾虎、鹊桥、菊花等补子,这些都是随时景变化任意妄为的。清朝,补服成了官服中主要的一种,《清史稿·舆服志》载:皇子,龙褂色用石膏,正面绣五爪金龙四团,两肩前后各一,间以五色云。亲王,补服用石青色,绣五爪金龙四团,前后正龙,两肩行龙。郡王,补服用石青色,绣五爪行龙四团,两肩前后各一。贝勒,补服色用石青色,前后绣四爪正蟒各一团。贝子、固伦额附,补服色用石青色,前后绣四爪行游各一团。镇国公、辅国公补服皆用石青色,前后绣四爪正蟒。文官补子的纹饰:一品绣鹤、二品锦鸡、三品孔雀、四品雁、五品白鹇、六品鹭鸶、七品鸂鶒、八品鹌鹑、九品练雀。武官一品麒麟、二品狮,三品豹、四品虎,五品熊、六品彪、七品八品犀牛,九品海马。都御史、副都御史、按察使、给事中、御史的补服绣獬豸。未入流冠服制如文九品。

袍 传统汉服的重要品种,直襟直统式,交领,右衽,长袖施缘,下摆长大,束腰带,与深衣有相似之处。《礼记·玉藻》:"纩为茧,缊为袍。"即新丝棉絮泛称为"纩",用新棉絮成的衣胎为"茧";用旧棉絮或乱麻絮衣服为"缊",袍是用旧棉或旧棉与乱麻絮成的。袍服可能起源于西周初。《后汉书·舆服志》载,袍是周公抱成王闲居时所穿的服装之一。春秋时期,平时、战时都有穿袍的,如《论语·子罕》记载了仲由平时穿破"缊袍"。《诗·无衣》,记载了秦国战士穿袍子,并把自己的袍子给同伴的动人情景。汉代的袍服,是一种外衣,无论男女贵贱都可以穿。汉袍衣身比较宽松,衣袖肥大,称为袂,袖口收紧,称为袪。衣领、衣袖一般缀有花边,衣领多为鸡心式袒领,穿着时露出内衣,也有裁成大襟斜领,衣襟开得很低。下摆打裥,有的有装饰。三国、两晋、南北朝时的袍子,大体仿效汉袍。

衫 古代指无袖头的开衩上衣或短袖单衣。《释名·释衣服》:"衫,芟也,芟末无袖端也。"衫初见于汉代,是一种对深衣加以改革(去袖端)的服装,袖口较宽大。南北朝时,妇女日常服饰是上身着襦衫,下身穿裙子。这种衫一般以轻薄质料和浅淡颜色为主,南朝沈约《少年新婚之咏》有"裾开见玉趾,衫薄映凝肤"之句。南京西善桥南朝墓出土的"竹林七贤"砖刻画的阮咸、嵇康等即穿这类长衫。在以后的发展过程中,演变出汗衫、小衫、襕衫、帽衫、紫衫、凉衫、团衫、衫子等许多品种,有官员公服、士人礼服以及普通百姓的常用服装,并有长短之分,男女都可穿用。隋唐时期,仍是承袭这种衣服,如元稹诗有"藕丝衫子柳花裙"的诗句,是描述女子上穿罗衫下系裙子的。宋代妇女通穿也以衫为上衣,宫中妇女以黄及粉红颜色纱制成的衫为常服。如宋人诗词中有"轻衫罩体香罗碧","薄罗衫子薄罗裙"等句。后来把衫通称为单上衣。

裙 上衣下裳,是我国最古老的服饰形制。裙即下裳。东汉末年刘熙撰写的《释名·释衣服》上说:"裙,下群也,联接裾幅也。"从文献和考古发现考察,最早围于下身前后的兽皮,形成了下裳,即后世的裙子。上古时男女服装差别不大,下裳亦为男子所服。

传说黄帝"垂衣裳而天下治",为文献中穿裙之始。东周时期,深衣居多,可看做连衣裙的雏形。两汉以来,穿裙渐多。西汉时流行一种折叠成许多褶纹的"留仙裙"。晋代时兴绛红纱复裙、丹碧纱纹双裙等;隋、唐时期,妇女穿裙的风气大盛,裙子色彩绚丽,以红、紫、黄、绿为多,所系裙幅极长,白居易有"血色罗裙翻酒污"(《琵琶行》)之句。唐时女裙以幅多为佳,陕西西安王家坟出土的三彩坐熏笼女俑,即穿的十二破锦长裙。宋代妇女裙子大多以罗纱为料,而且有刺绣,贵族妇人甚至在裙上缀以珍珠。裙子和裙带垂得很长,裙的颇色也很多。宋裙有六幅、八幅、十二幅,而且多折,其中尤以舞裙为最,褶多,旋转时可增加婆娑之姿。元朝后期,流行素淡色的裙子。明代又流行百褶长裙,以红色为主。清代的裙子名目繁多,曹雪芹《红楼梦》提到有大红灰鼠皮裙、葱黄绫子棉裙、翡翠撒花洋皱裙等。

裤 是套在腿上御寒的胫衣。"裤"字在上古文献中作"绔"或"袴"。古代的裤与现在的裤是不同的,《说文》:"绔,胫衣也。"是说裤是没有裆的,如同近代的套裤,仅套在腿上起御寒作用。魏晋、南北朝时,虽有人下身穿裤,但在裤子外面必须罩上裙子。《宋书·羊欣传》“(王)献之尝夏月入县,(羊)欣着新绢裙昼寝,献之书裙数幅而去。”这是裤子之外加束裙子的实例。唐、宋时期仍承袭此制。宋代妇女的裤一般都不露在外面,外面加束长至足面的裙子,但开始出现了单裤而不系裙的,这可能是比较穷苦的妇女的装束。福建福州南宋黄升墓有实物出土。

马褂 客家又叫大襟衫,是清代的男式服装之一,套在旗袍或称满式长衫的外面穿用,有些类似背心或外套,故穿着整齐又称为“长衫马褂”。

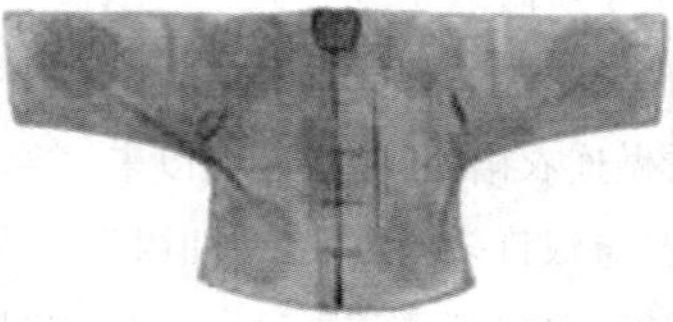
黄马褂

马褂是有袖上衣,不同于无袖的马甲,分大襟、对襟、琵琶襟三种,一般长度到肚脐,袖子到肘部。清朝初期只是满族人穿用,由于朝廷强制在全国实行剃发易服,至此传统服饰汉服几乎全被禁止穿戴,康熙雍正年间开始广泛流行这种满洲袍服。马褂分单、夹、纱、皮、棉等种类。黄马褂是皇帝特赐侍卫武士、有军事功劳者和行围打猎成绩突出者的,代表皇室的恩典,所以其他人不得随便穿用黄色的马褂。

1912年,北洋政府颁布的《服制案》中,将长袍马褂列为男子常礼服之一。1929年,国民政府公布《服制条例》,正式将蓝长袍、黑马褂列为“国民礼服”。

衮冕 即衮衣和冕,是古代皇帝及上公的礼服和礼冠,在祭天地、宗庙等重大庆典活动时穿戴。《世本》载,“黄帝作旃冕”。《通典》载:“黄帝作冕垂旒。”因为传统上把传说中的黄帝作为中华民族的祖先,所以过去把古代的礼仪、服饰都和黄帝挂钩。周代,冕服制度初步形成,如毛公鼎铭、吴彝铭中有“冕”“衮”“芾”“舄”等冕服的象形字。《礼记·玉藻》:“天子玉藻十有二旒,前后邃延,龙卷上祭。”此即天子祭祀先王时所用的衮冕。冕上有“延”,“延”即上边覆盖的冕板,上用玄色,里用朱色。东汉明帝时规定,冕版宽七寸,长一尺二寸。玉藻,是用五彩丝条作垂绳,绳上穿五彩玉珠。每旒即每串十二玉,冕延前后各垂十二旒,冕旒长度齐肩。冕,俗称“天子冠”。所谓“龙卷”,就是画有以卷曲龙纹为主要图案的衣服,即衮。在冕服制度里,和天子衮服相塔配的服装还有玄衣、纁裳、芾、革带、大带、佩绶、舄等。天子与诸侯都可以穿冕服,区别仅是旒数及每旒的玉数不同。冕服制度从西周直到明朝,基本形制变化不大。只是后世,冕延垂旒改为玉珠或翡翠、珊瑚等。

顶戴花翎 清朝时,按官品高低在礼帽上安装不同的顶珠和花翎的形式称为“顶戴花翎”。清代男子的冠帽有礼帽与便帽之分,“礼帽”俗称“大帽子”,随季节更换,冬天戴暖帽,夏天戴凉帽,而且按礼仪的不同,还分朝帽和吉服帽两种。暖帽形制多为圆形,周围有一道檐边,材料多用皮制,也有呢及缎制的。凉帽形如圆锥,无檐,俗称嗽叭式。质用藤、蔑、席或麦秸,外裹绫罗。清朝礼帽,在其顶部都要装上顶珠。朝冠顶子共三层:上为尖形宝石,中为球形宝珠,下为金属底座。吉服冠顶为球形宝珠及金属底座。金属底座有金的和铜的两种。《清史稿·舆服志二》载,顶珠按材料及颜色区分官员品级高低:一品红宝石;二品红珊瑚;三品蓝宝石;四品青金石;五品水晶;六品砗磲;七品素金;八品用镂花阴文金座,无珠宝饰;九品用镂花阴文金座,无珠宝饰。无顶子者,即无品级,叫做“未入流”。凡戴礼帽,都要在顶珠之下装有二寸长短的翎管一支,用白玉翡翠(也可用料器代替)制成,藉以安插翎枝。

清朝翎枝有蓝翎、花翎之别。蓝翎以鹖羽为枝，无眼；花翎则用孔雀翎毛，又称孔雀翎。根据翎毛稍彩色斑点的不同，有一眼、两眼、三眼之分，以三眼最贵，惟宗室中的贝子可插。安装的方法是将翎子拖向脑后。

瓜皮帽子 又名小帽、瓜拉帽，有六瓣、八瓣，上作平形或圆形，用线合缝，下有檐。夏天用结棕或用漆纱，冬天则用绒或毡。创自明太祖洪武年间，取六合一统之意。清朝因袭明制，瓜皮帽子为士大夫闲时所戴。其质料，夏秋用纱，春冬用缎；颜色，外表用黑，夹里用红，富庶之家用红片金或白青锦缎缘其边。《竹枝词》云："瓜皮小帽趁时新，金锦镶边窄又匀。"这种小帽形式有平顶、圆顶、尖顶和硬胎、软胎之别。平顶、圆顶大多是硬胎，内衬棉花；尖顶的大多是软胎，取其便利，不戴时可折叠存放。尖顶软胎始于咸丰初年，称为"盔衬"，用皮做帽檐缘边的叫做"团秋"。帽顶有"结子"，用红色丝线编成，结子大小时有变化，先流行樱桃小结，后又崇尚大结。清末，士大夫间又流行用珊瑚、水晶、料珠代替帽结。

屐 木材制成的一种鞋，底有齿，或无齿。《事物纪原》："《异苑》曰：'介子推抱木烧死，晋文公伐以制屐。'"可见春秋时期木屐已见于世。脚着木屐之风，为东晋、南朝时所盛行，上自天子，下至士庶，普遍采用。木屐便于登山，《南史·谢灵运传》："登蹑常着木屐，上山则去其前齿，下山去其后齿。"《晋书·五行志》载，初作木屐，乾屐（男式屐）方头，坤屐（女士屐）圆头。至太康年间（280—289 年）初期，坤屐也呈方头。至此坤屐与乾屐无区别。唐代，着屐之风仍存，如李白《梦游天姥吟留别》："脚着谢公屐，身登青云梯。""谢公屐"，指南朝宋诗人谢灵运穿过的那种木屐。说明李白游天姥山时，也穿着木屐。

靴 也作鞾，一种高至踝骨以上的长统鞋。《释名·释衣服》:“靴,跨也,两足各以一跨骑也。本胡服,赵武灵王服之。”《说文解字》:鞮,革履也,胡人履连胫,谓之络鞮。”“络鞮”就是后代的靴。穿靴能护脚踝,又便于践涉水草,适于游牧乘骑。战国时,赵武灵王为了战争的需要。实行胡服骑射,脱去履而改着靴。魏晋南北朝时,南方各朝虽也有穿靴子的,但还不能作为正式服饰。《南史·萧琛传》:“(琛)乃着虎皮靴,策桃枝杖,直造俭(王俭)座。”也有着靴骑驴外出者。但若着靴上殿,却会被认为无肃恭之礼。至于北朝,虽北魏孝文帝大力推行汉服,但穿窄袖胡服,着长鞫靴仍是北朝服饰的主要特征。隋、唐时期,穿靴风气更盛。隋时穿六合靴,唐代因袭不改。大宗贞观时,马周建议改长鞫为短鞫,并加靴毡,可以穿它入殿、省奏事。唐代宫女、舞伎穿靴的,也不乏其例。

腰带 中国早期的服装多不用纽扣,只在衣襟处缝上几根小带,用以系结,这种小带的名称叫“衿”。《说文·系部》:“衿,衣系也。”为了不使衣服散开,人们又在腰部系上一根大带,这种大带就叫腰带,它与今天人们所用来系束裤裙的带子名称虽同,但作用并不一样。古代以韦(熟皮)为带,反插垂头,至秦二世时,开始叫做“腰带”。至唐,始以带饰区分官品高低。《旧唐书·舆服志》记载了腰带颜色所代表的官员品级。腰带颜色,唐时以黑皮带为最算贵,至宋开始用红皮带。宋代,严格以腰带装饰物区分官品身份。太平兴国七年(982 年)规定,三品以上服玉带,四品以上服金带,五品、六品服银铐镀金,七品以上及内职武官服银铐,八品九品以上服黑银,余官跟黑银方团铐及犀角带。贡士及胥吏、工商、庶人服铁角带等等。带铐,即带上装饰物的形状和雕饰也有一定分别,如玉带铐作方形而密排的叫做排方玉带。皇帝才能束用,一般大多用四个方形及五个圆形排置在革带上。这种用腰带作为等级身份标志的制度一直保留到清朝末年才被废除。

绅带 古代皇帝及诸侯束在衣外的大带。《周礼·春官·巾车》“樊缨”正义曰:“人服有二带,大带谓之绅,革带谓之鞶。”所以又把大带称之为绅带。大带是用绢织成的,四边都加缘,大夫以上用生绢,宽四寸;士以上用熟绢,宽二寸。天子素带朱里,诸侯不用朱里。古人所说的“搢绅”一(又称“缙绅”),“搢”“缙”都是插之意,即指朝臣把上朝所执的笏板插在带间。《晋书·舆服志》:“所谓搢绅之士者,搢笏而垂绅带也。”这样,“搢绅’,就成为仕宦的代称。

佩玉 古人用玉比喻君子的德行:温润、高洁,因此佩玉是古代贵族很看重的衣饰。《礼记·玉藻》:“古之君子必佩玉”,“凡带必有佩玉, 唯丧否”,“君子无故, 玉不去身,君子于玉比德焉”。礼服左右各有一组相同的佩玉,每组佩玉都用丝绳连着,上端一枚弧形的玉叫做“珩”;“珩”的两端各悬一枚半圆形的云璜(形伏像璧的一半);中间缀有两片玉,叫做“琚”和“瑀”;两璜之间悬一枚玉叫做“冲牙”,走路时,冲牙与两磺撞击,发出清脆和谐的声音。河南安阳殷墟、商妇好墓以及战国时墓葬中都出土了不少雕玉佩饰,可与文献记载相互印证。

笄 即簪。古人把头发束起来挽成发髻后,用簪来贯穿发髻,起固定发髻及装饰的作用。《释名·释首释》:“笄,系也,所以系冠使不坠也。”古代男子戴冠、弁时,用笄从冠旁孔中横贯到发髻中,从另一旁的孔中穿出来,起到把冠固牢在发髻上的作用。女子在发髻上插笄加花。根据考古发掘, 在仰韶文化和龙山文化遗址中发现有陶笄、骨笄,说明在原始社会即有束发的习俗了。殷商以后,骨笄更加讲究,有的在笄头上雕镂着精美的鸟首和饕餮纹饰,最长的竟达二十厘米。另外,从殷商时的玉人形佩物中,也可见到贯笄戴冠的形象。

十六、文化名人

1.思想家

老子　老子是谁，历来有不同的说法。一般认为老子，姓李，名耳，字聃，又字伯阳，号老子，楚国苦县(今河南鹿邑东)厉乡曲仁里人，春秋后期著名思想家。老子在周王室担任管理藏书的守藏室之史。孔子曾到周室，向老子请教古礼。老子亲眼看到周的衰微，就弃官隐去。走到函谷关，关令尹喜对他说："您将要隐居起来了，请为我写一本书吧！"于是老子写作了《道德经》上下篇，阐述道德的意义，然后离去。人们不知道他以后怎么样了。据说，老子活了一百六十岁，也有人说是活了二百多岁，由于他能讲修道德，故而长寿。也有人说，老子就是楚人老莱子，他著书十五篇，讲道家的体用，与孔子是同时的人。还有人认为，老子是周平王时的太史儋，四百多年后的战国中期写作了《道德经》。据今人研究，《老子》一书大体反映了春秋后期李耳的思想，又经过后人的加工，直到战国中期才最后成为定本。由此才出现了三个老子的说法。《老子》一书共五千字，分上下两篇，八十一章。今传本上篇为《道经》三十七章，下篇为《德经》四十四章，故而该书又名《道德经》。书中创立了以道为核心，包括本体论、辩证法、认识论和人生哲学内容的系统的哲学思想体系。认为道是宇宙万物的本质，道产生万物，万物产生后又回归于道。

万物有互相对立的两面,对立面相互依存,相互转化。道通过弱发挥作用,要以曲胜全,以弱胜强,甘居雌柔、卑下,就能回归到质朴。道在万物中的体现和作用称为德,德的核心,是自然、无为、无知、无事、无争、知足,一切顺乎自然。个人要以无为治身,统治者以无为治国,最终使社会回到淳朴无争的小国寡民的自然状态之中。老子的思想,将人们思考的范围从伦理道德、人生和政治,扩展到整个宇宙,在抽象思维上也是巨大的进步。他所创建的思想体系,使他成为道家学说的创始人,对古代哲学、政治、军事、宗教、医学、养生等,都产生了广泛而深刻的影响,不愧是中国思想文化的智慧之根。

孔子 前551—前479年,名丘,字仲尼,人们敬称其为孔子、孔夫子,鲁国陬邑(今山东曲阜)人,春秋时代伟大的思想家、政治家和教育家,儒家学派的创始人。孔子的先世是宋国人。孔子三岁丧父,家境贫困,读书刻苦,十七岁时,已经以知礼闻名。孔子当过季氏家的仓库吏、司职吏和司空,以后就离开鲁国,到各诸侯国游历。后来,孔子回到鲁国,广招弟子,传授学问,成为很有影响的学者。前501年,孔子被任命为中都(今山东汶上西)宰,治理地方很有成绩。次年,孔子升任司空,又升至大司寇。前496年,孔子代理国相,致力于治国,成效突出。因齐国挑拨,孔子三个月后离开鲁国,带了弟子们周游列国,先后到过卫、陈、曹、宋、郑、蔡、楚等国,受尽磨难。前484年,六十八岁时回到鲁国。他集中精力整理旧有的文化古籍,并作为向弟子授课的教材,编定了《书》《礼》《乐》《诗》《易》《春秋》六种儒家经典。孔子的学生据说达三千人,其中身通六艺者七十二人。他设置了礼、乐、射、御、书、数六类课程,分德行、言语、政事、文学四科对学生进行教育。他自己学而不厌,对学生诲人不倦。孔子死后,弟子们将他的言论和谈话记录整理成《论语》一书。孔子综合三代以来思想文化的精髓,创立了以仁为核心的儒家学说。认为仁者爱人,孝悌是仁的根本,礼是仁的规范。仁的思想推行于政治上,就是行德治、礼治。整顿政治的方法是正名。治理社会的办法是庶、富、教。反对苛刻的政治,说"苛政猛于虎"。孔子的思想,博大恢宏,超越时空,以人和人的关系为出发点和归属,探求社会安定、人际和谐的方法,得到历代学者和政治家的认同。其所创立的儒学和儒家学派,作为中国古代思想文化的主流,经过后继者的完善和发展,成为中国古代社会占统治地位的思想,并影响了我们民族的个性,对现在和未来的中国发展有着不容置疑的作用。

墨子 约前468—前376年,名翟,人称墨子,祖先为宋国人,后长期居鲁,战国初期的思想家、政治家,墨家学派的创始人。据说,墨子出身平民,当过造车工匠,又曾向史角学习郊庙之礼。因不满儒学礼义繁琐,另立学说,收徒讲学,成为儒家学派的主要反对者。为了实践其政治主张,他身体力行,率徒奔波于宋、卫、楚、齐、鲁、魏等国,制止了多次战争。在宋昭公(约前452—前404在位)时,他曾为宋国大夫。他的弟子多是下层劳动者。《墨子》一书,今存五十三篇,多为其弟子及再传弟子记述的墨子言行。墨子提出兼爱、非攻,尚贤、尚同,天志、明鬼,非乐、非命,节用、节葬的十大主张。他以兼爱为根本,认为人们要互相亲爱和有利,爱无差等,不偏富贵,不避贫贱,天下同义,要反对违背兼爱原则的战争。兼爱在政治上就要尚贤,由贤者任官,甚至天子也应由贤者担任。官无常贵,民无常贱,以尚同于天的意志。贤者要努力兴天下之利,除天下之害。兼爱的理论根据是天志和明鬼,天对所有人都是一视同仁的;要相信鬼神,因为鬼神能帮助天赏善惩恶。他反对统治者繁饰礼乐、奢侈享乐的生活。反对儒家的天命说,认为寿夭、贫富、安危、治乱都是由力决定的,人们要以强和力去改变自己的生活境遇。反对劳民厚敛,主张诸侯节省财用,使民财足而不劳。安葬要节省。在认识论上,墨子提出三表法,强调认识来源于客观感觉的经验,事物的存在必须以人们的眼耳感知为标准。墨子的学说和主张,主要代表了下层平民的利益,所以在当时很有影响。《墨子》中还有许多关于机械制造和守城之术的内容,在科学史上也有重要地位。

孟子 约前 372—前 289 年,名轲,字子舆,又字子车、子居,邹(今山东邹县东南)人,战国时代著名思想家、教育家,儒家学派的重要传人,人称为孟子、亚圣。孟子先世是鲁国孟孙氏,后家道衰落。孟子幼年丧父,其母曾三次搬家,给予他良好的家庭教育。孟子受业于子思的门人,治儒术之道,终于精通五经,尤长于《诗》《书》。学成以后,他到各国游历,想借助诸侯的力量,实现自己的政治抱负。听说魏惠王卑辞厚礼招贤,孟子至魏。魏惠王问他何以利吾国,孟子以不可言利而应行仁义相答。随后到齐,游稷下学宫,齐宣王任其为卿。前 314 年,孟子劝齐宣王乘机伐燕。齐军入燕,大量杀戮平民,引起燕人反抗,被迫撤退。孟轲多次劝宣王行仁政而勿图霸业,不要俘杀燕平民,为燕国立君,宣王一概加以拒绝。孟子又到宋、鲁、滕、梁等国,宣传他的仁政的政治主张。当时诸侯们忙于富国强兵和攻城略地,虽然对孟子十分礼遇,却都认为其主张迂阔而不可用。晚年,孟子回故乡邹国,与弟子万章、公孙丑等人著书立说,发扬孔子的思想,成《孟子》七篇。孟子认识论最根本的是心性论。他认为人的本性是天赋的、纯善无恶的,对人性本质的仁义礼智等善端,不虑而知的良知,不学而能的良能,应该加以保护,存心养性,通过内在修养,达到知天、立命的圣贤人格。修身养性的方法是思诚和寡欲,排除感官物累,养浩然正气,以达到万物皆备于我的境界。孟子的道德规范主要是仁、义、礼、智,诚则是四德的抽象和概括。四德中以仁义为主,仁是人,人心,义是符合仁的行为,礼、智是为实现仁义服务的。要贵义贱利,反求诸己,与人为善,实现人性的净化,富贵不能淫,贫贱不能移,威武不能屈。人的价值集中体现在道德价值上,治国平天下都赖于个人的修身。从上述认识出发,孟子提出仁政学说。仁政施予的对象是民,民是立国之本,民为贵,社稷次之,君为轻。行仁政,就要轻其刑罚,薄其赋敛,制民之产,实行教化,以德服人,贵王道贱霸道。要实施仁政,就必须通过禅让确立贤君,通过尊贤以任用贤能。让劳心者治人,劳力者治于人。治于人者食人,治人者食于人。孟子通过阐发子思学说,继承、深化、丰富和发展了孔子的思想,排斥了异端的学说,使儒学成为战国时代的显学,对后世儒家思想的演变有很大影响,被视为孔门儒学的正宗。

庄子　前369—前286年,名周,字子休,人们尊称其为庄子,宋国蒙(今河南商丘东北)人,战国时的哲学家,道家学派的主要代表人物。庄周生活十分清贫,住在穷闾陋巷,靠织履谋生,但不愿做官。庄子对现实世界的不平充满愤懑。他穿了破麻鞋和有补丁的布衣去见魏王,魏王说:“先生怎么这样困顿?”庄子反驳道:“衣服破烂、鞋履穿孔,是贫穷,不是困顿。我现在身处昏君乱相之间,想不困顿能行吗?”庄子临死之前,弟子们商量要厚葬他,庄子说:“不必了。我以天地为棺椁,以日月、星辰、万物为陪葬品,我的葬具还不好吗,还厚葬什么?”庄周的思想集中体现在《庄子》一书中,该书在道教中被尊称为《南华真经》,通行本三十三篇,分为内篇七篇,外篇十五篇,杂篇十一篇。其文字汪洋恣肆,想象丰富,多采用寓言阐说哲理。庄子认为道是客观真实的存在,是世界最高的本体。一切事物都处于变化之中。矛盾双方相互作用,相互转化,"臭腐复化为神奇,神奇复化为臭腐"。世界上的万物都是相对的,有差别,又无差别。在庄子看来,人生就是一场梦。世界上无所谓美丑善恶是非,人们应该安于现状,逍遥自得,顺应世俗,随遇而安,达到"天地与我并生,万物与我为一"的绝对自由的精神境界。治理社会只能用自然无为的办法。他认为人们应该终生探求知识,说:"吾生也有涯,而知也无涯。"认为最美的是自然界本身,"天地有大美而不言"。庄子厌世和出世的思想,对在专制重压和人生波折中的人们有很强的吸引力,成为古代许多士人愤世嫉俗、藐视权贵、淡泊名利、轻于去就人生态度的思想源泉。庄子的哲学和文风,更是中华传统文化中的宝贵财富。

荀子　约前313—前235年,名况,字卿,赵国郇邑(今山西临猗、解县一带)人,战国后期著名思想家、教育家,人称荀子,汉朝人避宣帝讳,又称其为孙卿。荀卿很早就游学齐稷下学宫,后来劝谏齐闵王无效,离齐到楚。齐襄王时,回到新恢复的稷下学宫,三次被推为祭酒(学长)。约在前266年应聘至秦,对秦王讲大儒"势在人上,则王公之材也;在人下,则社稷之臣、国君之宝也"。回齐多年后被人谗害,又离齐赴楚。春申君用他为兰陵(今山东苍山县兰陵镇)令。因谗言赴赵为上卿,对赵孝成王讲,"善附民者是乃善用兵者也。"几年后,回楚国,重任兰陵令。后家居兰陵至死。荀卿的思想,凝聚于《荀子》一书中,该书共三十二篇,除《大略》《宥坐》《子道》《法行》《哀公》《尧问》为弟子所述外,其余都是荀子自著。荀卿不满世道和学术的混乱,他要通过对诸子的批判,发扬儒家的思想和精神。在哲学上,荀子认为自然界与人类各有其职分,人要发挥能动作用,制天命而用之。荀卿批判孟子的性善论,认为人的本性是恶,人们在后天环境的陶冶下,通过学习和修养,形成高尚的道德人格。在社会观上,他认为人之所以区分于禽兽在于人能群,而人之所以能群是因为人有富贵贫贱之分。群体性和等级制的统一,是最理想的和谐的社会结构。在历史观上,荀子主张法后王。在政治上,荀卿主张礼法兼治、王霸并用。要隆礼明法,以礼作为区别等级、划分名分和职分的标准,以法律、政令作为衡量曲直、判断是非的准绳。强调贤王应该尚贤使能,强本节用,开源节流,裕民富国,兼利天下。总之,荀卿主要继承、发挥了孔子"外王"的方面,注重推行王道于天下,成就裕民富国的事功,从而形成了独树一帜的荀学。

董仲舒 前179—前104年,西汉广川(今河北枣强县广川镇)人,著名儒学大师,他帮助汉武帝建立了"独尊儒术"的古代社会文化专制主义的新秩序,在中国文化史上有极重要的地位。董仲舒自幼潜心读书,曾三年不窥园,刻苦钻研《春秋公羊传》,造就了超群的学识。景帝时为博士,同时聚徒授业,史学家司马迁就是他的弟子之一。董仲舒著有《春秋繁露》一书,阐扬他的政治理论,以儒家思想为中心,杂以阴阳五行学说,将儒学神学化,以与大一统皇权专制政治接轨,构成了一套维护专制政体的思想体系。汉武帝下诏要求贤良对策,他连上三道对策,人称《天人三策》。武帝亲自召见,与他讨论治国方略。在对策中,他提出天人感应、君权神授、天谴论及崇儒重儒之说。他竭力推崇孔子的学说,说《春秋》是求王道之端,使天下政治得之于正的唯一正确的学说。为此他大胆地提出,当今要扫除积弊,保证政治上的大一统,创立古来未有的盛世,就必须确立思想观念上的一致。要确立统一的思想观念,就要统一学术。他建议,凡是不符合儒家经典和孔子之术的思想学说,都必须摈弃,阻绝其在朝廷晋升的道路。只要那些邪恶鄙陋的学说在政治上灭息了,人们将思想都统一到儒家的思想学术中来,国家才能真正一统,法度才能昭明,民众才能知道自己应该怎样去做。这就是历史上影响深远的“罢黜百家,独尊儒术”的建议。汉武帝接受了董仲舒的意见,将儒家学说正式确定为皇权专制国家占统治地位的思想,将儒学作为统治者和全民都要遵循的思想和道德准则,左右了以后两千年的中国社会,是中国历史上最有影响的文化决策。然而,董仲舒本人并未因其重大建议而得到相应的地位。由于在位儒家的阻挠,董仲舒只是先后做了两任诸侯国的国相,其间还曾因言灾异而被下狱。后来他去位居家,终生以治学著书为业。

王充 公元 27—97 年,字仲任,会稽上虞(今属浙江)人,东汉哲学家。他年少时就成为孤儿,孝顺事亲。后来到京师太学读书,以著名学者班彪为师。他博览群书,而不死抠章句。因为家里太穷,他就常到洛阳市肆,阅读店家出售的书籍,过目不忘,终于博通诸子百家之学。回到家乡后,他以授徒为业。曾经做过郡功曹,因与长官多次谏争,不合而离去。他认为俗儒死守文句,往往失去先圣之真,遂闭门潜思,杜绝与他人的来往,全力著述,成《论衡》一书。扬州刺史董勤曾延聘他为郡从事,转任治中,他自己免职返乡。朋友谢夷吾上书推荐说:“(王)充之天才,非学所加,虽前世孟轲、孙卿,近汉扬雄、刘向、司马迁,不能过也。”汉明帝下诏以公车徵辟,因病未成行。虽年老体衰,仍奋力著成《养性书》十六篇。王充的思想主要体现于《论衡》一书中,该书八十五篇,被称为“疾虚妄古之实论,讥世俗汉之异书”。东汉是个谶纬符录盛行的朝代，王充著书批判。他认为宇宙万物的运动变化和事物的生成是自然无为的结果。社会的政治、道德与自然界的灾异无关。他否定鬼的存在，指出“人死血脉竭，竭而精气灭，灭而形体朽，朽而成灰土，何用为鬼？”对人的精神现象给予了唯物的解释。认为今人与古人气禀相同，古今不异，没有根据说古人总是胜于今人，没有理由颂古非今。《论衡》是一部不朽的唯物主义的哲学文献。

范缜 450—510年，字子真，南乡舞阴（今河南泌阳羊册镇古城一带）人，南朝齐梁时无神论者。晋安北将军范汪六世孙，祖父范璩之，曾任南朝宋中书侍郎。范缜初为宁蛮县主簿，迁为尚书殿中郎。永明年间，齐武帝派范缜出使北魏，范缜的学识和能力受到北魏朝野的称赞。507年被召为中书郎，撰《神灭论》一文，曰：“神即形也，形即神也。是以形存则神存，形谢则神灭也。”反对显赫一时的佛学，证明物质是实在的，精神是附生的。《神灭论》一出，“朝野喧哗”，曹思文、萧琛皆作《难神灭论》驳之。梁武帝萧衍作《敕答臣下神灭论》，令他放弃观点，还组织僧俗六十多人发表文章对范缜进行围攻。王琰痛斥道：“呜呼范子！曾不知其先祖神灵所在。”范缜巧妙地回答：“呜呼王子！知其先祖神灵所在，而不能杀身以从之。”范缜敢于坚持真知、反对权威的精神在今天仍然值得推崇。

朱熹 1130—1200年，小名沈郎，小字季延，字符晦，一字仲晦，号晦庵，晚称晦翁，又称紫阳先生、考亭先生、沧州病叟、云谷老人，谥文，人称朱文公，南宋江南东路徽州婺源人，著名理学家。朱熹是程颢、程颐三传弟子李侗的学生，理学集大成者，确立了完整的客观唯心主义体系，尊称朱子。他家境穷困，自小聪颖，弱冠及第，1148年中进士，历高、孝、光、宁四朝。朱熹于建阳云谷结草堂名“晦庵”，在此讲学，世称“考亭学派”，亦称考亭先生。朱熹曾在岳麓书院讲学，使书院被誉为“潇湘洙泗”；重建白鹿洞书院，邀请了吕祖谦、陆九渊等学者讲学。朱熹整理《礼记》中的《大学》《中庸》两篇单行，与《论语》《孟子》，合订为《四书》，作为教本。宋朝以后《四书》的地位逐渐超越传统儒家的《五经》。朱熹承北宋周敦颐与二程学说，创立宋代研究哲理的学风，称为理学，发扬《大学》中的“格物、致知、诚意、正心、修身、齐家、治国、平天下”的思想，成为后世学者必宗的追求。

王夫之　1619—1692年，字而农，号姜斋，湖南衡阳人，崇祯举人。与黄宗羲、顾炎武并称为明末清初的三大思想家，晚年隐居船山，又称“船山先生”。清军入关之时，曾举兵反抗，败后潜心学术。他在天文、地理、数学、地理学、史学、文学方面均有造诣，哲学上贡献最大。他认为物质性的气是宇宙中的唯一存在，论证了物质不灭及转化的思想。他改造了《中庸》中“诚”的概念，以之作为最高哲学范畴，认为“诚”为“实有”，即客观存在的事物所应有的本质属性。“诚”能够派生出宇宙万物，这是中国哲学史上的一个重要进步。在道、器关系上，王夫之提出了“天下惟器”、“道在器中”的观点。在认识论上，他肯定了感觉器官是认识的来源，同时强调理性思维的作用，二者相济，才能认识事物的本质。王夫之著述甚丰，以《读通鉴论》《宋论》为其代表作。

黄宗羲　1610—1695年，字太冲，号梨洲，世称南雷先生或梨洲先生，浙江宁波余姚明伟乡黄竹浦（今黄埠镇）人。明末清初思想家、史学家，有“中国思想启蒙之父”之誉。其父黄尊素为东林党人，天启中曾任监察御史，受阉党所害。明思宗即位，黄宗羲入京申冤，审讯时以锥击刺阉党，声名四起，成为“复社”领导人之一。从父遗命，师事晚明儒学殿军刘宗周，得蕺山之学。又苦读史书，由明代《十三朝实录》开始，进而遍读“廿一史”。南明弘光年间，阮大铖搜捕复社人士，指黄宗羲为东林党余孽，被捕入狱。清兵南下时，曾组织“世忠营”武装抵抗。屡拒清廷征召，隐居著述讲学。黄宗羲学识渊博，大凡天文、历算、音律、经史百家，释道、农工等无不深究。治学以捍卫阳明心学自任，力主诚意慎独之说。亦重史学之钻研，服膺者如万斯同、全祖望、章学诚等皆以史学名家，蔚为浙东学派。黄宗羲从文学角度强调“性情”，反映现实，表达真意。其诗风格朴实，表现出崇高的民族气节和坚强意志。平生著作有六十三种一千三百二十卷，其中《明夷待访录》《行朝录》《宋元学案》《明儒学案》《明文海》等最为著名。

戴震 1724—1777年，字慎修，号东原，安徽徽州休宁隆阜（今黄山市）人，清代语言学家、思想家。戴震小时聪敏，过目成诵。1758年，戴震设馆于礼部尚书王安国家，教授王念孙读经。1764年，中试举人。1768年，撰成《原善》三卷。1773年，因纪昀的推荐为《四库全书》纂修官。1775年，为乾隆帝特许，经殿试，赐同进士出身，授翰林院庶吉士，未及散馆授官病卒。戴震对经学、天文、地理、历史、数学、机械、水利、生物及古代器物都有研究，被誉为百科全书式的学者。在音韵学上，他创立了古音九类二十五部之说以及阴阳入对转的理论。在训诂学上，他著有《孟子字义疏证》。

2.史学家

司马迁 公元前145年或前135年至前86年，字子长，西汉左冯翊夏阳（今陕西韩城）人，著名史学家和文学家。他撰写的《史记》被公认为是中国史书的典范，因此被后世尊称为史迁、太史公。司马迁的父亲司马谈曾任太史令。汉武帝元封元年(前110年)司马谈去世,三年之后,司马迁承袭父职,任太史令,同时也继承父亲遗志准备撰写一部通史。前104年,司马迁与唐都、落下闳等共同制定了“太初历”,以正月为岁首,为中国的农耕社会奠定了其后两千年来所尊奉的历法基础。之后司马迁便潜心于《史记》的写作。前99年,司马迁为李陵叛降辩护,触怒汉武帝,以“诬罔”罪下狱,受腐刑。出狱后,司马迁任中书令,发愤撰写史书,欲“究天人之际,通古今之变,成一家之言”,完成了中国第一部纪传体通史——《史记》。《史记》对后世史学和文学的发展都产生了深远影响。

班固 公元32—92年,字孟坚,东汉扶风安陵(今陕西咸阳东)人,著名史学家、文学家。其父班彪是著名学者。他“家有赐书,内足于财”,九岁时就能写出很好的文章和诗赋,十六岁入太学读书。二十三岁时居丧在家,班固整理父亲遗著《后传》,立志创立一部新体裁的专门记述西汉历史的专书。62年,有人上书告发他“私改作国史”,班固被捕入狱。班固弟班超急赴朝廷为辩诬,汉明帝阅读书稿后,赏识班固的才学,召他任兰台令史,参与东汉国史《世祖本纪》的写作。不久,迁官秘书郎,掌管中秘藏书的整理校雠。班固又写成了东汉功臣传,平林、新市、公孙述载记等国史二十八篇,并集中精力于《汉书》的写作。82年前后,《汉书》已初具规模。其间,班固曾根据79年白虎观会议的讨论结果,写成《白虎通义》(又称《白虎通德论》)一书。后班固入大将军窦宪幕府,为中护军,参与谋议。89年,随窦宪征匈奴,撰写《燕然山铭》。次年,以行中郎将事,迎接北匈奴和亲使者。92年,窦宪获罪自尽,班固以余党被捕,不久死于狱中。汉和帝诏令班固妹班昭到东观藏书阁整理并续成《汉书》。马融之兄马续博观群籍,安帝时待诏东观,续成《天文志》。《汉书》的写作,历经班彪、班固、班昭、马续四人，前后八十余年，其间班固贡献最大。班固具有浓厚的儒家思想，爱用古字和骈句，文章典雅且富于文采，撰有辞赋《两都赋》《答宾戏》《幽通赋》等。

陈寿 233—297年，字承祚，巴西郡安汉县(现四川南充)人，西晋史学家。蜀汉亡国后陈寿仕于西晋，举孝廉，除著作郎，著有《三国志》，后世评价甚高。陈寿少时勤学，曾拜谯周为师，研读《尚书》《春秋》《汉书》《史记》等史书。后来担任蜀汉的观阁令史，因不愿曲附权宦黄皓，屡遭谴黜。263年蜀汉为曹魏所亡，265年司马炎篡魏，改国号为晋。司空张华十分赏识陈寿的才华，举其为孝廉，除佐著作郎，出补阳平令。在此期间，陈寿编撰了《蜀相诸葛亮集》上奏朝廷，因此功而除著作郎，领本郡中正。陈寿之后致力于编写魏吴蜀的历史，遂成《三国志》，共六十五篇，在当时即为人称颂。陈寿去世后，梁州大中正尚书郎范頵上书皇帝，称赞陈寿的《三国志》一书“辞多劝诫，明乎得失，有益风化”，请求派人采录，《三国志》得以流传于世。

范晔 398—445年，字蔚宗，南朝宋历史学家，《后汉书》作者。范晔系出名门，祖籍顺阳(现河南淅川)，其先祖自西晋永嘉之乱后移居山阴(今浙江绍兴市)。420年，刘裕代晋称帝，建南朝宋，时范晔为刘裕子刘义恭帐下冠军参军。此后十余年中，范晔先后担任过尚书外兵郎、荆州别驾从事史、秘书监、新蔡太守、司徒从事中郎、尚书吏部郎等职。由于其性格骄慢，经常被贬官。432年，范晔“左迁宣城太守，不得志，乃删众家《后汉书》为一家之作，从而写下了这部史学名著。此书简明周详，叙事生动，故取代以前各家的后汉史。445年，范晔由于参与刘义康谋反之事被杀。范晔《后汉书》只有纪传，据说，他请谢俨代作诸志稿，稿虽完成，但谢俨恐祸及己身，将志稿毁掉。北宋时，有人把晋朝司马彪《续汉书》八志三十卷与之合刊，成今天《后汉书》。范晔是个无神论者，在《后汉书》里，他猛烈抨击了佞佛，认为佛教奇谲不经，尤其不屑于神不灭论和因果报应的说法，并对信佛的汉桓帝进行了辛辣的嘲讽。范晔的文风笔势纵放，词句绮丽凝炼，颇具骈文句法，有“博涉经史，善为文章，能隶书，晓音律”之赞。

刘知几 661—721年，字子玄，彭城（今江苏徐州）人，唐代史学家。年二十即举进士，官获嘉县主簿。历任左散骑常侍著作佐郎、中书舍人、著作郎，又撰《起居注》，兼修国史二十余年。期间因深感宰相大臣监修，多所干预，不能秉笔直书其言。708年刘知几辞去史职，从事私人修史工作。刘知几一生从事史学工作，著有《刘氏家乘》十五卷、《刘氏谱考》三卷、《史通》二十卷、《睿宗实录》十卷、《刘子玄集》三十卷；合著有《三教珠英》一千三百一十三卷、《姓族系录》二百卷、《唐书》八十卷、《高宗实录》二十卷、《中宗实录》二十卷、《则天皇后实录》三十卷，仅有《史通》传世。该书对唐朝以前的史籍作了全面的分析和批评，是中国第一部史学理论专著。他提出史家须有三长：史才、史学、史识；对著史强调直笔，提倡“不掩恶、不虚美”“爱而知其丑、憎而知其善”的态度。721年，刘知几因营救长子犯罪流配一事而被唐玄宗贬为安州都督府别驾，不久去世。

杜佑 735—812年，京兆万年（今陕西西安）人，字君卿，唐代政治家、史学家，官至宰相，著有《通典》。杜佑是世家子弟，年十八即以父荫补官，历任济南参军、剡县丞，后入润州（今江苏镇江）刺史韦元甫幕，历官容管经略使、水陆转运使，又做到岭南淮南诸镇节度使，任内推广灌溉，开垦荒田。后又任户部侍郎判度支，时军费开支浩繁，官吏大索商贾，杜佑认为“百姓颇困，加赋攸难”，主张裁减官吏，撰《省官议》献给德宗。唐德宗末年，杜佑官至宰相兼度支使、盐铁使，历唐顺宗、唐宪宗两朝。拜司徒，封岐国公。812年，以太保致仕，十一月病卒。册赠太傅，谥安简。杜佑身经安史之乱，“以富国安人之术为己任”，766年至801年撰写《通典》二百卷。《通典》的目录分为食货，选举、职官、礼、乐、兵刑、州郡、边防等八门，为中国第一部记述典章制度的通史。另有《理道要诀》十卷、《管子指略》二卷，皆久佚。

袁枢　1131—1205年，字机仲，南宋建安（今福建建瓯）人。宋孝宗隆兴元年（1163年）进士，世称西山先生。历任温州判官、严州教授、太府丞兼国史院编修、大理少卿、工部侍郎兼国学祭酒、右文殿修撰、江陵知府等职。任国史院编修期间，负责修《宋史》之列传部分。他的历史巨著《通鉴纪事本末》，全书四十二卷，始于“三家分晋”，终于“周世宗之征淮南”。书中文字全抄司马光的《资治通鉴》原文，只是方式改易。《通鉴纪事本末》取《资治通鉴》所记之事，区别门目，分类编排。专以记事为主，每一事详书始末，并自为标题，共记二百三十九事，另附录六十六事，开“纪事本末体”之先河。袁枢学识渊博，治史严谨，与当时学者朱熹、吕祖谦、杨万里有往来。

章学诚　1738—1801年，字实斋，会稽（今浙江绍兴）人，清代史学家、思想家。父章镳是乾隆七年（1742年）进士，官湖北应城知县。学诚幼资椎鲁，体弱多病，日仅诵百余言，好深思，隆冬盛夏读书常至午夜不倦。十四岁，随父至湖北，二十岁以后学业大进，好读史部之书。乾隆三十年（1765年），拜翰林院编修朱筠为师，筠藏书甚丰，得以纵览群籍。又得与邵晋涵、周永年、任大椿、洪亮吉、汪辉祖、黄景仁等交游。乾隆四十二年（1777年）修

《永清县志》，是年第七次乡试中举，次年中进士。乾隆四十六年（1781年），至河南谋事，归途遇盗，携带文稿荡然无存，日后写作必存副稿。曾官国子监典籍，主讲定州定武、保定莲池、归德文正等书院。乾隆五十三年（1788年），入湖广总督毕沅幕府，协助编纂《续资治通鉴》等书，毕沅待之甚厚。五十五年，毕沅邀为《湖北通志》总纂。嘉庆五年，贫病交迫，双目失明。次年十一月卒，葬山阴芳坞。章学诚一生精力都用于讲学、著述和编修方志。所著《文史通义》，与唐刘知几的《史通》并称史学文学理论名著。曾编纂《史籍考》，拟尽收古今史部书叙目凡例，总目达三百二十五卷，但书未完成，稿亦散失。所修方志，传世有和州、亳州、永清三志。曾主修《湖北通志》，现存遗稿数十篇。章学诚主张"学为实事，而非为空言"，其见解"颇乖人好恶"，生前默默无闻，穷困潦倒。章学诚提出"道（理）寓于器（事物）"命题，认为"道"是客观事物之规律，"求道"应根据对事物的实际考察。提出"六经皆史"之说，主张治经以考证史料和发挥义理相结合，将治经引向治史，反映其解脱旧经学传统束缚的学术趋向。论文注重内容，反对拟古和形式的倾向，批判了当时桐城派的流弊。其学说至清末始为人重视。1922年有《章氏遗书》刊行，被称为"浙东学派"的"殿军"。

3.作家

屈原　约前340—前278年，名平，字原，战国秭归（今湖北秭归）人，楚王的宗族，人称屈子，著名爱国诗人。屈原年轻时任三闾大夫，升任左徒，受楚怀王信任，入则与王商议国事，传布号令，出则接待宾客，应对诸侯。眼看楚国日渐衰弱，屈原在怀王支持下进行改革。因上官大夫靳尚等人的谗言，屈原被放逐。在流浪中，屈原写出《离骚》等伟大诗篇，表达对君王昏庸、大臣腐败的愤懑。后来，屈原重新任官，提出联合齐国与秦抗衡的建议。楚怀王不听，受骗入秦，被扣留而死。楚顷襄王继位，屈原责备令尹子兰不该劝怀王入秦，子兰指使靳尚诋毁屈原，第二次将其放逐。屈原离开郢都，披发行吟于江滨湖畔。前278年，秦将白起攻取楚都郢，楚民涂炭，流离失所，楚迁都至陈（今河南淮阳）。已经过了湘水的屈原，不忍亲见国家灭亡，写下了绝命诗《怀沙》，怀抱石块投汨罗江而死。传说，这一天是五月初五。屈原的作品，有《离骚》《九辩》《九歌》《天问》《九章》等二十余篇，合称《屈赋》。爱国爱民的思想和高洁的情操，构成其诗作的灵魂。他用"鸟飞返故乡兮，狐死必首丘"，比况自己对国家的怀恋。他关心人民的休戚，"长太息以掩涕兮，哀民生之多艰"。现实主义和浪漫主义的完美结合，使屈原的诗作具有极大的艺术感染力。他的作品充满了光明的追求，丰富的幻想，炽烈的感情，绚丽的文采，美奂的传说，朴实的风俗，形成特有的风格。屈原吸收楚地民歌的精华，创造了骚体诗。屈原的人格、情操、作品，对后代都有巨大的影响。

扬雄 前53—公元18年，字子云，蜀郡成都（今四川成都郫县）人，西汉哲学家、文学家、语言学家。为人口吃，不善谈吐，早年倾慕司马相如，常作辞赋，名声远播，被大司马车骑将军王音召为门下史。后经人推荐，汉成帝命他随侍左右。前11年正月，扬雄与成帝前往甘泉宫，作《甘泉赋》讽刺成帝铺张，十二月又作《羽猎赋》仍然以劝谏为主题。后任黄门郎，与王莽、刘歆等为同僚。公元前10年扬雄作《长杨赋》，继续对成帝铺张奢侈提出批评。扬雄后来认为辞赋为"雕虫篆刻"，"壮夫不为"，转而研究哲学，仿《论语》作《法言》，仿《易经》作《太玄》。有人笑他，于是他写了一篇《解嘲》。为了宽慰自己，又写了一篇《逐贫赋》。王莽当政，拉拢扬雄，任他为中散大夫。他写过《剧秦美新》美化王莽，后在天禄阁校书，写作，进行语言学研究，撰《方言》，为研究古代语言的重要资料。因弟子刘棻牵连，有人前来逮捕扬雄，扬雄跳楼未死，后得免，召为大夫，默默无闻而终。扬雄提出以“玄”作为宇宙万物根源的学说，强调如实地认识自然现象，并认为“有生者必有死，有始者必有终”。在人性论上，扬雄认为善恶相混的人性有待后天的教化。

陶渊明 约365—427年，名潜，或名渊明，浔阳柴桑(今江西九江境)人。晋代文学家。一说晋世名渊明，字符亮，入刘宋后改名潜。自号五柳先生，私谥靖节先生。以清新自然的诗文著称于世。陶渊明出身于没落的官宦家庭，曾祖陶侃官至大司马，都督八州军事，长沙郡公。祖父陶茂做过武昌太守，父亲陶逸任安成太守，早逝，母亲是东晋名士孟嘉的女儿。陶渊明早年曾任江州祭酒，镇军参军，建威参军及彭泽县令等职，后“不为五斗米折腰”，辞官回家，从406年起隐居不仕，直至病故。归田的这二十多年，是他创作最丰富的时期。流传至今的作品有诗一百二十余首，另有文、赋等十余篇。田园生活是陶诗的重要题材，因此后人称他“田园诗人”。最著名的作品为《桃花源记》，描述了一个他所憧憬的和谐美好、没有战乱、自食其力的理想社会。陶渊明的田园隐逸诗，对唐宋诗人有很大的影响。

王勃 650—676年，字子安，绛州龙门(今山西河津)人，诗人，与杨炯、卢照邻、骆宾王合称“初唐四杰”。王勃出身世家，是大儒王通的孙子，诗人王绩的侄孙。王勃自小聪慧，能写诗作赋，天下目为神童。666年，对策高第，被授予朝散郎之职。王勃恃才傲物，经常得罪人，后任虢州参军,不久就因事罢官。父亲也因此降官去做交趾县令。王勃去交趾看父亲时,渡海溺水而死(一说溺水后受惊吓而死),只活了二十几岁。王勃的诗多描写个人生活、抒发情志,也有一些抨击时弊,抒发政治感慨、隐喻对豪门贵族的不满,其中写离别怀乡之作较为著名。工于五律、五绝,最著名的作品是《滕王阁序》。

王维 701—761 年,字摩诘,祖籍山西祁县,其父迁居于蒲州(今山西永济市),遂为河东人,唐诗人、画家,外号“诗佛”,今存诗 400 余首。王维精通佛学,钦佩维摩诘菩萨,所以自名“维”,字“摩诘”。721 年进士,官大乐丞,随即因为署中伶人舞黄狮子犯禁,受牵连贬谪为济州司仓参军。726 年,辞去官职。后又任右拾遗、监察御史、殿中侍御史、左补阙、库部员外郎。天宝末年,安禄山攻占长安,王维被胁迫任官。安禄山兵败后,王维本以六等定罪,其弟王缙请削己职以赎兄罪,后来以《凝碧诗》得到了赦免,并任太子中允,加集贤殿学士,后转给事中、尚书右丞,故世称“王右丞”。晚年居蓝田辋川,过着亦官亦隐的优游生活。王维诗书画都很有名,他创造了水墨山水画派,兼擅人物、宗教人物、花竹,被称为“南宗画之祖”。王维以五言律诗和绝句著称,前期的诗大都反映现实,后期则多是描绘田园山水,最擅长田园诗,有《山居秋暝》《九月九日忆山东兄弟》等代表作。

杜甫 712—770 年,字子美,号少陵野老、杜陵野老、杜陵布衣,唐朝现实主义诗人。祖籍湖北襄阳(今湖北省襄阳市),生于河南巩县(今巩义市)。因其曾任左拾遗、检校工部员外郎,后世称其杜拾遗、杜工部。又因为他搭草堂居住于长安城外的少陵,也称他杜少陵、杜草堂。杜甫自小好学,七岁能作诗,曾先后游历吴、越、齐、赵,其间曾赴洛阳应举,不第。在洛阳遇李白,又遇高适,三人结下深厚友谊。李、杜后半生际遇坎坷，分别之后便未再见面。杜甫在长安应试，落第，最后才得到右卫率府胄曹参军的小官。期间他写了《兵车行》《丽人行》等批评时政、讽刺权贵的诗篇。而《自京赴奉先县咏怀五百字》尤为著名。安史之乱爆发，潼关失守，杜甫把家安置在一边，独自去投肃宗，中途为安史叛军俘获，押到长安。听到官军一再败退的消息，写成《月夜》《春望》等诗。后来他潜逃到凤翔行在，任职左拾遗，由于忠言直谏，被贬。其后，他用"三吏"、"三别"之诗把他的见闻真实地记录下来，成为不朽的作品。随着官军在相州大败和关辅饥荒，杜甫弃官，携家逃难，经秦州（今甘肃天水）、同谷（今甘肃成县）等地到了成都，过了一段比较安定的生活。后来，他再度居无定所，在夔州住两年，继又漂流到湖北、湖南一带，病死在湘江上。这时期，其作品有《水槛遣心》《春夜喜雨》《茅屋为秋风所破歌》等千余首，占全部杜诗的百分之七十以上，深刻地反映了唐代安史之乱前后二十多年的社会全貌。

元稹 779—831年，字微之，洛阳人（今河南洛阳），是拓跋什翼犍第六子拓跋力真的后代，唐代诗人。和白居易共同提倡"新乐府"，世人将二人并称"元白"。元稹八岁丧父，随生母远赴凤翔，依倚舅族。793年，擢明经科第，授校书郎，次年开始作诗。元和五年，与宦官争宿驿舍正厅，被鞭伤脸部，被贬为江陵府士曹参军。元稹在江陵结交宦官监军崔潭峻。829年，为尚书左丞，又出为武昌军节度使，逝后赠尚书右仆射。元稹最擅长艳诗和悼亡诗，情真意挚，颇能感人。其代表作有《菊花》《离思五首》《遣悲怀三首》《兔丝》等。有《元氏长庆集》六十卷，《小集》十卷。

苏轼 1037—1101年，字子瞻，一字和仲，号东坡居士，眉州眉山（今四川眉山市）人，北宋大文豪。苏轼是嘉祐二年进士，累官至端明殿学士兼翰林院侍读学士、礼部尚书。1072 年，苏轼因反对王安石新法而求外职，任杭州通判，三年后移知密州、徐州、湖州。1079 年，受李定“乌台诗案”牵连入狱，几死，因朋友相救，而神宗亦爱其才，终得以保全。翌年被贬至黄州，与庐山归宗寺住持佛印时有往来。宋哲宗即位，苏轼回朝任礼部郎中、中书舍人、翰林学士，1089 年拜龙图阁学士，曾出知杭州、颍州等，官至礼部尚书。1094 年，被贬谪至惠州、儋州（海南岛）。北还后病死常州孙氏馆，谥号“文忠”。苏轼诗、词、赋、散文均成就极高，且善书法和绘画，是文学艺术史上罕见的全才，被公认为中国历史上文学艺术造诣最杰出的大家之一。其散文与欧阳修并称欧苏；诗与黄庭坚并称苏黄，又与陆游并称苏陆；词与辛弃疾并称苏辛；书法名列北宋四大书法家（苏、黄、米、蔡）之一；其画则开创了湖州画派。《赤壁赋》是其高峰之作，《念奴娇·赤壁怀古》《水调歌头·明月几时有》传诵甚广。

关汉卿 约 1220—1300 年，号已斋（又作一斋）、已斋叟，解州（今山西运城）人，元代杂剧作家。生平事迹不详，根据《录鬼簿》《青楼集》《南村辍耕录》一些零碎的资料来看，他是金末元初人，活跃于约 1210 年至约 1300 年间，可能是太医院的一个医生，另有一说是先祖或父兄为太医院医生，故关汉卿为医户，而不为医生。平生主要在大都（今北京）活动，曾到过汴梁、临安（今杭州）等地。以杂剧的成就最大，一生写了六十多种，今存十八种，《窦娥冤》最著名。也写了不少历史剧，如《单刀会》《单鞭夺槊》《西蜀梦》等。所撰散曲，今存小令四十多首、套数十多首。关汉卿的杂剧，通过现实主义的艺术手法，广泛而又深入地反映出蒙古统治下的历史环境与不合理的社会制度，塑造了许多有典型性格的人物形象，反映出当时人民的生活与思想感情。

罗贯中 1330—1400年，名本，字贯中，山西太原人，号湖海散人，元末明初通俗小说家，中国古代四大名著之一《三国演义》的作者。父为丝绸商人的罗贯中七岁开始读私塾，十四岁母亲病故，辍学随父亲去苏州、杭州一带做生意。对商业不感兴趣的罗贯中，遂到慈溪随学者赵宝丰学习。1356年，罗贯中到起义军张士诚幕府作宾。在罗贯中的建议下，张士诚打败了朱元璋部下康茂才的进攻。张士诚降元后，于1363年再次称王。罗贯中等幕僚建议其暂缓称王，不被采纳。罗贯中在返回太原途中，得知父亲逝世继母改嫁，便不再回老家。在河阳山（今江苏张家港）遇到了正在撰写《水浒传》的施耐庵。罗贯中非常赞同他写书劝世的主张，于是拜施耐庵为师。此后，罗贯中一直陪伴在施耐庵旁边，帮助抄写书稿。随后自己也开始撰写《三国演义》，并得到了施耐庵的许多指点。

吴承恩 1504—1582年，字汝忠，号射阳山人，淮安山阳县（今江苏省淮安市楚州区）人，明代著名小说家，小说《西游记》的作者。吴承恩自幼聪慧，喜读野言稗史、志怪小说。大约四十岁才补得一个岁贡生，到北京等待分配官职，没有被选上。六年后，得到李春芳的帮助，做了浙江长兴县丞，常与友人朱日藩豪饮，寄趣于诗酒之间，和嘉靖状元沈坤，诗人徐中行有往来。受人诬告，两年后“拂袖而归”，以卖文为生。约六十七岁时到过杭州，晚景凄凉。吴承恩一生创作丰富，但是由于家贫，又没有子女，作品多散失。吴承恩的表外孙丘度搜集其残存之稿，仅“存十一于千百”，编《射阳先生存稿》四卷，包括诗一卷、散文三卷。所撰小说，除《西游记》外，尚有志怪小说集《禹鼎记》，已失传。

汤显祖 1550—1616年，字义仍，号海若、清远道人，晚年号若士、茧翁，江西临川人，明末戏曲剧作家、文学家。汤显祖出身于书香门第，自幼饱读诗书，性格刚正不阿。1577 年，汤显祖进京赶考，因不肯接受首辅张居正的拉拢，两次落第。1583 年中进士，仍不肯趋附新任首辅申时行，故仅能任虚职。在职期间，与东林党人交往甚密。他上奏《论辅臣科臣疏》，揭发时政积弊，触怒神宗皇帝，被贬为广东徐闻典史，又调任浙江遂昌知县。汤显祖在地方为官清廉，体恤民情，深得民心，因不满朝政腐败，于 1598 年弃官回乡，建"玉茗堂"，致力于戏剧和文学创作活动，终其一生。汤显祖曾从泰州学派传人罗汝芳读书，后又受李贽思想影响，并和僧人达观相友善，晚年滋长了出世思想。汤显祖有戏剧作品《紫箫记》(后改为《紫钗记》)、《牡丹亭》(又名还魂记)、《南柯记》等，诗文作品有《玉茗堂四梦》《玉茗堂文集》《玉茗堂尺牍》等，小说有《续虞初新志》等。

曹雪芹 1724—1763 年，名沾，字梦阮，号雪芹、芹圃、芹溪。清朝小说家、诗人、画家，长篇名著《红楼梦》的作者。《红楼梦》是中国长篇小说的一座高峰，红学者多认为《红楼梦》是一部带有自传性质的小说，但对曹雪芹的生平及曹氏家族的事迹，迄今知之不多，且大都来自红学家的考证。有人认为是写清朝有名词人纳兰性德之历史，甚至有人传闻是写清朝帝王世家之史。曹雪芹家为汉军旗人，曹雪芹祖父曹寅官至通政使，管理江宁织造，巡视两淮盐漕监察御史。康熙六次南巡，有四次由曹寅负责接驾，曹寅二女均被选为王妃，曹家盛极一时。1722 年雍正帝即位，曹家逐渐失宠没落，1728 年元宵节前遭到抄家，曹雪芹随着全家迁回京师居住。曹雪芹曾在"虎门数晨夕"，"虎门"即北京西单牌楼北石虎胡同的右翼宗学，结识了张宜泉、敦敏、敦诚兄弟等人。曹雪芹晚年移居北京西郊,生活更加潦倒,靠着卖画和亲友的接济过日子。就是在这样极端困苦的条件下,曹雪芹进行了“字字看来皆是血,十年辛苦不寻常”的《红楼梦》创作。这部巨著耗尽了他毕生的心血，但全书尚未完稿，曹雪芹因贫病无医“泪尽而逝”,留下新婚不久的遗孀,终年还不到四十岁。同时,曹雪芹又是一位画家,喜绘突兀奇峭的石头。

洪昇 1645—1704 年,字昉思,号稗畦、稗村,别号南屏樵者,钱塘(今浙江杭州)人,清代著名戏曲家,以剧本《长生殿》闻名天下。与《桃花扇》作者孔东塘齐名,有“南洪北孔”之称。洪昇的父亲是南方的小官员,但外祖父黄机担任过吏部尚书,文华殿大学士,他从小受过良好的教育,先后师事陆繁弨、沈谦、毛先舒、王渔洋等,熟读四书五经。1668 年洪昇进北京国子监,科举不顺,善写诗词散曲,“交游宴集，每白眼踞坐，指古摘今，无不心折”。1688 年《长生殿》“三易稿而始成”。次年,卷入南北党争,给事中黄六鸿检举其犯“大不敬”罪,在佟太后丧葬期间,观看伶人演出《长生殿》,洪昇被下刑部狱,后被革去国子监监生籍,发回乡里。洪昇抑郁无聊,常在西湖上游历。1704 年,应江宁织造曹寅邀请,洪昇至金陵,以三日夜欣赏《长生殿》的全本演唱。六月初一,在浙江吴兴酒醉后登舟,落水而亡。洪昇的戏曲著作有九种,除《长生殿》外,还有《回文锦》《回龙记》《锦绣图》《闹高唐》《节孝坊》《天涯泪》《青衫湿》《长虹桥》。现存《长生殿》和杂剧《四婵娟》两种。另有《稗畦集》《稗畦续集》《啸月楼集》等。

4.书画家

顾恺之 约 344—405 年,字长康,毗陵无锡(今江苏无锡),东晋画家。约 364 年在南京为石棺寺画维摩诘像,引起轰动。366 年任大司马参军，392 年为殷仲堪参军，405 年为散骑常侍。顾恺之多才，工诗赋，善书法，被时人称为“才绝、画绝、痴绝”。他的画风格独特，被称为“顾家样”，人物清瘦俊秀，所谓“秀骨清像”，线条流畅，谓之“春蚕吐丝”。撰有《画论》《魏晋胜流画赞》和《画云台山记》三本绘画理论书籍，提出“以形写神”、“尽在阿堵中”的传神理论。其与曹不兴、陆探微、张僧繇合称“六朝四大家”。顾恺之画迹甚多，传世作品有《女史箴图》《列女仁智图》《洛神赋图》。

阎立本 601—673 年，雍州万年（今陕西临潼）人，唐代画家。贞观年间任主爵郎中、刑部侍郎、将作少监；显庆初年升工部尚书；总章元年加右丞相，改中书令。父亲阎毗和兄长阎立德都擅长绘画、工艺、建筑，阎立本秉承家学，并师法张僧繇、郑法士，而能“变古通今”。他善画人物、车马、台阁，尤擅长于肖像画与历史人物画。他的绘画，线条刚劲有力，神采如生，色彩古雅沉着，笔触较顾恺之细致，人物神态刻画细致，作品备受当世推重。曾为唐太宗画《秦府十八学士》《凌烟阁功臣二十四人图》，被时人称誉。他的作品有《步辇图》《古帝王图》《职贡图》《萧翼赚兰亭图》等传世，人称“神品”。

吴道元 约 685—758 年，字道子，后改名为道玄。阳翟（今河南禹县）人，唐代著名画家，被称为“百代画圣”。吴道子幼年家境贫寒，初为民间画工，相传曾随张旭、贺知章学习书法，年轻时即有画名。后来作了山东兖州瑕丘县尉，不久即辞职，漫游洛阳，从事壁画创作。时曾为将军裴旻作画，当时人将张旭草书、裴旻舞剑、吴道子作画称为“三绝”。开元年间以善画被唐玄宗召入宫中，历任供奉、中书省内教博士，此后一直为宫廷作画。他通过观赏公孙大娘舞剑，体会用笔之道。吴道子擅佛道、道教人物画，还有神鬼、人物、山水、鸟兽、草木、楼阁等。据载他于长安、洛阳两地寺观中绘制壁画达三百余堵，奇形怪状，无有雷同，其中尤以《地狱变相》闻名于时。流传称为吴道子作品的《天王送子图》《宝积宾伽罗佛像》《道子墨宝》，当皆为早期摹本。敦煌莫高窟第103窟的维摩经变图，亦被认为是他的画风。

米芾 1051—1107年，初名黻，字符章，时人号襄阳漫士、海岳外史，自号鹿门居士。北宋著名书法家、画家、收藏家。米芾原籍襄阳（今属湖北），后定居润州（今江苏镇江）。相传他小时聪颖，六岁时每天学习一百首诗词，过目不忘。其母曾为宋神宗的乳母，宋神宗念情提携米芾当广东浛光县尉。米芾先后任秘书省校书郎、内府书画学博士、礼部员外郎和淮阳权知军州事。由于他性格耿直，“不能与世俯仰，故从仕数困”。因其衣着行为以及迷恋书画珍石的态度皆被当世视为癫狂，故又有“米颠”之称。米芾工于书法，以“稳不俗，险不怪，老不枯，润不肥”著称，擅长楷、行、草、篆、隶等多种字体，尤以行草最为著名。

赵孟頫 1254—1322年，字子昂，号松雪道人，别号鸥波、水精宫道人等，吴兴（今浙江湖州）人，元代官僚、书画家。赵孟頫是宋太祖第三子秦王赵德芳后代。宋亡后，在家闲居，经程巨夫推荐出仕元朝，授刑部主事，累官至翰林学士承旨，荣禄大夫，世称“赵承旨”。死后晋封魏国公，谥文敏。赵孟頫在诗、书、画、印上皆有很高造诣。诗作有《松雪斋集》。他主张书法以用笔为上，所以勤摹古人，探究笔法，独创“赵体”，以行书、楷书最为著名。他在书法史中有两大贡献，一是振兴章草，二是振兴小楷。篆刻以“圆朱文”著称。画法上首次提出书画用笔相同的理论。其画作题材广泛，山水、人物、动物、花鸟、竹石无所不有。前期的画作设色独到，即“绚丽之极，仍归自然”。后期多作淡墨画，近乎白描。绘画代表作品有《鹊华秋色图》等。

唐寅 1470—1524年，字伯虎，又字子畏，以字行，号六如居士、桃花庵主、逃禅仙吏等，江苏吴县人，明代著名画家、文学家。在画史上与沈周、文徵明、仇英合称“明四家”或“吴门四家”。唐寅出生于世商家庭，有一妹一弟，父亲唐广德经营一家酒馆。唐寅一生坎坷，年轻时遭逢家庭变故，父母、妻子、妹妹相继去世。正德年间，曾应宁王朱宸濠之聘，后宁王欲反，为了摆脱宁王，唐伯虎装疯卖傻，饮酒狎妓，落得风流之名。民间有很多关于唐伯虎的传说，最为人熟悉的《唐伯虎点秋香》曾多次被改编成戏剧，拍成影视剧。唐寅作品以山水画、人物画闻名于世，有《山路松声图》《班姬团扇图》《嫦娥图》等众多作品。

十七、文艺体育

1.游艺

射覆 中国古代的一种游戏。“射”的意思是猜测，射覆就是将物品隐藏，使人猜测所藏为何物。关于射覆的记载最早见于《汉书·东方朔传》，汉武帝好神仙之道，一天，他将一些以占卜闻名的术士请进皇宫，将一条壁虎放在倒扣的盆下，让术士猜盆下是什么东西，结果只有东方朔猜对了，受到武帝的重赏。由此可见最初射覆是用来衡量术士占卜能力深浅的方式，介于技艺和游戏之间，后来才发展为宴饮玩乐时的游戏。宋明以后射覆成为非常盛行的游戏，其方式也大为增加，包括猜花令、猜朵令、花名谜令、猜诗令等等。射覆从大的方面看可以划分为两类，一种是猜有形的物品，一种是猜文字。猜物品时，藏物的方法不受限制，可以藏于手中、酒杯下、布帛下等等，所藏的物品也没有限制，任何东西都可以用来进行射覆游戏，如瓜子、花生、色子、花朵等。猜文字是文人雅士喜好的游戏，《红楼梦》等小说中也多次出现。其玩法非常多样，如：一个人说出某个典故中的若干个字，而将其他字隐藏，即“覆”，另一个人要猜出他所出的典故是什么，也就是要猜出他所藏的字是什么。

投壶 古代宴饮时的礼制，也是一种游戏。投壶源于古代的射礼，是射礼的简化形式。关于它的详细记载最早见于《左传》昭公十二年，在宴饮的过程中，晋昭公与齐景公进行了这一游戏，所用的器具是广口大腹、颈部细长的酒壶，壶中装入小豆，防止投入的箭被反弹出来，所投的为箭矢，室内用二尺长的矢，厅堂中用二尺八寸的矢，庭院中用三尺六寸的矢。投掷时，人离壶五至九尺远，将手中箭矢投入壶中者得筹。到了汉代，投壶仍具有礼仪性质，被认为是高雅的活动，还有一种被称为“骁”的投掷技法，即不在壶内放置小豆，而是利用投掷的反弹力把投出去的箭再弹回投掷者手中。到魏晋南北朝时，有了专门的投壶，不再以酒壶代替；投掷的箭改为特制的竹箭。明清时期投壶成为一种单纯的娱乐方式，不少小说中都记载了投壶之事。清末时逐渐衰落，以至消失。在历史记载中，出现了不少善于投壶的人，如汉武帝时期的优伶郭舍人善于使用骁法，一支箭可以反复投掷百次；石崇的一个家妓可以隔着屏风投壶，百发百中；一个叫王胡的人可以蒙着眼睛投壶。

划拳　宴饮时助兴的游戏，又称猜拳、豁拳、拇战。明谢肇淛《五杂俎》推测，划拳的起源可以追溯到汉朝的手势令。《旧五代史·史弘肇传》中记载了史弘肇、阎晋卿等人饮酒时行手势令的事情。宋代以后划拳逐渐成为人们在酒宴中喜闻乐见的娱乐方式，出拳的花样也不断增加。今天在宴饮的酒桌上，人们依旧以其作为娱乐的方式之一。划拳一般是两人一组，同时伸手比画一个数字，在伸手的同时嘴里还要喊出另外一个数字，如果所喊数字是两人手指所比画的数字之和，则获胜。以手表示数字时，只能单手表示，最小为零，最高为五。拳头为零，大拇指表示一,拇指与食指为二,拇指、食指、中指表示三,屈拇指、伸其他四指表示四,五指同伸为五。在喊数字时,一般将数字嵌入到吉祥话中一起喊出,如数字五就是五福临门或五魁首,数字八是八仙过海等等,各地的喊法可能有所不同,但都是为了图个好口彩。不同时代、不同地区所用的划拳方式各不相同,但基本形式都是手势与喊话相结合,可知的有三国拳、江湖拳、五毒拳、状元游街拳等。

秋千 中国的一种传统游戏、运动,俗称荡秋千、打秋千。在古代,秋千本是北方少数民族的游戏,据《古今艺术图》记载,春秋时期,齐桓公征伐山戎之际,秋千才传入中原。自此之后,秋千作为一种游戏及运动一直流传至今,不仅宫廷贵族喜欢玩秋千,市井平民也非常爱好这种游戏,且玩者多为女性。汉朝时,汉武帝求千秋之寿,秋千因其发音在宫廷中得到推广。唐宋以来,关于秋千的记载渐渐增多,尤其在诗词之中,可见这一时期秋千作为娱乐方式已经得到广泛的流传。最初的秋千是系于树上的,后来才发展为现在常见的形式,即将两根木柱立于地上,顶端横架一根木头,用长绳将木板系在横木上。随着秋千游戏的流传,其玩法也多种多样。汉代时,有人一边荡秋千一边翻筋斗。唐代时要求秋千荡到能够触及树枝的地方。宋代有"水秋千",即将秋千立于岸边,荡起后要翻身跳入水中。在我国不仅汉族地区流行荡秋千的游戏,在少数民族地区更加兴盛,如朝鲜族、满族、蒙古族、白族、壮族、苗族等,都将荡秋千作为节日的固定活动项目。

风筝 是借风力放飞的一种物品,又称木鸢、纸鸢或纸鹞。关于风筝的起源,一般认为是春秋公输般或战国初墨翟出于军事目的的发明。还有一种说法是出于巫术的目的,因驱鬼治病而发明。最初制作风筝的材料是木头,所以被称为木鸢;汉代改用纸糊,称之为纸鸢。五代时有人在纸鸢上系以竹笛，当风筝飞上天后，风吹竹笛，发出响声，史书记载："风入竹笛，其鸣如筝"，之后便有了风筝这一名称，并沿用至今。最初风筝用于军事目的，如西汉将领韩信用风筝进行测量，梁武帝用风筝传信等。唐代，风筝逐渐变成人们的玩物而不再用于军事。明代风筝的形制非常简单，多呈方形或圆形，坠以飘带。清代风筝较明代有很大变化，各种动物及人形风筝等出现，制作更加精美。现代的风筝，主要分为软翅风筝、硬翅风筝、板子风筝、立体风筝及串子类风筝五大类，开封、北京、天津、潍坊、南通、阳江是我国传统风筝的六大产地，潍坊被称为世界风筝之都。

陀螺 中国的一种传统游戏，抽陀螺又被称为鞭陀螺、打懒老婆、妆域、打千千等。世界各地的考古发掘中，都出现了类似陀螺的东西，在中国，1977 年浙江余姚县河姆渡遗址一至三期文化中出土了四枚陶制陀螺，三十八枚木制陀螺。可见在远古时期，就已经存在类似于陀螺的物品。关于陀螺的文字记载，最早见于后魏的史籍中，当时被称为独乐。宋代周密《武林旧事·小经纪》中记载了一种叫做千千的玩具，许多学者认为这是陀螺的别称。明代，陀螺这种称呼才正式出现，据刘侗、于奕正的《帝京景物略》记载，人们一般在春季玩抽陀螺的游戏。清代抽陀螺的游戏盛行，满族人称之为抽冰猴子。到近现代，抽陀螺仍是小孩子热衷的游戏，尤其是 1980 年以前。据《帝京景物略》所说，独乐在北宋末年时传入日本。陀螺的种类繁多，一般用木头制作，还有砖头、石块、竹子等材料制的。陀螺一般是圆柱形，上宽下窄，玩时用鞭子抽打陀螺，使它不停旋转。比赛抽陀螺时，可以比陀螺旋转的时间长度，也可以让陀螺相互碰撞，被撞倒的为输。

踢毽 中国的一种传统游戏，又叫踢箭、攒花。1913

年山东济宁喻北屯城南张村的东汉墓中出土了绘有踢毽子形象的画像石，可见在东汉时期已经有了踢毽子这项游戏。唐代踢毽已经流行于民间，在释道宣的《续高僧传》中记载了一个小沙弥踢毽子的事情。《武林旧事》记载，宋代有专门制作和销售毽子的人，可见踢毽子在宋代非常盛行。明清时期，人们多在秋冬时节踢毽子。清代的广州，每年正月十五都有踢毽子会，人们从各地赶来一试身手。一直到现在，它仍是老少咸宜、人们喜闻乐见的游戏之一。毽子一般以鸡毛为羽，以铜钱为底座，用绳子将鸡毛固定在钱眼中，另外还有以纸条、布条代替鸡毛的。踢毽子有八种基本动作，盘、绷、拐、磕、抹、背、勾、踹。盘是用脚内侧踢毽子；绷是用脚背踢；拐是用脚外侧踢；磕是用膝盖或大腿正面踢毽子；抹是用脚底从身后向前踢；背是从身后将毽子踢到身前；勾是将毽子从身前踢到身后；踹指用脚底向前踢。还有一种以表演为主的踢毽方法，叫作花毽。毽球的规则类似于蹴鞠，具有竞技的特征。

抖空竹　中国的一种传统游戏，又叫抖空钟、抖空筝、抖壶卢、抖嗡子、扯铃等。空竹的记载，最早见于明代学者刘侗、于奕正合著的《帝京景物略·春场》中，不仅提到空竹，还详细介绍了形制和玩法，可见明代抖空竹这项游戏已经发展成熟。清代，抖空竹由民间游戏发展为包含各种技巧的杂技，每到春节期间，制作空竹的人都会聚集在庙会上，一边表演一边卖。一直到今天，抖空竹仍然是人们健身锻炼的好方法。空竹中间是一根细木轴，两端各连接一个空心的圆轮，圆轮周围开几个方形哨口，将系有两根短木棍的绳子缠在木轴上，然后抓着短木棍上下抖动，使空竹旋转。在抖空竹的过程中，由于旋转及风的作用，哨口会发出嗡嗡的声响，哨口越多响声越大，价格也越贵。抖空竹的游戏发展至今，其技法也多种多样，主要的有鹞子翻身、飞燕入云、响鸽铃、攀十字架、扔高、张飞骗马、猴爬竿等。想要抖好空竹,除了技法以外,敏捷的反应能力、良好的耐力也非常重要。

斗蟋蟀 中国一种传统的游戏,蟋蟀又叫趣织、促织、秋虫、蛐蛐等。关于斗蟋蟀最早的记载见于《开元天宝遗事》中,可知唐代已经有了斗蟋蟀的游戏。宋代,上至贵族官员,下到平民百姓都喜欢斗蟋蟀。《武林旧事》记载南宋临安城中有专门卖蟋蟀、促织盆的店铺。明清两代继续盛行斗蟋蟀之风,连皇帝后妃都加入进来。民国初年,北京、南京等城市中都有专门用于斗蟋蟀的斗场。

蟋蟀的种类很多,品质好的蟋蟀价格非常昂贵。捉蟋蟀一般在七八月间,要用竹筒、过笼、铜丝罩等工具。平时蟋蟀应当养在罐子或盆子中,贵族养蟋蟀的罐子、盆子往往是官窑烧制的,做工非常精细,明清时期由宣德窑烧制的器具尤为珍贵。斗蟋蟀时一般两人一组,先将各自的蟋蟀放入斗罐中,中间用栅栏隔开;开始后,将栅栏拿开,蟋蟀各自的主人用草引逗蟋蟀,使它们更加好斗,最后获胜者可以得到一定的赏金。

六博 中国古代棋戏的一种,亦称博戏或陆博。这种棋由两人玩,双方各有六枚棋子。行棋在刻有曲道的盘局上进行,用投箸的方法决定行棋的步数。六博的发明,最迟不会晚于商代。《楚辞·招魂》中记载了六博棋的形制和比赛方法:“蓖蔽象棋,有六簙些;分曹并进,遒相迫些;成枭而牟,呼五白些。”其中的“六簙”便是六博棋。一套完整的六博棋具包括梮(棋局)、棋(棋子)、箸(相当于后世的骰子)。六博的棋子多以象牙、玉石或金属制成,十二枚棋子分黑红或黑白两组,长方体和立方体两种形状,表面无任何标记,每组均大小相同或一大五小,分别名:枭、卢、雉、犊、塞(二枚)。将棋子布于博局,博局也称“梮”,多为

东汉彩绘六博俑

木质方形,盘面上黑漆,也有用白漆的。梱内中部是一方框,周边有棋路,名“曲道”,共十二个,四角处有四个圆点。博箸是用半边细竹管,中间填金属粉再涂漆而成,剖面呈新月形,这样投掷时就能够正反不同,便出现不同数目的筹码。每套博具中博箸有六根,行棋前要先投箸,据投箸结果行棋。六博棋由棋子、博箸、博局(棋盘)三种器具组成。六博棋是象征当时战斗的一种游戏。比赛时“投六箸行六棋”,斗巧斗智,相互进攻逼迫,而置对方于死地。秦汉时期,博戏更加流行,汉代的文帝、景帝、武帝、昭帝、宣帝都很喜爱博戏。西汉朝廷设有博待诏官,善博的人在社会上享有较高的地位并受到人们的尊敬。汉代还出现了专门研究博术的人和著作。东汉以后,围棋日渐流行,而六博棋棋道相对简单,具有赌博性质,开始衰落,玩法逐渐失传。现存的有关史料零云散星,语焉不详,如何投掷,如何行棋,已不能详知,但后来人们仍能见到它的影子,“博弈”一词中的“博”就是指六博棋,“弈”是指围棋。

弹棋 古代的一种博戏。其起源有两种说法,一种是汉武帝与东方朔说,一种是汉成帝与刘向说。据说汉成帝非常爱好蹴鞠,大臣劝谏,认为皇帝不应当从事如此大活动量的运动,成帝要求大臣们想出一个不耗费体力又有趣的游戏,于是刘向根据蹴鞠的规则创造了弹棋。以石板作棋盘,四周平坦、中央突起;用木头制成棋子,共十二子,黑白各六个。比赛时二人对坐,用手弹自己的棋子,使之越过中央的突起撞击对方的棋子,击中为胜。东汉献帝时期,宫中禁止对弈,宫人为了解闷以化妆用的饰品在梳妆盒上模仿弹棋以游戏,被称为妆奁戏。魏文帝本人喜好弹棋,促使弹棋再次兴起。唐代,弹棋增加为二十四子,黑白各十二子,杜甫、白居易、李贺等都将其作为诗作的一部分。到了宋代,由于围棋、象棋的兴盛,弹棋逐渐衰落,最终消失不见。

象棋 是在我国流传极广的一项传统棋艺活动,为一种两人对抗性游戏。它是用木材、玉石或动物的牙、骨刻成三十二颗棋子,其中红、黑各占一半,红方以帅、黑方以将分别统领士、象、车、马、炮各两个,卒(兵)五个。在对弈开始前,红黑双方应将棋子摆放在规定的位置;弈时双方轮流行棋,以一方将另一方之将帅捉死为胜。象棋棋子的设置应受到了古代军事的影响,我国古代军队的基本编制“伍”即是由五名步兵组成。战国时期,已有了关于象棋的名称,但指的是六博戏使用的象牙作的棋子,黑白各六枚。到南北朝时期,又出现一种象戏。北周武帝编制《象经》,其中有日月星辰之象,象戏名称由此而来,意为象征的游戏。唐代,相传经过牛僧孺改良,象棋已经成为八格乘八格的黑白棋盘,棋子也有了将、车、士、马、卒等。宋代则是象棋广泛流行,形制大变革的时代;现代的象棋模式在北宋末年正式定型。明清时期,象棋在民间继续流传,技艺水平也不断提高,出现了《桔中秘》等多部理论专著。

围棋 是一种策略性二人或多人棋类游戏,我国古代称为弈。它使用格状棋盘及黑白二色棋子进行对弈，在此过程中围地吃子，以所围“地”之大小决定胜负。围棋棋盘为正方形，由纵横各十九条线垂直、均匀相交而成。传说尧发明围棋以教育他的儿子丹朱，陶冶其性情。现代人研究，围棋应出现于战国时期，弈秋是见于史籍的第一位棋手，并且最早的围棋文物也可追溯到此时。东汉中后期，围棋逐渐流行，当时的棋盘为十七路。到南北朝时，棋盘定型为现在的十九道，反映出当时的围棋已初步具备现行的围棋型制，并出现了评定棋手水平的围棋九品制。唐代“棋待诏”制度的实行，则是我国围棋发展史上的一个重大事件。所谓棋待诏，就是翰林院中专门陪同皇帝下棋的专业棋手，他们都具有第一流的棋艺。此种制度从唐初至南宋延续了五百余年。围棋是汉民族传统文化中的瑰宝，体现了我国古代人民的智慧，后世常说的“琴棋书画”四艺，其中的“棋”指的就是围棋。

2.艺术

五音　中国古代的音乐术语，又称五声，指宫、商、角、徵、羽。五音一词最早见于《孟子·离娄上》：“不以六律，不能正五音。”在《周礼·春官》中最早记载了五声一词，“皆文之以五声，宫商角徵羽”。关于五音如何度量，最早的记载见于《管子·地员篇》，被称为三分损益法，即以一根长度确定的弦为基础，将它长度的三倍开四次方，所得的相对比例定为宫音，算式为：(1×3)4=81。增加宫音的三分之一得徵音，弦长比例为108。减少徵音长度的三分之一得商音，长72。增加商音的三分之一得羽音，弦长比例96。减少羽音的三分之一得角音，弦长比例64。以上五个音与今天的七音相对比，宫相当于do，商相当于re，角相当于 mi,徵相当于 sol,羽相当于 la。先秦时期的音乐基本上以五声音阶为基础,有时候为了音乐的表达,歌手会在五声音阶的基础上加以变化,形成六声或七声。变化的音主要插入角音与徵音之间,称为变徵,相当于今天的 fa;插入羽音与宫音之间称为变宫,相当于今天的 ti。两个变音合称二变,与五声音阶一起组成七声音阶。

乐府 中国古代音乐的行政管理机构,其收集整理的诗被称为乐府诗,是中国古代的一种诗歌体裁。1977年秦始皇陵出土的错银小钟纽上用篆书刻着“乐府”二字,可见乐府起源于秦代,汉代继承这一机构,汉惠帝时称为乐府令,汉武帝时设乐府署。汉哀帝于公元前六年,取消了乐府的设置。东汉管理音乐的机关分属两个系统,一个是太予乐署,一个是黄门鼓吹署。黄门鼓吹署负责收集搜集、演唱歌诗,实际上发挥着西汉乐府的作用。晋、隋间,有“太乐乐府”之名,乐府与太乐仍为同一机构。唐代在太乐署之外,无乐府之名,另设教坊与梨园。此后就不再有乐府机构的设施。乐府的主要任务是收集民间歌谣,对其进行再创作;创作乐曲和歌词,改编曲调;编排乐器;演奏、表演等。乐府所表演的音乐吸收了各方面的音乐特色,因此其体裁比较多样,既有祭祀时的雅乐,也有宴饮时助兴的乐舞,还有军队举行仪式时使用的音乐。少数民族的音乐传入后,使得乐府的音乐更加丰富多彩,还形成了集合了音乐、舞蹈、杂技的散乐百戏。

乐府诗从汉代形成后,魏晋南北朝有所发展。到唐代,许多诗人模仿乐府的体裁写诗,被称为新乐府,因其没有相配的曲谱,只有诗词。汉代乐府诗题材广泛,多为长篇叙事诗,如孔雀东南飞、陌上桑等;魏晋南北朝多为抒情诗,如襄阳乐、子夜歌等;唐代模仿乐府体裁的有白居易的《长恨歌》《琵琶行》,杜甫的《丽人行》等。

广陵散 中国古代著名乐曲，又被称为广陵止息。东汉末年出现，最初流行于广陵地区，因此得名，它与胡笳十八拍都是从东汉流传至今的曲谱。不少琴家都认为广陵散与聂政刺韩王曲是同曲异名。聂政刺韩王曲的记载见于蔡邕的《琴操》中，据说此曲蕴含了一段悲壮的故事。战国时，聂政的父亲奉韩王的命令铸剑，因为没有按时完成而被杀害。聂政为报父仇苦练琴技十年，入宫为韩王表演，用藏在琴腹中的利刃将韩王刺死，自己也随即自杀。现存的曲谱，最早见于唐朝李良辅的《广陵止息谱》，分二十三段。现在经常听到的版本，是艺术家管平湖从明代曲谱《神奇秘籍》中修订而来，共四十五段，包括取韩、发怒、冲冠、投剑等段落，又分六大部分，包括开指、小序、大序、正声、乱声、后序。三国时期著名的学者嵇康，字叔夜，谯郡铚县人，世称嵇中散，与阮籍、山涛等人并称为竹林七贤。他有很高的音乐素养，自己作有长清、短清、长侧、短侧等曲子，被称为“嵇氏四弄”，还撰有关于音乐的文章《声无哀乐论》。嵇康因被人诬告，得罪了大将军钟会，被司马昭处死。据《世说新语·雅量篇》记载，嵇康在行刑时神色不变，还要来琴弹奏了一曲广陵散，因其惊世骇俗的表现，时人慨叹此曲“于今绝矣”。

昆曲 中国戏曲种类之一，又称昆山腔、昆剧，有“百戏之母”的雅称。宋、元时期，杂剧、南戏兴起，元末南戏传到江苏昆山地区时，与当地的民间曲调相结合，形成独具特色的昆山腔，又在顾坚的推动下，得到很好的发展。明代嘉靖年间，魏良辅吸收海盐腔、弋阳腔到昆曲中，进一步发展了它。清中叶，昆曲流行于全国各地，形成了北昆、湘昆、川昆、宁昆等派别，对各地其他戏种的发展产生了深远影响。之后，随着京剧等戏种的发展，昆曲逐渐衰落，1949 年前几乎绝迹。近几年通过国家对非物质文化遗产的抢救保护，昆曲再次复苏，2001年被联合国教科文组织列为“人类口述和非物质遗产代表作”。昆曲的行当分为生、旦、净、末、丑、外、贴七个类别。生行包括官生、巾生、鞋皮生等；旦行包括正旦、刺杀旦、老旦等；净行、丑行分为大面、白面、二面、小面等。主要演奏乐器有笛、笙、箫、唢呐、三弦、琵琶等。著名的戏目有《浣纱记》《牡丹亭》《长生殿》《十五贯》《南西厢记》等。

京剧　中国最具代表性的戏曲种类之一。京剧源于华东地区的徽剧和华中地区的汉剧。清乾隆五十五年（1790年）前后，安徽的徽班进入北京，有三庆班、四喜班、和春班、春台班，道光年间（1821—1850）汉调艺人也进入北京，两者相互融合，又吸收了昆曲、梆子等戏曲表现形式，逐渐形成京剧的雏形。之后在清朝宫廷内得到发展，并空前繁荣。京剧题材广泛，既有历史故事，也有神话传说，因此受到各界人士的欢迎，一直发展流传至今，被称为国粹。京剧可以从唱腔、行当、表演、伴奏四方面进行分类。从唱腔上，可以分为西皮、二黄两类，前者源于陕西秦腔，后者源于湖北汉调。从行当上，可以分为生行、旦行、净行、丑行四大行，有时也加上末行、武行、流行（龙套）组成七行。生行主要是男性人物，包括老生、小生、武生等；旦行主要是女性人物，包括青衣、花旦、刀马旦等；净行主要是以豪爽、粗犷为特征的男性人物，包括铜锤、武净等；丑行是反派、诙谐的人物，包括文丑、武丑等。从表演上，可以分为唱、念、做、打四工。从伴奏上，可以分为文场和武场，文场主要是管弦乐器，武场主要是打击乐器。

黄梅戏　中国六大剧种之一，又称黄梅调、采茶戏。黄梅戏源于湖北黄梅县的采茶调，故此得名。后来这种采茶调流传到安徽怀宁县附近，与当地的青阳腔和徽剧相结合形成了独具特色的怀腔,是为黄梅戏的前身。后来又吸收了高腔和京剧的表演特点，逐渐形成较为完备的戏曲表现形式。清代咸丰年间,黄梅戏开始有大型的剧目。1949 年后,安徽省政府组建了一批黄梅戏剧团,保护并促进了它的进一步发展，现在黄梅戏成为安徽的主要地方戏种。黄梅戏的腔调主要有花腔和平词两大类。行当可以分为小生、小旦、小丑、正旦、老生、老丑等。伴奏乐器主要是高胡。著名戏目有严凤英主演的《天仙配》《女驸马》,还有《罗帕记》《赵桂英》《慈母泪》《牛郎织女》等。

人物画 中国画中的一种,产生较早。周代时已经有关于历史人物的壁画。秦汉时期,将历史人物及神话传说中的人物入画的情况逐渐增多,人物画渐趋成熟。魏晋南北朝,玄学发展、佛教兴盛,使得宗教画开始兴盛,人物也越来越精细,顾恺之等是中国历史上第一批人物画大师。唐代人物画的代表是阎立本、吴道子等,因为对外交流较为普遍,内容为外族人物的画作也很多。北宋中期,山水花鸟画迅速发展,影响逐渐大过人物画。此时人物画开始向两个方面发展，其一，在画法上由重色彩向水墨画发展,白描的画法得到改进,南宋画家梁楷开创了水墨写意的简笔人物画;其二,在内容上更重视现实生活,风俗画盛行,历史故事画也有一定发展。历代著名人物画有东晋顾恺之的《洛神赋图》,唐代韩滉的《文苑图》,五代南唐顾闳中的《韩熙载夜宴图》,北宋李公麟的《维摩诘像》,南宋李唐的《采薇图》、梁楷的《李白行吟图》,元代王绎的《杨竹西小像》,明代仇英的《列女图》卷,曾鲸的《侯峒嶒像》,清代任伯年的《高邕之像》等。

山水画 中国画传统分类之一。早期风景主要是人物画的背景,魏晋南北朝时期逐渐从人物画中独立出来,隋唐时期形成中国画中一个单独的分类，吴道子、李思训、王维等人都善于画山水画。唐朝以来，山水画的画家被分为南、北两派，北派创始人是唐代画家李思训，善用色彩，主要画黄河两岸关洛一带的山水风景，李成、范宽、张择端、李唐、马远等人属于北派。南派创始人王维，善用墨，少用颜色，米芾、王希孟、赵伯驹等人属于南派。米芾父子开创了以表现江南烟雨濛泷状态的米点山水，王希孟、赵伯驹等人擅画青绿山水。宋代，山水画非常盛行，上至王公贵族，下到文人商户，都愿意以山水画装点厅堂。元代山水画着重于写意，著名的画家有黄公望、吴镇、倪瓒、王蒙，被称为元四家。明清时山水画继续有所发展。山水画的技法有勾、皴、擦、染、点五法。"勾"指用线条勾画山水的框架；"皴"指用半干的毛笔侧笔作画，表现出山石的纹理；"擦"是对皴的补充，也是用半干的毛笔完成，以使山石更有立体感；"染"即染色，墨色和彩色均可；"点"指用笔尖点上青苔、树木等的效果。

花鸟画 中国传统画科之一，内容为各种动植物，包括花卉、蔬果、翎毛、竹石、鸟兽、虫鱼等。在原始社会的彩陶上，就已经出现花草、动物的纹样，如蛙纹、夔纹等。青铜器上的纹样更加丰富，有花、草、龙、凤、鱼、蛙等。经历两汉和魏晋南北朝，花鸟画逐渐成形，顾恺之的《凫雀图》、顾景秀的《蜂雀图》等都有较高的艺术价值。隋唐时期花鸟画逐渐成为一门独立的绘画题材。唐初的尉迟乙僧和康萨陀擅长画花鸟，盛唐时期出现了花鸟画的名家薛稷、边鸾等。两宋是花鸟画快速发展并取得重大成就的时期，赵昌、崔白、吴元瑜、李安忠、李迪、毛松、毛益等都为花鸟画的发展做出了贡献。宋代画家的花鸟画一方面注重观察绘画对象本身的形态，另一方面在绘画技术上有进一步的创造。因为花鸟画在宫廷、厅堂的装饰上需求量比较大，所以这一时期的画作比较华丽，浓墨重彩。元代以后花鸟画开始向文人画方向发展，多水墨写意，工笔重彩者少，沈周、唐寅、陈淳、徐渭等人为文人花鸟画的发展做出了非常重要的贡献。

篆书 中国书法中的一种字体，是秦朝及其以前大篆、小篆等字体的统称。大篆指甲骨文、金文、籀文、六国文字，它们保存着古代象形文字的明显特点。小篆也称“秦篆”，是秦国规范化的官方文书通用字体，大篆的简化字体，其特点是形体匀逼齐整，字体较籀文容易书写。在汉文字发展史上，它是大篆由隶、楷之间的过渡。秦以前汉字书体并无专门名称，而小篆是由春秋战国时代的秦国文字逐渐演变而成的。由于是官书，小篆只适合于隆重的场合，如记功刻石、权量诏版、兵虎符之类。标准篆书体字形修长，而且紧画向下引伸，构成上密下疏的视觉错感。其体式是排列整齐、行笔圆转、线条匀净而长，呈现出庄严美丽的风格。秦篆有圆笔方笔之别，圆笔以秦刻石为代表，方笔以秦诏版权量为代表，为秦篆之俗体。汉魏之际，秦篆除用于碑铭篆额和器物款识之外，难有独立的篆书。唐篆因李阳冰出而复苏。宋代金石之学和元朝的复古书风，使篆书得以起微潮，以篆书著称者不乏其人但乏超越之力。明代承元之风，步趋持平。清朝篆书百花斗艳，进入了推唐超秦的大繁荣阶段。

秦始皇统一度量衡诏版拓片

隶书 亦称汉隶，是汉字中常见的一种庄重的字体，书写效果略微宽扁，横画长而直画短，呈长方形状，讲究

东汉曹全碑拓片（部分）

“蚕头雁尾”、“一波三折”。隶书基本是由篆书演化来的，主要将篆书圆转的笔画改为方折，书写速度更快，更便于官吏处理繁杂的公文，所以在古代，隶书又被称为“佐书”，即胥吏之书。一般认为，隶书起源于战国，秦朝程邈整理而成。西汉中期以后，隶书脱去篆体的影响，结体扁平、工整、精巧，成为占统治地位的书体。东汉隶书发展至顶峰，撇、捺等点画美化为向上挑起，轻重顿挫富有变化，具有书法艺术美，故书法界有“汉隶唐楷”之称。

东汉、三国间，隶书几乎独占了石刻碑志中的位置。魏晋以后，草书、行书、楷书迅速形成和发展，隶书变化不多，出现了一个较长的沉寂期。到了清代，在碑学复兴浪潮中隶书再度受到重视，出现了郑燮、金农等著名书法家，在继承汉隶的基础上加以创新。

楷书 中国书法中的一种字体，又称真书、正书、正楷、楷体，萌芽于汉代，发展于魏晋南北朝，成熟于唐代。楷书最初由隶书演变而来，保存了隶书的结构，去掉波挑。相比于隶书，楷书更加方正，因其可做楷模，故名。东汉的《熹平石经》已经出现了楷书的雏形。魏晋南北朝时期，楷书的发展南北呈现出不同的特点，北方的称魏楷，南方的称晋楷。魏楷的典型代表是北魏的石碑雕刻和手抄经书，其结构严谨、风格质朴，保留了隶书一定的特点，代表作有《张猛龙碑》《广武将军碑》《龙虎门造像记二十品》《云峰摩崖》《石门铭》等。晋楷的形成发端于曹魏的钟繇,完善于东晋的王羲之父子,疏放妍妙、气象超然,代表作有钟繇的《立命表》《荐季直表》《宣示表》,王羲之的《乐毅论》《黄庭经》,王献之的《洛神赋》等。唐代,楷书臻于成熟,名家辈出,虞世南、欧阳询、褚遂良、颜真卿、柳公权是其中的佼佼者。唐楷相比于之前的楷书,字形更大,强调华饰,即起笔与落笔时的顿挫,其字形雍容华贵、宽博浑厚。代表作有欧阳询的《九成宫醴泉铭》《化度寺碑》,颜真卿的《多宝塔碑》《东方朔画像赞》,柳公权的《玄秘塔碑》《神策军碑》等。现在所使用的楷书即唐楷。

行书　中国书法中的一种字体,又称押书,介于楷书和草书之间。行书产生于汉末,相传为东汉人刘德升所创,经过钟繇、胡昭及王羲之、王献之的发展,臻于完善,后世盛行不衰。隶书讲究蚕头燕尾,致使书写速度缓慢,人们在日常的书写过程中往往简省隶书笔画,致使楷书与草书产生,但楷书过于方正,书写仍嫌缓慢,草书过于狂放,不易辨认,于是就产生了介于二者之间的行书。它便捷流动、非草非真、行云流水、可雅可俗,因其兼具了便捷与艺术性,所以自产生以来一直是手写体的主要形式。在行书中,比较方正平稳、接近楷书的称为行楷,比较飘逸变化、接近草书的称为行草。人们常用“立”,即“站立”来形容楷书;用“行”,即“走”来形容行书;用“走”,即“跑”来形容草书。行书代表作品有王羲之《姨母帖》《丧乱帖》《孔侍中帖》《得示帖》《兰亭序》,颜真卿《祭侄文稿》《争座位帖》《刘中使帖》,苏东坡《黄州寒食诗帖》《洞庭春色赋》,米芾《苕溪诗帖》《蜀素帖》《虹县诗》《多景楼诗》《方圆庵记》等。

草书　中国书法中的一种字体,广义上指所有符合草书特点的连笔字,狭义上指章草、今草和狂草。据记载,章草是东汉史游所创,是隶书的草体形式,因其多用于书写奏章而得名,自晋代以后逐渐衰落。它以隶书为底本,所以其字形也较扁平,有明显的波挑,字与字之间无连笔。其代表作有史游的《急就章》,张芝的《秋凉平善帖》,索靖的《月仪帖》等。今草相传为东汉张芝所创,之后的王羲之、王献之进一步完善、发挥,基本奠定了今草的形式,一直到明清时期仍延续不衰。它在章草的基础上,进一步加快了书写速度,结构更加简省,笔画多环曲,字与字之间多连笔,行与行之间也有联系,协调自然。其代表作有王羲之的《十七帖》《快雪时晴帖》,智永的《真草千字文》等。唐代张旭和怀素是狂草的奠基者,其后五代杨凝式,北宋徽宗,明代祝允明,清代王铎、傅山等都有很高的造诣。狂草比今草更加简洁快速,连绵盘绕、驰骋不羁、一气呵成,被称为"一笔书"。其代表作有张旭《古诗四帖》,怀素《自叙帖》等。

3.技艺

傀儡戏 古代的一种表演形式,又称木偶戏、人偶戏、傀儡子、窟儡子。依据考古发现,傀儡可能起源于史前时期的泥偶。在历史上,关于傀儡戏的起源,文人学者们有两种较为普遍的说法,一种是说起源于周穆王时期,由巧人偃师发明,他所做的傀儡用木头制成,能歌舞;另一种说法是,傀儡戏源于汉高祖时期,高祖被围于平城,用陈平的计谋,将木头做的美丽女子树立在城墙上,来迷惑匈奴阏氏。魏晋南北朝时期,傀儡戏有较大发展,魏明帝时人马钧进一步完善和改造了傀儡,发明出水转百戏,即以水的流动为动力,利用机械原理使傀儡活动起来,组成一幅演百戏的场面。唐代出现了木刻的牵丝木偶,不仅制作精良、栩栩如生，表演技艺也非常高超。据《封氏见闻录》记载，唐代宗大历年间，有人用牵丝木偶演尉迟敬德与突厥人战斗的场景，非常逼真。宋代傀儡戏达到鼎盛，有杖头傀儡、悬丝傀儡、肉傀儡、水傀儡、药傀儡五种形制。杖头傀儡就是用多根木棒为支撑，操纵傀儡的四肢关节，使之运动。悬丝是指用丝线连接傀儡的各个关节，线的另一端绑有木棒，操纵者通过木棒操纵傀儡。肉傀儡是小孩子装扮成各种角色，由成年人推出来做表演。水傀儡是用木板托着傀儡在戏台上移动。药傀儡以火药为动力。前两种傀儡现在仍然十分常见，肉傀儡在地方的社火中也有出现。

皮影戏 利用光与影的关系呈现的一种表演艺术，又称羊皮戏、影子戏、灯影戏、人头戏、驴皮影等。《汉书》记载，汉武帝时，李夫人因病去世，武帝非常思念，方士李少翁说他有招魂之术，于是摆下帐帷、陈列酒肉，让武帝到另一个帐帷中观看，见如李夫人者在帷帐外走动，但看不真切。许多学者认为这里利用的原理就是皮影戏的原理，所以将皮影戏的起源定在汉代。宋代出现了关于皮影戏的组织，即杭州绘革社，可见此时皮影戏已经具备了一定的规模。蒙元时期，皮影戏被征战的蒙古军带到了西方国家。清代皮影戏发展到鼎盛，民间有许多皮影戏班，一些大户人家还自己养一个皮影戏班。清朝后期皮影戏遭到政府的禁止，发展受阻。近几年，皮影戏再次受到重视，一些皮影戏的表演种类被列为国家非物质文化遗产。皮影的原料是动物的皮，一般有羊皮、驴皮等，去毛用药物处理，使皮子呈现半透明状，涂上桐油后雕刻成所需的形状，最后上色。皮影的雕刻很讲究，不仅讲究刀工，人物造型也十分讲究，好的皮影是完美的艺术品。表演皮影戏时，打以灯光，伴随锣鼓，表演者在白幕后一边活动皮影使之演绎故事情节，一边还要演唱戏文。

古彩戏法 古代民间的一种表演形式，类似于今天的魔术，又称幻术、戏法、障眼法、藏挟技等，古彩戏法是现在的正式称谓。古彩是古代彩堂的简称，因其表演经常在大户人家婚丧大礼时的厅堂中进行，故有此称。戏法在中国出现较早，《西京杂记》及张衡的《西京赋》中，记载了吞刀吐火、画地成川、扛鼎、走索等戏法，还记载了东海黄公这个传奇的人物，据说他会法术，能制蛇御虎、兴云驾雾。可见汉代已经有了戏法的雏形，只不过这个时候的戏法多与方术、术士有关，与杂技的区别也不是很明显。到宋代时，尤其是南宋开始，在瓦舍、街头、喜庆堂表演戏法已经非常普遍了，还慢慢形成了自己的规矩。清末中国有一位非常有名的古彩戏法表演者，名叫朱连魁，艺名金林福。他擅长的戏法有碎纸还完、空竿钓鱼等，其中大碗飞水的表演使得外国魔术师也为之震惊。大碗飞水是以布为道具作掩护，变出一个巨大的盛满水的碗，而使水不露分毫，之后又从水中变出诸如金鱼这样的东西。古彩戏法分大戏法和小戏法，大的主要是变物，包括活物、带水的、带火的等；小的有仙人摘豆、空盒变烟等，在方寸之间就可以完成的戏法。表演者一般要求穿长袍，道具也都是生活中常见的东西，如缸、碗、碟子、勺子等。

踩高跷 古代百戏之一，民间的一种娱乐形式，又称踩拐子、扎高脚、走高腿、踩跷、长跷等。踩高跷的记载最早见于《列子·说符》，据载："宋有兰子者，其技以双肢长倍其身，属其胫，并驰弄七剑，迭而跃之，五剑常在空中。"可见踩高跷者不仅要站在高跷上，还要同时表演许多动作。魏晋南北朝时期，踩高跷被称为长跷技。宋周密《武林旧事》中称其为踏跷。清代才开始有高跷这种称谓。现在农村的社火中，踩高跷仍然是重要的一个环节。最初，踩高跷只是节庆时的一种游戏，后演变成高跷戏，踩跷者要扮成一定的戏剧人物，配以音乐，进行表演。高跷一般用木头做成，跷上有木托，表演者站在木托上，将脚与托绑在一起。高跷的长短不一，有两三尺的，也有八尺高的。短跷可以做跳跃、劈叉、跳凳、过桌等较大的动作；长跷则以塑造人物为主，一般都是《三国演义》《水浒传》《西游记》等小说里的人物，也有神话传说中的人物形象。

绳技 中国古代的一种戏法，又称走索、高絙、踏索、履索、走绳等，即今天的走钢丝。汉代时已经出现，被称为走索。汉代蔡质《汉官典职》中记载，走索时将绳子系在相距数丈的两根柱子上，两个娼女在绳索上相对而行，边走边舞，在绳中相遇后，交换位置而不会掉下来。《西京赋》中也有“走索上而相逢”的句子。可见在汉代时不仅已经有了绳技，而且其表演形式也已经较为完整。晋代以后绳技被称作高絙，其流行尚不普遍。唐代时绳技的称呼才正式出现，其表演方式与汉代相同，张楚金《观绳技赋》中描写道：“横亘百尺，高悬数丈。”宋代称绳技为上索、踏索，近代以来称为走钢丝。绳技在本身发展的过程中，被文人引用成为小说的素材，尤其是志怪小说，其中最为有名的是嘉兴绳技，嘉兴绳技与上述的绳技不同，它是垂直的绳技，记载于唐人皇甫氏《原化记》中。据说在开元年间，玄宗命各地选拔表演戏法的人供杨贵妃观赏。嘉兴地区也遵照命令进行选拔，最后在监狱中找到一个自称会绳技的囚徒，于是监司的官员就让他表演一下。那个囚徒选择在户外表演，他将手中百丈长的绳索向空中抛掷，绳索不落地反而伸向空中，于是囚徒攀爬着绳索逃离。在《聊斋志异》的绳技中也记述了类似的故事。

都卢 古代百戏之一，又称上竿、爬竿、长竿、寻橦。都卢，古代西域的国名，据说都卢国的人身体轻捷善于爬

汉画像砖中的都卢表演

竿。因爬竿从都卢国传来，所以名为都卢。都卢运动，最早记载于张衡《西京赋》中，“乌获扛鼎，都卢寻橦”。汉代爬竿，下方有彩车，车上树立长竿，竿顶挂彩旗，表演者爬到竿上做各种动作，如倒挂、上下翻飞等，非常惊险。最初是外国人表演居多，后来国人也有熟悉此戏而为之者。唐代时，女子也开始从事都卢这样的表演，在郑楚诲《明皇杂录》和苏鹗《杜阳杂编》中均有这样的记载。其表演形式基本上是因袭汉代，只是更加的惊险。都卢发展到后来，大致有三种方式：其一，树立长竿，一人或多人于竿上表演，其动作难度越来越大；其二，将竹竿树立在一名表演者的肩膀上，其余表演者在竿上进行表演；其三，将竹竿顶在一名表演者的头上，其余人在竿上表演。都卢这项表演，在现在的杂技表演中依然可以看到。

百戏　中国古代多种艺术形式和娱乐方式的总称。先秦时期所流行的奇技和奇伟戏是百戏的雏形。秦汉时期，对外交流广泛，西域等地方的杂技、歌舞等表演艺术传入中原，再加上汉代社会比较稳定，中原自己的艺术表演形式也有所发展，当二者汇聚到一起时，就促成了百戏的产生。这一时期的百戏主要包括杂技、幻术、角抵、驯兽表演、象人之戏、俳优谐戏等内容。六朝时百戏延续汉代的内容发展。唐代时，百戏的内容更加丰富，武术、歌舞等各个方面都被纳入百戏中，可以说囊括了当时民间艺术的方方面面。宋代，百戏之下的各个艺术表现形式各自都有所发展,使得百戏的内容更加饱满。同时,一些较为成熟的艺术表现形式开始脱离百戏独立出去。元代以后,百戏之下的各个表演形式纷纷独立，最终百戏退出了历史舞台。

4.竞技

蹴鞠 中国最早的游艺之一,又称蹋鞠、蹴球、蹴圆等。据《史记》记载,战国齐宣王时,蹴鞠这项活动就已经在齐国流行。蹴,意为踢;鞠,意为球。最早人们进行蹴鞠这项活动，主要是为了军事训练之用。汉代不仅皇帝喜欢,贵族及普通百姓也十分热衷蹴鞠。当时的球用兽皮缝制,里面填充以兽毛。到唐代,马球兴起,蹴鞠逐渐向娱乐化的方向发展。这一时期蹴鞠用球的制作更加精细,球皮由两片改为八片缝制,其内填放充了气的动物膀胱,使得球形更圆且富有弹性。宋代,蹴鞠运动进一步发展,不仅踢球技法有所进步，还出现了以踢球为职业的人及专门的行业团体。据记载,北宋时期在皇宫作蹴鞠表演的人有苏述、孟宣、张俊、李正等;在民间踢球的人有黄如意、范老儿、小孙、张明、蔡润等。这些踢球的艺人组成行业团体,名为齐云社,又称圆社,专门负责组织蹴鞠比赛及宣传推广。宋代以后,蹴鞠逐渐走向世俗化,与风尘娱乐等结合起来,最终衰落。蹴鞠的方法主要有两种,一种是在球场上设球门,两队比赛以决胜负,球门可以在球场两边各设一门,也可以仅在球场中间设一门。另一种方法叫白打,即一群人围成圈,分别踢球以炫技艺,以球不落地为准。

拔河 中国传统的一种大型娱乐活动,又称钩强、牵钩、施钩等。《隋书·地理志》《封氏见闻录》记载,拔河最早源于军事训练。春秋战国时期，楚国将领出兵讨伐吴国时，就以拔河的方式训练自己的士兵，这一时期，拔河被称为牵钩。唐代时，拔河之名才正式确定下来。据史书记载，唐中宗非常喜好拔河之戏，经过他的大力推广，游戏的规模越来越大，参与者可以达到千余人，届时锣鼓喧天，非常壮观。之后，拔河这种游戏一直被保存并流传下来。现代的拔河，参赛者一般为十六人，每队八人，双方各自抓住麻绳的一端，绳中对应地下的一条中线标志，中线两边相距四米各画一条分界线，比赛开始后双方分别向两边使力，先将对方的标志拉到自己的标志范围内者获胜。在中国古代，规则与现代拔河基本相同，只不过其所用绳子有所变化。最初人们用竹索，隋唐时期改用绳子，绳中挂彩旗。除了一条主要的大绳外，又在大绳两端连接许多较细的小绳，人们既可以抓中间的大绳，也可以抓两端的小绳，大大增加了参与者的人数。

击壤　一种古老的民间投掷游戏。东汉王充《论衡·艺增篇》记载，传说击壤产生于帝尧时期，当时击壤的人被称为壤父。据学者研究，击壤的产生可能与古代狩猎有关，远古时期人们以石头、木棒投掷野兽以打猎，之后这种方式就演变为一种游戏。三国曹魏学者邯郸淳《艺经》记载，击壤所用的“壤”用木头做成，长一尺四寸，宽三寸，前宽后窄，形状类似于魏晋时期流行的木屐。击壤时，先将一个壤放在地上，人们站在三四十步远的地方投掷另一个壤击打地下的壤。魏晋南北朝时期，击壤游戏非常流行，关于击壤的文章也十分丰富，东吴学者盛彦撰有《击壤赋》。宋代之后，击壤的形式、名称逐渐改变。宋代称之为抛堶，一般在寒食节、清明节前后由儿童抛掷玩耍。明清时期又出现了打瓦、打板等称呼，所抛掷者主要是瓦片、石头、木板等。据《顺天府志》记载，打板用的是枣核形状大小两寸的木板，将它放置在地上，用木棒击打，第一棒将地上的板击起，第二棒将飞在空中的板击向远方，以远者为胜。

角觝 古代的一种角力摔跤游戏，又称角抵、手搏、相搏、争交、掼交等，即今天的摔跤。陕西省长安县客省庄战国墓出土镂雕铜带镉，其上两个人相抱成角抵之状，说明在战国时期角抵就已经产生了。据《礼记·月令》记载，角抵最初是将帅讲习武事的一部分。秦代延续周代讲武的传统，角抵得到进一步发展。但在此时，角抵与俳优在一起表演，逐渐趋于娱乐化。汉代角抵非常盛行，不仅学者的诗赋经常写到它，人们还将它刻画于墓室中的壁画、画像石上。汉代角抵时配以音乐，成为“百戏”的内容之一。唐代出现了女子摔跤；摔跤之术东传到日本。宋代，由摔跤者组成的职业行会出现。明代戏剧中经常借鉴摔跤的场景。清代，摔跤进一步发展。清人称摔跤手为布库，分三个等级，依等级领取国家钱粮，每年十二月二十三日在宫廷为皇帝及大臣表演摔跤。管理布库的机构是善扑营。民间称摔跤为私交，北京的交场遍布全城，称为交窝子。直到今天，摔跤仍是人们喜闻乐见的比赛项目之一。

捶丸 中国古代的一种球类体育娱乐活动，又称步打、步击。2002年山东泰安泰山岱庙出土的宋代石刻画中，有关于捶丸的画，可见至迟在宋代已经出现了捶丸这

种游戏。元初出版宁志斋撰写的《丸经》也记载说，在宋代时就已经流行捶丸，宋徽宗等皇帝也非常喜好。元代捶丸有所发展，杂剧、散曲中经常提及。到清代，捶丸逐渐衰落，多是妇女、儿童玩耍。据《丸经》记载，捶丸的场地多在室外，并且要求凹凸不平。场地上设有十个球洞，洞旁插彩色小旗。参加者选择洞穴作为"家"，在距"家"六十步远的地方用木棍击打地上的球，利用凹凸不平的地势使之进入洞中，入球多者为胜。比赛时可以多人参加，也可以分成几队参加，只有两人也可以进行捶丸比赛。许多学者认为捶丸与今天的高尔夫球的起源有十分重大的关系。

马球 古代流行的一种球类游戏，又称击球、击鞠。马球起源于何时何地，主要有两种说法，一种是说开始于东汉后期，因为曹植《名都赋》中写道洛阳的贵族少年"连骑击鞠击壤，巧捷惟万端"，这里就在说马球；另一种说法是，马球起源于波斯，公元前六百年左右在波斯兴起后逐渐传入吐蕃，再由吐蕃传入中原，又称为波罗。唐代时马球非常兴盛，据《封氏见闻录》记载，唐玄宗在登基以前曾经亲自参加比赛。另外，唐玄宗登基后还将马球列为军事训练的科目之一。唐章怀太子李贤墓中的《打马球图》就栩栩如生地画出打马球的场景。明代时马球仍然流行，流

唐章怀太子墓中的打马球图

传下来的史书和画卷中都可以看到它的影子。清初仍然有关于马球的记载,但清中叶以后马球逐渐消失了。近年来西安开始复原古时候的马球比赛。打马球时,参加者骑在马上手拿球杖,将球击入球门得筹,筹多者胜。打马球时用的球被称为珠球、画球或彩球,用木头做成,表面雕以花纹或涂以颜料。球杖被称为月杖、画杖,长数尺,一端弯曲。球场两边设有带网的球门。

武术 古代形成的有套路的技击运动,又称技击、技艺、武技、武艺。关于武术的起源主要有两种说法,一种说它源于原始社会的渔猎活动，人们在打猎的过程中逐渐发明了武器，并积累了战斗技巧，形成套路后便成为武术;另一种说法是武术源于军事战争和民间私斗,是在实际的对战中形成的格斗技巧。商代时已经有了青铜兵器,包括矛、戈、戟、斧、钺、刀、剑等。春秋战国时诸侯纷争,战乱频繁,致使武风兴盛。在《史记》对鸿门宴的记述中,有项庄舞剑的描写，有可能战国时期武术已经有了一定的套路。汉代是武术大发展时期,宫廷宴饮中经常有剑舞、刀舞等表演,武术流派已经开始形成。唐代科举中设立武举一科,一定程度上推动了武术的发展。不仅武人习武,文人也以佩戴刀剑为荣，如著名诗人李白和杜甫就曾学过剑术。宋代出现了民间的练武组织,如锦标社、英略社。明代武术的宗派、风格大发展,相比于之前将武术作为对抗性的运动,此时的武术更兼具了健身的功效。民国时枪炮普遍使用,武术逐渐成为一种体育运动。武术主要分为徒手和兵器两种。徒手主要有拳法、腿法;兵器种类较多,有刀、剑、枪、棍、鞭、叉、锤、斧等等。

十八、风俗习惯

1.婚俗

婚礼 标志男女双方缔结婚姻关系并组成家庭的仪式。人类的婚姻及家庭产生很早，但婚礼的形成却比较晚。婚礼的举行不仅是与缔结婚姻的两人有关的事情，也是向亲朋好友宣布二人从此在一起生活，双方都要向对方履行一定的义务。随着社会及婚姻关系发展的成熟，婚礼所具有的社会约束力愈加严格。在原始社会，人们一开始是乱婚，后来发展到群婚，没有固定的夫妻，也就不用举行婚礼。到了对偶婚的后期，男女双方关系较为稳固，生产力的发展也使得个人家庭的产生成为可能，婚礼很可能于此时具备了雏形。最初的婚礼可能非常简单，仅是互相交换礼物，随着社会文化的发展，人们赋予婚礼越来越多的内涵，并形成一整套婚礼程序及与之相关的文化观念。如婚礼作为一种仪式，不仅是要向众人宣布结婚的消息，也包含着向神灵及祖先祈求保佑的意思。在远古时期，人们相信万物有灵，一举一动都要向神灵汇报及询问，所以婚礼也就成为缔结婚姻的男女双方向神灵及祖先祭祀和祈祷的一部分。

六礼 古代举办婚礼所遵循的礼仪及程序，包括纳采、问名、纳吉、纳徵、请期、亲迎六部分。关于六礼最早载于战国末期成书的《仪礼·昏礼》中，在书中明确地使用了六礼中的前五礼，最后一个亲迎之礼只记载了内容没用其名。“六礼”这个词最早见于东汉秦嘉的《述婚诗》。从汉代以后，六礼作为婚礼的必要步骤被历朝历代的人们继承下来，唐律和明律对其有明文规定。男女婚姻的构成，先由媒氏到女方家庭沟通，如果女方有意，则行纳彩之礼，向女家送礼求亲，女方收下礼品，说明双方同意这门亲事。然后问名，就是男方托媒人到女方家问清其姓名、年龄、生辰等。然后纳吉，就是进行占卜，看婚事是否吉利，卜得吉兆后到女家报喜、送礼、订婚。纳徵，就是订婚后给女家送财礼，正式聘女方为妻，女方给男方回书后，婚事确定下来。请期，就是选出完婚吉日，向女家征求意见确定。亲迎，指新郎到女家迎亲。在古代，执行六礼全过程的主要是上层社会的人，普通人家仪礼则有所删减。

媒妁　又被称为使、行媒、媒媪、媒妇、月老、冰人、红娘等，在男女结为婚姻的过程中穿针引线以促成的人，是古代婚姻过程中不可或缺的角色。媒妁在周代已经产生了，《诗经》中有相关的记载，春秋战国时期其地位进一步巩固，一直存在至今。媒妁分为官媒和私媒。官媒产生较早，周代时为了管理国家中的婚姻事务，已经设立有媒官一职。一直到宋代官媒仍然存在，并有等级之分。上等的戴盖头、背紫背子，负责给皇室宗亲保媒；中等的戴冠子、黄帕包髻、下身系裙，拿青伞，保媒于官吏之家。私媒最迟出现于战国时代，出现后就一直活跃在民间。到了元代，官府加强了对媒人这一行业的管理，从事媒妁活动的人要由乡社推举，然后在官府注册，并且需学习和熟悉法律条文。明代，媒人行会组织已经有相当的规模，成为社会中的重要组成部分，这一组织需要向朝廷缴纳一丁点税赋。起初，媒妁非常受人尊敬，但随着私媒的产生和发展，以及春秋礼乐的崩坏，媒妁在社会中的风评越来越差，被许多文人抨击，尽管如此，媒妁在中国古代婚姻发展中的重大作用是不可忽视的。

聘礼 男方给女方家的订婚财物,又称聘币、聘财、财礼、红定。在史前时代私有制产生时就有了送聘礼的行为,当时的财礼一般是动产,如牛、羊、猪等,后来才使用货币和其他财产。在不同时期,不同民族、不同地区的财礼是不一样的。周代开始,官方就规定了财礼的数量和等级,其后汉代、唐宋、明清都各自有规定。如周代,天子纳皇后,要以束帛和縠圭为聘;诸侯纳夫人,以束帛和大璋为聘;大夫娶妻,以玄纁束帛俪皮为聘;庶人娶妻以淄帛为聘。虽然有这样的规定,但百姓在实行过程中是根据各自的经济状况准备聘礼。富裕的人家自然聘礼就比较丰富,而贫困的人家聘礼就较为简单。较早的时候人们准备的聘礼中必须有雁,以喻不失节和长幼有序的意思;周代的聘礼主要是布帛等实物;战国才开始将钱作为聘礼;汉代的聘礼以黄金为主;隋唐以后,聘礼的种类多且繁复,但总要以黄金打造一些首饰,宋代称其为三金,也可用白银替代黄金打造首饰,三金的说法一直到现在仍然存在。送聘礼到女方家,被称为下财礼、下聘、下花红。下聘的时间由两家协商决定,女家收到聘礼后会将其放在院子中让亲朋参观。

拜堂 婚礼仪式中重要的一个环节,俗称拜天地,因大多在堂屋内进行交拜之礼,所以称为拜堂。拜堂可能兴起于晋代,在南北朝时期成为固定的仪式。它源于古时候婚礼中对祖先及神灵的祭祀,后来主要体现长幼尊卑及征求长辈、神灵、邻里的认同。拜堂一词最早见于唐代诗人王建的《失钗怨》中:"双杯行酒六亲喜,我家新妇宜拜堂。"由此看来,在唐代拜堂的仪式已经非常流行了。早期拜堂之礼都是女方先拜,男方后拜,女子要比男子多拜几次。直到元代,才演变为男女同时行叩拜之礼,其形式也与今天所知的拜堂礼相似，一拜天地、二拜父母、三夫妻对拜。当然，拜堂之礼并不是程序化的，各地会根据当地的风俗习惯略加改动，如近代华北地区成亲，是先拜天地，次拜祖先、公婆、尊长，然后才进洞房行合卺礼；南方有的地方在拜祖先后又加一项"拜花烛"，夫妻互拜，事后才拜公婆。

撒帐 婚礼仪式中的一项重要活动，在新郎和新娘入洞房后向坐在床上的二人抛洒谷物、豆子、果子等，俗称撒核桃枣儿、撒五子等。据传说，汉武帝与李夫人成婚时，宫人就向二人抛洒五色同心果以成礼，由此可知撒帐在西汉时已经出现。自此之后，历朝历代沿袭撒帐的习俗，只是不同时期所抛洒的物品有所不同。如唐代喜欢抛洒钱币，宋代主要抛洒钱币和干果，明清时期五谷、干果都可以抛洒。撒帐的习俗一直到现代的婚礼中仍有进行，现在抛洒的主要是核桃、红枣、桂圆、花生等，每一种干果都有其象征意义，主要是期望新婚夫妇早生贵子、和和美美、白头偕老等。人们在撒帐的时候一般都要边撒边说些吉祥话，后来这些吉祥话逐渐演变成可以吟唱的歌曲，称为撒帐歌。撒帐歌出现于唐代，宋代更加完善化，出现了能够被普遍使用的撒帐歌。如《快嘴李翠莲记》中所记撒帐歌："撒帐东，帘幕深围烛影红。佳气郁葱长不散，画堂日日是春风。撒帐西，锦带流苏四角垂。揭开便见姮娥面，输却仙郎捉带枝。撒帐南，好合情怀乐且耽。凉月好风庭户爽，双双绣带佩宜男。撒帐北，津津一点眉间色。芙蓉帐暖度春宵，月娥苦邀蟾宫客……"

合卺 新婚夫妇入洞房后所进行的一项仪式，又称交杯酒。合卺最早记载于《礼记·昏义》中，此时还不是指交杯酒，而是将匏（葫芦）剖成两半，形成两个瓢，当新人进入洞房，进行过撒帐和结发的仪式后，二人各拿一个瓢饮下瓢中的酒,象征夫妻永结同心。魏晋南北朝时,合卺之礼略有变化，人们用金银锁或五色彩线将两个瓢的瓢把连接起来,然后供新人饮用。进入宋代以后,酒杯逐渐取代了原来的瓢成为合卺的用具，也就形成了今天所说的饮交杯酒的习俗。新人们喝过交杯酒后往往要将酒杯扔到床下，寓意吉祥。合卺礼作为婚礼中重要的一个环节,随着时代及文化的发展变化,其寓意也越来越丰富。据张梦元《原起汇抄》卷十五所记载,以匏来完成合卺礼,因它味道苦涩不可食用,以它为酒器象征夫妇同甘共苦;匏是八音之一,以它寓意琴瑟相合。其他的寓意还有以匏多子,象征多子多孙;匏为一体切为两半让夫妻使用,有夫妻本为一体之意。

闹洞房　又称戏妇、弄新妇、谑亲、闹房、吵房、暖房等,中国婚礼中的一种习俗。洞房原意是深邃的内室,后来成为新房的代称。闹洞房就是亲朋好友在婚礼仪式结束后进入新房,用各种手段和方法戏弄新娘、新郎。据学者研究，这种习俗可能起源于原始社会掠夺婚中的抢亲习俗。远古时期,人们往往到其他部落抢夺人口、事物等,被抢来的女子被看作是公有财产，当她与其中一人结为婚姻时会引起其他人的不满，闹洞房的形式可以缓解这种不满情绪。实际上闹洞房的记载最早出现于汉代,自此之后历代都有相关的记载。早期闹洞房比较野蛮,不仅对新郎新娘进行言语上的攻击,甚至殴打、捆绑新人,以至造成他们的受伤或死亡。因此一些士大夫非常反对闹洞房这种习俗,一些地方衙门还下令予以禁止。到了宋代,儒家思想更加完善,影响力也十分巨大,一些儒士及士大夫通过言传身教及著书立说向人们普及礼教，如司马光写《书仪》、朱熹制《家礼》,对民间习俗产生了一定影响,闹洞房的习俗也逐渐变得较为文明。之后明清时期直到近代,闹洞房的习俗一直延续下来。

回门 婚礼的最后一道程序,又称归宁、返外家、拜门、会亲、唤姑爷、回娘家、三朝回门,是新婚夫妇在婚后携带礼品到女方家中拜会的习俗。在《诗经》中已经出现了归宁的说法,可见回门习俗产生很早。先秦时期上层社会回门又被称作反马,因为在娶亲时,女方坐的是自己家的马车,当进行过婚礼仪式并祭拜过男方的祖先神灵后一个月,新婚夫妇回门这一天要把女方家的马车归还,表示男方家庭非常满意这个新娘。普通百姓一般不进行这么复杂的礼仪,男方以自己的马车接女方过门,礼成后若干天两人同去女方家拜会。至于婚后几日回门,不同时代及地区规定不同,长则一个月,短则一两天,一般说来是两天、三天、七天、九天。一月后回门叫住对月,九天叫回九,明代以后盛行三天回门。现代举办婚礼,一般也是三天回门,有些年轻人注重效率,早上结婚下午回门,称为小三天。回门一般有两个目的,一是女方向家里人介绍男方及其家人,一是男方拜见女方的家人。这一天女方家要准备宴席招待姑爷,称为吃回门酒,一般天黑以前要回男方家。回门结束后婚礼才算正式结束,男方要准备礼品答谢媒人。

冥婚 又称迁葬、鬼婚、幽婚、嫁殇婚、冥配、配骨,迎茅娘等,为已经去世的人寻找对象举办婚礼。《周礼·地官·媒氏》中就已经有关于冥婚的记载,此时冥婚被称为迁葬、嫁殇。迁葬是指二十岁以上去世的未婚男女,将他们结合,尸骨迁到一起合葬。嫁殇是指十九岁以下已经去世的人的冥婚。从周代开始实行冥婚的习俗一直被延续下来,无论是上层社会还是民间都实行。汉代时冥婚被称为娶会,冥婚这个称呼是唐代时确定下来的。宋代专门出现了撮合冥婚的人,被称为鬼媒人,举行冥婚的仪式也更加复杂。一直到近代冥婚在民间还普遍存在。举行冥婚的男女亡人，要重新装殓他们的遗体，婚礼当日将女方的棺木抬往男方的墓地，棺木前抬一顶花轿，其上放女方的牌位。到达墓地后，在锣鼓中将男女的遗体合葬。结为冥婚的两家人以后要以姻亲对待对方。在冥婚的发展过程中，不仅有死人与死人间的结合，后来还出现了死人与活人的结合，被称为嫁鬼女、娶孤娘、包主成亲等。

2.葬俗

寿衣　又称老衣、装裹，人去世后所穿戴的衣服。寿衣的制作和穿戴在唐宋时期已经开始流行了，明清时候成为非常普遍的事。老人一般在生前就开始为自己准备寿衣，包括衣服、裤子、鞋、袜子、帽子等，一般至少要做三套，即内衣、中衣、外服。寿衣的套数必须是奇数，如三、五、七、九等，上身和下身所穿的件数相差二，即上五下三、上七下五等。五十岁夭寿的人最多只能穿三套，不能多穿。以前做寿衣其颜色比较单调，男人里面大多为黑蓝色，外面为杏黄色；女人的寿衣大多是青蓝、古铜和绿豆色。现则颜色较为丰富。寿衣一般选在闰月剪裁，且不宜用皮制品及缎子，多用绢、棉制作。当家中老人过世后，要为其洗净身体，然后由子女为其穿戴寿衣。人们之所以要在去世后穿戴寿衣，一方面是中国自古视死如生的观念，即人死后生活的世界与活着时相同，衣服、饮食、住房等仍然是需要的，穿着好的寿衣、供奉足够的食物，去世的人在另一个世界就不会挨饿受冻。另一方面是因为古时候在下葬前会将尸体在家中停放一段时间，穿上多层的寿衣可以防止尸体腐败后的味道等。

灵堂　停放遗体供人吊唁的地方。在《尚书·顾命》中已经有了对灵堂的记载，周成王驾崩后将他的棺木停放在屋子中等待丧事，但没有对屋子作特别的装饰。灵堂一词大约出现于宋元时期，元代杂剧中即以灵堂称呼停放遗体的地方。古时候人们相信灵魂不死，灵堂既是安放遗体的地方，也是逝者灵魂停留的地方，活着的亲朋好友在这里与逝者作最后的告别。灵柩一般停放在灵堂的正北面，下面垫两条木板使棺木有一米五左右高。灵柩前面摆放供桌，桌上放贡品、长明灯、香炉等，供桌前放火盆供家人及亲朋好友烧纸钱用。灵柩北面挂一副挽联，两侧放苇席供守灵人用。棺木摆放灵堂期间，亲人一般要彻夜不睡为逝者守灵，守灵时陪伴的亲属朋友越多越好。

棺椁 安放逝者尸体的器具。棺是安放及保护尸体的器具，椁是保护棺材的器具。在旧石器时代晚期，已经有了埋葬死者的习俗。新石器时代一般为仰身直肢葬，少数为屈肢葬，开始出现木棺。夏商时期棺椁的使用已经较为盛行，《礼记·檀弓上》载："殷人棺椁。"安阳殷墟妇好墓就有棺有椁。其后战国的曾侯乙墓、马王堆一号、三号汉墓都有棺有椁。棺椁制度化是在周代的时候，据《礼记》《庄子》等书记载，天子用四重棺椁，公卿三重，诸侯两重，大夫一重，士不重。而孔子的儿子孔鲤死后只有棺没有椁，可知平民在先秦时期是无法用椁的。历史上棺椁的形制多种多样，就棺材而言，有用树枝树皮做的棺，有瓮棺、土棺、瓦棺、船棺、石棺、玉棺、铜鼓棺、竹板棺等，但在民间使用最广的是木棺。现在已知最早的木棺是半坡遗址中发现的一个给六岁小女孩的棺材，夏商时期木棺盛行。椁在古代文献中，一指椁室一指外棺。椁室是用方木在墓坑中堆垒而成，外棺则是有盖的木匣子，可以整体迁移。商周至秦汉时期，原来简单的椁室很快发展成为大型的木构玄宫。东汉以后，木构玄宫逐渐为砖石建筑所代替。

墓碑 或称阡表或神道碑,是立于墓前甬道(神道)刻有称述墓主人身份及其学行德履文字的碑版。最早的时候,人们埋葬死者只埋尸不树碑。周朝出现树在墓坑两旁帮助向坑中放置棺木的木质或石质的柱子,上边没有字。汉代开始有人向墓旁石(木)柱上刻上逝者的名字等,遂成为最早的墓碑。随着时代的演变,墓碑在葬礼中的地位越来越重要,其形制也五花八门。一般来说,墓碑由碑座、碑身、碑首构成。碑首如同屋顶,装饰以山水及动植物的浮雕。碑身雕刻墓主人的生平简历,包括姓名、籍贯、成就,逝世日期、立碑人的姓名及其与死者的关系等。关于墓碑的形制,历代朝廷都有规定,如唐代时规定五品以上官员的墓碑,碑首可以雕刻螭龙,以龟为碑座。六品七品官员的墓碑,碑首为圭形,以方形石头为碑座。普通百姓的墓碑大多比较简单,没有繁复的花纹,体型也较小。历史上最出名的墓碑当属乾陵的无字碑和圣记碑,武则天死后,将自己与唐高宗合葬并立此二碑。

墓志 又称埋铭、圹志、圹铭等,是放在墓中刻有死者生前事迹的刻石(也有写或刻在砖上的)。东汉间始有相当于墓志的墓石,形似方版或小型墓碑。墓碑与墓志一个在墓前地面,一个在墓中地下,据说是为了在陵谷变迁,墓碑毁灭后,能让后人知道墓中所埋何人及其生平的一种载体。魏晋时期,统治者严禁私人墓前树立石碑,于是记录墓主生平事迹的载体被迫转移于地下,形制较小置于墓中的墓志正式形成。南北朝时期,这一做法约定俗成,成为一种习俗普及开来,并且墓志的名称也正式出现。已知标明为墓志铭的方形墓志,以刘宋大明八年(464年)刘怀民墓志为最早。墓志的形制和文体也于此时相对稳定。墓志方形,并出现志盖。盖刻标题,底刻志铭。志铭分志和铭两种文字体。志即传,以散文写成,内容一般包括死者的世系、名讳、乡邑、族出、爵位、行治、寿年、卒葬年月、子孙大略和葬地等事项。铭用韵文，用以表达对死者功德的褒扬，表示对死者的怀念和赞颂。墓志的书体，有许多是历代名家手笔，为书法研究者所重视。南北朝以后，墓志大行于天下，延续了一千多年，成为古代社会丧葬中的重要形式。历代墓志铭为我们提供了最为丰富的人物传记资料。

坟墓 埋葬死者的地方，又称丘、墓或冢。坟指墓地上筑起的封土，墓指墓地。最初的墓葬没有封土，也没有树木、墓碑等标识。《周易·系辞下》记载为："葬之中野，不封不树。"据考古资料显示，我国迄今为止发现的最早的坟丘是1984年河南省罗山县天湖村息氏家族墓地中的41号墓，处于商代后期。到春秋晚期，中原地区的墓葬确已出现坟丘，如河南固始侯古堆的春秋墓，坟丘高达七米，直径五十米。这一时期坟丘的形制主要有四种，堂形（立方体）、坊形（长方体）、夏屋形（横向三棱柱，较矮）、立斧形（横向三棱柱，较高）。从战国时起，坟丘式的墓葬普遍流行，君主的坟墓开始被称作陵，因封土很高形似山陵。汉唐期间封土都崇尚修成方形，到朱元璋修建明孝陵才改封土为圆形，称之为宝顶。但在民间，从宋代开始都普遍使用圆形封土。坟墓封土的高低在我国古代是死者身份、等级的标志，要按照官爵等级确定。《周礼·冢人》注引《汉律》称："列侯坟高四丈，关内侯以下至庶人各有差。"唐代规定，一品官"陪陵"的坟可高四丈，但在通常情况下，一品官的坟丘只能高一丈八尺，二品以下每低一品减二尺，六品以下为高八尺。741年曾下令降低坟墓规格，一品为一丈六尺，二品以下依次削减二尺，六品以下减为七尺，庶人坟高四尺，但实际上没有执行。宋代依然规定一品为一丈八尺，明清两代基本上还是沿用这个规定。

殓 给死者穿衣下棺称作“殓”，穿衣为小殓，入棺为大殓。《礼记·丧服大记》载：“小殓，君大夫士皆复衣复衾。”《仪礼·既夕礼》“大殓于阼”句，郑玄注：“主人奉尸殓入棺。”阼，东阶。小殓又叫作初殓。在老人去世前就脱掉本来穿的衣服，擦洗老人的身体，沐浴完毕后换上寿衣。当老人去世以后将其移动到停尸用的木板床上，进行含饭仪式，即将米粒或者铜钱、珠玉等放入逝者的嘴中，意思是不要让逝者饿着肚子离开。最后在逝者的脸上盖一张纸或一块方巾，纸为黄色或白色。进行小殓的人需是逝者的家人。大殓又叫棺殓，比小殓更加庄重，要在亲人都聚齐了的情况下进行。入殓前先在棺底放石灰、锯末、草纸等吸水性较强的东西，再压上七星板，一块红色的小木板，上面有北斗七星形状的小圆孔，然后在七星板上放置被褥。这样之后，就由死者的亲属将其放入棺中，四个人一人抓一角，将逝者连同灵床上的被褥一起抬入棺材中，先入脚，后入头。逝者一入棺，立刻将灵床翻到，家中不留空的灵床。之后给棺中放入陪葬品，亲属到棺木旁最后看一眼死者，就盖上棺盖，之后不能再轻易打开。

殡 尸体入殓而未埋葬叫做殡。《淮南子·要略》：“故治三年之丧，殡文王于两楹之间。”据高诱注，楹是厅堂的大柱子。周代制度，人死，敛尸于棺，在堂的西阶掘一坎地停柩，这就是孔子说的“周人殡于西阶之上，则犹宾之也”（《礼记·檀弓上》）。西阶是客位，殡于西阶，就是把灵柩当作宾客了。据《礼记·王制》说，从始死之日起，“天子七日而殡，诸侯五日而殡，大夫、士、庶人三日而殡”。

五服 古代的丧服制度。依据参与葬礼者与死者的亲疏远近关系不同，丧服被分为斩衰、齐衰、大功、小功、缌麻五个等级。远古时候丧礼还未成熟，故亦没有丧服。

依据《诗经》记载，可能到了西周晚期才出现丧服。春秋战国时期，丧服的五服制度产生，此后一直被沿用至清末，其影响甚至达到新中国成立前夕。《仪礼·丧服》详细记载了五服的划分情况。斩衰是五等丧服中最重的一等，穿不缝边沿而任其毛茬的粗麻布丧服，用苴麻带束发，穿草鞋，并且要手持自然死亡的竹子做的哀杖。服丧期为三年，实际是二十五个月。诸侯为天子，臣为君，男子及未嫁女为父，承重孙（长房长孙）为祖父，妻妾为夫，均服斩衰。齐衰，是五等丧服中次重的一等，穿熟麻布做的缝边整齐的丧服，并且用枲麻带束发、束腰，穿草鞋。服齐衰一年，用丧杖，称“杖期”，不用丧杖，称“不杖期”。齐衰服期分三年、一年、五月、三月。家中父亲已亡，儿子为母亲、继母、父亲的妾服丧三年；家中父亲健在，儿子为母亲、继母、父亲的妾，为自己的妻子、祖父母，为自己的儿子或未出嫁的女儿、嫡孙等服丧一年；同宗的男子女子为宗子及宗子的母妻、庶人为国君、为曾祖父母等服丧三个月。大功，是五等丧服中的第三等，穿精细熟麻布做的丧服，并用枲麻带束发、束腰。外祖父母为未成年的（十六岁至十九岁）外孙、为嫡子的妻、为侄子侄妻、女子为丈夫的祖父母伯叔父母，服丧期为九个月；外祖父母为未成年的（十二岁至十五岁）外孙，服丧期为七个月。小功，是五等丧服中的第四等，穿布衰，并用去掉老皮而呈滑净的枲麻带束发、束腰。为叔父未成年的（八岁至十一岁）嫡孙、为夫的未成年的（十六岁至十九岁）从兄弟、为从祖父母、为再从兄弟、为从姊妹、过继为大宗嗣子和嫡外孙为外祖父母，服丧期为五个月。缌麻，是五等丧服中的第五等，穿细布衰，并用去掉老皮而呈滑净的枲麻带束发、束腰。为高祖父母、为族曾祖父母、为族祖父母、为族父母、为族兄弟、为祖姑母、为曾孙、为外甥、为姑表兄弟，服丧期为三个月。以后各朝代对以上规定有增有减,大体差别不大。

七七 祭奠死者的仪式,又称为斋七、理七、烧七、作七等。据说,因为七字音近戚,戚是忧愁、悲哀的意思,因此定七天做一次祭奠,共做七次。大约起源于魏晋时期,南北朝时已经流行于世。七七这种习俗根源于我国古代民间的招魂文化,经由道家三魂七魄学说的改良,及佛家对这一文化现象的吸收与改进,七七礼俗便形成了。之后人们一直延续这样的做法,一直到近现代。人死之后,每隔七天就要祭奠一次,称为祭七,每次都会请僧人或道士念经作法会,共祭奠七次,到四十九天时结束,最后一次称为断七。头七由儿子主办,并在这一日设灵座、贡木主,之后早晚祭祀。三七由出嫁的女儿主办,称为女儿七。五七由出嫁了的孙女主办,称为孙女儿七,这一日会邀请亲朋好友到家中来吃五七饭。断七由儿子来主办,又称为满七。七七结束后,一百日作百日祭,之后每隔一年祭祀一次周年,三年为止。满十年作阴寿祭祀,直到满百岁。古时候作七七道场的大多是有钱有地位的人,对于普通民众来说,作七七道场的花费太过巨大,且尸体停放时间过长。民间的人们大多是在祭七的日子象征性地祭典一下,不请僧人或道人到家中作法。

天葬 藏族地区较多使用的丧葬方式,也称鸟葬。关于天葬的起源说法不一,有源于印度和源于本土两种说法,至佛教后弘期,天葬成为藏族较多的丧葬方式。在部分裕固族和门巴族中也采用这种葬俗。因其葬法简单,在有的民族中,对夭折儿童也采用天葬。进行天葬时,家人将尸体用布包裹好,出殡的时候由家人和背尸人将死者的遗体送往天葬场,一路上不能回头。到达山间的天葬场后,天葬师先在周围燃烧树叶或吹号,使得周围的鹫鹰得到信号聚集过来。然后再与其助手一起把尸体割碎,使其骨肉分离，并用石头将骨头砸碎，以喂食鹫鹰，以被食尽为吉祥。

3.节日习俗

拜年 春节期间人们互相拜谒的习俗。春节，古称元旦，是农历中新的一年的开始。春节期间人们会进行祭祖、守岁、放炮、迎神等活动，拜年是其中重要的一项。拜年可能源于祭拜祖先，后逐渐发展成为年幼者对年长者的拜贺，再到亲朋好友间的拜谒道贺。据东汉崔寔的《四民月令》记载，汉代已经有了在过年时拜贺长辈的习俗。拜年于宋代兴盛起来，于明代定型，一直延续至今。拜年的起源在民间传说中还有一种说法。古时候有一种叫作年兽的怪物，经常出来伤人，吞食牲口。后来天神将它关进深山中，只有春节期间才能出来。人们为了防御它而放鞭炮、敲锣打鼓、贴窗花、挂灯笼等，最终赶跑年兽，为了庆贺而相互拜贺。拜年的具体方式因年代和地域不同而有所变化。一般说来，在过年期间晚辈向长辈拜年，长辈需要给晚辈一些压岁钱，古时候压岁钱用彩色的绳子穿起来，编成龙的形状挂在床脚。亲朋好友之间拜年，除了亲自上门拜访以外，也可以只派人送上拜帖。到了清代，一些人在家门口挂上本子，拜年的人在本上签名就算拜过年了。

闹花灯 人们于正月十五元宵节悬挂花灯及结伴赏灯的习俗。元宵节又称灯节、上元节，起源于汉代对太一神的祭祀，在这一天人们赏花灯、吃元宵、闹元宵。汉代祭祀太一神在晚上进行，因此要点燃火把，之后逐渐发展成为挂花灯的习俗。唐代在元宵节期间解除晚上的宵禁，在城中悬挂花灯三天，允许人们上街欣赏。宋代悬挂花灯的时间延长到五天，花灯的制作技术也更加精湛，尤其是宋徽宗时期。宋代的花灯有琉璃球灯、葡萄灯、大方灯、大滚球灯及马骑灯等，还有人工搭建起来的灯山，规模大、样式多。这一时期，将谜语与花灯结合的灯谜也出现了，为赏灯带来了更多的乐趣。明清时期，赏花灯的时间延长到十天，但在规模和花灯制作的技术上并未超过宋代。由于花灯悬挂时间长，所以出现了上灯、试灯、正灯、落灯等布置花灯的专业术语。上灯就是把制作好的花灯悬挂起来；试灯为检查花灯点燃后是否正常；正灯即在元宵节这一天正式放置、点燃花灯；落灯就是在最后一天拆卸花灯。

打春牛　自古代流传至今的立春前造土牛打春的风俗。中国古代以农立国，立春日是一年农事之始，故而有此活动，以祈求年丰岁登。造土牛活动产生于先秦。《礼记·月令》有“季冬之月……出土牛以送寒气”。注疏言：“云出土牛以送寒气者，彼郑注云：出犹作也，作土牛者，丑为牛，牛可牵可止，送犹毕也。故作土牛，以送寒气。”汉以后造土牛的习俗已经成为地方官员带动农民开始耕作的一种仪式。《后汉书·礼仪志上》：“立春之日，夜漏未尽五刻，京师百官皆衣青衣，郡国县道官下至斗食令史皆服青帻，立青幡，施土牛耕人于门外，以示兆民，至立夏。唯武官不。”唐代已有打春牛之俗，卢肇《谪连州书春牛榜子》诗云：“阳和未解逐民忧，雪满群山对白头。不得职田饥欲死，儿侬何事打春牛。”宋《东京梦华录》称：“立春。前一日，开封府进春牛入禁中鞭春。开封、祥符两县，置春牛于府前。至日绝早，府僚打春，如方州仪。府前左右，百姓卖小春牛，往往花装栏坐，上列百戏人物、春幡雪柳，各相献遗。”清官修《月令辑要》卷五有“打春”条，录引《武林旧事》言：“立春日，作土牛迎市，以芒神置前，至暮，以细花杖打牛，谓之打春。”打春习俗，在各地农村得到很好继承，如甘肃武威“立春前一日，邑宰率属，迎春于东郊，邑人装古事，吹豳击鼓，观芒神、春牛色以占水旱丰歉。邑宰祀芒神毕，迎土牛、芒神归之县署，安置大堂”。等到立春时辰一到，“邑宰”便执竹鞭，打碎春牛。“打春”仪式结束后，庄户人家往往会争先恐后，把做“春牛”的土带一点回家，掺和到泥里，用来抹牲口槽，认为这会使六畜兴旺，平安吉庆。

扫墓 又称为上坟，清明节时祭拜祖先的活动。清明本为二十四节气之一，是农事季节的标志，人们从此时开始播种。后来演化成为民俗节日，扫墓和踏青是清明节的两项重要活动。清明与春社节、上巳节、寒食节时间较为接近，清明扫墓踏青的习俗形成与这三个节日有很大的关系。清明祭祖保留了春社祭社神的习俗，踏青则与上巳节有关，而寒食节亦有祭祖的习惯。随着社会的发展，其他三个节日消失而其习俗融合于清明中。到坟墓前祭奠死者的习惯，在战国时就有，唐玄宗下诏将之定为五礼之一，成为定制。宋代扫墓的情况更为繁盛，最终发展为今天清明上坟扫墓的习惯。扫墓，顾名思义就是要清扫墓地、拔除长在其上及周边的杂草使之整洁，运来新土填补封土堆上流失了的土，也有一些人还重新修坟立碑。除了修缮墓地以外，人们还供奉祭品、焚香以祭奠祖先，同时为死者燃烧纸钱，将纸钱作为真正货币的替代品，希望死者在阴间能生活得更好。人们在祭典自己祖先的坟墓时也会帮周围的墓地填土并为它们燃烧一些纸钱，将邻近的墓地看作是祖先的邻居。

乞巧 七夕节时的一种民俗活动。七夕源于牛郎和织女的传说，始于汉代，在每年农历七月七日。牛郎与织女本是两颗星星的名字，汉代时牛郎、织女由星星被赋予人格而成为两个神，并有了鹊桥相会的说法。南朝梁殷芸

《小说》中记载有牛郎织女的故事，之后在民间的流传过程中，故事内容更加丰富。在故事中，织女擅长织布，且为人温婉贤惠，被听过故事的凡间女子所羡慕和效仿，于是便有了乞巧的习俗。关于乞巧的记载最早见于东晋葛洪的《西京杂记》，书中说："汉彩女常以七月七日穿七孔针于开襟楼，人俱习之。"乞巧的方法随时间和地域不同而不同，主要的有三种，即穿针乞巧、投针验巧和喜蛛应巧。穿针乞巧是最早的乞巧方式，始于汉代。投针验巧盛行于明清时期，指女子将针放入盆中，通过观察针的投影而判断此女子是否善于针线。喜蛛应巧是将蜘蛛放在盒子中，经过一段时期后，通过观察蜘蛛所织的网而判断女子纺织技术的高低。

登高与佩戴茱萸　是重阳节所进行的民俗活动。重阳节在每年农历九月九日，故又称重九节。重阳的称呼最早见于三国时代，魏文帝在给钟繇的信中说："岁往月来，忽复九月九日，九为阳数，而日月并应。俗嘉其名，以为宜于长久，故以享宴高会。"在重阳这一日，人们都会进行登高、赏菊、佩戴茱萸、吃重阳糕等活动。重阳登高本为了驱邪避凶，后来则出游的成分更多一些。登高既可以登山，也可以登楼。佩戴茱萸的习俗大约开始于汉代，到了唐宋时期，人们改将茱萸插在头上。据晋周处《风土记》记载："俗尚九月九日，谓之上九，茱萸到此日成熟，气烈色赤，争折其房以插头，云辟除恶气，而御初寒。"茱萸属于茴香科，落叶小乔木，可食用，茎叶可入药，有避疫的功效。佩戴茱萸也有延年益寿的作用。

冬至吃馄饨　在冬至这一天全国普遍有吃馄饨的习俗。冬至在农历十一月二十二日、二十三日左右，位于大雪之后，是二十四节气之一，又被称为至日、长至、短至、长日等，冬至节被称为冬节、天长节。馄饨是中国的传统食品之一,起源于华北地区,在南方发展成熟。冬至日吃馄饨的习俗至少在宋代已经形成,谚语说:“冬至馄饨夏至面。”吃馄饨是冬至日祭祀祖先的一部分,虽然明代废止了庆祝冬至节的习俗,但在这一天吃馄饨的习惯被保留了下来。在北方地区,冬至日以吃饺子代替吃馄饨。

喝腊八粥 腊八节的习俗。“腊”是古时候人们年终祭祀百神的称谓,包含祭祖与祭神。古时候腊祭并未固定在腊八这一天,每个朝代根据五德终始说而确定腊祭的日期,从南北朝时期才开始将腊祭固定在农历十二月八日。腊八节又称为成道节,因为这一天是佛祖释迦牟尼修道成佛的日子,是佛教传入中国后对我国影响在节日中的反应。关于腊八粥起源传说多种多样,有源于朱元璋说、源于岳飞说、源于佛教说等等。依据史料记载,腊八粥的称呼,最早见于宋代。宋孟元老《东京梦华录》载,十二月初八“诸大寺作浴佛会,并送七宝五味粥与门徒,谓之腊八粥。都人是日各家亦以果子杂料煮粥而食也。”南宋周密《武林旧事》说:“用胡桃、松子、乳蕈、柿、栗之类作粥,谓之腊八粥。”清朝时,民间百姓准备腊八粥祭祀祖先,分赠亲友,以示祝福,又效仿佛门施粥送福,特地送给穷苦人家。吃腊八粥更是宫廷盛事,皇帝、皇后赐文武大臣腊八粥,也发放米果给各大寺院。旧时,腊月初八吃腊八粥,是千家万户的习俗,甚至主人会为家里的鸡狗喂上几勺,花卉果树枝干上涂上几口,认为这样必能六畜兴旺、果实丰收,如童谣里说道:“腊八粥,腊八饭,小鸡吃了就下蛋。”腊八粥又称为七宝粥、五味粥、佛粥等。清富察敦崇《燕京岁时记·腊八粥》:“腊八粥者,用黄米、白米、江米、小米、菱角米、栗子、红豆、去皮枣泥等,合水煮熟,外用染红桃仁、杏仁、瓜子、花生、榛穰、松子及白糖、红糖、琐琐、葡萄,以作点染。”最初只供腊八食用,现代则因为它味美且营养丰富，人们平时也经常食用。

守岁 为迎接新年在除夕夜进行的通宵守夜活动。除夕又称除日、岁除、除夜、岁尽、岁暮、大年三十等，是一年中的最后一天。除夕源于古时候的“逐除”，指驱逐疫鬼。东汉应劭《风俗通义》中使用了除夕一词。守岁是除夕重要的活动之一，全家人一起通宵熬夜，以辞旧迎新。守岁的习俗最晚形成于晋代，晋周处《风土记》记载：“蜀之风俗，晚岁相与馈问，谓之馈岁；酒食相邀，为别岁；至除夕，达旦不眠，谓之‘守岁’。”南北朝时期守岁已经成为普遍的风俗，许多文人学者的文章中都有记载，之后历朝历代延续不衰。关于守岁的理由，有两种说法，一是说守岁可以祛除家中的鬼怪，另一种说法是除夕守岁可以让人在新的一年里身体健康，有好的运气。

4.民间信仰

傩 指包括了原始信仰、祭祀活动及巫术等在内的一种文化现象。殷墟甲骨文对其已有记载，汉代以后记载逐渐详实。一般认为它始于史前，盛行于商周，以祭祀神灵为主要内容；周以后，祭祀活动逐渐转变为以驱鬼禳灾为主；到了宋代，傩祭由国家向民间扩展，一直延续至今。依据学者们所做的田野调查，东起江苏、安徽，西至四川、青海、西藏，南达两广，北至东北的广大地区内，都有傩文化的存在。傩戏是傩文化最突出的表现形式，在演出时必须戴上面具，又叫脸壳或脸子，起源于傩祭。傩祭分为官方举办的宫廷傩和官府傩，其代表是十二种兽舞；民间自己举办的民间傩，又叫乡人傩，包括社傩（以社区群体为中心的傩事活动）、族傩（又称宗族傩，在一个村寨里主要为村寨大姓或名门望族服务的傩戏）、愿傩（由愿主请傩戏班进行“还愿”的祭祀活动)和游傩(由一伙艺人或游民在除夕挨门逐户进行免灾纳吉的祝福活动);军队举办的诸军傩,于岁末或誓师演武祭祀仪式中头戴面具的群体傩舞,兼备祭祀、实战、训练、娱乐的功能;寺庙举办的寺院傩,代表有青藏高原的“羌姆”、内蒙古的“米拉差玛”、北京雍和宫的“跳布扎”。

城隍 守护城池之神。“城”原指挖土筑的高墙,“隍”原指护城壕。古代为了保护百姓安全,在许多聚居点或行政中心修了高大的城墙、城楼、城门以及壕城、护城河。古人认为与人们密切相关的各种事物,都有神在,于是城和隍被神化为城市的保护神。关于城隍神守护城池的记载,最早见于《北齐书·慕容俨传》,当慕容俨被南朝梁军围困于郢城时,奉祀于城中的城隍神显灵施法解除了围城之困。道教至迟在唐代即奉祀城隍,它因袭民俗,认为,城隍受阎王及东岳大帝的管辖,率领判官、无常和牛头马面保护地方,主管一地的水旱疾疫,并掌阴司冥籍。宋代时祭祀城隍的活动被纳入国家的祭祀典礼中。明代城隍信仰极盛,城隍庙遍布各地城镇,朝廷统一了城隍祭祀的时间、仪式、祝文等,并对各地城隍封以官品。据说,从隋唐时期开始,地方上有功于百姓的人被封为城隍。随着时间的推移,被奉祀为城隍的人数逐渐增加,明清时期杭州城隍周新、上海城隍秦裕伯等是城隍神中比较著名的。全国各地祭祀城隍,多在清明、七月半、十月朔时举行规模盛大的“三巡会”,即城隍出巡,以祈求城隍保佑地方风调雨顺。其他相关的祭祀活动则各地差异较大,会因城隍和城隍庙的等级不同,城隍和城隍夫人的生日不同等原因而使相应的神诞会的时间和规模不相同。

土地神 民间供奉的土地庙中的神祇,又称后土、土正、社神、土地、福德正神,俗称土地公。土地神源于古代的“社神”,有大有小,从朝廷祭祀的社,到乡村祭祀的土地,是分别管理全国或乡村一小块土地的神。《公羊传》注曰:“社者,土地之主也。”《风俗通义·祀典》引《孝纬经》曰:“社者,土地之主,土地广博,不可遍敬,故封土为社而祀之,报功也。”清代翟灏《通惜编·神鬼》:“今凡社神,俱呼土地。”土地神一般是男性,民间称为土地公。土地神究竟是谁,各地有不同的说法。最早的土地是汉代的蒋子文。《搜神记》卷五称,广陵人蒋子文因追贼而死,死后化身为神,显灵说:“我当为此土地神,以福尔下民。”也有说是为官清廉的朝廷总税官张福德,死后,人们为他塑金身建福德庙(即土地庙),称之为“福德正神”。清代赵翼《陔余丛考》考证,沈约为湖州乌镇昔静寺土地神,岳飞为临安太岳土地神。看来,各地都是以曾经有功于地方者为土地神。为人们普遍认可的土地公形象是一个头戴乌帽的慈眉善目的白发老翁,旁边还配一位老妇,谓之土地婆、田婆。供奉土地公的地方为土地庙,有大有小,有豪华有简单。人们一般在农历二月初二祭祀土地公,祈求本年有好收成,称为春社,这一天也被看作是土地公的诞辰,这是所谓的春祈。人们献上牺牲、酒饭,并敲鼓唱戏,以祭祀土地公。祭祀完毕后,聚集飨宴,称为社会。每年的社会有会首,总是挨户轮流担任。等到秋后再以丰盛的酒肉报答神的庇佑,谓之秋报。

关帝爷 民间最有影响的神祇之一,全称“关圣帝君”,又名“伏魔大帝”“协天大帝”“盖天古佛”“山西夫子”等,俗称“关帝爷”“关公”“关老爷”,原型为三国时期的历史人物关羽。据陈寿《三国志》记载,关羽,字云长,河东解州(山西运城)人,与刘备、张飞结拜为兄弟,追随刘备征战成为蜀国大将,最后兵败身死,谥号忠义侯。南北朝至唐代,关羽在民间的影响力不大。到宋代,先被哲宗封为显烈王，之后徽宗又封其为义勇武安王。元代加封为显灵义勇武安英济王。元末小说《三国演义》将关羽塑造为忠义的化身，自此关羽在民间的影响力增大。明清帝王都崇奉关公，立有隆重的国家祭典，关帝庙也遍及各地，明神宗将关羽先后封为协天护国忠义帝、三界伏魔大帝神威远镇天尊关帝圣君，故后世称关羽为关帝圣君。关羽与“文圣”孔子并列被称为“武圣”，代表忠义，供奉他的庙宇被称为关帝庙，也叫关王庙、老爷庙、关庙、武庙。在民间，关羽的作用各种各样，司福禄、佑科举、治病消灾、驱邪辟恶，招财进宝、庇佑商贾等可以说是无所不能。社会上的三教九流除了对关羽通常的信奉之外，还有许多行业奉之为行业保护神，也被江湖帮派所供奉。各地对关帝爷的祭祀，主要集中在各地日期不一的关帝诞辰和农历五月十三日“单刀赴会之期”。

妈祖 海神，福建、台湾沿海一带的民间信仰。妈祖本名林默，祖籍福建省莆田县，生于宋建隆元年(960年)，逝于宋雍熙四年(987年)。林默自幼聪明，后来从巫，为民占卜吉凶，驱灾治病，救助过不少渔船。去世后被民众尊为海神，历代统治者也封其为“夫人”“天妃”“天后”、“天上圣母”等。妈祖在宋代只是小地区的海神，明清以来，成为中国沿海各地信奉的神祇，乾隆时成为正式的宫廷祭祀。在莆田湄州、天津、台湾北港所建的天祀庙为奉祀妈祖的三大庙，国外有华人聚集的埠头也建有“天后宫”。人们一般在农历三月二十三日诞辰和九月九日逝世日两天祭祀妈祖，届时朝廷派官吏前往，人们烧香、上供、祈福等，并有各种民间文化活动，如唱戏等。庙会期间还有分身妈祖回娘家的习俗。闽台各地妈祖庙要到湄州进香谒祖，远离湄州的地区，人们则把妈祖神像送到当地福建会馆去住几天。另外，人们为了祈求航行安全、求雨等，也不定期地举行祭祀妈祖的活动。

狐仙 将狐狸拟人化，尊奉为神仙，借助其法力以得利。祭狐仙源于万物有灵观念，本是动物崇拜之一种。《诗经》中即有记载狐狸的诗歌。《史记·陈涉世家》中记载陈胜、吴广起事时，为了先威众，“间令吴广之次近所旁丛祠中，夜篝火狐鸣，呼‘大楚兴，陈胜王’。卒皆夜惊恐”。可见将狐狸拟人化的观念在秦汉时已形成。到了唐代，人们普遍崇信狐仙。《朝野佥载》载，唐初百姓多奉狐神，家家房中祭祀狐神以乞求降恩，狐常常与人一同饮食。当时有谚语说:“无狐魅，不成村。”狐似犬而小，体瘦，头尾皆长，性狡猾，穴居山野。《玄中记》载狐五十岁能变化成妇人，一百岁能变化成美女、神巫，或变化成男人与妇女性合。狐一千岁就与天神相通，人称天狐。《夜谭随录·杂记》载狐的种类说，有草狐、沙狐、火狐、白狐、灰狐、雪狐。又说，狐年岁大了便作妖弄怪，戴骸髅头，穿槲树叶，幻化成人形，这种狐为害百出。又说年老成妖的狐名狴狐，又名灵狐，似猫且黑，多在北方。因狐亦正亦邪的特性，人们供奉狐仙除了普通的祈福外，多有祈求获得意外之财等较为秘密的诉求。

门神 古代神话传说中守门之神，民间最受欢迎的神祇之一。门神的担任者，主要的有三种说法，最早的门神指神荼、郁垒二人。此二人相貌凶恶，在东海度朔山上看守鬼门，遇有恶鬼即擒住喂虎，民间将二人的画像贴在门上，以看守门户。其二为钟馗。《述异志》称：“钟馗，唐武德中应举不第，触阶死。后明皇昼寝，梦一小鬼盗玉笛，上叱之。忽有大鬼，破帽蓝袍角带，提小鬼刳其目，擘而啖之。上问，对曰：‘臣终南进士钟馗，不第而死，蒙旨赐袍带葬之，誓除天下虚耗。’帝悟感，命吴道子图其像，俨然如梦中所见。”其实，唐代并无其人，钟馗只是古“椎”—“终葵”(《左传》)的转音。钟馗捉鬼的故事在民间流传,故人们把钟馗的画像贴于门户上以保家宅。南宋绍定(1228—1233年)间,理宗以钟馗为门神,印发门神神像。其三为秦琼、尉迟敬德。唐太宗梦中有鬼作祟,大将秦琼与尉迟敬德披甲执兵于宫门外护卫,遂平安无事,于是太宗请画师绘二将肖像悬于宫门左右,民间随之效仿。这二者作为门神在民间流行比较普遍。

灶神 传说中的司灶之神,又名灶君、灶王爷、烛老爷。《礼记·祭法》将灶神列为五祀之一。早期的灶神掌管饮食,常被火神取代。到汉代,灶神与火神相分离,职能逐渐扩大,除掌饮食外还负责一家祸福,成为天帝派到人间监视人们活动的官员。灶神的形象历来有所变化。清人《格镜致原》中征引自《庄子》至《酉阳杂俎》诸家对灶神为谁的说法,有燧人、黄帝、祝融、髻、苏吉利、隗、张禅、壤子等。灶神的形象或“衣赤衣状如美女”,或“黑面长发”。人们一般在腊月二十三或二十四举行祭祀灶神的仪式,因为传说这一天是灶神返回天庭向天帝汇报人间情况的日子。祭灶神又称“送灶神”“送灶”“谢灶”“辞灶”,祭祀的具体方法会因时间、地域不同而有所变化,大体上如下:人们于这一日置办食物、酒水、糖果等,放在灶神牌位的下面,祭祀完毕后将灶神像烧毁,并换上新的灶神像。

财神 中国古代传说中的司财之神。财神之职的担任者历来有不同的说法,赵公明、比干、关帝、范蠡、何五路、赵朗、沈万三等都被当做财神予以祭祀,其中赵公明和范蠡是广为接受的财神形象。唐宋时期,赵公明的身份是瘟神,直到元代《道藏·搜神记》和《三教搜神大全》中他才开始有财神的身份。明清时期,各地都建庙宇祭祀财神,其形象为头戴铁冠,一手执铁鞭,一手执元宝,黑面浓须,身跨黑虎、全副戎装。赵公明的来历说法不一,《三教搜神大全》中记载赵公明为天上的神仙，掌管驱使雷电、呼风唤雨，掌管人间财富流通，掌管人间瘟疫疾病等。《封神演义》中说他是峨眉山的道士，法力高强，助商攻周而死，最后被封为金龙如意正一龙虎玄坛真君，掌管人间财富流通。赵公明的诞辰有农历三月十五日和农历正月初五两种说法，人们于这两日上香进贡祭祀财神。范蠡又称陶朱公，是春秋时越国大夫，他助越王勾践灭了吴国后随即隐退从商，家资数千万，且为人仁义，为后代所尊敬，将之供奉为财神。

护身符　保护拥有者使其免受恶鬼及外界的各种侵害，带给他们好运的物品。根据文化背景、时代及信仰的不同，与之相关的护身符亦不同。在中国，佛道二教均有护身符，《云笈七签》载："道家受道，以符箓为要。受道之后，必佩符命，其为镇妖驱邪之符者，曰'护身符'。凡初入道者必佩之。"

附录：

词条音序索引

词条笔画索引

四画

六画

七画

九画

十画

十二画

十三画

十四画